Lars Dyrskjøt Wellejus

Informationsgehalt manipulierbarer Periodenergebnisse

Beiträge zur betriebswirtschaftlichen Forschung

Band 119

Die „braune Reihe", wie die „Beiträge zur betriebswirtschaftlichen Forschung" häufig kurz genannt werden, ist eine der bekanntesten und angesehensten Buchreihen ihres Fachs. Seit 1954 erscheinen hier besonders qualifizierte, oft richtungsweisende Forschungsarbeiten (vor allem Dissertationen und Habilitationsschriften) der jeweils „neuen Generation" der Betriebswirtschaftslehre.

Lars Dyrskjøt Wellejus

Informationsgehalt manipulierbarer Periodenergebnisse

Mit einem Geleitwort von Prof. Dr. Michael Bitz

GABLER EDITION WISSENSCHAFT

Bibliografische Information Der Deutschen Nationalbibliothek
Die Deutsche Nationalbibliothek verzeichnet diese Publikation in der Deutschen Nationalbibliografie; detaillierte bibliografische Daten sind im Internet über <http://dnb.d-nb.de> abrufbar.

Dissertation FernUniversität Hagen, 2007

1. Auflage 2008

Lektorat: Frauke Schindler / Sabine Schöller

Der Gabler Verlag ist ein Unternehmen von Springer Science+Business Media.
www.gabler.de

Umschlaggestaltung: Regine Zimmer, Dipl.-Designerin, Frankfurt/Main
Gedruckt auf säurefreiem und chlorfrei gebleichtem Papier
Printed in Germany

ISBN 978-3-8349-1051-6

Harry

Nalan

Geleitwort

In der vorliegenden Arbeit, die an der Wirtschaftswissenschaftlichen Fakultät der FernUniversität in Hagen als Dissertationsschrift angenommen wurde, beschäftigt sich Lars Wellejus mit den Möglichkeiten einer interessengeleiteten Gestaltung von Jahresabschlüssen und anderen Elementen der finanziellen Berichterstattung. Dass es sich dabei um ein praktisch relevantes, oftmals sogar brisantes Thema handelt, ist offensichtlich. Die Analysen von Lars Wellejus sind allerdings tief im Kern der betriebswirtschaftlichen Grundlagenforschung angesiedelt. Dazu präsentiert er zunächst eine ausgesprochen gelungene und konzentrierte Analyse des einschlägigen Schrifttums, geht dann jedoch weit über diese breit angelegte Basis hinaus und füllt etliche bislang weiße Flecken auf der Landkarte wirtschaftswissenschaftlicher Erkenntnisse mit neuen Gedankengängen aus. Er belässt es aber nicht nur bei der Entwicklung innovativer informationsökonomischer Modellierungen, sondern unterzieht diese stets stellenweise brillanten Interpretationen, durch die es ihm immer wieder gelingt, Bezüge zur Praxis der finanzwirtschaftlichen Rechnungslegung herzustellen und der hier beobachtbaren Empirie neue Deutungsmuster zu unterlegen.

Der Arbeit ist daher nicht nur innerhalb der wissenschaftlichen Gemeinschaft, sondern auch im Kreise theoretisch interessierter Praktiker eine weite Verbreitung zu wünschen.

Univ.-Prof. Dr. Michael Bitz

Vorwort

Die vorliegende Arbeit wurde 2007 als Dissertationsschrift am Fachbereich Wirtschaftswissenschaften an der Fernuniversität in Hagen angenommen. Der Entschluss, die hierin niedergelegten Erkenntnisse zu produzieren und zu dokumentieren, keimte während meiner Zeit als Hilfskraft am hiesigen Lehrstuhl für Betriebswirtschaftslehre, insbesondere Bank- und Finanzwirtschaft. Etwaige positive Effekte auf berufliche oder akademische Perspektiven sind bei alleiniger Betrachtung messbarer Kriterien nicht hinreichend attraktiv, um eine Arbeit der vorliegenden Art zu rechtfertigen. Vielmehr entspringt sie einem intrinsischen Interesse an der Produktion relevanten, belastbaren und vermittelbaren Wissens – man könnte auch von Neugierde sprechen.

Dies vorausgeschickt, wünsche ich mir, interessierten Lesern erstmals einen Rahmen konstruiert zu haben, in dem sie über mehrperiodige Manipulation von Rechnungslegung nachdenken können. Einen Rahmen, dessen Sinnhaftigkeit durch institutionelle Veranschaulichung seiner Annahmen sowie Plausibilisierung seiner Auswertungen anhand einfacher Überlegungen, theoretischer Deduktion und Vergleiche mit empirischen Befunden einleuchtet.

Zu großem Dank verpflichtet bin ich an allererster Stelle meinem akademischen Lehrer und denkerischem wie didaktischem und menschlichem Vorbild Univ.-Prof. Dr. Michael Bitz, der mich auf meinem akademischen Weg seit Anbeginn mit Einsicht und Geduld begleitet hat. Weiter danke ich Univ.-Prof. Dr. Thomas Hering nicht nur für die Übernahme des Zweitgutachtens. Motiviert und als Gesprächspartner gedient haben mir vor allem meine Kollegen am o.g. Lehrstuhl, insbesondere Dr. Michael Klug, ohne den jede Hoffnung auf Leserlichkeit der vorliegenden Arbeit aufzugeben gewesen wäre, und Dr. Jürgen Ewert, der mir über die entscheidende Hürde zur Formalisierung meiner Gedanken durch Forderung „einfacher" Zahlenbeispiele geholfen hat, sowie Thomas Augat, Dr. Thomas Becker, Univ.-Prof. Dr. Jochen Bigus, Dr. Ute Merbecks, Dr. Karin Niehoff und Prof. Dr. Udo Tersteege. Meine Gedanken oder Motivation gefördert haben weiter direkt oder indirekt bei PwC Corporate Finance Dr. Michael Schwartz, Sigrid Krolle und Martin Scholich, weiter Dr. Frank Höselbarth sowie die Universitätsprofessoren Dr. Wolfgang Breuer, Dr. Ralf Ewert, Dr. Thomas Hartmann-Wendels, Dr. Thomas Langer, Dr. Andreas Pfingsten, Dr. Reinhard H. Schmidt, Dr. Eva Terberger, Dr. Alfred Wagenhofer und Dr. Martin Weber.

Die Arbeit ist zwei moralisch hochstehenden und motivierenden Menschen gewidmet: meinem Vater Harry, der meine Reifung vorbildlich gefördert hat, und meiner Verlobten Nalan, deren Nähe mir ein Zaubertrank ist.

Lars Dyrskøt Wellejus

Inhaltsübersicht

Inhaltsverzeichnis

C Einperiodiger Planungshorizont

D Mehrperiodiger Planungshorizont

F Anhang

Verzeichnisse

A Einleitung

1 Einführung

Die Analyse zielgerichteter Modifikation von Rechnungslegung gehört seit langem zum Kernbereich der Betriebswirtschaftslehre. Einschlägige Fälle werden regelmäßig Gegenstand öffentlichen Interesses.

Die vorliegende Untersuchung analysiert die Reversion eines durch derartige Modifikation entstandenen Informationsdefizites mit Hilfe eines formalen Modells, in dem der Ersteller ein Periodenergebnis an einen potenziellen Kontrahenten berichtet. Dieser ist in der jeweiligen Periode zur Kontrahierung genau dann bereit, wenn das Periodenergebnis einen exogen vorgegebenen Schwellenwert (**Konformitätsanforderung**) überschreitet. Als derartiger, die Adressatenreaktionen aggregierender Wert kommt der Wert Null, der Vorjahreswert, das von Analysten erwartete Ergebnis oder für die Auslösung von Kündigungsrechten in Kreditverträgen maßgebliche Werte in Frage.

Das Periodenergebnis, welches der Ersteller berichten würde, wenn der Kontrahent unabhängig vom Bericht kontrahieren würde, wird als unverfälscht bezeichnet, die Abweichung hiervon als **Manipulation**. Die Nachteile, die der Ersteller durch Manipulation erleidet, können als Malus für Manipulation angesehen werden. Es erscheint plausibel anzunehmen, dass dieser Malus für kleine Manipulationsbeträge sehr klein ist und dass der Grenzmalus mit zunehmendem Manipulationsbetrag zunimmt. Die Auswirkungen auf künftige Rechnungslegung wird als vollständige Umkehrwirkung in der Folgeperiode abgebildet.

Bei einperiodigem Planungshorizont wird der Ersteller genau dann konform berichten, die Konformitätsanforderung also erreichen, wenn ein etwaig erforderlicher Manipulationsmalus den Vorteil aus der Kontrahierung nicht übersteigt. Manipulieren wird er dann, wenn sich das unverfälschte Ergebnis unterhalb, aber nicht zu weit unterhalb der Konformitätsanforderungen befindet. Wenn sich sein unverfälschtes Periodenergebnis in diesem „**Unschärfeintervall**" befindet, weist er stets gerade die Konformitätsanforderung aus.

In der Folgeperiode kehrt sich die Manipulation um, muss also wiederholt werden, wenn nicht entweder das unverfälschte Periodenergebnis weit oberhalb oder weit unterhalb der Konformitätsanforderung liegt: Im ersteren Falle ist Manipulation entbehrlich, im zweiten zu sehr pönalisiert. Ansonsten wird manipuliert i.H.d. Summe der Differenz zwischen Konformitätsanforderung und unverfälschtem Periodenergebnis (Anforderungsresiduum) in den beiden Perioden. Die Manipulation gleicht also dem seit Anfang der Manipulation kumulierten Anforderungsresiduum. Diese **Manipulationskumulation** wird sich fortsetzen, bis der Ersteller auf Manipulation verzichtet, sie nämlich zu einem Periodenergebnis vor Manipulation geführt hat, welches entweder oberhalb der Konformitätsanforderung liegt oder soweit darunter, dass sich Manipulation nicht lohnt.

Betrachtet man nun die Periodenergebnisse von dem ersten Ausweis i.H.d. Konformitätsanforderung bis zum ersten hiervon abweichenden Ausweis, so gleichen sich die Summen der unverfälschten und der ausgewiesenen Periodenergebnisse; der Betrachter erfährt also im Nachhinein das unverfälschte **Totalergebnis** des Zeitraumes. Diese unvorhersehbare Beobachtbarkeit endogenisiert die in vielen verwandten Modellen, wie z.B. Fudenberg/Tirole (1995), exogen unterstellte Auflösung der Informationsasymmetrie über die Summe der Periodenergebnisse. Die implizierte Reihe wenig schwankender Ausweise gefolgt von einem deutlich abweichenden Ausweis, ist ein mehrfach bestätigter empirischer Befund, s. z.B. Walsh/Craig/Clarke (1991). Gleiches gilt für die Manipulation unterhalb von Schwellenwerten, für die geringe Häufigkeit kleiner Unterschreitungen von Schwellenwerten, allgemein für die Glättung von Periodenergebnissen und für die Manipulationsabstinenz krisenbetroffener Unternehmen, s. respektive z.B. DeFond/Jiambalvo (1994), Hayn (1995), Fields/Lys/Vincent (2001), Dichev/Skinner (2002).

Die Manipulationskumulation kann als Analogon zur Führung eines **Kontokorrentkontos** beschrieben werden, in dem Fehlbeträge Ziehungen, Überschüsse Einzahlungen, Manipulationskosten Zinsen und Nonkonformität pönalisierter Insolvenz entsprechen. Bei gegebenem Profil an Ziehungen und Einzahlungen sind Zinsen und Insolvenzpönalen zu minimieren. Einer Krise kann eine Duration zugeordnet werden.

Bei mehrperiodigem Planungshorizont des Erstellers kann sein Planungsproblem als ganzzahliges **Minimalkosten-Transport-Problem** mit quadratischen Transportkosten dargestellt und gelöst werden: Fehlbeträge und Überschüsse sind durch manipulative, kostenträchtige Verschiebung zwischen den Perioden zum Ausgleich zu bringen. Im Optimum beträgt die Summe der Grenzmalusse der Manipulation über einen Zeitraum, in dem manipuliert wird, null. Nonkonformität und hohe Überschüsse heben die Knappheit an Periodenergebnis für die betroffene Periode auf und separieren hierdurch die Optimierung des vorgelagerten von derjenigen des nachgelagerten Zeitraumes.

Bei einer ununterbrochenen **Folge von Fehlbeträgen** manipuliert der Ersteller zunächst negativ, dann positiv. Die höchsten stillen Reserven finden sich vor dem ersten und die höchste stille Last nach dem letzten Fehlbetrag. Dazwischen wechselt der Ersteller von negativer zu positiver Manipulation. In der ersten Periode mit positiver Manipulation sind nicht etwa die größten Manipulationsbeträge zu verzeichnen, wohl aber die größte Knappheit an Periodenergebnis; Verschiebung hierher ist am teuersten, weil sie über die meisten Perioden erfolgen muss. Diese Anspannungsklimax markiert insofern einen Höhepunkt der Krise. Steht eine beliebig terminierbare stille Reserve (etwa durch Verkauf von sogenanntem „Tafelsilber") zur Verfügung, so würde sie in dieser Periode und deren Nachbarperioden aufgelöst.

Ein weiteres Anzeichen einer kulminierenden Krise ist die **Nonkonformität**, sofern sie als einmalig angenommen werden kann. Wird sie spät gewählt, spart sie aufgrund der Manipulationskumulation viel Manipulation pro Periode. Wird sie früh gewählt, spart sie Manipulation über einen langen Zeitraum. Die durch sie ermöglichte stille Reserve spart um so mehr Manipulation, je mehr Fehlbeträge noch anstehen, und je näher sie zeitlich sind. Insgesamt wird der Ersteller die Nonkonformität in der Regel kurz vor dem Schwerpunkt der Fehlbeträge wählen. Nonkonformität läutet somit nicht, wie in Verlautbarungen betroffener Unternehmensleitungen oft beteuert, künftige Abbildungstreue ein, wohl aber ist sie ein Signal, dass der Tiefpunkt der Krise nach Überzeugung der Unternehmensleitung bald überschritten sein wird. Wie auch einschlägige Aktienkursverläufe nahelegen, ist die Krise aber noch lange nicht zu Ende.

Erweitert der Kontrahent seinen **Anforderungshorizont**, fordert also für Konformität das Erreichen der Konformitätsanforderung nicht nur in der aktuellen, sondern auch in vergangenen Perioden, dann ermuntert er den Ersteller zur Kontinuität seines Konformitätsverhaltens: Es kann sich auch in schwierigen Zeiten lohnen, die Konformität mit Blick auf eine positive Zukunft beizubehalten, während es auch in guten Zeiten ohne positiven Ausblick zu teuer sein kann, eine solche für Konformität erforderliche Anwartschaft aufzubauen. Die Erweiterung des Anforderungshorizontes in die Vergangenheit lässt insofern Schlüsse auf die Zukunft zu. Sie schwächt die Implikationen kontinuierlichen Konformitätsverhaltens, aber verstärkt die Implikationen von dessen Veränderung.

Der mit künftiger, von Umkehrwirkung unbelasteter Rechnungslegung verbundene Vorteil kann der Ersteller als **Geisel** hingeben, um sich selbst zu binden, auf Manipulation zu verzichten: Deren Umkehrwirkung würde die Geisel liquidieren.

Die **Unschärfe** eines Berichts ist im Allgemeinen um so größer, je stärker der Anreiz zur Manipulation ist, je weniger diese pönalisiert ist, und je geschickter der Ersteller manipuliert. Insofern erhöhen die drei folgenden Veränderungen die Unschärfe:

— Erweiterung des Anforderungshorizontes durch Verstärkung des Manipulationsanreizes;
— sofort umkehrende stille Reserven durch Erweiterung der Manipulationsspielräume; und
— Erweiterung des Planungshorizontes des Erstellers durch Differenzierung seines Manipulationsgeschicks.

Allerdings verschärfen diese drei Veränderungen jeweils die Konkurrenz um die Manipulationsgelegenheit einer Periode: Sie verbessern deren alternative Verwendung und verteuern insofern die positive Manipulation. Per Saldo können sie die Unschärfe sowohl mehren als auch mindern. Der Effekt der beiden folgenden Veränderungen ist dagegen jeweils eindeutig:

— Die Kontinuität der Kommunikation im Vergleich zu ihrer Einmaligkeit löst nur den zweiten Effekt der Verschärfung der Konkurrenz um Manipulationsgelegenheiten aus; sie mindert also eindeutig die Unschärfe.
— Terminierbare stille Reserven erweitern lediglich die Manipulationsspielräume und mehren die Unschärfe.

Beispielsweise erscheint im Modell die jährliche Neubewertung von Anlagevermögen, die sofort umkehrende stille Reserven ermöglicht, eher zu empfehlen als die Bewertung zu Anschaffungskosten, die terminierbare stille Reserven ermöglicht.

2 Problemstellung

Bei der Delegation komplexer wirtschaftlicher Sachverhalte ist die Verfügungsdimension der Delegation von ihrer Informationsdimension meist nicht sinnvoll separierbar.[1] Bei der Delegation von Verfügungsmacht bietet eine Internalisierung der Betroffenheit des Delegierenden von dem Ergebnis der Verfügung in den Kalkül des Agierenden in der Regel ökonomische Vorteile. Die Delegation von Informationserwerb und -verarbeitung etabliert ein Informationsgefälle, welches der Delegierende nicht einebnen kann, ohne den Vorteil aus der Delegation zu gefährden,[2] so dass er auf einen vereinfachenden, modellhaften Bericht des Agierenden über dessen Verfügungen bestehen muss. Die Endlichkeit der für einen solchen Bericht verwendbaren Ressourcen setzt dem Detaillierungsgrad Grenzen, mit dem seine Erstellung kontrolliert werden kann. Unbeobachtbar **manpulierbare**[3] **Berichte**[4] von Erstellern mit eigenem Interesse am berichteten Ergebnis sind insofern ein unvermeidlicher Bestandteil komplexer wirtschaftlicher Delegation, wie sie unter anderem im Rahmen von Finanzierungsverträgen erfolgt. Ein verbreitetes Beispiel eines unbeobachtbar manipulierbaren Berichts ist die externe Rechnungslegung eines Unternehmens.[5]

Für denjenigen, der zur Fundierung einer Entscheidung auf die externe Rechnungslegung eines aktuellen oder potenziellen, von der Entscheidung betroffenen Kooperationspartners angewiesen ist, stellt sich deshalb die Frage nach deren **Glaubwürdigkeit**: Die unvermeidliche[6]

---

1 Vergleiche näher die Ausführungen unten auf S. 295.

2 Erschwernisse bei der Übertragung von Informationen, zu denen auch Manipulierbarkeit gehören kann, sind als konstitutiv für die neoinstitutionalistische Investitions- und Finanzierungstheorie anzusehen. Die bspw. von Arrow (1963), s.S. 963 – 964, und Akerlof (1970), s. insbes. S. 499 – 500 (adverse Selektion); Spence (1973), s. insbes. S. 356 (Signalisierung); und Stiglitz/Weiss (1981), s. insbes. S. 393 – 394 (Kreditrationierung), analysierten Probleme setzen die Abwesenheit preiswerten und glaubwürdigen Informationstransfers voraus. Erschwernisse bei der Übertragung von Information sind eine wesentliche Determinante der Vorteilhaftigkeit der Koordination von Ressourcen durch Unternehmen im Vergleich zu Märkten, wie sie von Coase (1937), s. insbes. S. 390 (Transaktionskosten, s.a. Coase (1990) S. 11 – 12 diesbzgl. zur Rechnungslegung); Alchian/Demsetz (1972), s. u.a. S. 779 – 781 (Informationskosten bei Teamarbeit); Jensen/Meckling (1976), s. u.a. S. 308 (Agency Costs) und Fama (1980), s. insbes. S. 293 – 297 (Arbeitsmarkt für Manager als Disziplinierungsmechanismus), thematisiert wird. S.a. hierzu allgemein Williamson (1985). Zu weiteren Beispielen informationsinduzierter Kooperationsprobleme und Institutionen zu ihrer Mitigation s. Schmidt/Terberger (1996) S. 382 – 469 und Meyer (1990).

3 Zur Belegung des Begriffes Manipulation im vorliegenden Modell s. Abschnitt B4.3 (S. 63ff.). Etwaige Assoziationen von Manipulation mit Dolosität sollen die Betrachtung nicht auf in einem allgemeinen Sinne illegitime Veränderungen eines Rechenwerkes einschränken (zu einem ähnlichen Sprachgebrauch vgl. bspw. Degeorge/Patel/Zeckhauser (1999) S. 9, abweichend dagegen bspw. Burger (1995) S. 251). Der etymologische Ursprung (lat. „*manus*"=„Hand") soll vielmehr darauf anspielen, dass es sich um das absichtliche, die Reaktion eines Empfängers antizipierende Ein*greifen* eines Absenders in einen Abbildungsprozess handelt. Hierbei interessiert den Empfänger das Ergebnis, wie es im Falle ohne Eingreifen ausfiele. S.a.Fn. 77 S. 20 u. S. 65. Zur Beobachtbarkeit der Manipulation von Rechnungslegung s. Abschnitt B4.1 (S. 57ff.).

4 Zur Textformatierung vgl. S. 363.

5 Zu den hier behandelten Rechenwerken siehe Abschnitt B1 S. 13.

6 Vgl. Nachw. in Fn. 423 S. 101 sowie die Ausführungen unten auf S. 105 zum „Kernproblem" (Moxter (1982) S. 9) bzw. „classical trade-off" (Lambert (2001) S. 82) von Rechnungslegung, Relevanz mit Verlässlichkeit zu verbinden. Zum analogen Abbildungsproblem bei der Strukturierung von Entscheidungsmo-

Manipulierbarkeit externer Rechnungslegung beeinträchtigt potenziell ihre Funktionalität als Institution zur Mitigation informationsinduzierter Kooperations- und Transaktionsprobleme.[7] Die öffentliche Aufmerksamkeit, die dolosen Rechnungslegungspraktiken bisweilen zu Teil wird[8], weist auf die wirtschaftliche Bedeutung dieser funktionellen Beschränkung der Rechnungslegung hin. Sie ist ein von der Betriebswirtschaftslehre traditionell gepflegtes Anliegen.[9]

Die vorliegende Arbeit untersucht die Reversion eines Informationsdefizits, welches durch eine auf die Beeinflussung einer Adressatenreaktion abzielende Manipulation entstanden ist.[10] Sie nimmt den **Spielregelcharakter** der Einhaltung vorgegebener Rechnungslegungskennzahlen[11], der sich in Theorie, Empirie, praktischen Konventionen und Regulierung der Erstellung und Perzeption von Rechnungslegung niederschlägt, zum Anlass für die Analyse einer Modellsituation: Ein potenzieller Kooperationspartner (Kontrahent) ist zur Kontrahierung mit dem in der Rechnungslegung abgebildeten Unternehmen nur bereit, wenn dessen ausgewiesenes Periodenergebnis[12] einen exogen vorgegebenen Schwellenwert[13] erreicht (Konformität). Dies spiegelt die aggregierende[14] Antizipation heterogenen Kontrahentenverhaltens durch den

---

dellen s. u. Abschnitt B2.1 (S. 18ff.) und die dortigen Nachweise. Die Unbeobachtbarkeit der Rechnungslegungserstellung dürfte u.a. auch auf die Durchsetzung von Partialinteressen von Ersteller- und Adressatengruppen im Rahmen regulatorischer Prozesse zurückzuführen sein.

7 So auch Schmidt/Terberger (1996) S. 441 – 442. Kammergericht (1995) S. 1587 führt aus: „... Bilanzanalyse wird wegen der ... vielfältigen Möglichkeiten einer zweckorientierten Bewertungspolitik für wenig aussagekräftig gehalten ...“. Vgl. zu der von der bilanztheoretischen Literatur gegenüber informatorischen rechnungslegungspolitischen Spielräumen gehegten Skepsis bspw. Stützel (1959) („Verlustverschleierung“), Küting (1993) S. 46, Wiechers (1994) S. 9, 282 – 284 („bilanzpolitisch motivierter Verzerrungen“), Coenenberg (2003) S. 299. Zuweilen wird gar der Sinn manipulierbarer Rechnungslegung hinterfragt, vgl. Kropff (1983) S. 182. Regelmäßig wird auf die Einschränkung der Aussagekraft von Rechnungslegungsdaten wegen der Beeinflussung der Interessen des Rechnungslegungserstellers im Rahmen der Rechnungslegungspolitik hingewiesen, vgl. für viele Küting/Weber (1993) S. 49 – 50, Burger (1995) S. 7, 35, zurückhaltend Eilenberger (1995) S. 6. Manipulierbarkeit ist nicht notwendigerweise informatorisch dysfunktional, siehe u.a. unten Fn. 342 S. 76. Die trotz Manipulierbarkeit für wirtschaftliche Entscheidungen bestehende Relevanz externer Rechnungslegung zeigen u.a. die bei Coenenberg (2003) S. 1202 – 1204 und Coenenberg/Haller (1993) S. 570 – 572, jeweils m.v.w.N., zitierten empirischen Befunde. Vgl. auch Schmidt (1982) S. 730 – 732. Zur Geschichte der Rechnungslegungspolitik siehe Strobel (1998).

8 Vgl. bspw. Handelsblatt vom 24.12.2002: „Nabelschau – Die Enron-Pleite verändert Amerika“. Zu den damaligen Fällen eklatant irreführender Rechnungslegung siehe bspw. Lüdenbach/Hoffmann (2002). Zur zweifelhaften Rechnungslegung einiger deutscher Unternehmen s. Schürmann (2003) S. 111 – 212.

9 Vgl. bspw. Schmalenbach (1927) insbes. S. 52, Stützel (1959), Stützel (18.08.1962), Moxter (1962) insbes. S. 626, Busse von Colbe/Ordelheide (1993) insbes. S. 45 – 47, Selchert (1996), Kuhner (2001). In der angelsächsischen Literatur zur Rechnungslegung nimmt ihre Manipulierbarkeit in Empirie und Modelltheorie breiten Raum ein, vgl. Nachw. in Fn. 308, 309 S. 69.

10 Siehe hierzu im Detail Abschnitt B4.3 (S. 63ff.), insbes. S. 65f.

11 Vgl. schon Wysocki (1962), insbes. S. 3, 12 – 14, sowie u.a. Schneider (1994) S. 244; Levitt (1998 d) S. 2544, Hoffmann (1994) S. 75, 108 – 109 m.w.N. sowie Nachw. S. 39f., 44f. S.a.u. S. 54f.

12 Mit Periodenergebnis ist hier die Modellgröße gemeint, welche im Wesentlichen den Jahresüberschuss wiedergibt. Dieser wird für den Konzernabschluss, abweichend von §§ 298 I i.V.m. 276 II Nr. 20, 307 II HGB, auch als Konzernergebnis bezeichnet. S.a. Fn. 49 S. 14, Fn. 255 S. 55.

13 S.a. unten S. 39f.

14 Baetge/Ballwieser (1978) S. 526 empfehlen „eine Durchschnittsbildung aus den Adressatenreaktionen, d.h. ... eine Bilanzpolitik, welche die Summe aller erwarteten Kontrollhandlungen externer Adressaten mini-

rechnungslegungspolitischen Entscheidungsträger (Ersteller) wider. Ihm gelte: Wer derartige „…regeln einhält, bewegt sich in Bahnen, in denen er nicht auffällt“[15].

Nach der hiesigen **Modellvorstellung der Erstellung und Perzeption** der Rechnungslegung kontrahiert[16] der Kontrahent also nur mit konformen Erstellern. Er strebt hiermit die Trennung derjenigen Ersteller an, mit denen Kontrahierung für ihn vorteilhaft wäre (gute Ersteller) von solchen, mit denen die Kontrahierung für ihn unvorteilhaft wäre (schlechte Ersteller). Der Ersteller kann ein vom unverfälschten[17] Periodenergebnis beliebig abweichendes Periodenergebnis ausweisen. Eine Abweichung ist allerdings mit Nachteilen verbunden. Quelle solcher Manipulationsmalusse[18] sind vor allem Institutionen[19] zur Durchsetzung von Rechnungslegungsnormen, aber auch Funktionen der Rechnungslegung, die sie neben der Kommunikation mit dem Kontrahenten erfüllt. Falls nötig, kann der Ersteller also sein Periodenergebnis – unter Inkaufnahme von Manipulationsmalussen – manipulativ auf den zur Konformität erforderlichen Schwellenwert (Konformitätsanforderung) steigern und so den Kontrahenten zur Kontrahierung bewegen. Im Kontext des angenommenen Kontrahentenverhaltens kann die Rechnungslegungserstellung somit als Selbstselektion interpretiert werden. Sie führt bei einperiodiger Betrachtung zur Separation guter unter schlechter Ersteller, wenn für gute [schlechte] Ersteller das unverfälschte Periodenergebnis hinreichend hoch [niedrig], der Manipulationsmalus hinreichend schwach [stark] mit der Manipulation zunimmt und der Vorteil aus Konformität hinreichend hoch [niedrig] ist, damit Konformität [Nonkonformität] für gute [schlechte] Ersteller vorteilhaft ist. Dann kann vom Konformitätsverhalten eines Erstellers auf seine Qualität geschlossen werden, und der Kontrahent kontrahiert nur mit guten Erstellern.

---

miert und dabei die Durchsetzungsmacht der Adressaten hinsichtlich ihrer Kontrollwünsche berücksichtigt“. S.a. Abschnitt B3.4 (S. 54ff.) und Abschnitt D3.4 (S. 205ff.).

15 Schneider (1994) S. 245. S.a. Fn. 11 S. 6; S. 39; Abschnitt B3.3.1.1 (S. 44ff.); Fn. 252 S. 54.

16 Kooperationsangebot und Kooperation seien hier gleichwertig. S.a. Fn. 415 S. 98 und Fn. 60 S. 16.

17 Das Periodenergebnis, welches der Ersteller ausweisen würde, wenn der Kontrahent nicht auf die Rechnungslegung reagieren würde, soll als unverfälscht charakterisiert werden und für gute Ersteller stets höher sein als für schlechte (zu dieser Vergleichssituation s.u. Abschnitt B4, insbes. B4.3 S. 63). Hiermit wird der von Anreizen aus der Kommunikation noch unberührten Rechungslegung die Fähigkeit zugeschrieben, zwischen guten und schlechten Erstellern zu differenzieren. Dies läuft auf die Vorstellung hinaus, der Kontrahent bescheide sich mit der Umkehrung der gezielt auf die Beeinflussung seines Verhaltens gerichteten Veränderungen der Rechnungslegung, s.u. S. 65. Manipulation soll somit als Beschönigung einer Darstellung zum Zwecke der Verhaltensbeeinflussung eines Adressaten verstanden werden. Auch aus Modellierungen, welche die Existenz „wahrer“ Periodenergebnisse annehmen, lassen sich keine weitergehenden Aussagen ableiten, vgl. Abschnitt B4.3 (S. 63ff.).

18 Dieser Begriff wird hier statt des in der Literatur üblicheren Begriffes der Signalisierungskosten verwendet, vgl. Spence (1973) S. 357. Die Positivität des Manipulationsmalusses folgt bei einperiodigem Planungshorizont des Erstellers aus der Definition des unverfälschten Periodenergebnisses, s.Fn. 17.

19 Zur Sanktionierung regelwidriger Abbildungserstellung s.u. S. 26. Unter Institutionen sollen nicht Garantie-Instrumente zur Lenkung individuellen Verhaltens (so Richter (1994) S. 2), sondern (mit Schmidt/Terberger (1996) S. 390) ökonomisch relevante Sachverhalte verstanden werden, die unter dem Aspekt ihres Potenzials zur Minderung von Kosten der Information und der Durchsetzung von Verträgen betrachtet werden.

Die Modellierung erweitert die existierende Literatur zu manipulierbaren Berichten[20] um folgende **Aspekte**.

Das Modell der Manipulation wird deutlich erkennbar aus institutionellen Gegebenheiten abgeleitet und legt insoweit Grundlagen der Analyse von Erfolgsperiodisierung. Das entwickelte Vokabular wurde im Stichwortverzeichnis (S. 395ff.) zusammengestellt.

Existierende Erfolgsperiodisierungsmodelle setzen durchgängig die zentrale, jedoch sparsam kommentierte Annahme, dass eine am Spielende exogen herbeigeführte Manipulationsabstinenz den zeitlich aggregierten unverfälschten Totalerfolg aufdeckt. Auf diese Annahme soll hier verzichtet werden: Ein institutionelles Pendant zu einer solchen Auflösung der Informationsasymmetrie ist weithin nicht ersichtlich.[21] Vielmehr ist eine Analyse der für Rechnungslegungspolitik charakteristischen intertemporalen Wechselwirkungen in einer zeitlichen Längsperspektive mit mehreren, interdependent aufeinander folgenden, gleich modellierten Manipulationsentscheidungen vonnöten. Die vorliegende Modellierung erweitert deshalb den Analyserahmen um derartige – in der Literatur geforderte[22], aber bisher nicht angestellte – dynamisch-langfristigen[23] Betrachtungen.

Die unterstellte Dichotomie der Kontrahentenreaktion und die Umkehr der Manipulation in der Folgeperiode führen bei kontinuierlicher Kommunikation zu einer Kumulation von Manipulation im Zeitablauf, die anhand einer einfachen Analogie als Kontokorrentkredit beschrieben werden kann.[24] Die Manipulationskumulation wird unterbrochen, wenn die unverfälschten Periodenergebnisse erheblich oder anhaltend von den durch die Konformitätsanforderung quantifizierten Erwartungen des Kontrahenten abweichen. In der Periode der Unterbrechung schlägt sich eine negative [positive] Abweichung in einem ausgewiesenen Periodenergebnis strikt unterhalb [oberhalb] des Schwellenwertes nieder.

Ein solcher Ausweis deckt den unverfälschten Totalerfolg des vorausgehenden, sich von der letzten Abweichung bis zur aktuellen Periode erstreckenden Zeitraumes auf: Die nachträgliche Auflösung der Informationsasymmetrie folgt endogen als unregelmäßiges, unvorhersehbares und mit Ungenauigkeiten behaftetes Ereignis aus den Prämissen des Modells.[25] Dieser

20 Zur Einordnung in die Literatur vgl. Abschnitt B5.2.3.2 (S. 83ff.) und Abschnitt B5.3 (S. 92ff.).

21 Vgl. Abschnitt B5.2.3.3 (S. 89ff.), insbes. S. 89.

22 Vgl. Lambert (2001) S. 77 aus modelltheoretischer sowie Burger (1995) S. 251 und Küting/Weber (1993) S. 43 – 45 aus praktischer, rechnungslegungsanalytischer Sicht. S.a. unten S. 105. Intertemporale Wechselwirkungen der Manipulation von Rechnungslegung (s. Abschnitt B2.3.2 (S. 33ff.)) wurden trotz ihrer offensichtlichen Wichtigkeit für die Funktionalität von Rechnungslegung bisher zwar in zweiperiodiger Weise, für längere Planungshorizonte aber nur äußerst spärlich analysiert. Siehe hierzu Abschnitte B5.2.3.2 (S. 83ff.), B5.2.3.3 (S. 89ff.), sowie insbes. Lambert (2001) S. 81 – 82.

23 Zur Systematisierung von Zeithorizonten in Entscheidungsmodellen vgl. Bitz (1977) S. 186 – 224, insbes. S. 197. S.a. unten S. 98, S. 145.

24 Siehe S. 190.

25 Vgl. Abschnitt B5.2.3.3 (S. 89ff.), und auch B5.2.3.2 (S. 83ff.), C3.5 (S. 141ff.), D3.3.2 (S. 196ff.).

Wechsel manipulativer Spannungs- und Informationszustände im Zeitablauf ist als Rechnungslegungspolitik und -perzeption institutionell und empirisch sehr viel eher wieder zu erkennen als die in existierenden Erfolgsperiodisierungsmodellen exogen angenommene Auflösung der Informationsasymmetrie zum Spielende.

Das Optimierungsproblem des Erstellers bei mehrperiodigem Planungshorizont kann als ganzzahliges Minimalkosten-Transport-Problem mit quadratischen Transportkosten dargestellt und gelöst werden. Für einen einfachen Fall kann die malusminimierende stille Reserve als Produkt des durchschnittlichen „Kontostandes" i.S.d. oben beschriebenen Analogie des Kontokorrentkredites mit der „Duration" der Krise als gewichteter Laufzeit ihrer Fehlbeträge ermittelt werden.[26]

Das Manipulationsverhalten während einer wirtschaftlichen Krise wird für den Fall analysiert, dass der Ersteller

- in jeder Periode konform berichtet (Konformitätskontinuität), und dass
  - sich die Manipulation hierbei stets in der Folgeperiode umkehrt, oder dass
  - neben der umkehrenden Manipulation zusätzlich eine konservierbare, jederzeit auflösbare, hier als terminierbar bezeichnete stille Reserve zur Verfügung steht. Es wird hiermit die von Literatur, Regulatoren und Empirie bemühte Vorstellung eines „Verlustverschleierungspotenzials" bzw. „cookie jar reserve"[27] zitiert.
- Weiter wird ermittelt, wann der Ersteller eine als notwendig erkannte, einmalige offene Enttäuschung der Kontrahentenerwartungen durch Unterschreitung der Konformitätsanforderung (Nonkonformität) terminiert. Dies gibt die empirische Figur des „big bath" wieder, hier als buchhalterische Generalbereinigung[28] bezeichnet.

Schließlich werden einige Auswirkungen der Einbeziehung von Vorperioden in die Rechnungslegungsanalyse des Kontrahenten (Erweiterung des Anforderungshorizontes) auf den Erstellerkalkül skizziert.

Einer rechnungslegungsanalytischen Sichtweise verwandt, werden die Implikationen beobachtbarer Größen – ausgewiesene Periodenergebnisse und etwaige Hinweise auf das Manipulationsvorzeichen – für die unbeobachtbaren, unverfälschten Periodenergebnisse erschlossen,[29] insbesondere für die Position des Erstellers im Krisenverlauf. Die Vereinbarkeit des modellierten Verhaltens mit empirischen Befunden wird aufgezeigt.

---

26 Siehe S. 190, 192, 269.

27 Siehe Abschnitt D4.2.1 (S. 223ff.).

28 Siehe Abschnitt D5.1 (S. 256ff.).

29 Hierzu wird ein kommunikationsexogener Beobachter unterstellt, dessen Reaktionen den Ersteller nicht hinreichend betreffen, um sein Manipulationsverhalten zu verändern (vgl. S. 141).

Folgende Figuren des institutionellen Schrifttums werden eingeordnet und bewertet:[30]

- Die Verwendung von Finanzierungsheuristiken;
- die Scheu von Unternehmen vor der Quartalsberichterstattung;
- die negative [positive] Bewertung ergebniserhöhender [ergebnissenkender] Rechnungslegungspolitik;
- die regulatorische Skepsis gegenüber stillen Reserven;
- die Auswertung von Vorjahresabschlüssen.

In den Ergebnissen zeichnen sich folgende **allgemeine Zusammenhänge** ab:

- Irrelevanzbedingungen[31] zeigen an, wann Manipulationsentscheidungen verschiedener Zeiträume unabhängig von einander getroffen werden können. Am Ende derart separierbarer Zeiträume folgt u.U. die o.g. endogene nachträgliche Aufdeckung des unverfälschten Totalerfolges als Implikation der Modellprämissen.
- Eine zu berichtende Größe lässt sich im Allgemeinen mit umso größerer Unschärfe beobachten, je extensiver, intensiver und sensitiver die an den Bericht geknüpften Anreize sind, je weiter die Abbildungsspielräume sind und je differenzierter der Erstellerkalkül ist.[32] Da diese, hier auf anreiz-informatorische Unschärferelation getaufte Gegenläufigkeit von Informationsgehalt und Anreizwirkung einer Rechnungslegung erst retrospektiv aus den Modellergebnissen zu erkennen ist, wurde ihre – verbal gehaltene – Erläuterung für die Schlussbetrachtungen aufgehoben. Im Laufe der Untersuchung wird zur Plausibilisierung und allgemeinen Einordnung der Modellergebnisse wiederholt auf diese spätere Erläuterung zu verweisen sein.[33]
- Eine Analogie interpretiert externe Rechnungslegung als Hingabe einer Geisel vom Ersteller an den Kontrahenten: Die Aussicht auf künftige profitable Kommunikation kann den Ersteller davon abhalten, diese durch Umkehrwirkung heutiger Manipulation zu belasten, und kann insoweit zu unverfälschter Rechnungslegung anreizen.[34]

---

30 Siehe zu Finanzierungsheuristiken u.a. Abschnitt C2.2 (S. 118ff.)); zur Quartalsberichterstattung C3.3 (S. 132ff.); zur Bewertung des Vorzeichens von Rechnungslegungspolitik D3.3.3 (S. 201ff.), D4.1.5 (S. 222ff.), D4.2.5 (S. 251ff.)); zu stillen Reserven D3.3.2 (S. 196ff.), D4.2.5 (S. 251ff.), D5.5 S. 283ff.); zu Vorjahresabschlüssen C3.4 (S. 136ff.), D6.5 (S. 294).

31 So in Anlehnung an die Theoreme zur Separation der Optimierung von Investition und Finanzierung, vgl. Schmidt/Terberger (1996) S. 373. Siehe unten insbesondere S. 161, 193, 245, 251.

32 Vgl. Abschnitt E1 (S. 295ff.). Diese modelltheoretische Unschärferelation wurde aufgrund der strukturellen Ähnlichkeit mit dem quantenmechanischen Theorem von Niels Bohr und Werner Heisenberg hiernach benannt. Sie ist thematisch dem aus der institutionellen Literatur bekannten Objektivierungsdilemma (s.u. S. 105) nahe verwandt.

33 Siehe Abschnitt C3.3 S. 134, D2.3 S. 158, D4.2.5 S. 254, D3.3.2 S. 198 und E3 S. 308.

34 Vgl. Abschnitt E2 (S. 300f.).

Es wird auf jedes analytische Werkzeug **verzichtet**, welches über die im wirtschaftswissenschaftlichen Grundstudium vermittelten formalen Kenntnisse hinausgeht. Die Anwendung spieltheoretischer Konzepte sowie die Berücksichtigung von Unsicherheit werden zu Gunsten der Erweiterung des erstellerischen Planungshorizontes und der Aufhebung der Annahme exogen herbeigeführter Manipulationsabstinenz am Spielende auf Grundlegendes beschränkt. Mit Verweisen auf die umfangreiche einschlägige Empirie[35] wird weder quantitativ noch qualitativ eine erschöpfende Würdigung, sondern eine repräsentative Auswahl und eine zurückhaltende Interpretation angestrebt. Die institutionelle Detailtiefe hinsichtlich der Abbildungsregeln externer Rechnungslegung und der sie begleitenden Institutionen wird mit den nötigsten Ausnahmen in engen Grenzen gehalten. Die Optimierung der Abbildungsvorschriften in Abwesenheit von Manipulationsmöglichkeiten[36] ist ebenso wenig Gegenstand der Untersuchung wie der regulatorische Prozess der Entstehung von Rechnungslegungsvorschriften[37].

Die Arbeit ist einerseits der betriebwirtschaftlichen Funktionsanalyse der Rechnungslegung[38], andererseits der neoinstitutionalistischen Literatur zu Berichtsproblemen[39] verpflichtet. Über die hiermit verbundenen oben dargestellten **Erkenntnisinteressen** hinaus hat die Analyse des modellierten Verhaltens Implikationen für die praktische Rechnungslegungsanalyse der Zeitreihen von Periodenergebnissen.[40] Ferner können die modellierten institutionellen Variationen als Vereinfachungen der Gestaltungsmöglichkeiten von Normgebern und Kontrahenten interpretiert werden[41], so dass die Überlegungen insoweit Hinweise auf die Folgen solcher Gestaltung für die Glaubwürdigkeit externer Rechnungslegung geben.[42] Für praktische Verwendungen sollten die gewonnenen Erkenntnisse aufgrund enger Modellvoraussetzungen jedoch lediglich als Anregungen für weitere Analysen und Überprüfungen angesehen werden.

---

35 Zu einschlägigen Überblicksdarstellungen s.u. die Nachweise in Fn. 308 S. 69.

36 S.a. Abschnitt B4.2 (S. 60ff.).

37 Zu Überblicksdarstellungen s. Ballwieser (1993) S. 121 – 128, Walz (1993). Prominent ist Watts/Zimmerman (1986). Beispiele sind analytisch Feldhoff (1992) und juristisch Hucke (2000). Zur Relativität der Ausrichtung von Gesetzgebung am Gemeinwohl s. Walz (1993) S. 87 – 89 m.w.N.

38 Die Orientierung an Funktionen zur Beurteilung von Fragen der Gestaltung externer Rechnungslegung geht insbes. auf Stützel (1966), Stützel (1967) zurück, siehe aber auch Schmalenbach (1956) S. 28. Einen Überblick bietet Coenenberg (2003) S. 9 – 24 m.v.w.N. Siehe auch Bitz/Schneeloch/Wittstock (2004) S. 32 – 48. Ein Beispiel ist Becker (1999). S.a. Fn. 126 S. 29.

39 Siehe den Überblick bei Lambert (2001) sowie Abschnitt B5.2 (S. 72ff.).

40 Vgl. Abschnitt D3.3 (S. 196ff.), D4.1.5 (S. 222ff.), D4.2.5 (S. 251ff.), D5.5 (S. 283ff.), D6 (S. 286ff.).

41 In Abschnitt C3.3 (Einführung von Quartalsberichten) wird eine Option des Normgebers analysiert. Abschnitte C3.4, C3.5, D4.2.5 (kommunikationsexogene Beobachtungen über mehrere Perioden) und D6 (Erweiterung des Anforderungshorizontes) behandeln rechnungslegungsanalytische Optionen des Kontrahenten. In Kap. C und D werden mit der Erweiterung des Planungshorizontes und der Wiederholung der Kommunikation Charakteristika des Erstellerkalküls herausgearbeitet. S.a.S. 309.

42 Siehe auch in der Zusammenfassung S. 309.

3 Gang der Untersuchung

Kapitel B Grundlagen skizziert institutionelle und begriffliche Grundlagen der Kalküle der Akteure (Abschnitte B1 – B4) und systematisiert die Literatur (B5).

Kapitel C Einperiodiger Planungshorizont formalisiert die Kalküle der Akteure (C1) und deren Interaktion zu Selbstselektion und manipulativen Spannungszuständen (C2). Anschließend wird die zeitliche Kumulation von Manipulation sowie ihre Implikationen für die Erschwerung von Manipulation durch Quartalsberichterstattung, für die Separation guter und schlechter Ersteller über mehrere Perioden, und für die endogene Aufdeckung des Totalerfolges von Anspannungszeiträumen aufgezeigt (C3).

Kapitel D Mehrperiodiger Planungshorizont legt vorab die Bildung stiller Reserven für eine einzelne Periode mit Kommunikation dar (D2) und leitet dann ein allgemeines Lösungsverfahren für die Manipulationsentscheidungen des Erstellers bei mehrperiodigem Planungshorizont und Kommunikationskontinuität ab (D3).
Für den Fall einer ununterbrochenen Folge unverfälschter Periodenergebnisse unterhalb der Konformitätsanforderung wird ermittelt,
— wann der Ersteller positiv und negativ manipuliert (D4.1),
— wann er terminierbare stille Reserven auflöst (D4.2), und
— wann er eine als notwendig erkannte einmalige Nonkonformität terminiert (D5).
Abschnitt **D6** zeigt auf, wie sich die Erweiterung des Anforderungshorizontes um mehrere Perioden auf den Kalkül des Erstellers auswirkt.
Für jeden Annahmenkranz werden die Möglichkeiten erkundet, bei dem jeweils ermittelten Manipulationsverhalten von kommunikationsexogenen Beobachtungen der ausgewiesenen Periodenergebnisse und des Manipulationsvorzeichens auf die unverfälschten Periodenergebnisse zu schließen, und es wird das ermittelte Verhalten anhand empirischer Befunde plausibilisiert (D3.3, D3.4, D4.1.5, D4.2.5, D5.5, D6.5).

Kapitel E Schlussbetrachtungen interpretiert anhand der Modellergebnisse die Gegenläufigkeit von Informationsgehalt und Anreizwirkung einer Rechnungslegung als Unschärferelation (E1) sowie Rechnungslegung als Hingabe einer Geisel (E2) und bündelt die Ergebnisse abschließend (E3).

Einen Zwischenstand und Ausblick auf den weiteren Gang der Untersuchung geben die Abschnitte C4 (S. 143), D1 (S. 145ff.). In Kapitel D leitet jedes Unterkapitel mit einer kurzen Skizze des Vorgehens ein und schließt mit zusammenfassenden Betrachtungen ab. Kapitel D wird in Abschnitt E3 auf S. 304 – 307 zusammengefasst.

Die Anhänge F1, F2.1, F3 exemplifizieren beziehungsweise vertiefen einzelne in den Kapiteln B – E angesprochene Fragen. Anhang F2.2 führt Nachweise für einige Aussagen im Abschnitt D5.

B Grundlagen

1 Kommunikationskontext

Dieser Abschnitt B1 legt fest, welches Berichtsmedium betrachtet wird, umreißt, wer als Ersteller beziehungsweise Kontrahent anzusehen ist, und führt Beispiele für Kommunikationsanlässe an.

Die vorliegende Arbeit behandelt **Rechnungslegung** als Abbildung der wirtschaftlichen Aktivität eines Unternehmens. Als hierfür besonders repräsentatives Beispiel soll, soweit institutionelle Einzelheiten zu erörtern sein werden, der Jahresabschluss herangezogen werden, wie er für das Handelsgewerbe i.S.d. § 1 I HGB einer großen[43] Aktiengesellschaft i.S.d. § 1 I AktG, § 267 III, II HGB zum Ende eines jeden Geschäftsjahres gemäß §§ 238 – 289 HGB und den Grundsätzen ordnungsmäßiger Buchführung[44] zu erstellen[45] ist.

Die Analyse hebt insbesondere auf folgende Eigenschaften dieser Abbildung ab:

— Sie ist eine aus Strom- und Bestandsrechnung durch die Prinzipien der doppelten Buchhaltung kombinierte, dem Kongruenzprinzip[46] unterworfene, regelmäßig erstellte Periodenrechnung.

---

43 Zu den Erleichterungen für kleine und mittelgroße Kapitalgesellschaften i.S.d. § 267 HGB siehe u.a. §§ 264 I S. 3, 266 I, 276, 316, 325 – 327 HGB, die Aufstellung und Kommentierung bei Küting/Weber (1995) Bd. Ia Kap. I RdNr. 15 – 19, weiter Hilke (2000) S. 19 – 24 sowie umfassend Selten (1978). Zur Rechnungslegung von Personengesellschaften ohne natürliche Personen als Vollhafter s. Marten/Meyer (2000), Strobel (2000).

44 Siehe zu Rechtsnatur und Inhalt der GoB für viele Leffson (1987) sowie J. Baetge/H. Kirsch in Küting/Weber (1995) Kap. I RdNr. 238 – 349, Coenenberg (2003) S. 36 – 48, W. D. Gelhausen in WP-Handbuch I (2000) E RdNr. 5 S. 189, Lang (1986), jeweils m.v.w.N.

45 Unter Erstellung der Rechnungslegung soll hier die Aufstellung, für die insbes. die §§ 242 – 256, 264 – 288 HGB gelten; die Prüfung (§§ 316 – 324 HGB); die Feststellung (§ 42a GmbHG, §§ 170 – 174 AktG) und die Publikation (§§ 325 – 329 HGB) verstanden werden. Vgl. zum Ablauf der Erstellung der Rechnungslegung das Schema bei Coenenberg (2003) S. 35.

46 Hiernach habe die Summe der über die Lebensdauer eines Unternehmen gemessenen Periodenerfolge dessen Totalerfolg zu entsprechen, vgl. Schmalenbach (1919) S. 12 – 13 (noch die Bezeichnung „Kontinuität" verwendend) und Schmalenbach (1926) S. 96 – 101, weshalb zit. n. Schildbach (1999 Kongruenz) S. 1813, o.O.) insbes. jede Veränderung des Reinvermögens als Jahresüberschuss auszuweisen ist und die Schlussbilanz mit der nachfolgenden Eröffnungsbilanz übereinzustimmen hat. Schildbach (1999 Kongruenz) S. 1813 bezeichnet letzteres als „Prinzip der Bilanzidentität". Zum heutigen Rechtsstand s. § 252 I Nr. 1 HGB, kommentiert von F. W. Selchert in Küting/Weber (1995) § 252 RdNr. 23 – 33 unter der Bezeichnung „Prinzip der Wertansatzidentität". Vgl. zu Modifikationen dieser Grundsätze nach US-GAAP Kuhlewind (1995) S. 201 – 202 (Verrechnung von Erfolgswirkung vergangener Fehler mit Rücklagen) und nach IFRS Cairns in KPMG/Ordelheide (1991 Hrsg.) S. 1737 – 1744, insbes. S. 1739 (Eigenkapital als Gegenbuchung zur Neubewertung). S.a. Fn. 48.

— Sie wird im Zuge unternehmensbezogener Kooperationsverhältnisse, insbesondere Finanzierungsvorgänge, zur Beurteilung von Unternehmen herangezogen.
— Der Abbildungsvorgang ist dem Willen des Erstellers unterworfen und für die Adressaten der Abbildung nicht transparent. Auf den Ersteller wirken Anreize zur Einhaltung von Abbildungsregeln, sowie Anreize aus Funktionen, welche die Abbildung neben der Information des betrachteten Adressaten erfüllt.

Soweit diese Merkmale auch für andere Abbildungen zutreffen[47], können die Ausführungen hierfür ebenfalls relevant sein; so insbesondere für Konzernabschlüsse, Quartalsabschlüsse nach HGB sowie derartige Abschlüsse nach internationalen Vorschriften[48], aber auch für unternehmensinterne Entscheidungs- und andere Rechnungen.[49] Sämtliche institutionellen Er-

---

47 Coenenberg (2003) S. 4 systematisiert Rechenwerke zur Abbildung von Unternehmen.

48 Dem Recht der EU unterliegende Gesellschaften, deren Wertpapiere an einem geregelten Markt in der EU notieren (kapitalmarktorientierte Gesellschaften), haben nach Art. 4 der IAS-VO in ihrem Konzernabschluss für Geschäftsjahre mit Beginn ab dem ab dem 01. Januar 2005 die International Financial Reporting Standards (IFRS) anzuwenden. Die IFRS sind von dem International Accounting Standards Board (IASB) entwickelt und im so genannten Komitologieverfahren von der Europäischen Kommission anerkannten worden. Unternehmen, die lediglich mit Schuldtiteln notieren, oder die für eine Notierung außerhalb der EU insbes. US-GAAP anwenden, können die Anwendung der IFRS bis Geschäftsjahre mit Beginn ab 01. Januar 2007 hinauszögern, vgl. IAS-VO Art. 9, RefEntw BilReG (2004) Art. 1 Nr. 20 zu § 315a HGB und RefEntw BilReG (2004) S. 44. Zur Rechtslage für Konzernabschlüsse für Geschäftsjahre mit Beginn vor dem 01. Januar 2005 sowie für die Übergangszeit s. W. Schruff in WP-Handbuch I (2000) N RdNr. 1 – 49 S. 1145 – 1156 und zu den entsprechenden Publizitätsanforderungen der Deutschen Börse vgl. Deutsche Börse AG (01.07.2003) §§ 77, 62 I, 95 II. Für den Konzernabschluss nicht kapitalmarktorientierter Unternehmen sowie für den Einzelabschluss, soweit dieser für Informationszwecke herangezogen wird, besteht die Wahl zwischen HGB und IFRS, vgl. RefEntw BilReG (2004) Art. 1 Nr. 20 zu § 315 II HGB und Art. 3 Nr. 5 zu § 11 VI Nr. 2 PublG, s.a. dort S. 43 – 44. S.a. Wendlandt/Knorr (2004) und www.bmj.de. S.a.Fn. 85 S. 21 und Nachw. in Fn. 126 S. 29. Zu IFRS s. International Accounting Standards Board (2002) und www.iasc.org.uk, sowie u.a. Buchholz (2003), Bonse (2002), Hayn/Waldersee (2002), W. Schruff in WP-Handbuch I (2000) N RdNr. 597 – 957 S. 1239 – 1341, Baetge et al. (1997), Hayn (1997), KPMG/Ordelheide (1991 Hrsg.) S. 1661 – 1804 sowie Sonnemann (1989 Hrsg.). Am 14.04.2003 bilanzierten von 381 im Prime Markt notierten Unternehmen 41 nach HGB, 203 nach IFRS, und 137 nach US-GAAP, vgl. Deutsche Börse AG (2002). Zu US-GAAP siehe Financial Accounting Standards Board (1997 OP), Financial Accounting Standards Board (1997 CT GS), Financial Accounting Standards Board (1997 CT IS) und www.fasb.org sowie Buchholz (2003), Bonse (2002), Schildbach (2002), Pellens (2001) S. 37 – 384, W. Schruff in WP-Handbuch I (2000) N RdNr. 50 – 596 S. 1156 – 1239, Kieso/Weygandt (1995), Haller (1994), Eisolt (1992), KPMG/Ordelheide (1991 Hrsg.) S. 2957 – 3163, Sonnemann (1989 Hrsg.), m.v.w.N. Zum Rechtssystem der USA s. Herzog (1989), zum Gesellschaftsrecht Laule (1989), Merkt (1999), Bungert (1994), sowie zu weiteren Grundlagen der Rechnungslegung in den USA Sonnemann (1989 Hrsg.). Zu Besonderheiten des US-amerikanischen Kapitalmarktes für deutsche Unternehmen s. Norton (1995), Roquette/Stanger (1994), Rosen/Prechtel (1996).

49 Zu Abbildungsregeln für Konzernabschlüsse siehe bspw. Busse von Colbe et al. (2003), Baetge/Kirsch/Thiele (2002), Küting/Weber (1989), WP-Handbuch I (2000) insbes. S. 927 – 1144, 1343 – 1368. Auf Quartals- oder Monatsabschlüsse wird in Abschnitt C3.3 und Kap. D eingegangen. Zu Überblicksdarstellungen über die empirische Erforschung von Manipulationsproblemen interner Unternehmensrechnung siehe Ittner/Larcker (2001) und Zimmerman (2001).

läuterungen, insbesondere diejenigen des rechnungslegungspolitischen Instrumentariums des Erstellers, beschränken sich jedoch auf den Jahresabschluss.[50]

Mit „**Ersteller**“ [51] ist im Folgenden die Gesamtheit der Personen gemeint, welche einen unmittelbaren und wesentlichen Einfluss auf die Informationsverarbeitung ausüben, die bei der Entstehung der Rechnungslegung vom einzelnen potenziellen Geschäftsvorfall anfangend bis zur publizierten Rechnungslegung erfolgt.[52] Einen solchen Einfluss dürfte i.d.R. den für das Rechnungswesen Verantwortlichen sowie weiteren zentralen Personen der Unternehmensleitung und -überwachung zugeschrieben werden können[53], insbesondere dem Vorsitzenden des Vorstandes und dem für das Finanzressort zuständigen Mitglied des Vorstandes i.S.d. § 76 AktG sowie möglicherweise Mitgliedern des Aufsichtsrates i.S.d. § 95 AktG, u.U. aber auch Eigen- oder[54] Fremdmittelgebern. Ferner ist bei mehrstufigen oder anderweitig komplexen Erstellungsprozessen ein Einfluss nachgeordneter Ebenen von Entscheidern oder ausführenden Personen nicht auszuschließen. Obwohl sich also der Erstellungsvorgang i.d.R. als mehrstufiger Prozess der Aggregation von Informationen vollzieht (wobei jede Stufe den erstellenden Personen mit Anreizen verbundene Handlungsspielräume eröffnet),[55] sollen die an diesem Entscheidungsprozess Beteiligten im Folgenden als eine homogene Einheit behandelt und als Ersteller bezeichnet werden. Der Ersteller sei über die Verhältnisse des abgebildeten Unternehmens besser unterrichtet als der Kontrahent.

---

50 Das hierdurch entstehende Konkretheitsgefälle zwischen der Verwendung des Begriffes Rechnungslegung und der Beschränkung der institutionellen Erörterungen auf den Jahresabschluss soll hier angesichts der Abstraktheit der Modellergebnisse in Kauf genommen werden.

51 Zur Textformatierung vgl. S. 363 und S. 395.

52 Ähnlich definiert Küting/Kaiser (1994) S. 2 die „Träger der Bilanzpolitik“.

53 Ähnlich Sieben (1998) S. 11 – 12.

54 Mit „a oder b“ ist hier $a \vee b \Leftrightarrow [(a \wedge \text{nicht-}b) \vee (\text{nicht-}a \wedge b) \vee (a \wedge b)]$ gemeint, mit „entweder a oder b“ $[(a \wedge \text{nicht-}b) \vee (\text{nicht-}a \wedge b)]$, welches das gleichzeitige Auftreten der Fälle a und b ausschließt.

55 Eine Abgrenzung zwischen einem „Innerhalb“ und einem „Außerhalb“ des Unternehmens ist angesichts der Heterogenität des Personenkreises mit Einfluss auf die Rechnungslegungserstellung nicht sinnvoll auszufüllen: Bei entsprechender Verteilung dieses Einflusses kann die Rechnungslegungserstellung beispielsweise als Informationstransfer von einem Fremdmittelgeber („innerhalb“ des Erstellers, nach gängigem Sprachgebrauch aber wohl „außerhalb“ des Unternehmens) an die Arbeitnehmer inklusive des Rechnungswesens („außerhalb“ des Erstellers, aber wohl „innerhalb“ des Unternehmens) verstanden werden. Auch kann bereits unter Personen, die den hiesigen Ersteller bilden, nicht von vollkommen symmetrischer Informationsverteilung ausgegangen werden. Es ist nämlich bereits ab relativ kleinen Unternehmensgrößen schwer vorstellbar, dass die Personen, welche die Rechnungslegung feststellen, über jedes Detail des abgebildeten Unternehmens informiert sind und jeden einzelnen Schritt des Abbildungsprozesses im Rahmen der Rechnungslegungserstellung exakt steuern. Siehe allgemein zu Problemen arbeitsteiliger Entscheidungen Laux/Liermann (2003). Für einen Überblick über die Literatur zu einigen Interessenkonflikten in Unternehmen siehe u.a. Lambert (2001) S. 58 – 70 und Indjejikian (1999). Vgl. Dechow/Sloan (1991) insbes. S. 52 – 55, 61 – 65, 78 – 79 zu einer empirischen Erhebung von Anzeichen, dass der Planungshorizont von Unternehmensleitungen in ihren letzten Amtsjahren häufig kürzer ist als aus Sicht der Anteilseigner wünschenswert wäre.

Mit „**Kontrahent**“ ist im Folgenden der hier in Abschnitt B3 (S. 38ff.) näher beschriebene[56] Gegenspieler des Erstellers im Rahmen der gemeinsamen Kommunikation gemeint. Mit der noch zu erläuternden Pauschalisierung seines Verhaltens als dichotome Reaktion[57] wird die Aggregation der Reaktionen einer heterogenen Gesamtheit von Adressaten angestrebt.[58] Damit wird ein Ersteller abgebildet, dessen rechnungslegungspolitisches Verhalten maßgeblich von dem Versuch der Vermeidung bestimmt wird, die Adressatenerwartungen hinsichtlich vorgegebener Eckwerte mit „Spielregelcharakter“ (s.u. S. 44) zu enttäuschen, negativ „aufzufallen“ oder gar unvorteilhafte „Kettenreaktionen“ seiner Kooperationspartner auszulösen. Die Bedeutung der Kontrahentenreaktion für den Ersteller kann je nach Anlass von irrelevant bis existentiell reichen.

Tab. B-1 zeigt Beispiele für **Kommunikationsanlässe** und ihre Kommunikationskontexte, bei denen die hier angestellten Überlegungen relevant sein können.[59] Der Kontrahent kann in seiner Komplexität von einem einzelnen Sachbearbeiter eines Mittelgebers über einige wenige Finanzintermediäre bis zu einem oder mehreren Kapitalmärkten oder einer sonstigen Vielzahl von Kontrahenten des abgebildeten Unternehmens reichen. Seine Handlungsmöglichkeiten können auch durch vertragliche Vereinbarungen, bspw. zur Bemessung von Zahlungen an die Leitungsorgane des Unternehmens[60], fixiert sein. Sie sollen im Folgenden nur insofern interessieren, als sie den Ersteller betreffen.[61]

---

56 Vgl. u.a. Ann. C-1 S. 95, C-2 S. 95, C-11 S. 138, D-9 S. 286.

57 Siehe S. 10, Abschnitt B3 S. 38ff. und Ann. C-1 S. 95.

58 Zur Motivation s.u. Abschnitt B3 (S. 38ff.), und s.o. S. 6. Diese Anreize des Erstellers sollen nicht den Durchsetzungsanreizen (s.u. näher S. 26) zuzurechnen sein und bei einperiodiger Betrachtung keine Senkung des Periodenergebnisses nahe legen, wie etwa u.U. bei der Steuerbemessung oder Verhandlungen mit Gewerkschaften. Der Kreis denkbarer Kontrahenten ist eine echte Teilmenge von denkbaren Adressaten externer Rechnungslegung. Zu letzteren im Allgemeinen s. Nachw. in Fn. 126 S. 29.

59 Ähnliche Aufstellungen finden sich etwa bei Baetge (1998) S. 7 – 10.

60 Kontrahierung ist auch als Zahlungsbemessung i.S.v. Stützel (1967) denkbar.

61 Siehe Abschnitte B3 S. 38, C1 S. 95, C2 S. 112, D3.3 S. 196, D6 S. 286.

	Kommunikationsanlass	Kontrahent	Aktionsfeld des Kontrahenten
1	Emission oder private Platzierung von Finanzierungstiteln wie Aktien, Anleihen, Optionen etc.	Anleger (institutionell, privat)	Ablehnung der Offerte, Bemessung hinzugebender Mittel, Ausgestaltung der Titel
2	Prolongation besicherter Fremdmitteltitel	Fremdmittelgeber	Verwertung von Vermögensreservationen, Exekution rechtlicher oder tatsächlicher Verwaltungsbefugnisse, Strafzinsen
3	Kapitalüberlassung innerhalb eines Konzerns	Muttergesellschaft	Vergabe und Abzug finanzieller Mittel, Exekution von Verwaltungsbefugnissen
4	Übernahme der Anteilsmehrheit	Konkurrent, sonstiger Investor	wie 3
5	Gesellschaftsinterne Allokation von Ausschüttungskompetenzen	Gesellschafterkollektiv	Ausschüttungserzwingung gemäß §§ 58, 174 I AktG, u.U. gemäß § 46 Nr. 1 GmbHG
7	Gesellschaftsexterne Beschränkung von Ausschüttungskompetenzen	Gläubiger	Ausschüttungsverhinderung gemäß §§ 57 III, 58 I S. 3, II S. 3 AktG; § 30 I GmbHG
8	Leistungsbeurteilung der Unternehmensleitung	Gesellschafter	Einfluss auf Entlohnung, Beförderung, Weiter- oder Neubeschäftigung
9	Rechtsstreitigkeit, Vermögensauseinandersetzung	Gegner in der rechtlichen Auseinandersetzung	Zahlung von Ausgleich, Entschädigung, Schadensersatz, Prozesskosten, Bußgeldern; unternehmensinterne Disziplinarmaßnahmen; Rufschädigung; strafrechtl. Sanktionen

Tab. B-1: Beispiele für Kommunikationskontexte

2 Entscheidungsfeld des Erstellers

2.1 Komponenten des Entscheidungsfeldes

Das Verhalten des in Abschnitt B1 definierten Erstellers soll sich derart gestalten, als ob er für die bei seiner Rechnungslegungspolitik auftretenden Entscheidungsprobleme ein Entscheidungsfeld explizit formulieren würde. Dieses Entscheidungsfeld soll mit sonstigen betrieblichen Verhältnissen nur pauschal verknüpft sein[62].

Hierzu gehört[63] zunächst das **Aktionsfeld**[64]: Es stellt die Gesamtheit der für die Lösung eines Entscheidungsproblems relevanten, sich gegenseitig ausschließenden[65] Handlungen (HANDLUNGSALTERNATIVEN) des Entscheiders dar. Die Dimensionen, welche die für die Entscheidung relevanten Eigenschaften dieser Handlungen beschreiben, sollen als HANDLUNGSPARAMETER bezeichnet werden. Das Wohlbefinden des Erstellers hängt neben der Wahl einer Handlungsalternative auch von anderen Faktoren ab, deren Realisierungen als **Umweltzustände** bezeichnet werden. Ihre für den Ersteller relevanten Dimensionen werden hier als Handlungsfolgen der Rechnungslegungspolitik, kurz HANDLUNGSFOLGEN, bezeichnet.[66]

Die Gesamtheit der bei der Wahl einer Handlungsalternative und der Realisierung eines Umweltzustandes eintretenden Handlungsfolgen können zum **Ergebnisvektor**[67] zusammengefasst werden. Der Ersteller soll seine Wertschätzung eines Ergebnisvektors zu einer monetären Größe zusammenfassen (ZIELGRÖẞE). Er soll die Differenz zwischen den mit verschiedenen Ergebnisvektoren erreichten Zielgrößen monetär bemessen und auf das Ende der Periode des betreffenden Berichtes beziehen. Zielgrößen, die mit zu verschiedenen Zeitpunkten erstellten Berichten assoziiert sind, soll er durch Abzinsung aggregieren.

Der noch einzuführende Aufzinsungsfaktor q kann, bei entsprechender Interpretation, eine pauschal im Zeitablauf steigende Unsicherheit hinsichtlich der Umweltzustände erfassen. Im

---

62 Zu sachlichen Interdependenzen von Entscheidungsproblemen vgl. Bitz (1977) S. 93 – 123.

63 Vgl. zu der im Folgenden angewendeten Terminologie des Grundmodells der Entscheidungstheorie Bitz (1977) S. 66 – 81, Bitz (1981) S. 10 – 12, Mag (1990) S. 11 – 18, Bamberg/Coenenberg (1992) S. 12 – 38 sowie umfassend zu den ein Entscheidungsmodell strukturierenden Vorentscheidungen Bitz (1977).

64 Zur Bestimmung eines Aktionsfeldes als Ergebnis des ersten Schrittes eines Entscheidungsprozesses, in dem der Entscheider aus denkbaren Handlungsmöglichkeiten diejenigen selektiert, die für eine nähere Analyse in Frage kommen, vgl. Bitz (1977) S. 91 – 130 und S. 187 – 220.

65 Ein Aktionsfeld sich gegenseitig nicht ausschließender Handlungsalternativen kann bekanntlich stets in einen Aktionsfeld sich ausschließender Handlungsalternativen überführt werden, in dem die gleichzeitige Ausführung ursprünglicher Handlungsalternativen als gesonderte Handlungsalternativen aufgeführt werden. Würden letztere als A und B bezeichnet, wäre das Aktionsfeld als „ Entweder A oder B oder (A und B)“ zu formulieren.

66 Eine Dimension künftiger Zustände gehört jedoch nur dann zu den Handlungsfolgen der Rechnungslegungspolitik, wenn das Aktionsfeld mindestens zwei Handlungsalternativen enthält, für die sich die Ausprägungen dieser Dimension unterscheiden.

67 Vgl. Bitz (1981) S. 10.

Übrigen soll der Ersteller innerhalb seines noch zu erläuternden Zeithorizontes davon ausgehen, dass die ihm vorliegenden Informationen über die Umweltzustände sicher sind,[68] soweit nicht die Reaktionen des Kontrahenten i.S.d. Abschnittes B1 betroffen sind.[69] Diesem wird ein explizites – wenn auch rudimentäres – Entscheidungskalkül unterstellt. Somit wird eine (einfache) **Spielsituation** analysiert, s.a. Abschnitt C2 (S. 112ff.). Die mit der Prämisse der Planungssicherheit einhergehenden Vereinfachungen des Erstellerkalküls sind vor allem

— zum einen der Verzicht auf die Analyse von Effekten aus Korrelationen unsicherer Größen sowie aus Risikopräferenzen,
— zum anderen der Verzicht auf die Explizierung einer im Zeitablauf stattfindenden, allmählichen Auflösung von Unsicherheit für die Definition und Bewertung[70] von Handlungsalternativen.

Aufgrund der Knappheit an Informationsbeschaffungs- und -verarbeitungskapazität eines jeden Entscheidungssubjektes[71] muss es sich bei der Artikulation eines Entscheidungsfeldes in Form von Handlungsalternativen, Umweltzuständen, Handlungsfolgen, Zielgrößen und ihren Verknüpfungen um ein vereinfachendes Bild seiner tatsächlichen Entscheidungssituation handeln: Eine originalgetreue Abbildung ist nicht wirtschaftlich möglich, und selbst wenn sie es wäre, brächte sie das Entscheidungsproblem einer Lösung nicht näher. Auch können die bei dieser Vereinfachung angewendeten Prozeduren nicht bis ins letzte denkbare Detail be-

68 Würden die hier als sicher bekannt unterstellten Größen als Erwartungswerte interpretiert und dem Ersteller Risikoneutralität unterstellt, dürfte die Modellanalyse in den Kapiteln C–E3 zu ähnlichen Ergebnissen gelangen. Dies wurde jedoch lediglich sporadisch überprüft.

69 Ist die Unsicherheit über die Umweltzustände nicht auf einen rationalen Gegenspieler zurückzuführen, liegen Unsicherheitssituationen i.e.S. vor. Zu deren Systematisierung nach Beschaffenheit vorliegender Informationen s. Bitz (1981) S. 14 – 16, Mag (1990) S. 49 – 65, Bamberg/Coenenberg (1992) S. 17.

70 Zur Bewertung von Handlungsspielräumen im Rahmen der Optionspreistheorie siehe grundlegend Black/Scholes (1973) und Cox/Ross/Rubinstein (1979) bzw. Rendleman/Bartter (1979), letztere hier zitiert nach Terstege (1994) S. 55. Zur weiteren Entwicklung dieses Theoriegebietes siehe den Überblick bei Merton (1998) und bei Terstege (1994) S. 50 – 72 sowie kritisch Terstege (1994), insbes. S. 123 – 128, 139 – 143, 189 – 190, 236 – 242. Zur Anwendung auf die Bewertung betrieblicher Handlungsspielräume (Realoptionen) siehe für viele Breuer/Gürtler/Schuhmacher (1999), Koch (1999), Laux (1993), und aus praktischer Sicht Rams (1999), Kellog/Charnes (2000). Vgl. als didaktische Darstellung bspw. Franke/Hax (2004) zur Berücksichtigung der Korrelation von Ergebnisgrößen bei Entscheidungen S. 315 – 364 und zur flexiblen Planung und Optionsbewertung S. 282 – 290, 374 – 385.

71 Zur Kategorisierung von auf die Differenzierung von Entscheidungskalkülen gerichteten Aktivitäten vgl. Bitz (1977) S. 417 – 423. Zu einer frühen Analyse von Informationssuchkosten vgl. Arrow/Blackwell/Girshick (1949). Die Vereinfachungen eines stilisierten Entscheidungskalküls, welches häufig als Informationsinput verwendet wird, nämlich der Untenehmensbewertung durch Wirtschaftsprüfer, können den Ausführungen von G. Siepe in WP-Handbuch II (2002) A RdNr. 1 – 419 S. 1 – 149 entnommen werden. Bspw. führen Informationsbeschaffungskosten hierbei zur Heranziehung ganzer „Prämissenkatalog(e)". Zu den Kosten der Informationsverarbeitung vergleiche man bspw. den Aufwand der exakten Lösung linearer und nicht-linearer Optimierungsprobleme, s. etwa Williams (1993) S. 59 – 245 versus S. 245 – 341 oder auch Kap. D (S. 145ff.) der vorliegenden Untersuchung, insbes. Abschnitt D3.1.2 (S. 163ff.). Diese Beispiele zeigen, dass bereits anscheinend geringe Differenzierungen eines Entscheidungskalküls prohibitiv hohe Informationskosten hervorrufen können. Zur mathematischen Komplexitätstheorie vgl. bspw. Schrijver (1990) S. 14 – 23. Zur Komplexitätsreduktion von Entscheidungsmodellen aus volkswirtschaftlicher Sicht s. Deutsch/Fritsch (1980).

gründet werden, weil dies einen unendlichen Regress weiterer Entscheidungskalküle provozieren würde. Ein Entscheidungskalkül bedarf deshalb unweigerlich vieler expliziter und impliziter Festlegungen, die lediglich im Wege subjektiven Ermessens begründbar sind.[72] Wer diese Notwendigkeit des **„Ökonomisierens des Ökonomisierens“**[73], also einer Vergröberung der Realität bei der Formulierung eines Entscheidungskalküls,[74] ignoriert, dem entstehen bei jedem Entscheidungsproblem potenziell unendlich hohe Kosten der Informationsbeschaffung und -verarbeitung. Insofern ist „vollständige Information“ ebenso wie „unbeschränkte Rationalität“ stets nur im Hinblick auf eine bereits zum Modell stilisierte Situation denkbar. Auch ist eine „Heuristik“[75] lediglich *relativ* simpler als ein angeblich vollständiges Entscheidungskalkül: Sie bezeichnet die Lösung eines Entscheidungsproblems, für welches bereits eine differenziertere Formulierung oder Lösung existiert. Diese aber könnte in ihrer Differenziertheit stets übertroffen und zur „Heuristik“ degradiert werden. Die Notwendigkeit des „Ökonomisierens des Ökonomisierens“ schlägt sich auch in den hier modellierten Kalkülen von Ersteller und Kontrahent nieder. Dies wird jedoch nur gelegentlich expliziert.[76]

2.2 Aktionsfeld

Das hier zu analysierende Entscheidungsproblem des Erstellers soll auf die Gestaltung des zur Rechnungslegung führenden Abbildungsvorganges (RECHNUNGSLEGUNGSPOLITIK) [77] be-

---

72 Da der Vereinfachungsvorgang das Resultat der Entscheidung beeinflussen kann, ist er selbst sowie die mit ihm verbundene Informationssuche als Entscheidungsproblem anzusehen. Hierbei ist, sobald die Suche nach einer angemessenen Nachbildung der Entscheidungssituation signifikante Ressourcen beansprucht, grundsätzlich von der Existenz einer optimalen (mehrdimensionalen) Komplexion eines Entscheidungskalküls auszugehen. Würde der Entscheider allerdings versuchen, diese optimale Komplexion mit Hilfe eines formalisierten Kalküls zu bestimmen, geriete er – aufgrund der Unmöglichkeit, die Realität exakt abzubilden – ohne Verzicht auf weitere Begründungen in einen immer weiter fortschreitenden Regress von in einander geschachtelten Entscheidungsproblemen. Zu den konzeptionellen Schwierigkeiten, die Vor- und Nachteile von Veränderungen der Komplexion zu ermitteln und hierdurch einen solchen Regress von immer weiteren Modellverfeinerungen zu beenden, ohne auf subjektives Ermessen zurückzugreifen, siehe Bitz (1977) S. 399 – 434, insbes. S. 429, m.w.N. auf S. 399 – 401, sowie Conlisk (1996) S. 686 – 691 m.w.N. S.a. Bitz (1981) S. 18 – 20.

73 „Economizing Economizing“, Day/Pingle (1991) S. 509, hier zitiert nach Conlisk (1996) S. 687.

74 Diese Vergröberung findet übrigens zweifach statt: Kein Entscheidungssubjekt kann seine Situation in jeder Einzelheit erfassen, und in ökonomischen Modellen ist man in der Regel gezwungen, die mit ihnen abgebildeten Entscheidungskalküle zu vereinfachen.

75 Williams (1993) S. 330 umreißt den Begriff und listet Gründe für die Anwendung auf.

76 So insbes. für den Planungshorizont des Erstellers (s.a. Fn. 102 S. 25 und Abschnitt D1 (S. 145ff.)) und, in Abschnitt 3.1, für Aktionsfeld und Informationsauswertungsverhalten des Kontrahenten.

77 Mit Rechnungslegungspolitik ist die Festlegung hinsichtlich der beschriebenen Handlungsparameter gemeint, nicht etwa nur das Abweichen von einer aus übergeordneter Warte erwünschten Vorgehensweise. Vorbildliche Rechnungslegung ist also eine mögliche Realisation der Rechnungslegungspolitik. Allerdings wird ab Abschnitt B4 (S. 57ff.) die Rechnungslegungspolitik nur noch als Abweichung von einer „idealen“ oder „unverfälschten“ (s. Abschnitt B4.2 – B4.3 S. 60 – 65) Rechnungslegung relevant sein. Im Modell wird bei einperiodiger Betrachtung ausgewiesenes abzüglich unverfälschtem Periodenergebnis als Manipulation bezeichnet, s.u.S. 65.

schränkt werden.[78] Die Ausführung der Rechnungslegungspolitik soll als BERICHTEN[79] bezeichnet werden. Die **Handlungsparameter** der hierfür relevanten Handlungsalternativen lassen sich jeweils einer der folgenden drei Kategorien zuordnen und weiter systematisieren:[80]

— Soweit Veränderungen der abzubildenden Sachverhalte dem Abbildungsvorgang zuzurechnen sind (SACHVERHALTSGESTALTUNGEN[81] s.a.u. Abschnitt 4.2 S. 60ff.), können diese u.a. nach den von ihnen betroffenen Aspekten des betrieblichen Geschehens systematisiert werden, zu denen etwa der zeitliche Ablauf, die Finanzierung, sonstige rechtliche Verhältnisse und die Organisation gehören können.
— Die formalen Handlungsparameter der Aufstellung der Rechnungslegung werden üblicherweise systematisiert nach
  □ ihrer rechtlichen Qualität[82] in
    » Wahlrechte, die explizit aus den gesetzlichen Vorschriften hervorgehen,
    » Ermessensspielräume, die sich beim Abbildungsvorgang innerhalb der einschlägigen Normen faktisch ergeben,[83] und
    » illegale Praktiken, die einschlägige Normen brechen; sowie nach
  □ ihrer abbildungstechnischen Bedeutung[84],[85] in

---

78 S.a. Fn. 77. Darüber hinaus hat der Ersteller, etwa im Wege privatrechtlicher Vereinbarungen mit Adressaten sowie glaubwürdiger Festlegungen des eigenen Verhaltens, Möglichkeiten zur Beeinflussung von Abbildungsregeln, von Anreizen zu deren Durchsetzung und von Funktionen der Rechnungslegung. Diese Möglichkeiten werden hier nicht behandelt. S.a. Abschnitt B3.3.1.2 (S. 48ff.).

79 Die institutionelle Literatur spricht z.T. irreführend von „Bilanzierung", vgl. etwa Schneider (1994) S. 136, Burger (1995) S. 251. Zur engeren Bedeutung s. Bitz/Schneeloch/Wittstock (2004) S. 138.

80 Zu weiteren Systematisierungen vgl. Hinz (1994) S. 85 – 90 m.v.w.N.; Bitz/Schneeloch/Wittstock (2004) S. 673 – 697, Coenenberg/Sieben (1997) S. 1044 – 1045, Eigenstetter (1998) S. 452, Freidank (1990) S. 22 – 61, Ossadnik (1998), Pfeiffer, Jr. et al. (1998). S.a. Eilenberger (1995) S. 56 – 63.

81 Sachverhaltsgestaltungen werden auch im Schrifttum zur Rechnungslegungspolitik gezählt, vgl. bspw. Berens/Hoffjan (1999) S. 1284, Hinz (1994) S. 67 – 80, inbes. S. 68, Selchert (1996) S. 1933 – 1934 mit jeweils im Detail unterschiedlichen Abgrenzungen. Kußmaul/Lutz (1993) S. 344 verwenden für diese Handlungsmöglichkeiten die prägnante Bezeichnung „Urbildspielräume", der hier jedoch der Begriff Sachverhaltsgestaltung aufgrund seiner Gebräuchlichkeit vorgezogen werden soll. Zu den einzelnen Möglichkeiten von Sachverhaltsgestaltungen vgl. u. a. Berens/Hoffjan (1999), Bitz/Schneeloch/Wittstock (2004) S. 691 – 697, Coenenberg/Sieben (1997), Hilke (2000) S. 91 – 99, Hinz (1994), Hoffmann (1996), Hoffmann (1996 Dividendeneinnahmen), Hoffmann (1995), Hoffmann (1994), Jacob (1996), Kußmaul/Lutz (1993), Selchert (1996). Zu Sachverhaltsgestaltungen, die sich auf die Beeinflussung des Konzernabschlusses richten, siehe Scheren (1993) u.a. S. 112 – 114, 255 – 259, 270, 353 – 357, sowie Greth (1996), Klein (1989), Küting/Weber (1989) S. 43 – 82. Durch Rechnungslegung induzierte Änderungen der abzubildenden Sachverhalte wurde in den von Coenenberg/Haller (1993) S. 581 zitierten Untersuchungen insbesondere für Leasingverträge, Forschungs- und Entwicklungskosten und finanzielles Verhalten im Zusammenhang mit Fremdwährungen konstatiert sowie bei Barton (2001) S. 14 – 23 für den Einsatz derivativer Finanzinstrumente. Dass Bereinigungstechniken der Adressaten solche Entscheidungen beeinflussen können, zeigt exemplarisch der Verzicht des Metrokonzerns auf das zunächst beabsichtigte „Sale-and-Lease-Back" seiner Immobilien aufgrund der Einstufung künftiger Leasingraten als Verbindlichkeiten durch Ratingagenturen, vgl. Frankfurter Allgemeine Zeitung, 01.11.2003, S. 15.

82 Vgl. Bitz/Schneeloch/Wittstock (2004) S. 641f., Kerth/Wolf (1993) S. 306, Freidank (1990) S. 26.

83 Freidank (1990), S. 38 – 39, unterscheidet weiter Ermessensspielräume hinsichtlich der Subsumption eines Sachverhaltes unter eine Vorschrift (Subsumptionsspielräume, bspw. unter § 253 III S. 3) und hinsichtlich der aus gegebener Subsumption resultierenden Rechtsfolge (Konklusionsspielräume, bspw. die Höhe einer Rückstellung für ungewisse Verbindlichkeiten gem. § 249 I Satz 1, 1. Hs. HGB).

  - » Abgrenzungsparameter, welche die zeitliche und sachliche Abgrenzung der in die Rechnungslegung aufzunehmenden Sachverhalte determinieren,
  - » Bewertungsparameter, womit den Sachverhalten monetäre Werte zugeordnet werden,[86] und
  - » Aggregations- und Gliederungsparameter, die bestimmen, in welcher Detaillierung, Anordnung[87] und mit welchen ergänzenden Informationen die aufzunehmenden, bewerteten Sachverhalte dargestellt werden.
- — Sonstige Handlungsparameter betreffen die nicht-formalen Handlungsparameter der Erstellung, wie etwa die Detailtiefe der Inventur, sowie etwaige Handlungsparameter der Feststellung, Prüfung und Offenlegung.[88]

Diese Eingrenzung der Rechnungslegungspolitik unterscheidet sich von üblichen Definitionen[89] institutioneller Literatur inhaltlich im Wesentlichen durch die Einbeziehung von Entscheidungen über illegale Maßnahmen und praktische Erstellungsvorgänge.

Zur ausschließlichen Betrachtung der Rechnungslegungspolitik sind die Wechselwirkungen zwischen **Abbildungsvorgang** einerseits und **Urbild** (also der nicht zur Rechnungslegungspolitik gehörenden Teil der Unternehmenspolitik, hier OPERATIVE[90] UNTERNEHMENSPOLITIK) andererseits, in geeigneter Weise definitorisch zu durchtrennen. Noch liegen hierfür keine restlos überzeugenden Lösungen vor. Im Schrifttum wird Rechnungslegungspolitik häufig definiert als Beeinflussung des Abbildes mit dem Ziel seiner Verbesserung im Sinne unternehmerischer Ziele, insbesondere im Hinblick auf die Reaktionen der Adressaten der Rechnungslegung.[91] Hiermit wird die gesuchte Grenze allerdings nicht gezogen, weil das Abbild regelmäßig auch durch Beeinflussung des Urbildes verändert werden kann.[92] Die zuweilen anzu-

---

84 Vgl. zur Systematisierung und zu den einzelnen Gestaltungsmöglichkeiten Bitz/Schneeloch/Wittstock (2004) S. 11 – 13, 638, 677 – 690; Hilke (2000) S. 99 – 222; Kerth/Wolf (1993) S. 306 – 315. Speziell zum Umgang mit dem Stetigkeitsprinzip siehe Pfleger (1983).

85 Zudem besteht teilweise die Wahl zwischen dem Regelsatz des HGB und der IFRS, vgl. Fn. 48 S. 14. Zur Rechnungslegungspolitik unter IFRS vgl. bspw. Fuchs (1997), Pellens/Sürken (1998) und zu diesbezüglichen formalen Modellen die Nachw. in Fn. 425 S. 102.

86 Die Bewertungsparameter werden häufig danach unterteilt, ob die Wahl unmittelbar zwischen mehreren Werten (Wertansatzwahlrechte) oder zwischen mehreren Methoden (Methodenwahlrechte) besteht, vgl. bspw. Schulte (1986) S. 129, Freidank (1990) S. 38 – 39.

87 Auch die Anordnung einer Information kann Reaktionen von Adressaten beeinflussen, vgl. die jedoch nur leicht signifikanten Ergebnisse bei Davis-Friday et al. (1999) S. 415 – 420 für die Abbildung einer künftigen Belastung durch Anhangangabe versus Aufwandsbuchung.

88 Zum Ablauf der Rechnungslegungserstellung vgl. Fn. 45.

89 Vgl. bspw. Baetge/Ballwieser (1977) S. 200, Baetge/Ballwieser (1978) S. 512, Berens/Hoffjan (1999) S. 1282, Bitz/Schneeloch/Wittstock (2004) S. 641 – 643, Burger (1995) S. 251, Hinz (1994) S. 12 – 13 m.w.N., Coenenberg/Sieben (1997) S. 1043.

90 Baetge/Ballwieser (1978) S. 515 verwenden das Partizip „gestaltend“.

91 Vgl. bspw. Baetge/Ballwieser (1977) S. 200, Eilenberger (1995) S. 56.

92 So könnten etwa Entscheidungen über Marketingmaßnahmen zur Rechnungslegungspolitik gezählt werden, weil diese Maßnahmen den Ausweis der Umsatzerlöse steigern sollen.

treffende Forderung, Rechnungslegungspolitik müsse „bewusst“ geschehen[93], erscheint – von ihrer geringen Operationalisierbarkeit abgesehen – zu einengend. Auch das Postulat, Sachverhaltsgestaltungen dürften keine wesentlichen Ressourcen beanspruchen, erscheint angesichts der erheblichen, im Zuge diverser Bilanzskandale von bedrängten Unternehmensleitungen unternommenen, für gewöhnlich zur Rechnungslegungspolitik gezählten Anstrengungen, ebenfalls als definitorisch zu einengend. Vielmehr wird die Definition der Rechnungslegungspolitik im Schrifttum typischerweise durch die Aufzählung von konkreten, zur Rechnungslegungspolitik gezählten Wahlmöglichkeiten erläutert. So erfolgt hinsichtlich der o.g. formalen Handlungsparameter eine operable Eingrenzung der Rechnungslegungspolitik.[94] Diese Eingrenzung fällt bei Sachverhaltsgestaltungen angesichts ihrer potenziellen Vielfalt dagegen schwer.[95] Die Rechnungslegungspolitik als Unterschied zwischen gewählter umfassender Unternehmenspolitik und einer hypothetischen umfassenden Unternehmenspolitik ohne Abbildung zu definieren, oder alternativ ohne Informationsasymmetrie, befriedigt aufgrund der Wechselwirkungen zwischen Abbildungsvorgang und Urbild[96] ebenso wenig wie das Abstellen auf organisatorische Gegebenheiten.[97] Eine endgültige Lösung dieses definitorischen Problems erscheint für die Zwecke der vorliegenden Untersuchung jedoch nicht dringend erforderlich. Vielmehr soll unterstellt werden, dass der Abbildungsvorgang im Einzelfall stets von der abzubildenden Realität unterschieden werden kann. S.a. Abschnitt B4.2 (S. 60ff.).

---

93 Vgl. u.a. Börner (1996) S. 145. Bitz/Schneeloch/Wittstock (2004) S. 643 stellen auf den Zweck ab. Hinz (1994) S. 12, 67 – 69 grenzt Rechnungslegungspolitik mit dem Kriterium, sie müsse „jahresabschlusspolitisch motiviert“ sein, positiv ab und die Sachverhaltsgestaltung mit der Forderung, sie dürfe die „sachverhaltsabbildenden“ Parameter nicht betreffen, negativ. Andererseits lehnt er aber die Heranziehung des erstgenannten Merkmals für die rechtliche Qualifizierung von Sachverhaltsgestaltungen wegen fehlender intersubjektiver Nachprüfbarkeit ab, vgl. Hinz (1994) S. 69 – 73. Somit bleibt die Abgrenzung zwischen Sachverhaltsgestaltung und Nicht-Rechnungslegungspolitik letztlich offen.

94 Vgl. bspw. Bitz/Schneeloch/Wittstock (2004) S. 674 – 690, Küting/Kaiser (1994) S. 10 – 14.

95 Vgl. aber die systematisierenden Darstellungen bei Berens/Hoffjan (1999) S. 1288 – 1293, Bitz/Schneeloch/Wittstock (2004) S. 691 – 697, Hinz (1994) S. 85 – 90, Hoffmann (1994) S. 5 – 14.

96 Eine hypothetische Situation ohne Abbildung würde aufgrund einer grundlegend anderen Anreizsituation eine umfassendere Definition der Rechnungslegungspolitik implizieren als es hier sinnvoll oder mit dem üblichen Verständnis von Rechnungslegungspolitik vereinbar wäre. Würde man als entgegengesetztes Extrem die Abbildungspolitik als Abweichung zwischen umfassender Unternehmenspolitik mit Abbildung einerseits und umfassender Unternehmenspolitik mit Informationssymmetrie zwischen sämtlichen Adressaten und Ersteller andererseits definieren, dann würden Verhaltensweisen fernab jeder Abbildung, die sich der Kontrahent nur aufgrund unvollständiger Erfassung seines Verhaltens in der Abbildung „erlauben“ kann, zur Abbildungspolitik gezählt. Dies ist ebenfalls nicht mit der intuitiven Vorstellung der Beschönigung eines gegebenen Verhaltens vereinbar.

97 So könnte man zur operativen Unternehmenspolitik die Entscheidungen der nicht mit der Rechnungslegung befassten Instanzen des Unternehmens zählen, die unter Zugrundelegung einer mehr oder weniger zutreffenden Vorstellung von den durch den Jahresabschluss ausgelösten Wirkungen optimiert werden. Das Ergebnis dieser operativen Unternehmenspolitik wäre dann das Urbild. Den mit der Rechnungslegung befassten Instanzen könnte unterstellt werden, dass sie unter Hinzuziehung der ihnen zur Verfügung stehenden Informationen, Ressourcen und Beeinflussungsmöglichkeiten die Abbildung optimieren. Hierbei erfolgende Veränderungen des realen betrieblichen Geschehens wären dann dem Abbildungsvorgang zuzurechnen.

Um den Kontrahenten zur gewünschten Verarbeitung der Rechnungslegung zu veranlassen, wird der Ersteller die äußere Form[98] des Abbildungsmediums Rechnungslegung sowie die üblicherweise erwartete Konsistenz seiner Bestandteile in zumindest minimalem Maß wahren müssen[99]. Im Übrigen ist die **Weite des Aktionsfeldes** des Erstellers in sachlicher Hinsicht eine Frage der Abwägung der mit einem gegebenen Vorgehen verbundenen Handlungsfolgen. Die Grenze zwischen relevanten und irrelevanten Möglichkeiten zur Beeinflussung der Abbildung wird somit umso weiter zu ziehen sein – d.h. umso umständlichere, kostspieligere, riskantere Maßnahmen umfassen – je schwerer die Reaktionen des Kontrahenten für den Ersteller wiegen. Hierbei ist nicht auszuschließen, dass die in Abschnitt B1 beschriebenen Kommunikationsanlässe in besonderen (Krisen-) Situationen des Unternehmens dem Ersteller zuweilen auch gesetzeswidriges, strafrechtlich bewehrtes Vorgehen erwägenswert erscheinen lassen.[100]

In dem hier noch zu entwickelnden Modell soll der Ersteller am Ende jeder explizit geplanten Berichtsperiode über den Bericht der zu Ende gehenden Periode entscheiden. Er soll die auf diesen Bericht bezogenen Wirkungen auf seine Zielgröße (s.S. 18, s.u. S. 100) sofort verzeichnen, soweit diese Wirkungen künftige Kommunikationsvorgänge mit der Rechnungslegung nicht betreffen. Dies kommt der Unterstellung gleich, dass der Ersteller künftige kommunikationsunabhängige Handlungsfolgen auf den Erstellungszeitpunkt implizit abzinst. S.a.u. Abschnitt B2.3.2 (S. 33ff.) sowie S. 103. Die Zahl der explizit geplanten Berichtsperioden soll als PLANUNGSHORIZONT PH bezeichnet werden.[101] Hiermit wird die Abgrenzung des Aktionsfeldes in zeitlicher Hinsicht als die für die vorliegende Untersuchung zentrale Komplexitätsdimension des rechnungslegungspolitischen Erstellerkalküls determiniert.

Potenziell kann jede Erweiterung des Planungshorizontes – wie im Allgemeinen jede Differenzierung der Anpassung eines Entscheidungskalküls an das vom Entscheider als Realität

---

98 Vgl. u.a. das gesetzliche Gliederungsschema gemäß §§ 266 – 268 HGB.

99 Dass dieses Minimalmaß spürbar unterhalb der gesetzlichen Anforderungen zu finden ist, zeigt der Befund von Bötzel/Hauschildt (1995) S. 559 – 560, die 119 Konzernabschlüsse aus den Jahren 1987 und 1988 mit einem die Einhaltung gesetzlicher Informationsanforderungen messenden „Publizitätsindex" mit Werten zwischen 0 und 100 bewerten, wobei 100 die einwandfreie Einhaltung wiedergibt, und einen Minimalwert von 15,8, einen Mittelwert von 57,2 und einen Maximalwert von 94,9 feststellen. Glaum/Street (1999) konstatieren für 200 IFRS oder US-GAAP anwendenden Unternehmen, dass sie durchschnittlich 83,7% der geforderten Angaben publizieren, während nur zwei Unternehmen einen einwandfreien Konzernabschluss veröffentlichten. Auch Hommelhoff (2001) S. 39, Küting (1992) sowie für die USA Hope (2003) S. 242 machen nicht regeltreue Rechnungslegungspolitik in erheblichem Maße aus. Publizitätsgüte scheint von Adressaten wahrgenommen zu werden: Die von Coenenberg (2003) S. 1204 – 1206 besprochenen empirischen Befunde deuten darauf hin, dass die Entscheidungsrelevanz externer Rechnungslegung mit der Güte der Publizität zunimmt.

100 Siehe auch S. 26. Ein höchst ungenügendes Nachkommen der Berichtspflichten in dem inzwischen geschlossenen Börsensegment des neuen Marktes macht Schneider (2002) aus.

101 Zur Differenzierung zwischen Aktions-, Wirkungs-, Planungs- und Ergebnishorizont vgl. Bitz (1977) S. 186 – 224, sowie zwischen Entscheidungs- und Ergebnisperioden S. 352 – 366.

Wahrgenommene – das vom Ersteller erreichte Wohlbefinden steigern.[102] Die Verbesserung seines Entscheidungskalküls wird der Ersteller allerdings gegen die Inanspruchnahme knapper Ressourcen abwägen (s.a. Abschnitt B2.1 (S. 18ff.)), welche die Einholung von Information, ihre Verarbeitung zur Konstruktion eines angemessenen Entscheidungsmodells, und dessen Lösung erfordern. Eine Obergrenze vorteilhafter Planungshorizonte findet sich am hinteren[103] Ende des Zeitraumes, innerhalb dessen Einflüsse heutiger Entscheidungen auf künftige Kommunikationsvorgänge[104] denkbar sind. Sie kann sich u.a. ergeben aus

— den Zukunftserwartungen des Erstellers[105];
— dem Planungsobjekt Rechnungslegung und deren Verarbeitung bei Kontrahenten;
— dem Planungshorizont des abgebildeten Unternehmens, etwa dessen Lebensdauer;
— dem Kalkül der an der Rechnungslegungserstellung beteiligten Personen[106], wie sie bspw. mit befristeten Arbeitsverträgen einhergehen können.

Unter Berufung auf diese Faktoren lassen sich unterschiedlich weite Planungshorizonte begründen. Die institutionelle Literatur zur Rechnungslegungspolitik hält sich mit Empfehlungen hinsichtlich des Planungshorizontes zurück. Vereinzelt werden zwei Jahre für gewöhnlich gehalten, aber fünf bis sieben Jahre empfohlen.[107] Reine Berichtsmodelle (s. Abb. B-4 S. 76) bilden die Auswirkungen von Rechnungslegungsentscheidungen für bis zu zwei Folgeperioden ab.[108] Bei der Unternehmensbewertung durch Wirtschaftsprüfer wird als Regelfall vom Vorhandensein verlässlicher Planungsunterlagen für drei bis fünf Jahre ausgegangen.[109] Der Planungshorizont wird in der vorliegenden Untersuchung von einer Periode (Kapitel C) auf

102 Dies zeigt sich auch in der vorliegenden Modellierung. Bspw. veranlasst in Abschnitt D2.1 (S. 149ff.) die Verlängerung des Planungshorizontes von einer auf zwei Perioden den Ersteller zur Bildung stiller Reserven, wodurch er sich Manipulationsmalusse erspart.

103 Zeitlich „vorne" oder „vor" [„hinten" oder „nach"] meint im Folgenden früher [später], s.S. 364.

104 Handlungsfolgen, die künftige Kommunikationsvorgänge nicht betreffen, schlagen sich annahmegemäß sofort im Erstellerkalkül nieder, siehe ebenda S. 24.

105 Ein Nutzen der Erweiterung des Planungshorizontes kann u.a. bei sehr optimistischen respektive pessimistischen Zukunftsaussichten ausbleiben.

106 Vgl. bspw. Leker/Salomo (1998). S.a. Nachw. in Fn. 740 S. 259.

107 So Hamel (1984) S. 904. Er empfiehlt die Anlehnung an den Horizont allgemeiner unternehmerischer Planung, den er auf diese Weite schätzt. Baetge/Ballwieser (1978) halten aufgrund der Komplexität der Interdependenzen zwischen den Perioden untereinander sowie zwischen Rechnungslegungspolitik und anderen unternehmerischen Entscheidungen eine „als rational verstandene" Rechnungslegungspolitik für nicht realisierbar und gehen von einer „kurzfristige(n)", auf den einzelnen Jahresabschluss bezogenen Rechnungslegungspolitik aus, vgl. insbes. S. 525, 530, s.a. Scheren (1993) S. 52. Freidank (1990) S. 80 zitiert auf steuerliche Gestaltungsmöglichkeiten bezogene Vorschläge für einen fünf-, ausnahmsweise siebenjährigen Planungshorizont.

108 Einen zweiperiodigen Planungshorizont – bzw., im Kontext äquivalent, Informationshorizont – und die Antizipation von Umkehrwirkungen (nur) der Folgeperiode unterstellen explizit Fudenberg/Tirole (1995), Trueman/Titman (1988) sowie Hunt/Moyer/Shevlin (1996) S. 343, 346 – 347, letztere im Kontext empirischer Schätzung. Kumar/Visvanathan (2003) S. 485 finden empirische Anzeichen für einen zweiperiodigen Planungshorizont bei der Bewertung ermessensbehafteter Steuerabgrenzungsposten.

109 Vgl. W. Schruff in WP-Handbuch II (2002) A RdNr.183 S. 61, Institut der Wirtschaftsprüfer (2005) RdNr. 86 S. 20.

eine unbeschränkte Anzahl von Perioden (Kapitel D) erweitert[110] und so schrittweise der Einfluss künftiger Kommunikationsvorgänge in den Kalkül des Erstellers integriert. S.a.u. S. 146.

2.3 Handlungsfolgen

2.3.1 Sphären

Um eine Vorstellung von dem institutionellen Hintergrund des für die formale Modellierung noch vorzustellenden „Manipulationsmalus"[111] zu vermitteln, zeigt dieser Abschnitt auf, wie das abgebildete Unternehmen und der Ersteller von der Rechnungslegungspolitik betroffen sein können. Drei Sphären derartiger Handlungsfolgen können unterschieden werden:

— der operative Bereich des Unternehmens,
— der Erstellungsvorgang und
— die Funktionen der Rechnungslegung.

Hierbei hängt die Betroffenheit der zum Ersteller zusammengefassten Personen von Art und Ausmaß der Internalisierung unternehmensbezogener Handlungsfolgen in den privaten Kalkül ab, wie sie beispielsweise durch erfolgsabhängige Entlohnung sowie Beförderungs- und Disziplinierungsmechanismen erfolgen kann.

Handlungsfolgen im **operativen** Bereich des Unternehmens können vor allem aufgrund der Sachverhaltsgestaltungen eintreten, wie etwa im zeitlichen Ablauf, in der Finanzierung, in den sonstigen rechtlichen Verhältnissen und in der Organisation.[112]

Dem **Erstellungsvorgang** sind neben seinen praktischen Aspekten – wie insbesondere sein Ressourcenverbrauch, aber auch bspw. seine Auswertbarkeit für interne Entscheidungsrechnungen oder seine Implikationen für interne Daten- und Informationsflüsse – vor allem jene Anreize zuzurechnen, die aus den der rechtlichen Durchsetzung der Abbildungsnormen dienenden institutionellen Gegebenheiten resultieren (DURCHSETZUNGSANREIZE), wie u.a. aus[113], [114]:

---

110 In der vorliegenden Modellierung werden jedoch lediglich die Antizipation der an künftige Kommunikationsvorgänge geknüpften Auswirkungen vom beschränkten Planungshorizont des Erstellers betroffen sein. Die übrigen Auswirkungen der rechnungslegungspolitischen Entscheidungen des Erstellers werden implizit in den Manipulationsmalusfunktionen erfasst, vgl. Abschnitt B2.3.2 (S. 33ff.), C1.2 (S. 97ff.) und C1.2.3 (S. 100ff.). Einer Explizierung der Voraussicht des Erstellers hinsichtlich der so pauschalisierten Auswirkungen sowie der operativen Unternehmenspolitik bedarf es hier nicht.

111 Vgl. Abschnitt C1.2.3 S. 100ff., insbes. S. 100.

112 Die Frage, wie tief der Ersteller in die operative Unternehmenspolitik eingreifen will, um die Handlungsparameter der Rechnungslegungspolitik zu bedienen, stellt sich insbesondere bei Sachverhaltsgestaltungen. Siehe hierzu Hinz (1994) S. 132 und Berens/Hoffjan (1999) S. 1286. Siehe auch S. 20, 21.

113 Übersichten über die Konsequenzen bei nicht regelkonformer Rechnungslegung finden sich bei Coenenberg (1997) S. 49 – 54 (Coenenberg (2003) schweigt hierzu) und Hilke (2000) S. 80 – 90 sowie für die USA bei KPMG/Ordelheide (1991 Hrsg.) S. 3092 – 3093, McLucas/DeTore/Colachis (1991), Vorwold (1999). Zu Messgrößen für die Intensität der Durchsetzung von Rechnungslegungsnormen s. bspw. Hope (2003) S. 242 – 243 (diskutiert von Pope (2003)), sowie Lenz/Bauer (2002) S. 254 – 255, die sich kritisch

— regelmäßigen oder einmaligen, intern[115] angeordneten, gesetzlich angeordneten[116] oder von Dritten rechtlich eingeforderten[117] Prüfungen der Rechnungslegung;
— rechtlicher Angreifbarkeit der Rechnungslegung, die zur Nichtigkeit oder zur erfolgreichen Anfechtung der Rechnungslegung führen können[118];

---

zu dem von La Porta et al. (1998) erläuterten und von Hope (2003) verwendeten „Antidirector Rights Index" äußern. Dass existierende Durchsetzungsanreize keine exakte Einhaltung der Rechnungslegungsnormen gewährleisten, zeigen die Befunde in Fn. 99 S. 24. Zur Einführung einer neben u.a. der Wirtschaftsprüfung und Gerichtsbarkeit wirkenden Durchsetzungsinstitution im Rahmen des Bilanzkontrollgesetzes vgl. RefEntw BilKoG (2004), Schmalenbach-Gesellschaft (2004).

114 Für eine Virulenz der Risiken aus rechtlicher Sanktionierung wegen Nichteinhaltung von Vorschriften zum Abbildungsprozess bedarf es Adressaten, und sei es das Registergericht (s. §§ 407 i.V.m. 170, 171 AktG, § 14 HGB). Die Abbildung erfüllt insofern auch die Funktion, ihre eigene Herstellung zu dokumentieren und damit sanktionierbar zu machen. Die vorliegende Arbeit rechnet jedoch den Rechtsapparat, welcher der Erstellung normgerechter Jahresabschlüsse dient, dem Herstellungsvorgang und nicht den Funktionen der Abbildung zu, weil dieser Rechtsapparat nur durch die Funktionen der durch ihn gewährleisteten Rechnungslegung gerechtfertigt werden kann.

115 Klein/Lambert (2002) insbes. S. 386 – 390, dokumentieren einen positiven Zusammenhang zwischen manipulationsanfälligen Bilanzposten und der Abhängigkeit gesellschaftsinterner Aufsichtsorgane. Hierin sehen sie Anzeichen von Einfluss solcher Kontrolle auf die Rechnungslegungserstellung.

116 Als Drohpotenziale des Wirtschaftsprüfers kommen vor allem die Folgen aus Einschränkungen oder Verweigerungen des Testats gemäß § 322 III HGB, aber auch die Anrufung des Landesgerichtes, § 324 HGB, in Frage. Empirisch wurden in den USA für Eigenmittelgeber signifikante negative Marktreaktionen auf unerwartete Einschränkungen oder Verweigerungen des Testats sowie auf Prüferwechsel festgestellt, vgl. Ruhnke (2003) S. 268 – 269 m.v.w.N. Zur negativen Kursreaktion auf die Niederlegung eines Prüfungsmandates siehe Shu (2000) S. 180 – 181, 195 – 197. Für Fremdmittelgeber wurde ein erhebliches Gefälle der Kreditzinsen geprüfter und nicht geprüfter Unternehmen empirisch erhoben, während die Befunde zum Einfluss der Testatsgestaltung auf Kreditvergabe und Zinshöhe uneinheitlich sind, vgl. Ruhnke (2003) S. 270 – 271 m.w.N. Prüfungsintensität und Beharrlichkeit des Prüfers werden von etlichen Faktoren bestimmt, u.a. von seiner Haftung gegenüber Vertragspartnern des geprüften Unternehmens. Siehe zur institutionellen Ausgestaltung der Dritthaftung in der BRD, UK und USA Quick (2000) und Ebke (2000) sowie zu deren ökonomischen Analyse insbes. Ewert/Feess/Nell (2000) und Ewert (1999). Beispiele für Modellierungen der Anreizprobleme zwischen Prüfer und geprüftem Unternehmen sind Antle (1982), Baiman/Evans/Noel (1987), Ewert (1990) und Baiman/Evans/Nagarajan (1991), einen Überblick hierüber geben Ewert/Wagenhofer (2000) S. 49 – 52. Siehe zum Zusammenhang zwischen Prüferverhalten und anderen Faktoren auch Heninger (2001) (Rechnungslegungspolitik), Nelson/Elliott/Tarpley (2002) (Präzision und Strukturiertheit der Abbildungsnormen), Libby/Kinney (2000) (Erreichung von Analystenerwartungen), Craswell/Stokes/Laughton (2002) (Anteil des Klienten am Honorarvolumen), Reynolds/Francis (2001) (Unternehmensgröße des Klienten). Zu den Kosten der Manipulation kann auch die Notwendigkeit gezählt werden, den Wirtschaftsprüfer mit ansonsten entbehrlichen Beratungsaufträgen zum Stillschweigen zu bewegen. Zu Berufsrecht und Arbeitsweise des Wirtschaftsprüfers s. WP-Handbuch I (2000) insbes. S. 1 – 186, 1401 – 1856. Zur Einführung weiterer Prüfungen im Rahmen eines teilweise staatlichen „Enforcement-Verfahrens" in der BRD siehe GEntw BilKoG (2004), Bundesministerium der Justiz (2004) und Pellens et al. (2004).

117 Bei Verdacht auf Unterbewertung kann u.U. eine Sonderprüfung angestrengt werden, die zur Änderung des Jahresabschlusses führen kann. Vgl. §§ 258 – 261 AktG und Schedlbauer (1992).

118 Nichtigkeit der Rechnungslegung kann bei formalen oder wesentlichen inhaltlichen Mängeln auf gerichtlichen Antrag gem. § 256 AktG i.V.m. entweder § 249 AktG oder § 256 ZPO festgestellt werden. Die Beweislast trifft den Antragsteller. Unterbewertung führt nur bei Vorsatz des Erstellenden zur Nichtigkeit. Die Nichtigkeit kann durch Fristablauf gemäß § 256 VI AktG geheilt werden. Andernfalls erfordert die Gültigkeit des Jahresabschlusses Heilung durch erneute Aufstellung, Prüfung gemäß § 316 III HGB („Nachtragsprüfung") und Feststellung. Vgl. auch W. D. Gelhausen in WP-Handbuch I (2000) Abschnitt U RdNr. 204 – 207 und 219 – 223. Der Beschluss zur Feststellung der Rechnungslegung kann wegen formaler Mängel gem. §§ 257 I, 243 – 248 AktG angefochten werden.

— rechtlicher Angreifbarkeit von Handlungen der mit der Rechnungslegungserstellung befassten Personen, die bei fehlerhafter Rechnungslegung zu Schadensersatzpflichten[119] und zur bußgeld- und strafrechtlichen Verfolgung[120] führen können; sowie
— informellen Folgen für die erstellenden Personen[121].

In den USA wurden als Reaktionen auf die Aufdeckung unerlaubter Rechnungslegungspolitik durch die SEC gehäufte Sammelklagen und Kurseinbrüche festgestellt,[122] die für die Verantwortlichen teilweise private Konsequenzen[123] wie Reputations- und Arbeitsplatzverlust, Berufsverbote, Bußgelder und Gefängnisstrafen zur Folge hatten.

119 So insbes. aufgrund der Verletzung der Sorgfaltspflichten von Vorstand und Aufsichtsrat einer Aktiengesellschaft gemäß §§ 91, 93 II, 111 I, 116 AktG sowie von Geschäftsführung und (etwaigen) Aufsichtsrat einer GmbH gemäß §§ 41, 42a, 43 I, II, 52 I GmbHG. S.a. Spatscheck/Wulf (2003).

120 § 331 HGB und § 400 AktG bewehren die „unrichtige Darstellung" von Verhältnissen einer Kapitalgesellschaft durch Vorstände oder Aufsichtsräte einer AG bzw. durch Geschäftsführer und Aufsichtsräte einer GmbH mit bis zu drei Jahren Freiheits- oder einer Geldstrafe. Nach §§ 334, 335 HGB können bei der Verletzung eines Großteils der Vorschriften zur Erstellung, Prüfung, Feststellung und Publikation der Rechnungslegung Bußgelder bis 25.000 € und Zwangsgelder bis 5.000 € verhängt werden. Auch Zwangsgelder gemäß §§ 407 i.V.m. 111, 145, 170, 171, 259 AktG können bei der Entstehung der Rechnungslegung relevant werden. Soweit Fehlerhaftigkeit der Rechnungslegung auch zur Fehlerhaftigkeit der steuerlichen Rechnungslegung führt, können Vorschriften zur Durchsetzung steuerlicher Normen Konsequenzen für die Erstellenden herbeiführen, insbes. gem. § 370 I Nr. 1 – 2 AO, wonach Steuerhinterziehung mit Freiheitsstrafen bis zu 5 Jahren oder mit Geldstrafe bestraft werden kann; § 378 AO, wonach leichtfertige Steuerverkürzung mit Bußgeld bis zu 50.000 € geahndet werden kann und 379 I AO, wonach Steuergefährdung mit Bußgeld bis zu 5.000 € belegt werden kann, vgl. auch Helmschrott/Buhleier (1997) S. 15 – 17. Schließlich können Vorschriften des Strafgesetzbuches über Wirtschaftskriminalität relevant werden. So etwa § 263 StGB (Betrug), § 264 StGB (Subventionsbetrug), die Freiheitsstrafen bis zu 10 Jahren, sowie § 264a StGB (Kapitalanlagebetrug) und § 265b StGB (Kreditbetrug), die Freiheitsstrafen bis zu 3 Jahren vorsehen.

121 Ruhnke (2003) S. 261 – 262 verweist auf Experimente, wonach allein die Existenz einer – soweit ersichtlich sanktionslosen – Überprüfung die Wahrhaftigkeit von Berichten erhöhte. Auch könnten Kursreaktionen negative Folgen für die Verantwortlichen mit sich ziehen. S.a. Fn. 122, 123.

122 Beneish (1999 Violate) S. 444 – 445 stellt eine Abweichung von der Marktentwicklung bei Bekanntwerden der Manipulationsverdächtigungen i.H.v. –20% bis –25% fest. Feroz/Park/Pastena (1991) S. 122 – 124 observieren eine Abweichung von der Marktentwicklung i.H.v. –13% z.Zt. der Veröffentlichung des Einschreitens der SEC im gesamten Sample, und i.H.v. –6% für Unternehmen, bei denen die Existenz von Manipulation bereits bekannt war. Weiter konstatieren sie eine gehäufte Senkung der Analystenerwartungen. Ähnlich signifikante Ergebnisse erzielen Dechow/Sloan/Sweeney (1996) sowie für die beiden auf eine Verletzung der US-GAAP (s. Fn. 48 S. 14) folgenden Jahre Beneish (1997). Beneish (1999 Violate) S. 445 – 447 erhebt Zahlungen zur Abwendung von (wohl durch die Manipulation begründeten) Sammelklagen i.H.v. 8% der Marktkapitalisierung vor Bekanntwerden.

123 Private Konsequenzen wurden jedoch vor allem dann erhoben, wenn mit der unerlaubten Rechnungslegung entweder eine Finanzierungskrise einherging, oder eine Börsenemission, von der die Verantwortlichen finanziell profitiert hatten, vgl. Beneish (1999 Violate) S. 448 – 454. Arbeitsmarktrelevante Benachteiligungen beteiligter Manager kann er nicht feststellen, vgl. ebd. S. 425, 433, 448 – 451, 454. Es waren vor allem Unternehmen mit negativer Entwicklung von den Maßnahmen der SEC betroffen.

Als Durchsetzungsanreiz wirken diese Anreize jedoch nur dann, wenn sie in dem Zustand, der bei Unterlassung von Regelverletzungen eingetreten wäre, ausblieben.[124] Die Wahrscheinlichkeit und die Intensität, mit der sie wirken, hängen zudem von der Gestaltung der Abbildungsregeln ab, insbesondere von dem Ausmaß, in dem sie an für dritte beobachtbare Merkmale anknüpfen.[125] S.a. unten S. 105.

Die **Funktionen** der Rechnungslegung[126] werden zunächst danach gegliedert, ob sie in der Konkretisierung rechtlich durchsetzbarer Ansprüche und Pflichten, insbesondere Zahlungen betreffend (Zahlungsbemessungsfunktion), oder in der bloßen Zurverfügungstellung von Informationen (Informationsfunktion) bestehen.

Aus der Zahlungsbemessungsfunktion resultierende Handlungsfolgen von Rechnungslegungspolitik können eintreten durch die Beeinflussung

- von Ausschüttungen, so durch die
  - Begrenzung der Ausschüttungskompetenzen einer Gesellschaft (Ausschüttungssperre, gemäß §§ 57, 58 V, 158, 150, 62, 93 III, 116 AktG; §§ 30 I, 43 III GmbHG oder Negativklauseln in Darlehensverträgen)[127] oder durch die
  - gesellschaftsinterne Verteilung von Ausschüttungskompetenzen (Ausschüttungsbemessung, § 58 AktG, § 29 GmbHG);
- von Steuerzahlungen und anderen Ansprüchen und Pflichten fiskalischer Art, insbes. gemäß § 5 I, VI EStG[128], §§ 254, 279 II, 280 II HGB[129] (Steuerbemessung);

---

124 Bspw. schreckt das Risiko einer Kündigung wegen Unregelmäßigkeiten bei der Rechnungslegung denjenigen nicht ab, der bei Ausweis des ungeschönten Ergebnisses ohnehin gehen müsste.

125 Wenn auch die Kontrollierbarkeit durch Strukturierung und Präzision der Formulierung der Abbildungsregeln anscheinend beeinflusst werden kann (vgl. Francis/Hanna/Vincent (1996) S. 118, 133 – 134, sowie die einschlägige Befragung von Wirtschaftsprüfern durch Nelson/Elliott/Tarpley (2002) S. 175, 192 – 198), dürfte im Allgemeinen die Aussagekraft bei vorbildlicher Regeltreue und die Objektivierbarkeit einer Abbildungsregel nicht zugleich maximiert werden können, s.a. unten S. 105.

126 Das Abstellen auf die Funktionen der Rechnungslegung zur Beantwortung von Auslegungsfragen geht auf Stützel (1967) zurück, s.a. oben Fn. 38 S. 11. Siehe zur Systematisierung und den einzelnen Funktionen M. Ellerich in Küting/Weber (1995) I RdNr. 180 – 193, Bitz/Schneeloch/Wittstock (2004) S. 32 – 48, Coenenberg (2003) S. 9 – 23, Hinz (1997) in BeckHdR, B100 RdNr. 4 – 50, Moxter (1995) S. 31, Schulte (1986) S. 1 – 6. Zu den Funktionen von externer Rechnungslegung in den USA siehe Hinz (1997) in BeckHdR, B100 RdNr. 61 – 96 sowie von Abschlüssen nach IAS/IFRS derselbe RdNr. 97 – 117. Zur Ausrichtung der Informationsfunktion an der Allokation finanzieller Ressourcen vgl. schon Schmalenbach (1927), Moxter (1962). Vgl. zur jüngeren Entwicklung und Diskussion der Differenzierung der Rechnungslegungszwecke im Kontext zunehmend internationaler Adressatenschaft GEntw BilReG (2004), Schmalenbach-Gesellschaft (2003), Kahle (2003) sowie speziell zur Steuerbemessungsfunktion Herzig/Bär (2003), Herzig/Hausen (2004), Schneider (2003). S.a. allgemein systematisierend zu Funktionen von Rechnungswerken Bitz (1977) S. 25 – 44.

127 Siehe zur gesetzlichen Ausschüttungssperre in Großbritannien Davies (1998), in der Schweiz Nobel (1998), in Spanien Rojo (1998) und in Italien Spolidoro (1998). Zu Negativklauseln in Darlehensverträgen siehe Abschnitt B3.3.1.2 (S. 48ff.). Zur Trennung von Gewinnermittlung zwecks Information und Ausschüttungsbeschränkung in den USA s.u. die Nachweise zu „tailored“ GAAP in Fn. 224 und in Großbritannien Leuz (1996) S. 238 – 241.

128 Vgl. auch den Beschluss des BFH (1969) S. 293 – 294 sowie die ihm folgenden Urteile BFH (1980) 297 – 298, BFH (1991) S. 602.

— von Entgelten für Arbeitsleistungen[130] oder schließlich
— von sonstigen rechtlichen Ansprüchen und Pflichten.

---

129 Zur Verknüpfung handels- und steuerrechtlicher Rechnungslegung s. Crezelius (1994) S. 691, Haller (1992) S. 45 – 46, N. Herzig in Küting/Weber (1995) I RdNr. 194 – 237, Moxter (1985) S. 2 – 5 , Raupach (1994) S. 103 – 111, Robisch/Treisch (1997), Schildbach (1998) S. 939, Schneeloch (1990), Schneider (1999) S. 106 – 109, Sigloch (2000) S. 171 – 174, Söffing (1995) S. 641 – 649, Stobbe (1991), Stobbe (1990), Weber-Grellet (1997) S. 385 – 386, WP-Handbuch I (2000) u.a. RdNr. 458 – 461 S. 336 – 338, jeweils m.v.w.N. S.a. Nachw. in Fn. 126. Unter formeller Maßgeblichkeit wird die Anwendung in einem konkreten Jahresabschluss gewählter Wertansätze für die steuerliche Gewinnermittlung verstanden, vgl. Grotherr (2000) S. 279, Söffing (1995) S. 641 – 648. Vgl. auch BFH (1985) S. 352, BFH (1990) S. 682. Unter „umgekehrter Maßgeblichkeit" wird die gem. §§ 247 III, 254, 273 HGB sowie §§ 279 II, 280 II HGB i.V.m. verschiedenen steuerlichen Vorschriften, insbes. § 5 I S. 2 EStG, kodifizierte Möglichkeit des Ansatzes von Werten im Jahresabschluss subsumiert, die nach originär steuerlichen, dem Handelsrecht widersprechenden Vorschriften berechnet werden, vgl. ebenda. Eine auf die Vermögensaufstellung und die Ermittlung des Gewerbekapitals (formelle) ausgedehnte „verlängerte Maßgeblichkeit" gemäß §§ 5 I, 109 I BewG (vgl. N. Herzig in Küting/Weber (1995) I RdNr. 223 – 227, Robisch/Treisch (1997) S. 161 – 162) ist obsolet aufgrund der Entscheidung des Bundesverfassungsgerichts vom 22.06.1995 (BStBl. II S. 655, vgl. auch Bundesministerium der Finanzen (2000 Grundbesitz) S. 7) und der Abschaffung der Gewerbekapitalsteuer ab dem 01.01.1998 per Gesetz zur Fortsetzung der Unternehmenssteuerreform vom 29.10.1997, s. Bundesministerium der Finanzen (2000 Übersicht) S. 88. Für Grund-, Grunderwerb- und Erbschaftsteuer ist die „verlängerte Maßgeblichkeit" ohnehin bedeutungslos, weil hierfür die Einheitswerte i.S.v. §§ 20 – 32 BewG anzusetzen sind, vgl. §§ 109 III, 19, 17 III BewG. Zur umstrittenen umwandlungssteuerlichen „diagonalen Maßgeblichkeit" der handelsrechtlichen Ausübung für die steuerliche Ausübung des Wahlrechtes zwischen Buchwerten und Teilwerten bzw. Anschaffungskosten des Übernehmers vgl. §§ 3, 11 I UmwStG (s.a. §§ 4 I, 12 I UmwStG), § 24 UmwG und Robisch/Treisch (1997) S. 160 – 161 m.w.N. Die Abschaffung der Bildung von Rückstellungen für drohende Verluste aus schwebenden Geschäften (s. Jacobs/Spengel/Wünsche (1999) S. 61 und § 5 IVa EStG); die Beschränkung der Teilwertabschreibung gem. § 6 I Nr. 1 – 2 EStG auf voraussichtlich dauernde Wertminderungen; und die Einführung des mit der Feststellungslast des Steuerpflichtigen bewehrten Wertaufholungsgebotes (s. Grotherr (2000) S. 261 – 274) im Zuge des Steuerentlastungsgesetzes 1999/2000/2002 minderten durch Einschränkungen der steuerlichen Bewertungsspielräume die Zahl der Fälle, in denen eine handelsrechtliche Vorgehensweise steuerlich durchschlägt. Zu den Auswirkungen der Steuerrechtsänderungen auf die Rechnungslegung s. weiter Herzig/Rieck (1998), Schmalenbach-Gesellschaft (2000), Feld (1999). Zur Steuerabgrenzung s. K.-H. Baumann in Küting/Weber (1995) § 274 RdNr. 53 – 55, WP-Handbuch I (2000) Kap. F RdNr. 324. Zur Empirie standortbedingter Steuersatzänderungen s. Pae (2002).

Zur kodifizierten formellen, mit Vorbehalten versehenen Maßgeblichkeit in Frankreich s. Schreiber (1993) S. 150 – 151; in Belgien, Spanien, Schweden, Japan und – mit etwas umfangreicheren Vorbehalten – Italien s. Sigloch (2000) S. 163 – 170; in Österreich s. Grotherr (2000) S. 259 m.w.N.; in Luxemburg, Portugal, Spanien, Griechenland s. N. Herzig in Küting/Weber (1995) I RdNr. 232 m.w.N. Kasanen/Kinnunen/Niskanen (1996) messen für Finnland ebenfalls der Rechnungslegungspolitik steuerliche Relevanz bei. Herzig (ebenda) schreibt Ländern mit angelsächsischer Rechnungslegungstradition wie den Niederlanden, Dänemark, Irland, Großbritannien eine eher selbständige steuerliche Rechnungslegung zu. Sogar in Großbritannien sind handelsrechtliche Normen jedoch nicht irrelevant, vgl. Schreiber (1993) S. 151 – 152. In den USA wird die grundsätzlich herrschende materielle und formelle Maßgeblichkeit, vgl. Bundes-Einkommensteuergesetz Internal Revenue Code (IRC) Sect. 446 (a), insbes. aufgrund des steuerlichen Vorbehaltes des IRC Sect. 446 (b) so häufig durchbrochen, dass von einer allgemeinen Bindung nicht gesprochen werden kann, vgl. Schreiber (1998) S. 60 – 65, Haller (1988) S. 725 – 729, jeweils m.v.w.N., sowie Sigloch (2000) S. 163 – 165. Explizite formelle Maßgeblichkeit besteht für die Verbrauchsfolgefiktion bei der Vorratsbewertung, vgl. IRC Sect. 471, Haller (1988) S. 725 – 729, Sigloch (2000) S. 164. Erheblichen Einfluss der Steuerbemessung auf die Rechnungslegungspolitik auch in den USA legen die empirischen Befunde von Cloyd/Pratt/Stock (1996), Cloyd (1995), Guenther/Maydew/Nutter (1997) jedoch nahe. S.a. Schreiber (1998) S. 63.

130 Bushman/Smith (2001) S. 242 – 258 m.v.w.N. geben einen Überblick über einschlägige empirische Befunde, Murphy (2001) S. 249 – 255 über Arten üblicher Entlohnungsschemata.

Bei der Erfüllung ihrer Informationsfunktion stellt die Rechnungslegung Informationen zur Verfügung, die das Verhalten aktueller oder potenzieller Anteilseigner[131], Fremdmittelgeber, Arbeitnehmer, Abnehmer, Lieferanten sowie weiterer Adressaten, wie etwa staatlicher Entscheidungsträger[132] oder künftiger Arbeitgeber von an der Erstellung beteiligten Personen, beeinflussen können.[133] Hierbei hängen die Reaktionen der Kontrahenten häufig von ihren Möglichkeiten ab, die vom Ersteller getroffenen Abbildungsentscheidungen und ihre quantitativen Auswirkungen zu identifizieren.[134] Abb. B-1 systematisiert die Handlungsfolgen von Handlungsalternativen nach ihren unternehmerischen Sphären.

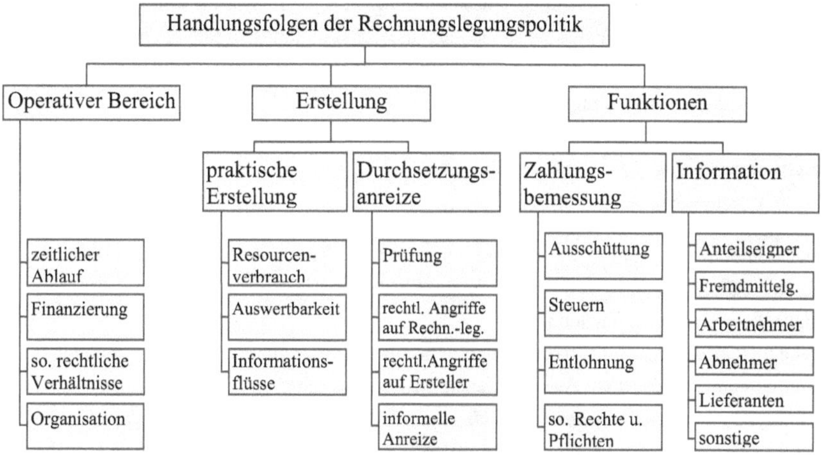

Abb. B-1: Sphären der Handlungsfolgen von Rechnungslegungspolitik

Die Einflüsse der Nutzung verschiedener Handlungsparameter auf die Handlungsfolgen einer Handlungsalternative sind häufig im Hinblick auf die Rechnungslegung von bereits einer einzigen Periode **interdependent** oder nicht stufenlos skalierbar:

— Beispielsweise betreffen formale Handlungsparameter häufig ein Mindest- oder ein sonst nur begrenzt beeinflussbares Volumen, u.a. weil Bewertungsobjekte einheitlich anzuset-

131 Teoh/Welch/Wong (1998) S. 76 – 69, 93 stellen für 1.682 von 1980 bis 1990 in den USA stattfindenden Börseneinführungen Anzeichen gewinnerhöhender Rechnungslegungspolitik im Berichtsjahr der Börseneinführung fest, die sie auf die Bemühung zurückführen, den Platzierungserlös zu steigern. Zur Beobachtbarkeit der Rechnungslegungspolitik s. Abschnitt B4.1, insbes. Fn. 257 S. 57ff.

132 Jones (1991) S. 212 – 218 findet in einem Sample von 23 Unternehmen, die einen Antrag auf Schutzzölle für ihre Produkte beantragt haben, Hinweise auf eine gewinnmindernde Rechnungslegungspolitik. Adressat ist hier der einschlägige nationale Entscheidungsträger, s.a. Jones (1991) S. 193 – 200.

133 Einzelne Entscheider können je nach Situation dem Ersteller zuzurechnen sein, vgl. S. 15f.

134 Vgl. Möller/Keller (1999) S. 1286, Hinz (1994) S. 144 – 145.

zen, zu bewerten und auszuweisen sind[135], und weil die Festlegung von Bewertungsmodi teilweise für Mehrheiten von Bewertungsobjekten erfolgen sollte[136].

— Arithmetische Abhängigkeiten der für Kontrahenten relevanten Kennzahlen sorgen ebenfalls für Wechselwirkungen einzelner Handlungsparameter.[137]
— Vorkehrungen zur Koordination dezentraler Abbildungsentscheidungen können die Bedienung von Handlungsparametern organisatorisch erleichtern, jedoch ebenso gut die Durchsetzungsanreize aufgrund erhöhter Transparenz verstärken. Weiter kann eine hiermit einhergehende Formalisierung von Abbildungsentscheidungen durch die Bildung von Bewertungsmethoden i.S.v. § 252 I Nr. 6 HGB den Bereich ausdehnen, auf welchen sich die sachliche Bindungswirkung von Abbildungsentscheidungen im Rahmen der Bewertung[138] erstreckt, und damit die Bedienung anderer Handlungsparameter erschweren.

Auf Wechselwirkungen und auf die unvollständige Skalierbarkeit von Handlungsparametern im Hinblick auf die Rechnungslegung *einer einzelnen* Periode soll hier nicht weiter eingegangen werden. Die Wechselwirkungen zwischen den rechnungslegungspolitischen Kalkülen *verschiedener* Perioden systematisiert Abschnitt B2.3.2 (S. 33ff.).

Soweit die in Abb. B-1 systematisierten Handlungsfolgen unmittelbar nur das abgebildete Unternehmen betreffen, kann – je nach dem, wie sie in den Kalkül der zum Ersteller zusammengefassten Personen internalisiert werden – die für dessen Zielgröße relevante **private Betroffenheit** dieser Personen reichen von[139]

— Unterschieden im subjektiven Wohlgefühl bei der Befolgung eigener professioneller Ethik und der Darstellung der getroffenen Entscheidungen gegenüber Dritten, über
— indirekte Betroffenheit des Erstellers durch Gegebenheiten des abgebildeten Unternehmens wie Steuerzahlungen, Finanzierungskosten, sonstige Adressatenreaktionen, Beeinflussung betrieblicher Abläufe, Kosten der Erstellung, Kosten für die Vergabe sonst nicht erforderlicher Beratungsaufträge an Wirtschaftsprüfer etc., über
— Möglichkeiten von Entlohnung und sonstiger beruflicher Entwicklung innerhalb oder außerhalb des abgebildeten Unternehmens, über
— Entlohnung, die explizit von Rechnungslegungskennziffern abhängt, und
— rechtliche Sanktionen bis hin zu Haftstrafen.

---

135 S.a. Eigenstetter (1998) S. 494. Zur Abgrenzung von Bewertungsobjekten s. F. W. Selchert in Küting/Weber (1995) § 252 RdNr. 49 – 53. Auch das Aufbringen von („Anlauf"–) Kosten ist denkbar, um überhaupt eine systematische Rechnungslegungspolitik betreiben zu können.

136 Vgl. zur Bindungswirkung des Grundsatzes sachlicher, d.h. innerperiodiger Einheitlichkeit der Bewertung K. Küting/W. Knop in Küting/Weber (1995) § 255 RdNr. 356 – 362, Eigenstetter (1998) S. 469 – 472 sowie im Konzernabschluss Scheren (1993) S. 77 – 78, Küting/Weber (1989) I RdNr. 230 – 234.

137 Erhöht bspw. eine Teilentscheidung die Eigenmittelquote durch Erhöhung des Eigenkapitals, so mindert sie die Wirkung einer ergebniserhöhenden Teilentscheidung auf die Eigenrendite.

138 So genannte sachliche Stetigkeit, vgl. z. B. Küting/Weber (1995) § 252 RdNr. 106 (3). Zur zeitlichen Stetigkeit s. Abschnitt B2.3.2.

139 Darstellungen und Systematisierungen von Handlungsfolgen finden sich u.a. bei Freidank (1990) S. 7 – 19, Bitz/Schneeloch/Wittstock (2004) S. 646 – 672. S.a. Nachw. in Fn. 80 S. 21.

2.3.2 Intertemporalität

Die Handlungsfolgen der Rechnungslegungspolitik können danach unterschieden werden, ob sie von Umständen künftiger mit Hilfe der Rechnungslegung bewältigter Kommunikationsvorgänge abhängen (INTERTEMPORALE[140] HANDLUNGSFOLGEN) oder nicht (INTRATEMPORALE HANDLUNGSFOLGEN)[141]. Intratemporale Handlungsfolgen können in engem zeitlichen Zusammenhang mit der Erstellung der betreffenden Rechnungslegung *oder* in der Zukunft eintreten, intertemporale *nur* in der Zukunft. Die Modellierung der vorliegenden Untersuchung stellt intratemporale Handlungsfolgen stets so dar, als ob sie unmittelbar nach Erstellung der sie auslösenden Rechnungslegung einträten, s.a.o. S. 24.

Nur intertemporale Handlungsfolgen verursachen Interdependenzen von rechnungslegungspolitischen Kalkülen verschiedener Perioden (INTERTEMPORALE WECHSELWIRKUNGEN).[142] Intertemporale Handlungsfolgen können unabhängig von der Beeinflussung künftiger Rechnungslegung insbesondere dann eintreten, wenn Adressaten ihren Entscheidungen Zeitreihen von Kennzahlen zugrunde legen[143], sei es,

— um diese Angaben als solche zu extrapolieren oder
— für Entscheidungen im Zusammenhang mit künftiger Rechnungslegung zu verwenden,[144] oder sei es,
— um das rechnungslegungspolitische Verhalten des Erstellers zu eruieren, ihm etwa eine Reputation für eine bestimmte Rechnungslegungspolitik zuzuordnen.

---

140 Die Wortbestandteile „-PERIODIG“ und „-PERIODITÄT“ sollen angeben, wievielen Zeitpunkten und Zeiträumen ein Modell oder eine sonstige Betrachtungsweise die betrachteten Phänomene zuordnet. „-TEMPORAL“ und „-TEMPORALITÄT“ sollen Eigenschaften mehrperiodiger Modelldarstellung von Interdependenzen zwischen Phänomenen in einzelnen Zeitpunkten und Zeiträumen beschreiben. Gebräuchlicher sind die Begriffe „periodisch“ respektive „Periodizität“, worunter aber im Allgemeinen „wiederkehrend“ respektive „regelmäßige Wiederkehr“ verstanden wird. Dies ist hier nicht gemeint. Bspw. bildet ein „mehrperiodiges“ Modell nicht etwa mehrere Phänomene ab, die in Zyklen unterschiedlicher Länge wiederkehren. Vielmehr ordnet es die abgebildeten Phänomene mehr als einem Zeitraum zu. S.a. unten Abschnitt D1 S. 145ff. insbes. S. 147.

141 Zur Anwendung im hiesigen Modell vgl. S. 147, zu Modellierungen im Schrifttum Abschnitt B5.2.3.2 (S. 83ff.).

142 Die Investitions- und Finanzierungsplanung bezeichnet Wechselwirkungen zwischen Investitionsprojekten, die zu verschiedenen Zeitpunkten beginnen, als „intertemporale Interdependenzen“.

143 Auch zahlungsbemessungsbedingte mittelbare Konsequenzen dieser Art sind denkbar. Bspw. spielte vormals gemäß A 8 III, II VStR die Anzahl der Jahre mit einem steuerlichen Betriebsergebnis von weniger als 5 % des Vermögenswertes i.S.d. A 6 VStR für die gewerbe- und vermögensteuerliche Bewertung von nicht gehandelten Anteilen an Kapitalgesellschaften eine Rolle.

144 Zur Modellierung einer derartigen Verwendung s.u. Ann. C-11 S. 138, Ann. D-9 S. 286 und zur Analyse Abschnitt C3.4 (S. 136ff.), D3.3.2 S. (196ff.), D6 (S. 286ff.).

Intertemporale Handlungsfolgen können auch aufgrund der Beeinflussung von künftiger Rechnungslegung eintreten (SEKUNDÄRWIRKUNGEN[145]). Unterscheidet man, wie es in Abschnitt B4.1 näher erläutert wird, zwischen einer uneigennützig, exakt regeltreu erstellten, hier als „ideal" bezeichneten Rechnungslegung (s.u. Abschnitt B4.2 (S. 60ff.)) und der für den Ersteller optimalen Rechnungslegung, dann können Sekundärwirkungen danach unterschieden werden, ob sie die künftigen Möglichkeiten der Rechnungslegungspolitik oder die künftige **ideale Rechnungslegung** betreffen. Letztere können vor allem aus den folgenden Gründen auftreten:[146]

— Direkte buchhalterische Konnexionen[147], zu denen insbesondere gehören:
  - □ Bilanzidentität bzw. Kongruenzprinzip (s.a. oben S. 13):
    Bestände werden gemäß § 252 I Nr. 1 HGB ausgehend von den Ansätzen des vorhergehenden Abschlusses fortgeschrieben. Angesetzte aktuelle Bestände beeinflussen somit künftige, nach idealer Rechnungslegung anzusetzende Bestände.
  - □ Erfolgsperiodisierung:[148]
    Abbildungsnormen zur Erfolgsperiodisierung regeln die Verteilung der die erfolgsrelevanten Ereignisse abbildenden Erfolge[149] auf die in Frage kommenden Perioden. Die Buchung eines Erfolges in der aktuellen Periode impliziert – im Vergleich zur Unterlassung der Buchung – somit die betragsgleiche vorzeichenverkehrte Veränderung der Summe der übrigen Erfolge in den Perioden, die für die Abbildung des Ereignisses in Frage kommen; die Zuordnung eines Erfolges zu einer Periode schließt seine Zuordnung zu anderen Perioden aus[150].

— Zeitliche Stetigkeit:
  Nach § 252 I Nr. 6 HGB sind Bewertungsmethoden im Zeitablauf gleich bleibend anzuwenden und einmal gewählte Gliederungsbezeichnungen und -inhalte beizubehalten[151].

---

145 Vgl. Berens/Hoffjan (1999) S. 1286, Freidank (1990) S. 23, Hinz (1994) S. 142, Möller/Keller (1999). Der hiesigen Systematik würde zwar der Ausdruck „Intertemporale Konsequenzen für künftige unverfälschte Jahresabschlüsse" eher gerecht. Aufgrund ungefährer inhaltlicher Übereinstimmung soll der bereits geprägte Begriff „Sekundärwirkungen" jedoch vorgezogen werden.

146 Vgl. zur rechnungslegungspolitischen Flexibilität umfassend Eigenstetter (1998).

147 Diese Kategorie intertemporaler Konsequenzen korrespondiert zum Beurteilungskriterium der „Bindungsdauer" bei Berens/Hoffjan (1999) S. 1286.

148 Siehe zur Erfolgsperiodisierung allgemein Leffson (1987) S. 188 – 190.

149 Erfolg soll hier als Oberbegriff für Ertrag und Aufwand dienen. Bei Summierung von Erfolgen gehen Erträge mit positivem und Aufwendungen mit negativem Vorzeichen ein.

150 Bspw. holt die Passivierung einer Rückstellung im Vergleich zur Nicht-Passivierung Aufwendungen zeitlich hervor (s.o.Fn. 103 S. 25), während das Vorziehen einer Lieferung an einen Kunden i.d.R. einen Ertrag zeitlich vorzieht. Solche Konnexionen werden – nicht sonderlich erhellend – als „Zweischneidigkeit der Bilanz" bezeichnet.

151 Vgl. zum Inhalt, Geltungsbereich und Ausnahmen der Bewertungsstetigkeit F. W. Selchert in Küting/Weber (1995) § 252 RdNr. 93 – 132, und der so genannten Darstellungsstetigkeit H. Weber in Küting/Weber (1995) § 243 RdNr. 49 HGB für alle Kaufleute und § 265 RdNr. 1 – 16 für Kapitalgesellschaften, sowie Scheren (1993) S. 78 – 84 zum Konzernabschluss. Siehe auch die Nachweise in Fn. 136. Zum Stetigkeitsprinzip für Abgrenzungsentscheidungen s.u.Fn. 156. Siehe Pfleger (1983) und Schulte (1986) S. 499 – 500 m.w.N. zur Verfolgung der Zielsetzung der Gewinn-Nivellierung ohne Methoden-

Begründet somit ein Ersteller eine erkennbare „Bewertungsmethode" i.S.d. § 252 I Nr. 6 HGB[152], erweitert er den Anwendungsbereich einer solchen oder verändert er ihre Anwendung im Rahmen der zulässigen Ausnahmen, und reicht die Bindungswirkung der Bewertungsstetigkeit aus, dass die gewählte Vorgehensweise im betroffenen Anwendungsbereich[153] bei idealem Abbildungsverhalten in der Folgeperiode anzuwenden wäre, dann schlägt diese Sekundärwirkung der Entscheidung zur aktuellen Rechnungslegung auf die ideale Rechnungslegung der Folgeperiode durch[154]. Entsprechendes gilt für die zeitliche Darstellungsstetigkeit[155] sowie für eine etwaige zeitliche Stetigkeit betreffend Abgrenzungsentscheidungen[156].

Schließlich können sich auch Sachverhaltsgestaltungen[157] und Entscheidungen der praktischen Erstellung auf ideale künftige Rechnungslegung auswirken.

---

wechsel durch Wahl von Methoden, deren Ergebnisbeeinflussung negativ mit verschiedenen Indikatoren für die wirtschaftliche Lage korrelieren. Die Bedeutung der Bewertungsstetigkeit wird im Rahmen umgekehrter Maßgeblichkeit (s.a. oben Fn. 129 S. 29) gemäß §§ 279 I S. 2, 280 II HGB eingeschränkt, vgl. Schneeloch (1990) S. 227 – 232. Allerdings sind die hierzu führenden steuerlichen Bewertungsspielräume mit dem Steuerentlastungsgesetz (s.o. Fn. 129 S. 29) reduziert worden.

152 Siehe zur Begründung und Geltungsbereich von „Methoden" i.S.d. § 252 I Nr. 6 HGB F. W. Selchert in Küting/Weber (1995) § 252 RdNr. 106, 114 – 121. Auch Vorgehensweisen bei der tatsächlichen Erstellung der Rechnungslegung können die Geltung der Stetigkeit erweitern, etwa durch die Explizierung der einheitlich zu bewertenden Bereiche, vgl. F.W. Selchert (ebenda), Kupsch (1987) S. 1158. S.a. zur Dokumentation der Erstellung § 257 I Nr. 1 HGB.

153 Dieser umfasst auch neu angeschaffte Gegenstände, die gleichartig (i.S.v. § 256 HGB), funktionsgleich oder bei der Anwendung der Methode erkennbar zu Gruppen zusammengefasst sind, vgl. F. W. Selchert in Küting/Weber (1995) § 252 RdNr. 117 – 119, Schneeloch (1987) S. 407.

154 Die ideale Rechnungslegung als Ausgangspunkt funktionsorientierter Optimierung wird in Folgejahren also insofern verändert, als dass die Vorgehensweise, die im betrachteten Jahr noch als Mittel funktionsorientierter Optimierung gewählt wurde, in Folgejahren als ideale Rechnungslegung anzusehen ist.

155 Im Rahmen der Aggregation und Gliederung bindet die Bezeichnung der verschiedenen Positionen des Jahresabschlusses und die Kriterien für deren Inhalt, vgl., auch zu Ausnahmen, H. Weber in Küting/Weber (1995) § 265 RdNr. 6 – 12.

156 Es ist nicht abschließend geklärt, inwiefern auch Spielräume bei Abgrenzungsentscheidungen stetig zu nutzen sind. Die in §§ 252 I Nr. 6, 265 I HGB kodifizierte Stetigkeit jedenfalls gebietet dies nach überwiegender Meinung nicht, vgl. Nachweise bei F. W. Selchert in Küting/Weber (1995) § 252 RdNr. 101. Siehe aber auch N. Herzig in Küting/Weber (1995) I RdNr. 302, der das nicht-kodifizierte Stetigkeitsgebot auf Abgrenzungsentscheidungen ausdehnt, sowie Schneeloch (1990) Stetigkeit S. 222 – 223, der die Notwendigkeit der Stetigkeit für einzelne Sachverhalte aus dem Willkürverbot folgert.

157 Beispielsweise könnte es als „ideal" angesehen werden, eine einmal gewählte juristische Struktur beizubehalten, und zwar unabhängig davon, ob sie bei der ursprünglichen Wahl hinsichtlich der Möglichkeiten ihrer Abbildung als „ideal" anzusehen war oder nicht.

Sekundärwirkungen auf **künftige Rechnungslegungspolitik** können künftige

- gegebene Handlungsalternativen beeinflussen, nämlich
  - zum einen durch ihre unmittelbare Wirkung auf das Rechenwerk. Bspw. erschwert eine das Gesamtvermögen der aktuellen Rechnungslegung erhöhende Entscheidung spätere Steigerungen der Gesamtrendite.
  - Zum anderen können heutige Entscheidungen auch künftige Durchsetzungsanreize abschwächen oder verstärken. Bspw. kann die o.g. Wirkung der Zentralisierung von Abbildungsentscheidungen auf spätere Perioden ausstrahlen. Die Ergreifung gesetzeswidriger Alternativen könnte die Risiken späterer, neuerlicher Ergreifung derartiger Alternativen dem Verantwortlichen aufgrund ohnehin fälliger Strafe weniger gravierend erscheinen lassen, oder aber aufgrund strafverschärfender Wiederholung gerade besonders schwerwiegend.
- Eine Entscheidung kann ein endliches, für mehrere Berichtsperioden gegebenes *Reservoir* nur einmal nutzbarer, aufschiebbarer, in Folgeabschlüssen nicht kostenlos reversibler[158] Maßnahmen *beanspruchen* und die Zahl für Folgeperioden verbleibender Alternativen reduzieren. Eine solche Einmaligkeit kann die o.g. Erfolgsperiodisierung hervorrufen, oder sie kann für einmalig wirkende, auf vorhandene Bestände bezogene Sachverhaltsgestaltungen wie „Sale-and-Lease-Back"-Geschäfte gelten.
- Eine Entscheidung kann den *Umfang* eines solchen *Reservoirs beeinflussen*, also die Zahl oder Flexibilität der über mehrere Perioden insgesamt zur Verfügung stehenden Handlungsalternativen beeinflussen: Bspw. dürfte die Vorratsbewertung zu Vollkosten gemäß § 255 I S. 3 – 4 HGB aufgrund der größeren Volumina der Ermessensspielräume bei der Zurechnung i.d.R. mehr formale[159] Spielräume belassen als die Vorratsbewertung zu Teilkosten. Alternativen, welche den Geltungsbereich des Stetigkeitsgrundsatzes erweitern oder künftige Ausnahmen hiervon begrenzen, schränken künftige Spielräume ein bzw. erschweren die Nutzung von sonst zur Verfügung stehenden Gestaltungen. Ähnlich könnten bei der (sachverhaltsgestaltenden) Wahl zwischen Gehaltszahlungen und Pensionsversprechen die letzteren, in Anbetracht der vielen mit Pensionsrückstellungen verbundenen Spielräume[160], die besseren Möglichkeiten zur Beeinflussung künftiger Rechnungslegung bergen. Auch technische und organisatorische Festlegungen der tatsächlichen Erstellung der Rechnungslegung können Zahl und Flexibilität der bei künftiger Rechnungslegung zur Verfügung stehenden Handlungsparameter beeinflussen.

158 Siehe zur Aufschiebbarkeit und Reversibilität als Dimensionen rechnungslegungspolitischer Parameter Eigenstetter (1998) S. 494.

159 Die Wirksamkeit sachverhaltsgestaltender zeitlicher Verschiebung von Lieferungen wird dagegen eingeschränkt aufgrund der bei Teilkosten höheren Erfolgsrealisation bei gegebenem Lieferumfang.

160 Vgl. bspw. Wolz (2000), Poster/Wolz (1999), Schildbach (1999 Pensionsverpflichtungen), Arbeitskreis Finanzierung (1998), Munscheck/Braun (1998), Rößler/Doetsch (1998), Rößler/Kaether/Schmandt (1997).

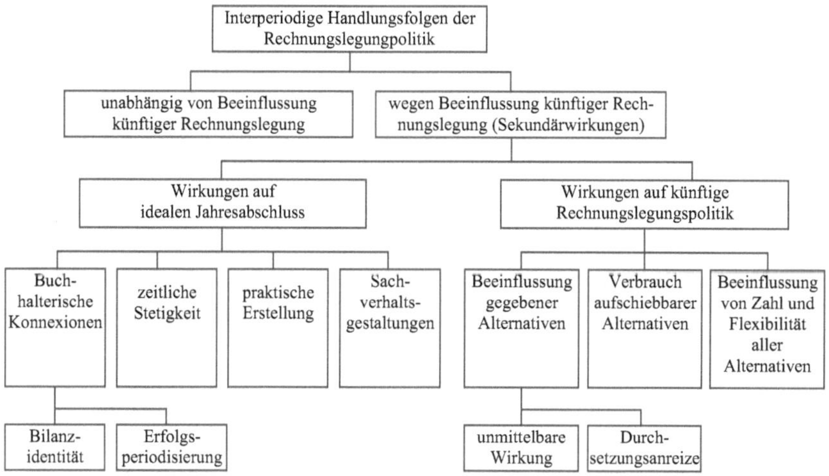

Abb. B-2: Intertemporalität der Handlungsfolgen von Rechnungslegungspolitik

3 Dichotomie der Kontrahentenreaktion

3.1 Orientierung an Schwellenwerten

Dieser Abschnitt B3 motiviert die Annahme dichotomen Kontrahentenverhaltens (s.a. S. 6, 9) wie sie in Ann. C-1 S. 95, dichotome Rechnungslegungsanalyse, zu präzisieren sein wird.

Für die vorliegende Analyse der Kommunikation mit Hilfe der Rechnungslegung des Erstellers soll das Entscheidungsfeld des Kontrahenten[161] vorwiegend insofern von Interesse sein, wie der Ersteller von der Reaktion des Kontrahenten auf die Rechnungslegung betroffen ist.[162] Die Existenz einer solchen **Reaktion** und die Betroffenheit des Erstellers hiervon hängen zunächst davon ab,

— welchen Ausschnitt des Kontrahentenverhaltens die Rechnungslegung bestimmt[163]:
  - □ zwischen welchen Handlungsalternativen sie zur Entscheidung herangezogen wird oder – bei Zahlungsbemessungsfunktionen – welche Rechtsfolgen sie konstituiert oder konkretisiert, in welchem Kontext also die Rechnungslegung ein Informationsgefälle überwinden soll;
  - □ welche Informationen neben der Rechnungslegung zur Determinierung dieser Entscheidung oder Rechtsfolge genutzt und verwertet werden[164], wie hoch also das zu überwindende Informationsgefälle ist; und

— in welcher Weise die Entscheidung oder Rechtsfolge aus der Rechnungslegung abgeleitet wird. Analog zum Abgrenzungs-, Bewertungs- und Aggregationsaspekt der Abbildung der Realität durch die Rechnungslegung[165] und andere Modelldarstellungen, kann sich dieses Vorgehen unterscheiden hinsichtlich der
  - □ Auswahl der ausgewerteten Informationen; so insbesondere für welche vergangene Perioden die Rechnungslegung ausgewertet und welche Angaben der Rechnungslegung der einzelnen Periode zu entnehmen sind; der

---

161 Siehe zur Strukturierung von Entscheidungskalkülen die Nachw. in Abschnitt 2.1 (S. 18ff.).

162 Unter Umständen hat der Kontrahent darüber hinausgehende Möglichkeiten, Anreize für den Ersteller zu setzen. So etwa im Wege privatrechtlicher Vereinbarungen oder Festlegungen des eigenen Verhaltens, insbes. durch Spezifizierung der Abbildungsregeln und ihrer Durchsetzungsanreize. Zu Beispielen für einen Einfluss des Kontrahenten auf die Abbildungsregeln s.u. Fn. 224 S. 49, Fn. 221 S. 49. Die Abbildungsregeln und die Durchsetzungsanreize determinieren die Form der hier modellierten Manipulationsmalusfunktionen, s.u. S. 102, 107.

163 Institutionelle Einschränkungen hinsichtlich der Verwendung der Rechnungslegung bestehen für manche Kontrahenten. So bspw. für Kreditinstitute gemäß § 18 KWG, wonach bei einem gesamten Kreditbetrag von mehr als 250.000 € je Kreditnehmer detaillierte Auswertung und zukunftsgerichtete Plausibilitätsprüfung der geprüften externen Rechnungslegung der letzten drei Jahre vorliegen müssen. § 18 KWG bewehrt Versäumnisse mit Ermahnungen, Zweifel an der Ordnungsmäßigkeit der Geschäftsführung und Sonderprüfungen nach § 44 KWG. Vgl. Presber/Stengert (2002) S. 152 – 153 m.w.N.

164 Die neben der Rechnungslegung ausgewerteten Information können u.a. die Erkennbarkeit der Manipulation (s.u. Abschnitt 4.1 (S. 57ff.)) und den Qualitätsunterschied zwischen G und B determinieren.

165 Vgl. zum Modellcharakter externer Rechnungslegung und den genannten Kategorien von Abbildungsregeln Bitz/Schneeloch/Wittstock (2004) S. 11 – 13.

- Zuordnung von Ausprägungen der entnommenen Angaben zu einer Werteskala von vergleichbarer oder wenigstens verknüpfbaren Größen; und der
- Verknüpfung der Angaben zur Ableitung der Entscheidung oder Rechtsfolge.

Häufig stehen dem Kontrahenten bei einer mittels externer Rechnungslegung zu fundierenden Entscheidung mehr als zwei Handlungsalternativen offen. So kann bspw. bei einer Fremdmittelvergabe unter anderem auch der hingegebene Betrag, der Zinssatz und die Stellung von Sicherheiten u.a. variiert werden. Angesichts der kardinalen Interpretierbarkeit[166] vieler zentraler Angaben der Rechnungslegung läge es sogar nahe, die ergriffene Handlungsalternative in stetiger Weise von diesen abhängig zu machen. Nun liegen allerdings – im Schrifttum recht positiv aufgenommene[167] – empirische Befunde vor, wonach viele Unternehmen ihr rechnungslegungspolitisches Bemühen an der Erreichung gewisser numerischer Werte ihres Periodenergebnisses auszurichten scheinen.[168] Da nicht ersichtlich ist, wie diese Diskontinuitäten durch die Betroffenheit der Unternehmen bei der Herstellung der Rechnungslegung zustande kommen sollten, scheinen diese Unternehmen von sprunghaften Reaktionen ihrer Rechnungslegungsadressaten hinsichtlich der Über- oder Unterschreitung dieser Werte auszugehen.[169] Derartige Werte sollen als **SCHWELLENWERTE**[170] bezeichnet werden. Es handelt sich um die Werte:[171]

---

166 Die kardinale Interpretierbarkeit einer Messgröße setzt die Möglichkeit voraus, mit ihren Ausprägungen Verhältniszahlen oder wenigstens Intervalle zu bilden, die sinnvolle Informationen über die zugrunde liegenden Sachverhalte beinhalten. Siehe zur Klassifikation von Mess-Skalen in nominale, ordinale, Intervall- und Verhältnisskalen Bitz (1977) S. 81 – 90 m.w.N. sowie Bamberg/Coenenberg (1992) S. 33. Hier soll die Möglichkeit der Bildung sinnvoll interpretierbarer Intervalle und Differenzen für Kardinalität ausreichen. Reicht die Interpretierbarkeit einer Messgröße dagegen lediglich aus, um die Messergebnisse in eine wertende Ordnung i.S.v. schlechter versus besser zu bringen, soll die Messgröße als ordinal interpretierbar bezeichnet werden. Ist dagegen nur eine lexikographische oder gar keine Ordnung möglich, soll sie als nominal interpretierbar bezeichnet werden. S.a.S. 75.

167 Vgl. u.a. McNichols (2000) S. 336 – 337. S.a.u. S. 205.

168 Dies beklagt auch Levitt (1998 e) bzw. Levitt (1998 d) S. 2545. Vgl. neben den in den flg. Fußnoten genannten Nachweisen auch die kurzen Überblicksdarstellungen bei Dechow/Skinner (2000) S. 242 – 243, Fields/Lys/Vincent (2001) S. 279, Healy/Wahlen (1999) S. 371, McNichols (2000) S. 314 – 319.

169 Bartov/Givoly/Hayn (2002) S. 182 stellen eine signifikant stärkere positive Reaktion des Aktienkurses fest, wenn die Erwartungen von Aktienanalysten erfüllt werden, als wenn dies nicht der Fall ist. Dies können Kasznik/McNichols (2002) S. 727 – 731, 742 – 754 auf sonstige bewertungsrelevante Daten zurückführen, soweit die untersuchten Unternehmen Analystenerwartungen in ein oder zwei Berichtsjahren erfüllen, während ein Vorteil allein aus der Erfüllung der Erwartungen erst ab dem dritten Berichtsjahr festzustellen ist, s.u.Fn. 494 S. 137 und Abschnitt D6 (S. 286ff.). Barth/Elliott/Finn (1999) S. 387 - 388, 398 - 403 stellen signifikant stärkere positive Kursreaktionen für anhaltende Steigerungen des Periodenergebnisses fest als für andere, vergleichbare Verläufe. Matsunaga/Park (2001) S. 313, 322 – 329, 330 erheben einen negativen Einfluss auf die Entlohnung des Unternehmensleiters, wenn das ausgewiesene Quartalsergebnis die Analystenerwartungen oder den Vorjahreswert unterschreitet.

170 Soweit Entscheidungen aus Zeit-, Betriebs- oder Normvergleichen (s. bspw. Bitz/Schneeloch/Wittstock (2004) S. 476 – 480) von Periodenergebnissen in der hier dargestellten dichotomen Weise abgeleitet werden, entsprechen diese Vergleichswerte den hiesigen Schwellenwerten.

171 Wohl erstmalig Hayn (1995) S. 132 (Schwellenwert: Null], später Burgstahler/Dichev (1997) S. 101 – 112 (Schwellenwerte: Null, Vorjahreswert) und Degeorge/Patel/Zeckhauser (1999) S. 15 – 22 (Schwellenwerte: Null, Vorjahreswert, Analystenerwartung), stellen jeweils für eine große Anzahl ausgewiesener Periodenergebnisse fest, dass sie einer relativ regelmäßigen Verteilung gehorchen. Dies allerdings mit der Ausnah-

— null;
— Wert der Vorperiode;
— den von Analysten laut veröffentlichter Einschätzung erwarteten Wert;
— eine von der Unternehmensleitung abgegebene Gewinnprognose;
— den für technische Verletzung von Negativklauseln maßgeblichen Wert[172].

Weiter weist das Bestreben nach Ergebnisglättung[173] auf Konkavität der Betroffenheit des Erstellers hin. Ergebnisglättung wurde erhoben als Annäherung beispielsweise an das branchendurchschnittliche Periodenergebnis[174], an das Leistungsziel in Entlohnungsverträgen, an den Wert der Vorperiode[175] oder – für Finnland – an den für gleichmäßige, nicht auf Gewinnrücklagen zurückgreifende Ausschüttungen erforderlichen Wert[176] sowie als verschiedene Formen der Kompensation negativer und positiver Ergebniskomponenten.

Wie in Abschnitt A1 bereits deutlich gemacht, soll für die Zwecke der vorliegenden Untersuchung eine **vereinfachende Sichtweise** als vertretbar angesehen werden. Hiernach ist der Ersteller von dem Aussehen seiner Rechnungslegung so betroffen, als ob der Kontrahent ihn ausschließlich anhand des Periodenergebnisses und lediglich dichotom einstuft, als entweder gut oder schlecht, und dementsprechend genau dann mit einem Ersteller kontrahiert, wenn dessen Periodenergebnis einen vorgegebenen Schwellenwert erreicht.[177] Es wird also lediglich die Betroffenheit des Erstellers für zwei Handlungsalternativen des Kontrahenten und damit

me, dass die Häufigkeiten unmittelbar unterhalb [oberhalb] des jeweiligen Schwellenwertes in hochsignifikanter Weise unerwartet niedrig [hoch] sind. Die genannten Autoren führen dies auf Rechnungslegungspolitik zurück, vgl. Hayn (1995) S. 132, bzw. finden Hinweise hierauf, vgl. Burgstahler/Dichev (1997) S. 112 – 121 und Degeorge/Patel/Zeckhauser (1999) S. 25 – 29. Burgstahler/Dichev (1997) S. 101, 107 – 108, 111 – 112 schätzen, dass 30% – 44% [8% – 12%] der Unternehmen mit geringen negativen Ergebnissen [Ergebnisabnahmen] ihr Ergebnis durch Rechnungslegungspolitik in ein positives Ergebnis [Ergebniszunahme] verwandelt hatten. Die Effekte sind umso ausgeprägter, je länger die ungebrochene Reihe positiver [gestiegener] Ergebnisse ist, vgl. ebenda. Für die Werte null, Vorjahreswert und Analystenerwartung scheinen die Unternehmen in dieser Reihenfolge abnehmende Prioritäten zu setzen, vgl. Degeorge/Patel/Zeckhauser (1999) S. 23 – 25. Ähnliche Nachweise bringen Beatty/Ke/Petroni (2002) S. 547 – 548, 559 – 569 für Ergebnissteigerung sowie Das/Zhang (2003), insbes. S. 34 – 40, 45 – 46, für die Grenze zwischen Auf- und Abrunden der Kennzahl Earnings per Share auf ganze Cent-Beträge. Moehrle (2002) S. 405 – 410 stellt fest, dass Wahrscheinlichkeit und Ausmaß der Rückgängigmachung von Restrukturierungsaufwendungen steigt, wenn dies zur Überschreitung der Schwellenwerte null, Vorjahreswert und Analystenerwartung führt. Auch Matsumoto (2002) S. 502, 506 – 507, 510 – 511 und Kasznik (1999) S. 58 – 59, 70 – 71 stellen verstärkte Anzeichen von Gewinnmanipulation zur Erfüllung von Schwellenwerten fest, ersterer für Analystenerwartungen, letzterer für von der Unternehmensleitung abgegebene Gewinnprognosen.

172 Vgl. Abschnitt B3.3.1.2 (S. 48ff.). S.a. Fn. 641 S. 206.

173 Siehe zur Ergebnisglättung Fn. 657 S. 209.

174 Vgl. DeFond/Park (1997) S. 116 – 118, 125 – 130. S.a. Fn. 658 S. 209.

175 Vgl. Murphy (2001) S. 259 – 260.

176 Vgl. Kasanen/Kinnunen/Niskanen (1996) S. 283 – 287, 290 – 291, 294 – 303. S.a. Fn. 660 S. 210.

177 Vgl. Ann. C-1, sowie auch Ann. C-2 S. 95, Ann. C-11 S. 138, Ann. D-9 S. 286.

für lediglich zwei Umweltzustände des Erstellers unterschieden. Diese Modellierung[178] unterstellt dem Kontrahenten insoweit eine Beschränkung seiner Bereitschaft zur Differenzierung seines Entscheidungskalküls, dass er erstens in seinem Aktionsfeld nur zwei Handlungsalternativen berücksichtigt und zweitens nur das Periodenergebnis wahrnimmt.

Wie in Abschnitt 2.1 angesprochen, kommen aufgrund der Knappheit von Informationsbeschaffungs- und -verarbeitungskapazitäten eines jeden Entscheidungssubjektes[179] weder die Überlegungen eines Entscheidungssubjektes noch deren formale Abbildung als Entscheidungskalkül ohne unbegründbare Vereinfachungen der tatsächlichen Entscheidungssituation aus. Es erleichtert deshalb die Interpretation einer jeden Modellierung, wenn sie von einer Motivation begleitet wird, weshalb gerade die modellierten vereinfachenden Vorgehensweisen bzw. Heuristiken ihrer Akteure einer Analyse würdig sein sollen. Für eine derartige Motivation bestehen u.a.[180] die folgenden Möglichkeiten:[181]

— Es werden Entscheidungskalküle von höherer Komplexität als die Heuristik entworfen, welche die Anwendung der Heuristik für das Entscheidungssubjekt sinnvoll erscheinen lassen. Siehe hierzu kurz Abschnitt 3.2 für den vorliegenden Fall. S.a.S. 19.
— Es werden empirische oder institutionelle Hinweise dafür angeführt, dass sich Entscheidungssubjekte der behandelten Art tatsächlich nach der modellierten Heuristik verhalten. Dies geschieht für den vorliegenden Fall in Abschnitt 3.3.

Vereinfachende, insbesondere dichotome Verarbeitung der Rechnungslegung wird eher den Adressaten von Publikumsgesellschaften unterstellt als den Adressaten von Unternehmen mit kleinerem Adressatenkreis.[182] Es wird andererseits vermutet, dass Fremdmittelgeber als Adressaten eher Satisfizierungskriterien anlegen und Eigenmittelgeber eher Extremierungsbe-

---

178 Burgstahler/Dichev (1997) S. 121 – 122 führen diese Heuristik als Erklärung für ihre empirischen Ergebnisse an. Ähnlich auch DeAngelo (1988) für Rechnungslegungspolitik von Managern, die sich Sammelklagen ihrer Anteilseigner ausgesetzt sehen.

179 Empirische Anzeichen für Beschränkungen der für Rechnungslegungsanalyse aufgewendeten Ressourcen sind u.a. ersichtlich bei Aboody (1996), Davis-Friday et al. (1999), insbes. S. 421, und Imhoff/Lipe/Wright (1995), die unterschiedliche Aktienpreisreaktionen auf gleiche Sachverhalte feststellen, je nach dem, ob die Sachverhalte in Bilanz und GuV oder nur im Anhang gezeigt werden. Auch bei Bushee (1998), der institutionellen Investoren eine genauere Verarbeitung von FuE-Angaben attestiert als anderen Marktteilnehmern, sind derartige Anzeichen ersichtlich. S.a. Fn. 306 S. 69.

180 Zu weiteren, hier nicht zu vertiefenden Gründen für beschränkte Rationalität vgl. Conlisk (1996).

181 Darüber hinaus kann diese Vorgehensweise der Beschränkung auf eine dichotome Information als Versuch verstanden werden, die Kommunikation über eine ordinal messbare Eigenschaft mit mehr als zwei Ausprägungen oder über eine kardinal messbare Eigenschaft repräsentativ zu vereinfachen, zumal jede Entscheidung über eine Größe mit mehr als zwei Ausprägungen als Serie von dichotomen Entscheidungen interpretiert werden kann.

182 Vgl. bspw. Beatty/Ke/Petroni (2002) S. 547 – 550, 563 – 569. Burgstahler/Dichev (1997) S. 122 – 123 vermuten einen umso ausgeprägteren Sprung in der Betroffenheit des Erstellers, je größer die Informationsasymmetrie zwischen Ersteller und Adressat ist. Zur größeren Informationsdifferenz bei manager- im Vergleich zu eigentümergeführten Unternehmen vgl. Fn. 798 S. 297.

dingungen.[183] Hiernach fügt sich die hiesige Modellierung insbesondere dem Bild einer Kommunikation zwischen einer Publikumsgesellschaft und ihren Fremdmittelgebern.[184]

Vergleiche mit extremierenden Vorgehensweisen des Kontrahenten sollen hier nicht angestellt werden. Die Modellierung in Abschnitt C2.1 (S. 112ff.) zeigt jedoch Bedingungen auf, unter denen für ihn die Anwendung der Satisfizierungsbedingung im Vergleich zur gänzlichen Unterlassung der Auswertung der Rechnungslegung vorteilhaft ist.

3.2 Modellhafte Motivation

Ohne erschöpfend zu diskutieren, inwieweit es für den Kontrahenten rational erscheint, sein Aktionsfeld auf zwei Handlungsalternativen zu vereinfachen, wird im Folgenden eine satisfizierende Entscheidungsregel rudimentär motiviert, wonach er mit einem Ersteller genau dann kontrahiert, wenn dessen Periodenergebnis einen Schwellenwert erreicht.

Ließe der Kontrahent die Reaktion des Erstellers auf seine Vorgehensweise außer Acht und sähe die Rechnungslegung insofern als **unverzerrte Informationsquelle** an[185], könnten satisfizierende Entscheidungsregeln seinen Nutzen[186] unter folgenden Umständen maximieren:

— Ist die Zahl der Ersteller, mit denen er kontrahieren kann, nicht beschränkt, dann maximiert er seinen Gesamtnutzen durch Kontrahierung mit allen Erstellern, deren Rechnungslegung einen positiven Nutzen verspricht. Herrscht ein monoton steigender Zusammenhang zwischen Periodenergebnis und Kontrahierungsgewinn, maximiert er – ähnlich der Anwendung des Vorzeichens des Kapitalwertes von Investitionen als Entscheidungskriterium bei unbeschränktem Investitionsbetrag – seinen Nutzen durch Kontrahierung mit jedem Ersteller, dessen Periodenergebnis den (Schwellen-)Wert erreicht, bei dem der Kontrahent zwischen Kontrahierung und Nicht-Kontrahierung indifferent ist.

— Ist die Zahl der Ersteller, mit denen er kontrahieren kann, etwa aufgrund endlicher finanzieller Mittel, beschränkt, dann kann die Anwendung einer satisfiszierenden Entschei-

183 Vgl. Seelbach/Fischer (1998) S. 239. S.a. die Nachw. in Abschnitt B3.3.1.1 (S. 44ff.).

184 Es dürften die Möglichkeiten zur Fremdfinanzierung je nach anstehendem Finanzierungsbedarf häufig ein erhebliches Gewicht im rechnungslegungsbezogenen Kalkül eines Unternehmens aufweisen. So Stein (1993) S. 29: „... Gläubiger haben für deutsche Unternehmen eine herausragende Bedeutung als Kontrahenten der Bilanzpolitik. Dies erklärt sich durch den hohen Anteil von Krediten an der Finanzierung deutscher Unternehmen. Kreditgeber, Banken wie Lieferanten, ...“. Siehe zur empirischen Bedeutung der Fremdfinanzierung in der BRD Deutsche Bundesbank (1999 Unternehmensfinanzierung) S. 31 – 37 für die Geschäftsjahre 1987 – 1995 sowie Francfort/Rudolph (1992) S. 1065 – 1067 für das Geschäftsjahr 1988. Hamel (1984) S. 904 m.w.N. ging von einer im Zeitablauf gestiegenen Bedeutung der Kreditinstitute für die Rechnungslegungspolitik aus.

185 Gegenstand solcher Analysen könnte die Extrapolierbarkeit von Erfolgen, Fälligkeit und Priorität künftiger Zahlungsverpflichtungen oder die Effizienz des Vermögenseinsatzes sein. Zur rechnungslegungsanalytischen Kennzahlenanalyse vgl. Nachw. in Fn. 193 S. 44.

186 Der Kontrahent soll, wie der Ersteller, sich so verhalten, als ob er seine Handlungsalternativen und ihre relative Vorzugswürdigkeit anhand einer monetären Zielgröße und deren Differenzen beurteilt.

dungsregel als Heuristik zur Erfassung von Informations- und Planungskosten interpretiert werden, deren explizite Berücksichtigung dem Kontrahenten nicht operabel erscheint (s.a. B2.1 S. 18ff.).[187] Eine solche Heuristik kann sowohl der zufälligen Auswahl als auch der Suche nach weiteren Informationen vorzuziehen sein.

— Beschränkte Informationsverarbeitungskapazitäten können es dem Kontrahenten sinnvoll erscheinen lassen, anhand einer satisfizierenden, auf Kennzahlen der Rechnungslegung bezogene Entscheidungsregel eine Vorauswahl von Unternehmen zu treffen, die er in einem zweiten Schritt einer detaillierteren[188] Analyse unterzieht.

Antizipiert der Kontrahent die Reaktion des Erstellers auf seine Vorgehensweise, treten zusätzliche Überlegungen hinzu. In Kreditmärkten sind Situationen denkbar, in denen ein Kreditgeber eine Kombination von Gesamtangebot an Kredit und gefordertem Zins wählt, bei der nicht jeder zu diesem Zins existierende Kreditwunsch befriedigt wird. Eine derartige Kreditrationierung[189] wird u.a. mit Beschränkungen hinsichtlich der Möglichkeiten des Kreditgebers erklärt, sich über relevante Eigenschaften der Kreditnachfrager zu informieren und ihr Investitionsverhalten zu beeinflussen. Dann kann eine Zinserhöhung zu einer Verschlechterung der Zusammensetzung der nachfragenden Kreditnehmer und der von befriedigten Kreditnehmern gewählten Projekte führen.[190] Es kann hier für den Kreditgeber sowohl die Rationierung der Höhe der einzelnen Kredite als auch der Zahl der vergebenen Kredite angezeigt sein. In der

---

187 Vgl. Bitz (1977) S. 306 – 309 m.w.N. So erscheint im folgenden Beispiel die Anwendung einer Satisfizierungsregel sinnvoll: Der Kontrahent kann mit höchstens einem Ersteller kontrahieren. Der Kontrahierungsgewinn des risikoneutralen Kontrahenten ist gleichverteilt zwischen KG_{min} und KG_{max} NE über alle Ersteller. Die Zahl der Ersteller sei unendlich. Einen neuen Ersteller aufzufinden, ruft Kosten i.H.v. AK NE > 0 hervor. Dies kommt einer wiederholbaren Lotterie mit einem Lospreis von AK NE gleich, bei dem bisher erzielte Lotteriegewinne zurückzugeben sind. Der Kauf eines Loses ist strikt vorteilhaft, wenn der Lospreis und der bei der jeweils letzten Feststellung ermittelte Konformitätswert zusammen den erwarteten Kontrahierungsgewinn von $\frac{1}{2} \cdot (KG_{max} - KG_{min})$ NE unterschreiten. Der Kontrahent wird also immer wieder neue Ersteller suchen, bis er einen Ersteller mit einem Kontrahierungsgewinn von mindestens $\frac{1}{2} \cdot (KG_{max} - KG_{min}) - AK$ NE gefunden hat (bei Indifferenz möge er auf weitere Lose verzichten). Der Kontrahent wendet insofern eine satisfiszierende Entscheidungsregel an. Zum gleichen Ergebnis käme man, wenn der Kontrahent alte Lose durch Verzicht auf das aktuelle Los wiederaktivieren könnte; der „Preis" einer neuen Lotterie ermittelte sich dann als Summe aus Auffindungskosten und dem Maximum der bisher identifizierten Kontrahierungsgewinne. S.a. Fn. 304 S. 68.

188 Fondsmanager verwenden lt. Deutsche Bundesbank (2001) S. 50 – 52 für ihre Anlageentscheidungen viele über die Rechnungslegung hinausgehende, auch unternehmensinterne Informationen.

189 Prominent ist vor allem Stiglitz/Weiss (1981). Vgl. auch die Überblicksdarstellung von Jaffee/Stiglitz (1990) sowie instruktiv Terberger (1987) S. 48 – 157, jeweils m.v.w.N. Zu alternativen Erklärungen vgl. u.a. Fried/Howitt (1980), Stiglitz/Weiss (1983) und Williamson (1987), wobei die beiden ersteren auf eine Gläubiger-Schuldner-Beziehung mit mehrfachen Transaktionen abstellen und der letztere auf Kosten der Feststellung der Zahlungsfähigkeit des Schuldners. Riley (1987) S. 224 konkludiert für sein an Stiglitz/Weiss (1981) angelehntes Modell, dass Kreditrationierung bei der Existenz mehrerer, von einander unterscheidbarer Pools von Kreditnachfragern nur im marginalen Pool auftritt. Kürsten (1998) insbes. S. 438 – 452 spezifiziert für verschiedene Klassen an Opportunitätsmengen der Kreditnachfrager, welche Bedingungen für die Opportunitätsmenge gelten müssen, damit eine moral-hazard-induzierte Kreditrationiering im Modell von Stiglitz/Weiss (1981) eintritt, und ermittelt hierbei einen engen Geltungsbereich dieser Bedingungen. Kritisch hierzu Neus (1995) S. 18 – 19.

190 Vgl. Stiglitz/Weiss (1981) S. 495 – 402. S.a. Akerlof (1970).

letzteren Situation besteht die Notwendigkeit, unter Kreditnachfragern auszuwählen und somit eine hinsichtlich des einzelnen Kreditnachfragers dichotome Entscheidung über die Kreditvergabe zu fällen.[191]

Man bemerke, dass der Kreditgeber zwar eine Positivauslese anstreben wird, so dass die Zusammensetzung der selektierten Nachfrager für ihn vorteilhafter ist als diejenige der Nachfragenden. Möglichkeiten derartiger Positivauslese wurden für mehrattributive Verträge nachgewiesen, bei denen der Kreditnachfrager durch seine Festlegung der Ausprägung von Merkmalen wie Kredithöhe oder Besicherung inklusive privater Haftung indirekt seine für den Kreditgeber relevanten Eigenschaften offenbart.[192] Zu den für die Positivität der Auslese vergleichsweise bescheidenen Anforderungen an den Informationsstand des Kontrahenten in der vorliegenden Modellierung s.S. 121. Notwendig für die Vorteilhaftigkeit der Kreditrationierung, also mit Auslese, im Vergleich zur Befriedigung aller Kreditnachfrager, also ohne Auslese, ist die Positivität der Auslese jedoch nicht: Auch eine die Zusammensetzung befriedigter im Vergleich zu nachfragenden Kreditnehmern nicht verändernde oder sogar hinreichend schwach verschlechternde Auslese ist im Vergleich zur Befriedigung aller Kreditnachfrager vorteilhaft, wenn mit der Kreditrationierung ein strikt positiver Vorteil verbunden ist. Insofern können willkürlich anmutende Auslesekriterien, wie sie im Rahmen der traditionellen Rechnungslegungsanalyse (s. Abschnitt B3.3.1.1) vorkommen mögen, oder die hier in Ann. C-1 S. 95 modellierte dichotome Rechnungslegungsanalyse des Kontrahenten im Vergleich zur Befriedigung aller Kreditnachfrager vorteilhaft sein.

3.3 Institutionelle Motivation

3.3.1 Fremdmittelgeber

3.3.1.1 Rechnungslegungsanalyse

Die Literatur zur praktischen Handhabung **traditioneller Rechnungslegungsanalyse**[193] zitiert Regeln zur Operationalisierung von Anforderungen an die Kapitalstruktur[194] und an die zeitli-

191 Für die hier relevante Frage ergibt sich durch Kreditrationierung eine ähnliche Situation wie in dem in Abschnitt B3.3.1.3 beschriebenen Falle regulatorischer Höchstgrenzen wählbarer Zinssätze.

192 Vgl. u.a. Bester (1987), Milde/Riley (1988). Derartige Mechanismen können die Selektions- und Anreizprobleme und damit die Kreditrationierung mildern oder gänzlich beseitigen. Zur Selbstselektion in der vorliegenden Modellierung s.u. Abschnitt C2 (S. 112ff.). Die Entsprechung zum Vertragsparameter ist das Konformitätsverhalten (s.u. S. 121), wobei „Verträge" bei Nonkonformität ein Kreditvolumen von null aufweisen.

193 Zur Rechnungslegungsanalyse siehe für viele Bitz/Schneeloch/Wittstock (2004) S. 473 – 640, Coenenberg (2003) S. 915 – 1116, Husmann (1997 Konsolidierungskreis), Husmann (1997 Segmentierung), Küting/Weber (2001), Baetge (1998), Rehkugler/Poddig (1998), Wagenhofer (1995), White/Sondhi/Fried (2003), Wiechers (1994). Siehe speziell zur Analyse des Konzernabschlusses u.a. Ammann (2000), Krawitz (2000), Küting/Weber (2001) S. 517 – 542, Küting/Weber/Zündorf (1990), White/Sondhi/Fried (2003) S. 504 – 545. S.a. Fn. 301 S. 68.

che Kongruenz zwischen der Geldwerdung von Vermögensbeständen und der Fälligkeit von Schuldenbeständen. Derartige Regeln sind unter Bezeichnungen wie „Bankers' Rule", „Acid test" oder „Goldene Bankregel"[195] bekannt. Diese „Praktikerregeln"[196] bzw. „Finanzierungsheuristiken"[197] sollen durch einwertige Betragsangaben zwischen akzeptablem und nicht akzeptablem Finanzgebaren[198] trennen. Schon seit längerem werden jedoch in ihnen weniger Kausalaussagen über den Zusammenhang zwischen Verhältniszahl und künftiger Zahlungsfähigkeit gesehen, sondern – soweit expliziert – eher Verhaltensnormen mit „Spielregelcharakter"[199], deren Einhaltung von potenziellen Fremdmittelgebern erwartet wird.[200]

Insoweit, als der Kontrahent solche Regeln zur Beurteilung eines Unternehmens befolgt, wendet er eine Satisfizierungsbedingung in Form einer Untergrenze an. Ähnliches gilt, wenn sich die (bank-)betriebliche Praxis hinsichtlich der quantitativen Rechnungslegungsanalyse auf die Feststellung beschränkt, ob sich die Rechnungslegung eines Unternehmens innerhalb der als üblich angesehenen Branchenwerte bewegt[201]. Auch der Kreditleitfaden des Bundesaufsichtsamtes für das Versicherungswesen stuft seine Empfehlung zur Kreditvergabe lediglich in drei Stufen ab[202,203]. Bei hinreichend einheitlichem Verhalten der Kontrahenten eines Un-

---

194 Vgl. bspw. Burger (1995) S. 96 – 100, Bitz/Schneeloch/Wittstock (2004) S. 507 – 511, Coenenberg (2003) S. 954 – 970, Kerth/Wolf (1993) S. 140, Küting/Weber (1993) S. 114 – 116, Rehkugler/Poddig (1998) S. 189, 192, Schneider (1994) S. 243. Ähnlich Ewert/Szczesny (2002) S. 578 in einer empirischen Untersuchung bankinterner Ratingverfahren.

195 Hübner (1854) S. 28, hier zit. n. Terberger (1987) S. 26 und Küting/Weber (1993) S. 114, letztere mit der Benennung „goldenen Finanzierungs- bzw. ... Bilanzregel".

196 Küting/Weber (1993) S. 87.

197 Schneider (1994) S. 245. S.a. Wysocki (1962) insbes. S. 9 – 12.

198 Die Einhaltung von Praktikerregeln wird von Rehkugler/Poddig (1998) S. 189 als „Indiz solider Finanzierung", von Coenenberg (2003) S. 964 als „gewahrt(e)" Liquidität bezeichnet.

199 Vgl. schon Wysocki (1962) insbes. S. 3, 12 – 14, sowie bspw. Baetge/Ballwieser (1978) S. 517, Bitz/Schneeloch/Wittstock (2004) S. 509, Coenenberg (2003) S. 965 – 966, Hoffmann (1994) S. 75, 108 – 109 m.w.N., Kirsch (2004) S. 1015, Küting/Weber (1993) S. 120 – 122, Schneider (1994) S. 243 – 245. S.a. Fn. 11, 15 S. 7. Der beschränkten Aussagekraft der betroffenen Kennzahlen pflichten auch Praktiker bei, vgl. bspw. Burgard (1991) S. 294.

200 Mit einer ähnlichen Interpretation von Rechnungslegungserstellung und -perzeption mahnt der Chairman der US-amerikanischen Börsenaufsicht SEC in seiner vielzitierten Rede von 1998, die Rechnungslegung verkomme zu „The Numbers' Game", in dem nicht Regeltreue und „common sense", sondern Erwartungen der Kapitalmarktteilnehmer das Abbildungsverhalten der Unternehmen bestimmen, vgl. Levitt (1998 e) bzw. Levitt (1998 d) S. 2544.

201 So beschrieb 1998 ein örtlicher Filialleiter einer deutschen Großbank die von ihm bei Kreditvergabe und Prolongation meist befolgte Vorgehensweise. Der Vergleich mit der vom zuständigen Vorstandsmitglied desselben Instituts empfohlenen, differenzierteren Vorgehensweise – vgl. Burgard (1991) S. 324 – 325 – scheint eine Diskrepanz zwischen den Erwartungen der Institutsleitung und der tatsächlichen Vorgehensweise der ausführenden Organe bloßzulegen. Zur internen Verfügbarkeit von über Branchen aggregierten Rechnungslegungsdaten bei Kreditinstituten siehe kurz Freidank (1990) S. 65 m.w.N. Zu regulatorischen Anforderungen an Kreditinstitute s.u. die Nachweise in Fn. 214 S. 47.

202 Das Bundesaufsichtsamt für das Versicherungswesen fordert für die Anrechnung von Forderungen auf regulatorisch geforderte risikoarme Aktiva (Deckungsstockfähigkeit), dass die Schuldner der beaufsichtigten Versicherungsunternehmen bestimmte Kennzahlen einhalten, vgl. Bald et al. (1994) S. 7 sowie das Rundschreiben R 2/75 in Prölss (1989) vor § 54 VAG. Hiernach kann ein Darlehen unter Stellung von Sicherheiten vergeben werden, wenn das Unternehmen bei vier Kennzahlen numerisch vorgegebene Schwellenwerte

ternehmens gibt es aus dessen Sicht somit spürbare Sprünge in den Reaktionen der Kontrahenten bei Kennzahlen-Werten, die breite Anerkennung genießen. Die Beschränkung auf satisfizierendes Entscheidungsverhalten des Kontrahenten korrespondiert mit der in der Literatur zuweilen geäußerten Vorstellung, dass viele Ersteller mit ihrer Rechnungslegungspolitik nicht so sehr bestimmte Größen zu maximieren suchen, sondern eher bestrebt sind, ihre Kennzahlen innerhalb exogen gegebener, allgemein als unauffällig anerkannten Grenzen zu halten.[204]

Formale Verfahren zur Klassifikation von Unternehmen nach ihrer Kreditwürdigkeit trennen die analysierten Unternehmen ganz überwiegend in zwei Gruppen. Dies gilt für die Diskriminanzanalyse[205], zumindest bei einfacher Anwendung[206], und wird bei neuronalen Netzen trotz weitergehender Möglichkeiten anscheinend beibehalten[207]. Auch das Verfahren der

---

für die näher definierten Kennzahlen Gesamtkapitalrendite (≥6%), Entschuldungsdauer (≤ 7 Jahre), Verschuldungsgrad (≤ 2) und Eigenkapitalquote (≥20% bei Stellung von Sicherheiten, sonst ≥30% bei „ersten Adressen") einhält, vgl. ebenda S. 12, 19, 29. Die Einhaltung dieser Grenzen ermöglicht also überhaupt erst die Darlehensvergabe an das betroffene Unternehmen, die Überschreitung der 30%-Grenze zusätzlich u.U. den Verzicht auf Sicherheiten. Die Nicht-Einhaltung einmal eingegangener Negativvereinbarungen hat das sofortige Kündigungsrecht des Darlehensgebers zur Folge, vgl. Bald et al. (1994) S. 45 – 46. Die Einhaltung ist jährlich vom Wirtschaftsprüfer der gesetzlichen Jahresabschlüsse zu bestätigen, vgl. ebenda.

203 Dass die Rechnungslegungsanalyse, jedenfalls so lange sie manuell betrieben wird, in hohem Maße durch Vergleiche zwischen Kennzahlen des beurteilenden Unternehmens und verschiedenen Konformitätsanforderungen bestimmt wird, sei dies als Zeit-, Betriebs- oder Normvergleich, stellen u.a. Bitz/Schneeloch/Wittstock (2004) S. 476 – 480, Hauschildt/Leker (1995) S. 254, Treacy/Carey (2000) S. 180, Burgard (1991) S. 324 – 325 heraus.

204 Vgl. Schneider (1994) S. 244. Auch die von Baetge/Ballwieser (1978), insbes. auf S. 516 – 526 angeführten Planungsprobleme der Rechnungslegungspolitik legen die Anwendung vereinfachender Entscheidungsregeln nahe. Freidank (1990) sieht Satisfizierung für die Zielfunktion rechnungslegungspolitischer Optimierungsprogramme zur sequentiellen Optimierung vor, vgl. ebenda S. 95 – 96, 114, 117, 199 – 205 m.w.N. einschlägiger Expertensysteme.

205 Zum Einsatz und Optimierung der Diskriminanzanalyse zwecks Kreditwürdigkeitsprüfung vgl. als erstes univariates Verfahren Beaver (1966), als erstes multivariates Verfahren Altmann (1968) sowie u.a. Baetge/Niehaus (1989), Baetge (1989), Baetge/Beuter/Feidicker (1992), Braunsfeld/Richter (1996), Günther/Grüning (2000), Günther/Scheipers (1993), Hatten (1983), Hauschildt/Leker (1995) S. 257 – 263, Hüls (1995), Johnson (1970) (hierzu Altmann (1970)), Kühnenberger/Eckstein/Woithe (1996), Pfeifer (1998), noch Casey/Bartczak (1985), Chen/Shimerda (1981), Gombola/Ketz/Edward (1983), Rose/Giroux (1984), Zavgren (1983), sowie umfassend m.v.w.N. Burger (1995) S. 249 – 340 und Rehkugler/Poddig (1998) S. 255 – 333. Zur Anwendung lediglich ordinal skalierbarer Merkmale in der Diskriminanzanalyse siehe Blochwitz/Eigermann (2000) sowie schon Gilbert (1968). Neben der Deutschen Bundesbank (s.u. Fn. 208) wenden auch die Bayerische Hypovereinsbank (s.a. Baetge (1989) S. 792, 804 – 806), die Baden-Württembergische Bank AG (vgl. Hüls (1995) S. 297 – 300) und die Allgemeine Kreditversicherung AG (vgl. Baetge/Beuter/Feidicker (1992) S. 749, 759 – 760) sowie die Deutsche Bank AG und der Sparkassen- und Giroverband (vgl. Baetge/Beuter/Feidicker (1992) S. 749) die Diskriminanzanalyse zur Beurteilung der Kreditwürdigkeit von Unternehmen an.

206 Leker (1994) bildet durch mehrmalige Anwendung von Diskriminanzfunktionen mehrere Klassen.

207 Siehe hierzu Burger (1995) S. 341 – 404, Oestreicher/Piotrowski-Allert (1996), Derigs/Schirp (1997) und Rehkugler/Poddig (1998) S. 333 – 401. Von den 21 an dem zuletzt angegebenen Ort vorgestellten Verfahren neuronaler Netze klassifizieren 18 in zwei Klassen und eines in drei Klassen, während die Zahl der Klassen bei zwei Verfahren nicht ersichtlich ist. Zu den so genannten Expertensystemen als einer weiteren, neben Diskriminanzanalyse und neuronalen Netzen bestehenden Möglichkeit zur Unterstützung von Kre-

Deutschen Bundesbank zur Feststellung der Notenbankfähigkeit hat die dichotome Einstufung des zu beurteilenden Unternehmens zum Gegenstand[208]. Die Deutsche Bundesbank wendet bei der Bonitätsbeurteilung von Wirtschaftsunternehmen des verarbeitenden Gewerbes zum Zwecke der Refinanzierung von Bankkrediten[209] ein sehr weitgehend automatisiertes Verfahren an, das ganz überwiegend[210] Rechnungslegungsdaten auswertet. Es sieht zunächst die Trennung der zu beurteilenden Unternehmen in zwei Gruppen mit Hilfe einer mehrdimensionalen Diskriminanzfunktion[211] vor. Unternehmen mit Diskriminanzwerten deutlich oberhalb [unterhalb] eines sogenannten Cut-off-point werden als notenbankfähig [nicht notenbankfähig] eingestuft. Die Unternehmen in dem verbleibenden, als Indifferenzbereich bezeichneten Intervall um den Cut-off-point werden von einem Expertensystem analysiert, welches mittels theoretisch und empirisch abgeleiteter rechnungslegungsanalytischer Regeln eine zweite, positive oder negative Kennzahl ermittelt. Unternehmen, für welche die Summe aus dieser Kennzahl und dem Diskriminanzwert immer noch dem Indifferenzbereich angehört, werden nach Hinzuziehung weiterer Daten manuell klassifiziert[212]. Die dichotome Rechnungslegungsanalyse der hiesigen Modellierung, vgl. Ann. C-1 S. 95, ist ein degenerierter Fall dieses Vorgehens; in die Diskriminanzfunktion geht lediglich das Periodenergebnis ein, und der Indifferenzbereich entfällt.

Wenn Adressaten ihre Entscheidungen aufgrund von **Ratings** treffen, seien diese im Rahmen externer Ratingverfahren durch Ratingagenturen[213] oder interner Ratingverfahren von Kreditinstituten[214] ermittelt, und wenn für ein Unternehmen entweder nur zwei Einstufungen in Fra-

---

ditwürdigkeitsprüfungen durch elektronische Datenverarbeitung s. Küting/Weber (1993) S. 417 – 435, Kulmann/Reucher (2000).

208 Vgl. Deutsche Bundesbank (1999 Bonitätsbeurteilung) S. 57.

209 Vgl. Deutsche Bundesbank Monatsbericht, Januar 1999, S. 51 – 63, hier insbes. S. 55.

210 Vgl. jedoch Deutsche Bundesbank (1999 Bonitätsbeurteilung) S. 54, 56, 57.

211 Vgl. zur Diskriminanzanalyse allgemein die Nachweise in Fn. 205 S. 46.

212 Deutsche Bundesbank (1999 Bonitätsbeurteilung) S. 60, 63 gibt an, dass von einer Stichprobe aus Jahres- und Konzernabschlüssen der Jahre 1995 – 1997 83 % der Unternehmen mit Hilfe der Diskriminanzfunktion, 11 % mit dem Expertensystem und 6 % manuell klassifiziert wurden.

213 Siehe zum Vorgehen von Ratingagenturen bei der Bestimmung von Ratings Standard & Poors (1994) S. 72 – 79, Presber/Stengert (2002) S. 13 – 42, 73 – 102, 106 – 167; Hose (2002) S. 44 – 45, 76 – 85.

214 Zur Durchführung interner Ratingverfahren werden Kreditinstitute nach der Neuen Baseler Eigenkapitalvereinbarung angehalten, die unter Aufsichtsbehörden und Zentralbanken bedeutender Industrienationen zwecks internationaler Annäherung und Verbesserung der Aufsicht über das Kreditwesen ausgehandelt wurde. Siehe zu diesen Anforderungen Basel Committee on Banking Supervision (2003) RdNr. 349 – 501 sowie zu den in früheren Versionen artikulierten Vorstellungen hinsichtlich der angelegten Kriterien Basel Committee on Banking Supervision (2001) RdNr. 265. Siehe hierzu auch Presber/Stengert (2002) S. 42 – 72, 106 – 167; Hose (2002) S. 48 – 52, 85 – 96. Zur deskriptiven Empirie interner Ratingverfahren siehe Treacy/Carey (2000) für die USA, zur Deskription und Aussagekraft Weber/Krahnen/Voßmann (1999) sowie Ewert/Szczesny (2002) für die BRD. Machauer/Weber (1998) S. 24 – 25, 28 – 29 aggregieren für 125 Kreditbeziehungen (Umsatz des Unternehmens 50 – 500 Mio. DM, Kreditvolumen mindestens 3 Mio. DM) großer deutscher Banken die vergebenen Ratings zu drei Gruppen und erheben einen durchschnittlichen Zinsunterschied von ca. 1,75 bis 2,81 Prozentpunkten zwischen den beiden Gruppen. Diesen Zusammenhang können sie jedoch nicht für Unternehmen feststellen, deren Rating im Zeitablauf wechselt. Letzteres

ge kommen, oder aber in erster Linie eine einzige Grenze zwischen zwei Stufen für die Reaktion des Kontrahenten von Bedeutung ist, dann ist das Unternehmen ebenfalls in dichotomer Weise von der Verarbeitung der Rechnungslegung betroffen, soweit die Beurteilung des Kontrahenten hierauf fußt[215]. Die Seltenheit empirisch realisierter Veränderungen über mehr als eine Ratingklasse hinweg[216] kann als Indiz dafür gewertet werden, dass das geratete Unternehmen auch ex ante meist nur zwei Zustände, nämlich Verbleib oder Veränderung um eine Ratingklasse in einer vorgegebenen Richtung, als Resultat eines bevorstehenden Ratings erwartet. Eine hinsichtlich der Adressatenreaktionen besonders relevante Grenze ist bei externem Rating diejenige zwischen Investment-Grade und Non-Investment-Grade.[217] Bei internen Ratings kommt für eine solche Grenze insbesondere die Aufnahme in die Liste der genauer zu beobachtenden Engagements in Frage[218]. Bei einer geringen Zahl von Klassen oder bei Häufung von Klassifikationen in einer Klasse[219], nähert sich die Betroffenheit des beurteilten Unternehmens ebenfalls derjenigen bei zwei Klassen an.

3.3.1.2 Negativklauseln in Kreditverträgen

In den USA werden in Kreditverträgen (debt covenants) häufig Sanktionen für Verstöße des Schuldners (technical default[220]) gegen auf Zahlen der Buchhaltung bezugnehmende Regeln

---

könnte u.a. auf eine Funktion von „Hausbank-Beziehungen" als „Liquiditätsversicherung" zurückzuführen sein. Zum Zusammenhang von Rating und Ausfallerwartung siehe Krahnen/Weber (2000) S. 9 – 11.

215 Kennzahlen der Rechnungslegung spielen in den Ratingverfahren in Fn. 213, 214 eine wesentliche Rolle (vgl. bspw. die Gewichtung der Kriterien des internen Ratingverfahrens der Volks- und Raiffeisenbanken bei Presber/Stengert (2002) S. 58 – 59, Hose (2002) S. 87 – 91). Basel Committee on Banking Supervision (2003) RdNr. 373 fordert die Auswertung aller verfügbaren Informationen. Presber/Stengert (2002) S. 153 bescheinigen der Rechnungslegung bei externem wie internem Rating eine „große Bedeutung".

216 Die bei Elsas et al. (1999) S. 196 gezeigten Matrizen über Wahrscheinlichkeiten der Übergänge zwischen Ratingkategorien weisen im Falle externer Ratings der Agentur Moody's für die Überspringung einer Ratingkategorie von 0,1 % bis 0,8 % sowie im Fall Caa nach Ba 2,3% aus. Die entsprechenden Wahrscheinlichkeiten für bankinterne Ratingverfahren reichen von 2 % bis 9 %, vgl. ebenda, m.w.N.

217 So ist es in den USA den Pensionsfonds regulatorisch untersagt, als Non-Investment-Grade eingestufte Titel zu halten. Standard & Poors (1994) S. 83 teilt die Ratings in zwei Gruppen, Investmentklasse „BBB-" oder besser einerseits und Spekulationsklassen „BB+" oder schlechter andererseits. Ein Schuldtitel mit Rating von BB+ oder schlechter weise „vorwiegend spekulative Merkmale" auf.

218 Alle von Treacy/Carey (2000) untersuchten Banken führten solche „Watch Lists", vgl. dort S. 173.

219 Von den Treacy/Carey (2000) untersuchten größten Banken in den USA wiesen 7 von 46 mehr als 6 Klassen auf. Die Institute tendierten aber dazu, einen Großteil ihrer Forderungen einer der Klassen für „unauffällige" Engagements zuzuordnen, vgl. Treacy/Carey (2000) S. 175, 176 – 177, 193, 195. Allerdings scheine die zunehmende Verwendung interner Ratingverfahren für Entlohnungs- und Allokationszwecke innerhalb der Kreditinstitute diese Tendenz aufzuweichen. Treacy/Carey (2000) S. 183 vermuten, dass die für das Ratingverfahren beanspruchten Ressourcen in der Zahl der Klassen steigen, weil die Zahl der innerhalb der Bank abweichenden Beurteilungen für dieselbe Forderung steigt. Andererseits bestünden durch sinkende Margen Anreize zur genaueren Steuerung der Portfolios, vgl. Treacy/Carey (2000) S. 194 – 195.

220 „Technical default" bezeichnet als Gegensatz zum „debt service default" (Alberth (1997) S. 748) alle Vertragsbrüche außer Zahlungsunterlassungen, vgl. Smith, Jr. (1993) S. 291 – 292. Er wird häufig auch unscharf „breach of covenants" genannt, vgl. bspw. Thießen (1996) S. 22.

vereinbart (**Negativklauseln**)[221]. Auch in der BRD dürften solche Negativklauseln von Kreditinstituten und Versicherungsunternehmen eingesetzt werden.[222]

Negativklauseln bewehren ihre **Verletzung** mit der Entstehung von Rechten des Gläubigers, insbesondere zur verfrühten Fälligstellung des Darlehens[223]. Sie definieren numerisch fixierte oder fixierbare Soll-Werte buchhalterischer Größen[224] und geben an, ob diese bei Unter- oder Überschreitung als eingehalten gelten. Gebräuchliche Kennzahlen sind verschiedene Versionen von u. a. Verschuldungsgrad, Eigenkapital, Working Capital und Verhältnis von kurzfristigen Verbindlichkeiten zum Umlaufvermögen[225]. Die „affirmative debt covenants"[226], die „auffordernden" Negativklauseln, werden bereits bei Nicht-Einhaltung der Kennzahlenwerte verletzt. Bei den „negative debt covenants"[227], den „verbietenden" Negativklauseln, bedarf es zum Aufleben der Gläubigerrechte während der Nicht-Einhaltung der Kennzahlenwerte zu-

---

221 So der unpräzise, zu enge, aber wohl übliche deutsche Sprachgebrauch. Press/Weintrop (1990) verwenden „Accounting-Based Constraints", ähnlich Smith, Jr. (1993). Zur Typologie s. Nachw. in Fn. 225. Zur Analyse der mit Negativklauseln verbundenen Anreize s. grundlegend Smith, Jr./Warner (1979) sowie im deutschsprachigen Raum Ewert (1986) und Leuz (1996). Zu Negativklauseln aus deutscher Perspektive s. Thießen (1996) mit empirischem Beispiel S. 32–35 sowie Alberth (1997) und Alberth (1998). Vgl. zu der dem Gläubiger drohenden Gefahr, durch unternehmerische Mitwirkung seine Stellung im Insolvenzverfahren zu verschlechtern, so zur zusätzlichen Mittelhingabe gezwungen und wegen Schadensersatz in Anspruch genommen zu werden Thießen (1996) S. 27 – 29 für die BRD sowie für die USA u.a. Smith, Jr./Warner (1979) S. 147 – 148 m.w.N. Vgl. Fleischer (1999) zur Umqualifizierung in Eigenkapital gem. § 32a III GmbHG. Einen Überblick zur Empirie gibt Fields/Lys/Vincent (2001) S.171 – 175.

222 Zumindest reichte der Gebrauch von Negativklauseln in einer Untersuchung von Kundenbeziehungen großer deutscher Kreditinstitute in der mittelständischen Wirtschaft für einen signifikanten Effekt aus, vgl. Elsas et al. (1999) S. 193. Leuz (1996) S. 241 schätzt den Gebrauch als Ausnahme ein. Der Kreditleitfaden von Bald et al. (1994) sieht die Möglichkeit der Nutzung von Negativklauseln durch Versicherungsunternehmen vor, s.o. Fn. 202 S. 45.

223 Vgl. American Bar Foundation (2002) Sect. 6.01, Smith, Jr. (1993) S. 293, Chen/Wei (1993) S. 221. Smith, Jr./Warner (1979) S. 151 erwähnen zusätzlich das Recht zur Bestellung von Sicherheiten. Auch Thießen (1996) S. 21 führt weitere typische Folgen an, ohne jedoch zu unterscheiden zwischen vertraglich vorgesehenen Rechtsfolgen und dem Verhandlungsergebnis nach Androhung sofortiger Fälligkeit.

224 Die für eine einzelne Negativklausel maßgeblichen Rechnungslegungsregeln werden im Kreditvertrag häufig in mehreren Stufen vereinbart: Aufbauend auf allgemeinen Regeln wie bspw. US-GAAP werden für den gesamten Vertrag sowie für einzelne Bestandteile der Negativklausel weitere Rechnungslegungsregeln vereinbart. Im letzteren Fall werden sie als „tailored GAAP" bezeichnet, vgl. bspw. El Gazzar/Pastena (1990) S. 383. Modifikationen sehen häufig, ähnlich dem Vorsichtsprinzip deutscher Prägung, die Reduktion von mit Unsicherheit behafteten Erträgen bei Beibehaltung von mit Unsicherheit behafteten Aufwendungen vor. Sie stellen zudem auf die verpflichtete juristische Einheit ab, statt auf den Konzernverbund wie nach US-GAAP vorgeschrieben. Zu „tailored GAAP" vgl. El Gazzar/Pastena (1990) S. 382, 388 - 390, Alberth (1998) S. 806 - 812, Leuz (1996) S. 233 - 238, Smith, Jr./Warner (1979) S. 150 - 151.

225 Zur Typologie gebräuchlicher Negativklauseln öffentlich begebener Anleihen s. die von der US-amerikanischen Anwaltsorganisation kommentierte Zusammenstellung in American Bar Foundation (1986) insbes. S. 10, 372 - 376, 410 - 417, 450 - 456, 464 - 465. Die Negativklauseln zu den genannten Kennzahlen wurden bei Beneish/Press (1993) S. 238, 247 am häufigsten verletzt. Auch in den von Press/Weintrop (1990) S. 70 - 75 untersuchten Negativklauseln treten diese Kennzahlen am häufigsten auf. Smith, Jr./Warner (1979) S. 136 erwähnt weiter das Verhältnis von Jahresüberschuss zu Zinsaufwendungen.

226 Vgl. Smith, Jr. (1993) S. 290.

227 Es kommt nur selten vor, dass gegen „verbietende" Negativklauseln, deren Kennzahlenwerte nicht eingehalten wurden, verstoßen wird (bspw. durch Zahlung von Dividenden), vgl. Beneish/Press (1993) S. 230, Kalay (1982) S. 211, 216 – 224, Smith, Jr. (1993) S. 292, Healy/Palepu (1990) S. 97.

sätzlich bestimmter Handlungen wie Dividendenzahlungen, Investitionen oder Aufnahme von Fremdkapital.[228]

Sofern keine die Mittel des Gläubigers ersetzende Finanzierung zu Wege gebracht werden kann, kann die Verletzung einer Negativklausel die Zahlungsfähigkeit des Unternehmens gefährden. Häufig kann jedoch der Darlehensnehmer den Gläubiger dazu bewegen, auf die Ausübung seiner Rechte ganz oder zeitweise zu verzichten („waiver", im folgenden AUSÜBUNGSVERZICHT).[229] Typische **Zugeständnisse**[230] hierfür sind:[231], [232]

— Zusätzliche Zins- oder Abgeltungszahlungen;
— Verschärfung oder Ausweitung der Negativklauseln oder andere den Handlungsspielraum der Unternehmensleitung einschränkende vertragliche Regelungen[233];
— Tilgungszahlungen, die kostspielige Umfinanzierungen und höhere Zinsen oder andernfalls unterlassene Desinvestitionen notwendig machen können, die ohne Verletzung der Negativklausel nicht zu zahlen respektive nicht unterlassen worden wären.

Die von Beneish/Press (1993) entwickelten Schätzgrößen ergeben für die untersuchten Fälle einen Barwert zusätzlicher Zins- oder Tilgungszahlungen an den Gläubiger i.H.v. durchschnittlich 0,84 % bis 1,63 % des Marktwertes der Anteile des Unternehmens vor Verletzung der Negativklausel, und für Umfinanzierungen i.H.v. durchschnittlich 0,37 %. Die Nachteile der übrigen Kategorien quantifizieren Beneish/Press (1993) nicht, ermitteln jedoch Indizien für eine signifikante Höhe.[234] Hierbei handelt es sich um öffentlich[235] gehandelte Gläubigertitel. Gilt die Negativklausel nur für einige wenige Gläubiger, scheinen die Kosten stark zu va-

228 Mit der Überwachung der Einhaltung der Negativklauseln werden häufig Mitarbeiter der Rechnungslegung des Unternehmens oder Wirtschaftsprüfer betraut, vgl. Smith, Jr./Warner (1979) S. 146. Im Vergleich zur kennzahlenorientierten Kreditprüfung (s.o. S. 46) lagert der Kreditgeber insofern die erste Stufe der Überwachung des Kreditnehmers aus.

229 Chen/Wei (1993) zählen unter 128 Vertragsverletzungen 57 Ausübungsverzichte, wovon 11 [13] auf weniger als ein Jahr [ein Jahr oder mehr] befristet waren und 33 unbefristet waren, wobei sowohl öffentliche als auch private Darlehensvereinbarungen erfasst wurden. Chen/Wei (1993) erfassen jedoch nur den gravierenderen, publikationspflichtigen Teil der Vertragsverletzungen mit Ausübungsverzicht, zumal sie ihre Daten nur aus öffentlichen Quellen beziehen – insbes. aus den bei der SEC einzureichenden ausführlichen Kommentaren zur Rechnungslegung im Formular 10-K – und Vertragsverletzungen mit Ausübungsverzichten nur bei bestimmten Befristungen des Ausübungsverzichtes hier publikationspflichtig sind, vgl. SEC Regulations S-X Sec. 210.4 und Financial Accounting Standard No. 78, vgl. Chen/Wei (1993) S. 220.

230 Siehe allgemein kategorisierend Smith, Jr./Warner (1979) S. 126 – 146. Die Möglichkeit, sich zur Einhaltung von Negativklauseln verpflichten zu können, scheint jedoch einen aufteilbaren Effizienzvorteil zu bieten, vgl. Smith, Jr./Warner (1979) S. 123. Vgl. auch ausführlich Ewert (1986).

231 Vgl.insbes. Beneish/Press (1993) S. 234, 249 – 255.

232 Auch scheinen Verletzungen von Negativklauseln die Wahrscheinlichkeit eines Wechsels an der Unternehmensspitze zu erhöhen, vgl. Sweeney (1994) S. 299, welche „Gilson (1989)" zitiert.

233 Vgl. Chen/Wei (1993) S. 228 – 229. So z.B. auch Mitwirkungsrechte.

234 Vgl. Beneish/Press (1993) S. 234, 249 – 251.

235 Siehe zur Differenzierung zwischen „private" und „public lending agreements" Sec. 4.2 Securities Act 1933 sowie American Bar Foundation (1986) S. 10.

riieren, und können von marginaler zusätzlicher Arbeitslast durch Einholung eines Ausübungsverzichtes bis zur Bedrohung der Existenz des Unternehmens reichen.[236]

Insgesamt erscheint die Motivation der Unternehmensleitung zur Einhaltung von Negativklauseln häufig ausreichend, um rechnungslegungspolitische Entscheidungen signifikant zu beeinflussen.[237] Können die Nachteile der Nicht-Einhaltung von Kennzahlen in Negativklauseln mit Hilfe der Rechnungslegungspolitik vermieden werden, ist diese Vermeidung im Falle von auffordernden Negativklauseln als **Inzitament zur Rechnungslegungspolitik** anzusehen. Bei verbietenden Negativklauseln bemisst sich dieses als Minimum aus den Kosten der Vermeidung darin geächteter Handlungen und den oben genannten Nachteilen, die durch eine Vertragsverletzung entstehen würden.

Die Rechtsfolge einer Vertragsverletzung ist **dichotom**: Das Recht des Gläubigers zur sofortigen Fälligstellung des Darlehens hängt allein davon ab, ob die Negativklausel verletzt wurde oder nicht, und nicht davon, ob dies mit einem geringen oder einem großen Betrag geschah.[238] Das Ausmaß der oben skizzierten Nachteile einer einmal eingetretenen Vertragsverletzung dürfte von weiteren Bedingungen abhängen, zu denen insbesondere die Risikoeinschätzung des Gläubigers bei genauerer Unternehmensanalyse sowie die alternativen Finanzierungsmöglichkeiten gehören dürften. Soweit diese Faktoren nicht wiederum von den ausgewiesenen Rechnungslegungskennzahlen abhängen, was angesichts der bei Vertragsverletzung bestehenden Möglichkeiten zur Aufdeckung von Rechnungslegungspolitik eher weniger nahe liegend erscheint,[239] ist die Betroffenheit aus der Rechnungslegung für den Ersteller deshalb ebenfalls dichotom: Bei Vertragsverletzung muss er einen vorgegebenen Nachteil in Kauf nehmen, der ihm andernfalls erspart bleibt.

---

236 Vgl. Dichev/Skinner (2002) S. 1095 – 1096. Zinbarg (1975), hier zit. n. Smith, Jr./Warner (1979) S. 151, beziffert als Praktiker in der Rolle des Gläubigers in privaten Darlehensvereinbarungen das Verhältnis von Darlehen zur Nicht-Einhaltungen der Kennzahlenwerte von Negativklauseln auf etwa 1:1 und den Anteil der (wohl teilweise bereits vor Vertragsverletzung erteilten) Ausübungsverzichte ohne Gegenleistung auf mehr als 95%. Er begründet dies damit, dass die Verletzung der Negativklausel in diesen Fällen keine wesentliche Erhöhung des vom Gläubiger zu tragenden Risikos impliziere. Aufgrund der höheren Verhandlungskosten bei öffentlichen Anleihen sind bei ihnen weniger eng gefasste Negativklauseln zu erwarten (vgl. Smith, Jr./Warner (1979) S. 150 – 152, American Bar Foundation (1986) S. 370 sowie empirisch bestätigend El Gazzar (1993) S. 259, 265 – 266, 270) und deshalb – bei gleicher Volatilität der Unternehmensentwicklung – auch seltenere Vertragsverletzungen.

237 Vgl. den umfassenden, strukturierenden Überblick bei Haller/Park (1995). Als Indiz dafür, dass die Vertragsverletzung als negativ empfunden wird, kann der Befund von Beatty/Ramesh/Weber (2002) gelten, welche für die untersuchten Darlehensverträge einen um durchschnittlich 84 Basispunkte höheren Zinssatz feststellen, wenn dem Darlehensnehmer Wahlrechte der US-GAAP verwehrt werden, vgl. Beatty/Ramesh/Weber (2002) S. 205, 207, 212, 218 – 219. Sie deuten diesen Befund als Tausch rechnungslegungspolitischer Flexibilität gegen Minderung von Auszahlungen bzw. umgekehrt als Bereitschaft der Ersteller, Auszahlungen in Kauf zu nehmen, um sich die rechnungslegungspolitische Flexibilität, insbesondere zwecks Vermeidung von Vertragsverletzungen, zu erhalten.

238 Zwar bestünde die Möglichkeit, die Rechtsfolgen von Vertragsverletzungen nach deren Ausmaß abzustufen. In der hier zitierten Literatur wird eine solche Abstufung jedoch nicht erwähnt.

239 Vgl. hierzu Fn. 419 S. 99.

3.3.1.3 Regulatorische Beschränkungen der Zinshöhe

In der BRD beschränkt das Wucherverbot gemäß § 138 BGB die Möglichkeiten eines potenziellen Geldgebers, sich durch Zinsversprechungen für Ausfallrisiken entschädigen zu lassen, in dem es die Nichtigkeit von Kreditgeschäften mit Zinssätzen oberhalb einer gewissen Höhe anordnet[240]. Bei einem Ausfallrisiko, für welches der Geldgeber mit diesem Zinssatz nicht entschädigt wird, wird dem Unternehmen deshalb kein Kredit gewährt. Wird nun das Ausfallrisiko anhand der Rechnungslegung eingeschätzt, dann resultiert hieraus die Aufteilung der Unternehmen in zwei Gruppen. Innerhalb der schlechter eingeschätzten Gruppe werden alle Unternehmen durch Verweigerung der Kreditvergabe gleich behandelt, innerhalb der besser eingeschätzten wird der Zinssatz in Abhängigkeit von der Rechnungslegung abgestuft. Steht aber für das Unternehmen der Erhalt des Kredites im Vordergrund, während der Zinssatz nachrangig erscheint, ist es insofern annähernd dichotom von der Verarbeitung der Rechnungslegung betroffen.

3.3.2 Eigenmittelgeber

Obwohl weniger ausgeprägt als bei Entscheidungen über die Hingabe von Fremdmitteln, können auch bei Finanzierungsentscheidungen über die Hingabe von Eigenmitteln Situationen ausgemacht werden, in denen der Ersteller in dichotomer Weise von der Reaktion des Kontrahenten betroffen ist. So pflegen **Finanzanalysten**[241] ihr Bewertungsurteil als grob abgestufte Kaufempfehlung wie beispielsweise „kaufen – halten – verkaufen", zusammenzufassen[242]. Soweit für einen Ersteller lediglich zwei dieser Einstufungen in Frage kommen und soweit die Leser der Analystenempfehlungen ihre Entscheidungen nach der Zusammenfas-

240 Rechtlich kann der Geldgeber somit seine Zinsforderung nicht in der vereinbarten Höhe durchsetzen. Als Anhaltspunkt für eine Untergrenze von Wucherzinsen (verstanden als Effektivzins, wobei dessen Berechnungsmodi hier nicht erläutert werden sollen) gilt das Minimum aus dem Zweifachen des von der Deutschen Bundesbank ermittelten so genannten „Schwerpunktzinses" einerseits und der „Schwerpunktzins" zuzüglich 12% p.a. andererseits, vgl. Leinweber (1995) S. 41 – 42, 94 – 102. Den Schwerpunktzins ermittelt die Deutsche Bundesbank monatlich als der um Ausreißer bereinigte Durchschnitt aus den Angaben von 419 Kreditinstituten über vereinbarte Effektivzinssätze in verschiedenen Kreditsparten des Massengeschäftes, vgl. Leinweber (1995) S. 75 – 77 m.w.N.

241 Zu institutionellen Grundlagen der Tätigkeit von Finanzanalysten sowie zu den Möglichkeiten des Reputationsaufbaus zwecks Reduktion der für Finanzanalysten herrschenden Anreizprobleme im Verhältnis zu ihren Kontrahenten vgl. Hax (1998) m.v.w.N.

242 Vgl. Baetge (1998) S. 10. Den Eindruck dichotomer Verarbeitung der Rechnungslegung mag man auch gewinnen, wenn in Unternehmenseinschätzungen von Finanzanalysten die Jahresabschlusskennzahlen lediglich in ihrer Gesamtheit mit wenigen Sätzen charakterisiert werden, und diese Charakterisierung dabei allenfalls in eine kaum noch ordinale Reihung, in dem etwa zwischen „sehr guten", „soliden", „guten Zahlen" und solchen „mit einigen Schwächen" gebracht werden können, während die Versuche, künftige güterwirtschaftliche Entwicklungen oder Konzentrationstendenzen der einschlägigen Geschäftsfelder einzuschätzen, wesentlich umfangreicher und vielschichtiger ausfallen.

sung ausrichten[243], resultiert hieraus eine Dichotomie der Betroffenheit des Erstellers aus der Kommunikation mit den Anlegern.

Die Personen, welche die Erstellung beeinflussen, können auch durch ihre **Entlohnung** von der veröffentlichten Rechnungslegung betroffen sein.[244] Typischerweise hängt die Entlohnung lediglich in einem endlichen, ein vereinbartes Leistungsziel umgebenden Teilbereich der Beurteilungsgröße von dieser ab.[245] Ist diese ANREIZZONE sehr kurz, geht das Entlohnungsschema in die Gewährung eines Bonusses bei Überschreiten einer einwertigen numerisch fixierten Grenze (gleich dem Leistungsziel) über, also in eine – bei Vernachlässigung etwaiger Effekte für die Entlohnungsschemata späterer Perioden – dichotome Betroffenheit des Erstellers.[246] Auch weitere, formalisierte oder informelle Mechanismen im Rahmen von Entlohnung, unternehmensinterner Ressourcenallokation, Vertragskündigung und -verlängerung oder externen Personalmärkten können den Ersteller dichotom betreffen.[247]

---

243 Sie wird zwar i.d.R. mit einer kardinalen (s.o.Fn. 166 S. 39) Wertzumessung verbunden. Die Höhe der Differenz zwischen kardinaler Wertzumessung und aktuellem Kurs dürfte jedoch zunächst für die Reaktionen der Leser der Analystenberichte weniger bedeutsam sein, zumindest bei hinreichend geringer Höhe sowie bei Lesern, die lediglich die Kaufempfehlung zur Kenntnis nehmen.

244 Siehe zu Entlohnungsverträgen auch die Nachweise in Fn. 648 – 654 S. 208f.

245 Vgl. die Typologisierung und Erhebung von Murphy (2001) S. 250, 254 – 255. Der von Murphy (2001) u.a. S. 252 genutzte Begriff „performance standard", der bei Ittner/Larcker (2001) S. 381 – 382 als „target" und ansonsten meist als „budget" bezeichnet wird, wird hier mit Leistungsziel übersetzt, während Murphys „incentive zone" als der Bereich, in dem die Entlohnung von der Ausprägung der Beurteilungsgröße (wie bspw. dem Periodenergebnis) abhängt, hier Anreizzone heißen soll. Einen Überblick über den Stand der empirischen Forschung zur Entlohnung und zu ihrem modelltheoretischen Rahmen geben Bushman/Smith (2001) S. 242 – 285 m.v.w.N. Für US-amerikanische Publikumsgesellschaften müssen auf Größen des externen Rechnungswesens zurückgreifende Entlohnungskontrakte als üblich angesehen werden. Sie dürften einen wesentlichen, wenn auch nicht dominierenden Teil der Entlohnung typischer Unternehmensleitungen bestimmen. Holthausen/Larcker/Sloan (1995) S. 32 – 36 m.w.N. und den dort zitierten Studien zufolge verwenden 91% der Unternehmen erfolgsabhängige Entlohnung für die ranghöchsten Manager. Die erfolgsabhängige Komponente machte im Schnitt etwa 20% der Gesamtentlohnung aus, von der etwa 80% von einer buchhalterischen Kennzahl abhing. Als Beurteilungsgröße wurde in etwa einem Drittel der Fälle das Periodenergebnis herangezogen. Ebenfalls häufig vertreten waren die Rechnungslegung vor Steuern und die Rechnungslegung im Verhältnis zum eingesetzten Vermögen. Gut ein Drittel der Unternehmen verwendete mehr als eine Kennzahl. Ähnliche Angaben machen die bei Bushman/Smith (2001) S. 250 m.w.N. zitierten Studien. Sie erwähnen als häufig verwendete Beurteilungsgröße jedoch auch das gemäß Statement of Financial Accounting Concepts No. 6 § 77 auszuweisende „operating income", dem am ehesten die Summe der Positionen 3. – 5. und 7. gemäß § 275 III HGB entspricht. Siehe zur Gewinn- und Verlustrechnung nach US-GAAP Kuhlewind (1995), hier S. 186.

246 Lambert (2001) S. 75 vermutet anhand anekdotischer Empirie, dass dieser Fall häufig vorkommt. Dies legen die Ausführungen bei Ittner/Larcker (2001) S. 381 – 382 ebenfalls nahe. Weder Murphy (2001) S. 254 – 255 noch Gaver/Gaver/Austing (1995) S. 9 – 11 nehmen Unternehmen mit solchen Entlohnungsverträgen in ihr Sample auf.

247 Bspw. könnte der Aufsichtsrat anhand der Rechnungslegung zu beurteilen versuchen, ob er von seinem Recht zur angemessenen Kürzung von Vorstandsbezügen (s. § 87 II AktG) Gebrauch machen soll. Auch dürfte die Bekanntmachung eines hohen Verlustes gemäß § 92 I AktG für amtierende Vorstände häufig nachteilige Folgen haben.

Schließlich vereinbaren **Kapitalanlagegesellschaften** mit den von ihnen finanzierten Unternehmen zuweilen das Aufleben von Stimm- und Verwaltungsrechten für den Fall, dass Gewinn- und Eigenkapitalgrößen einwertige Schwellenwerte unterschreiten.[248]

3.4 Ableitung der Kontrahentenreaktion aus der Rechnungslegung

In Abschnitt B3.3 wurden **Vorgehensweisen** für die Ableitung von Entscheidungen aus der Rechnungslegung durch den Kontrahenten angesprochen. Es wurde abgestellt auf:

- eine einzelne Kennzahl wie bei vereinfachenden Regeln zur Beurteilung von Liquidität (S. 44f.) und Entlohnungsfunktionen (S. 53);
- eine aggregierte Kennzahl wie bei der Diskriminanzanalyse (S. 46f.);
- gleichzeitige Erfüllung mehrerer an Kennzahlen anknüpfenden Bedingungen wie es Negativklauseln (Abschnitt B3.3.1.2) und Finanzierungsverträge mit Kapitalanlagegesellschaften (S. 54) i.d.R. vorsehen; und auf den Fall, dass die Entscheidung
- das Ergebnis eines komplexeren Prozesses ist, wie bei Ratingurteilen (S. 47f.), Analystenempfehlungen (S. 52f.) oder traditioneller Rechnungslegungsanalyse (S. 44f.).

Ein gegebenes Unternehmen wird gleichzeitig von mehreren dieser Vorgehensweisen betroffen sein. Der hieraus resultierende Zusammenhang zwischen Ausweis, insbesondere des Periodenergebnisses, und Betroffenheit aus den Adressatenreaktionen wird bei jedem Schwellenwert einen Sprung aufweisen. Bildet sich nun – in einem hier nicht zu erläuternden, iterativen Prozess praktischer Übung[249] – ein vergleichsweise homogenes Reaktionsmuster der Adressaten heraus, liegen also diese Schwellenwerte innerhalb eines kleinen Intervalls,[250] dann verschafft sich der Ersteller mit der Überschreitung dieses kleinen Intervalls bei einem großen Teil seiner Adressaten Akzeptanz[251]. Ein solch allgemein gutgeheißenes Verhalten soll in Anlehnung an die von Dieter Schneider gemachte Bemerkung „... Wer solche Finanzierungsregeln einhält, bewegt sich in Bahnen, in denen er nicht auffällt."[252], als **Konformität** bezeichnet werden, eine Abweichung hiervon als Nonkonformität (s.a. S. 95). Dieser Sprachgebrauch

248 Vgl. Kaplan/Stromberg (1999), hier zitiert nach Bushman/Smith (2001) S. 251 – 252.

249 Welche Verarbeitungsweise dem Kontrahenten optimal erscheint, kann etwa in Intuition und subjektiver Einschätzung, statistischen Analysen (vgl. Bitz/Schneeloch/Wittstock (2004) S. 478 – 479 und die in Fn. 205 S. 46 zitierte Literatur), rechtlichen Normvorgaben (vgl. Fn. 163 S. 38, Fn. 202 S. 45), ökonomischen Plausibilitätsüberlegungen begründet oder aber auch ad hoc gewählt worden sein.

250 Als Anforderung zur Beurteilung der Konformität (Konformitätsanforderung) kommen neben den in den vorausgehenden Abschnitten, insbes. B3 (S. 38ff.) genannten, empirisch bereits untersuchten Orientierungswerten für die Rechnungslegungspolitik auch Werte in Frage, die sich an der aktuellen oder vergangenen Verteilung des Periodenergebnisses in der betreffenden Branche orientieren.

251 Hierbei mag sich diese Akzeptanz in ganz unterschiedlicher, aber für den Ersteller stets vorteilhafter Weise niederschlagen, s.a.u. Abschnitt C1.2 (S. 97ff.).

252 Schneider (1994) S. 245, der primär auf bestandsbezogene Finanzierungsregeln anspielt, während hier Schwellenwerte für die Stromgröße Periodenergebnis modelliert werden. Zur empirischen Relevanz der letzteren vgl. S. 39. S.a. Abschnitt B3.3.1.1 (S. 44ff.), Nachw. in Fn. 11 S. 6, Fn. 199 S. 45.

soll das gutgeheißene Verhalten als Einhaltung von Spielregeln charakterisieren. Die Vorteile der Konformität können den obigen Ausführungen entnommen werden.[253]

Für die **hier unterstellte Vorgehensweise** wird als maßgebliche Kennzahl das Periodenergebnis, im Jahresabschluss also der Jahresüberschuss und im Quartalsabschluss das Quartalsergebnis (s.a. Fn. 12 S. 6) gewählt. Dies geschieht aufgrund seiner

— hervorgehobenen Stellung bei den beschriebenen Perzeptionsprozessen[254] und seiner
— vergleichsweise einfachen Wechselwirkung mit anderen Perioden.

Auf Bereinigungen dieses Periodenergebnisses[255] wird nicht eingegangen. Überwiegend käme die hiesige Untersuchung für andere Stromgrößen mit ähnlichem Informationsgehalt jedoch zu ähnlichen Ergebnissen, sofern für diese Größen die in Abschnitt C1.2.4 (S. 108ff.) getroffenen Annahmen über intertemporale Wechselwirkungen zutreffen[256].

---

253 Sie bestehen in den Vorteilen einer jeweils für den Ersteller positiven Entscheidung des Kontrahenten, bspw. in höherer Entlohnung (S. 53) oder Reduktion der Finanzierungskosten. Letztere können durch Notenbankfähigkeit (s.o. S. 46), ein höheres Rating (s.o. S. 44), Vermeidung der Verletzung von Negativklauseln in Darlehensverträgen (s.o. Abschnitt B3.3.1.2, insbes. S. 50), Kaufempfehlungen durch Finanzanalysten (s.o. S. 52) oder Einhaltung der von Kapitalanlagegesellschaften vorgegebenen Schwellenwerte (s.o. S. 53) erzielbar sein, soweit diese Adressatenreaktionen durch die Manipulation beeinflusst werden können.

254 Vgl. für viele explizit Degeorge/Patel/Zeckhauser (1999) S. 1 „Analysts, investors, senior executives and boards of directors consider earnings the single most important item in the financial reports issued by publicly held firms." Die Relevanz verschiedener Kennzahlen für Kontrahenten scheint nicht nur von diesen, sondern auch von anderen Umständen außerhalb der Rechnungslegung abzuhängen. So finden Barth/Beaver/Landsman (1998) Hinweise darauf, dass der statistische Zusammenhang zwischen Eigenkapital [Jahresüberschuss] und Aktienkurs bei Unternehmen im Insolvenzverfahren enger [weniger eng] ist als bei Unternehmen, die sich nicht im Insolvenzverfahren befinden.

255 Zur Bereinigung des Jahresüberschusses zwecks der Steigerung seiner Eignung für Prognosezwecke oder zwecks Ausschaltung von Beeinflussungsversuchen des Erstellers durch die Elimination offensichtlich außerordentlicher oder vom Zufall, steuerlichen Verhältnissen oder rechnungspolitischen Absichten abhängiger buchhalterischer Erfolge, vgl. näher Bender (1996), insbes. S. 97 – 107 sowie 39 – 48, 108 – 180, DVFA/Schmalenbach-Gesellschaft (1998) S. 2537 – 2541 und die Nachweise in Fn. 270 S. 59. Siehe allgemein zur Aufbereitung der Rechnungslegung für Zwecke der Rechnungslegungsanalyse bspw. Berens/Hoffjan (1999) S. 56 – 75; Bitz/Schneeloch/Wittstock (2004) S. 480 – 489; Coenenberg (2003) S. 923 – 934; Burger (1995) S. 9 – 22. Solche Bereinigungen halten auch Burgstahler/Dichev (1997) S. 283 für aussagekräftiger als die unbereinigte Rechnungslegung.

256 Dies setzt unter anderem voraus, dass Modifikationen um Sondereffekte in Folgejahren konsistent nachvollzogen werden bzw. Jahresabschlüsse der Vergangenheit zur Modifikation eines aktuellen Jahresabschlusses herangezogen werden. Würden etwa Sonderabschreibungen bei einem Unternehmen, dessen handelsrechtlichen Abschreibungen den steuerlichen stets gleichen (bspw. im Wege umgekehrter Maßgeblichkeit, s.a.o. Fn. 129 S. 29), im Jahr der Abschreibung in einer Kennzahl berücksichtigt, so wäre diese in den Folgejahren um die hieraus resultierende Minderung der Abschreibungen zu erhöhen. S.a. Bitz/Schneeloch/Wittstock (2004) S. 484.

Die Entscheidung des Kontrahenten wird in C modelliert. Siehe hierzu

— die Modellierung der Kalküle der Akteure und der Kommunikation als Selbstselektion (Abschnitte C1 S. 95ff. und C2 S. 112ff.);
— die Prüfung der Anforderungen an den Informationsstand des Kontrahenten für die Vorzugswürdigkeit der dichotomen Rechnungslegungsanalyse im Vergleich zum Verzicht auf Rechnungslegungsanalyse (Abschnitt C2.1 S. 112ff.);
— die statischen Variationen der Konformitätsanforderung (Abschnitt C2.2 S. 118ff.);
— die Erweiterung des Anforderungshorizontes (Abschnitt C3.4 S. 136ff., D6 S. 286ff.);
— die kommunikationsexogene Beobachtung (Abschnitt C3.5 S. 141ff., D1 S. 145ff.).

Mit dichotomem Auswertungsverhalten des Kontrahenten geht eine geringe Sensitivität (s.u. S. 297) der an die Rechnungslegung geknüpften Anreize des Erstellers einher. Die Analyse wird zeigen, dass diese geringe Sensitivität in Verbindung mit der Umkehrwirkung der Manipulation den Ersteller – wenn auch unregelmäßig, unvorhersehbar und nachträglich – dazu bewegen kann, sonst nicht beobachtbare, kardinal interpretierbare Ergebnisgrößen zu offenbaren. Diese manipulierbaren Stromgrößen können insofern glaubwürdiger erscheinen als alternativ für Informationszwecke des Kontrahenten in Frage kommende Bestandsgrößen, die ohne Umkehrwirkung manipuliert werden können, wie beispielsweise das Eigenkapital. Zu diesen Implikationen des Erstellerverhaltens siehe Abschnitt C3.5 (S. 141f.) und D3.3.2 (S. 196ff.). Es schlägt sich in ihnen die allgemein in Abschnitt E1 (S. 295f.) erläuterte „anreiz-informatorische Unschärferelation“ nieder.

4 Manipulation

4.1 Beobachtbarkeit von Rechnungslegungspolitik

Den Strukturierungs- und Abgrenzungsbemühungen bei der Definition des Manipulationsbegriffes in Abschnitt B4.2 – B4.3 wird mit diesem Abschnitt B4.1 ein kurzer Blick auf die empirische und praktische Beobachtbarkeit der Rechnungslegungspolitik vorangestellt.

Die mit der vereinfachenden Modelldarstellung „Rechnungslegung" angestrebte Schonung der Ressourcen von Ersteller und Adressat setzt dem Detaillierungsgrad Grenzen, mit dem der Adressat über den Erstellungsprozess informiert werden kann. Zudem entfalten sich wesentliche Teile der zu Rechnungslegungspolitik animierenden Anreize nur dann, wenn sie unbeobachtet bleibt. Das Problem ihrer Identifikation stellt sich deshalb sowohl für die praktische Rechnungslegungsanalyse als auch für ihre empirische Erforschung.

Die **empirischen** Erhebung von Rechnungslegungspolitik[257] ermitteln zunächst den erwarteten, als Ergebnis nicht-manipulativer Vorgänge angesehenen Teil der Differenz zwischen Cash-Flow und Periodenergebnis („accruals"), also der Differenz aus erfolgsunwirksamen Zahlungen und zahlungsunwirksamen Erfolgen. Die geschätzte Ergebnismanipulation ergibt sich als beobachteter abzüglich erwartetem Betrag der „accruals" eines Unternehmens. Die Ansätze unterscheiden sich in der Schätzung der erwarteten „accruals".[258] Die Zuverlässigkeit dieser Identifikation von Rechnungslegungspolitik wird als unbefriedigend angesehen.[259] Dem

---

257 Siehe hierzu die Überblicksdarstellungen bei Fields/Lys/Vincent (2001) S. 268, 288 – 290, 295 – 296, Kothari (2001) S. 161 – 167, McNichols (2000) S. 318 – 325, jeweils m.v.w.N.; die empirischen Evaluationen von Bartov/Gul/Tsui (2001), Thomas/Zhang (2000), Young (1999), Beneish (1997), Guay/Kothari/Watts (1996), Beneish (1999 Detection), Dechow/Sloan/Sweeney (1995); die Methodischen Vorschläge von u.a. Healy (1985) S. 94 – 97, Jones (1991) S. 206 – 207, 210 – 212, DeFond/Jiambalvo (1994) S. 158 – 161, Kang/Sivaramakrishnan (1995) S. 356 – 358; und die Abwägungen im Rahmen einzelner Untersuchungen u.a bei Holthausen/Larcker/Sloan (1995) S. 40 – 43, Kasznik (1999) S. 63 – 69, Klein/Lambert (2002) S. 381.

258 Die erwarteten „accruals" werden geschätzt als Vorjahreswert („random walk"-Modell nach DeAngelo (1986) S. 408 – 409), als Durchschnitt über mehrere Vorjahre (Healy (1985) S. 94 – 97, siehe hierzu Dechow/Sloan/Sweeney (1995) S. 197), als über die Vorjahre geschätzte Regression von Umsatzveränderung und Sachanlagevermögen vor Abschreibungen („Jones-Modell" nach Jones (1991) S. 210 – 212 oder modifiziert nach Dechow/Sloan/Sweeney (1995) S. 199) oder als über die Vorjahre geschätzte Regression vom Median der „accruals" innerhalb der einschlägigen Branche (s. ebenda und Dechow/Sloan (1991) S. 63). Andere Kombinationen von Betriebs- und Zeitvergleichen und erklärenden Variablen existieren. Kang/Sivaramakrishnan (1995) S. 356 – 358 integrieren weitere erklärende Variablen aus der Rechnungslegung und verwenden eine komplexere ökonometrische Methode. Als sinnvolle Alternativen in speziellen Situationen werden u.a. Beaver/Engel (1996) (für Kreditinstitute) erwähnt, vgl. Bernard/Skinner (1996) S. 320. Phillips (1999) testet Steuerabgrenzungen als Indikatoren für Rechnungslegungspolitik, Kallunki/Martikainen (2003) S. 314 – 316 nutzen die in Finnland vorgeschriebene parallele Publikation zahlungsbemessender und informierender Jahresabschlüsse. Die Schwierigkeit der Trennung von unverfälschtem Periodenergebnis und Rechnungslegungspolitik scheint in Situationen extremer wirtschaftlicher Entwicklung besonders virulent zu sein, vgl. Dechow/Sloan/Sweeney (1995) S. 204 – 211.

259 Überwiegend wird bei insgesamt erheblicher Skepsis das Modell von Jones (1991) S. 210 – 212 oder die Modifikation hiervon (etwa diejenige bei Dechow/Sloan/Sweeney (1995) S. 199) präferiert, vgl. Dechow/Sloan/Sweeney (1995) S. 223, Guay/Kothari/Watts (1996) S. 86, Young (1999) S. 857,

entsprechend liegen zur Frage, inwieweit Adressaten Rechnungslegungspolitik entziffern, widersprüchliche empirische Befunde vor.

Frühe Untersuchungen sprachen eher gegen eine gänzlich naive Interpretation von Rechnungslegungsdaten durch ihre Adressaten[260], zumindest soweit die Wirkung leicht beobachtbarer rechnungslegungspolitischer Entscheidungen betroffen war. Neuere Studien finden Hinweise auf fehlende Aufdeckung von Rechnungslegungspolitik. So wird erhoben, dass eine Aufdeckung von Rechnungslegungspolitik durch die SEC[261] oder die mit der Ankündigung eines Börsengangs[262] implizierte nachträgliche Aufdeckung von Anreizen zur Rechnungslegungspolitik zu negativen Kursreaktionen[263] geführt hat und insofern die Marktteilnehmer überrascht haben muss. Auch deuten Unterschiede in Kursreaktionen auf die Abbildung identischer Sachverhalte in Gewinn- und Verlustrechnung versus Anhang auf eine nicht

Bartov/Gul/Tsui (2001) S. 450 und Thomas/Zhang (2000) S. 372. Letztere beurteilen das Modell von Kang/Sivaramakrishnan (1995) als ebenfalls etwas besser als alternative, sehr einfache Hypothesen. S.a. die vernichtende Beurteilung bei Dechow/Skinner (2000) S. 236 und den Befund erheblicher Fehlspezifikation bei Kothari (2001) S. 163. Bartov/Gul/Tsui (2001) S. 450 beurteilen die zeitvergleichenden Modelle sowie das betriebsvergleichende Modell von DeFond/Jiambalvo (1994) etwas positiver.

260 Vgl. bspw. Ball (1972) S. 26 – 32 sowie die bei Kothari (2001) S. 196 – 199, Fields/Lys/Vincent (2001) S. 264, Healy/Wahlen (1999) S. 373, Coenenberg/Haller (1993) S. 572 – 573 (ebenfalls Coenenberg (2003) S. 1206 – 1207) zitierten Untersuchungen und Überblicksdarstellungen. Dieser Befund war weder methodisch unumstritten noch einheitlich. Einige dieser Studien begründeten wegen der geringen, von ihnen festgestellten Kurseffekte der Rechnungslegungspolitik die These von deren Irrelevanz für den Wert eines Unternehmens, analog zur These der Wertirrelevanz der Finanzierung von Modigliani/Miller (1958), vgl. Holthausen/Leftwich (1983) S. 80 – 81. Zur beschränkten Interpretierbarkeit einiger früher Studien vgl. dieselben. S. 101 – 109.

261 Dechow/Sloan/Sweeney (1996) S. 27 stellen erhebliche Kurseinbrüche bei der Bekanntmachung von Jahresabschlussmanipulation fest, die durch die SEC aufgedeckt worden war. Sie schließen hieraus, dass sie den Adressaten vorher nicht bekannt war. S.a. Feroz/Park/Pastena (1991) S. 122 sowie Fn. 116, 121, 122 S. 28.

262 Teoh/Welch/Wong (1998) S. 77 – 93, Rangan (1998) S. 113 – 120 und Shivakumar (2000) S. 347 – 354 finden Hinweise auf Rechnungslegungspolitik in den Quartalen um die Ankündigung einer Kapitalerhöhung. Die Reaktion hierauf sehen die beiden Erstgenannten in einer bei gegebenen ausgewiesenen Jahresüberschüssen schlechteren Kursentwicklung der Folgejahre. Die Tests von Shivakumar (2000) S. 360 – 369 führen diesen Befund unterdurchschnittlicher Kursentwicklung jedoch auf unzureichende Spezifikationen zurück. Shivakumar (2000) S. 355 – 360 findet keine von der Kontrollgruppe abweichende Kursentwicklung in der Zeit nach Börsenplatzierung. Er beobachtet aber eine signifikante, mit Hinweisen auf vorherige Jahresabschlussmanipulation korrelierende Kursabnahme bei Ankündigung der Platzierung. Weiter vergleicht er die Stärke der Kursreaktion auf Bekanntmachungen von Quartalergebnissen in den Quartalen vor Ankündigung mit denjenigen danach und stellt eine Abnahme fest. Shivakumar (2000) S. 342 – 344 interpretiert seinen Befund als ein durch die Unbeobachtbarkeit der Rechnungslegungspolitik hervorgerufenes Gefangenen-Dilemma: Bei Kundgabe der Platzierung unterstellen die Investoren dem Unternehmen die Zuhilfenahme von Rechnungslegungspolitik, nehmen einen entsprechenden Preisabschlag vor und reagieren auch im Folgenden aufgrund des Verdachts auf Rechnungslegungspolitik schwächer auf unerwartete Gewinnänderungen als ohne Platzierung. Dies antizipieren die Unternehmen und betreiben deshalb (kostenträchtige) Rechnungslegungspolitik, obwohl sie von den Investoren rückgängig gemacht wird. Die glaubhafte Festlegung auf Unterlassung von Rechnungslegungspolitik wäre aus Sicht der Unternehmen vorzuziehen, aber mangels Beobachtbarkeit nicht zu realisieren.

263 Kursreaktionen bezeichnen hier lediglich solche relativ zur Entwicklung des für den betreffenden Titel relevanten Marktes. Die zitierten Untersuchungen nehmen weitere Bereinigungen vor.

so sehr tiefgehende Analyse durch Rechnungslegungsadressaten hin.[264] Weiter werden Umstände differenziert, insbesondere in der Entscheidungssituation des Adressaten[265], nach denen der Grad der Aufdeckung von Rechnungslegungspolitik variiert. Insgesamt erscheinen Adressaten nicht immer im Stande oder nicht immer willens zu sein, die in der Rechnungslegung enthaltenen Informationen vollständig auszuschöpfen.[266]

Auch die Literatur zur **Rechnungslegungsanalyse** beurteilt die Möglichkeiten zur Aufdeckung von Rechnungslegungspolitik anhand öffentlich verfügbarer Informationen meist eher skeptisch[267]. Zwar bestehen einige Möglichkeiten, mit Hilfe der vorgeschriebenen Angaben über die Wahrnehmung von Wahlrechten und andere Umstände der Abbildungserstellung[268] sowie im Rahmen verschiedener Verfahren zur Abschätzung stiller Erfolgspotenziale[269] und der Bereinigung des Periodenergebnisses um manipulationsanfällige Bestandteile[270], von der

---

264 Vgl. Aboody (1996) insbes. S. 22, 28 – 32 betreffend Abschreibungen aktivierter Explorationskosten in der Öl- und Gasindustrie und Davis-Friday et al. (1999) S. 403, 415 – 421 betreffend Rückstellungen für Sozialverpflichtungen, die jeweils alternativ als Anhangangaben dargestellt werden konnten. Auf ähnliche empirische Befunde betreffend Leasing weisen Imhoff/Lipe/Wright (1997) S. 31 hin, m.w.N.

265 Balsam/Bartov/Marquardt (2002) S. 987 – 990, 999 – 1004, stellen fest, dass die Kursreaktion auf die Veröffentlichung von detaillierten, zur Aufdeckung von Rechnungslegungspolitik grundsätzlich geeigneten Erläuterungen zu Quartalsabschlüssen negativ von Vorzeichen und Ausmaß der Rechnungslegungspolitik abhängen, soweit diese den Angaben entnommen werden konnte. Dies war um so ausgeprägter und erfolgte um so früher, je höher der Anteil institutioneller Investoren am Unternehmen war. Dieser Anteil soll die Fähigkeit und Bereitschaft der am Kurs interessierten Adressaten indizieren, die Rechnungslegung näher zu analysieren. Ähnliche Anzeichen von „extended functional fixation" finden Hand (1990) S. 740 – 742, 755 – 760, und Andrade (1999), letzterer zit. n. Kothari (2001) S. 199.

266 Vgl. auch Sloan (1996) S. 297 – 314 m.w.N. auf S. 290 – 291, 314, dessen Befund tendenzieller Überschätzung manipulationsverdächtiger Positionen von Collins/Hribar (2000) S. 101, 114 – 121 bestätigt wird, sowie Kothari (2001) S. 198 – 199 m.w.N. Zum Informationsbeschaffungsverhalten allgemein vgl. Gemünden (1993), Schauenberg (1985), Janko/Hartmann (1985).

267 Vgl. bspw. Ballwieser/Hachmeister (2000) S. 578, Baetge/Ballwieser (1978) S. 526 – 529 und S. 514, wonach die von Albach (1975) S. 10 für 1961 (1973) auf 30% – 40% (10%) der Bilanzsumme geschätzten stillen Reserven deutscher Aktiengesellschaften zum Ausweis der gesamten Jahresüberschüsse der Jahre 1974 – 1975 ausgereicht haben dürften. Küting (1996) S. 941 – 943 räumt der Rechnungslegungsanalyse lediglich bei den mit Hilfe der gesetzlichen Wahlrechte offen zu legenden rechnungslegungspolitischen Maßnahmen Möglichkeiten der Aufdeckung ein. Zur Erkennung und Quantifizierung von Rechnungslegungspolitik vgl. bspw. Burgstahler/Dichev (1997) S. 282 – 321; Coenenberg (2003) S. 299, 922 – 923, 987 – 997; DeAngelo/DeAngelo/Skinner (1994) S. 130 – 133; Deleker (1998) insbes. S. 123 – 124; Kühnberger/Schmidt (1999) S. 51 – 68. Zu einem anschaulichen Beispiel vgl. Bitz (1999) S. 37 – 40, zu einer Fallstudie Lachnit (1996).

268 Vgl. insbes. § 284 HGB, der jedoch lediglich für Abs. II Nr. 4 (Unterschiedsbeträge bei Bewertungsvereinfachungsmethoden) eine Pflicht zur Quantifizierung der Ergebniswirkung vorsieht, die auch für Abs. II Nr. 3 (Abweichungen von Bilanzierungs- und Bewertungsmethoden) – entgegen Lachnit (2000) S. 785 – eher verneint wird. Es sehen aber auch u.a. §§ 277 III–IV, 280 III, 281, 285 Nr. 5, 12, 13 HGB solche Pflichten vor. Vgl. zu allen genannten Vorschriften G. Langenbucher in Küting/Weber (1995) I RdNr. 785; D. Dörner und M. Wirth in dies. § 284 – 285 RdNr. 88 – 102, 106, 116; W. D. Gelhausen in WP-Handbuch I (2000) F RdNr. 617 S. 500, RdNr. 595 S. 495, alle m.v.w.N.

269 Vgl. bspw. Lachnit (2000) S. 788 – 808.

270 Vgl. bspw. Bitz/Schneeloch/Wittstock (2004) S. 572 – 621 (u.a. durch Abschätzung des steuerlichen Einkommens, s.a. Selchert (1978), zu Verlustvor- und -rückträgen im Jahresabschluss s. Küting/Weber (1995) § 274 RdNr. 42 – 53, Coenenberg (2003) S. 408 – 412), Coenenberg (2003) S. 991 – 1013, Küting (1998),

betriebenen Rechnungslegungspolitik eine Vorstellung zu gewinnen. Ohne intime Kenntnisse von Unternehmen und Branche dürfte der Exaktheit von Abschätzungen des Ausmaßes der Rechnungslegungspolitik jedoch enge Grenzen gesetzt sein.[271] U.U. können begründete Vermutungen über das „Vorzeichen" der Rechnungslegungspolitik[272] sowie über Determinanten der Handlungsfolgen der Rechnungslegungspolitik[273] und möglicherweise sogar über die Schwere dieser Handlungsfolgen[274] angestellt werden.

Allerdings ist es denkbar, dass nicht-öffentliche Informationen zur Rechnungslegungspolitik akquiriert werden können. So bestünde bspw. ein Vorteil eines Sitzes im Aufsichtsrat einer Aktiengesellschaft in der gemäß § 170 III AktG zu gestattenden Einsicht in den Prüfungsbericht des Wirtschaftsprüfers, der gemäß § 321 II S. 4 – 5 HGB relevante Informationen enthalten muss.

4.2 Ideale Rechnungslegung

Zur gedanklichen Strukturierung soll angenommen werden, dass eine bis ins kleinst denkbare Detail gehende, für jede Situation geltende, jeden Zweifel über regeltreues Abbildungsverhalten ausräumende Einigkeit darüber herrscht, wie die Rechnungslegung innerhalb der geltenden gesetzlichen Vorschriften gestaltet werden sollte.[275] Dieser Konsens ist das Ergebnis eines kollektiven, hier nicht weiter zu beschreibenden Einigungs- und Optimierungsprozesses, an dem die Ersteller und die Adressaten der Rechnungslegung sowie ein etwaiger Normgeber teilnehmen. Der Konsens soll bei der Konzeption dieser Regeln die Möglichkeiten des Erstel-

---

Küting (1997). Küting (1996) S. 934 sieht hierin eine Hauptaufgabe der Rechnungslegungsanalyse. S.a. Fn. 255 S. 55.

271 Vgl. u.a. Küting/Weber (2001) S. 201 – 203, 217, 245, insbes. für Sachverhaltsgestaltungen (s.o. S. 21).

272 Also darüber, ob getroffene Abbildungsentscheidungen in ihrer Mehrzahl zu einem höheren oder niedrigeren Ergebnis führen als alternativ wählbare Methoden. Insbesondere die so genannte „qualitative" Rechnungslegungsanalyse bemüht sich um Aufdeckung des rechnungslegungspolitischen Verhaltens, vgl. Blochwitz/Eigermann (2000) S. 61 – 64, Eigermann (2001) S. 521 – 523, Bötzel/Hauschildt (1995) S. 558, 561 – 562, Küting (1998) S. 6 – 9, Küting (1992). Hierbei kann „qualitativ" auch auf die Erhebung der Regeltreue der Abbildung oder auf die Einbeziehung nicht-numerischer Daten hinweisen. Küting/Weber (2001) S. 400 – 436, insbes. S. 423 – 428, empfehlen, ein Profil der Abweichungen der Abbildungsmethoden eines Unternehmens von den im Urteil der Autoren typischen Abbildungsmethoden deutscher Unternehmen zu zeichnen. Auch die Empirie zur Rechnungslegungspolitik macht sich die Anhangangaben zur Aufdeckung von Rechnungslegungspolitik zu Nutze, vgl. bspw. Bowen/DuCharme/Shores (1995) S. 255 – 295. Tennyson/Ingram/Dugan (1990), hier zitiert nach Coenenberg/Haller (1993) S. 568, weisen eine Verbesserung der Insolvenzprognose durch Hinzunahme qualitativer Anhangangaben nach. Zum Vorgehen der Deutschen Bundesbank s.o. S. 47f.

273 So bspw. über Steuersätze (so Selchert (1978)) sowie Verlustvor- und -rückträge (s.a.o. Nachw. in Fn. 270 S. 59).

274 Bspw. könnten steuerlich relevante, nicht durch GoB erzwungene Aufwertungen als relativ kostspielige rechnungslegungspolitische Maßnahmen erscheinen und insofern als Hinweis darauf gewertet werden, dass dem Ersteller wenig rechnungslegungspolitische Alternativen mit geringeren „Grenzkosten" bei der Erstellung zur Verfügung standen. Siehe zu einer Implikation im vorliegenden Modell Abschnitt D4.1.5 S. 222f.

275 Diese Regeln schreiben somit die Ausübung der Parameter in Abschnitt B2.2 (S. 20ff.) exakt vor.

lers zur Abweichung vom regeltreuen Abbildungsverhalten berücksichtigen.[276] Er soll weiter den angemessenen Ressourcenverbrauch für die Informationsbeschaffung und -verarbeitung sowie für die abbildungsgerechte Gestaltung der operativen Unternehmenspolitik[277] festlegen. Schließlich soll er eine stets zweifelsfreie Unterscheidung zwischen Abbildung und Realität gewährleisten, s.a. oben S. 23. Eine unter Befolgung dieses Konsenses entstandene Rechnungslegung soll als **IDEALE RECHNUNGSLEGUNG** bezeichnet werden. Eine ideale Rechnungslegung, die auf die Bedürfnisse aller in Frage kommenden Adressaten respektive nur eines einzigen Adressaten hin konstruiert worden ist, soll als MULTILATERAL IDEALE respektive BILATERAL IDEALE RECHNUNGSLEGUNG bezeichnet werden.[278] Die institutionelle Literatur[279] schreibt auf einer ideellen Ebene der unternehmerischen Realität nicht direkt beobachtbare, durch den jeweils maßgeblichen Zweck des Rechenwerkes determinierte Eigenschaften zu, wie bspw. Reinvermögen bzw. Ertrags- oder Liquidationswert.[280] Hierüber gibt eine bilateral ideale Rechnungslegung unter den Beschränkungen des eben beschriebenen Konsenses Aufschluss.

---

276 Siehe zum so genannten Objektivierungsdilemma Fn. 434 S. 104.

277 So etwa eine von steuerlichen oder organisatorischen Gesichtspunkten unabhängige Vereinfachung von Beteiligungsstrukturen, um die Aussagekraft des Beteiligungsausweises zu steigern; eine organisatorische Neugestaltung, um Erfolgsbeiträge zu einzelnen Segmenten eines Unternehmens zuzuordnen; oder eine Umgestaltung der Lagerhaltung, um die Genauigkeit der Inventur zu erhöhen.

278 In dem vielbeachteten von Demski (1973) vorgestellten Modell zur normativen Bewertung von Informationssystemen können diese nur dann in eine von keinem Anwender widersprochenen Präferenzreihenfolge gebracht werden, wenn sie eindeutig nach ihrer „Feinheit" i.S.d. Blackwell'schen Theorems (vgl. hierzu Blackwell (1951), hier zit. n. Blackwell (1953) S. 265, und Blackwell/Girshick (1954) S. 324 – 336) geordnet werden können, vgl. Marschak/Miyasawa (1968) S. 138, Marshall (1972) S. 286 – 287, 297, 297 – 305, 306 – 307 und Demski (1973) S. 720 – 721. Zu didaktischen Darstellungen s. Ewert/Wagenhofer (2003) u.a. S. 70 – 74, 131 – 132, Kleine-Doepke (1981) S. 49 – 68 sowie Nachw. bei Ballwieser (1993) S. 122. Ein Informationssystem im Sinne dieser Beiträge gibt eine Teilmenge der möglichen Zustände der Welt an. Eine vom System produzierte Information ist nach dem Theorem von Blackwell genau dann feiner als eine andere, wenn sie auf eine echte Teilmenge derjenigen Zustände zeigt, auf welche die weniger feine Information zeigt. Bspw. ist die Aktivierung von Personalinvestitionen feiner als die Nicht-Aktivierung, weil der JA unter Nicht-Aktivierung mit Hilfe des JA unter Aktivierung erstellt werden könnte. Da aber nicht alle Alternativen, die Rechnungslegungsnormen betreffen, nach diesem Kriterium geordnet werden können, können sie nur unter weiteren Voraussetzungen in eine Prioritätenreihenfolge gebracht werden, die von allen Nutzern geteilt wird, vgl. Demski (1973) S. 723. Vgl. auch das instruktive Beispiel bei Kleine-Doepke (1981) S. 68 – 89 sowie zu möglichen einschränkenden Voraussetzungen, welche die Möglichkeit allgemeingültiger Optimalität von Rechnungslegungssystemen gewährleisten, S. 89 – 125 m.w.N.

279 Siehe Nachweise in Abschnitt B5.1 (S. 67ff.)

280 Vgl. Moxter (1982) S. 95 (Reinvermögen), S. 103 (Ertragswert), S. 126 (Liquidationswert). Weitere derartige Eigenschaften wären etwa der Ideal-Ertrag (vgl. Baetge (1970) S. 28 – 30) bzw. der Periodenerfolg (vgl. Leffson (1987) S. 60), die wirtschaftliche Leistungsfähigkeit konkretisiert im steuerlichen Einkommen (vgl. Moxter (1982) S. 9 – 24), der ausschüttbare oder auszuschüttende Betrag oder – als mehrdimensionale, die Realität weniger radikal vereinfachende Eigenschaften – die drei in § 264 HGB erwähnten Lagen. Vgl. zu letzteren bspw. J. Baetge/D. Commandeur in Küting/Weber (1995) § 264 HGB RdNr. 13 – 37. Wer die sich in der Lehre hartnäckig haltende, gegen anschaulichste Argumente (vgl. bspw. Stützel (1967) S. 319 – 320) anscheinend immune Vorstellung vertritt, es gäbe eine „wahre" Darstellung des Unternehmens (vgl. bspw. Eilenberger (1995), S. 51, 53 sowie im angelsächsischen Sprachraum die Nachweise bei McSweeney (1997)), verweigert den Diskurs über die Folgerungen aus dieser unbeobachtbaren Eigenschaft für die sie abbildenden Verfahren.

Der multilateral [bilateral] IDEALE ERSTELLER würde bei der Abbildung, ohne Rücksicht auf eigene Interessen hinsichtlich der Konsequenzen der Rechnungslegung im Rahmen ihrer Funktionen, in exakter und selbstloser Weise nach den von allen Adressaten [vom einzelnen Adressaten] als zweckmäßig erkannten und allseits exakt bekannten[281] Abbildungsregeln verfahren. Der multilateral ideale Ersteller ist das ökonomische Pendant zur juristischen Figur des „ordentlichen Kaufmannes"[282], soweit dieser als gedachter, grundsätzlich bis ins kleinste Detail auslegbarer Ideal-Typus verstanden wird[283]. Er hat einen sehr fiktiven Charakter, zumal er Regeln einhält, die nicht für ihn gemacht sein können: In Anbetracht seiner Uneigennützigkeit dürften die Regeln zur idealen Rechnungslegung aus kollektiver Sicht suboptimal sein, da sie den Eigennutz von Erstellern durch objektivierende Vereinfachungen[284] wie bspw. Bewertung zum fortgeschriebenen Anschaffungswert, Vorsichtsprinzip oder Beschränkung auf Vergangenheitswerte vorwegzunehmen versuchen und hierdurch der Informationstransfer geringer ausfällt als es bei dem unterstellten Idealismus des Erstellers erreichbar wäre.

Das dem abzubildenden Unternehmen zuzurechende Geschehen sei als UMFASSENDE UNTERNEHMENSPOLITIK bezeichnet. Annahmegemäß (s.S. 62) besteht Konsens, welcher Teil hiervon dem Abbildungsvorgang (Rechnungslegungspolitik), und welcher der restlichen umfassenden Unternehmenspolitik (operative Unternehmenspolitik, S.O. S. 22)) zuzurechnen ist.[285] **Abbildung und operative Unternehmenspolitik** sind in vielfältiger Weise interdependent. Unter anderem[286] ist es möglich, dass die operative Unternehmenspolitik anders gestaltet

---

281 Schmalenbach (1933) S. 232 meint, „dass der berichtende Kaufmann im Grunde seines Herzens genau weiß, dass er die Grundsätze ordnungsmäßiger Buchführung verletzt", wenn er seine „Bilanz ein wenig frisier(t)". Andererseits dürften viele der mit der Rechnungslegung betrauten Personen eine solche Abbildungsweise anstreben, zumal hochwertige Rechnungslegung, soweit kommunizierbar, dem beruflichen Fortkommen der Verantwortlichen in der Regel als förderlich anzusehen sein dürfte. Zumindest bei günstiger wirtschaftlicher Lage des Unternehmens ist nicht auszuschließen, dass sie sich mit einer annähernd „idealen" Rechnungslegungspolitik durchsetzen. Einen systematischen Überblick über Gründe der Abweichung von einer angemessenen Abbildung gibt Baetge (1970) S. 33 – 72.

282 Vgl. Leffson (1987) S. 118. Zur historisch bedeutsamen, aber in der Folge von Schmalenbach (1933) insbes. S. 232 als nicht gesetzesgerecht erkannten Methode der Gewinnung von GoB durch die Erkundung tatsächlicher Übung und Ansichten real existierender Kaufleute vgl. Leffson (1987) S. 113 – 126, J. Baetge/H.-J. Kirsch in Küting/Weber (1995) I RdNr. 246 – 247.

283 Nach Leffson (1987) S. 38 ist „...sehr zweifelhaft, ob es häufig alternative Lösungen – GoB – geben kann, ..."; „... Bei hinreichend sorgfältiger Untersuchung wird ... meist nur eine der Alternativen zweckgerecht sein". Ähnlich Baetge (1970) S. 44. Es werden sogar gesetzliche Wahlrechte von berufener Seite als GoB-widrig erachtet, vgl. J. Baetge/D. Fey/G. Fey, in Küting/Weber (1995) § 243 RdNr. 5. Aber s.a.u. Fn. 423 S. 101. Bei intersubjektiv nicht nachvollziehbaren Abbildungsentscheidungen sei „willkürfrei" vorzugehen, vgl. Leffson (1987) S. 202 – 205, J. Baetge/H.-J. Kirsch in Küting/Weber (1995) I RdNr. 298, was wohl sinngemäß zu verstehen sein dürfte als: nach bestem Wissen am legitimen Zweck der Rechnungslegung orientiert. Die Beurteilung von Wahrscheinlichkeiten habe nach „vernünftiger kaufmännischer Beurteilung", d.h. Verkehrsauffassung, zu erfolgen, vgl. Moxter (2004) S. 1057 m.w.N.

284 Siehe zum so genannten Objektivierungsdilemma S. 104 – 105.

285 Hier soll auf eine Operationalisierung dieser Unterscheidung verzichtet werden. So auch Berens/Hoffjan (1999) S. 1284. S.a. Fn. 81 S. 21, S. 23 und S. 62.

286 Eine andere Interdependenz ist der unmittelbare Einfluss der Funktionen der Rechnungslegung auf die operative Unternehmenspolitik, so etwa die sich aus der Gewinnermittlung ergebenden Zahlungen.

wird, wenn von idealer Rechnungslegung ausgegangen wird, als wenn die Möglichkeiten zur Abweichung hiervon antizipiert werden.[287] Der Klarheit halber soll dem idealen Ersteller hier das letztgenannte Verhalten unterstellt werden.[288]

Bilateral ideale Rechnungslegung läge also dem Kontrahenten vor, wenn

— er bei der Festlegung der Abbildungsregeln zur idealen Rechnungslegung der einzig berücksichtigte Adressat wäre, und wenn
— der Ersteller in seiner operativen Unternehmenspolitik die Möglichkeiten zur Abweichung von regeltreuer Abbildung im Hinblick auf sämtliche Adressaten antizipieren, aber dennoch bilateral ideal (also i.S.d. nur auf den betreffenden Kontrahenten abgestimmten Abbildungsregeln) berichten würde.

4.3 „Wahre" Abbildung in ökonomischen Modellen

Ökonomische Modelle, welche sich mit der Unterwerfung gestaltbarer Abbildungen unter das Eigeninteresse des Erstellers befassen, setzen häufig voraus, dass es eine weiter nicht hinterfragte, als „wahr", „economic" apostrophierte oder erst gar nicht näher beschriebene Abbildung gibt, an welcher der Kontrahent interessiert ist.[289] Eine aussagekräftigere Information, eine „höhere **Wahrheit**", gibt es also in der Modellwelt nicht. In der vorliegenden Analyse wäre dies die bilateral ideale Rechnungslegung i.S.d. Abschnittes B4.2. Die erwähnten Untersuchungen, wie auch die vorliegende, modellieren Nachteile, die dem Ersteller bei Abweichung von der als „wahr" bezeichneten Abbildung entstehen. Alle übrigen Anreize rühren aus der mittels der Abbildung stattfindenden Kommunikation mit dem modellierten Kontrahenten her. Sofern nicht weitere Annahmen getroffen werden, ist die sogenannte „wahre" Abbildung somit diejenige, die der Ersteller erstellen würde, wenn das Verhalten des modellierten Kontrahenten von der Abbildung unabhängig wäre; sie wurde nicht im Hinblick auf die Reaktionen des modellierten Kontrahenten verändert.

287 Man unterscheide ideale von abweichender Rechnungslegungspolitik und ideale operative Unternehmenspolitik (bei Vorwegnahme idealer Rechnungslegungspolitik) von abweichender (bei Antizipation abweichender Rechnungslegungspolitik) operativer Unternehmenspolitik. Lässt man die Inkonsistenz einer Diskrepanz zwischen der für die operative Unternehmenspolitik angenommenen und der durchgeführten Rechnungslegungspolitik zu, sind alle vier Kombinationen denkbar. Um den Abbildungsaspekt isoliert zu untersuchen, soll hier als Abweichung von idealer Rechnungslegung (woraus der später der Begriff der Manipulation abzuleiten ist, s.u. (C-1) S. 100) der Unterschied zwischen idealer und abweichender Rechnungslegungspolitik, beides bei abweichender Unternehmenspolitik, verstanden werden. Dieser Unterschied hat dann zwei Ursachen: die Abweichung in den abzubildenden Urbildern und diejenige in ihrer Abbildung. Die genannte Diskrepanz macht erneut das Problem einer Definition „wahrer" Berichterstattung deutlich.

288 Die Antizipation der Abbildungsabweichung soll hier nicht thematisiert werden; das gesamte unternehmerische Geschehen außerhalb des Abbildungsvorganges sei bereits unter Antizipation ihrer Abbildung und deren Anwendung im Rahmen ihrer Funktionen bestimmt worden.

289 Vgl. die in Abschnitt B5.2.3 dargestellten Modelle.

Sofern ein Modell zur Analyse realer, multifunktionaler Rechnungslegung dienen soll, ist jedoch die Beschreibung der nicht in Antizipation der modellierten Kontrahentenreaktionen veränderten Abbildung als „wahr" **simplifizierend**, weil diese zumindest[290] aus den folgenden Gründen von der Abbildung mit dem höchsten denkbaren Informationsnutzen abweicht:

- Die mit Durchsetzungsanreizen bewehrten Abbildungsregeln für ideale multilaterale Abbildung sind nicht nur für den Kontrahenten konzipiert, sondern unter Gewichtung der Interessen aller Adressaten. Zudem können sie von Bemühungen um effektive Durchsetzung gekennzeichnet sein, welche die Aussagekraft der als „wahr" bezeichneten Abbildung im Vergleich zu ihrer bei kostenloser perfekter Durchsetzung erreichbaren Aussagekraft beeinträchtigen. S.a. unten S. 105.
- Die Vorkehrungen des Normgebers, die den Ersteller zum idealen Verhalten anhalten sollen, wirken nicht perfekt. Selbst bei Abwesenheit von Anreizen gemäß dem folgenden Spiegelstrich würden diese Durchsetzungsanreize nicht zur exakten Einhaltung der Abbildungsregeln führen, sondern lediglich zu einer Annäherung.
- Schließlich wirken sich auch Anreize, die von den übrigen Adressaten ausgehen, auf die als „wahr" bezeichnete Abbildung aus, also auf die Abbildung, die der Ersteller erstellen würde, wenn keine Anreize von dem betrachteten Kontrahenten ausgehen würden. Bsp. F-2 im Anhang F1 S. 313f. formalisiert diese Überlegung.

Die vorliegende Untersuchung, und wohl ebenfalls die übrigen genannten, zielen allenfalls insoweit auf die Konzeption idealer Abbildungsregeln ab, wie diese die Ermessensspielräume des Erstellers einengt, nicht aber soweit sie allein der Konzeption einer Abbildung bei regeltreuer Abbildung dient. Deshalb beeinträchtigt der erste Spiegelstrich nur insofern die Modellaussage, als dass er das zu behandelnde Thema abgrenzt. Allerdings erscheinen die Aussagen derart eingegrenzter Modellierungen nur interessant, wenn auf zumindest grobe Vorstellungen von konsensfähigen Abbildungsregeln zurückgegriffen werden kann.

Bei endlicher Modellkomplexität ist das verbleibende, aus den übrigen beiden Simplifizierungen gemäß dem zweiten und dritten Spiegelstrich resultierende Interpretationsproblem unvermeidlich.[291] Die **Lösung**, die <u>semantisch am nächsten</u> liegt, mag die Unterstellung sein, dass die übrigen Anreize (also aus der unvollständigen Steuerung mit Hilfe der Durchsetzungsanreize und aus der Antizipation von Reaktionen der nicht betrachteten Adressaten) ihr Optimum gerade bei der bilateral idealen Abbildung erreichten. Dies wäre etwa gegeben, wenn der Kontrahent der einzig existierende Adressat wäre und die Durchsetzungsanreize perfekt wirken würden, wenn sie also in einer hypothetischen Situation ganz ohne Adressaten

290 Vgl. Fn. 276 S. 61. Ein weiterer Grund könnte in Schwächen des Verfahrens zur Festlegung der Regeln für multilateral ideale Rechnungslegung zu finden sein, bspw. beschränkte Information oder Lobbyismus.

291 Die explizite Modellierung aller einschlägigen Anreize kommt angesichts ihrer in Abschnitt B2.3 (S. 26ff.) geschilderten Vielfalt und Komplexität nicht in Frage. S.a. Abschnitt B2.1 insbesondere S. 20.

zur bilateral idealen Abbildung führen würden. Die im Geiste der vorliegenden Untersuchung eher problemgerechte Lösung ist dagegen

— die Explizierung des Sachverhaltes, dass die Abbildung, die der Ersteller erstellen würde, wenn das Verhalten des modellierten Kontrahenten von der Abbildung unabhängig wäre, von der bilateral idealen Abbildung abweichen kann, und
— die Unterstellung, der Kontrahent suche erst gar nicht die Abbildung mit dem höchsten denkbaren Informationsnutzen: Er misstraue vielmehr vorwiegend jenen Veränderungen der Rechnungslegung, die der Ersteller seinetwillen durchführt. Sein Informationsinteresse richte sich lediglich auf die Rechnungslegung, wie sie ohne gezielte Versuche zu seiner Desinformation ausgesehen hätte.

4.4 Unverfälschte Rechnungslegung

Die Rechnungslegung, wie sie der Ersteller erstellen würde, wenn das Verhalten des Kontrahenten von der Abbildung unabhängig wäre, sowie das daraus hervorgehende Periodenergebnis sollen als UNVERFÄLSCHT bezeichnet werden. Soweit sich die abzubildende Realität durch die Kontrahierung ändert, soll als Fiktion für die Definition der unverfälschten Rechnungslegung der Klarheit halber unterstellt werden, dass der Kontrahent dem Ersteller unabhängig vom Bericht in jedem Fall die Kontrahierung offeriert.[292] Die unverfälschte Rechnungslegung ist als Optimum oder Kostenminimum zu verstehen, welches bei gegebenem Kontrahentenverhalten ermittelt wurde und sämtliche andere der in Abschnitt B2.3.1 (S. 26ff.) systematisierten Anreize außer der Reaktion des modellierten Kontrahenten auf die Abbildung berücksichtigt. Die Differenz zwischen ausgewiesenem und unverfälschtem Periodenergebnis wird im vorliegenden Modell als **Manipulation** bezeichnet. S.a.Fn. 77 S. 20, (C-1) S. 100 und Ann. C-6 S. 104.

Das – bei endlicher Modellkomplexität nicht lösbare – Problem der Abfälschung der als bilateral ideal gedachten Abbildung durch nicht modellierte Anreize bleibt also bestehen.[293] Das Erkenntnisinteresse des hiesigen Kontrahenten richtet sich somit auf keine ideale Rechnungslegung, sondern auf diejenige, wie sie ohne jene Veränderungen ausgesehen hätte, die der

292 Alternativ könnte angenommen werden, dass die insoweit optimale, vorwiegend auf die Vergangenheit bezogene Abbildung hinsichtlich des hier interessierenden Periodenergebnisses, für jedes in Frage kommende (künftige) Verhalten des modellierten Kontrahenten gleich ist.

293 Nun wird die Kontrahentenreaktion denkbar einfach erfasst, nämlich als dichotome Reaktion mit einem exogen gegebenen Vorteil aus günstiger Rechnungslegung. Hiermit sollte die Reaktion eines großen Teils der Adressaten in einer vergröbernden „Vogelperspektive" zusammengefasst werden. Dies entschärft insofern das hier angesprochene Problem, weil ein derartiger „Superadressat" ein größeres Gewicht bei der Ermittlung der Regeln für multilateral ideale Rechnungslegung erhält und die Anreize aus den Reaktionen nicht modellierter Adressaten weniger bedeutsam erscheinen als bei der Modellierung einer sehr speziellen Transaktion. Wäre gar der Kontrahent der einzige Adressat der von ihm empfangenen Abbildung, so würde die Sicht des Kontrahenten nur noch durch die Unvollkommenheit der Objektivierungsmechanismen getrübt werden. Vgl. auch Abschnitt B3.4 S. 54.

Ersteller mit der Absicht vornimmt, das Verhalten dieses Kontrahenten zu beeinflussen: Diese Ein*griffe*[294] machen den Kernbereich der mit manipulierbarer Rechnungslegung assoziierten Befürchtungen des Kontrahenten aus. Insofern gilt die hiesige Untersuchung der **Reversion** des durch gezielte Versuche zur Desinformation des Kontrahenten entstandenen Informationsdefizits.

294 Lat. „manus" = „Hand", s.a.o. Fn. 3 S. 5.

5 Literaturüberblick

5.1 Systematisierung

Ausführungen zur Bedeutung der Gestaltbarkeit externer Rechnungslegung für ihre Funktionalität als Institution zur Mitigation informationsinduzierter Kooperationsprobleme finden sich vor allem innerhalb einer institutionellen und einer neo-institutionalistischen literarischen Tradition.[295] Diese beiden Traditionen unterscheiden sich erheblich im methodischen Selbstverständnis und stehen häufig unverbunden nebeneinander.[296]

Die auf älteres, insbesondere deutschsprachiges betriebswirtschaftliches Schrifttum aufbauende, vor allem um Detailtiefe und Struktur bemühte **institutionelle** Literatur zur Rechnungslegung behandelt in überwiegend verbaler[297] Methodik vor allem einschlägige rechtliche Normen und ihre Auslegung sowie technische Probleme der Abbildung. Erörterungen zur Gestaltbarkeit finden sich häufig auch innerhalb breiter angelegter Untersuchungen. Ein Teil dieser Literatur thematisiert die Regelungen an sich und nimmt damit die Perspektive eines Normgebers oder sonstigen institutionellen Gestalters ein. Dieser Teil kann untergliedert werden in

— Auslegung und Fortentwicklung[298] sowie in
— theoretische Durchdringung durch Systematisierung[299] und Analyse[300].

---

295 Wissenschaftstheoretische Arbeiten sowie solche, die das Zustandekommen von Abbildungsregeln und Durchsetzungsanreizen behandeln, bleiben unberücksichtigt. Als letztere s. Eisenführ/Weber (1999) vorwiegend zur neoinstitutionalistischen Tradition, sowie weniger umfassend, aber auch traditionelle Literatur behandelnd Ballwieser (1996), Ballwieser (1991), Schneider (1996). Zur Informatik, Organisationstheorie und Psychologie in der Theorie des Rechnungswesens s. Mauldin/Ruchala (1999). Literatur zur Prüfung zeigen die Nachw. in Abschnitt B2.3.1 (S. 26ff.), insbes. Fn. 116 S. 27.

296 Die neo-institutionalistische Literatur zitiert vereinzelt Beiträge institutioneller Literatur. So besonders die deutschsprachige neo-institutionalistische Literatur, bspw. Ewert/Wagenhofer (2000), Ewert/Wagenhofer (2003). Die deutschsprachige institutionelle Literatur ist im Allgemeinen wenig geneigt, neo-institutionalistische Beiträge zu zitieren. Man vergleiche etwa als ausgewiesenen Kenner seiner Materie Küting (1996) zu Wechselwirkungen zwischen Rechnungslegungspolitik und Rechnungslegungsanalyse, aber ohne Rückgriff auf die in Abschnitt B5.2 (S. 72ff.) behandelten Literatur zu ähnlichen Fragestellungen. Jedoch finden sich hiervon auch Ausnahmen, so bspw. Ballwieser (1991), Ballwieser (1982), Ordelheide (1988 kfm), Ordelheide (1988 neo).

297 Formaler Analyseinstrumente bedient sich ein Teil der Literatur, auf die in Fn. 300 – 301 verwiesen wird, bspw. Pfeiffer, Jr. et al. (1998) (lineare Optimierung), Baetge (1989) (Diskriminanzanalyse, s.a.o. Fn. 205 S. 46), Derigs/Schirp (1997) (neuronale Netze). Hinsichtlich ihrer empirischen Komponenten ließen sich diese Beiträge ebenfalls dem empirischen Teil der neo-institutionalistischen Tradition zuordnen.

298 Vgl. bspw. Leffson (1987) S. 81 – 91, Beisse (1993) insbes. S. 81 – 82, Beisse (1994) insbes. S. 16, Moxter (1999) insbes. S. 5 – 8. Die reine Deskription vorhandener Vorschriften wird hier nicht betrachtet, obgleich sie zuweilen hohe Komplexität mit Hilfe betriebswirtschaftlicher Methoden bewältigt, vgl. etwa Rößler/Kaether/Schmandt (1997), Rößler/Doetsch (1998), oder zur Strukturierung wesentlich beiträgt, bspw. KPMG/Ordelheide (1991 Hrsg.). S.a. Nachw. S. 105 zum Objektivierungsdilemma.

299 Vgl. bspw. Kuhner (2001). Strukturierende Auslegungen (bspw. Leffson (1987) können auch theoriebildend sein, so wie auch systematisierende Ansätze (bspw. Stützel (1967), Ordelheide (1989)) bei der Auslegung Hilfestellung leisten können. Baetge/Ballwieser (1977) analysieren Aussagen der Bilanztheorie zur Gewinnermittlung für die Ausschüttungsbemessungsfunktion mit Hilfe der Agencytheorie.

Andere Beiträge richten sich an der Entwicklung einzelwirtschaftlicher Optimierungskalküle aus, insbesondere des

— (rechnungslegungspolitischen) Kalküls des Adressanten, und des
— (rechnungslegungsanalytischen) Kalküls des Adressaten[301].

Es wird dem Aktionsfeld und seinen abbildungstechnischen Aspekten breiter Raum gewidmet. Teilweise werden praktisch-normative Empfehlungen gegeben. Die Ableitung von Entscheidungen hieraus wird dagegen weniger ausführlich thematisiert.

Die **neo-institutionalistische** Literatur zur Kommunikation mit Hilfe gestaltbarer externer Rechnungslegung[302] baut auf vorwiegend angloamerikanischem[303] finanzierungstheoretischem und neo-institutionalistischem[304] Schrifttum auf. Die Beiträge verfolgen in entweder empirischer oder modellanalytischer Methodik eine breite Palette ökonomischer Fragen zur Rechnungslegung und könnten als ökonomische Analyse der Rechnungslegung bezeichnet werden. Sie sind vor allem um die Konsistenz modelltheoretischer Aussagen untereinander sowie mit empirischen Befunden bemüht. Häufig testen empirische Beiträge die modellanalytischen Implikationen, während Modelle die empirischen Befunde zu erklären suchen. Hier sollen Beiträge zur Rechnungslegungspolitik (ÖKONOMISCHE ANALYSE DER RECHNUNGSLEGUNGS-

---

300 Vgl. etwa als Beispiel die auf Yuji Ijiri zurückgehende, Unsicherheit erfassende mehrdimensionale Buchhaltung von Altenburg (1996) m.v.w.N. zu Möglichkeiten formaler Gestaltung der Rechnungslegung, oder, mit Einschränkungen, Schulz (1996).

301 Vgl. zur Rechnungslegungspolitik die in Abschnitt B2.2 (S. 20ff.), insbes. Fn. 81 S. 21 und Fn. 85 S. 21, und zur Rechnungslegungsanalyse die in Abschnitt B3.3.1.1 (S. 44ff.) zitierte Literatur. Erste Ansätze zu einer die Reaktionen des Gegenspielers berücksichtigenden Vorgehensweise findet sich in dem „rechnungslegungsanalytischen Imparitätsprinzip". Danach ist bei Unklarheiten stets die für den Rechnungslegungsersteller unvorteilhaftere Möglichkeit zu unterstellen; dies soll ihn zur Aufklärung derartiger Sachverhalte bewegen. Vgl. Baus (1999) S. 131 – 133, Coenenberg (2003) S. 1018, Bald et al. (1994) S. 14 – 15, Bitz/Schneeloch/Wittstock (2004) S. 591, Rehkugler/Poddig (1998) S. 241. Voraussetzung für diesen Effekt ist neben glaubwürdiger Festlegung des Adressaten auf ein solches Informationsverarbeitungsverhalten und hinreichendem Gewicht der Adressatenreaktion im Erstellerkalkül auch die Möglichkeit der Hingabe der mit geringerer Unsicherheit behafteter Information. Vgl. hierzu auch Wagenhofer (1990 Informationspolitik) S. 313 sowie zur „strategischen Jahresabschlussanalyse" allgemein S. 307 – 321.

302 Vgl. umfassend Ewert/Wagenhofer (2000), Ewert/Wagenhofer (2003). Vgl. auch Healy/Palepu (1993), Watts/Zimmerman (1990), Beaver (1989). Zu dem Teil dieser Literatur, welche die Manipulationsanfälligkeit externer Rechnungslegung explizit erhebt oder analysiert vgl. Nachweise in Fn. 308 und 309 S. 69. Dem hiesigen Thema verwandte Fragestellungen, bei denen dies nicht der Fall ist, ist bspw. die optimale Wahl von Rechnungslegungssystemen, vgl. neben u.a. Ewert (1989) die Überblicksdarstellungen bei Kleine-Doepke (1981) S. 6 – 48, Ballwieser (1982) S. 780 – 790 und Ballwieser (1991) S. 111 – 114, Hartmann-Wendels (1991) S. 48 – 139; die informatorischen Wirkungen eines Vorsichtsprinzips, vgl. u.a. Wagenhofer (1996) und Demski/Sappington (1990); sowie die Formalisierung und empirische Erhebung der als „Konservatismus" bezeichneten asymmetrischen Berücksichtigung positiver und negativer Informationszugänge, vgl. Givoly/Hayn (2000), Basu (1997) m.w.N.

303 Es existieren nur einige wenige in der angelsächsischen Literatur häufig zitierte Publikationen deutschsprachigen Ursprungs, wie Wagenhofer (1990 Disclosure), zitiert bspw. von Coller/Yohn (1997), Rajan/Sarath (1996), und experimentell getestet von King/Wallin (1995), sowie Hayn (1995). Vereinzelt finden sich Zitate von Milde/Riley (1988), Leuz (2003).

304 Zum Neo-Institutionalismus in der Finanzierungstheorie siehe Schmidt/Terberger (1996) S. 382 – 469. Ballwieser (1996) S. 504 verwendet die Bezeichnung neo-instutionalistisch für Ansätze, die sich um die „Rekonstruktion rechtlicher Regelungen als ökonomisch rationale Verhaltensweisen" bemühen.

POLITIK) interessieren, insbesondere diejenigen zum rechnungslegungspolitischen Verhalten sowie zum Informationsgehalt externer Rechnungslegung. Weitere, hier nicht behandelte Themen der ökonomischen Analyse der Rechnungslegung sind die aus Sicht verschiedener Beteiligter beurteilte Optimalität des Zwangs zur Rechnungslegung[305], die Optimalität der Informationsfülle der Rechnungslegung[306] oder die Optimaltität sonstiger Wirkungen der Rechnungslegung[307].

Die empirischen Beiträge[308] versuchen meist zu erheben:
- das Verhalten von Adressanten,
- das Verhalten von Adressaten, oder,
- beides simultan erfassend, den Informationsgehalt externer Rechnungslegung.

Die modelltheoretischen[309] Beiträge analysieren die Implikationen angenommener Kalküle der Beteiligten unter Berücksichtigung ihrer wechselseitigen Reaktionen[310]. Es wird das zustande kommende Verhalten von Adressant und Adressat ermittelt und u.U. nach vorgegebenen, teilweise gesamtwirtschaftlichen Kriterien gewürdigt.[311] Nach dem Entscheidungsfeld des Adressanten sind zu unterscheiden:
- Modelle, welche die Entscheidung des Adressanten als ökonomische Abwägung zwischen Handlungsalternativen explizieren, die sich hinsichtlich der Abbildung seines Unternehmens *überhaupt* unterscheiden, sollen als BERICHTSMODELLE bezeichnet werden.

---

305 Vgl. bspw. als ökonomische Analyse der Rechnungslegung ohne rechnungslegungspolitischen Spielraum des Adressaten die Literatur zur Frage, inwiefern die Erzwingung kostspieliger Informationsbekanntgabe durch Unternehmen zu einem gesamtwirtschaftlichen Nutzen beitragen. Hierzu gehören grundlegend Fama/Laffer (1971), Hirshleifer (1971) (distanziert hierzu Schulte (1988)). Vgl. hierzu auch Gonedes/Dopuch/Penman (1976); Hakansson/Kunkel/Ohlson (1982), Marshall (1972), weiter jüngst Pae (2002) sowie in der deutschsprachigen Literatur Hax (1988), S. 191 – 193; Schildbach (1986) S. 89 – 98; Schmidt (1982); Schredelseker (1985); Wagner (1982).

306 Bspw. analysieren Bushman/Gigler/Indjejikian (1996) als „information overload"-Problem den Wohlfahrtseffekt der Veröffentlichung einer vereinfachten Rechnungslegung neben einer bestehenden komplexen Rechnungslegung. S.a. Fn. 179 S. 41.

307 Bspw. untersuchen Kanodia/Lee (1998) den disziplinierenden Einfluss einer externen Rechnungslegung auf die Möglichkeiten der Unternehmensleitung, mit dem Volumen ihrer Investitionen ihre Zukunftserwartungen zu signalisieren, wobei das berichtete Ergebnis als stochastisch, aber nicht durch die Unternehmensleitung beeinflussbar unterstellt wird.

308 Vgl. die Überblicksdarstellungen in Kothari (2001), Fields/Lys/Vincent (2001) sowie Dechow/Skinner (2000), Healy/Wahlen (1999), Coenenberg/Haller (1993), Fischer/Haller (1993), jeweils m.v.w.N. und Analysen zu den methodischen Fragen der Interpretierbarkeit und Generalisierbarkeit der Befunde. Ausschließlich den methodischen Fragen widmet sich McNichols (2000). Umfassende Überblicke zur kapitalmarktorientierten Empirie der Rechnungslegung geben Kothari (2001) und Coenenberg/Haller (1993) S. 583 – 585, 566. Als Überblick zur Empirie des internen Rechnungswesens vgl. Zimmerman (2001), Ittner/Larcker (2001). S.a. Abschnitt B4.1, insbes. Fn. 259 S. 57.

309 Überblicke geben Lambert (2001) und Magee (2001) sowie früh Healy/Palepu (1993).

310 Diese Modelle wenden insofern i.d.R. spieltheoretische Erkenntnisse an. Vgl. Fn. 301 S. 68 zu einigen verbalen, hier der traditionellen Literatur zugeordneten Überlegungen, welche bei Handlungsempfehlungen für Adressaten auf eine Veränderung des Adressantenverhaltens abzielen.

311 Verrecchia (2001) teilt die Publizitätsmodelle nach diesen Erkenntnisinteressen ein.

Modelle dagegen, in denen sich das Abbildungsverhalten des Adressanten allein oder ganz überwiegend aus den exogenen Begrenzungen seines auf die Abbildung bezogenen Aktionsfeldes ergibt, sollen hier als vorwiegend informationstheoretisch i.S.v. informationstechnisch angesehen und zwar der ökonomischen Analyse der Rechnungslegungspolitik, aber weder den durch abbildungsbezogenen Handlungsspielraum gekennzeichneten Berichtsmodellen zugerechnet noch hier weiter behandelt werden.[312]

— Als ABBILDUNGSSPIELRAUM soll das Aktionsfeld des Adressanten bezeichnet werden, welches auf Handlungsalternativen reduziert ist, die sich *lediglich* hinsichtlich Abbildungsentscheidungen unterscheiden. Berichtsmodelle, die das Aktionsfeld des Adressanten auf den Abbildungsspielraum beschränken[313], sollen als REINE BERICHTSMODELLE bezeichnet werden. Einige Modelle, die auch Entscheidungen des Adressants endogenisieren, welche die Abbildung nicht unmittelbar betreffen[314], legen dem Informationstransfer eine Delegation von Kompetenzen zu Grunde. Sie könnten – je nach Schwerpunkt – als agency-theoretische Berichtsmodelle oder Agency-Modelle[315] mit endogenem Informationstransfer bezeichnet werden.[316] Die Endogenisierung realer, nicht allein auf die Abbildung bezogener Handlungsmöglichkeiten der Unternehmensleitung ermöglicht die Analyse des Einflusses von Umständen der Rechnungslegung auf Effizienz und Allokationseffekte von Entscheidungen außerhalb der Rechnungslegung. Sie überschreitet allerdings

---

312 Bspw. ermitteln Fishman/Hagerty (1990), vgl. insbes. S. 429 – 433, 437 – 438, für einen Fall nicht exogen verifizierter Information über den Wert zu finanzierender Investitionsprojekte den aus Sicht von Adressaten optimalen Abbildungsspielraum des Adressanten, wobei dieser in einem modellierten Fall eine zufällige und in einem anderen eine lexikographische Auswahl unter Abbildungsverfahren trifft.

313 Siehe aber auch Fn. 355 S. 79.

314 Modelliert wird insbesondere die Wahl des Ausmaßes von Aktivitäten der Unternehmensleitung, wie beispielsweise der Arbeitseinsatz, sowie die Allokation von Aktivitäten gegebenen Ausmaßes auf Teilaktivitäten, wie beispielsweise die Allokation finanzieller Ressourcen auf Investitionsprojekte, vgl. Lambert (2001) S. 58 – 67 sowie die in Fn. 316 S. 70 zitierten Beispiele.

315 In agency-theoretischen Modellen wird im einfachsten Fall der folgende Ablauf (vgl. Lambert (2001) S. 6) betrachtet: Einigung zwischen Agent und Prinzipal auf Vertragsbedingungen; Wahl der Aktion des Agenten; Observation der Ergebnisgrößen der Aktion und Entlohnung des Agenten. Der Einigung entspricht im vorliegenden Modell die Festsetzung der Konformitätsanforderung, die Aktion des Agenten betrifft die Manipulation, mit der er zugleich das vom Kontrahenten beobachtete Ergebnis determiniert und somit bestimmt, ob er die Entlohnung, hier das Konformitätsinzitament, erhalten wird. Das vorliegende Modell als Agency-Modell zu bezeichnen erscheint allerdings nicht angebracht, weil der Prinzipal in Agency-Modellen i.d.R. versucht, den Agenten zu einem für ihn unmittelbar vorteilhaften Verhalten zu bewegen, etwa hohem Arbeitseinsatz oder bestimmten Investitionsentscheidungen. Ein solcher Verhaltensspielraum des Erstellers wird hier nicht modelliert; seine Entscheidungen betreffen lediglich die Kommunikation. S.a. Abschnitt B5.3 (S. 92f.).

316 Überblicksdarstellungen einschlägiger Modelle und ihren wichtigsten Ergebnissen finden sich bei Lambert (2001) S. 7 – 70, 77 – 79, Prendergast (1999), Indjejikian (1999) sowie historisch und breiter angelegt Mattessich (1985). Beispiele sind u.a. Christensen/Demski/Frimor (2002), vgl. S. 1073 – 1075, Dutta/Gigler (2002) S. 634 – 636, Dutta/Zhang (2002), vgl. S. 70 – 72, Gigler/Hemmer (2001) S. 474, Demski (1998), vgl. S. 264 – 265, Dye/Verrecchia (1995), vgl. S. 394, Verrecchia (1986), vgl. S. 177 – 178, Lambert (1984) S. 614 – 615 (s.a.u. Fn. 386 S. 88), sowie im deutschen Sprachraum Wagenhofer (2003), vgl. S. 290 – 293, Wagenhofer (1996), vgl. S. 1055 – 1058, Lauer (1995) S. 99 – 184, Leuz (1995) S. 31 – 36, Hartmann-Wendels (1991) S. 140 – 356, insbes. S. 239, Ewert (1990).

den Rahmen der vorliegenden Untersuchung. Im Folgenden werden deshalb lediglich die reinen Berichtsmodelle behandelt.[317]

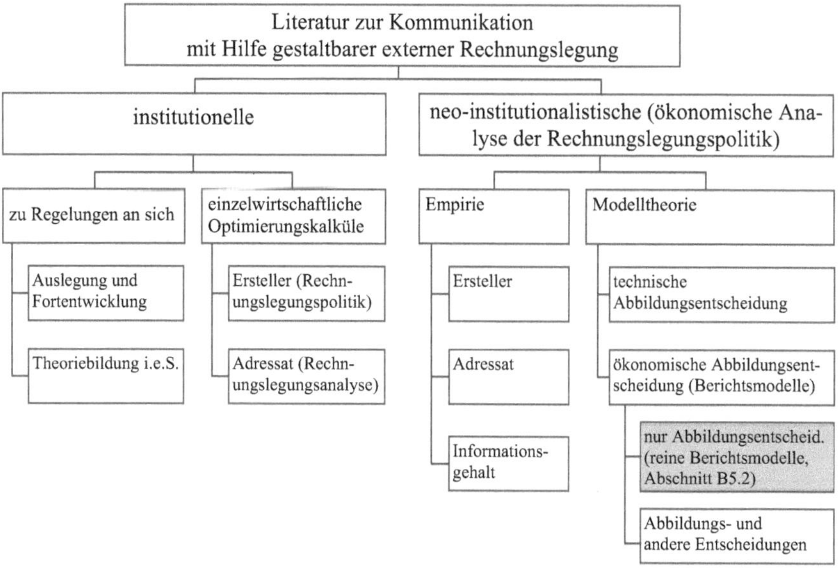

Abb. B-3: Literatur zur Kommunikation mit Hilfe gestaltbarer externer Rechnungslegung

317 Abgesehen davon, ob der Komplexitätsgrad der in den genannten Modellen modellierten Entscheidungskalküle (vgl. hierzu u.a. Dye/Verrecchia (1995) S. 408 sowie Baetge/Ballwieser (1978) S. 530) den Komplexitätsgrad realer Entscheidungen halbwegs entspricht, ist fraglich, ob die in diesen Modellen häufig erfolgte Behandlung der auf den Agenten wirkenden Anreize als Aktionsvariable des Prinzipals (vgl. grundsätzlich zu solchen Optimierungskalkülen bspw. Hartmann-Wendels (1991) S. 152 – 160) die hier zu untersuchenden, auf externe Rechnungslegung bezogenen Entscheidungen angemessen wiedergibt. Denn die Ausführungen in Abschnitt B2.3.1 (S. 26ff.) machten deutlich, dass diese Anreize vielfältig und zum großen Teil weder für die Hauptkoalitionäre des Unternehmens noch für den Standardsetter ohne weiteres unmittelbar gesteuert werden können, z.B. weil dies Eingriffe in Rechtsgebiete außerhalb der Rechnungslegung erfordern würde. Die Rechtfertigung der Behandlung der Anreize als Aktionsvariable des Prinzipals mit der Annahme, dass der Prinzipal hinreichend gut informiert sei, um die übrigen impliziten, nicht mit dem Agenten explizit vereinbarten Anreize in der Entlohnungsfunktion zu berücksichtigen, würde dem Prinzipal angesichts ihrer Komplexität (s. Abschnitt B2.3.1 (S. 26ff.)) eine schwere, den Vorteil aus der Delegation gefährdende informatorische Last aufbürden. S.a.S. 5, S. 295. Außerdem würden sie – man vergegenwärtige sich die von der Literatur vermutete Simplizität real vorzufindender expliziter Entlohnungsmodi (vgl. etwa Lambert (2001) S. 30, Murphy (2001) S. 250 – 259, Breuer (1995) S. 245) – nicht praktikabel erscheinen. Alternativ könnte der analysierte Zustand als normativer, für Vergleichszwecke heranzuziehender Idealzustand angesehen werden. Dies soll hier jedoch nicht geschehen. Zur Exogenität des Konformitätsinzitamentes s.a.u. S. 98 und Fn. 417 S. 99.

5.2 Reine Berichtsmodelle

5.2.1 Systematisierung

Im Weiteren sollen wie erwähnt lediglich[318] reine Berichtsmodelle[319] behandelt werden. Auf der ersten Ebene der Systematisierung soll nach der Exogenität[320] der Verifikation unterschieden werden. Als Problem der Schaffung von Institutionen steht bei modellexogener Verifikation die Erzwingung der *Offenlegung* von Informationen in Frage, bei modellendogener Verifikation die Erzwingung der *Korrektheit* von Informationen.

Entscheidet der Adressant nur über das *Ausmaß*, nicht dagegen über die Ausprägung offengelegter Information, dann besteht kein Problem der Glaubwürdigkeit der Information; die auf die interessierende Eigenschaft bezogene Aussagekraft der Information ergibt sich durch die Annahmen des Modells, ist also **exogen verifiziert**[321]. In diesen Modellen ist die übermittelte Information zugleich die den Adressaten interessierende Eigenschaft oder zumindest der beste im Modell verfügbare Schätzer hierfür und bildet insofern die den Adressaten interessierende Eigenschaft unmittelbar ab. Derartige Modelle sollen in wohl annähernder Übereinstimmung mit der einschlägigen Literatur als Disclosure- bzw. PUBLIZITÄTS-MODELLE[322] bezeichnet

318 Siehe aber auch Fn. 360 S. 81. Die Systematisierung nach Ausmaß versus Ausprägung der offengelegten Information sowie nach der Exogenität ihrer Verifikation erleichtert auch die Übersicht über agency-theoretische Berichtsmodelle.

319 Die modellierten Entscheidungen des Adressanten sollen sich zudem auf Ausmaß oder Ausprägung einer Information oder eines parallelen Berichtsverhaltens (s.u.) beschränken. Es dürfte jedoch damit der Großteil der – soweit ersichtlich – derzeit verfügbaren reinen Berichtsmodelle erfasst sein.

320 Neben Modellen, welche die Art der Verifikation exogen festsetzen, wären auch solche denkbar, die den Adressanten nicht oder nicht nur über Quantität oder Ausprägung der Information entscheiden lassen, sondern über die Art der Verifikation, sozusagen über eine Qualität der Information, bestimmen lassen. Fällt bspw. durch die Aufnahme einer nicht nach den Abbildungsvorschriften zu gewährenden Information unter die Prüfungspflicht der externen Rechnungslegung, so beeinflusst der Adressant mit seiner Entscheidung über die Aufnahme in die externe Rechnungslegung die Art der Verifikation der Information. Jedoch würden sich die Berichtsmodelle damit den Modellen zur Analyse der Prüfung externer Rechnungslegung (vgl. die Nachweise in Fn. 116 S. 27) annähern.

321 Ist die mitzuteilende Größe zufallsbehaftet, bedürfte sie nur dann der endogen zu modellierenden Verifikation, wenn der Adressant die Lage der Verteilung beeinflussen könnte. Kann er zwar die Zentralität der Verteilung, nicht aber ihre Lage beeinflussen, ist die mitgeteilte Größe insoweit exogen verifiziert. S.a. Fn. 328, 329, 331 S. 74.

322 Siehe zur modelltheoretischen Publizitätsliteratur die Überblicksdarstellungen bei Verrecchia (2001), diskutiert von Dye (2001), Healy/Palepu (2001), Ewert/Wagenhofer (2000) S. 37 – 48, Ewert/Wagenhofer (2003) S. 279 – 374. Beispiele für Modellanalysen zur Publizität sind u.v.a. Jorgensen/Kirschenheiter (2003) und für Empirie zur Publizität Nagar/Nanda/Wysocki (2003), Botosan (1997), Skinner (1997). Einen Überblick über empirische Untersuchungen zur freiwilligen Offenlegung und ihrer Verifikation geben Healy/Palepu (2001) S. 420 – 427, 429 – 431, diskutiert von Core (2001) S. 448 – 449, und zur Regulierung von Offenlegung Kothari (2001). Siehe auch Skinner (1994) sowie zur BRD für einen speziellen Fall bspw. Homölle/Pfingsten/Speth (1997) S. 625 – 628 und zu Österreich Wagenhofer (1990 Informationspolitik) S. 242 – 306. Zu dem empirisch überwiegend als insignifikant oder negativ befundenen, modelltheoretisch hingegen nicht eindeutigen Zusammenhang zwischen Kapitalkosten und Umfang der Offenlegung siehe Ewert/Wagenhofer (2000) S. 38 – 40 und Verrecchia (1999). Zur diesbezüglichen Empirie siehe Botosan (1997) S. 323, 346 – 347, aber auch die Vorbehalte von Core (2001) S. 449 und von den bei Healy/Palepu (2001) S. 430 zitierten Untersuchungen. Die Literatur zur Publizität thematisiert i.d.R. allen-

werden. Solche Entscheidungen des Adressanten werden beispielsweise im Rahmen von Aggregation und Gliederung getroffen[323], sofern ihre Richtigkeit und ihre Aussagekraft im Hinblick auf die interessierende Eigenschaft vom Adressaten nicht angezweifelt werden[324]. Publizitätsmodelle können nach dem Aktionsfeld des Adressanten danach unterschieden werden, ob dieser

- eine dichotome Entscheidung zwischen Offenlegung und Zurückhaltung der Information fällt,[325] wie etwa bei der Definition von Segmenten zur Gliederung der Umsätze gemäß § 285 Nr. 4 HGB,[326] oder ob sich der Adressant
- mit der modellierten Entscheidung innerhalb eines weiteren Spektrums, gar eines Kontinuums an Möglichkeiten zwischen Offenlegung und Zurückhaltung positioniert, in dem er die Präzision einer auf jeden Fall zu liefernden Information beeinflusst. So etwa, weil der Adressant (weitere Kategorien wären denkbar[327])
    - □ mehrere Werte, etwa ein Intervall, als mögliche Ausprägungen der interessierenden Größe anzugeben hat und dabei die Zahl der Werte bzw. die Weite des Intervalls deterministisch bestimmen kann, wobei stets der zutreffende unter den angegebenen Werten vertreten sein muss,[328] oder weil er

---

falls kursorisch die Art und Weise der Informationsübertragung oder weshalb diese glaubwürdig ist. Siehe zu einer solchen kursorischen Behandlung z. B. Hax (1988), S. 191 – 193; Schredelseker (1985), S. 131 – 132, 135, 139, 140; Schildbach (1986), S. 91 – 94.

323 Als Beispiele für rechnungslegungspolitische Offenlegungsentscheidungen könnten im Rahmen der jeweiligen Auslegungs- und anderen Spielräumen genannt werden: Die Aufteilung der Umsatzerlöse in Segmente gemäß § 285 Nr. 4 HGB (vgl. zur Empirie Hacker/Dobler (2000), s.a.u. Fn. 326 S. 73), die Erläuterung sonstiger betrieblicher Erträge und Aufwendungen gemäß § 277 IV Satz 2 HGB und die Bildung eines Sonderpostens gemäß § 273 HGB. Aggregation und Gliederung können weiter über die größenklassenabhängigen Erleichterungen der §§ 274a, 276, 267 HGB beeinflusst werden. Zahlreiche weitere Beispiele finden sich in den in Fn. 322 genannten empirischen Untersuchungen. Zur Systematisierung von Abbildungsentscheidungen siehe Bitz/Schneeloch/Wittstock (2004) S. 11 – 13.

324 Soweit also der Adressant bei Offenlegungsentscheidungen nicht nur über die Offenlegung, sondern auch über die Ausprägung der offengelegten Information zu entscheiden hat, beschäftigen sich diese Modelle lediglich mit dem erstgenannten Aspekt.

325 Vgl. bspw. Darrough/Stoughton (1990) S. 225 – 227, Feltham/Xie (1992) S. 53, Jorgensen/Kirschenheiter (2003) S. 452 – 453, Verrecchia (1983) S. 174 – 185, Verrecchia (1990) S. 366 – 368, Wagenhofer (1990 Disclosure) S. 344.

326 Beispielsweise analysieren Hayes/Lundholm (1996), vgl. insbes. S. 266 – 269, die Entscheidung eines Adressanten, der über die Disaggregation seiner Umsatzerlöse im Rahmen der Segmentberichterstattung entscheidet. Einerseits will er die Wertschätzung seines Unternehmens durch seine Eigenmittelgeber maximieren, andererseits aber vermeiden, einen Eindringling im Absatzmarkt, der einen exogen vorgegebenen Investitionsbetrag auf die betreffenden Teilmärkte zu verteilen hat, über die Profitabilität der Teilmärkte zu informieren. S.a. Fn. 323 S. 73.

327 Dye (1985) S. 558 – 559 lässt den Adressanten zwischen Abbildungsverfahren wählen, die sortierbar sind i.S.d. Feinheitstheorems von Blackwell (s.o. Nachw. in Fn. 278 S. 61 und als Sekundärdarstellung Ewert/Wagenhofer (2003) S. 70 – 74).

328 Bei Gigler (1994), vgl. S. 227, hat der Adressant die Wahl zwischen Zurückhaltung und Offenlegung. Er kann im Falle der Offenlegung ein Intervall angeben, welches nicht den wahren Wert enthalten muss. Es liegt deshalb i.S.d. Abb. B-4 S. 76 kein Publizitäts- sondern ein Glaubwürdigkeitsmodell vor, welches allerdings das Publizitätsproblem endogenisiert. S.a. Tab. B-2 S. 79.

- die zu berichtende Größe aus einer Zufallsverteilung zieht und die Zentralität dieser Verteilung beeinflussen kann[329].
- Auch wird modelliert, dass der Adressant unter mehreren Größen, deren stochastischen Eigenschaften sich unterscheiden, eine ihm freistehende Anzahl berichtet, wobei er mindestens eine Größe auswählen und von den ausgewählten Größen die tatsächlich realisierte Ausprägung berichten muss.[330]

Das weitere Spektrum enthält hierbei als Pole das dichotome Aktionsfeld von Offenlegung und Zurückhaltung.[331]

Hinsichtlich der das Verhalten treibenden Anreize modellieren einige Beiträge ein Interesse des Adressanten, einen Mittelgeber zu informieren, während ein potenzieller[332] oder aktueller[333] Konkurrent die Information zum Schaden des Adressanten verwertet. In anderen Beiträgen induziert die Erwartungsbildung des Mittelgebers[334] zusammen mit verschiedentlich definierten Kosten der Publizität das Publizitätsverhalten.

Entscheidet dagegen der Adressant (unter anderem oder ausschließlich) über die *Ausprägung* offengelegter Information und kann er hierbei Ausprägungen berichten, die von der im Modell „wahren"[335] Ausprägung abweichen, dann muss zur Glaubwürdigkeit der Aussage des Adressanten diese im Modell **endogen verifiziert** werden. Eine solche Situation ist bei Abbildungsspielräumen zur Ermittlung eines in jedem Falle zu veröffentlichenden Periodenergebnisses gegeben, also insbesondere bei Bewertungs- und Ansatzspielräumen. Derartige Modelle werden hier als GLAUBWÜRDIGKEITSMODELLE bezeichnet. Werden die Anreize, wel-

---

329 Vgl. bspw. Penno (1996) S. 143 – 145. Ein institutionelles Beispiel für eine solche Entscheidung ist die Sorgfalt und Gesetzestreue, mit der die externe Rechnungslegung erstellt wird. Dass es diesen Entscheidungsspielraum gibt, zeigt die von Küting (1992) erhobene diesbezügliche Streubreite. S.a. Fn. 99 S. 24.

330 So Kirschenheiter (1997) S. 45.

331 Bei der deterministischen Wahl des Adressanten entspricht die Angabe aller ex ante möglichen Werte der Informationszurückhaltung im dichotomen Aktionsfeld, während die Angabe eines einzigen Wertes der Offenlegung im dichotomen Aktionsfeld entspricht. Bei der Beeinflussung einer Zufallsziehung korrespondiert die Nicht-Veränderung der Zufallsverteilung, also das Ziehen aus der dem Adressaten ex ante bekannten Zufallsverteilung, zur Informationszurückhaltung im dichotomen Aktionsfeld, während die Verengung der Zufallsverteilung auf einen einzigen Wert zur Offenlegung bei einer dichotomen Offenlegungsentscheidung im dichotomen Aktionsfeld korrespondiert. Analoges gilt für die Wahl von Berichtsgrößen mit unterschiedlichen stochastischen Eigenschaften. Macht der Adressant dagegen manipulationsanfällige Angaben zur Lage der Verteilung einer den Adressaten interessierenden, zufallsbehafteten Größe, handelt es sich um Modelle mit endogener Verifikation.

332 In diesen Modellen hat also der Konkurrent die Wahl zwischen Eintritt in den und Fernbleiben vom Markt. Im reinen Fall potenzieller Konkurrenz kann der Konkurrent die Intensität des Einstiegs (bspw. durch Ausmaß einer Investition oder Höhe eines Preises quantifiziert) nicht variieren. Vgl. so u.a. Darrough/Stoughton (1990) S. 119 – 220, 224 – 225; Feltham/Xie (1992) S. 50.

333 Vgl. u.a. Hayes/Lundholm (1996) (s.o. Fn. 326 S. 73), Wagenhofer (1990 Disclosure) S. 341 – 344.

334 Vgl. bspw. Jorgensen/Kirschenheiter (2003) u.a. S. 452 – 456, Kirschenheiter (1997) S. 45, Penno (1996) S. 143 – 145, Verrecchia (1983) S. 183 – 192, Verrecchia (1990) S. 366 – 368.

335 Zur Relativität dieses Begriffes allgemein s.o. Abschnitt B4.3 S. 63f.

che die Glaubwürdigkeit beeinflussen, explizit als zweites FORUM[336] i.S.v. Farrell/Gibbons (1989) modelliert, soll von CHEAP-TALK-BERICHTSSPIELEN gesprochen werden. Nun offenbart in vielen hier nicht relevanten Signalisierungsmodellen ein beobachtbares Verhalten des Adressanten die interessierende Eigenschaft desselben. Zu den Cheap-Talk-Berichtsspielen sollen jedoch nur jene Signalisierungsmodelle gezählt werden, in denen ein der externen Rechnungslegung ähnliches Berichtsverhalten als Signal interpretiert wird.[337] Cheap-Talk-Berichtsspiele können weiter danach unterschieden werden, ob die im Primärforum zu übermittelnde Information die den Adressaten interessierende Eigenschaft lediglich als nominal oder ordinal klassifizierbare (CHEAP-TALK-BERICHTSSPIELE MIT NICHT-KARDINALEM PRIMÄRFORUM), oder aber als kardinal[338] interpretierbare Eigenschaft abbildet (CHEAP-TALK-BERICHTSSPIELE MIT KARDINALEM PRIMÄRFORUM).

Manche Glaubwürdigkeitsmodelle modellieren die Anreize, welche die Glaubwürdigkeit determinieren, nicht explizit als zweiten Kommunikationsvorgang, sondern als Kosten der Abweichung von einem jeweils näher zu definierenden „wahren" Wert (im Folgenden Manipulation und Manipulationskosten, zur Terminologie im hiesigen Modell s.S. 100). Solche Modelle werden hier als MANIPULATIONSMODELLE bezeichnet. Sie können u.a. nach der Endogenisierung intertemporaler Wechselwirkungen[339] unterschieden werden:

— Es werden Abbildungsentscheidungen zu unterschiedlichen Zeitpunkten analysiert, die aufgrund unmittelbar auf die Abbildung bezogener gegenseitiger Abhängigkeiten interdependent sind (Manipulationsmodelle mit intertemporalen Wechselwirkungen). Es werden insbes. Fälle untersucht, in denen der Abbildungsspielraum des Adressanten dadurch beschränkt wird, dass sich die Manipulation in späteren Perioden mit entgegengesetztem Vorzeichen niederschlägt (ERFOLGSPERIODISIERUNGSMODELLE). Das Entscheidungsproblem des Adressanten erhält hier den Charakter eines Periodisierungs-, also eines Problems der Zuordnung von Erfolgen zu Perioden. Diese Modelle thematisieren u.a. die im institutionellen Schrifttum beschriebene Bildung und Auflösung stiller Reserven[340] oder begründen Tendenzen zur Gewinnglättung[341].
— Unmittelbar abbildungsbezogene intertemporale Wechselwirkungen werden nicht thematisiert (Manipulationsmodelle ohne intertemporale Wechselwirkungen).

336 Ein FORUM sei durch Adressant, Abbildungsmedium, Adressat und interessierende Eigenschaft des Adressanten definiert. Weiter sei der Adressat durch die Betroffenheit des Adressanten von seinen Reaktionen und das ABBILDUNGSMEDIUM als Zuordnungsvorschrift – analog zum formalen Funktionsbegriff – durch die Definitionsmenge, die Abbildungsnormen und die Abbildmenge bestimmt.

337 Diese Modelle werden in Abschnitt B5.2.2.1 (S. 77ff.) besprochen.

338 Es soll die Möglichkeit zur Bildung sinnvoll interpretierbarer Intervalle und Differenzen für Kardinalität ausreichen. Vgl. zur Interpretierbarkeit von Mess-Skalen Fn. 166 S. 39.

339 Siehe hierzu umfassend Abschnitt B2.3.2 S. 33ff. sowie zur hiesigen Modellierung Ann. C-8 S. 109.

340 Zu deren Systematisierung siehe u.a. Küting (1995) S. 3 – 7.

341 Zur Empirie der Gewinnglättung s.u. die Nachweise auf S. 209f.

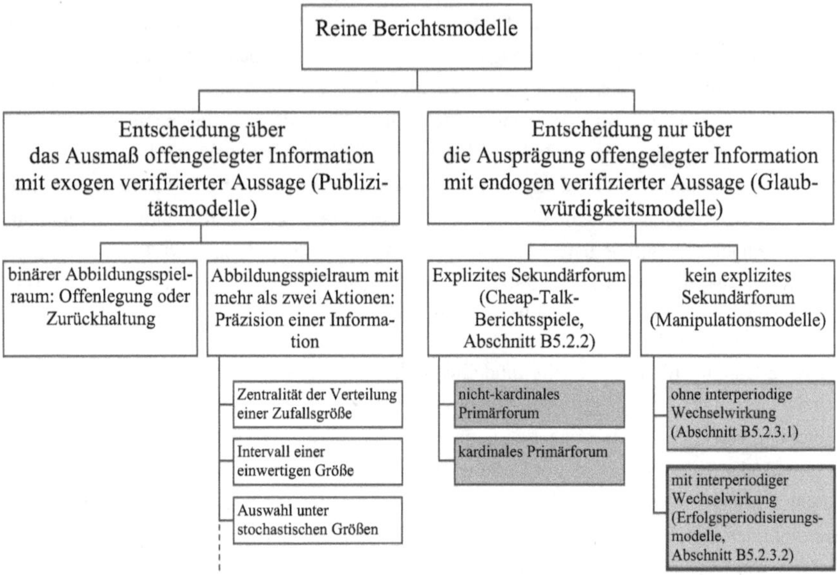

Abb. B-4: Systematisierung reiner Berichtsmodelle

Die Literatur zum Offenlegungsprinzip[342] und zu Manipulationsmöglichkeiten als erwünschten Mechanismus zur Unterdrückung von Information[343] soll, soweit es sich um reine Be-

342 Myerson (1979) (siehe als Sekundärdarstellung auch Lambert (2001) S. 50 – 51) zeigt als „revelation principle" ("Offenlegungsprinzip") für eine Klasse von Modellen auf, dass solche Arrangements zwischen einem Prinzipal und seinem Agenten, die wahrheitgemäßes Berichten induzieren, anderen Arrangements vorzuziehen sind, wenn der Agent nicht zur Aggregation seines Wissens gezwungen wird und wenn sich der Prinzipal hinsichtlich der Informationsverwendung glaubhaft festlegen kann. Zumindest die erste Voraussetzung ist bei der Rechnungslegung jedoch nicht gegeben (s.a.u. S. 105 die Ausführungen zum Objektivierungsdilemma), so dass auch Situationen denkbar sind, in denen die Manipulierbarkeit als Mechanismus zur Informationsunterdrückung die Funktionalität der Rechnungslegung verbessert. Zu Modellierungen derartiger Situationen s.u.Fn. 343 S. 76 . Zum Informationsablehnungstheorem in Kapitalmarktzusammenhang siehe m.w.N. Ewert (1989). Zum Offenlegungsprinzip s.a. Dutta/Gigler (2002) S. 633; Dye (1988) S. 200; Ewert/Wagenhofer (2003) S. 262 – 266. Zur empirischen Kontroverse, ob Unternehmen mit der Möglichkeit zur Ergebnisglättung über ihre künftige Entwicklung mehr aussagen als ohne, siehe bspw. Subramanyam (1996). S.a.S. 209f.

343 Einige Modellanalysen zeigen Beispiele von Prinzipal-Agenten-Beziehungen, in denen die mit der Möglichkeit zur Gewinnmanipulation einhergehende Informationsunterdrückung aus der Sicht von sowohl Prinzipal als auch Agenten optimal ist. Bspw. ermöglichen bei Christensen/Demski/Frimor (2002) S. 1072, 1079, 1081, 1085 sowohl ein zeitlich aggregierendes Berichtssystem als auch ein Berichtssystem mit stiller Reserve dem Prinzipal, sich dazu zu verpflichten, keine Wiederverhandlung des Vertrages zu verlangen. Im Modell von Dutta/Gigler (2002) S. 633, 640–644, in dem der Manager auch Gewinnvorhersagen machen kann, hängt die Optimalität der Manipulationsmöglichkeit von den Manipulationskosten des Managers ab. Bei Gigler/Hemmer (2001) S. 486 sind häufigere Offenlegungen suboptimal bei einem nicht manipulierbaren, aber „konservativ" verzerrenden Regime von Abbildungsregeln. Siehe aber zu den möglichen Nachteilen der Informationsunterdrückung in diesem Kontext Gjesdal (1981). Weitere einschlägige Nachweise bei Bushman/Smith (2001) S. 248. S.a. zu einschlägigen Modellierungen Lambert (2001) S. 76 – 77.

richtsmodelle handelt[344], aufgrund der verfolgten Fragestellung auch dann, wenn sie Entscheidungen des Adressanten über die Ausprägung von Informationen expliziert, der Publizitätsliteratur zugeordnet werden. Die vorliegende Modellierung ist den Erfolgsperiodisierungsmodellen zuzuordnen, die in Abschnitt B5.2.3.2 erläutert werden, nimmt aber auch Elemente der Manipulationsmodelle ohne intertemporale Wechselwirkung respektive der Cheap-Talk-Berichtsspiele auf, die in Abschnitt B5.2.3.1 respektive B5.2.2 vorgestellt werden.

5.2.2 Cheap-Talk-Berichtsspiele

5.2.2.1 Nicht-kardinales Primärforum

Die hier besprochenen Signalisierungsmodelle unterscheiden zwei Ausprägungen der unbeobachtbaren, den Adressaten interessierenden Eigenschaft eines Adressanten, nämlich „gute" und „schlechte" Qualität[345]. Mitteilungen des Adressanten über seine Eigenschaft wären unglaubwürdig, weil er sich stets besser stellt, wenn der Adressat ihn für „gut" hält. Neben dem Kommunikationsvorgang, dessen Informationstransfer analysiert wird (PRIMÄRFORUM[346]), findet jedoch ein zweiter, vom Adressaten beobachteter Kommunikationsvorgang statt (SEKUNDÄRFORUM), in dem Anreize auf den Adressanten wirken, die von seiner Qualität abhängen. Die Modelle leiten nun Bedingungen für Erwartungsgleichgewichte[347] ab, die durch Adressatenerwartungen und Berichtsverhalten gekennzeichnet sind.[348]

Es interessieren dabei insbesondere Erwartungsgleichgewichte, in denen der Adressat erwartet, dass der „gute" Adressant einen Nachteil[349] in Kauf nimmt, um ein beobachtbares Berichtsverhalten zu zeigen, aufgrund dessen der Adressat ihn als „gut" wahrnimmt, während der „schlechte" Adressant den Nachteil vermeidet und hierbei ein weniger positiv erscheinendes Berichtsverhalten zeigt. Diese Erwartungen werden sich bestätigen, wenn der Vorteil aus diesem „sich Abheben" für die „guten" [„schlechten"] Unternehmen strikt größer [strikt kleiner][350] ist als der jeweils in Kauf zu nehmende Nachteil. Ein solcher Zustand, in dem der Ad-

344 Einige der in Fn. 342 und 343 erwähnten Modelle gehören zu den agency-orientierten Berichtsmodellen.

345 Die Anführungsstriche an „gut" und „schlecht" werden hier für die Qualitätsbezeichnungen der Literatur, nicht für die diejenigen in der Modellierung der vorliegenden Untersuchung verwendet.

346 Zum Begriff des Forums vgl. Fn. 336 S. 75.

347 S.a. Fn. 351 S. 78. Zur Betrachtung von Gleichgewichtssituationen als nur eine von vielen möglichen Situationen explizit bspw. Stein (1986) S. 660.

348 Unter einem Erwartungsgleichgewicht wird gemeinhin ein Zustand verstanden, in dem kein Akteur einen Anreiz hat, von seiner Strategie abzuweichen, wenn die jeweils anderen Akteure ihrerseits bei ihrer Strategie bleiben. Hierbei werden i.d.R. nur Zustände betrachtet, in denen die Annahmen eines jeden Akteurs über die Strategien der übrigen Akteure zutreffen („rationale" Gleichgewichte). Kriterien zur Eliminierung unplausibler Erwartungsgleichgewichte besprechen u.a. Holler/Illing (1993) S. 114 – 138, Damme (1987).

349 Signalisierungsmodelle, in denen Adressanten Nachteile in Kauf nehmen müssen, um ihre Qualität mitzuteilen, werden als dissipativ bezeichnet, vgl. bspw. Hughes (1986) S. 122.

350 Die Relation $\geq$ [$\leq$] soll mit „unstrikt größer als" [„unstrikt kleiner als"], $>$ [$<$] mit „strikt größer als" [„strikt kleiner als"] und $\succeq, \preceq, \succ, \prec$ analog bezeichnet werden, s.a.o. S. 363.

ressant verschiedene Qualitäten anhand ihres beobachteten Verhaltens unterscheiden kann, wird als **Separationsgleichgewicht**[351] und der vom „guten" Adressanten in Kauf genommene Nachteil als Signalisierungskosten bezeichnet. Der von ihnen erzielte Vorteil wird hier als Signalisierungserlös bezeichnet.

Bspw. betrachtet **Frantz (1997)**, s. dort S. 101 – 103, ein von den bisherigen Eigenmittelgebern geführtes Unternehmen (Adressant), das einen exogen gegebenen, in das Unternehmen zu investierenden Betrag durch Veräußerung eines endogen zu bestimmenden Teils der Eigenmittelanteile an uninformierte Investoren (Adressat) aufzubringen gedenkt. Die Unternehmensleitung entscheidet über die Wahl zwischen linearer und degressiver Abschreibung. Degressive Abschreibung erhöht im Vergleich zur linearen annahmegemäß die erwarteten Kosten aus der möglichen Verletzung einer bestehenden Negativklausel (s. Abschnitt B3.3.1.2 (S. 48ff.)). Die Wahrscheinlichkeitsverteilung der künftigen, die Verletzung der Negativklausel determinierenden Ergebnisse der „guten" Unternehmen dominiert stochastisch die analoge Verteilung der „schlechten" Unternehmen. Potenzielle Eigenmittelgeber bewerten „gute" Unternehmen besser als „schlechte". Die Erwartung, dass das Unternehmen genau dann degressiv abschreibt, wenn es „gut" ist, bestätigt sich, wenn

- der Vorteil, aufgrund der günstigeren Bewertung einen geringeren Anteil am Unternehmen abgeben zu müssen (Signalisierungserlös),
- den Nachteil, erhöhte erwartete Kosten aus der Verletzung der Negativklausel in Kauf nehmen zu müssen (Signalisierungskosten),

für „gute" Unternehmen übersteigt und für „schlechte" unterschreitet. Da ersteres umso schwerer wiegt, je besser die Zukunftsaussichten des Unternehmens sind, und letzteres – unter den Annahmen von Frantz (1997) S. 101 – 102 sowie einiger weiterer Annahmen – umso weniger schwer[352], kann diese Bedingung für Separation erfüllt sein.

Die bei der Emission stattfindende Kommunikation über die Qualität des Unternehmens ist das Primärforum. Die Feststellung der Verletzung der Negativklausel ist das Sekundärforum. Im Primärforum ist die interessierende Eigenschaft die Rentabilität des Unternehmens. Das Abbildungsmedium wird nicht expliziert. Adressat im Sekundärforum sind die Darlehensgläubiger, Abbildungsmedium ist das Rechenwerk, anhand dessen die Einhaltung der Negativklausel überprüft wird, und die interessierende Eigenschaft ist die Kreditwürdigkeit des Unternehmens. Der Konnex beider Foren ergibt sich durch die Bezugnahme der für die Negativklausel maßgeblichen Kalkulation auf die externe Rechnungslegung[353], die Beobachtbarkeit des Berichtsverhaltens im Sekundärforum durch die Offenlegung der Abschreibungsmethode in der externen Rechnungslegung.

---

351 Vgl. die Nachweise in Fn. 465 S. 116 und zu stetiger Separation Fn. 466 S. 118.

352 Ein Effekt gleichen Vorzeichens ergibt sich, wenn Kosten aus der Verletzung von Negativklauseln vor allem dann entstehen, wenn die Zahlungsfähigkeit tatsächlich bedroht ist, s.a.o. S. 51.

353 Vgl. zu den in Negativklauseln angewendeten Abbildungsregeln die Nachweise in Fn. 224 Seite 49.

Positive Zukunftserwartungen werden bei Hughes/Schwartz (1988) durch die steuerlich ungünstige Wahl der FiFo-Methode für die Vorratsbewertung[354], bei Cheng/Coulombe (1996) durch den Wechsel zu ergebnissenkenden Abbildungsmethoden bei exogener Veränderungen der Zukunftserwartungen und bei ChangeTeoh/Hwang (1991) durch das Abwarten mit der Veröffentlichung guter Nachrichten signalisiert. **Tab. B-2** stellt institutionelle Interpretationen der wichtigsten Modellelemente einschlägiger Modelle **synoptisch** gegenüber. Adressat im Primärforum sind in allen Fällen weniger informierte Eigenmittelgeber. Adressant beider Foren ist die Unternehmensleitung, wobei diese mit informierten Eigenmittelgebern identisch sein kann. Die im Primärforum zu kommunizierende Eigenschaft ist in allen Fällen lediglich ordinal interpretierbar.

Modell→ **Forum↓**	Frantz (1997) Covenant	Hughes/Schwartz (1988) FiFo/LiFo	Cheng/Coulombe (1996) Change	Teoh/Hwang (1991) Disclosure
Primärforum	Aktienemission	Aktienbewertung	Aktienbewertung	Aktienbewertung
Signalisierungs-erlös	Abzugebender Anteil sinkt mit steigendem Marktwert	Entlohnung steigt mit Marktwert	Entlohnung steigt mit Berichtsergebnis	Entlohnung steigt mit Marktwert
Sekundärforum	Negativklausel	Steuerbemessung	Steuerbemessung, Negativklausel	Aktienbewertung[355]
Adressat	Darlehensgläubiger	Fiskus	Fiskus, Darlehens-gläubiger	nicht informierte Eigenmittelgeber
Abbildungs-medium	Rechenwerk für Negativklauseln	Steuererklärung	Steuererklärung, Rechenwerk für Negativklauseln	unverfälschbare gute/schlechte Nachricht
Handlungs-alternativen des Adressanten	Abschreibungs-methode: linear/degressiv	Verbrauchsfolge-unterstellung: FiFo/LiFo	Änderung stetig vari-ierbarer Abbildungs-methode	Offenlegung oder Zurückhaltung von Nachrichten
Signalisierungs-kosten	Erwartete Kosten aus Verletzung höher bei degr. Abschr.-meth.	Höherer Steuerbarwert bei FiFo als bei LiFo	Steuerzahlung in Folgeperiode, Gefahr der Liquidation	Nicht-Offenlegung guter Nachrichten senkt c.p. Bewertung
Konnex zum Primärforum	Negativklausel auf externe Rechnungs-legung bezogen	formelle Maßgeblichkeit (s.Fn. 129 S. 29)	formelle Maßgeb-lichkeit, Negativ-klausel auf ext. Rgleg. bezogen	gleicher Adressat
Beobachtung des Primäradressaten	In externer Rechnungslegung: linear/degressiv	In externer Rechnungslegung: FiFo/LiFo	In ext. Rgleg.: Vorz. d. Änderung der Abb.-methode	Nachricht (gut/schlecht) oder Zurückhaltung

Tab. B-2 Synoptischer Überblick institutioneller Charakteristika ausgewählter Cheap-Talk-Berichtsspiele mit nicht-kardinalem Primärforum

354 Eine ausführliche Besprechung einer modifizierten Version des Modells von Hughes/Schwartz (1988) findet sich bei Ewert/Wagenhofer (2003) S. 251 – 258.

355 Das Sekundärforum (stets wahrheitsgemäße Offenlegung guter und schlechter Nachrichten) unterscheidet sich vom Primärforum (Kommunikation über die Qualität des Adressanten, die durch die Wahrscheinlichkeit, gute und schlechte Nachrichten zu erhalten, definiert ist) allein durch das Abbildungsmedium. Man bemerke, dass das *Primär*forum die Einordnung in die Kategorien der Abb. B-4 S. 76 determiniert, so dass es sich hier nicht um ein Publizitätsmodell handelt.

5.2.2.2 Kardinales Primärforum

Auch Cheap-Talk-Berichtsspiele mit kardinalem Primärforum verknüpfen zwei Kommunikationsvorgänge. Im Unterschied zu den Ansätzen in Tab. B-2 ist die im Primärforum übermittelte Größe i.S.d. dort interessierenden Eigenschaft kardinal interpretierbar.

Bei Newman/Sansing (1993) veröffentlicht eine im Sinne der Anteilseigner handelnde Unternehmensleitung einer in Streubesitz befindlichen Publikumsgesellschaft nicht nachprüfbare Informationen über den eigenen Erfolg im Absatzmarkt. Diese verfälschbare Information wird einerseits von den eigenen Anteilsinhabern für intertemporale Konsumallokation (Primärforum) und andererseits von einem potenziellen Konkurrenten für die Entscheidung über den Eintritt in den Absatzmarkt des mitteilenden Unternehmens (Sekundärforum) verwendet. Die Bekanntgabe des „wahren“[356] Wertes würde bei Abwesenheit des Konkurrenten zum maximalen Nutzen der Anteilseigner aus dem Konsum führen. Eine Unterschätzung würde aber den zu alloziierenden Betrag erhöhen, sofern der Konkurrent hierdurch vom Markteintritt abgehalten werden könnte. Die Unternehmensleitung wägt nun den Disnutzen aus der intertemporalen Fehlallokation gegen den Nutzen aus der abschreckenden Wirkung auf den Konkurrenten ab. Aufgrund der Annahme, dass die Unternehmensleitung im Sinne der Anteilseigner handelt und also ohne Konkurrent wahrheitsgemäß berichten würde, liegt i.S.v. Farrell/Gibbons (1989)[357] ein Fall von Subversion des Primärforums durch das Sekundärforum vor.

Hughes (1986) modelliert für die Kommunikation über den Wert eines Unternehmens zwischen Adressant und Primäradressat einen „Kontrolleur“, der den Adressanten im Falle unehrlichen Berichtsverhaltens bestraft. Hier liegt i.S.v. Farrell/Gibbons (1989) eine einseitige Disziplinierung des Primärforums durch das Sekundärforum vor.

Bei Gigler (1994) erwägen informierte Eigenmittelgeber vor der Emission von Eigenmittelanteilen, eine beliebig und kostenlos verfälschbare Mitteilung über ihre Erwartung des künftigen Erfolges auf dem Absatzmarkt zu veröffentlichen. Sie berücksichtigen einerseits die uninformierten potenziellen künftigen Eigenmittelgeber und andererseits einen potenziellen Konkur-

---

356 S.a. Fn. 335 S. 74.

357 Farrell/Gibbons (1989) betrachten eine Situation, in welcher der Absender einer nicht verifizierbaren, ohne unmittelbare Kosten manipulierbaren, kein künftiges Verhalten bindenden Mitteilung (cheap talk) aus den Reaktionen mehrerer Empfänger unterschiedlich betroffen ist. Sie systematisieren die Möglichkeiten, wie das Zusammenspiel der Betroffenheit des Adressanten aus den Reaktionen der Zuhörer die Glaubwürdigkeit der Mitteilung beeinflussen kann. Man betrachte zwei Foren und unterscheide öffentliche Kommunikation von privater, nicht von dem jeweils anderen Adressaten beobachteter Kommunikation. Würde der Absender privat in beiden Foren wahrheitsgemäß berichten, liegt „volle Kommunikation“ vor. Würde der Absender privat in genau einem [keinem] Forum wahrheitsgemäß berichten, liegt „einseitige Disziplin“ [„gegenseitige Disziplin“] vor, wenn er auch öffentlich wahrheitsgemäß berichtet, ansonsten „Subversion“ [„keine Kommunikation“].

renten im Absatzmarkt. Gigler leitet Bedingungen für einen Zustand ab, in dem der Adressant ein Intervall offenlegt, welches den „wahren“[358] Wert enthält. Da bei Existenz nur eines der beiden Foren eine Mitteilung nicht glaubhaft wäre, liegt somit ein Fall gegenseitiger Disziplinierung i.S.v. Farrell/Gibbons (1989) vor.[359]

Tab. B-3 gibt die genannten Modelle synoptisch wieder.

Modell→ **Forum↓**	Newman/Sansing (1993) Multiple Users	Hughes (1986)[360] Direct Disclosure	Gigler (1994) Self-Enforcing
Primärforum	Konsumallokation	Aktienemission	Aktienemission
Signalisierungserlös	Bessere intertemporale Konsumallokation	Erlös steigt mit Marktwert	Abzugebender Anteil sinkt mit steigendem Marktwert
Sekundärforum	Markteintritt	Pönalisierung	Markteintritt
Adressat	Konkurrent im Absatzmarkt	Kontrolleur (Investmentbank)	Konkurrent im Absatzmarkt
Abbildungsmedium	verfälschbare externe Rechnungslegung	Formlose Beobachtung der Ehrlichkeit im Primärforum	Mitteilung über Absatzerwartungen
Handlungsalternative des Adressanten	Bericht von Ergebnis innerhalb eines vorgegebenen Intervalls	Bericht von Ergebnis innerhalb eines vorgegebenen Intervalls	Bericht eines Intervalls oder Unterlassung eines Berichts
Signalisierungskosten	Eintritt des Konkurrenten bei hohem Berichtsergebnis	Pönale im Falle unehrlichen Berichtsverhaltens im Primärforum	Konkurrent wählt umso höhere Absatzmenge, je günstiger die Absatzerwartungen sind
Konnex zum Primärforum	Konkurrent beobachtet Kommunik. üb. Konsumallokation	Investmentbank beobachtet Ehrlichkeit	Konkurrent beobachtet Kommunikation auf Kapitalmarkt
Beobachtung des Primäradressaten	In ext. Rgleg.: Berichtsergebnis	nicht erforderlich	Gesonderte Offenlegung der Absatzerwartungen

Tab. B-3: Synoptischer Überblick institutioneller Charakteristika ausgewählter Cheap-Talk-Berichtsspiele mit kardinalem Primärforum[361]

358 S.a. Fn. 335 S. 74.

359 Ewert/Wagenhofer (2003) S. 318 – 322 erläutern eine Gigler (1994) nachempfundene Modellierung.

360 Bei Hughes (1986), vgl. S. 127 – 128, handelt es sich aufgrund der Möglichkeit des Adressanten, den Anteil am Unternehmen zu wählen, nicht um ein reines Berichtsmodell. Da diese Wahl ebenfalls lediglich als Signal verwendet wird und keinen Einfluss auf die sonstigen Aktivitäten im Unternehmen hat, werden die Berichtskomponenten des Modells dennoch hier mit angeführt.

361 Wie in Tab. B-2 bilden im Primärforum in allen Fällen weniger informierte Eigenmittelgeber den Adressaten, während Adressant beider Foren die Unternehmensleitung ist.

5.2.3 Manipulationsmodelle

5.2.3.1 Ohne intertemporale Wechselwirkungen

Fischer/Verrecchia (2000)[362] betrachten einen Adressanten, dem eine Information über den „wahren"[363], den Adressaten interessierenden Wert des Unternehmens zugeht. Die Information ergibt sich als „wahrer" Wert zuzüglich eines unkorrelierten Störterms mit Erwartungswert null. Der Adressant berichtet über seine Information und kann hierbei von seiner tatsächlichen Beobachtung abweichen. Durch derartige Manipulation entstehen ihm Kosten, die quadratisch[364] vom Manipulationsbetrag abhängen. Er profitiert in linearer Weise, wenn die Einschätzung des Adressaten vom Wert des Unternehmens steigt, wobei der Adressat diesen konstanten Grenznutzen nicht kennt.[365] Der Adressat geht von einem linearen Zusammenhang zwischen berichteter Gewinngröße und Unternehmenswert aus. Aus diesen Annahmen sowie der Annahme übereinstimmender Erwartungen[366] von Adressant und Adressat (so genannte „Rationalität" des Erwartungsgleichgewichtes), ergibt sich ein eindeutiges, durch Manipulationsverhalten und Preisreaktion gekennzeichnetes Erwartungsgleichgewicht, in dem der Preis stets umso

- höher ist, je höher die berichtete Information ist und stets umso
- stärker vom berichteten Ergebnis abhängt,
  - je höher die Manipulationskosten sind,
  - je geringer die durch die Varianz quantifizierte Unsicherheit über den konstanten Grenznutzen ist, den der Adressant durch eine Preissteigerung erhält, und
  - je geringer die Varianz des Störterms der Beobachtung des Adressanten ist.

---

362 Vgl. zum Folgenden Fischer/Verrecchia (2000) S. 231 – 237.

363 S.a. Fn. 335 S. 74.

364 So auch die hiesige, analoge Modellierung, vgl. Ann. C-7 S. 107 und Fn. 423 S. 101.

365 Ewert/Wagenhofer (2003) S. 241 – 244 stellen eine vereinfachte Version des Modells von Fischer/Verrecchia (2000) ohne diese Unsicherheit des Adressaten dar.

366 D.h. die Erwartungen des Adressanten über das Preisfestsetzungsverhalten des Adressaten und die Erwartungen des Adressaten über das Manipulationsverhalten des Adressanten stimmen mit dem jeweils tatsächlichen Verhalten überein.

Bei Dye (2002)[367] bietet ein Unternehmer Investoren eine möglicherweise nicht funktionierende Technologie an. Die Wahrscheinlichkeit des Funktionierens kann stetige Werte annehmen. Es wird den Investoren jedoch lediglich mitgeteilt, ob diese Wahrscheinlichkeit oberhalb („bessere“ Technologie) oder unterhalb („schlechtere“ Technologie) einer Grenze liegt, die als offizieller Standard bezeichnet werden könnte. Es werden somit dichotome Klassifikationsentscheidungen typisiert, wie etwa solche über den Ansatz einer Rückstellung oder die Einschränkung des Testats eines Wirtschaftsprüfers. Der Unternehmer kann seine Mitteilung abfälschen, allerdings entstehen ihm hierbei Kosten, die linear von einer positiven Differenz zwischen dem offiziellen Standard und der tatsächlichen Wahrscheinlichkeit des Funktionierens abhängen. Umso geringer diese Kosten sind und umso stärker die Investoren ihre Zahlungsbereitschaft von der Einstufung in „schlechter“ und „besser“ abhängig machen, desto niedriger wird die Wahrscheinlichkeit des Funktionierens sein, unterhalb dessen der Unternehmer die Einstufung als „schlechter“ wählt („Schatten-Standard“).[368]

5.2.3.2 Mit intertemporalen Wechselwirkungen

Tab. B-4 stellt ausgewählte Elemente von Erfolgsperiodisierungsmodellen **synoptisch** gegenüber. Der Adressant ist in allen Fällen, bis auf Trueman/Titman (1988), ein Manager und der Adressat ein schlechter informierter Eigenmittelgeber. Bei Trueman/Titman (1988) ist der Adressant ein Eigenmittelgeber, bzw. ein in dessen Sinne handelnder Manager, und der Adressat ein potenzieller Fremdmittelgeber, an den nach $t=2$ Fremdmitteltitel emittiert werden sollen. Im Folgenden werden die zentralen Ergebnisse der Ansätze kurz erläutert. μ bezeichnet den Erwartungswert der den Adressaten interessierenden Größe des jeweiligen Modells, σ^2 deren Varianz.

---

367 Vgl. zum Folgenden Dye (2002) insbes. S. 1129 – 1131.

368 Die Reaktion der Investoren ist u.a. umso stärker, je genauer sie die Profitabilität funktionierender Technologien einschätzen können. Lernen sie durch Wiederholung der Investition, sinkt somit der Schatten-Standard im Zeitablauf („standard creep“), vgl. Dye (2002) S. 1136 – 1138. Dye (2002) S. 1127 schlägt den Versuch der Verhütung dieses Absinkens als Grund für die Tendenz der US-amerikanischen Aufsichtsbehörden vor, die Anforderungen an die Rechnungslegung gemäß US-GAAP im Zeitablauf zu steigern.

Modell→ Element↓	Kirschenheiter/Melumad (2002) Big Bath	Fudenberg/Tirole (1995) Smoothing	Trueman/Titman (1988) Smoothing	Hartle (1984) Entobjektivierung	Vorliegende Modellierung Kapitel C–D
Planungshoriz.	zwei Perioden	drei Perioden	zwei Perioden	viele Perioden	viele Perioden
Den Adressaten interessierende Eigenschaft	Permanenter Cash-Flow X (Unternehmenswert wird als Barwert der ewigen Rente errechnet). Normalverteilt über alle Adressanten, μ und σ^2 allseits bekannt.	Einzelne „wahre" Periodenergebnisse, um Periodenergebnisse der folgenden Perioden einzuschätzen.	Einzelne „wahre" Periodenergebnisse, um hiermit ihre Varianz $\sigma^2 \in (\sigma_a^2, \sigma_b^2)$, $\sigma_a^2 < \sigma_b^2$ zu schätzen. Erwartungswert μ allseits bekannt.	Entnahmebetrag bei Vollthesaurierung bis zum Ende des Planungshorizontes des Adressanten („Endwert des Totalgewinns", kurz „Endwert").	Unverfälschte Periodenergebnisse und Qualität G oder B (unverfälschtes Periodenergebnis für G höher als für B)
Private Information des Adressanten	Summe aus X und transitorischem Cash-Flow T_t, $t \in \{1, 2\}$, der Periode, mit Erwartungswert null und unbekannter Varianz.	„Wahre" Periodenergebnisse mit 2 möglichen Ausprägungen in t = 1, ohne festgelegte Verteilung in t=2, t=3.	„Wahre" Periodenergebnisse. Die Tatsache, ob er zu den Adressanten gehört, die manipulieren können.	Endwert. Unternehmensinterner Aufzinsungsfaktor ist allgemein bekannt.	Unverfälschte Periodenergebnisse
Berichtsgröße	Periodenergebnisse $(X + T_t)$	Periodenergebnisse	Periodenergebnisse	Periodenergebnisse	Periodenergebnisse
Intratemporaler Abbildungsspielraum	t = 1: beliebig innerhalb exogen gegebener Spanne, t = 2: kein Abbildungsspielraum.	t = 1: Beliebig innerhalb einer endogen ermittelten Menge vom Adressaten vorgegebener Berichtsergebnisse. t=2, t=3: kein Abb.-spielraum	t = 1: Vom „wahren" Ergebnis ausgehende, exogene vorgegebene, anteilige Annäherung des Berichtsergebnisses an μ. t = 2: kein Abb.-spielraum.	Beliebig in jeder Periode ausser der letzten.	Beliebig in *jeder* Periode
Kosten der Manipulation	keine	Positive, im Manipulationsbetrag zunehmende Grenzkosten	exogen gegeben, unabhängig vom Ausmaß der Manipulation	Keine	Quadratisch im Manipulationsbetrag
Intertemporale Wechselwirkung	Umkehrwirkung in voller Höhe in Folgeperiode.	Periodenergebnis in t = 2 sinkt um Summe aus Manipulation in t = 1 und Manipulationskosten.	Umkehrwirkung in voller Höhe in Folgeperiode t = 2.	Endwert exogen gegeben; Adressant verteilt Berichtsergebnisse (=Ausschüttungen) auf Perioden.	Umkehrwirkung in voller Höhe in Folgeperiode. *Manipulation im Aggregat möglich.*
Verhalten des Adressaten	Preis für Anteile steigt im Berichtsergebnis. Modellvariante: Preissetzung konkav [konvex] für berichtetes Ergebnis über [unter] μ.	Entlässt Adressanten, wenn Berichtsergebnis eine endogen ermittelte Grenze unterschreitet. Gewichtet bei Prognose späte vergangene Perioden stärker als frühe („Informationsverfall").	Schätzt die Varianz der „wahren" Periodenergebnisse mit Hilfe der berichteten Ergebnisse. Zahlt für Fremdmitteltitel umso mehr, je geringer die geschätzte Varianz ist.	Legt Entlohnungsfunktion derart fest, dass der Adressant die Berichtsergebnisse vollständig glättet, und schließt aus erstem Berichtsergebnis auf Endwert.	Kontrahiert, wenn das ausgewiesene Periodenergebnis eine exogen vorgegebene Konformitätsanforderung erreicht.
Anreiz des Adressanten	Erhält gesamte Preisveränderung beider Perioden.	Verliert bei Entlassung sein Fixum für die folgenden Perioden.	Erhält Erlös aus Emission der Fremdmitteltitel. Trägt Kosten der Manipulation.	Erhält Entlohnung gemäß Entlohnungsfunktion.	Erhält Konformitätserlös (hier: -inzitament) aus Kontrahierung. Trägt Kosten der Manipulation.
Gründe für etwaige Gewinnglättung	Die vom Adressaten unterstellte Aussagekraft des Berichtsergebnisses sinkt mit zunehmendem Abstand von μ („Überraschung").	Sprunghaftes Entlassungsverhalten des Adressaten in Kombination mit Informationsverfall.	Minderung des wahrgenommenen Risikos.	Intertemporaler Konsumtransfer oder Differenzen zwischen unternehmensexternen und -internen Verzinsungsfaktoren.	Dichotomes Kontrahierungsverhalten des Adressaten.

Die für die Ergebnisse entscheidenden Abweichungen des vorliegenden Modells gegenüber den übrigen Modellen sind kursiv gesetzt.

Tab. B-4: Ausgewählte Modellierungselemente von Erfolgsperiodisierungsmodellen

Kirschenheiter/Melumad (2002) ermitteln u.a. notwendige Bedingungen für einen Anreiz zur Manipulation sowie ferner das Manipulationsverhalten des Adressanten in Abhängigkeit der gemachten Beobachtung. Der Adressant beobachtet y_1. Bei $y_1 > \mu$ [$y_1 < \mu$] erhöht [senkt] dies seine Einschätzung des eigenen permanenten Cash-Flow – und somit zugleich von y_2 – auf einen Betrag zwischen μ und beobachtetem y_1.[369] Bei hinreichend hohem [niedrigem] y_1 manipuliert er negativ in maximalem Ausmaß, um die von ihm erwartete Veränderung des Berichtsergebnisses zwischen den beiden Perioden zu minimieren [maximieren]. Damit maximiert [minimiert] er die Einschätzung des Adressaten von der Präzision seiner Beobachtung, so dass die erwartete Preissteigerung [Preissenkung] über beiden Perioden maximiert [minimiert] wird. Liegt die Beobachtung y_1 des Adressanten in einem Bereich um μ, ergeben sich mehrere Ergebnishöhen, bei denen Adressanten mit Beobachtungen in der jeweiligen Umgebung ihre Berichtsergebnisse poolen.[370]

Fudenberg/Tirole (1995) erschließen Implikationen ihres Modells hinsichtlich des Adressantenverhaltens, der Vorteilhaftigkeit der Manipulationsmöglichkeit für „gute" und „schlechte" Adressanten sowie des Informationsgehaltes des Berichts. Es wird dort vorwiegend und hier ausschließlich der Fall betrachtet, dass eine Entlassung des Adressanten erst nach Periode 2 in Frage kommt.

Um am Ende der Periode $t=2$ über die Weiterbeschäftigung für $t=3$ zu entscheiden, schätzt der Adressat das (nicht manipulierbare) Ergebnis in $t=3$ mit Hilfe der ausgewiesenen Ergebnisse für $t=1$ und $t=2$. $t=1$ erhält hierbei das Gewicht ρ, $t=2$ das Gewicht eins. Gewichtet nun der Adressat bei dieser Entscheidung lediglich das Berichtsergebnis für $t=2$, gilt also $\rho=0$,[371] dann wird der Adressant im Bericht für $t=1$ den maximal zulässigen Betrag stiller Reserven[372] bilden, zumal sein einziges Interesse die Weiterbeschäftigung ist; es gibt lediglich

369 Vgl. Kirschenheiter/Melumad (2002) S. 773.

370 Notwendig für einen Anreiz zur Manipulation ist sowohl die Aufteilung des Cash-Flows als auch die Unsicherheit über die Präzision der Beobachtung. Wäre der gesamte Cash-Flow stets transitorisch oder stets permanent, dann ließe die dem Adressanten zugehende Information y_1 keine Schlüsse auf künftige Cash-Flows zu und es könnte kein Informationstransfer stattfinden. Wäre die Präzision bekannt, wirkte sich die Verschiebung von Ergebnissen zwischen den beiden Perioden auf die Summe der beiden Preisveränderungen nicht aus (vgl. Kirschenheiter/Melumad (2002) S. 769) und wäre für den Adressanten irrelevant.

371 Vgl. Fudenberg/Tirole (1995) S. 81 – 85. Verzinsung wird vernachlässigt.

372 Eine positive [negative] Differenz zwischen tatsächlichem und berichtetem Ergebnis soll als stille Reserve [Last] bezeichnet werden. Fudenberg/Tirole (1995) S. 79 beschreiben die Bildung und Auflösung stiller Reserven als eine in $t = 1$ stattfindende Investition in eine Technologie, die in $t = 2$ einen das berichtete Ergebnis in $t = 2$ steigernden Rückfluss hervorruft. Eine funktionale Abbildung dieser Technologie würde also in einem Koordinatensystem, in dem die Bildung stiller Reserven [Lasten] links [rechts] auf der Abszisse und die durch die Bildung ausgelöste Veränderung des berichteten Ergebnisses in $t = 2$ auf der Ordinate abgetragen werden, konkav durch den Nullpunkt verlaufen, und zwar – bis auf den Nullpunkt – stets unterhalb der 45°-Linie. Nennt man das „wahre" Periodenergebnis y_t, das berichtete Periodenergebnis r_t, $t\in\{1,2\}$, und die genannte Funktion zur Beschreibung der Technologie für stille Reserven $g(y_1 - r_1)$, dann gilt formal $r_2 = y_2 + g(y_1 - r_1)$ mit $g(y_1 - r_1 = 0) = 0$; $g'(y_1 - r_1) > 1$ für $y_1 - r_1 < 0$ und $1 > g'(y_1 - r_1) > 0$ für $y_1 - r_1 > 0$. $g(y_1 - r_1)$ muss in $y_1 - r_1 = 0$ nicht differenzierbar sein. Ist dies aber der Fall, so muss $g'(y_1 - r_1 = 0) = 0$ sein. Es ist $g''(y_1 - r_1) < 0$. Es erhöht [senkt] somit jede Steigerung der stillen Reserve

ein Pool-Gleichgewicht. Bei der Festlegung der für t=1 erlaubten Berichtsergebnisse, von denen also der Adressant stets das niedrigste berichtet, wird der Adressat berücksichtigen, dass wenn die Untergrenze erlaubter Berichtsergebnisse sinkt, einerseits die Kosten für Manipulation aufgrund ansteigender stiller Reserven sich erhöhen, aber andererseits die Aussagekraft des Berichtsergebnisses für t=2 aufgrund steigender Grenzkosten stiller Reserven zunimmt.[373] Die Manipulationsmöglichkeit führt zu einer Subvention der Adressanten mit gutem „wahren"[374] Ergebnis in t=1 durch diejenigen mit schlechtem: In t=2 werden bei ersteren mehr stille Reserven aufgelöst als bei letzteren. Im Vergleich zu einer Situation ohne Manipulationsmöglichkeit entlässt der Adressat bei einem höheren ausgewiesenen Ergebnis für t=2.

Gewichtet der Adressat bei der Einschätzung des Ergebnisses für t=3 auch das Berichtsergebnis für t=1 (aber weniger als dasjenige für t=2, es gilt also $0 < \rho < 1$)[375] und erlaubt für t=1 lediglich die beiden „wahren"[376] Periodenergebnisse[377], dann kann ein separierendes Erwartungsgleichgewicht bestehen. Man gehe hierzu zunächst davon aus, dass der Adressat wahrheitsgemäßes Berichtsverhalten erwartet und dass der Adressant dies weiß. Für den Adressanten mit schlechtem „wahren" Ergebnis in t=1 gibt es keinen Grund, stille Lasten zu bilden: Er würde ja Ergebnisbeträge von der relevanteren zweiten in die weniger relevante erste Periode transferieren und sie dabei um die Kosten der Manipulation reduzieren[378]. Der Adressant mit gutem „wahren" Ergebnis in t=1 würde durch Bildung stiller Reserven das ausgewiesene Berichtsergebnis für t=1 um die Differenz der beiden möglichen Berichtsergebnisse mindern. Dafür würde er das Ergebnis für t=2 um den Auflösungsbetrag dieser stillen Reserve erhöhen, also um den Bildungsbetrag abzüglich der Manipulationskosten. Dann wird der „gute" Adressant von der Bildung stiller Reserven abgehalten, wenn der mit ρ multiplizierte

---

[Last] die Auflösung in t = 2. Die „Grenzauflösung" ist somit stets positiv [negativ]. Sie nimmt jedoch in $y_1 - r_1$ ab. Die Differenz zwischen Bildungs- und Auflösungsbetrag stiller Reserven bei Fudenberg/Tirole (1995) entspricht dem Manipulationsmalus im hiesigen Modell, jedoch werden sie bei Fudenberg/Tirole (1995) der Periode der Umkehrung, nicht wie hier der Manipulation zugeordnet. Zur personellen Zuordnung s.u. S. 92.

373 Zwar ist der zwischen „guten" und „schlechten" Adressanten bestehende Unterschied der Bildung stiller Reserven unabhängig von der Untergrenze erlaubter Berichtsergebnisse für t = 1. Der Unterschied der Auflösung stiller Reserven in t = 2 aber nimmt mit sinkender Untergrenze für t = 1 ab, weil die Grenzkosten stiller Reserven zunehmen und sich im (unverfälschbaren) Ergebnis für t = 2 niederschlagen.

374 S.a. Fn. 335 S. 74.

375 Vgl. Fudenberg/Tirole (1995) S. 85 – 86.

376 S.a. Fn. 335 S. 74.

377 Wenn der Adressat manipulationsfreies Berichten als Gleichgewicht hervorrufen kann, wird er dieses gegenüber anderen Zuständen bevorzugen, weil hierbei sowohl die Manipulationskosten als auch die Aussagekraft des Berichtsergebnisses für t = 2 maximiert werden, vgl. Fudenberg/Tirole (1995) S. 85. Auch bei stetiger Definitionsmenge der „wahren" Periodenergebnisse in t = 1 sind separierende Gleichgewichte möglich, allerdings wird stets mindestens ein Adressant manipulieren, vgl. Fudenberg/Tirole (1995) S. 85 – 86. S.a. Fn. 342, 343 S. 76.

378 Bei den hier im Separationsgleichgewicht bestehenden Erwartungen des Eigenmittelgebers würde dieser nicht um stille Lasten berichtigen, zumal er bei $r_1 = \bar{y}_1$ von einem guten tatsächlichen Ergebnis in t=1 ausgeht.

Bildungsbetrag den Auflösungsbetrag übersteigt. Die Erwartung des Adressaten, dass auch in $t=1$ wahrheitsgemäß berichtet wird, bestätigt sich in diesem Fall. Er ist umso eher gegeben, je

- höher ρ, also die Relevanz von $t=1$ für $t=3$, ist, je
- höher die Manipulationskosten sind und je
- höher die Differenz guter und schlechter „wahrer" Ergebnisse in $t=1$ ist, zumal der Anteil der Manipulationskosten im Bildungsbetrag steigt.

Offensichtlich bestehen Ähnlichkeiten des Informationstransfers in $t=2$ zu den Cheap-Talk-Berichtsspielen in Abschnitt B5.2.2.1 (S. 77ff.) und B5.2.2.2 (S. 80ff.): Der dortige „Typ" ist hier das „wahre" Ergebnis in $t=2$. Der Adressant mit gutem „wahren" Ergebnis in $t=1$ wird bei hinreichend hohen Manipulationskosten davon abgehalten, sich in $t=2$ durch Manipulation besser darzustellen als er ist.

Trueman/Titman (1988)[379] erkunden innerhalb ihrer Modellprämissen u.a. die Umstände, unter denen der Adressant seine ausgewiesenen Periodenergebnisse glättet, und ermitteln die Betroffenheit für glättende und nicht glättende Adressanten. Unter „Glättung" ist hierbei die Annäherung des ausgewiesenen Ergebnisses an den Erwartungswert der „wahren" Periodenergebnisse μ um einen exogen vorgegebenen Anteil $g\in(0;1)$ der Differenz zwischen „wahrem" Periodenergebnis und μ zu verstehen. Diese Glättung ist nur für einen Teil der Unternehmen möglich. μ wird als bekannt vorausgesetzt. Die erwartete, die Glättung hervorrufende Veränderung der Schätzung der Varianz des „wahren" Periodenergebnisses durch die Fremdmittelgeber ist negativ.[380] Weiter ist die Rückzahlungswahrscheinlichkeit für den Fremdmittelgeber umso höher, je geringer die Varianz ist. Deshalb erhält der Adressant einen höheren Betrag bei der Emission der Fremdmitteltitel, wenn er glättet, als wenn er nicht glättet.[381] Übersteigt die Wertdifferenz die Manipulationskosten, wird der Manager glätten. Wirkt sich die Glättung nicht auf die „wahren" Periodenergebnisse aus, dann verändert die Möglichkeit zur Glättung, da die Fremdmittelgeber um sie wissen, den Gesamtwert aller Unternehmen nicht. Wohl aber bewirkt sie eine Umverteilung zu Gunsten [Ungunsten] manipulierender [nicht manipulierender] Adressanten bzw. Eigenmittelgeber, weil die Fremdmittelgeber die Varianz der „wahren" Periodenergebnisse unterschätzen [überschätzen] im Vergleich zum wahrheitsgemäßen Berichtsverhalten.

---

379 Vgl. zum Folgenden Trueman/Titman (1988) S. 130 – 137. Zur Kritik hieran s.a. auch Newman (1988). Dietrich/Harris/Muller III (2001) S. 141 – 149, Bartov (1993) S. 842 erheben unter Bezugnahme auf Trueman/Titman (1988) die empirische Glättung von Periodenergebnissen. S.a. Dye (1988).

380 Vgl. Trueman/Titman (1988) S. 132 – 133.

381 Die Wertdifferenz ist u.a. um so höher, je größer die Unsicherheit der Fremdmittelgeber über die Varianz ist, d.h. je größer der Unterschied zwischen niedriger und hoher Varianz ist, und je stärker sich ein gegebener Unterschied in der Varianz auf den erwarteten Ausfall auswirkt.

Hartle (1984)[382] ermittelt Entlohnungsmodi[383], die innerhalb seiner Modellprämissen den Adressanten dazu veranlassen, die ausgewiesenen Periodenergebnisse innerhalb seines Planungshorizontes vollständig zu glätten, so dass bei Kenntnis des internen Aufzinsungsfaktors[384] von dem ersten ausgewiesenen Periodenergebnis auf den – den Adressaten interessierenden – Endwert des Totalgewinnes geschlossen werden kann. Kann der Adressant seinen Konsum zwischen verschiedenen Perioden nur mittels des Vertrages mit dem Adressanten transferieren, wird sein Manipulationsverhalten von dem Streben nach intertemporaler Optimierung seines Konsums bestimmt[385]. Kann der Adressant dagegen seinen Konsum mit Hilfe eines Kreditmarktes intertemporal alloziieren, dann maximiert er den (mit Hilfe der externen Abzinsungsfaktoren berechneten) Barwert seiner Entlohnung und optimiert die intertemporale Allokation seines Konsums mit Hilfe des Kreditmarktes. Zur Festlegung eines Entlohnungsmodus, welches vollständige Gewinnglättung[386] induziert, muss der Adressat im ersten Fall die Nutzenfunktion des Adressanten kennen, im zweiten dagegen nur die externen Abzinsungsfaktoren.

382 Vgl. zum Folgenden Hartle (1984) S. 104 – 172, inbes. S. 107 – 118, 130 – 135, 146 – 153. Das Erkenntnisinteresse der informatorischen und der Optimalitätseigenschaften von Entlohnungsmodi teilt Hartle (1984) mit den in Fn. 316 S. 70 zitierten Ansätzen. Entsprechend der Zugehörigkeit zu den reinen Berichtsmodellen i.S.v. Abb. B-3 fehlt bei Hartle (1984) allerdings die Endogenisierung von Anreizen des Entlohnungsmodus, die auf Handlungen des Adressanten außerhalb des Berichtes wirken. Die Unterstellung, dass der Adressant bei der Wahl des Entlohnungsmodus allein auf die Erzeugung eines gewünschten Berichtsverhaltens abstellt, erscheint angesichts seiner weitgehenden Möglichkeiten zur Beeinflussung der auf den Adressanten wirkenden Anreize nicht befriedigend (s.a. Hartle (1984) S. 170 – 172).

383 Die Argumente der Entlohnungsfunktion einer Periode sind insbesondere das ausgewiesene Periodenergebnis, der interne Aufzinsungsfaktor und entweder bestimmte Parameter der Nutzenfunktion des Adressanten oder (bei Möglichkeit des Konsumtransfers mit Hilfe des Kreditmarktes) die externen Abzinsungsfaktoren, vgl. Hartle (1984) S. 118, 135, 153.

384 Unternehmensinterner Aufzinsungsfaktor soll hier das Vielfache bezeichnen, mit dem die Entnahme in der letzten Periode durch die Entnahme in einer früheren Periode gemindert wird. Mit externem Abzinsungsfaktor ist das Vielfache gemeint, mit dem der Konsum in der ersten Periode durch Konsum in einer späteren Periode gemindert wird. Vgl. Hartle (1984) S. 107 – 109, 131 – 132. Verzinsungsfaktor soll als Oberbegriff für Auf- und Abzinsungsfaktor verstanden werden. Verzinsungsfaktoren für den Transfer zwischen beliebigen Perioden können durch geeignete Division errechnet werden.

385 Zum intertemporalen Konsumtransfer als Motivation für intertemporalen Transfer von Periodenergebnissen, inbes. Gewinnglättung, s.a. Ewert/Wagenhofer (2003) S. 266 – 274.

386 Bei Lambert (1984) S. 605 – 609 glättet ein Agent seine Entlohnung mit Hilfe seines Arbeitseinsatzes, also ohne Abbildungsspielräume. Es handelt sich bei Lambert (1984) insofern (bis auf die Erweiterungen der in Fn. 316 S. 70 zitierten Seiten 614 – 615) nicht um ein Modell zur ökonomischen Analyse der Rechnungslegungspolitik i.S.d. Abb. B-3 S. 71.

5.2.3.3 Mehrperiodität in Manipulationsmodellen

Wie der Überblick in Abschnitt B5.2.3.1 und B5.2.3.2, insbesondere Tab. B-4, zeigt, tragen existierende Manipulationsmodelle der Tatsache, dass Erstellung und Perzeption externer Rechnungslegung aus institutioneller Sicht offenkundig ein sich über mehrere Manipulationsentscheidungen erstreckender Prozess ist, nur sehr rudimentär Rechnung.[387]

Zum einen analysieren sie bis auf Hartle (1984)[388] lediglich **eine einzige Manipulationsentscheidung**. Die Betrachtung von Manipulationsentscheidungen, die derart zeitlich hinter einander geschaltetet sind, dass spätere von früheren abhängen, fehlt. Dies, bereits, ist eine erhebliche Lücke, die im Schrifttum auch als solche empfunden wird.[389]

Zum anderen wird nur ein zeitlich sehr eingeschränktes Informationsgefälle betrachtet: In keinem dieser Modelle ist es dem Adressanten möglich, den zeitlich aggregierten ausgewiesenen Totalerfolg zu verändern. Am Ende der betrachteten Zeiträume wird somit eine diesbezügliche Informationssymmetrie unterstellt. Aus der Sicht einer Modellierung mit der Ambition, Kommunikationsprozesse mit Hilfe gestaltbarer externer Rechnungslegung institutionell adäquat abzubilden, muss diese Unterstellung als erhebliches Manko angesehen werden: Es ist weithin nicht ersichtlich, welche institutionellen Ereignisse einer solchen **Auflösung der Informationsasymmetrie** durch Manipulationsabstinenz am Spielende entsprechen sollten. Die in Frage kommenden Ereignisse erscheinen allesamt ungeeignet für die Rechtfertigung einer solchen Annahme:

— Fudenberg/Tirole (1995) S. 80, 135 – 136, motivieren die Aufhebung der Informationsasymmetrie hinsichtlich der Rechnungslegungspolitik in den Quartalsabschlüssen mit interner und externer Prüfung des Jahresabschlusses am Jahresende. Derartige Prüfungen

---

387 Lambert (2001) S. 81 – 82. S.a. dort S. 77 – 81 den Literaturüberblick und die kritischen Anmerkungen zur bisher modellierten Multiperiodität. Es gilt ebenfalls für die in Fn. 316 S. 70 zitierten Agency-Modelle mit endogenem Informationstransfer. Auch von den hier nicht thematisierten agency-theoretischen Berichtsmodellen in Fn. 316 S. 70 stellen nur ganz wenige überhaupt mehrperiodige Analysen an. Ein Beispiel ist die Modellierung von Dutta/Zhang (2002) S. 77 – 79, die für eine mehrperiodige Modellvariante die Optimalität von nicht manipulierbarer Vorratsbewertung – zu Marktwerten – versus historischen Kosten die Möglichkeit zur Verschiebung von Lagerverkäufen über das Periodenende hinweg analysieren. Sie stellen fest, dass der Anreiz des Managers zur – aus Sicht des Prinzipals suboptimalen – Zurückhaltung von Vorratsgütern, deren Marktwert unter die historischen Kosten gesunken ist, durch das Niederstwertprinzip (vgl. § 253 II, III HGB, hier Absatz III) entfällt, weil sich die Wertminderung hiernach in jedem Fall auf die Vergütung des Managers auswirkt. Da dies im Modell jedoch nur für die letzte Periode der Beschäftigungsdauer des Managers relevant ist, betrifft es lediglich die Manipulation einer einzigen Periode.

388 Hartle (1984) modelliert neben Exogenität und Beobachtbarkeit des Endwertes der Berichtsergebnisse keine Manipulationskosten. Eine „ideale" Verteilung des Endwertes auf die Perioden wird deshalb bei Hartle (1984) in keiner Weise angedeutet. Ohne Manipulationskosten bleibt der Vergleich mit regeltreuem Abbildungsverhalten aber unmodelliert. Dies ist ebenfalls, zumal für eine Analyse von Manipulationsproblemen, mit einem institutionellen Bild der Erstellung und Perzeption externer Rechnungslegung nur sehr schwer in Einklang zu bringen.

389 Vgl. Lambert (2001) S. 81 – 82 sowie oben Fn. 387.

dürften die Unsicherheiten mildern, i.d.R. aber nicht aufheben.[390] Weiter dürfte deren Dokumentation, insbesondere der nach § 321 I HGB zu erstellende Prüfungsbericht, den hier vorwiegend interessierenden, konzernfremden Adressaten i.d.R. nicht zur Verfügung stehen.

— Ausführliche Kommentierungen von Periodenabschlüssen erscheinen allenfalls punktuell für die Aufhebung der Informationsasymmetrie geeignet,[391] wenn auch ihre Analyse auswertbare Hinweise auf die Rechnungslegungspolitik ergeben mag. Siehe hierzu die Abschnitte C3.5 (S. 141ff.), D3.3 (S. 196ff.), D4.1.5 (S. 222ff.), D4.2.5 (S. 251ff.), E3 (S. 302ff.).

— Zuweilen wird die Tendenz, dass sich Manipulation im Zeitablauf umkehrt, als Motivation angeführt.[392] Dann dürfte sich diese Umkehrung allerdings zum Spielende nicht anders gestalten als in den Perioden zuvor; auch hier wäre, wie im vorliegenden Modell, eine Manipulationsgelegenheit zu unterstellen. Nur würde dies den Modellen ihre Grundlage, die Beobachtbarkeit des unverfälschten Totalerfolges, entziehen.

— Ähnlich wird angeführt, Gewinn- und Zahlungsgrößen glichen sich im Zeitablauf an. Nach dem Kongruenzprinzip[393] wäre eine solche Angleichung zwar über längere Zeiträume, zumindest über die Lebensdauer eines Unternehmens, zu erwarten. Empirische Befunde zum Zusammenhang von Rechnungslegungsgrößen und Aktienkursen könnten so interpretiert werden, dass eine derartige Angleichung über Zeiträume in der Größenordnung von fünf bis zehn Jahren stattfindet[394]. Hierfür gilt eine zur Umkehr der Manipulation analoge Überlegung. Zudem überzeugen die geringe Bestimmtheit dieses Zusammenhangs und das niedrige Tempo der Angleichung für eine Aufhebung der Informationsasymmetrie nicht.

— Zuweilen wird beobachtet, dass Unternehmen in wirtschaftlichen Schwierigkeiten nur geringe Anzeichen von Rechnungslegungspolitik aufweisen.[395] Kurze Umkehrdauern der

---

390 Jedenfalls sind einige „Bilanzskandale" Beispiele für eine ausbleibende Aufdeckung. Auch wäre ein Großteil der Diskussion über Rechnungslegungspolitik entbehrlich. Vgl. auch Fn. 115, 116, 117 S. 27.

391 Empirisch scheinen Unternehmen i.d.R. nicht einmal die gesetzlichen Vorgaben zu erfüllen, vgl. Fn. 99 S. 24. Es bestehen die Probleme zum einen in der Freiwilligkeit der Publizität, s.o. S. 72, insbes. Nachw. in Fn. 322, zum anderen in der Verifizierung, s.o. S. 336f. S.a. Stiglitz (1984) S. 231 Fn. 16, hier zit. n. Ewert/Wagenhofer (2003) S. 333: "Not all true statements convey information; they must be known to be true". Schließlich könnte ein für die modellierte Aufhebung der Informationsasymmetrie hinreichender Umfang die Grenze der Bereitschaft der Adressaten zur Verarbeitung überschreiten, s.a.o. Fn. 306 S. 69.

392 Vgl. Trueman/Titman (1988) S. 127f., Kirschenheiter/Melumad (2002) S. 765.

393 Siehe Fn. 54 S. 15. Nachträgliche Veränderungen von Jahresabschlüssen sowie alle Durchbrechungen des Kongruenzprinzips (s. Fn. 46 S. 13), wonach auf jedem Bestandskonto der Endbestand einer Periode mit dem Anfangsbestand der Folgeperiode übereinzustimmen hat, wären hierfür zu berichtigen.

394 So etwa, wenn die Korrelation zwischen der Veränderung des Marktwertes der Eigenmittelanteile und dem kumulierten Periodenergebnis als Anhaltspunkt aufgefasst wird für das Ausmaß des Unterschiedes zwischen der ausgewiesenen und der von informierten Beobachtern für ihre Zwecke als zutreffend erachteten Wertentwicklung. Die Angleichung dieser Größen findet (erst) über derartige Zeiträume statt, vgl. Easton/Harris/Ohlson (1992) S. 121, 132 – 138. Vgl. auch Ryan/Zarowin (2003).

395 Vgl. u.a. Fn. 779 S. 288, Fn. 739 S. 259, Fn. 742 S. 259.

Rechnungslegungspolitik vorausgesetzt, würde dann in der Tat der unverfälschte Totalerfolg aufgedeckt werden. Allerdings findet dies nur entlang eines sehr speziellen, unvorteilhaften Entwicklungspfades statt; es fehlt an der schon zu Anfang des Betrachtungszeitraumes bestehenden Vorhersehbarkeit dieser Aufhebung der Informationsasymmetrie, wie sie zur Erfüllung der Modellvoraussetzungen der bisher veröffentlichten Modelle in Tab. B-4 unverzichtbar ist.

— Als ähnliches Ereignis käme die in Abschnitt D5 (S. 256ff.) analysierte buchhalterische Generalbereinigung bzw. das „big bath" in Frage. Auch hier fehlt es an der Vorhersehbarkeit. Weiter legen die Modellanalyse wie auch empirische Befunde eher nahe, dass hier typischerweise stille Reserven gelegt werden.[396] Erfolgt die Generalbereinigung, wie es häufig mit ihr assoziiert wird, im Antrittsjahr einer neuen Unternehmensleitung[397], ist zudem fraglich, wie die mit der Aufdeckung der Manipulation verbundenen Anreize, wie etwa ein Kündigungsrisiko oder eine Reduktion der Entlohnung, den inzwischen ausgeschiedenen Amtsinhaber erreichen sollen.

— Wie noch abzuleiten sein wird (s. Abschnitte C3.5 (S. 141ff.), D3.3.2 (S. 196ff.)), impliziert die vorliegende Modellierung auch in anderen Fällen als dem „big bath" eine modellendogene Aufdeckung des Totalerfolges. Diese findet jedoch unregelmäßig, für den Adressaten unvorhersehbar und, gemessen an den Perioden, zu deren Beurteilung der Totalerfolg herangezogen werden könnte, u.U. sehr spät statt. Sie tritt nur auf, wenn die Entwicklung sehr stark oder aber erheblich und nachhaltig davon abweicht, was von dem Unternehmen erwartet wird.[398] Dies ist natürlich möglich, scheint aber, wenn Erwartungen nicht allzu unrealistisch gestellt werden, eher ein Ausnahmezustand zu sein. Vor allem fehlt es auch hier an der – für die in den o.g. Modellen unterstellte Antizipation unverzichtbaren – Vorhersehbarkeit.

— Einzig die Liquidation des Unternehmens kommt als aufklärendes Ereignis in Frage, ist aber zu selten und zu wenig vorhersehbar, um als einschlägige Erklärung zu dienen.

Vielmehr ist davon auszugehen, dass Vorzeichen und Ausmaß von Rechnungslegungspolitik und Umkehrwirkungen über lange Zeiträume unbeobachtet bleiben können. S.a. Abschnitt B4.1 (S. 57ff.) und D4.2.5 (S. 251ff.).

---

396 Vgl. Abschnitt 5.2.2 (S. 267ff.) und Fn. 737 S. 258. Elliott/Hanna (1996)) S. 136 zitieren einen Finanzanalysten für die Aussage zu hohen Abschreibungen in der von ihm verfolgten Branche "No-one has an idea what anyone is earning".

397 Diese sieht in ihrem Antrittsjahr u.U. eine günstige Gelegenheit, stille Lasten des Vorgängers aufzulösen und stille Reserven für die eigene Amtszeit zu legen, zumal die Ursache schlechter Ergebnisse der Geschäftsführung des Vorgängers zugewiesen werden kann. Vgl. Fn. 740 S. 259, s.a.u. Fn. 732 S. 257, sowie die Nachweise in Fn. 396.

398 Vgl. unten S. 193ff., 304, 304. Die Konformitätsanforderung quantifiziert die Erwartungen.

5.3 Einordnung der vorliegenden Modellierung

Das hier in Abschnitt C1 und C2 zu formulierende Modell ist zu **kategorisieren** als ein

— ein *reines Berichtsmodell*, i.S.d. Abb. B-3 S. 71, weil sich die Aktionen des Erstellers lediglich hinsichtlich der Abbildung ökonomischer Gegebenheiten unterscheiden.[399]

Weiter handelt es sich i.S.d. Abb. B-4 S. 76

— um ein *Glaubwürdigkeitsmodell*, weil die Entscheidung des Erstellers den Inhalt einer in jedem Fall offengelegten Information betrifft;

— um ein *Manipulationsmodell*, weil die Gründe für die bei der Manipulation auftretenden Kosten zwar systematisiert wurden (vgl. Abschnitt B2 S. 18), aber nicht explizit, sondern pauschal als „Manipulationsmalusfunktion" modelliert werden;

— und schließlich um ein *Erfolgsperiodisierungsmodell*, weil der Ersteller mehrere, durch intertemporale Wechselwirkungen in Form vorzeichenverkehrter Umkehrwirkung verknüpfte Manipulationsentscheidungen trifft.

Die **Manipulationskosten** werden bei der vorliegenden Modellierung der Kapitel C – D als Manipulationsmalus bezeichnet und der Periode der Manipulation zeitlich zugeordnet (vgl. S. 100, Ann. C-5 S. 102, Ann. C-7 S. 107), bei Fudenberg/Tirole (1995) S. 79 dagegen der Periode der Umkehrung, bei Trueman/Titman (1988) S. 136 dem Ende des Spiels. Als personelle Zuordnung werden sie hier als private Kosten des Erstellers modelliert, bei Fudenberg/Tirole (1995) S. 79 als Minderung künftiger Ergebnisse[400], bei Trueman/Titman (1988) zugleich beim Adressanten und innerhalb der Unternehmenssphäre. Der quadratische Verlauf der Manipulationskosten alias Manipulationsmalusse im hiesigen Modell ist ein Spezialfall des bei Fudenberg/Tirole (1995) modellierten Verlaufs. Die intertemporalen Wechselwirkungen werden hier wie bei Fudenberg/Tirole (1995) S. 79, Kirschenheiter/Melumad (2002) S. 765, Trueman/Titman (1988) S. 130 als vollständige Umkehrung (vgl. Ann. C-8 S. 109) in der Folgeperiode modelliert.[401]

399 Zur Abgrenzung gegenüber agencytheoretischen Modellen vgl. Fn. 315 S. 70.

400 Vgl. Fn. 401.

401 In der Modellierung bei Fudenberg/Tirole (1995) addieren sich die Manipulationskosten zur Umkehrwirkung: Eine negative [positive] Manipulation erhöht [senkt] das unverfälschte Periodenergebnis der Folgeperiode um weniger [mehr] als der Manipulationsbetrag das Ergebnis in der Primärperiode gesenkt [erhöht] hat. Vgl. Fn. 372 S. 85. Die Differenz der Beträge von Manipulation und Umkehrwirkung entspricht – bis auf die personelle Zuordnung – dem Manipulationsmalus im vorliegenden Modell. Allerdings wären die hiesigen Manipulationskosten alias Manipulationsmalusse auf die Umkehrperiode aufzuzinsen. S.a. Fn. 400 S. 92, Tab. B-4 S. 84, Ann. C-5 S. 102, konvexer Manipulationsmalus, sowie Fn. 426 S. 102, Fn. 449 S. 109. Bei Hartle (1984), vgl. insbes. S. 107, erfolgt die vollständige Umkehrung erst innerhalb des gesamten Planungshorizontes und unter Berücksichtigung einer (unternehmensinternen) Verzinsung bei Thesaurierung.

Das Verhalten des **Adressaten** und die Betroffenheit des Adressanten hiervon wird hier wie bei Fudenberg/Tirole (1995) S. 81 – 82 als Kontrahierung bei Erreichung eines Schwellenwertes modelliert. Dort wird der Schwellenwert jedoch endogen ermittelt, hier dagegen exogen vorgegeben. Siehe jedoch Abschnitt C2.2 (S. 118ff.).

Das hiesige Modell versucht, der ungenügenden Abbildung von **Mehrperiodität** der Rechnungslegungspolitik in Erfolgsperiodisierungsmodellen abzuhelfen, in dem es

- mehrere aufeinander folgende, aufgrund von Umkehrwirkungen interdependente Manipulationsentscheidungen analysiert, und
- die Manipulationsentscheidung in jeder Periode gleich modelliert, so dass auch in der letzten betrachteten Periode manipuliert werden und somit die Summe der ausgewiesenen von derjenigen der unverfälschten Periodenergebnisse abweichen kann.

Das erschwert zwar die Analyse des Modells erheblich, impliziert aber eine Kumulation rechnungslegungspolitischer Manipulation im Zeitablauf (s. Abschnitte C3.5 (S. 141ff.), D3.2.3 (S. 193ff.)), die als Rechnungslegungspolitik institutionell und empirisch sehr viel eher wieder zu erkennen ist als die den existierenden Erfolgsperiodisierungsmodellen gemeinsame, spärlich begründete und die Allgemeinheit der Modellierung stark einschränkende Unterstellung von Manipulationsabstinenz am Spielende.

C Einperiodiger Planungshorizont

1 Kalküle der Akteure

1.1 Kontrahent

Dieses Kapitel C entwickelt ein Modell, in dem die Erreichung rechnungslegungsanalytischer Schwellenwerte als Selbstselektion interpretiert wird, und wertet es für einperiodigen Planungshorizont des Erstellers aus. Die Kalküle der Akteure (Abschnitt C1) und deren Interaktion zu Selbstselektion und manipulativen Spannungszuständen (Abschnitt C2) werden formalisiert und die Kumulation von Manipulation im Zeitablauf sowie einige ihrer Implikationen aufgezeigt (Abschnitt C3).

Der Kontrahent soll sich auf eine dichotome Entscheidung beschränken: In einer Verhandlung mit einem gegebenen Ersteller erwägt er nur die Alternativen der Kontrahierung und ihrer Verweigerung. Abschnitt B3 (S. 38ff.) motivierte diese Annahme. Die Zielgröße des Kontrahenten verändert sich durch Kontrahierung mit einem Ersteller von der Qualität G (für gut) respektive B (für bad bzw. schlecht) im Vergleich zur Verweigerung um das monetär messbare TRANSAKTIONSERGEBNIS $TE_{G,t}$ respektive $TE_{B,t}$. Der Kontrahent zieht die Kontrahierung mit G der Verweigerung und diese wiederum der Kontrahierung mit B vor; $TE_{B,t} < 0 < TE_{G,t}$. Bei seiner Entscheidung maximiert er za(·), den Erwartungswert[402] des Transaktionsergebnisses.

Um zu beurteilen, ob er gerade mit G oder B verhandelt, wertet der Kontrahent, s. Abschnitt B3.4 (S. 54ff.), die Rechnungslegung des Erstellers wie folgt selektiv aus:

Ann. C-1: Dichotome Rechnungslegungsanalyse (Geltung: durchgehend)
Der Kontrahent stellt anhand der Rechnungslegung der Periode t=t' lediglich fest, ob das ausgewiesene Periodenergebnis eine exogen vorgegebene KONFORMITÄTSANFORDERUNG $\overline{J}_{t'}$ erreicht, $J_{t'} \geq \overline{J}_{t'}$, oder nicht, $J_{t'} < \overline{J}_{t'}$.

Ann. C-2: Einperiodiger Anforderungshorizont AH, AH=1
(Geltung: durchgehend außer Abschnitte C3.4, D6)
Für seine Entscheidung in der Periode t=t' wertet der Kontrahent nur die Rechnungslegung über diese Periode t=t' aus.

402 Risikoneutralität des Informationsempfängers wird in agency-theoretischen Informationsmodellen häufig angenommen, vgl. als Überblick Lambert (2001) S. 9, 13, 17, 19, 21, 32, 34, 43, 44, 52, 60 – 61.

Wie in Abschnitt C2.1 abgeleitet wird, kontrahiert der Kontrahent in t = t' unter den übrigen Voraussetzungen des Modells genau dann, wenn $J_{t'} \geq \overline{J}_{t'}$. Wenn nach Abschnitt C2.1 auf Ann. C-2, AH = 1, Bezug genommen wird, soll diese Implikation gemeint sein. Der Kontrahent verzichtet also u.a. auf die Auswertung der genauen Höhe des Periodenergebnisses und auf Versuche zur Aufdeckung der Rechnungslegungspolitik und deren Determinanten[403]. Das Periodenergebnis in Ann. C-1 ist ein degenerierter Fall des Diskriminanzwertes in der Bonitätsbeurteilung der Bundesbank (s.S. 47), während die Konformitätsanforderung dem Cut-off-point entspricht.[404]

Der Ausweis eines Periodenergebnisses J, der die Konformitätsanforderung erreicht, $J \geq \overline{J}$, [unterschreitet, $J < \overline{J}$], ist der modellierte Ausdruck für KONFORMITÄT [NONKONFORMITÄT] i.S.d. Abschnittes B3.3.1.1. Unter ANFORDERUNGSHORIZONT AH soll allgemein die Zahl aufeinander folgender Perioden verstanden werden, für die der Kontrahent zur Kontrahierung ein ausgewiesenes Periodenergebnis oberhalb der Konformitätsanforderung fordert. Der Ersteller erzielt bei $AH = AH^{\$}$ also genau dann das Konformitätsinzitament $E_{t'}$ in t=t', wenn gilt $J_t \geq \overline{J}_t$ $\forall t \in \{t' - AH^{\$} + 1, \ldots, t'\}$. Es ist bei AH > 1 dementsprechend zwischen INTRATEMPORALER[405] KONFORMITÄT ($J_{t'} \geq \overline{J}_{t'}$) und SUPRATEMPORALER KONFORMITÄT ($J_t \geq \overline{J}_t$ $\forall t \in \{t' - AH + 1, \ldots, t'\}$) der Periode t=t' zu unterscheiden.[406] Die intratemporale Konformität in den AH − 1 Vorperioden einer Periode t=t' soll als ANWARTSCHAFT auf supratemporale Konformität in t=t' bezeichnet werden, die intratemporale Konformität in einer dieser Perioden als TEILANWARTSCHAFT auf supratemporale Konformität in t=t'. Auf den Fall AH > 1 wird jedoch erst in Abschnitt C3.4 (S. 136ff., s. dort auch die Nachweise zu Empirie und institutionellem Schrifttum) und in Abschnitt D6 eingegangen. S.a. Abschnitt C3.5 (S. 141), D3.3 (S. 196ff.).

---

403 Zur Aufdeckung von Rechnungslegungspolitik s. Abschnitt B4.1 (S. 57ff.). Zur Motivation s.a.S. 116.

404 Eine Untergrenze für das Konformitätsinzitament erhält man unter Berücksichtigung der beiden nachgelagerten Verfahrensstufen wie folgt: Der Ersteller bewerte den Unterschied positiver und negativer Beurteilung durch die Bundesbank mit einem Barwert, etwa aus künftigen Zinszahlungsdifferenzen. Man ordne der Wahrscheinlichkeit, vom Expertensystem respektive in der manuellen Klassifikation positiv beurteilt zu werden, die Wahrscheinlichkeiten π^{Exp} respektive $\pi^{manuell}$ zu. Dann ist der genannte Barwert, bei Risikoneutralität des Erstellers, zunächst mit der Wahrscheinlichkeit $\pi^{Exp} \cdot \pi^{manuell}$ zu gewichten, um eine Untergrenze für das Konformitätsinzitament zu erhalten. Dieser Betrag ist um den Wert des Einflusses der Manipulation auf die Wahrscheinlichkeiten π^{Exp} und $\pi^{manuell}$ zu modifizieren.

405 Vgl. allgemein zu Begriffen zur Erfassung von Zeitreferenzen Abb. D-1 S. 147.

406 Auch entsprechende Antonyme supratemporaler und intratemporaler Nonkonformität seien definiert.

1.2 Ersteller

1.2.1 Zeitaspekte

Für den Vergleich von Ereignissen im **Zeitablauf** gelte im Folgenden stets:

- Alle Ereignisse innerhalb einer Periode werden so in monetären Größen abgebildet, als würden sie zum Periodenende erfolgen. Der Index t bezeichnet grundsätzlich den Zeitraum der Periode, zuweilen aber komfortabelerweise jedoch auch deren Ende, was dann aus der verbalen Umschreibung hervorgeht.
- Erstellung des Berichts für Periode t=t' erfolgt instantan zu deren Ende.[407]
- Monetäre Größen zum Ende einer Periode t=t' können in monetäre Äquivalente zum Ende einer jeden anderen Perioden durch Auf- oder Abzinsung überführt werden. Zahlungen werden hier i.d.R. auf das Ende der Periode t = 0 auf- oder abgezinst. Der Aufzinsungsfaktor q erfasst die intertemporalen Präferenzen des Erstellers[408], wobei er frühere positive monetäre Größen späteren vorzieht oder indifferent ist; $q \geq 1$. q soll für alle Perioden und beide Ersteller[409] gleich sein. Zinseffekte werden im Folgenden somit allein durch die Länge von Zeiträumen erfasst. Bei Aggregation und Vergleich von Größen zu unterschiedlichen Zeitpunkten sind stets die Barwerte gemeint, auch wenn Zinseffekte lediglich bei Bedarf verbal expliziert werden.

Die Abschnitte C1 – C1.2.3 betrachten lediglich eine Periode; der <u>B</u>ETRACHTUNGS<u>H</u>ORIZONT BH der Untersuchung beträgt eins, BH = 1. Der Index t wird solange unterdrückt.

Es sei angenommen, dass – beispielsweise am Umsatz oder Gesamtvermögen gemessene – Größenunterschiede zwischen G und B das rechnungslegungspolitische Kalkül nicht beeinflussen.[410] Auf die Vielzahl **weiterer** denkbarer für das Erstellerkalkül relevanten Größen, die

---

407 Zu Fristen für die Erstellung vgl. §§264, 299, 325 HGB und Fn. 45 S. 13.

408 Erhalt respektive Abgabe einer monetären Größe i.H.v. x zum Ende der Periode t=t' erscheint dem Ersteller also äquivalent zum Erhalt respektive Abgabe i.H.v. $x \cdot q^{-y}$ am Ende der Periode t=t' + y. Der Aufzinsungsfaktor bildet insbesondere die Opportunitätskosten der Verwendung von Vermögenswerten ab, kann aber auch weitere vom Zeitablauf abhängige Präferenzen erfassen. In pauschaler Weise kann dies für Unsicherheit gelten; späteren Ereignissen könnte durch Abzinsung zwecks Abbildung geringerer Eintrittswahrscheinlichkeit ein geringeres Gewicht gegeben werden als früheren. S.a.S. 18.

409 Zusammenhänge zwischen Qualität und Aufzinsungsfaktor eines Erstellers sind denkbar: Wenn die Qualität die Höhe künftiger Einzahlungsüberschüsse betrifft und die Alternativverwendung in Investitionen besteht, dann erscheint ein positiver Zusammenhang zwischen Qualität und Aufzinsungsfaktor nahe liegend. Betrifft hingegen die Qualität die Solvenzwahrscheinlichkeit und besteht die Alternativverwendung in Schuldentilgung, dann erscheint ein negativer Zusammenhang zwischen Qualität und Aufzinsungsfaktor plausibler. Analoge Zusammenhänge für die Kombinationen künftiger Einzahlungsüberschüsse als Qualität und Schuldentilgung als Alternativverwendung sowie Solvenzwahrscheinlichkeit als Qualität und Investitionen als Alternativverwendung erscheinen hingegen weniger plausibel. Derartige Zusammenhänge sollen hier nicht problematisiert werden.

410 So könnte eine gegebene absolute Veränderung des Periodenergebnisses umso leichter fallen, je größer die von der Manipulation betroffenen Volumina sind. Auch der durch die Konformität erzielte, absolut gemessene Vorteil dürfte i.d.R. positiv mit der Unternehmensgröße korrelieren. Andererseits werden solche Unterschiede häufig von Adressaten, insbes. durch Relativkennzahlen, berücksichtigt. S.a.S. 46 und Deutsche Bundesbank (1999 Bonitätsbeurteilung) S. 55.

sich nach der Qualität des Erstellers systematisch unterscheiden könnten, kann im Folgenden nicht eingegangen werden (s. aber Fn. 419 S. 99). Es gilt weiter

Ann. C-3: Einperiodiger **Planungshorizont** (Geltung: Kapitel C)
PH = 1; der Planungshorizont des Erstellers beträgt eine Periode.

Der Ersteller plant kurzfristig-statisch[411]; er expliziert die Entscheidung über einen einzigen Bericht (statisch)[412] und nur dessen sofortige Wirkungen auf seine Zielgröße (kurzfristig). Weder erwägt er, ihn durch frühere zu beeinflussen, noch berücksichtigt er seine Implikationen für spätere Manipulationsentscheidungen.[413] S.a. S. 18, 24, 106.

1.2.2 Konformitätsinzitament

Der Ersteller ist annahmegemäß (vgl. S. 18) in der Lage, den Unterschied zwischen seiner Zielgröße mit und ohne Kontrahierungsbereitschaft des Kontrahenten monetär zu bemessen und auf das Ende der Periode zu beziehen, für welche die in Frage stehende Rechnungslegung zu erstellen ist. Diese Differenz soll als **KONFORMITÄTSINZITAMENT** $\mathbf{E_{Q,t}}$[414] (für Erlös) bezeichnet und als strikt positiv[415] unterstellt werden. Das Konformitätsinzitament vereinnahmt der Ersteller privat (s.S. 15f.); eine etwaige Betroffenheit des abgebildeten Unternehmen wird im Folgenden nicht explizit modelliert. Zu dieser personellen Zuordnung sowie zur Dimension des Konformitätsinzitamentes vergleiche Abschnitt C1.2.3 S. 100.

---

411 Vgl. Bitz (1977) S. 186 – 224 zur Systematisierung modellhafter Zeithorizonte, hier S. 197.

412 Seine Überlegungen können auch künftige Wirkungen umfassen, sofern sie nicht unmittelbar mit künftigen Kommunikationsvorgängen verknüpft sind, s.o. Abschnitt B2.3.2 (S. 33ff.).

413 Der Ersteller käme zum selben Ergebnis, wenn er für die übrigen Perioden entweder von sehr hohen (Δ_1<<0) oder sehr geringen (Δ_1>>0) unverfälschten Periodenergebnissen oder von geringer Bedeutung des Kommunikationsvorganges ($E_1 = 0$) ausgeht, letzteres etwa wegen geringen Finanzbedarfs.

414 Der Index t wird in Abschnitt C1 – C1.2.3 unterdrückt. Zum Index Q vgl. S. 343.

415 Die Möglichkeit zur Kooperation ist bei isolierter Betrachtung von Kontrahent und Ersteller für den Ersteller aufgrund der Erweiterung seines Aktionsfeldes vorteilhaft oder bedeutungslos, solange ihm das Angebot allein, ohne Kooperation, keinen Schaden zufügt. In einem um weitere Parteien erweiterten Kontext, in dem das Angebot seine Möglichkeiten zur Selbstbindung beeinflussen könnte, gilt dies jedoch nicht mehr. Hier ist lediglich die Situation relevant, in der die Kontrahierung für beide Ersteller strikt vorteilhaft ist: Würden schlechte Ersteller sie ablehnen, während gute sie annehmen würden, könnte sich der Kontrahent schlicht auf die Kontrahierung mit kontrahierungswilligen Erstellern beschränken. Würden auch gute Ersteller sie ablehnen, entfiele der Anlass der Kommunikation. Bei Indifferenz schlechter Ersteller käme deren Selektion allein auf das unverfälschte Periodenergebnis an, und die Relevanz der Manipulationsmöglichkeiten entfiele.

Die meisten Anlässe in Abschnitt B3.3.1 fallen regelmäßig an, dies aber nicht notwendigerweise.[416] Das Konformitätsinzitament wird tendenziell umso größer sein, je größer der Unterschied im Informationsstand des Kontrahenten mit und ohne erfolgreiche Kommunikation ist. Dieser wiederum wird tendenziell umso größer sein, je heterogener die analysierte Grundgesamtheit ist und je erfolgreicher das Vorgehen des Kontrahenten gemäß Ann. C-1, dichotome Rechnungslegungsanalyse, und Ann. C-2 S. 95, einperiodiger Anforderungshorizont, zwischen G und B differenziert. Die Heterogenität der Grundgesamtheit hängt wiederum u.a. von dem Erfolg etwaiger Selektionsprozesse ab, die diesem Vorgehen des Kontrahenten vorausgehen. Das Konformitätsinzitament soll hier jedoch als exogen gegeben[417] und für G und B als gleich hoch[418] angenommen werden (QUALITÄTSSPEZIFISCH [QUALITÄTSUNSPEZIFISCH] soll die Eigenschaft einer Variablen bezeichnen, für G und B [nicht] unterschiedlich ausgeprägt sein zu können):[419]

Ann. C-4: Qualitätsunspezifisches Konformitätsinzitament, $E_{G,t} = E_{B,t} = Et \; \forall t \in PZ$
(Geltung: durchgehend)

416 Die einmalige Verwendung der Rechnungslegung ist ebenfalls denkbar, bspw. bei einem Börsengang zur einmaligen Beschaffung von Investitionsmitteln. Eine regelmäßige Kommunikation ist bspw. gegeben bei regelmäßigem Finanzierungsbedarf oder im Rahmen regelmäßiger, mit Eingriffsrechten bewehrten Überprüfungen laufender Finanzierungsverhältnisse.

417 Die agency-theoretischen Beiträge in Fn. 316 S. 70 endogenisieren z.T. die Entlohnungsfunktion als Aktionsvariable des Prinzipals und somit den Anreiz des Erstellers zur Manipulation.

418 So auch bei Hughes/Schwartz (1988) unterstellt, anders Frantz (1997), s.a.o. S. 95.

419 Qualitätsspezifische Konformitätsinzitamente können sich u.a. aus einer Möglichkeit zur Aufdeckung der Qualität ergeben, bspw. durch einen zweiten Markt mit intensiverer Informationsbeschaffung des Kontrahenten. Wenn die Qualität hierbei zweifelsfrei aufgedeckt wird, kann G den Nachteil aus einer Unterschätzung seiner Qualität auf den Preiseffekt beschränken, der auf die Kosten der Informationsbeschaffung des Kontrahenten zurückzuführen ist. B dagegen muss im alternativen Markt zusätzlich einen Nachteil aus der Erkennung seiner Qualität in Rechnung stellen. Durch Konformität kann also für B mehr zu gewinnen sein als für G; $E_G \leq E_B$. Anders verhält es sich, wenn die „Kontrahierung" lediglich zu einer Vorauswahl führt, bei der konforme [nonkonforme] Ersteller in einer zweiten Stufe als Kandidaten einer „Belohnung" für gute Ersteller [„Strafe" für schlechte Ersteller] genauer untersucht werden und insofern eine Positivauswahl [Negativauswahl] stattfindet. Wird in der zweiten Stufe die Qualität zweifelsfrei aufgedeckt, dann hat B [G] keinen Anreiz zur Konformität in der ersten Stufe; seine Qualität wird in der zweiten Stufe ohnehin aufgedeckt und er erhält keine „Belohnung" [„Strafe"]. Der Vorteil entsteht dagegen, wenn die Qualität in der zweiten Stufe nicht zweifelsfrei aufgedeckt wird. Die erste kursorische Prüfung von Unternehmenskennzahlen bei der Suche nach Anlagemöglichkeiten eines Investmentmanagers ist ein Beispiel für eine Positivauswahl, die „trip wire"-Funktion (s.a. Smith, Jr./Warner (1979) S. 146) einer Negativklausel ist ein Beispiel für eine Negativauswahl: Es folgen intensivere Informationsbemühungen des Kontrahenten, die beim Investmentmanager zur Steigerung des Aktienkurses respektive bei der Negativklausel zur Finanzierungskrise führen, wenn bei der genauen Untersuchung eine gute respektive schlechte Qualität aufgedeckt wird. Zu Negativklauseln s.o. S. 50f. und die dortigen Nachw., insbes. Fn. 231, 236. Zur schlechteren finanziellen Lage von Unternehmen mit publizierten Verletzungen von Negativklauseln vgl. Chen/Wei (1993) S. 218 – 219. Zu einem dritten Beispiel s. Frantz (1997). Zu Frantz (1997) s.o. S. 95.

1.2.3 Intratemporaler Manipulationsmalus

Positive [negative] **MANIPULATION $M_{Q,t}$** ist bei einperiodigem Betrachtungshorizont, BH = 1, eine positive [negative] Abweichung des ausgewiesenen Periodenergebnisses $J_{Q,t}$ vom unverfälschten Periodenergebnis $J^{\#}_{Q,t}$:

(C-1) $$M_{Q,t} = J_{Q,t} - J^{\#}_{Q,t}$$

Zur Wirkung der Manipulation bei mehrperiodiger Betrachtung vergleiche Ann. C-8 S. 109, Umkehrwirkung. Das unverfälschte Periodenergebnis ist definitionsgemäß (s.S. 65) dasjenige, welches der Ersteller ausweisen würde, wenn der Kontrahent die Kontrahierung unabhängig vom ausgewiesenen Periodenergebnis offerieren würde. Es ist annahmegemäß im Hinblick auf alle anderen, in Abb. B-1 S. 31 systematisierten Überlegungen des Erstellers optimiert worden, ausgenommen der Möglichkeit, die sich im Konformitätsinzitament niederschlagende Entscheidung des Kontrahenten zu beeinflussen. Manipulation muss somit durch die Antizipation der Reaktion dieses Kontrahenten auf die mit ihr erreichte Veränderung des Periodenergebnisses motiviert sein und kann ohne das Konformitätsinzitament insgesamt kein Vorteil, sondern muss ein Nachteil sein. Es schlagen sich in diesem Nachteil vor allem die Durchsetzungsanreize (s.S. 26) aber auch Konsequenzen aus Funktionen der Rechnungslegung nieder, die sie neben der Kommunikation mit dem Kontrahenten erfüllt. Der Ersteller sei annahmegemäß (s.S. 18) in der Lage, die Auswirkung dieses Nachteils auf seine Zielgröße zu quantifizieren und zeitlich auf das Ende der Periode des betreffenden Berichts zu beziehen (**MANIPULATIONSMALUS**). Bsp. F-1 (S. 312) veranschaulicht den Manipulationsmalus für einperiodigen Betrachtungshorizont.

Hinsichtlich ihrer **personellen Zuordnung** wird der Manipulationsmalus vom Ersteller (s.S. 15f.) privat getragen; eine – bei einigen der in Abschnitt B2.3.1 S. 26ff. aufgelisteten Gründen für Manipulationsmalusse – anzunehmende Belastung des abgebildeten Unternehmens wird nicht explizit modelliert. Wie die Beschreibung der institutionellen Formen des Konformitätsinzitamentes in Abschnitt B3.3.1 (S. 44ff., insbes. S. 55) und des Manipulationsmalusses in Abschnitt B2.3 (S. 26ff.) zeigt, ist realiter teilweise der Ersteller, teilweise das abgebildete Unternehmen unmittelbar betroffen, wobei Art und Ausmaß der Internalisierung von unternehmensbezogenen Konsequenzen in den Erstellerkalkül hier offen bleiben mussten, s.S. 26, 32. Um das Verhalten des Erstellers analysieren zu können, ist jedoch auf seine Betroffenheit abzustellen. Eine zusätzliche Modellierung der Betroffenheit des Unternehmens wäre zwar möglich, in dem vergangene Konformitätsinzitamente und Manipulationsmalusse als Determinanten aktueller Periodenergebnisse expliziert würden. Nun erscheint dies weder angesichts der Tatsache, dass die Periodenergebnisse hier entsprechend der Fragestellung ansonsten, bis auf Ann. C-6, $J^{\#}_{G,t'} > J^{\#}_{B,t'}\ \forall t' \in PZ$, als exogen gegeben angenommen werden, noch angesichts der in Frage kommenden Größenverhältnisse von Periodenergebnissen einerseits sowie Konformitätsinzitamenten und Manipulationsmalusse andererseits, als sinnvolle Allokation der knappen Ressourcen, welche die tolerierbare Komplexität der vorliegenden Untersuchung beschränken. Aus denselben Gründen erscheint auch die Alternative, die Betroffenheit des Erstellers ausschließlich von den Periodenergebnissen determinieren und den Manipulationsmalus über einen Einfluss auf die Periodenergebnisse indirekt in den Erstellerkalkül einfließen zu lassen,[420] nicht attraktiv. Vielmehr erscheint die Aufnahme eigenständiger, nicht (allein) vom abgebildeten Unternehmen abhängiger Pönalisierung in den Erstellerkalkül, insbesondere zur Abbildung extremer Manipulationsmalusse wie bspw. strafrechtliche Verfolgung, für die hier zu untersuchenden Fragen unverzichtbar.

Für numerische Berechnungen soll das Periodenergebnis und somit die Manipulation in der **Dimension** „Periodenergebniseinheiten", PE, gemessen werden, Konformitätsinzitamente und Manipulationsmalusse dagegen in „Nutzeneinheiten", NE.

Die intratemporale **Manipulationsmalusfunktion** ist die Abbildung von Manipulation auf den intratemporalen, d.h. aus intratemporalen Handlungsfolgen resultierenden[421], Manipulationsmalus. Zum Begriff „intratemporal" s.S. 33ff. und S. 147. S.a.S. 24. Die hierbei erfolgende Aggregation illustriert das Bsp. F-1 im Anhang F1 S. 312. Für die Manipulationsmalusfunktionen soll gelten:

— Der Manipulationsmalus hängt lediglich von der Differenz zwischen dem ausgewiesenen und dem unverfälschten Periodenergebnis ab, also insbesondere weder von der absoluten Höhe des ausgewiesenen Periodenergebnisses noch von der Qualität des Erstellers.
— Ein lediglich marginaler Abstand[422] zwischen dem ausgewiesenen und dem unverfälschten Periodenergebnis soll kostenlos[423], jeder darüber hinausgehende Abstand mit strikt positivem Manipulationsmalus verbunden sein.
— Jede Vergrößerung des Abstandes soll strikt positive Grenzmalusse hervorrufen.

420 So u.a. bei Fudenberg/Tirole (1995) S. 79. Siehe auch oben S. 85ff.

421 Also solche, die nicht von Umständen künftiger mit der Rechnungslegung bewältigter Kommunikationsvorgänge abhängen, vgl. S. 33 in Abschnitt B2.3.2, s.a. Abb. D-1 S. 147.

422 Unter Abstand soll der Absolutbetrag einer Differenz verstanden werden.

423 Dass die Grenzkosten der Manipulation gegen null gehen, wenn die Manipulation gegen null geht, wird in vielen Berichtsmodellen mit Manipulationskosten angenommen, vgl. bspw. als agency-theoretische Berichtsmodelle Fischer/Verrecchia (2000) S. 232, Dye (1988) S. 200. Bei Fudenberg/Tirole (1995) S. 79 ist dies möglich, aber nicht zwingend. Die Vermutung, dass es aus kollektiver Sicht der Beteiligten unmöglich bzw. zu kostspielig sein dürfte, jegliche Manipulationsmöglichkeiten zu unterbinden, findet sich explizit oder implizit u.a. bei Watts/Zimmerman (1986) S. 205, Healy/Wahlen (1999) S. 367, Fields/Lys/Vincent (2001) S. 260 – 261, Moxter (1982) S. 9, Hartle (1984) S. 194 – 207, insbes. S. 205, Hax (1988), S. 188, Küting (1996) S. 935, J. Baetge/H.-J. Kirsch in Küting/Weber (1995) I RdNr. 296. J. Baetge und D. Commandeur in Küting/Weber (1995) § 264 RdNr. 36 sprechen von der Unvermeidlichkeit von Ermessensspielräumen. Core (2001) S. 443 vermutet die Optimalität geringer Kosten für geringe Manipulationsbeträge. Zu Modellierungen, welche Bedingungen für die Optimalität der Unterdrückung von Informationen durch Offenlassung von Berichtspielräumen in Prinzipal-Agentenbeziehungen ableiten, s. Bushman/Smith (2001) S. 348 – 349 sowie Fn. 343 S. 76.

— Eine gegebene Vergrößerung des Abstandes soll, einer Produktionsfunktion mit abnehmenden Skalenerträgen analog, umso schwerer fallen, je weiter entfernt sie vom unverfälschten Periodenergebnis stattfindet.[424]

— Die Funktion c(M) von der Manipulation M als Differenz von ausgewiesenem und unverfälschtem Periodenergebnis auf den Manipulationsmalus C (MANIPULATIONSMALUSFUNKTION mit c für cost) soll stetig[425] und mit Ausnahme der Nullstelle mindestens zweimal differenzierbar sein. Die Nullstelle soll mindestens einmal differenzierbar sein.[426]

Ann. C-5: Positive konvexe Manipulationsmalusfunktionen (Geltung: durchgehend)

a) Existenz: $C_{Q,t}:=c_{Q,t}(M_{Q,t})$, $Q \in \{G, B\}$[427]

b) Positivität: $c_{Q,t}(M_{Q,t}=0) = 0$; $c_{Q,t}(M_{Q,t}\neq 0) > 0$

c) Strikt positiver Grenzmalus im Absolutbetrag der Manipulation außer bei $M_{Q,t}=0$:

$$\frac{\partial c_{Q,t}(M_{Q,t})}{\partial M_{Q,t}} < 0 \text{ für } M_{Q,t} < 0 \wedge \frac{\partial c_{Q,t}(M_{Q,t})}{\partial M_{Q,t}} = 0 \text{ für } M_{Q,t} = 0 \wedge$$

$$\frac{\partial c_{Q,t}(M_{Q,t})}{\partial M_{Q},t} > 0 \text{ für } M_{Q,t} > 0$$ [428]

d) Strikte Konvexität:[429] $\frac{\partial^2 c_{Q,t}(M_{Q,t})}{\partial M_{Q,t}\partial M_{Q,t}} > 0$

Die Nullstelle muss strikt konvex und mindestens einmal differenzierbar sein.

Wegen (C-1) S. 100, $M_{Q,t} = J_{Q,t} - J^{\#}_{Q,t}$, lässt sich die Manipulationsmalusfunktion bei einperiodigem Betrachtungshorizont äquivalent als Funktion von Manipulation und ausgewiesenem Periodenergebnis darstellen, s. Abb. C-1. In Abschnitt C1 und C2 wird letztere, im Übrigen erstere Darstellung gewählt. Negative Manipulation kommt erst für PH > 1 in Frage.

---

424 Dies ist mit der Vorstellung konsistent, dass der Ersteller bei seiner Manipulation unter mehreren rechnungslegungspolitischen Maßnahmen mit unterschiedlichem Verhältnis zwischen Manipulationskosten und Manipulationseffekt auswählt: Wählt er bei gegebenem Manipulationsbetrag stets die günstigsten aus, wird das Verhältnis zwischen Manipulationskosten und Manipulationsbetrag mit dem Manipulationsbetrag wachsen. S.a. Bsp. F-1 S. 312. Auf die Möglichkeit eines endlichen, über mehrere Erstellungsvorgänge verfügbaren Reservoirs an rechnungslegungspolitischen Maßnahmen wird unter dem Stichwort „terminierbare stille Reserve“ in Abschnitt D4.2 (S. 223ff.) eingegangen.

425 Von den auf S. 31 angesprochenen Ganzzahligkeitsproblemen der Rechnungslegungspolitik wird somit abgesehen. Ein mögliches Ganzzahligkeitsproblem wären etwa Aufwendungen, die aufzubringen sind, um überhaupt gezielte Manipulation betreiben zu können und insofern „Anlaufkosten“ oder einen „ausbringungsunabhängigen“ Manipulationsmalus darstellen. Ganzzahligkeitsprobleme der formalen Gestaltungsparameter der Rechnungslegungspolitik modellieren als Problem linearer Optimierung u.a. Krog (1998) für Einzelabschlüsse nach IFRS, Hahn/Schneider (1998) für Konzernabschlüsse nach US-GAAP sowie Schäfer (2000) S. 171 – 185 für Konzernabschlüsse nach IFRS.

426 Die Bedingungen der Ann. C-5 erfüllen auch die Manipulationskosten bei Fudenberg/Tirole (1995), vgl. dort S. 79 (außer der Anforderung $\partial c(M)/\partial M = 0$ für $M = 0$, s.a.o. Fn. 372 S. 85). S.a. Tab. B-4 S. 84.

427 Der Index Q wird nur gezeigt, wenn der Unterschied zwischen G und B thematisiert wird, s.a.o. S. 343.

428 Die erste und dritte Ungleichung von c) sind bei Geltung der Ungleichung d) entbehrlich und dienen hier lediglich der Verdeutlichung.

429 Zur Konvexität und Konkavität vgl. Bronstein/Semendjajew (1980) S. 322f.

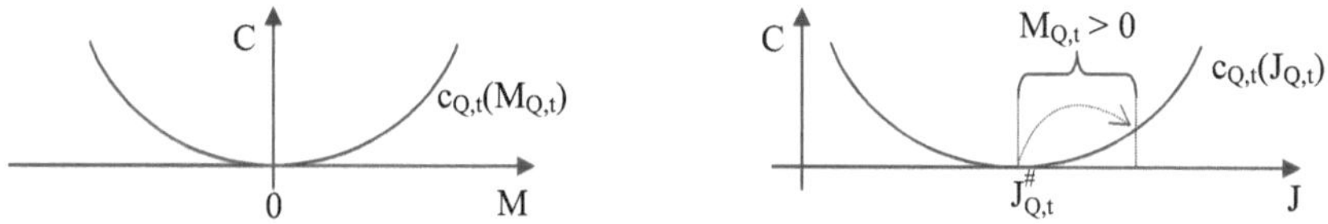

Abb. C-1: Der Manipulationsmalus als Funktion, alternativ von Manipulation und ausgewiesenem Periodenergebnis

Systematische Zusammenhänge zwischen der Form der Manipulationsmalusfunktion und der Erstellerqualität sind denkbar.[430] Einschlägige Hypothesen können hier jedoch nicht erhärtet werden, so dass grundsätzlich von gleicher Form für G und B ausgegangen werden soll (s.a. Ann. C-7 S. 107, parabolische Manipulationsmalusfunktionen). Etwaige erst künftig eintretende intratemporale Handlungsfolgen (s.S. 24, 101) fließen, unter Berücksichtigung des Zeitpunktes ihres Eintretens, in die Manipulationsmalusfunktion ein.[431] Auf- und Abbau von Abbildungsspielräumen im Zeitablauf wird hier nicht durch Veränderungen der Manipulationsfunktion abgebildet, sondern endogen aus Mechanismen der Mehrperiodität ab Abschnitt C1.2.4 (S. 108ff.) abgeleitet[432]. Bsp. F-2 S. 313 im Anhang F1 demonstriert die Bildung einer Manipulationsmalusfunktion aus mehreren Anreizfunktionen.

Die horizontale **Lage** der Manipulationsmalusfunktion charakterisiert die Abhängigkeit des Manipulationsmalusses vom Ausgangspunkt der Manipulation, dem unverfälschten Periodenergebnis. Sowohl unverfälschte Periodenergebnisse als auch ihre Fähigkeit zur Differenzierung zwischen den beiden Qualitäten (DISKRIMINIERUNGSGÜTE) sollen exogen vorausgesetzt werden. Die Diskriminierungsgüte sei mit $J^{\#}_{G,t} - J^{\#}_{B,t}$ quantifiziert und strikt positiv:

430 Neben Determinanten wie Unternehmensgröße und Bilanzstruktur, vgl. Burgstahler/Dichev (1997) S. 113, könnten die Manipulationsmalusse bspw. mit der Dynamik des unternehmerischen Entwicklungsprozesses aufgrund der hiermit einhergehenden Spielräume bei der Abbildung neuer Sachverhalte negativ korrelieren. So bindet die sachliche und zeitliche Stetigkeit im Allgemeinen weniger stark bei Erweiterungs- als bei Ersatzinvestitionen. Auch die Abbildung negativer Entwicklungen, insbesondere in Form von Rückstellungen, bieten formale Gestaltungsparameter. Wenn der Kontrahent ex ante eine hohe Unsicherheit der unternehmerischen Entwicklung negativ (etwa als Fremdmittelgeber) respektive positiv (etwa als nicht zu risikoscheuer Eigenmittelgeber eines verschuldeten Unternehmens) bewerten würde, würde dies – ungünstigerweise – für eine steilere respektive flachere Manipulationsmalusfunktion für G als für B sprechen.

431 So gehen bspw. die Verzögerung einer Steuerzahlung als Differenz der Barwerte der beiden Differenzzahlungen, oder auch künftige mögliche strafrechtliche Folgen in den Manipulationsmalus ein.

432 Vgl. insbes. Abschnitt C3.1 (S. 125ff.) sowie die Zusammenfassungen der Analysen in Kap. D, Abschnitt D3.2.3 (S. 193ff.), D4.1.5 (S. 222ff.), D4.2.5 (S. 251ff.), D5.5 (S. 283ff.). Diese Darstellungsweise erscheint transparenter als die zuweilen zu vernehmende Formulierung, dem Rechnungslegungsersteller würden gerade in Krisenzeiten die rechnungslegungspolitischen Optionen ausgehen, was hier als Wandel der Manipulationsmalusfunktion abzubilden gewesen wäre.

Ann. C-6: Strikt positive Diskriminierungsgüte $J^{\#}_{G,t} > J^{\#}_{B,t}\ \forall t$
(Geltung: durchgehend außer C2.2, C3.4)
Das unverfälschte Periodenergebnis des guten Erstellers G übersteigt strikt dasjenige des schlechten Erstellers B: $J^{\#}_{G,t} > J^{\#}_{B,t}\ \forall t$.

Auf $J^{\#}_{Q}$ wirken insbesondere Abbildungsvorschriften, Durchsetzungsanreize und Anreize aus den übrigen Funktionen der Rechnungslegung. Ann. C-6 besagt, dass wenn beide Ersteller ihre Rechnungslegung erstellen würden, ohne die Reaktion des Kontrahenten zu antizipieren, dann würde G ein höheres Periodenergebnis ausweisen als B. Die Diskriminierungsgüte gibt also die Fähigkeit der Rechnungslegung an, zwischen guter und schlechter Qualität zu unterscheiden, wie sie in Abwesenheit des durch die Kontrahentenreaktion hervorgerufenen Manipulationsanreizes wäre. Dabei wird „Qualität" im Informationsinteresse des modellierten Kontrahenten verstanden. Die Diskriminierungsgüte ist insofern die modellhafte Wiedergabe der von der institutionellen Literatur als betriebswirtschaftliche *Aussagekraft* und vom US-amerikanischen Normgeber Financial Accounting Standard Board FASB als Relevanz bzw. *relevance* bezeichneten Qualität von Rechnungslegung. Aus rechtstheoretischer Sicht entspricht dies dem auf Normen anwendbaren Qualitätskriterium der *Einzelfallgerechtigkeit.*[433]

Die **Form** der Manipulationsmalusfunktion gibt die Schwere der mit der Manipulation verbundenen, insbesondere aus Durchsetzungsanreizen und übrigen Funktionen der Rechnungslegung resultierenden Nachteile wieder (MANIPULATIONSRESISTENZ, s.a. S. 107). Insoweit, wie der Manipulationsmalus auf Durchsetzungsanreize zurückzuführen ist, spiegelt die Manipulationsresistenz die in der bilanzrechtlichen Literatur als *Objektivierung*[434] und vom FASB als Verlässlichkeit bzw. *reliability* bezeichnete Qualität von Rechnungslegung wider. Rechtstheoretisch entspricht sie dem Qualitätskriterium der *Vergleichbarkeit.*[435]

Die Steigerung der Diskriminierungsgüte [Manipulationsresistenz] würde also die Relevanz [Verlässlichkeit] steigern. Allerdings muss, zumindest ausgehend von existierenden und in der Vergangenheit erwogenen Abbildungsregeln, zur Steigerung des einen Qualitätskriteriums meist die Minderung des anderen in Kauf genommen werden. So insbesondere, weil für eine hohe Relevanz häufig auf intersubjektiv schwer beobachtbare Zukunftserwartungen und Schätzungen des Erstellers zurückgegriffen werden muss. Dieser in der modelltheoretischen

433 Vgl. Fn. 435 S. 104.

434 Unter Objektivierung wird hierbei die Einschränkung subjektiver Ermessensspielräume des Erstellers verstanden, vgl. bspw. Moxter (1982) S. 27, und ähnlich S. 8, 11, 39, 99 u.a., Baetge (1970) S. 16 m.v.w.N. Leffson (1987) S. 81 versteht mit Popper (1973) S. 18 unter objektiv „intersubjektiv nachprüfbar und für jedermann gültig".

435 Vgl. zu den drei Begriffspaaren betriebswirtschaftliche Aussagekraft versus Objektivierung, relevance versus reliability und Einzelfallgerechtigkeit versus Vergleichbarkeit umfassend Kuhner (2001), insbes. S. 523 – 525, 528 – 532. Vgl. zur relevance SFAC No. 2 §§ 46 – 57 und zur reliability §§ 58 – 89, 98 – 110 in Financial Accounting Standards Board (1980).

Literatur als „classical trade-off in accounting“[436] bezeichnete Zielkonflikt ist in der institutionellen Literatur als **OBJEKTIVIERUNGSDILEMMA**[437] bekannt. Es besagt also, dass Abbildungsregeln die interessierende Eigenschaft bei exakter Einhaltung um so weniger genau wiedergeben können, je exakter ihre Einhaltung gewährleistet werden soll. Dieses Dilemma ist auf die fehlende Trennbarkeit von Verfügungs- und Informationsdimension bei der Delegation wirtschaftlicher Befugnisse über komplexe Sachverhalte zurückzuführen; der mit der Delegation gesuchte Vorteil wird in aller Regel nur erzielt, wenn der Ersteller einen Informationsvorsprung behält. Die interessierende Eigenschaft, über welche sein Bericht Aufschluss geben soll, muss somit schwer beobachtbar bleiben, andernfalls wäre mit der Delegation kein Vorteil zu erlangen. Dies ermöglicht ihm die opportunistische Abfälschung seiner Auskünfte, weil die Erzwingung exakter Einhaltung exakter Abbildungsregeln nicht wirtschaftlich möglich ist. Zur Einordnung des Objektivierungsdilemmas in den Kontext einer anreiz-informatorischen Unschärferelation siehe Abschnitt E1 S. 295f.[438]

Determinanten von Diskriminierungsgüte und Manipulationsresistenz werden hier ohne weitere Analyse als exogen gegeben angenommen. Dies geschieht, weil

— andernfalls die Erkenntnisinteressen von Rechnungslegungsadressaten und der Technik der Abbildung ausführlich zu thematisieren wären;

— eine umfangreiche Literatur zur Gestaltung und Auslegung von Abbildungsvorschriften bereits existiert, die sich, implizit oder explizit, mit der Steigerung von Diskriminierungsgüte und Manipulationsresistenz befasst; und weil

436 Lambert (2001) S. 82, der auf den unterschiedlichen Zeithorizont von Adressant und Adressat abstellt.

437 Es seien „objektivierungs- und missbrauchsbedingte Verzerrungen“ insgesamt zu minimieren, Moxter (1982) S. 9. Ähnlich Statement of Financial Accounting Concepts No. 2 §§42 – 45, 90, s. Financial Accounting Standards Board (1980). Zur Abwägung zwischen objektivierungs- und manipulationsbedingter Verzerrung siehe vor allem Moxter vielerorts, bspw. Moxter (2003) S. 16 – 17, 34 – 37, 137 – 145, 117 – 118, 208 – 209, oder Moxter (1997) S. 197 – 198 sowie das bei Kuhner (2001) S. 529 zitierte Gleichnis. Siehe weiter u.a. Leffson (1987) S. 81 – 84, 468, 474, Streim (2000), sowie m.v.w.N. Kuhner (2001). S.a. Schmalenbach (1919) S. 12 – 13, Baetge (1970) S. 42 – 48, J. Baetge/D. Fey/G. Fey in Küting/Weber (1995) §243 RdNr. 29, 36; J. Baetge/H.-J. Kirsch in Küting/Weber (1995) I RdNr. 297, sowie zu dieser Abwägung in einzelnen bilanzrechtlichen Fragen explizit Busse von Colbe/Ordelheide (1993) S. 45 – 46 oder Kieso/Weygandt (1995) S. 943. Vgl. aus empirischer Sicht zum Objektivierungsdilemma bspw. Fields/Lys/Vincent (2001) S. 259 – 261, Holthausen (1990) S. 208 – 209, Watts/Zimmerman (1986), Lev/Sougiannis (1996). S.a. Fn. 438.

438 Einige der zum Objektivierungsdilemma (s.o. Nachw. Fn. 437) zitierten Beiträge erwarten von der Steuerbemessungsfunktion eine objektivierende Wirkung. Im hiesigen Modellkontext, insbes. Ann. C-5 S. 102 (strikt positiver, konvexer Manipulationsmalus, der für gegen null gehenden Manipulationsbetrag gegen null geht und für dessen Grenzmalus gleiches gilt) implizierte dies eine Erhöhung der Manipulationsresistenz durch Addition von Anreizen, die im Periodenergebnis strikt konvex sein müssten, vgl. Fn. 445 S. 107. Dies setzt Anreize voraus, welche über die Verschiebung von Steuerzahlungen zwischen lediglich zwei Perioden bei linearem Tarif hinausgehen. Auch eine „Mitnutzung“ von Durchsetzungsaktivitäten der Steuerverwaltung könnte konvexe Anreize herbeiführen. U.U. wirkt die Steuerbemessung aber auch „entobjektivierend“, so die Ausweitung handelsrechtlicher Spielräume durch umgekehrte Maßgeblichkeit. Vgl. hierzu und zur Steuerbemessungsfunktion im Allgemeinen Fn. 129 S. 29.

— die Vermutung angebracht erscheint, dass Adressaten die dringlichste Bedrohung der Glaubwürdigkeit der Rechnungslegung in deren gezielt auf ihre Desinformation gerichtete Gestaltung erblicken (s.a. S. 65).

Diskriminierungsgüte und Manipulationsresistenz werden allerdings komparativ-statisch variiert. Das Augenmerk soll vielmehr gelenkt werden auf die Bedeutung von Wechselwirkungen der Manipulationsentscheidungen verschiedener Perioden für den Informationsgehalt der ausgewiesenen Periodenergebnisse. Hierbei wird insbesondere nach ihren Implikationen für die unverfälschten Periodenergebnisse gefragt. S.a. Abschnitt A3 S. 12.

Wie es aus Ann. C-3 S. 98, PH = 1, folgt, werden in diesem Kapitel C ausschließlich intratemporale Handlungsfolgen (s.a. Abschnitt B2.3.2, S 33ff.) betrachtet. Dies dient zunächst, die in Kapitel D folgenden Analysen vorbereitend, der Herausarbeitung der in einer isolierten Periode stattfindenden Effekte. Der **Fall des einperiodigen Planungshorizontes**, PH = 1, ist aber auch für sich gesehen von Interesse:

— Der Einfluss aktueller Entscheidungen auf künftige Rechnungslegung (intertemporale Handlungsfolgen, s.a. S. 32ff.) kann für den Ersteller irrelevant sein
  - □ mangels Betroffenheit aus künftiger Kommunikation oder
  - □ mangels Adressatenreaktion auf die Beeinflussung, so etwa bei sehr günstiger oder sehr ungünstiger künftiger unverfälschter Rechnungslegung[439].

— Zeitliche Entfernung kann die Entscheidungsrelevanz der Beeinflussung künftiger Rechnungslegung abschwächen, so aufgrund von
  - □ Abzinsung oder
  - □ der Endlichkeit des Planungshorizontes des Erstellers.[440]

— Weicht der Kontrahent von der dichotomen Rechnungslegungsanalyse gemäß Ann. C-1 S. 95 ab, dann können sich intertemporale Handlungsfolgen auch positiv auswirken, so dass das Vorzeichen ihrer Gesamtwirkung nicht ad hoc beurteilt werden kann, sei es,
  - □ weil die Primärwirkung in Folgeperioden fortwirkt, wie etwa bei der Beeinflussung von in Folgeperioden fortgeführten Beständen, sei es,
  - □ weil Verbesserungen in der Periode der Manipulation auf spätere Kommunikationsvorgänge positiv ausstrahlen.[441] S.a.S. 34 – 37.

---

439 So bedürfen Perioden jenseits des betrachteten separat optimierbaren Zeitraumes (s.u. S. 176) bei der hiesigen Modellierung keiner Berücksichtigung im Erstellerkalkül, vgl. Abschnitt D3.2 (S. 175ff.).

440 So etwa bei dem Verzicht auf außerplanmäßige Abschreibung von Anlagevermögen mit erst in ferner Zukunft absehbarer Veräußerung und noch lang andauernder etwaiger Abschreibungsdauer. Umwandlungsvorgänge und beabsichtigte personelle Veränderungen können den zeitlichen Horizont einengen, innerhalb dessen Handlungsfolgen den aktuellen Kalkül des Erstellers beeinflussen. Vgl. auch die in Abschnitt B5.2.3.2 (S. 83ff.) besprochenen Modellierungen, insbes. Tab. B-4 S. 84 und zum Planungshorizont S. 24f. sowie zu dessen Endlichkeit Abschnitt B2.1 (S. 18ff.).

441 In dem in Abschnitt D6 (S. 286ff.) analysierten Fall (mehrperiodiger Anforderungshorizont, AH≥2) gilt dies im Extrem: Die Erfüllung der Diskriminanzanforderung eines Jahres setzt die Erfüllung in einem oder mehreren Vorjahren notwendig voraus.

Über Ann. C-5 S. 102 hinausgehende Festlegungen des intratemporalen Manipulationsmalusses bedarf es erst ab Kapitel D. Zur Konkretisierung von Aussagen des Kapitels C soll ihre funktionale Form aber bereits an dieser Stelle festgelegt werden:[442]

Ann. C-7: Parabolische **Manipulationsmalusfunktionen**
(Geltung: durchgehend)

$$c_{Q,t}\left(J_{Q,t}\right)=\omega_t^{RL}\cdot\left(J_{Q,t}-J_{Q,t}^{\#}\right)^2=\omega_t^{RL}\cdot\left(M_{Q,t}\right)^2,\quad Q\in\{G,B\},\quad \omega_t^{RL}>0,\quad \forall Q,t$$

$$\omega_t^{RL}=\omega_t^{R} \text{ für } M_{Q,t}<0,\ \omega_t^{RL}=\omega_t^{L} \text{ für } M_{Q,t}\geq 0$$

Die hälftige Krümmung, also die hälftige zweite Ableitung, ω_t^{RL} (ω für Objektivierung) soll mit RESISTENZKOEFFIZIENT als Formalisierung der Manipulationsresistenz bezeichnet werden. Um entsprechend differenzieren zu können, soll er sich bei negativer (ω_t^R für stille Reserve) und positiver Manipulation (ω_t^L für stille Last) unterscheiden können.[443] Die Manipulationsmalusfunktion ist somit vollständig charakterisiert durch

— ihren Nullpunkt, das qualitäts- und periodenspezifische unverfälschte Periodenergebnis $J_{Qt}^{\#}$ als Ausgangspunkt der Manipulation und
— ihre hälftigen Krümmungen, also ihre hälftigen zweiten Ableitungen, ω_t^R und ω_t^L.

Manipulationsfunktionen sollen sich somit nach der Erstellerqualität lediglich durch horizontale Parallelverschiebung unterscheiden. Für $\omega_t^R, \omega_t^L \to +\infty$ [$\omega_t^R, \omega_t^L \to 0_+$] geht der entsprechende Zweig der Manipulationsmalusfunktion in senkrechte [waagrechte] Striche über; die Manipulation wird unmöglich[444] [kostenlos].[445] In Kapitel C kommt wegen Ann. C-3 S. 98,

442 Zum Argument M_Q vgl. (C-1) S. 100. Zur Möglichkeit der Asymmetrie um $J_{Q,t'}^{\#}$ s.u.Fn. 443 S. 107. Parabolische Manipulationskosten unterstellen auch Fischer/Verrecchia (2000) S. 232. Bei der empirischen Schätzung von Rechnungslegungspolitik unterstellen auch Hunt/Moyer/Shevlin (1996) S. 347 parabolische Anreize aus rechnungslegungspolitischen Zielen. S.a. Cheng/Coulombe (1996) S. 501.

443 Es gilt also $c_t(J_Q)=\omega^R\cdot(J-J_{t'}^{\#})^2$ für eine stille Reserve auf dem Definitionsbereich $(-\infty; J_0^{\#}]$ und $c_t(J_Q)=\omega^L\cdot(J-J_{t'}^{\#})^2$ für eine stille Last auf dem Definitionsbereich $(J_{t'}^{\#}; \infty)$. Eine mögliche Auswirkung asymmetrischer Behandlung von Risiken und Chancen, wie sie aus dem Vorsichtsprinzip resultiert, welches durch Realisationsprinzip und Imparitätsprinzip (vgl. Leffson (1987) S. 247 – 299, 339 – 426, 465 – 492, Baetge/Kirsch in Küting/Weber (1995) I RdNr. 336, F. W. Selchert in Küting/Weber (1995) § 252 RdNr. 71 – 80) konkretisiert wird, wäre eine geringere Manipulationsresistenz bei negativer als bei positiver Abweichung vom idealen Periodenergebnis. Es wäre also $\omega^R<\omega^L$, wobei etwaige Abweichungen des idealen vom unverfälschten Periodenergebnis (s.o. Abschnitt B4.3 S. 63ff.) unberücksichtigt bleiben. S.a. Ann. C-7 S. 107, quadratische Manipulationsmalusfunktionen.

444 Für $-M_{Q,t}>1/\omega_t^R$, $M_{Q,t}>1/\omega_t^L$ übersteigt der in NE gemessene Manipulationsmalus den in PE gemessenen Manipulationsbetrag, wobei diese beiden Größen allenfalls über die Monetarisierung im Erstellerkalkül, s.S. 18, 100, vergleichbar sind.

445 Die Verschärfung [Milderung] der Manipulationsresistenz durch additive Hinzufügung einer Funktion setzt deren Konvexität [Konkavität] voraus – so etwa bei der Steuerbemessungsfunktion, s.a.o. S. 105 und Fn. 438 S. 105 –; die Addition einer ansteigenden [herabfallenden] linearen Funktion würde das unverfälschte Periodenergebnis senken [erhöhen], ohne die Krümmung zu verändern. Eine lineare Funktion f(J) bilde das ausgewiesene Periodenergebnis auf eine hinzuzuaddierende Kostenart ab und sei linear mit Nullpunkt in $J=J^{\#,alt}$, $f(J)=a\cdot J-a\cdot J^{\#,alt}$. Die übrigen Anreize seien mit $c(J)=\omega\left(J-J^{\#,alt}\right)^2$ abgebildet. Der Scheitelpunkt verschiebt sich durch die Addition der hinzuzuaddierenden Anreize von $(J^{\#,alt}, 0)$ auf

PH=1, nur positive Manipulation in Frage.[446] ω_t^L soll in Kapitel C als periodenunspezifisch angenommen und mit ω bezeichnet werden.

1.2.4 Umkehrwirkung

Dieser Abschnitt C1.2.4 betrachtet mehrere Perioden und greift insofern Abschnitt C3 (S. 125ff.) vor. Der Betrachtungshorizont übersteigt also eins. Der Planungshorizont des Erstellers soll weiterhin einperiodig bleiben, PH = 1.

Die Auswirkungen aktueller Rechnungslegungspolitik auf künftige Kommunikationsvorgänge (intertemporale Handlungsfolgen, siehe Abschnitt B2.3.2, insbes. Abb. B-2) wurden zunächst danach unterschieden, ob sie aufgrund der Beeinflussung künftiger **Rechnungslegung** eintreten oder **nicht**. Beispiele für Letzteres werden mit der Einbeziehung von Vorperioden in die Perzeption der Rechnungslegung durch den Kontrahenten in Kapitel D6 (S. 286ff.) analysiert.

Die aufgrund der Beeinflussung künftiger **Rechnungslegung** eintretenden intertemporalen Handlungsfolgen wurden danach unterschieden, ob sie durch Beeinflussung der unverfälschten Rechnungslegung oder durch Beeinflussung künftiger Möglichkeiten der Optimierung der Rechnungslegung entstehen. Letztere werden hier nicht weiter thematisiert. Eine Beeinflussung künftiger unverfälschter Periodenergebnisse ist sowohl mit gleichem als auch mit entgegengesetztem Vorzeichen der Manipulation denkbar. Sieht man als Hauptfall einer Sekundärwirkung die in Abschnitt B2.3.2 (S. 33ff.) erwähnten buchhalterischen Konnexionen an und fokussiert wie hier geschehen auf das Periodenergebnis, dann stehen die mit der Erfolgsperiodisierung einhergehenden Sekundärwirkungen im Vordergrund. Kann die Gesamtsumme der ein Ereignis darstellenden Erfolge nicht beeinflusst werden, dann schlägt sich die Wirkung der Manipulation in der Periode ihres Stattfindens (PRIMÄRWIRKUNG in der PRIMÄRPERIODE) *betragsgleich* und *vorzeichenverkehrt* in der Summe der Periodenergebnisse der in Frage kommenden künftigen Perioden nieder. Verzichtet man, wie geschehen, auf die Modellierung der Beeinflussung künftiger Möglichkeiten zur Rechnungslegungspolitik, also der Form der Manipulationsmalusfunktion, dann wirkt sich die Manipulation im gleichen Maße für alle realisierbaren Werte des Periodenergebnisses einer gegebenen Periode aus: Sie verschiebt die Manipulationsmalusfunktion in folgenden Perioden horizontal, ohne ihre Form zu verändern.

$a+2\cdot\omega\cdot\left(J-J^{\#,alt}\right)=0 \Rightarrow J=J^{\#,alt}-\frac{a}{2\cdot\omega}=J^{\#,neu}<J^{\#,neu}$ für $a>0$. Die Veränderung der Gesamtnutzenposition durch Übergang von alter auf neue Minimalstelle beträgt

$$a\cdot\left(J^{\#,alt}-\frac{a}{2\cdot\omega}\right)-a\cdot J^{\#,alt}+\omega\cdot\left(J^{\#,alt}-\frac{a}{2\cdot\omega}-J^{\#,alt}\right)^2=-\frac{a^2}{2\cdot\omega}+\omega\cdot\left(\frac{a}{2\cdot\omega}\right)^2=-\frac{a^2}{4\cdot\omega}$$

und die neue Manipulationsmalusfunktion lautet $\omega\cdot\left(J-J^{\#,neu}\right)^2$.

446 Die einzige Ausnahme ist die Kontrahentenstrategie der absteigenden Selektion, s.u. S. 115.

Im einfachsten Fall fällt der gesamte Betrag einer solchen horizontalen Parallelverschiebung in eine einzige Periode (UMKEHRWIRKUNG in der UMKEHRPERIODE $t = u$).[447] Die Modellierung in Abschnitt D2.4 (S. 159f.) berücksichtigt u.a. die Verteilung der Umkehrwirkung auf mehrere Folgeperioden.[448] Ansonsten soll gelten:[449]

Ann. C-8: **Umkehrwirkung** (Geltung: durchgehend außer Abschnitt D2.4)
Manipulation $M_{t'}$ in $t=t'$ verschiebt die Manipulationsmalusfunktion in $t=u$, $u \in \forall t$ horizontal, parallel, vorzeichenverkehrt und betragsgleich:

$$c_{Q,u}\left(J_{Q,u}\right)=\omega\cdot\left(J_{Q,u}-J^{\#}_{Q,u}+M_{Q,t'}\right)^{2}$$ [450]

Positive [negative] Manipulation in einer Primärperiode $t = t'$ führt also zu einer *Bewegung auf* der Manipulationsmaluskurve nach rechts [links]. In der Umkehrperiode $t=u$ hingegen führt sie zu einer betragsgleichen, richtungsverkehrten *Parallelverschiebung* der Maluskurve[451]. Die Zahl der zwischen Primär- und Umkehrperiode verstrichenen Perioden soll als UMKEHRDAUER bezeichnet werden, $UD=u' - t' \geq 1$. Abb. C-2 zeigt Primär- und Umkehrwirkung positiver Manipulation.

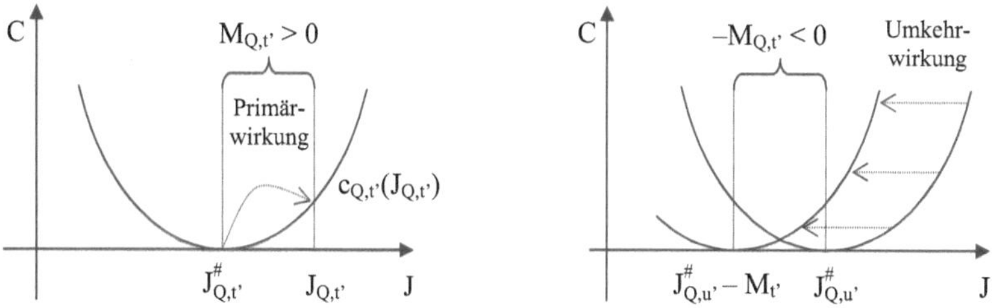

Abb. C-2: Bildung einer stillen Last in $t=t'$ und ihre Auflösung in $t=u$

447 Unterlässt in $t = t'$ die veröffentlichte Rechnungslegung beispielsweise eine Rückstellung, die in der unverfälschten Rechnungslegung vorzusehen wäre, entspricht dies der Manipulation im Modell und die so erzielte Erhöhung des Ergebnisses der Manipulationsperiode in $t = t'$ der Primärwirkung. Tritt die zugehörige Zahlung später ein, fällt das spätere Periodenergebnis um die fehlende Rückstellung geringer aus als im Vergleich zu einer Situation, in der die Manipulation in $t = t'$ unterlassen worden wäre. Dieser zur Manipulation vorzeichenverkehrte Ergebnisunterschied ist die Umkehrwirkung.

448 So bspw. durch künftige Mehrabschreibungen eines abnutzbaren Anlagegutes, auf welches in der aktuellen Periode eine im unverfälschten Periodenergebnis nicht vorgesehene Zuschreibung erfolgt.

449 Ähnliche Umkehrwirkungen weisen sämtliche in Abschnitt B5.2.3.2 S. 765 – 766 besprochene Gewinnmanipulationsmodelle auf. Vgl. bspw. Demski (1998) S. 263 – 265, Kirschenheiter/Melumad (2002) S. 765, Fudenberg/Tirole (1995) S. 79. Bei Fudenberg/Tirole (1995) addieren sich die Manipulationskosten zur Umkehrwirkung, vgl. Fn. 401 S. 92 sowie die dortigen Verweise.

450 $J^{\#}_{u'}$ bezeichnet somit das Periodenergebnis mit Manipulation weder in der Primär- noch in der Umkehrperiode.

451 Der linke Ast der Manipulationsfunktion bildet den Manipulationsmalus der Bildung stiller Reserven ab.

Die Stromgrößen Primär- und Umkehrwirkung sollen unter dem Oberbegriff GEWINNVERSCHIEBUNG zusammengefasst werden, wobei eine zeitlich rückwärts gerichtete [vorwärts gerichtete] Gewinnverschiebung eine positive [negative] Primärwirkung und eine negative [positive] Umkehrwirkung aufweist. Die zur rückwärts gerichteten [vorwärts gerichteten] Gewinnverschiebung korrespondierende Bestandsgröße soll als STILLE LAST [STILLE RESERVE] bezeichnet werden. Die Existenz einer stillen Last [stillen Reserve] ist somit der Tatbestand, dass eine positive [negative] Primärwirkung bzw. Manipulation bereits stattgefunden hat und eine negative [positive] Umkehrwirkung in einer späteren Periode zu erwarten ist. Als Oberbegriff der Bestandsgrößen stille Last und stille Reserve soll der Terminus STILLES ERFOLGSPOTENZIAL verwendet werden. Häufig wird ein Sachverhalt alternativ mit Hilfe der Bezeichnung für die Bestandsgröße und die Manipulation ausgedrückt werden können. Es wird also häufig „negative Manipulation“ mit „stille Reserve“ bzw. „positive Manipulation“ mit „stille Last“ unter geringfügiger sprachlicher Modifikation austauschbar sein.

Ein stilles Erfolgspotenzial ($-M_{t'}$) berechnet sich somit als Differenz zwischen

— dem Periodenergebnis der Umkehrperiode, $J_{Q,u'}$, wie es *mit* der für das stille Erfolgspotenzial ursächlichen Manipulation in der Primärperiode, $M_{Q,t'}$, aber *ohne* Manipulation in der Umkehrperiode wäre, $J^{\#}_{Q,u'} - M_{Q,t'}$, und

— dem Periodenergebnis der Umkehrperiode, wie es wäre, wenn *weder* in der Primär- *noch* in der Umkehrperiode manipuliert würde, $J^{\#}_{Q,u'}$,

also als $(J^{\#}_{Q,u'} - M_{Q,t'}) - J^{\#}_{Q,u'} = -M_{Q,t'}$. Um ein stilles Erfolgspotenzial über mehrere Perioden zu transferieren, ist wiederholte Kompensation der hier als unabwendbar und vorzeichenverkehrt sofort eintretend unterstellten Umkehrwirkung mit Hilfe erneuter Manipulation von demselben Vorzeichen wie die ursprüngliche erforderlich.

Bsp. C-1: Transfer stiller Lasten über mehrere Perioden
Eine Rückstellung für ein Ereignis in t = 5 wurde in t = 1, t = 2 und t = 3 unterlassen, obwohl sie in einer unverfälschten Abbildung in t = 1 gebildet worden wäre. Dies entspricht im Modell einer positiven Manipulation in jeder der Perioden t = 1 bis t = 3. Manipulationsmalusse fallen durch die in jeder Periode erneute Unterlassung an, etwa weil sie in jeder Periode t = 1 bis t = 3 regelwidrig ist und der Rechtfertigung bedarf.[452] Im Vergleich zur Unterlassung der gesamten positiven Manipulation von t = 1 bis t = 3 wirkt sich diese positive Manipulation nur in t = 1 auf das ausgewiesene Periodenergebnis aus, weil in t = 2 und t = 3 lediglich die Umkehrwirkung aus der jeweiligen Vorperiode kompensiert wird. Wird die Rückstellung nun in t = 4 auf die nach unverfälschter Rechnungslegung anzusetzende Höhe angehoben, also „großreinegemacht“, dann entspricht dies im Modell der Unterlassung der Kompensation der Umkehrwirkung aus t = 3. Siehe zur „buchhalterischen Generalbereinigung“ auch unten Abschnitt D5.1 (S. 256ff.).

Umkehrdauern realer rechnungslegungspolitischer Maßnahmen reichen von wenigen Tagen über 20 – 50 Jahre bis hin zum Ausbleiben jeglicher Umkehrwirkung. Hierbei fällt die Umkehrwirkung[453] nicht notwendigerweise nur in einer Periode an, sondern kann sich unter-

452 Wenn allerdings die Kosten häufig wiederholter Unterschätzung sehr niedrig sind, wird eine solche Rückstellung besser als terminierbare stille Reserve i.S.d. Abschnittes D4.2 (S. 223ff.) abgebildet.

453 Vgl. auch die Nachweise in Fn. 80 und 81 S. 21.

schiedlich zeitlich verteilen. Umkehrdauern hängen bspw. von Abschreibungsdauern oder Umschlaghäufigkeiten von Vorratsvermögen und Rückstellungen ab. Auch kann die Umkehrwirkung kurzfristig terminierbar sein. Sloan (1996) S. 299 findet empirische Hinweise darauf, dass sich der von der genutzten Methode erfasste Part der Rechnungslegungspolitik der untersuchten Unternehmen innerhalb des folgenden Berichtsjahres zum überwiegenden Teil und innerhalb zweier weiterer Jahre gänzlich umkehrte.[454] Auch anwendungsorientierte Literatur geht von einer größtenteils einperiodigen Umkehrdauer aus.[455] Sowohl um die Komplexität der Ableitungen zu begrenzen, als auch um den entgegengesetzten Extremfall zum Ausbleiben einer Umkehrwirkung abzubilden und insofern Umkehrwirkungen besonders zu betonen, soll hier gelten:[456]

Ann. C-9: SOFORTIGE UMKEHR (Geltung: durchgehend außer Abschnitte D2.4 und D4.2)
Die Umkehrwirkung tritt in der Folgeperiode ein; $UD = u' - t' = 1,\ t' \in \forall t$

Es wird hiermit ein in zeitlicher Hinsicht minimaler Handlungsspielraum abgebildet: Die Dauer der Gewinnverschiebung wird exogen auf das Minimum beschränkt. Wie sich in Abschnitt D3.2.2.2 (S. 185ff.) zeigen wird, folgt bei Betrachtung mehrerer Perioden hieraus, dass die Konservierung stiller Reserven über mehrere Perioden sehr kostspielig wird, weil in jeder Periode neu manipuliert werden muss. S.a. Abschnitt D4.2 (S. 223ff.) sowie Bsp. C-1 und Fn. 452 S. 110.

Erweiterungen dieses Spielraumes würden, wie es auch in den Abschnitten D2.4 und D4.2 S. 223ff. der Fall ist, zeitlich weiter entfernter Perioden enger verknüpfen. So modelliert Abschnitt D2.4 (S. 159f.) unterschiedliche nicht beeinflussbare Umkehrdauern und Abschnitt D4.2 (S. 223ff.) eine terminierbare Umkehrwirkung. Das Konformitäts- und Manipulationsverhalten des Erstellers sagt dann weniger über die aktuelle und mehr über eine größere, die aktuelle Periode enthaltene Mehrheit von Perioden aus. Tendenziell sind hiervon negative Wirkungen auf die Erfolgsperiodisierung und potenziell positive Wirkungen für die Kommunikation langfristiger Erwartungen zu erwarten. Die Analyse in Abschnitt D4.2 ermittelt jedoch, aufgrund geringer Verknüpfung von Bildungs- und Auflösungsperiode, einen eindeutig ungünstigen Einfluss einer derartigen Erweiterung des Abbildungsspielraumes des Erstellers auf die informatorische Funktionalität der Rechnungslegung.

---

454 Vgl. auch Dechow/Skinner (2000) S. 246. DeFond/Park (1997) S. 120 unterstellen in ihrer empirischen Analyse eine Umkehrdauer von einem Jahr. Hunt/Moyer/Shevlin (1996) S. 343, 346 – 349 betrachten in einem zweiperiodigen, zur empirischen Schätzung rechnungslegungspolitischen Verhaltens verwendeten Modell die Umkehr bei verschiedenen Bilanzpositionen differenziert und mit unstrikt weniger als 100% in der Folgeperiode. Siehe zu den methodischen Problemen der Erfassung von Rechnungslegungspolitik Abschnitt B4.1 (S. 57ff.).

455 Vgl. Küting/Weber (1993) S. 44.

456 Zu Berichtsmodellen mit sofortiger und vollständiger Umkehrwirkung vgl. Nachw. in Fn. 449 S. 109.

2 Separation

2.1 Sicherheit hinsichtlich der Erstellerkalküle

Die Interaktion von Manipulation und Kontrahierungsentscheidung kann als Spiel mit imperfekter[457] Information des Kontrahenten formuliert werden. Betrachtet man zunächst den **Spielablauf**, lassen die institutionellen Ausführungen des Abschnittes B3.3 (S. 44ff.) die Annahme angemessen erscheinen, dass der Ersteller über das vom Kontrahenten beabsichtigte Vorgehen informiert ist. Der Kontrahent soll deshalb seine Strategie zuerst wählen und hierbei vom Ersteller beobachtet werden. Die Kalküle aller Spieler sind ihr gemeinsames Wissen[458]. Von einem konkreten, in $t = t'$ für Kontrahierung aspirierenden Ersteller erhebt der Kontrahent jedoch lediglich die Daten gemäß Ann. C-1, Ann. C-2 S. 95, dichotome Rechnungsanalyse mit einperiodigem Anforderungshorizont, ob also $J_{Q,t'} \geq \bar{J}_{t'}$. Ob es sich um G oder B handelt, weiß er nicht. Diese Unsicherheit des Kontrahenten über den Typ des Erstellers wird als „Spielzug der Natur“ mit den Wahrscheinlichkeiten $p(Q) \in \{p(G), p(B)\}$ behandelt, den nur der Ersteller selbst beobachtet.

Da hier keine exogene Auflösung von Informationsasymmetrien angenommen wird, bedarf es keiner **Historisierung** von Spielen: Ob der Kontrahent bereits mit einem konkreten, für Kontrahierung aspirierenden Ersteller in der Vergangenheit kontrahiert hat, ist unerheblich, zumal die zu diesem Ersteller vorliegenden Informationen ohnehin öffentlich zugänglich sind. Kontrahent und Ersteller begegnen sich insofern in jeder Periode „neu“. Der Index t entfällt in Abschnitt C2.1 und C2.2.

Unter Ann. C-1 S. 95, dichotome Rechnungslegungsanalyse, und Ann. C-2 S. 95, einperiodiger Anforderungshorizont AH = 1, stehen dem **Kontrahenten** folgende **Strategien** zur Wahl (mit J_Q als ausgewiesenem Periodenergebnis)[459]:

<u>K</u>ontrahierungs<u>v</u>erzicht (KV):	Verweigerung der Kontrahierung unabhängig von J_Q;
<u>S</u>elektions<u>v</u>erzicht (SV):	Kontrahierung unabhängig von J_Q;
<u>A</u>ufsteigende <u>S</u>elektion (AS):	Kontrahierung bei $J_Q \geq \bar{J}$ und Verweigerung bei $J_Q < \bar{J}$;
A<u>b</u>steigende <u>S</u>elektion (BS):	Kontrahierung bei $J_Q < \bar{J}$ und Verweigerung bei $J_Q \geq \bar{J}$.

457 Als Oberbegriff für alle Abweichungen von vollkommener Information soll hier mit Bitz (1981) S. 220 – 223 der Terminus „unvollkommene Information“ verwendet werden. Betrifft sie eine Eigenschaft eines Spielers, wird sie als „unvollständig“, betrifft sie einen Zug, als „imperfekt“ bezeichnet, vgl. Holler/Illing (1993) S. 48 – 49. Dabei ist die Unterscheidung eher formal, zumal die unvollständige Information mit Hilfe eines Dummy-Spielers „Natur“, der die versteckte Eigenschaft des Nicht-Dummy-Spielers wählt, stets als imperfekte Information modelliert werden kann, vgl. Harsanyi (1967) S. 159, Holler/Illing (1993) S. 48 – 52. Vgl. auch Fn. 69 S. 19.

458 S.a. Fn. 457. Unter gemeinsamem Wissen sind Informationen zu verstehen, von denen jeder Spieler zutreffender Weise davon ausgeht, dass sie jedem Spieler zur Verfügung stehen. Vgl. Holler/Illing (1993) S. 45. Zur Formalisierung s. Aumann (1976), insbes. S. 1236 – 1237.

459 Die möglichen Abwandlungen der Behandlung des Falles $J_Q = \bar{J}$ bleiben unberücksichtigt.

Die **Strategie** des **Erstellers** besteht in der Wahl des ausgewiesenen Periodenergebnisses J_Q, was eine Entscheidung über Stattfinden und Höhe von Manipulation impliziert. Seine Zielgröße ergibt sich als Differenz von Konformitätsinzitament E_Q – sofern erzielt, sonst null – einerseits und Manipulationsmalus $c_Q(J_G)$ andererseits, wobei $c_Q(J_G = J_G^{\#}) = 0$. Wenn er weder das Konformitätsinzitament erhält noch manipuliert, beträgt seine Zielgröße also null. Bei Kontrahierungsverzicht KV [Selektionsverzicht SV] des Kontrahenten erzielt der Ersteller das Konformitätsinzitament in keinem Fall [in jedem Fall], unabhängig vom ausgewiesenen Periodenergebnis. Der Ersteller Q wird deshalb bei KV [SV] nicht manipulieren und erreicht in jedem Fall eine Zielgröße von null [von E_Q]. Bei aufsteigender Selektion AS [absteigender Selektion BS] erzielt der Ersteller das Konformitätsinzitament E_Q, wenn sein ausgewiesenes Periodenergebnis die Konformitätsanforderung $\bar{J}$ erreicht [strikt unterschreitet]. Erforderlichenfalls muss der Ersteller hierfür einen Manipulationsmalus aufbringen, nämlich i.H.v. $c_Q(\max\{\bar{J}; J_Q^{\#}\})$ [$c_Q(\min\{\bar{J}; J_Q^{\#}\})$]. Der Ausweis unstrikt oberhalb [strikt unterhalb] der Konformitätsanforderung soll – dem Ergebnis auf S. 115[460] vorgreifend – mit $\kappa=1$ für Konformität [$\kappa=0$ für Nonkonformität] bezeichnet werden.

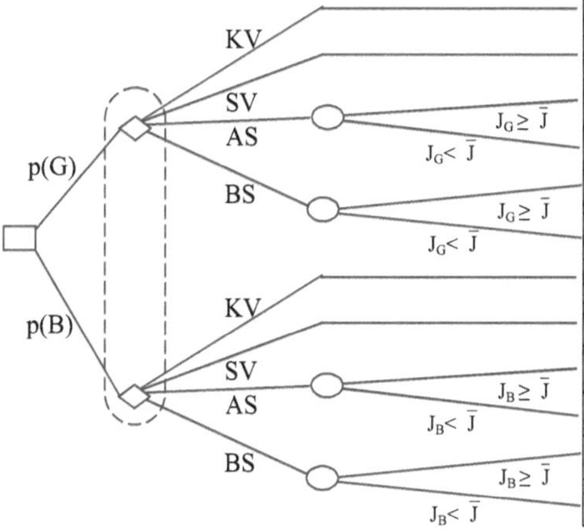

Zielgröße Kontrahent	Zielgröße Ersteller	Nr
0	0	1
TE_G	E_G	2
TE_G	$E_G - c_G(\max\{\bar{J}; J_G^{\#}\})$	3
0	0	4
0	0	5
TE_G	$E_G - c_G(\min\{\bar{J}; J_G^{\#}\})$	6
0	0	7
TE_B	E_B	8
TE_B	$E_B - c_B(\max\{\bar{J}; J_B^{\#}\})$	9
0	0	10
0	0	11
TE_B	$E_B - c_B(\min\{\bar{J}; J_B^{\#}\})$	12

Entscheidungsknoten: □ Zufall ◇ Kontrahent ○ Ersteller | Informationsmenge des Kontrahenten

Abb. C-3: Rechnungslegungserstellung und Kontrahierungsentscheidung als Signalspiel

460 S.a. dort Fn. 464.

Abb. C-3 stellt das Spiel in **extensiver Form** dar.[461] Zunächst zieht der Spieler „Natur", also der Zufall, einen Ersteller, woraufhin der Kontrahent seine Strategie wählt, ohne zu wissen, welcher Ersteller gezogen worden ist. Wählt der Kontrahent Kontrahierungsverzicht KV oder Selektionsverzicht SV, ist das Spiel zu Ende. Wählt er aufsteigende Selektion AS oder absteigende Selektion BS, legt im Anschluss daran der Ersteller, der die Wahl des Kontrahenten beobachtet hat, fest, ob er sein Periodenergebnis unstrikt oberhalb der Konformitätsanforderung ausweisen will ($\kappa=1$) oder nicht ($\kappa=0$).

Der Ersteller entscheidet unter Sicherheit, zumal er alle Determinanten seiner Zielgröße inklusive der Kontrahentenstrategie kennt. Das Transaktionsergebnis des Kontrahenten dagegen, hängt wegen $TE_B < 0 < TE_G$ (s.S. 95) davon ab, ob es sich bei einem für Kontrahierung aspirierenden Ersteller um G oder B handelt. Der Kontrahent misst seinen Erfolg mit dem erwarteten Transaktionsergebnis za(·), s.S. 95. Kommt keine Kontrahierung zu Stande, beträgt seine Zielgröße null. **Kontrahierungsverzicht KV** liefert dem Kontrahenten deshalb die Zielgröße null; za(KV) = 0. **Selektionsverzicht SV** liefert

$$\text{(C-2)} \qquad za(SV) = p(G)\cdot TE_G + p(B)\cdot TE_B, \quad p(G) + p(B) = 1$$

Bei $TE_B<TE_G<0$ wird der Kontrahent deshalb den Kontrahierungsverzicht KV wählen, bei $0<TE_B<TE_G$ den Selektionsverzicht SV; im ersteren Falle finden sich überhaupt keine für Kontrahierung geeigneten Ersteller, im letzteren eignen sich alle Ersteller für Kontrahierung. Kommunikationsbedarf besteht somit lediglich in dem hier ausschließlich behandelten Fall strikt positiven Qualitätsgefälles über die Indifferenzgrenze, $TE_B < 0 < TE_G$, s.a.S. 95. Dem Ersteller liefert Kontrahierungsverzicht, wie erwähnt, die Zielgröße null, Selektionsverzicht E_Q.

Bei **aufsteigender Selektion AS** wird der Ersteller genau dann ein Periodenergebnis unstrikt oberhalb der Konformitätsanforderung ausweisen, wenn entweder sein unverfälschtes Periodenergebnis die Konformitätsanforderung ohnehin erreicht, oder wenn der Manipulationsmalus, der zur Steigerung des Periodenergebnisses auf die Konformitätsanforderung erforderlich wäre, das Konformitätsinzitament unstrikt unterschreitet, wenn also

$$\text{(C-3)} \qquad c_Q\left(\max\left\{\bar{J}; J_Q^{\#}\right\}\right) \le E_Q$$

Ist (C-3) erfüllt, manipuliert der Ersteller und verzeichnet die Zielgröße $E_Q - c_Q(\max\{\bar{J}; J_Q^{\#}\}) \geq 0$. Ist (C-3) verletzt, wofür $\bar{J} > J_Q^{\#}$ notwendig, aber nicht hinreichend ist, dann verzichtet er auf Manipulation und erzielt 0. Dies ergibt sich ebenfalls aus dem Vergleich der beiden Zielgrößen des Erstellers für AS in Abb. C-3, also 3. versus 4. Zeile für G und 9. versus 10. Zeile für B. Bei aufsteigender Selektion gibt es bei gegebenem Konformitätsinzitament E, s.a.

461 Zur Darstellungsform vgl. Holler/Illing (1993) S. 13 – 14, 45 – 47, Bitz (1981) S. 222 – 224.

Ann. C-4 S. 99, $E_G = E_B$, für jeden Ersteller eine maximale Konformitätsanforderung $\bar{J}_Q^K$, unstrikt unterhalb [strikt oberhalb] dessen der Ersteller konform [nonkonform] berichtet. $\bar{J}_Q^K$ muss das unverfälschte Periodenergebnis strikt übersteigen.[462] $\bar{J}_Q^K$ ist also die Konformitätsanforderung $\bar{J}$, für die gilt $c_Q(\bar{J}) = E_Q \wedge \bar{J} > J_Q^{\#}$. $\bar{J}_Q^K$ soll auch mit $c^{\text{invers}}_{\bar{J} \geq J_Q^{\#}}(E_Q)$ bezeichnet werden.[463]

Die Manipulationsmalusfunktionen sind gemäß der auf S. 103 getroffenen Annahme qualitätsunspezifischer Manipulationsresistenzen hinsichtlich ihres Verlaufes für G und B gleich, nur findet sich ihre Nullstelle gemäß Ann. C-6, $J_B^{\#} < J_G^{\#}$, für ein höheres J bei G als bei B. Es ist deshalb $\bar{J}_B^K < \bar{J}_G^K$.

Setzt der Kontrahent die Konformitätsanforderung so hoch an, dass $\bar{J}_B^K < \bar{J}_G^K < \bar{J}$ gilt, dann wird kein Ersteller konform berichten, und der Kontrahent erzielt das gleiche Ergebnis wie beim Kontrahierungsverzicht KV, nämlich za(KV)=0. Bei $\bar{J} < \bar{J}_B^K < \bar{J}_G^K$ werden beide Ersteller konform berichten und der Kontrahent erzielt das gleiche Ergebnis wie bei Selektionsverzicht SV, nämlich za(SV) gemäß (C-2). Gelingt es ihm dagegen, die Konformitätsanforderung so zu bemessen, dass

$$\text{(C-4)} \qquad \bar{J}_B^K < \bar{J} \leq \bar{J}_G^K$$

dann weist G ein Periodenergebnis unstrikt oberhalb der Konformitätsanforderung aus, während B sein unverfälschtes Periodenergebnis strikt unterhalb der Konformitätsanforderung ausweist und nicht zur Kontrahierung zugelassen wird. Der Kontrahent kontrahiert nur mit G und erzielt eine erwartete Zielgröße von za(AS)=p(G) · TE_G, wenn ein Ersteller die Kontrahierung begehrt. Dies ist wegen $TE_G > 0 \wedge p(G) > 0 \Rightarrow za(AS) = p(G) \cdot TE_G > 0$ dem Kontrahierungsverzicht KV mit za(KV)=0 und wegen $TE_B < 0 \wedge p(B) > 0$ dem Selektionsverzicht SV mit za(SV) gemäß (C-2) strikt vorzuziehen.

Die **absteigende Selektion BS** kommt – insbesondere wegen $TE_B < TE_G$ (s.S. 95) und Ann. C-6 S. 104, $J_B^{\#} < J_G^{\#}$ – für den Kontrahenten nicht in Frage.[464] Tab. C-1 zeigt die erwarteten Transaktionsergebnisse der übrigen Kontrahentenstrategien.

---

462 Vgl. Ann. C-5 b), c) S. 102 und (C-1) S. 100 und Fn. 423 S. 101.

463 $c^{\text{invers}}_{\bar{J} \geq J_Q^{\#}}(E_Q)$ bezeichnet die Umkehrfunktion des oberhalb vom unverfälschten Periodenergebnis befindlichen Teils von $c_Q(J)$. Sie ist aufgrund der strikten Monotonie der Manipulationsmalusfunktion für $J \geq J_Q^{\#}$ gemäß Ann. C-5 c) S. 102 für diesen Bereich definiert. $c^{\text{invers}}(\cdot)$ ist für $E_Q > 0$ definiert, schneidet die J-Achse in $\bar{J}$ und ist konkav zunehmend in E_Q.

464 Bei absteigender Selektion BS wird der Ersteller genau dann ein Periodenergebnis strikt unterhalb von $\bar{J}$ ausweisen, wenn $c(\min\{\bar{J}; J_Q^{\#}\}) \leq E_Q$ (es sei kostenlos möglich, J_Q von der Konformitätsanforderung infinitesimal herabzusenken) und verzeichnet bei Erfüllung eine Zielgröße von $E_Q - c_Q(\min\{\bar{J}; J_Q^{\#}\})$. Ist $c(\min\{\bar{J}; J_Q^{\#}\}) \leq E_Q$ nicht erfüllt, was $\bar{J} < J_Q^{\#}$ voraussetzt, verzichtet er auf Manipulation und erzielt 0. Analog

$\bar{J}\downarrow$ **Kontr.-Strat.→**	za(KV)	za(AS)	za(SV)
$\bar{J} < \bar{J}_B^K < \bar{J}_G^K$			
$\bar{J}_B^K < \bar{J} \leq \bar{J}_G^K$	0	$p(G)\cdot TE_G$	$p(G)\cdot TE_G + p(B)\cdot TE_B$
$\bar{J}_B^K < \bar{J}_G^K < \bar{J}$			

Tab. C-1: Erwartete Transaktionsergebnisse der Kontrahentenstrategien

Reicht also die Informationen des Kontrahenten über die Erstellerkalküle aus, um die Konformitätsanforderung gemäß (C-4) zu bemessen, ist aufsteigende Selektion AS den übrigen Strategien KV, SV, BS wegen $TE_B<0<TE_G$ eindeutig vorzuziehen. Es kommt also nur noch aufsteigende Selektion AS als Kontrahentenstrategie in Frage, wie es aus Gründen des einfacheren Verweises im Rahmen von Ann. C-2 S. 95 bereits festgelegt wurde. Bei Unsicherheit hinsichtlich der Erstellerkalküle kann bei za(SV) < 0 der Kontrahierungsverzicht und bei za(SV) > 0 der Selektionsverzicht vorteilhaft sein, s.a.u. Abschnitt C2.2 (S. 118ff.).

Bei aufsteigender Selektion AS und Geltung von (C-4), $\bar{J}_B^K < \bar{J} \leq \bar{J}_G^K$, berichten gute Ersteller konform, während schlechte von vornherein die Kontrahierung aufgeben. Die Anwendung der Satisfizierungsbedingung auf die Rechnungslegung enthüllt somit die Qualität des Erstellers: Ein konformes Periodenergebnis signalisiert gute Qualität, ein nonkonformes schlechte. Ein solches Verhalten der Ersteller wird als separierendes Signalisierungsgleichgewicht, hier kurz als **SEPARATION** bezeichnet.[465] Wenn (C-4) und Ann. C-6 S. 104, $J_B^\# < J_G^\#$, erfüllt sind und der

---

zum Vorgehen bei aufsteigender Selektion AS sei eine Konformitätsanforderung $\bar{J}_Q^{K,BS} = c_{\bar{J}\leq J_Q^\#}^{invers}(\bar{E}_Q)$ definiert, strikt *unterhalb* dessen der Ersteller ein Periodenergebnis unstrikt oberhalb von $\bar{J}$ ausweist und der Kontrahent auf die Kontrahierung verzichtet. Es ist $\bar{J}_G^{K,BS} - J_G^\# < 0$ und $\bar{J}_B^{K,BS} - J_B^\# < 0$ sowie $\bar{J}_B^{K,BS} < \bar{J}_G^{K,BS}$. Der Kontrahent erzielt in diesem Fall das gleiche Ergebnis wie bei Kontrahierungsverzicht KV [Selektionsverzicht SV], wenn er $\bar{J}$ hinreichend niedrig [hoch] bemisst, dass $\bar{J}_B^{K,BS} < \bar{J}_G^{K,BS} < \bar{J}$ [$\bar{J}_B^{K,BS} < \bar{J}_G^{K,BS} < \bar{J}$]. Bei $\bar{J}_B^{K,BS} < \bar{J} \leq \bar{J}_G^{K,BS}$ weist B [G] ein Periodenergebnis strikt unterhalb [unstrikt oberhalb] von $\bar{J}$ aus, so dass der Kontrahent nur mit B kontrahiert und dabei eine erwartete Zielgröße von $za(BS) = p(B) \cdot TE_B$ erzielt, wenn er einen Ersteller zur Kontrahierung in Betracht zieht. Dem ist aber wegen $TE_B < 0 \wedge p(B) > 0 \Rightarrow za(BS) = p(B) \cdot TE_B < 0$ der Kontrahierungsverzicht KV und wegen $TE_G > 0 \wedge p(G) > 0$ der Selektionsverzicht SV strikt vorzuziehen. Zum analogen Ergebnis kommt Frantz (1997) S. 103, während Hughes/Schwartz (1988) diese Kontrahentenstrategie nicht untersuchen. Zu diesen Arbeiten s.o. Abschnitt B5.2.2.1 (S. 77ff.).

465 Vgl. bspw. Fudenberg/Tirole (1991) S. 327. Zur Theorie der Signalisierungsgleichgewichte vgl. insbesondere Spence (1973), Spence (1974 Optimal). Zu deren Anwendung auf Fremdfinanzierungsentscheidungen siehe bspw. Leland/Pyle (1977), Ross (1977), Blazenko (1987), Harris/Raviv (1985), Harris/Raviv (1990), Neus/Nippel (1991), Neus/Nippel (1992). Zu deren Anwendung auf Ausschüttungsentscheidungen siehe bspw. modelltheoretisch Myers/Majluf (1984), Miller/Rock (1985), Hartmann-Wendels (1986) (der auf S. 76 – 177 den Ansatz von Miller/Rock (1985) kommentiert) und empirisch bspw. Bernheim/Wantz (1995), Garrett/Priestley (2000) sowie empirisch für die BRD Amihud/Murgia (1997). Zu Weiterentwicklungen und Verfeinerungen der Signalisierungsgleichgewichte siehe bspw. Riley (1979), Kreps/Wilson (1982), Cho/Kreps (1987), Franke (1987). Einen Überblick über Verfeinerungen gibt Holler/Illing (1993) S. 128 – 135.

Kontrahent gemäß Ann. C-1 und Ann. C-2 (Kontrahent wählt AS mit AH = 1, s.S. 95) verfährt, liegt somit ein Erwartungsgleichgewicht im spieltheoretischen Sinne vor: Eine solche Situation ist, wenn sie einmal eingetreten ist, insofern stabil, dass kein Akteur von einer Veränderung seines Verhaltens profitieren würde. Die Separation bei $TE_B < 0 < TE_G$ kann auch als *Selbstselektion* interpretiert werden: Das Verhalten des Kontrahenten und die institutionelle Umgebung in Form der mit der Manipulation der Rechnungslegung verbundenen Anreize schaffen gerade solche Folgen des Erstellersverhaltens, dass dieser freiwillig die Kooperationsform – hier Kontrahierung oder deren Unterlassung – wählt, die seinem Typ entspricht.

Es seien nochmals die **Bedingungen** für separierendes Erstellerverhalten verdeutlicht:

— Für B muss $E_B < c_B(\max\{\bar{J}, J_B^{\#}\})$ gelten, d.h. dass
  - sein unverfälschtes Periodenergebnis $J_B^{\#}$ die Konformitätsanforderung $\bar{J}$ strikt unterschreitet;
  - *und* dass
    - » sein Aufwand für eine Steigerung seines ausgewiesenen Periodenergebnisses J_B auf die Höhe der Konformitätsanforderung $\bar{J}$
    - » den Vorteil E_B übersteigt, den er davon hätte, dass sich der Kontrahent hinsichtlich seiner Qualität täuscht und kontrahieren würde.

— Für G muss $E_G \geq c_G(\max\{\bar{J}, J_G^{\#}\})$ gelten, d.h. entweder, dass sein
  - unverfälschtes Periodenergebnis $J_Q^{\#}$ die Konformitätsanforderung $\bar{J}$ erreicht
  - *oder* dass sein
    - » Aufwand für eine Steigerung seines ausgewiesenen Periodenergebnisses J_G auf die Höhe der Konformitätsanforderung $\bar{J}$
    - » den Nachteil EG unterschreitet, den er erleiden würde, wenn der Kontrahent hinsichtlich seiner Qualität irren und nicht kontrahieren würde.

Kombinationen aus Konformitätsinzitamenten, Manipulationsmalusfunktionen und Konformitätsanforderungen, für welche die Separation für Kontrahent und Ersteller optimal ist, sollen als SEPARATIONSKOMPATIBEL bezeichnet werden. **Abb. C-4** zeigt oben links [oben rechts] grau unterlegt die für B [G] separationskompatiblen Kombinationen aus Konformitätsinzitament und -anforderung, $(\bar{J}, E_Q)$. Diese Kombinationen sind für B [G] diejenigen strikt unterhalb strikt rechts [unstrikt oberhalb unstrikt links] des rechten Astes der Manipulationsmalusfunktion. Nun gilt hier die Ann. C-4 S. 99, $E_G = E_B = E$, so dass bei simultaner Betrachtung beider Ersteller nur noch die unten links grau unterlegten Kombinationen $(\bar{J}, E)$ separationskompatibel sind.

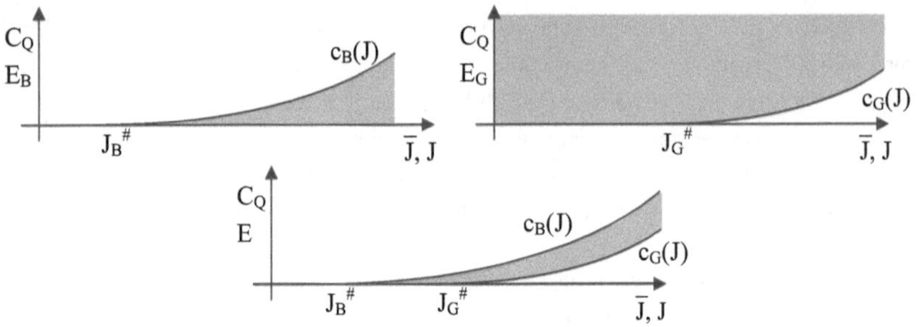

Abb. C-4: Separationskompatible Kombinationen aus Konformitätsanforderungen und Konformitätsinzitamenten

Eine Ableitung von Separationsgleichgewichten bei stetiger Ausprägung der Qualität ist möglich, überschreitet aber den hier verfügbaren Rahmen.[466]

2.2 Exkurs: Unsicherheit hinsichtlich der Erstellerkalküle

Dieser Abschnitt C2.2 verzichtet exkursorisch auf die Ann. C-6 S. 104, $J_B^{\#} < J_G^{\#}$. Die **Darstellung der Ersteller** als p(B), p(G), $\bar{J}_B^K$, $\bar{J}_G^K$, TE_B, TE_G kann als Ergebnis des folgenden, die Unsicherheit des Kontrahenten hinsichtlich der Ersteller vereinfachenden Aggregationsvorganges begriffen werden: Ausgangspunkt[467] ist die zweidimensionale Dichtefunktion $\pi(TE,\bar{J}^K)$. Hierbei sei p(B) [p(G)] die Wahrscheinlichkeit, dass $TE < 0$ [$TE \geq 0$]. Man teile nun diese zweidimensionale Dichtefunktion in zwei Dichtefunktionen $\pi_B(TE,\bar{J}^K)$ und $\pi_G(TE,\bar{J}^K)$ auf. $\pi_B(TE,\bar{J}^K)$ [$\pi_G(TE,\bar{J}^K)$] stellt für B [G] die möglichen Ausprägungen von TE und $\bar{J}^K$ dar, enthält also alle Tripel ($\pi(TE, \bar{J}^K)$, TE, $\bar{J}^K$) mit $TE < 0$ [$TE \geq 0$]. In einem ersten Aggregationsschritt wird dann unterstellt, dass mit dem Ersteller B [G] unabhängig von seinem $\bar{J}^K$ stets ein erwartetes Transaktionsergebnis von $TE = TE_B = \mu(\forall TE < 0)$ [$TE = TE_G = \mu(\forall TE \geq 0)$] verbunden ist. B [G] kann dann durch die eindimensionale Dichtefunktion $p_B(\bar{J}_B^{K,Zuf})$ [$p_G(\bar{J}_G^{K,Zuf})$] dargestellt werden, wobei sich die Dichten jeweils zu eins addieren sollen. In ei-

466 Zur formalen Herleitung von Separation bei stetiger Variation der Adressantenqualität vgl. Riley (1975), Riley (1979). Folgendes kann gezeigt werden: Wenn die Grenzkosten der Signalisierung für jede Signalhöhe um so niedriger sind, je höher die Qualität des Adressanten ist, dann gibt es stets eine „Preisfunktion" (als Zuordnung von Signalhöhe zum Nutzen aus der Kommunikation), so dass ein Adressant eine um so höhere Signalhöhe wählt, je höher seine Qualität ist. Dann kann, wenn zwei verschiedene Signalhöhen beobachtet werden, daraus geschlossen werden, dass derjenige Adressant, der das höhere Signal gesendet hat, auch die höhere Qualität haben muss.

467 Ein noch differenzierterer Ausgangspunkt ist stets denkbar, vgl.S. 19f.

nem zweiten Aggregationsschritt wird $\bar{J}_B^K$ [$\bar{J}_G^K$] als Erwartungswert $\mu_B(\forall\bar{J}^K)$ [$\mu_G(\forall\bar{J}^K)$] der Dichtefunktion $p_B(\bar{J}_B^{K,Zuf})$ [$p_G(\bar{J}_G^{K,Zuf})$] gebildet, $\bar{J}_B^K = \mu_B(\forall\bar{J}_B^{K,Zuf})$ [$\bar{J}_G^K = \mu_G(\forall\bar{J}_G^{K,Zuf})$]. B [G] kann dann, wie in Abschnitt C2.1 geschehen, als Tripel (p(B), TE_B, $\bar{J}_B^K$) [(p(G), TE_G, $\bar{J}_G^K$)] beschrieben werden.

In diesem Abschnitt C2.2 soll von der Darstellung nach dem ersten, vor dem zweiten Aggregationsschritt ausgegangen werden, also von zwei qualitätsspezifischen Dichtefunktionen der maximalen Konformitätsanforderungen $pB(\bar{J}_B^{K,Zuf})$ [$pG(\bar{J}_G^{K,Zuf})$], oberhalb derer B bzw. G die Konformität aufgeben. Das Argument einer solchen Dichtefunktion wird im Folgenden als $\bar{J}_B^K$ bzw. $\bar{J}_G^K$ bezeichnet. Um in einer solchen Risikosituation[468] die für eine Optimierung der Konformitätsanforderung erforderlichen Informationen über Dichtefunktionen und Transaktionsergebnisse zu erlangen, kommt in erster Linie der durch statistische Schätzverfahren unterstützte Schluss von **empirischen Beobachtungen** der interessierenden Größe auf deren Dichtefunktion in Frage. Eine derartige Ermittlung wird erheblich erschwert durch

— fehlende Beobachtbarkeit der Größen $\bar{J}_B^K$ und $\bar{J}_G^K$, zumal hierfür Manipulationsfunktionen und Konformitätsinzitamente bekannt sein müssten;
— fehlende Beobachtbarkeit der Transaktionsergebnisse, soweit TE_Q als Aggregation einer Wahrscheinlichkeitsverteilung zu verstehen ist und zur Ermittlung der Transaktionsergebnisse hauptsächlich auf realisierte Zahlungsströme zurückgegriffen wird (in einigen Fällen, etwa durch interne Ratings bei Kreditinstituten, mögen Beobachtungen in der Folgezeit der Kontrahierung hilfreich sein);
— zeitliche Verzögerung der Beobachtung der Transaktionsergebnisse, wenn es sich beim Kommunikationsanlass um den Abschluss einer lang laufenden Kooperation mit dem Ersteller handelt;
— fehlende sachliche und zeitliche Vergleichbarkeit von Stichprobe und Grundgesamtheit, zumal unverfälschte Periodenergebnisse, Manipulationsresistenzen und Konformitätsinzitamente von einer Vielzahl sachlich und zeitlich[469] wechselnder Rahmenbedingungen beeinflusst werden. Dazu zählen Branche, Herstellungsstufe, Unternehmensgröße, Diversifizierungsgrad, Standort, Rechts- und Organisationsform sowie sämtliche konjunkturelle, geographische, demographische, regulatorische und sonstige Determinanten der bearbeiteten Märkte.

Die Annahme, der Kontrahent sei in der Lage, die optimale Konformitätsanforderung exakt zu ermitteln, erscheint also schwer zu rechtfertigen. Geht man allerdings davon aus, dass die

468 Vgl. Fn. 69 S. 19. S.a.S. 54.

469 Bei einer deutschen Großbank ergab die bei günstigerer Konjunkturlage erfolgte Wiederholung der Stichprobe, dass die anfängliche Diskriminanzfunktion (s.o. Fn. 205 S. 46) zu selektiv, also zu „streng“ reagierte, vgl. Burgard (1991) S. 327.

Minimal- und Maximal-Werte in der Dichtefunktion von $\bar{J}_B^K$ niedriger sind als diejenigen von $\bar{J}_G^K$, reichen schon recht bescheidene Informationen des Kontrahenten für die **Optimalität der aufsteigenden Selektion** AS unter den o.g. Strategien (s.S. 112) aus. Um die Zielgröße des Kontrahenten gegenüber dem *Selektionsverzicht* za(SV)[470] zu steigern, reicht es aus, die *Minimal-Werte* von $\bar{J}_B^K$ und $\bar{J}_G^K$ zu kennen: Jede Konformitätsanforderung dazwischen schließt mit positiver Wahrscheinlichkeit B von der Kontrahierung aus, ohne gleiches für G zu tun. Um die Zielgröße gegenüber dem *Kontrahierungsverzicht* za(KV) zu steigern, muss lediglich bekannt sein, oberhalb welchen Wertes von $\bar{J}$ die Zielgröße positiv wird. Dies ist zumindest für Konformitätsanforderungen zwischen den *Maximal-Werten* von $\bar{J}_B^K$ und $\bar{J}_G^K$ der Fall: Hier wird B mit Sicherheit von der Kontrahierung ausgeschlossen, während G mit positiver Wahrscheinlichkeit zugelassen wird. Sind also die Minimal-Werte von $\bar{J}_B^K$ und $\bar{J}_G^K$ und entweder der Wert, oberhalb dessen die Zielgröße positiv wird, oder aber die beiden Maximal-Werte von $\bar{J}_B^K$ und $\bar{J}_G^K$ bekannt, zieht der Kontrahent die aufsteigende Selektion AS sowohl dem Kontrahierungsverzicht KV als auch dem Selektionsverzicht SV strikt vor.

Weiter spricht die Möglichkeit, dass sich die Konformitätsanforderung durch Erfahrung des Kontrahenten und Selektion unter mehreren Kontrahenten[471] meist nicht allzu weit entfernt von einem gedachten Optimum befindet, dagegen, dem Kontrahenten jedwede Fähigkeit zur Abschätzung von Konformitätsanforderungen abzusprechen, die ihn gegenüber Kontrahierungs- und Selektionsverzicht besser stellen. Plausibel erscheint u.a. der Fall, dass Selektionsverzicht zu einer negativen Zielgröße führt, und der Kontrahent hinreichende Informationen besitzt, um sich eine Vorstellung von einem $\bar{J}$-Wert zu machen, oberhalb dessen die Zielgröße positiv ist[472]. **Im Folgenden** soll, wie oben auf S. 116 erwähnt, davon ausgegangen werden, dass der Kontrahent zur Optimalität aufsteigender Selektion AS hinreichend informiert ist. Es gelte wieder Ann. C-6, $J_B^{\#} < J_G^{\#}$. Darüber hinaus sollen keine weiteren Annahmen über die Relation zwischen der Konformitätsanforderung einerseits und unverfälschten Periodenergebnissen oder $\bar{J}_Q^K$ andererseits getroffen werden. Im Abschnitt C3.4 (S. 136ff.) soll dem Kontrahenten ein besserer Informationsstand unterstellt werden. S.a. kurz S. 293.

---

470 Würde der Kontrahent die Konformitätsanforderung oberhalb des höchstmöglichen [niedrigstmöglichen] Wert von $\bar{J}_G^K$ ($\bar{J}_B^K$) festsetzen, käme dies dem Konformitätsverzicht [Selektionsverzicht] gleich. Bei dem hier einzig interessanten Fall $TE_B < 0 < TE_G$ ist eine Erhöhung [Senkung] oberhalb [unterhalb] des maximal [minimal] möglichen Wertes von $\bar{J}_B^K$ ($\bar{J}_G^K$) nicht sinnvoll; hiermit werden nur gute [schlechte] Ersteller von [zur] Kontrahierung ausgeschlossen [zugelassen]. Vielmehr liegt die optimale Konformitätsanforderung zwischen diesen beiden Werten.

471 In dem für die Transaktion maßgeblichen Markt dürfte die Fähigkeit, die Konformitätsanforderung günstig zu bemessen, i.d.R. ein Vorteil in der Konkurrenz mit anderen Kontrahenten sein. Bei gleichen Transaktionsergebnissen mehrerer Kontrahenten, etwa aufgrund ähnlicher mit der Transaktion verbundenen Zahlungen, würde sich die Konformitätsanforderung durch Auslese unter den Kontrahenten selbst bei zufälliger Wahl einem für die Kontrahenten günstigen Wert annähern.

472 Hat die Dichtefunktion von $\bar{J}_B^K$ nur einen Gipfel, ist dies eine hinreichende Voraussetzung dafür, dass die Zielgröße in der Konformitätsanforderung nur einen Nullpunkt aufweist.

In der vorliegenden Modellierung reicht also ein recht beschränkter Informationsstand für die Vorzugswürdigkeit der aufsteigenden Selektion sowohl im Vergleich zum Kontrahierungsverzicht als auch im Vergleich zum Selektionsverzicht aus. Es ist im Modell somit denkbar, dass auch anscheinend recht **willkürlich festgelegte Konformitätsanforderungen**, wie sie etwa in Form von Praktiker-Regeln zur Finanzierung oben zitiert wurden (s. Abschnitt B3.3.1.1 (S. 44ff.)), einen Rechnungslegungsadressaten wenigstens im Vergleich zur gänzlichen Unterlassung von Rechnungslegungsanalyse besser stellen können. S.a. Seite 44.

2.3 Manipulative Spannungszustände

Dieser Abschnitt C2.3 definiert einige bei der späteren Analyse benötigte Begriffe.

Im Folgenden wird nicht auf das unverfälschte Periodenergebnis $J^{\#}_{Q,t'}$ und die Konformitätsanforderung $\bar{J}_{t'}$, sondern auf ihre als **ANFORDERUNGSRESIDUUM** $\Delta_{Q,t'} = \bar{J}_{t'} - J^{\#}_{Q,t'}$, bezeichnete Differenz abgestellt. Ein strikt positives [unstrikt negatives] Anforderungsresiduum soll als FEHLBETRAG $\Delta_t > 0$ [ÜBERSCHUSS $\Delta_t \leq 0$] bezeichnet werden. κ soll das KONFORMITÄTSVERHALTEN des Erstellers bei aufsteigender Selektion AS erfassen, wobei $\kappa = 1$ [$\kappa = 0$] den Ausweis eines Periodenergebnisses unstrikt oberhalb [strikt unterhalb] der Konformitätsanforderung kennzeichnet: $\kappa_Q = 1 \Leftrightarrow J_Q \geq \bar{J}$ [$\kappa_Q = 0 \Leftrightarrow J_Q < \bar{J}$]. Die Differenz zwischen dem Manipulationsinzitament und dem zur Konformität erforderlichen Manipulationsmalus [KONFORMITÄTSKOSTEN] soll als KONFORMITÄTSWERT $KW_{Q,t'}$ bezeichnet werden. Bei PH = 1 ist[473]

$$\text{(C-5)} \qquad KW_{Q,t'} = E_{Q,t'} - \omega \cdot \max\{0, \Delta_{Q,t'}\}^2.$$

Das Anforderungsresiduum, oberhalb dessen der Konformitätswert negativ wird, soll als **KONFORMITÄTSLIMIT** $\overset{K}{\Delta}_{Q,t'}$ bezeichnet werden. Bei PH = 1, $\Delta_{Q,t'} > 0$ ergibt es sich aus

$$\text{(C-6)} \qquad E_{t'} \geq c_{Q,t'}(\bar{J}) = \omega \cdot M^2_{Q,t'} = \omega \cdot \Delta^2_{Q,t'} \Rightarrow \Delta_{Q,t'} \leq \sqrt{E_{t'}/\omega} = \Delta^K_{Q,t'} \quad , \quad \Delta_{Q,t'} > 0$$

Bei unstrikt negativem Anforderungsresiduum, $\Delta_{Q,t'} \leq 0 \Leftrightarrow \bar{J} \leq J^{\#}_{Q,t'}$, berichtet der Ersteller konform, ohne manipulieren zu müssen; es ist $J_{Q,t'} = J^{\#}_{Q,t'}$ und $M_{Q,t'} = 0$. Bei $\Delta_{Q,t'} > 0 \Leftrightarrow \bar{J} > J^{\#}_{Q,t'}$ lohnt sich die Konformität, ist also der intratemporale Konformitätswert positiv, wenn das Anforderungsresiduum das Konformitätslimit unterschreitet. Für $\Delta_{Q,t'} \in (0; \sqrt{E_{t'}/\omega}\,]$ manipuliert der Ersteller und berichtet konform; $J_{Q,t'} = \bar{J} > J^{\#}_{Q,t'}$ mit $M_{Q,t'} = \bar{J} - J^{\#}_{Q,t'} = \Delta_{Q,t'}$.

473 Werden das Konformitätsinzitament übersteigende Manipulationsmalusse aufgebracht, wie es bei mehrperiodigem Planungs- und Anforderungshorizont (entgegen Ann. C-3 S. 98) vorteilhaft sein kann, kann $KW_{Q,t} < 0$ sein. $|KW_{Q,t}|$ soll dann als KONFORMITÄTSUNWERT bezeichnet werden. Siehe Abschnitt D6.3 (S. 289ff.) zu relevanten Fällen. S.a.S. 95.

Übersteigt das Anforderungsresiduum das Konformitätslimit, berichtet der Ersteller bei PH = 1 nonkonform, ohne zu manipulieren.

Für Separation muss das Konformitätslimit zwischen den Anforderungsresiduen von G und B liegen:[474]

$$\Delta_{G,t'} \leq \sqrt{E_{t'}/\omega} < \Delta_{B,t'} \qquad \text{(C-7)}$$

Unter der UNSCHÄRFE eines Berichtes soll allgemein die Größe der mit ihm zu vereinbarenden Menge möglicher Zustände der Welt verstanden werden.[475] Für unverfälschte Periodenergebnisse in einem Intervall unstrikt unterhalb der Konformitätsanforderung wird der Ersteller sein Periodenergebnis stets in Höhe der Konformitätsanforderung ausweisen (**UNSCHÄRFEINTERVALL**). Für PH = 1 ist das Unschärfeintervall $\left\lfloor \overline{J}_{t'} - \sqrt{E_{t'}/\omega}; \overline{J}_{t'} \right\rfloor$: Wenn der Ersteller $J_{Q,t'} = \overline{J}_{t'}$ ausweist, kann hieraus nur geschlossen werden, dass $J^{\#}_{Q,t'} \in \left\lfloor \overline{J}_{t'} - \sqrt{E_{t'}/\omega}; \overline{J}_{t'} \right\rfloor$. Vgl. auch Abb. C-5 S. 124 und (C-11) S. 129. Zum mehrperiodigen Planungshorizont s.S. 158 und S. 198f.

Der Grad der Knappheit an unverfälschtem Periodenergebnis soll – auch bei mehrperiodigem Planungshorizont des Erstellers, PH ≥ 2 – als manipulative **SPANNUNG** bezeichnet werden. Ein Zustand, in dem

- Konformität herrscht und
  - zusätzliches unverfälschtes Periodenergebnis beliebigen Ausmaßes die Zielgröße des Erstellers nicht strikt steigern würde, soll als ENTSPANNUNG der betreffenden Periode bezeichnet werden.
  - Würde eine zusätzliche Einheit unverfälschten Periodenergebnisses dagegen die Zielgröße strikt steigern, soll der Zustand als ANSPANNUNG bezeichnet werden.
- Erscheint dem Ersteller die Konformität zu kostspielig, soll der Zustand als ÜBERSPANNUNG bezeichnet werden. In diesem Zustand gibt es stets ein strikt positives, nicht nur marginales, aber endliches Ausmaß an unverfälschtem Periodenergebnis, welches den Ersteller zur Konformität bewegen würde.

---

474 Bei qualitätsunspezifischem Konformitätsinzitament und Resistenzkoeffizient ist das Konformitätslimit für G und B gleich. (C-7) erhält man alternativ aus der Separationsbedingung (C-4) S. 115: $\overline{J}^K_B < \overline{J} < \overline{J}^K_G \Rightarrow E_B < c_{B,t'}(\max\{\overline{J}, J^{\#}_B\}) \wedge E_G \geq c_{G,t'}(\max\{\overline{J}, J^{\#}_G\}) \Rightarrow E_B < \omega \cdot \max\{0, \Delta_{G,t'}\}^2 \wedge E_G \geq \omega \cdot \max\{0, \Delta_{G,t'}\}^2 \Rightarrow$ (C-7).

475 Zu dem ähnlichen Begriff „Feinheit" von Blackwell vgl. die Nachweise in Fn. 278 S. 61.

Bei Entspannung überschreitet das ausgewiesene Periodenergebnis – bis auf den Grenzfall der Entspannung strikt – die Konformitätsanforderung, bei Anspannung gleicht es ihr, bei Überspannung unterschreitet es sie strikt. In dem Grenzfall der Entspannung wird in einer Periode t = t' mit Entspannung im o.g. Sinne gerade die Konformitätsanforderung ausgewiesen, bspw. bei PH = 1, $M_{Q,t'-1} = 0$, $J^{\#}_{Q,t'} = \bar{J}_{t'}$. Die Zuordnung zwischen Spannungszustand und dem Vorzeichen der Differenz zwischen ausgewiesenem Periodenergebnis und Konformitätsanforderung (AUSWEISDIFFERENZ AuswDiff = $J_{Q,t} - \bar{J}_{Q,t}$) ist – bis auf den Grenzfall der Entspannung – somit *eineindeutig*.[476]

Bei Anspannung ähnelt das Periodenergebnis einem knappen Gut: Jede Erhöhung [Senkung] des unverfälschten Periodenergebnisses würde dem Ersteller eine Malusersparnis [Malusererhöhung] erbringen. Deshalb manipuliert der Ersteller immer – bis auf den Grenzfall der Anspannung – in Perioden mit Anspannung und sonst nie. In dem Grenzfall der Anspannung ist die optimale Manipulation in einer von Anspannung im o.g. Sinne befangenen Periode gerade null, vgl. t = 6 in Bsp. D-7 S. 190, s.a. dort Fn. 594.

Bei PH = 1 könnte die rechnungslegungspolitische Spannung mit Hilfe des in Kauf genommenen Grenzmalusses geteilt durch $\kappa_{Q,t'}$ (SPANNUNGSMASS) gemessen werden:

$$\text{(C-8)} \qquad \left| \frac{\partial c_{Q,t'}\left(M_{Q,t'}\right)}{\partial M_{Q,t'}} \right| \cdot \frac{1}{\kappa_{Q,t'}}$$

Bei Ent- und Anspannung ist dies der Grenzpreis des knappen Gutes Periodenergebnis, den der Ersteller zu zahlen bereit ist. Bei Überspannung drückt es aus, dass die Bereitschaft des Erstellers zur Verbesserung seines Periodenergebnisses erschöpft ist. Abb. C-5 und Tab. C-2 zeigen die einschlägigen Größen der drei Spannungszustände. S.a. Abschnitt D4.1.4 (S. 217ff.).

---

476 S.a. Fn. 570 S. 178.

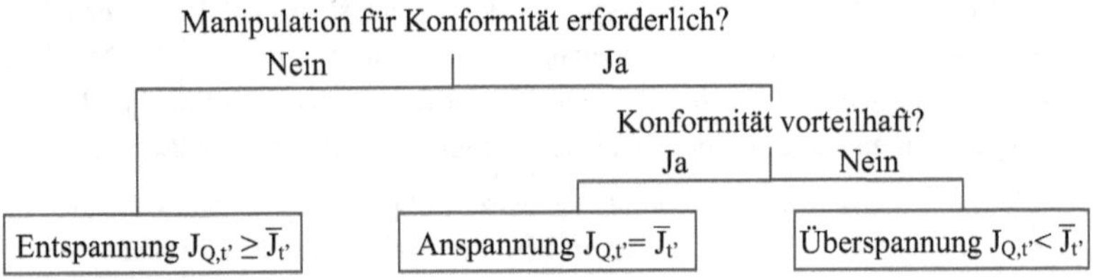

Abb. C-5: Manipulative Spannungszustände

Spannungzustand→		Entspannung	Anspannung	Überspannung
Anforderungs-residuum	$\Delta_{Q,t'}$	$(-\infty; 0]$	$(0; \sqrt{E_{t'}/\omega}]$	$(\sqrt{E_{t'}/\omega}; \infty)$
Manipulation	$M_{Q,t'}$	0	$\Delta_{Q,t'}$	0
Konformitätskosten	$\omega \cdot \max\{0, \Delta_{Q,t'}\}^2$	0	$(0; E_{t'}]$	$(E_{t'}; \infty)$
Konformität	$\kappa_{Q,t'}$	1	1	0
Konformitätswert	$KW_{Q,t'}$	$E_{t'}$	$E_{t'} - \omega \cdot \Delta^2_{Q,t'}$	0
Ausweisdifferenz	$J_{Q,t'} - \bar{J}_{t'}$	$(-\infty; 0]$	0	$(0; \infty)$
Spannungsmaß		0	$\frac{\partial c_{Q,t'}(M_{Q,t'})}{\partial M_{Q,t'}}$ mit $M_{Q,t'} = \Delta_{Q,t'}$	∞

Tab. C-2: Manipulative Spannungszustände bei einperiodigem Betrachtungs- und Planungshorizont

3 Kommunikationskontinuität

3.1 Manipulationskumulation

Dieser Abschnitt C3 zeigt die zeitliche Kumulation von Manipulation auf (C3.1), die mit ihr verbundenen Progressions- und Wiederholungseffekte (C3.2) und ihre Implikationen

— für die Erschwerung von Manipulation durch Quartalsberichterstattung (C3.3),
— für die Separation guter und schlechter Ersteller über mehrere Perioden (C3.4) und
— für die endogene Aufdeckung des Totalerfolges von Anspannungszeiträumen (C3.5).

Im Folgenden soll dem Ersteller unterstellt werden, dass sein Bericht in jeder Periode für die in Tab. B-1 S. 17 und Abschnitt B3.3 (S. 44ff.), s.a. S. 99, aufgeführten Anlässe herangezogen wird und er insofern einen ständigen Kommunikationsbedarf hat:

Ann. C-10: KOMMUNIKATIONSKONTINUITÄT (Geltung: ab Abschnitt C3 außer D2)
Der Ersteller kann in jeder Periode ein strikt positives Konformitätsinzitament durch Konformität erzielen, $E_t > 0\ \forall t$.

Es wird in diesem Abschnitt C3 von Verzinsung abgesehen, $q = 1$. Der Index Q, der ja die Qualität des Erstellers wiedergibt, wird für die restliche Untersuchung nur noch in Abschnitt C3.4 (S. 136ff.) verwendet.

Es sei in $t = -1$ nicht manipuliert worden. Überschreitet **in $t = 0$** das unverfälschte Periodenergebnis die Konformitätsanforderung, liegt also ein negatives Anforderungsresiduum vor, $J_0^{\#} \geq \bar{J}_0 \Leftrightarrow \Delta_0 \leq 0$, dann unterlässt der Ersteller das Manipulieren, weil es zur Konformität nicht erforderlich ist; es herrscht Entspannung (s.S. 124) in $t = 0$. Ist dagegen $\Delta_0 > 0$, muss er zur Konformität i.H.v. $M_0 = \Delta_0$ manipulieren. Die Konformitätskosten berechnen sich gemäß Ann. C-7 S. 107 als $\omega \cdot M_0^2 = \omega \cdot \Delta_0^2$. Wenn dies das Konformitätsinzitament E_0 überschreitet, unterlässt der Ersteller ebenfalls Manipulation in $t = 0$; es herrscht Überspannung in $t = 0$. Gilt dagegen (C-6), $\Delta_0 \leq \sqrt{E_0/\omega} = \Delta_0^K$, dann manipuliert der Ersteller i.H.v. $M_0 = \Delta_0$. In diesem Fall herrscht Anspannung in $t = 0$.

Wenn der Ersteller in $t = 0$ nicht manipuliert, also bei Ent- oder Überspannung, besteht **in $t = 1$** die gleiche Situation wie in $t = 0$. Manipuliert dagegen der Ersteller in $t = 0$ i.H.v. $M_0 = \Delta_0$, herrscht also Anspannung in $t = 0$, dann beträgt die Umkehrwirkung in $t = 1$ gemäß Ann. C-8 S. 109 und Ann. C-9 S. 111 $-M_0 = -\Delta_0$. Ohne Manipulation in $t = 1$ würde der Ersteller also in $t = 1$ ein Periodenergebnis i.H.v. $J_1^{\#} - M_0 = J_1^{\#} - \Delta_0$ ausweisen. Ist dies höher als die Konformitätsanforderung, $J_1^{\#} - \Delta_0 \geq \bar{J}_1 \Leftrightarrow 0 \geq \Delta_0 + \Delta_1$, dann unterlässt der Ersteller Manipulation, weil sie zur Konformität nicht erforderlich ist (Entspannung). Ist dagegen $\Delta_0 + \Delta_1 > 0$, dann betragen in $t = 1$ die Konformitätskosten $\omega \cdot M_1^2 = \omega \cdot (\Delta_0 + \Delta_1)^2$. Wenn dies das Konformitätsinzitament E_1 strikt übersteigt, verzichtet der Ersteller auf die Konformität und unterlässt Manipulation (Überspannung). Ist dies nicht der Fall, ist also $\Delta_0 + \Delta_1 \leq \sqrt{E_1/\omega}$, manipuliert er i.H.v. $M_1 = \Delta_0 + \Delta_1$ (Anspannung).

Wenn der Ersteller in $t = 1$ nicht manipuliert, also bei Ent- oder Überspannung, besteht **in t = 2** die gleiche Situation wie in $t = 0$. Manipuliert der Ersteller in $t = 1$ i.H.v. $M_1 = \Delta_0 + \Delta_1$, dann beträgt wiederum in $t = 2$ das unmanipulierte Periodenergebnis $J_2^{\#} - M_1 = J_2^{\#} - (\Delta_0 + \Delta_1)$. Ist dies höher als die Konformitätsanforderung, ist also $J_2^{\#} - M_1 \geq \bar{J}_2 \Rightarrow \Delta_0 + \Delta_1 + \Delta_2 \leq 0$, dann unterlässt der Ersteller das Manipulieren, weil es zur Konformität nicht erforderlich ist (Entspannung). Ist dagegen $\Delta_0 + \Delta_1 + \Delta_2 > 0$, dann betragen in $t = 2$ die Konformitätskosten $\omega \cdot (\Delta_0 + \Delta_1 + \Delta_2)^2$. Übersteigt dies das Konformitätsinzitament E_2, verzichtet der Ersteller auf die Konformität und unterlässt Manipulation (Überspannung). Ist dies nicht der Fall, manipuliert er i.H.v. $M_2 = \Delta_0 + \Delta_1 + \Delta_2$ (Anspannung).

Abb. C-6 zeigt die Manipulation im Zeitablauf bei PH = 1 als partiellen Zustandsbaum. Es ist $\Delta_{t':t''} = \Delta_{t'} + \Delta_{t'+1} + \ldots + \Delta_{t''}$. Doppelt linierte Kanten führen zu Knoten mit Anspannung.

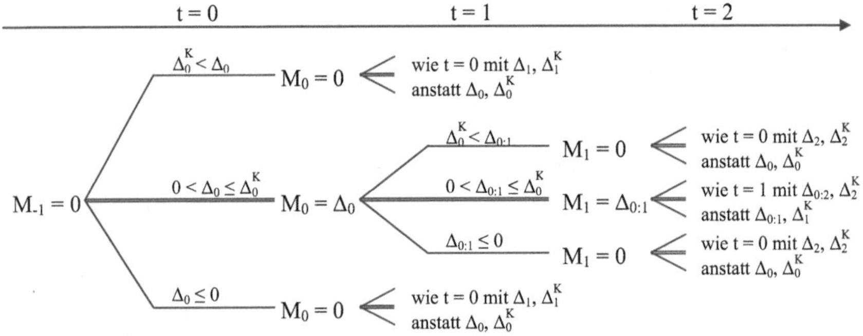

Abb. C-6: Manipulation im Zeitablauf bei PH = 1 als partieller Zustandsbaum

Man erkennt das folgende **Muster**: Herrschte Anspannung in der Vorperiode, ist die zur Konformität erforderliche Manipulation das Minimum aus null und dem seit der Folgeperiode der letzten Periode ohne Anspannung kumulierten Anforderungsresiduum. Ist letzteres strikt[477] kleiner als null, dann herrscht Entspannung. Sind die sich aus ihm ergebenden Konformitätskosten strikt größer als das Konformitätsinzitament der betrachteten Periode, dann verzichtet der Ersteller auf Manipulation und Konformität. Es herrscht dann Überspannung. Sind dagegen die Konformitätskosten strikt[478] größer null, aber unstrikt kleiner als das Konformitätsinzitament, dann manipuliert der Ersteller i.H.d. seit Anspannungsanfang kumulierten Anforde-

477 Zum Grenzfall der Entspannung vgl. oben S. 123.

478 Zum Grenzfall der Anspannung vgl. oben S. 123.

rungsresiduums. Es herrscht Anspannung. Die Folgeperiode einer Periode mit Anspannung verzeichnet eine Umkehrwirkung i.H.d. seit Anspannungsanfang kumulierten Anforderungsresiduums.

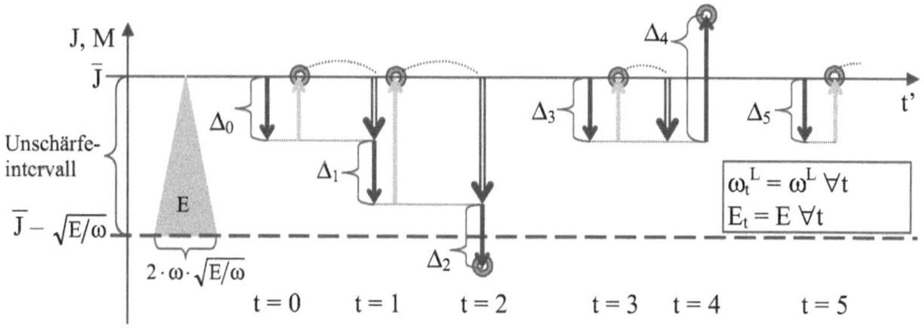

Abb. C-7: Manipulationskumulation[479]

Abb. C-7 zeigt die durch Manipulationskumulation induzierte Entwicklung der Manipulationsmalusse im Zeitablauf. Die schwarzen senkrechten Pfeile veranschaulichen die Anforderungsresiduen, ihre Richtung das Vorzeichen; nach unten [oben] zeigende Pfeile stellen Fehlbeträge [Überschüsse] dar. Die grauen Pfeile zeigen die Manipulation an, die doppelten Pfeile die jeweilige Umkehrwirkung in der (mit gepunktetem Strich verbundenen) Folgeperiode. Die Doppelkreise markieren die Höhe des ausgewiesenen Periodenergebnisses. Bei Anspannung in der Vorperiode setzt ein durchgezogener Pfeil in Höhe der Spitze der Vorperiode an. Ohne Manipulation in der Vorperiode setzt er an der Abszisse an. Die Höhe der Pfeilspitze gibt also das seit dem letzten Anspannungsanfang kumulierte Anforderungsresiduum wieder. Die Fläche des grauen Dreiecks veranschaulicht das Konformitätsinzitament $E_t = E \; \forall t$ (s.a.u. Abb. C-8 S. 131), während seine Höhe das Konformitätslimit Δ_t^K und seine untere Fläche den Grenzmalus bei $M_t = \Delta_t^K$ angibt. Solange sich die Pfeilspitze einer Periode zwischen Abszisse und Konformitätslimit befindet, hält die Anspannung an und die Manipulation ergibt sich als Kumulation seit dem Anspannungsanfang. Befindet sich die Pfeilspitze oberhalb der Abszisse, wie in $t = 4$, dann entfällt die Manipulation, weil sie zur Konformität entbehrlich ist; es herrscht Entspannung. Durchbricht sie dagegen das Konformitätslimit, wie in $t = 2$, dann ü-

479 Werte: $\Delta_0 = \Delta_1 = \Delta_2 = \Delta_3 = 1$ PE; $\Delta_4 = -2$ PE; $\Delta_5 = 1$ PE; $\omega = 0{,}2$ NE/PE^2 $\forall t$; $E_t = 1{,}25$ NE $\forall t$, $q = 1$. Das Konformitätslimit beträgt $\sqrt{E/\omega} = \sqrt{1{,}25/0{,}2} = 2{,}5$ PE. Deshalb hält die Anspannung mit $M_0 = \Delta_0 = 1$ und $M_1 = \Delta_0 + \Delta_1 = 2$ von $t = 0$ bis $t = 1$ an; in $t = 0$ unterschreitet der Manipulationsmalus i.H.v. $0{,}2 \cdot 1^2 = 0{,}2$ NE das Konformitätsinzitament i.H.v. $E = 1{,}25$. In $t = 1$ gilt ebenfalls $0{,}2 \cdot 2^2 = 0{,}8$ NE $< E = 1{,}25$. In $t = 2$ dagegen, hat sich das Anforderungsresiduum nach Umkehrwirkung auf $\Delta_0 + \Delta_1 + \Delta_2 = 3 > \Delta_2^K = 2{,}5$ PE kumuliert, so dass sich Konformität nicht lohnt; der Manipulationsmalus betrüge $0{,}2 \cdot 3^2 = 1{,}8$ NE $> E = 1{,}25$ NE. Vielmehr unterlässt der Ersteller die Manipulation und berichtet nonkonform; Überspannung tritt ein. Wegen $0 < \Delta_3 < \Delta_2^K$ tritt die Anspannung wieder in $t = 3$ ein, aber wird in $t = 4$ von Entspannung abgelöst, weil das negative Anforderungsresiduum die Umkehrwirkung aus $t = 3$ überkompensiert: $\Delta_3 + \Delta_4 = -1 < 0$. In $t = 5$ beginnt ein neuer Anspannungszeitraum.

bersteigt der Manipulationsmalus das Konformitätsinzitament und der Ersteller unterlässt die Manipulation; es tritt Überspannung ein und ein Periodenergebnis strikt unterhalb der Konformitätsanforderung, nämlich strikt unterhalb von $J_t = \bar{J}_{t'} - \sqrt{E/\omega}$, wird ausgewiesen. Im Unschärfeintervall erfolgt der Ausweis nur an seiner oberen Beschränkung $\bar{J}_{t'}$. Die Größe $(-M_{t'-1} + \Delta_{t'})$ wird im Folgenden gelegentlich als ANFORDERUNGSRESIDUUM NACH UMKEHRWIRKUNG der Periode t = t' bezeichnet.

Diese „Mechanik" der Manipulation ähnelt strukturell einem **Kontokorrentkredit**: Die Fehlbeträge [Überschüsse] korrespondieren zu Belastungen [Gutschriften] und das Anforderungsresiduum nach Umkehrwirkung zum Kontostand. Positive Manipulation entspricht dem Stehenlassen einer Schuld; der Manipulationsmalus einem aus externer Quelle aufzubringenden Zins; die Manipulationsresistenz dem Zinssatz (der allerdings auf das Quadrat der Schuld anzuwenden ist). Schließlich könnte das Entfallen des Konformitätsinzitamentes bei Nonkonformität mit der privaten Pönalisierung des Erstellers bei einem insolvenzbedingten Schulderlass verglichen werden. Diese Analogie wird für mehrperiodigen Planungshorizont des Erstellers, PH ≥ 2, in Tab. D-2 S. 191 gezeigt und erläutert.

Nach einer anfänglichen Manipulation muss in den darauf folgenden Perioden also so lange manipuliert werden – „stauen" sich sozusagen die Anforderungsresiduen durch positive Anforderungsresiduen an und werden durch negative „abgebaut" – bis das seit Anspannungsanfang **kumulierte Anforderungsresiduum** entweder

— durch so hohe unverfälschte Periodenergebnisse „abgebaut" worden ist, dass die Konformitätsanforderung trotz Umkehrwirkung aus der Vorperiode auch ohne Manipulation erfüllt wird, oder aber
— so groß geworden ist, dass sich Manipulation nicht lohnt und sich das angestaute Anforderungsresiduum in Überspannung durch den Ausweis eines Periodenergebnisses erheblich unterhalb der Konformitätsanforderung „entlädt".

Es wird also, wie bereits in Tab. C-2 S. 124 festgehalten, nur in Anspannungsperioden manipuliert. In Anspannungsperioden wird ein Periodenergebnis gerade i.H.d. Konformitätsanforderung, in Entspannungsperioden unstrikt darüber und in Überspannungsperioden strikt darunter ausgewiesen, nämlich unterhalb von Konformitätsanforderung abzüglich Konformitätslimit. Ent- oder Überspannung unterbricht die Manipulationskumulation, weil mangels Manipulation die Umkehrwirkung in der Folgeperiode entfällt.

Ein **ANSPANNUNGSZEITRAUM** sei eine Reihe aufeinander folgender Perioden mit Anspannung, dem mindestens eine Periode mit Nicht-Anspannung jeweils vorausgeht und nachfolgt. Ist t=t' Teil eines Anspannungszeitraumes, heißt dessen erste [letzte] Periode ANSPANNUNGSANFANG t=aa [ANSPANNUNGSENDE t=ae] zu t=t', $t=aa_Q|t'$ [$t=ae_Q|t'$]. In Abb. C-7 liegen drei Anspannungszeiträume vor: t = 0 bis t = 1 sowie t = 3 und t = 5, so dass bspw.

$aa_Q|0 = aa_Q|1 = 0$ und $ae_Q|0 = ae_Q|1 = 1$. Zur Konformität bedarf es bei Anspannung einer Manipulation i.H.d. Differenz zwischen der Konformitätsanforderung einerseits und dem unverfälschten Periodenergebnis abzüglich Manipulation der Vorperiode andererseits:

$$\text{(C-9)} \qquad M_{t'} = \bar{J}_{t'} - \left(J_{t'} - M_{t'-1}\right)$$

Innerhalb von Anspannungszeiträumen ergibt sich bei PH = 1 unter Ann. C-8 S. 109, Ann. C-9 S. 111, Ann. C-10 S. 125, sofortige vollständige Umkehr und Kommunikationskontinuität, die zur Konformität erforderliche Manipulation **allgemein** als Summe der Anforderungsresiduen seit Anspannungsanfang, also seit der Folgeperiode der letzten Periode ohne Anspannung (**MANIPULATIONSKUMULATION**):

$$\text{(C-10)} \qquad \begin{aligned} M_{t'} &= \bar{J}_{t'} - \left(J_{t'} - \left[\bar{J}_{t'-1} - \left(J_{t'-1} - \left[\bar{J}_{t'-2} - \left(J_{t'-2} - \ldots - \left[\bar{J}_{aa|t'} - J_{aa|t'}\right]\right)\right]\right)\right]\right) \\ &= \left(\bar{J}_{t'} - J_{t'}\right) + \left(\bar{J}_{t'-1} - J_{t'-1}\right) + \ldots + \left(\bar{J}_{aa|t'} - J_{aa|t'}\right) = \sum_{t=aa|t'}^{t=t'} \Delta_t = \Delta_{aa|t':t'} \end{aligned}$$

Nach Einsetzung in die Manipulationsmalusfunktion gemäß Ann. C-7 S. 107 erhält man die Konformitätskosten und das Konformitätslimit bei Anspannung:

$$\text{(C-11)} \qquad c_{t'}\left(\bar{J}_{t'}\right) = \omega \cdot \Delta^2_{aa|t':t'} \leq E_{t'} \Rightarrow \Delta_{aa|t':t'} \leq \sqrt{E_{t'}/\omega}$$

Man erhält also das gleiche Ergebnis wie bei der Betrachtung einer einzelnen Periode, vgl. (C-6) S. 121, mit dem Unterschied, dass in (C-11) die Umkehrwirkung aus der Vorperiode explizit gezeigt wird, nämlich als Summe der Anforderungsresiduen von $t = aa_Q|t'$ bis $t = t' - 1$. Es herrscht somit bei einem seit dem letzten Anspannungsanfang kumulierten Anforderungsresiduum unstrikt unterhalb von null Entspannung; strikt oberhalb von null, aber unstrikt unterhalb von $\sqrt{E_{t'}/\omega}$ gemäß (C-11) Anspannung und strikt oberhalb von $\sqrt{E_{t'}/\omega}$ Überspannung. Ent- oder Überspannung beendet den Anspannungszeitraum.

Ist das unverfälschte Periodenergebnis eines Erstellers niemals höher als die Konformitätsanforderung, dann ist die **Nonkonformität** lediglich *eine Frage der Zeit.* Denn in diesem Fall gibt es, zumal die Summe in (C-11) mit jeder Periode ansteigt, zu jedem endlichen Konformitätsinzitament $E_{t'} > 0$, $\omega > 0$, stets ein $t = t''$, bei dem die Summe gemäß (C-11), $\Delta_{aa|t'':t''}$, größer ist als $\Delta^K_{t''} = \sqrt{E_{t''}/\omega}$. Ab der auf Überspannung folgenden Periode $t = t'' + 1$ fängt dann erneut der Aufbau stiller Lasten an. Auch bei mehrperiodigem Planungshorizont unterliegt der Ersteller diesem Zwang. Die Konformitätsanforderung quantifiziert insofern eine langfristige Mindestanforderung an die unverfälschten Periodenergebnisse des Unternehmens. Die nahe liegende Schlussfolgerung des Kontrahenten, mit einer Erweiterung des Anforderungshorizontes könne er die Kontrahierung mit Erstellern vermeiden, deren unverfälschten Periodenergebnisse langfristig unter der Konformitätsanforderung liegen, wird in Abschnitt C3.4 (S. 136ff.), zyklische Separation, für PH = 1 analysiert. Die Implikationen einer Erweiterung des Anforderungshorizontes für den Erstellerkalkül bei PH > 1 werden in Abschnitt D6 (S. 286ff.) erschlossen.

Zur Veranschaulichung der Modellierung sei als Spezialfall folgendes Szenario nachgezeichnet, welches aufgrund hoher Manipulationsbeträge mit markanten Abweichungen von anerkannten Abbildungsmethoden einhergeht und insofern als modellhafte Abbildung eines „**Bilanzskandals**" dienen kann:

- Bei anhaltend nachteiliger wirtschaftlicher Entwicklung, also niedrigen $J^{\#}_{Q,t}$, oder hohen Erwartungen der Adressaten, also hohen $\bar{J}_t$, und hieraus resultierenden positiven Anforderungsresiduen muss der Ersteller die Manipulationsbeträge in der in (C-10) und Abb. C-7 gezeigten Weise kumulieren, wenn er konform bleiben will.
- Die Konformitätsinzitamente E_t wachsen mit zunehmender Diskrepanz zwischen Adressatenerwartungen und unverfälschten Periodenergebnissen nach Umkehrwirkung an, weil eine auf Nonkonformität folgende „Aufdeckung"[480] im Rahmen einer eingehenden Informationssuche der Adressaten zunehmend schlechte Ergebnisse zu Tage fördern und zunehmend negative Adressatenreaktionen auslösen würde.
- Die Manipulationsresistenz bzw. ω nimmt, personelle Kontinuität der Verantwortlichen vorausgesetzt, im Zeitablauf ab, weil einige Durchsetzungsanreize wie professionelle Ethik, Verlust von Reputation und künftigem Verdienst sowie buß- und strafrechtliche Bewehrung für die Verantwortlichen weniger schwer wiegen, wenn sie die den Durchsetzungsanreiz auslösenden Taten bereits in früheren Perioden begangen haben. Im Extremfall sind für die Verantwortlichen als Auslöser von Durchsetzungsanreizen lediglich Taten relevant, deren Strafmaß die bisherigen Taten übertrifft.

Im Übrigen lässt sich der Modellierung bereits ohne weitere Analyse entnehmen, dass der Schluss von spektakulären Bilanzbetrugsfällen auf geringe Manipulationsresistenz des betroffenen Regimes, wie er zumindest in populären Darstellungen gezogen wurde[481], voreilig ist: Selbst wenn solche Fälle ein gemeinhin höheres Ausmaß an Manipulation anzeigen sollten, kann hiermit allenfalls das Verhältnis zwischen Manipulationsresistenz einerseits und Intensität des Anreizes zur Manipulation (hier E_t) andererseits beurteilt werden, zumal beide das Manipulationsverhalten beeinflussen.

3.2 Wiederholungs- und Progressionseffekt

Innerhalb von Anspannungszeiträumen schlägt das Anforderungsresiduum einer Periode in gleicher Höhe auf sämtliche kumulierte Anforderungsresiduen des restlichen Anspannungszeitraumes durch. Dies beeinflusst die Manipulationsmalusse zweifach:

---

480 Siehe zu derartigen Selektionsprozessen Fn. 419 S. 99.

481 Vgl. bspw. Handelsblatt vom 24. Januar 2002, Wirtschaftswoche vom 24. Januar 2002.

— WIEDERHOLUNGSEFFEKT: Ein Fehlbetrag $\Delta_{t^\$} > 0$ [Überschuss $\Delta_{t^\$} \leq 0$] in Periode $t = t^\$$ erhöht [senkt] in jeder nachfolgenden Periode $t \in \{t^\$+1, \ldots, ae|t^\$\}$ die zur Konformität erforderliche Manipulation im Vergleich zu $\Delta_{t^\$} = 0$.

— PROGRESSIONSEFFEKT: Dies erhöht [senkt] aufgrund der quadratischen Form der Manipulationsmalusfunktion die durchschnittlichen Manipulationsmalusse $c_t(M_t)/M_t$ und die Grenz-Manipulationsmalusse $\partial c_t(M_t)/\partial M_t$ zur Bewältigung der Anforderungsresiduen der nachfolgenden Perioden bis zum Anspannungsende.

Analytisch ergibt sich der Maluseffekt der Manipulationskumulation in t = t' mit Manipulation in der Vorperiode, $M_{t'-1} > 0$, und strikt positivem Anforderungsresiduum $\Delta_{t'}$ als

$$\omega_{t'}^{L} \cdot (\Delta_{t'} + M_{t'-1})^2 - \omega_{t'}^{L} \cdot \Delta_{t'}^2 = \omega_{t'}^{L} \cdot (M_{t'-1}^2 + 2 \cdot \Delta_{t'} \cdot M_{t'-1}) \qquad \text{(C-12)}$$

Der erste Summand erfasst den Wiederholungseffekt der Manipulation in t = t' − 1, der zweite den Progressionseffekt.

Man betrachte ein gleichschenkeliges Dreieck, in dem die Höhe auf die ungleiche Seite M_t und der Tangens zum ungleichen Winkel $2 \cdot \omega$ beträgt. Die hälftige ungleiche Seite ergibt sich dann als $(\frac{1}{2} \cdot (2 \cdot \omega) \cdot M_t)$, die ganze als $(\frac{1}{2} \cdot (2 \cdot \omega) \cdot M_t) \cdot 2 = 2 \cdot \omega \cdot M_t$ und die Fläche des Dreiecks als $(\frac{1}{2} \cdot (2 \cdot \omega) \cdot M_t) \cdot 2 \cdot M_t \cdot \frac{1}{2} = \omega \cdot M_t^2$. Dies nutzt Abb. C-8 zur graphischen Darstellung der Manipulationsmaluseffekte: Die Höhe auf die ungleiche Seite des gleichschenkeligen Dreiecks stellt die Manipulation dar. Der Winkel zwischen dieser Höhe und einem der gleichen Schenkel gibt den Resistenzkoeffizienten wider, während die Fläche den Manipulationsmalus und die ungleiche Seite den Grenzmalus entsprechen. Der nach unten gerichtete Pfeil zeigt ein positives Anforderungsresiduum der aktuellen Periode an. Die obere graue Fläche erfasst den Wiederholungseffekt, die weiße den Progressionseffekt und die untere graue Fläche den Manipulationsmalus, der ohne Manipulation in t = t' − 1 zur Konformität in t=t' in Kauf zu nehmen wäre. Abb. C-9 zeigt die Werte aus Abb. C-7.

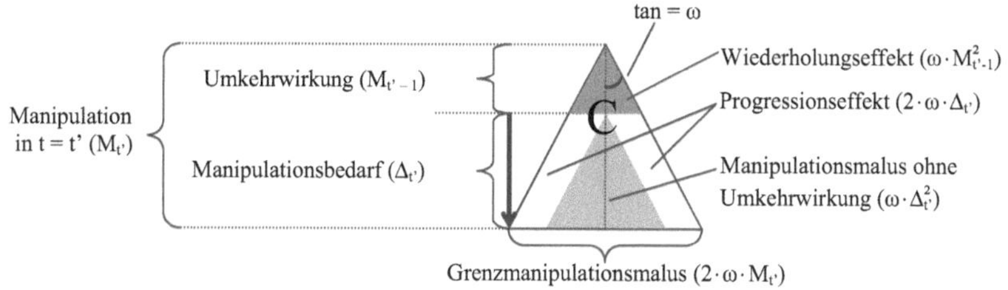

Abb. C-8: Darstellung des Manipulationsmalusses als Dreieck

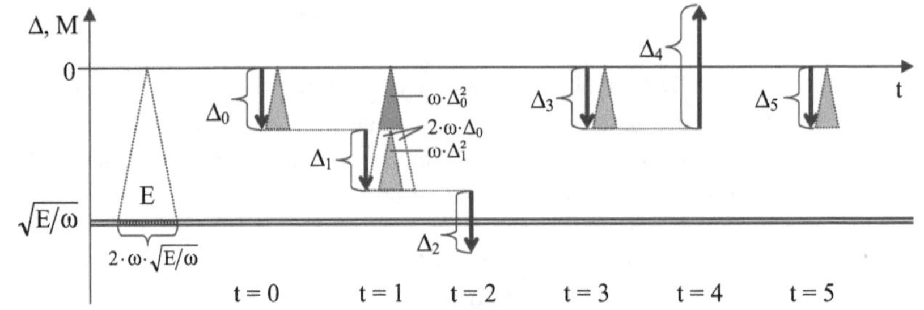

Abb. C-9: Wiederholungs- und Progressionseffekt bei Manipulationskumulation[482]

Wie aus (C-11) S. 129 hervorgeht, reagiert der Manipulationsmalus einer Periode t' eines Anspannungszeitraumes, $c_{t'}(\bar{J}) = \omega\cdot\Delta^2_{aa_Q|t':t'}$, quadratisch auf eine Veränderung eines beliebigen Anforderungsresiduums seit Anspannungsbeginn; $\partial c_{t'}(\bar{J})/\partial\Delta_{t^\$} = 2\cdot\omega\cdot\Delta_{aa_Q|t':t'}$, $aa_Q|t' \leq t^\$ \leq t'$. Eine marginale Veränderung des Anforderungsresiduums einer Periode verursacht deshalb Grenzkosten in Höhe der von der betreffenden Periode bis zum Anspannungsende gebildeten Summe der Grenzmalusse der einzelnen Perioden:

(C-13) $$\frac{\partial \sum_{t=aa}^{t=ae} \omega\cdot M_t^2}{\partial \Delta_{t'}} = \frac{\partial C_{aa:ae}}{\partial \Delta_{t'}} = 2\cdot\omega\cdot\sum_{\tau=t'}^{\tau=ae}\Delta_{aa:\tau} \quad \text{mit } aa = aa_Q|t',\ ae = ae_Q|t'$$

Diese Konsequenz seiner aktuellen Manipulation für künftige Berichte berücksichtigt der Ersteller bei einperiodigem Planungshorizont gemäß Ann. C-3 S. 98 nicht. Abschnitt D3 (S. 161ff.) entwickelt ein Verfahren zur Lösung seines Optimierungsproblems bei mehrperiodigem Planungshorizont. Progressionseffekte werden insbesondere in Abschnitt D5.2 (S. 263ff.) wieder aufgenommen.

3.3 Exkurs: Quartalsberichterstattung

Zuweilen kann vernommen werden, dass Unternehmen die Ergänzung der Jahres- um die Quartalsberichtserstattung als wesentliche **Verschärfung** der Rechnungslegungsanforderun-

---

482 Werte aus Abb. C-7 S. 127, s.o. Fn. 479. In Abb. C-9 treten Wiederholungs- und Progressionseffekte nur in t = 1 auf. Wegen Überspannung in t = 2 und Entspannung in t = 4 wird in diesen Perioden nicht manipuliert. Da der Manipulationsmalus in t = 1 mit Manipulation in t = 0 $C_1 = 0{,}2\cdot(1+1)^2 = 0{,}8$ beträgt und ohne $0{,}2\cdot 1^2 = 0{,}2$ NE betragen hätte, machen Progressions- und Wiederholungseffekt zusammen $0{,}8 - 0{,}2 = 0{,}6$ NE aus. Hiervon entfällt $\omega_1\cdot M_0^2 = 0{,}2\cdot 1^2 = 0{,}2$ NE auf den Wiederholungseffekt und der Rest, 0,4 NE, auf den Progressionseffekt. Letzterer errechnet sich als $\omega_1\cdot(2\cdot M_0\cdot M_1) = 0{,}4$ NE. S.a. (D-61) S. 263.

gen empfinden.[483] Diese Scheu erscheint zu stark, um allein mit zusätzlichem praktischen Erstellungsaufwand gerechtfertigt werden zu können, der zum einen durch häufig ohnehin erfolgende interne unterjährige Berichterstattung und zum anderen durch im Vergleich zur Jahresberichterstattung niedrige Anforderungen gemäßigt wird.

Um die praktische Plausibilität bereits des einfachen einperiodigen Modells exemplarisch zu demonstrieren, soll hier deshalb exkursorisch die Frage gestellt werden, ob die genannte Scheu in der „Mechanik der Manipulation" ihren Ursprung haben könnte, ob es also den Manipulationsmalus erhöht, eine Rechnungsperiode in mehrere Teil-Rechnungsperioden mit eigener Konformitätsanforderung und eigenem Konformitätsinzitament zu unterteilen.

Die Periode wird als „Jahr" bezeichnet, die Teilperiode als „Quartal". **Es gelte**:
- Die Umkehrdauer beträgt eine Teilperiode.[484]
- Das positive Jahres-Anforderungsresiduum entfällt zu ¼ auf jedes Quartal.[485]
- Konformität bringt in einem Quartal ¼ des Jahres-Konformitätsinzitamentes ein.

Die Jahres-Berichterstattung als Summe der Quartale ruft weder Malusse, noch Reaktionen des Kontrahenten, noch unterjährige Zinsen hervor. Der Ersteller optimiert deshalb bei der Quartalsberichterstattung ein Quartal in der gleichen Weise wie er ein Jahr optimieren würde, nur mit geviertelter Konformitätsanforderung und -inzitament.

Der Index t sei für das Jahr durch j ersetzt, für das Quartal durch q1, …, q4. Ohne Quartalsberichterstattung wendet der Ersteller $C_j = \omega_j \cdot \Delta_j^2$ an **Manipulationsmalus** auf, um das Jahres-Konformitätsinzitament E_J zu erzielen. Um das Quartals-Konformitätsinzitament des ersten Quartals i.H.v. $E_j/4$ zu erzielen, trifft ihn ein Manipulationsmalus i.H.v.

$$(\text{C-14}) \qquad C_{q1} = \omega_{q1} \cdot M_{q1}^2 = \omega_{q1} \cdot \Delta_{q1}^2 = \omega_{q1} \cdot \left(\Delta_j \cdot \frac{1}{4} \right)^2$$

Im zweiten Quartal hat er die Umkehrwirkung aus dem ersten Quartal zu kompensieren, bevor er sich an die Bewältigung des Anforderungsresiduums machen kann, das während des zweiten Quartals entstanden ist:

$$(\text{C-15}) \qquad C_{q2} = \omega_{q2} \cdot \left(M_{q1} + \Delta_{q2} \right)^2 = \omega_{q2} \cdot \left(\Delta_j \cdot \frac{1}{4} + \Delta_j \cdot \frac{1}{4} \right)^2 = \omega_{q2} \cdot \left(\Delta_j \cdot \frac{2}{4} \right)^2$$

483 Zu Regeln und Empirie der Zwischenberichterstattung in Deutschland siehe Selch/Rothfuss (2000), Deutsche Börse AG (01.07.2003) § 63.

484 Im Extremfall werden Erfolge nur marginal, etwa einen Tag, über das jeweilige Ende der Teilperiode verschoben.

485 Dies impliziert nicht Gleichheit der Quartals-Konformitätsanforderungen, wohl aber ihrer Differenzen zu den unverfälschten Quartalsergebnissen.

Entsprechend ergibt sich der Manipulationsaufwand im dritten und vierten Quartal als $C_{q3} = \omega_{q3} \cdot (\Delta_j \cdot 3/4)^2$; $C_{q4} = \omega_{q4} \cdot \Delta_j^2$. Nimmt man gleiche Resistenzkoeffizienten für alle Rechenwerke an, $\omega_j^L = \omega_{q1}^L = \ldots = \omega_{q4}^L$, ergibt sich der Aufwand zur Erzielung der vier, zusammen das Jahres-Konformitäts-Inzitament bildenden Quartals-Konformitäts-Inzitamente als

$$\text{(C-16)} \qquad \sum_{\tau=q1}^{\tau=q4} C_q = \omega_j \cdot \Delta_j^2 \cdot \left(\left(\frac{1}{4}\right)^2 + \left(\frac{2}{4}\right)^2 + \left(\frac{3}{4}\right)^2 + \left(\frac{4}{4}\right)^2 \right) = \omega_j \cdot \Delta_j^2 \cdot \left(1 + \frac{7}{8}\right) = C_j \cdot \left(1 + \frac{7}{8}\right)$$

Quartalsberichterstattung steigert also den Manipulationsmalus zur Erzielung von E auf fast das Doppelte. Analoges gilt für eine andere Einteilung in gleiche Teilperioden. Bei monatlicher Berichterstattung vervielfacht sich der Manipulationsmalus zur Erzielung des Jahres-Konformitäts-Inzitamentes um den Faktor

$$\text{(C-17)} \qquad \left(\left(\frac{1}{12}\right)^2 + \left(\frac{2}{12}\right)^2 + \ldots + \left(\frac{12}{12}\right)^2 \right) = 4\frac{37}{72}$$

Diese Steigerung des Manipulationsmalusses ist auf die Manipulationskumulation zurückzuführen:

— Wiederholungseffekt: Das Anforderungsresiduum in einem Quartal führt in allen folgenden Quartalen zur erneuten, zusätzlichen Manipulation in gleicher Höhe.
— Progressionseffekt: Die Konvexität der Kostenfunktion steigert die Kosten der durch den Wiederholungseffekt hervorgerufenen zusätzlichen Manipulation.

Die Aufteilung des Jahresberichtes in Quartalsberichte ist eine zeitliche Verfeinerung der Auswertung durch den Kontrahenten. Als solche erschwert sie die Verschiebung von Periodenergebnis innerhalb eines „Jahres" und ist i.S.d. **anreiz-informatorischen Unschärferelation** in Abschnitt E1 (S. 295ff.) als Einengung der Manipulationsspielräume anzusehen: Auf den zur Erzielung des Jahres-Konformitäts-Inzitamentes erforderlichen Manipulationsmalus hat sie die gleiche Wirkung wie eine Erhöhung der Manipulationsresistenz ω bzw. ω_j und verkleinert dementsprechend das Unschärfeintervall $\left[\bar{J}_{t'} - \sqrt{E_{t'}/\omega}; \bar{J}_{t'}\right]$ (s.S. 122); ω ist mit dem Faktor in (C-16), (C-17) zu multiplizieren.

Unter anderem die folgenden **Erweiterungen** des Kalküls kommen in Frage:

— Abweichungen von der Gleichverteilung über die Quartale: Geht man von unstrikt positiven Quartals-Anforderungsresiduen aus, verstärkt [mildert] jede Vor-Verschiebung[486]

486 Eine von vielen denkbaren Ursachen wäre eine nicht in der Festlegung der Quartals-Konformitätsanforderungen antizipierte Auflösung von Unsicherheit im Laufe des Jahres: Sie führte aufgrund der bei regeltreuer Abbildung zu beachtenden asymmetrischen Behandlung von Risiken und Chancen tendenziell zur Vor-Verschiebung von Anforderungsresiduen. Bspw. wären Rückstellungen in frühen unverfälschten Quartalsabschlüssen zu bilden, die sich später als unnötig erweisen würden.

[Nach-Verschiebung] von Anforderungsresiduen die Wiederholungs- und Progressionseffekte und erhöht den in (C-16) und (C-17) abgeleiteten Faktor.[487] Negative Quartals-Anforderungsresiduen mindern den Wiederholungseffekt. Führen sie wegen Perioden mit Entspannung zu einer seit Jahresanfang kumulierten Manipulation von mehr als Δ_j, hat dies einen Progressionseffekt, der die Minderung des Wiederholungseffektes überkompensieren kann.[488]

— Zinseffekte würden den Aufwand steigern; ohne Quartalsberichte wäre ja die Manipulation erst am Ende des Jahres nötig.
— Geringere Resistenzkoeffizienten für die Quartale als für das Jahr[489] würden den Faktor in (C-16) und (C-17) senken,
— Längere Umkehrdauern mildern den Wiederholungs- und somit auch den Progressionseffekt. Sofern die Umkehr innerhalb des Jahres stattfindet, bleibt der Faktor in (C-16) und (C-17) über eins, ansonsten kann ihn die Milderung der Progression auf unter eins senken.[490]

Eine Senkung des Faktors in (C-16) und (C-17), wie sie nach den letzten beiden Spiegelstrichen denkbar wäre, erscheint jedoch nicht plausibel. Vielmehr spricht Folgendes **auch bei ausbleibender innerjähriger Umkehrwirkung** gegen eine Minderung des Manipulationsmalusses durch Aufteilung:
— Die Zahlungsbemessungsfunktionen setzen i.d.R. am Jahresergebnis an. Eine Aufteilung dürfte die hieraus resultierenden Anreize i.d.R. nicht beeinflussen.
— Der Zwang zu einer durch die Quartals-Konformitätsanforderung vorgegebenen Verteilung der Sachverhaltsgestaltungen kann, da jede bei Quartalsberichterstattung mögliche innerjährige Verteilung auch bei jährlicher Berichterstattung realisierbar wäre, nicht zu einer Senkung des Manipulationsmalusses führen.
— Durchsetzungsanreize dürften i.d.R. durch die Quartalsberichterstattung zunehmen:

487 Das Kalkül lässt sich als vierstufige Treppe von null auf Δ_J verbildlichen, wobei die Höhe jeder Stufe das Anforderungsresiduum des Quartals angibt, während die auf einer Stufe erreichte Höhe relativ zum Fuß der Treppe die Manipulation des Quartals darstellt. Je früher die Steigung anfällt, umso stärker sind Wiederholungs- und Progressionseffekt, die ihr Maximum [Minimum] erreichen, wenn das Jahres-Anforderungsresiduum im ersten [letzten] Quartal anfällt. Negative Quartals-Anforderungsresiduen wären durch herabführende Stufen darzustellen.

488 Addieren sich bspw. die Quartals-Anforderungsresiduen zu einem Jahres-Anforderungsresiduum von null, ginge der in (C-16) und (C-17) abgeleitete Faktor gegen unendlich. Wenn der Kontrahent Schwankungen von Anforderungsresiduen als qualitätsminderndes Merkmal ansieht, kann der Quartalsberichterstattung insofern eine von der Qualität systematisch beeinflusste, für die Separation *zuträgliche* Wirkung auf den Manipulationsmalus zugesprochen werden.

489 Etwa aufgrund geringerer Prüfungsintensität, wie bei Fudenberg/Tirole (1995) unterstellt. Vgl. Abschnitt B5.3 (S. 92ff.)

490 In dem zu (C-16) und (C-17) entgegengesetzten Extremfall des Ausbleibens einer Umkehrwirkung würde die Aufteilung auf Quartale den Manipulationsaufwand bei einfacher Gleichsetzung von Jahres- und Quartals-Resistenzkoeffizient aufgrund der Vermeidung der Progression auf $4 \cdot (\frac{1}{4})^2 = \frac{1}{4}$ des Manipulationsaufwandes im Falle jährlicher Berichterstattung reduzieren. Bei monatlicher Berichterstattung betrüge dieser Faktor sogar nur 1/12.

- Die Unannehmlichkeiten ungültiger jährlicher Rechnungslegung werden nicht dadurch geringer, dass zusätzlich die Berichte der mit ihr abgebildeten Quartale rechtlich mangelhaft sind.
- Absolut bemessene Wesentlichkeitsgrenzen können keinen Vorteil der Quartalsberichterstattung darstellen, weil ja in der jährlichen Rechnunglegung die Summe der Manipulation ebenfalls an den rechtlichen Erfordernissen gemessen wird.
- Etwaige geringere Prüfungsintensität in den Quartalsberichten wird durch die Prüfung am Jahresende nachgeholt. Vielmehr steigert die Wiederholung der Prüfung die Wahrscheinlichkeit prüfungsbedingter Unannehmlichkeiten.
- Wie bei Sachverhaltsgestaltungen erhöht der Zwang zu einer bestimmten innerjährigen Verteilung formaler Maßnahmen den Manipulationsmalus unstrikt.[491]

Die Quartalsberichterstattung dürfte also die Manipulation, wohl i.d.R. erheblich, über zusätzlichen praktischen Erstellungsaufwand hinaus erschweren. Wegen Wiederholung von Manipulation und Progression des Manipulationsmalusses gilt dies insbesondere bei innerjähriger Umkehrwirkung.

3.4 Erweiterung des Anforderungshorizontes zwecks zyklischer Separation

Nach der vorliegenden Modellierung wächst ab einer beliebigen Periode, in der G nicht von Anspannung befangen war, der Unterschied zwischen der für B und G zur Konformität erforderlichen Manipulation im Zeitablauf an,[492] solange B nicht nonkonform berichtet. Es erscheint deshalb naheliegend, dass die aus der Kommunikationskontinuität und der Umkehrwirkung folgende Manipulationskumulation aus Sicht des Kontrahenten zu begrüßen ist. Ist aber die letzte Überspannung für G länger her als für B, kann die Umkehrwirkung für G höher sein als für B, und es ist der Fall denkbar, dass die Manipulationskumulation die Separation verhindert. Für eine formale Ableitung der Betroffenheit des Kontrahenten durch die Manipulationskumulation wären weitergehende Annahmen erforderlich, die wesentlich über das in

---

491 Für eine gegebene Veränderung des Jahresergebnisses kann sich der Ersteller die einer interessensgeleiteten Interpretation am ehesten zugänglichen Sachverhalte aus der Gesamtheit aller Geschäftsvorfälle herauspicken, während er innerhalb der Quartale auf die Geschäftsvorfälle des betreffenden Quartals beschränkt ist. Jede von der Verteilung der Konformitätsanforderung abweichende Verteilung der Interpretationsmöglichkeiten, etwa eine Häufung auslegungsbedürftiger Geschäftsfälle am Ende des Geschäftsjahres, beeinträchtigt deshalb die Zugänglichkeit der Geschäftsvorfälle für Manipulation.

492 Kann ein $t = t_G^{oA}$ auch für die in Abschnitt C2.2 (S. 118ff.) angedeutete Risikosituation bestimmt werden, und sind die Wahrscheinlichkeitsverteilungen der einzelnen Perioden von einander unabhängig, dann wächst der Abstand der Wahrscheinlichkeitsverteilungen der Größe „unverfälschtes Periodenergebnis zzgl. Umkehrwirkung" für G und B im Zeitablauf unstrikt, womit die Zielgröße des Kontrahenten bei optimaler Bestimmung der Konformitätsanforderung unstrikt zunimmt. Die optimale Konformitätsanforderung würde im Zeitablauf sinken. Es streckt sich die Verteilung von jedem Ersteller nach links, dessen Verteilung in der Periode ohne Umkehrwirkung strikt positive Dichten strikt unterhalb der Konformitätsanforderung aufweist. Dieser Effekt ist jedoch stärker für B als für G, zumal für B ein größerer Teil der Verteilung strikt links der anfänglichen Konformitätsanforderung liegt als für G.

Abschnitt C2.1 S. 112ff. skizzierte historienlose (s.S. 112) Szenario hinausgehen. Ein solcher Ansatz wird hier nicht verfolgt.

Allerdings liegt der Versuch nahe, die schnellere Manipulationskumulation des B für Selektionszwecke zu nutzen. Eine Möglichkeit ist die Erweiterung des Anforderungshorizontes, also die Forderung mehrerer aufeinander folgender konformer Berichte für Kontrahierung, s. Ann. C-1, Ann. C-2 S. 95 und S. 96. Anwendungsorientierte Literatur zur Rechnungslegungsanalyse empfiehlt die Einbeziehung vergangener Perioden, u.a. um Rechnungslegungspolitik entgegenzuwirken.[493] Ein solches Verhalten des Adressaten wurde auch empirisch erhoben[494] und von Normgebern[495] antizipiert, wobei die Einbeziehung von zwei oder drei, evtl. bis zu fünf Jahresabschlüssen empirisch repräsentativ erscheint.[496] In diesem Abschnitt C3.4 soll deshalb ein Szenario mit mehrperiodigem Anforderungshorizont kurz analysiert werden.

Hierzu soll der Kontrahent genau dann mit einem Ersteller in $t = t'$ kontrahieren, wenn dessen aktueller Bericht und die $AH - 1$ unmittelbar vorausgehenden Berichte, also die Berichte für $t \in \{t' - AH + 1, \ldots, t'\}$, konform waren (supratemporale Konformität, s.S. 96). Wegen $PH = 1$ (s. Ann. C-3 S. 98) berücksichtigt der Ersteller in seinem Kalklül nicht die Heranziehung des aktuellen Periodenergebnisses zur Beurteilung der supratemporalen Konformität späterer Perioden nach $t = t'$. Sofern er in den vorangegangenen $AH - 1$ Perioden konform berichtete, bleibt sein Verhalten deshalb wie bisher in Abschnitt C3.1 (S. 125ff.) modelliert. Dieses Verhalten sei ihm zunächst auch nach Nonkonformitätsperioden unterstellt, etwa weil er irrtümlich von $AH = 1$ ausgeht (s.a.u. S. 140).

---

493 Vgl. u.a. Küting/Weber (1993) S. 43 – 45 m.w.N. Brinkmann (1996) S. 52 empfiehlt die Berücksichtigung von „mindestens drei, oder noch besser fünf Jahresabschlüssen". Standard & Poors (1994) S. 72 gründet ihre Analyse der Kreditwürdigkeit auf den Betriebsergebnissen der letzten fünf Jahre und auf der Planung der beiden auf das Rating folgenden Jahre.

494 Wie in Fn. 169 S. 39 dargelegt, sind stärker positive Aktienkursreaktionen zu verzeichnen, wenn bestimmte Schwellenwerte erreicht werden als wenn diese Schwellenwerte nicht erreicht werden. Dieser Effekt ist besonders deutlich, wenn die Schwellenwerte im Zeitablauf wiederholt erreicht werden. Vgl. hierzu Kasznik/McNichols (2002) S. 727 – 731, 742 – 754 für die Erfüllung von Analystenerwartungen und Barth/Elliott/Finn (1999) S. 387 – 388, 398 – 403 zu anhaltenden Steigerungen des Periodenergebnisses. Demnach wird mit der Einhaltung eines Schwellenwertes eine „Anwartschaft" (s.a.u. Abschnitt D6 (S. 286ff.)) auf eine spätere besonders günstige Reaktion auf die Erreichung des Schwellenwertes erworben. Zuweilen findet sich in den Beschreibungen von Investmentfonds die Festlegung, dass sie lediglich in Titel anlegen, die über mehrere Jahre ansteigende Periodenergebnisse vorweisen. S.a. o.A. (1995 Daimler) S. 58, wonach der Daimler-Benz-Konzern am 28. Juni 1995 seinen ersten Verlust seit 1945 publizierte und einen sofortigen Kursverlust von 7% verzeichnete.

495 So schreibt BörsZulV § 3 die Veröffentlichung vergleichbarer Jahresabschlüsse in den drei Jahren vor einer erstmaligen Börsennotierung vor. S.a. die Ausführungen auf S. 289 in Abschnitt D6.2.

496 Vgl. Fn. 493 – 495 sowie 169, 171 S. 39. Verbal wird im Folgenden auf den Fall $AH \geq 3$ abgestellt.

Ann. C-11: **Zyklisches Szenario** (statt Ann. C-2, Ann. C-6, Geltung: Abschn. C3.4)

a) Die unverfälschten Periodenergebnisse folgen einem sich stets wiederholenden Verlauf (ZYKLUS) mit der Dauer von ZDQ Perioden und minimalem [maximalem] unverfälschten Periodenergebnis $J^{\#}_{Q,Min|Z}$ [$J^{\#}_{Q,Max|Z}$].

b) Es ist AH $\geq$ 1. Der Kontrahent kennt

   b1) das durchschnittlich von G erzielte unverfälschte Periodenergebnis;

   b2) die Länge des Zyklus von B, aber

   b3) nicht die zeitliche Position eines Erstellers in seinem Zyklus.

c) Der Kontrahent setzt wegen b3) die Konformitätsanforderung für alle Perioden in gleicher Höhe an: $\bar{J}_t = \bar{J}\ \forall t$. Es ist Et = E $\forall$t.

d) Der Durchschnitt unverfälschter Periodenergebnisse ist für G strikt höher ist als für B (statt Ann. C-6 S. 104, $J^{\#}_B < J^{\#}_G$).

Gelänge es nun dem Kontrahenten, die Überspannung eines jeden Erstellers mit der Qualität G zu verhindern und gleichzeitig sicherzustellen, dass jeder Ersteller B einmal in der Vergangenheit nonkonform berichtet hätte, dann würde er mit hinreichend langem Anforderungshorizont B von der Kontrahierung ausschließen und kontrahierte nur mit G (**ZYKLISCHE SEPARATION**). Er würde pro Ersteller, der die Kontrahierung begehrt, die maximal erreichbare erwartete Zielgröße von p(G) · TE_G erzielen.

Würde die Konformitätsanforderung das durchschnittliche Periodenergebnis des G übersteigen, dann würde die Umkehrwirkung mit jedem seiner Zyklen anwachsen und G früher oder später nonkonform berichten. Der Kontrahent soll deshalb die Konformitätsanforderung i.H.d. durchschnittlichen unverfälschten Periodenergebnisses des G ansetzen:

$$\text{(C-18)} \qquad \bar{J}_t = \bar{J} = \frac{1}{ZD_G} \cdot \sum_{t=t'-ZD_G+1}^{t=t'} J^{\#}_{G,t} \quad \forall t,\ t' \text{ beliebig}$$

Zur durchgehenden Konformität des G ist $J^{\#}_{G,Min|Z} \geq \bar{J} - \sqrt{E/\omega}$ notwendig; sonst berichtete G spätestens in der Periode mit $J^{\#}_{G,Min|Z}$ nonkonform. Hinreichend ist, dass der Manipulationsmalus der maximalen Manipulation des G das Konformitätsinzitament nicht übersteigt. Bei durchgehender Konformität des G und Geltung von (C-18) sowie

— gegebener Summe der unverfälschten Periodenergebnisse des Zyklus von G und
— gegebener maximaler Abweichung zwischen deren Minimum und Durchschnitt,

ist das Maximum der Manipulationsbeträge eines Zyklus am höchsten, wenn ein unverfälschtes Periodenergebnis $J^{\#}_{G,Max|Z}$ von $ZD_G - 1$ gleich hohen unverfälschten Periodenergebnissen

$J^{\#}_{G,Min|Z}$ gefolgt wird, wobei $J^{\#}_{G,Min|Z} < \bar{J} < J^{\#}_{G,Max|Z}$.[497] Bei diesem Verlauf der unverfälschten Periodenergebnisse findet die maximale Manipulation in der Periode des letzten niedrigen unverfälschten Periodenergebnisses statt i.H.v. $(\bar{J} - J^{\#}_{G,Min|Z})\cdot(ZD_G - 1)$. Es ist deshalb bei diesem Verlauf sowie anderen Verläufen mit der gleichen maximalen Manipulation hinreichend und notwendig für kontinuierliche Konformität des G, dass[498]

(C-19) $$E \geq \omega \cdot \left[(\bar{J} - J^{\#}_{G,Min|Z})\cdot(ZD_G - 1)\right]^2 \Rightarrow J^{\#}_{G,Min|Z} \geq \bar{J} - \frac{\sqrt{E/\omega}}{ZD_G - 1} = \frac{1}{ZD_G} \cdot \sum_{t=t'-ZD_G+1}^{t=t'} J^{\#}_{G,t} - \frac{\sqrt{E/\omega}}{ZD_G - 1}$$

Fraglich ist, wann B nonkonform berichtet. Bei Ann. C-11 d) und (C-18) muss sein durchschnittliches unverfälschtes Periodenergebnis die Konformitätsanforderung unterschreiten, die Summe der Anforderungsresiduen des Zyklus, $\Delta_{B,Z}$, also strikt positiv sein:

(C-20) $$\Delta_{B,Z} = \sum_{t=t'-ZD_B+1}^{t=t'} \Delta_{B,t} = ZD_B \cdot \bar{J} - \sum_{t=t'-ZD_B+1}^{t=t'} J^{\#}_{B,t} = ZD_B \cdot \left(\frac{1}{ZD_G} \cdot \sum_{t=t'-ZD_G+1}^{t=t'} J^{\#}_{G,t} - \frac{1}{ZD_B} \cdot \sum_{t=t'-ZD_B+1}^{t=t'} J^{\#}_{B,t} \right) > 0$$

Berichtet B zunächst kontinuierlich konform, muss deshalb spätestens nach Ablauf von ZD_B Perioden Anspannung herrschen, die Umkehrwirkung in der Folgeperiode also strikt negativ sein. Nach weiteren ZD_B Perioden muss diese Umkehrwirkung um $\Delta_{B,Z}$ weiter gesunken (also betragsmäßig gestiegen) sein, etc. B wird spätestens nach aufgerundet $(1/\Delta_{B,Z})\cdot\sqrt{E/\omega}$ Zyklen nonkonform berichten. Wenn also der Kontrahent nur mit Erstellern kontrahieren würde, welche die Anzahl

(C-21) $AH > (ZD_B/\Delta_{B,Z})\cdot\sqrt{E/\omega}$, aufgerundet auf eine durch ZDB teilbare Zahl

vergangener, aufeinander folgender, konformer Berichte vorweisen können,[499] dann würde er B gänzlich von der Kontrahierung ausschließen; B könnte eine solche ungebrochene Reihe nie vorweisen. Bspw. bei $\Delta_{B,Z} > \sqrt{E/\omega}$ würde hierfür $AH = ZD_B$ ausreichen. Der Kontrahent müsste also Konformität über den in t=t' zu Ende gehenden Zyklus fordern. Gelten (C-18), (C-19), (C-21), dann kontrahiert der Kontrahent ausschließlich mit G, womit seine erwartete Zielgröße das maximal Erreichbare $za(AS) = p(G) \cdot TE_G$ beträgt.

497 Dies ist eine von unendlich vielen, hier nicht zu erarbeitenden Lösungen des ganzzahligen linearen Programms $\sum_{t=aa_G|t'}^{t=t'} (\bar{J} - J^{\#}_{G,t}) \to \max_{J^{\#}_{G,t}}!$ u.d.N. $\bar{J} = \frac{1}{ZD_G} \cdot \sum_{t=t'-ZD_G+1}^{t=t'} J^{\#}_{G,t}$, wobei $t = aa_G|t'$ als Anspannungsanfang des Anspannungszeitraumes mit der höchsten maximalen Manipulation im Zyklus zu errechnen ist.

498 Bei Verläufen mit niedrigerer maximaler Manipulation ist (C-19) hinreichend, nicht notwendig für Konformitätskontinuität des G.

499 Wie es zu einer solchen Vergangenheit der Ersteller kommt, sei hier offen gelassen.

Bsp. C-2: Zyklische Separation (AH>2, PH=1)

Es sei $AH > 2$, $PH = 1$, $E = 0{,}009$, $\omega = 0{,}001$ NE/PE², so dass $\sqrt{E/\omega} = 3$; $J^{\#}_{G,Z} = (\underline{\underline{\pm 3}}, -1, -1, -1, \underline{\underline{\pm 3}}, -1, -1, \ldots)$, so dass $\bar{J} = 0$, sowie $J^{\#}_{B,Z} = (\underline{\underline{\pm 1}}, -1, -1, \underline{\underline{\pm 1}}, -1, -1, \ldots)$, wobei der Maximalwert eines jeden Zyklus unterstrichen ist. Der erste Zyklus beginnt ohne Umkehrwirkung. Die zur Konformitätskontinuität erforderlichen Manipulationen des $\Delta^{kum}_{Q,t}$ betragen für G $\Delta^{kum}_{G} = (\underline{\underline{0}}, 1, 2, 3, \underline{\underline{0}}, 1, 2, 3, \underline{\underline{0}}, \ldots)$ und für B $\Delta^{kum}_{B} = (\underline{\underline{0}}, 1, 2, \underline{\underline{1}}, 2, 3, \underline{\underline{2}}, 3, 4, \ldots)$. G bleibt dann stets konform und erzielt bei $q = 1$ über jeden Zyklus einen Konformitätswert von $3 \cdot 0{,}009 - 0{,}001 \cdot 1^2 - 0{,}001 \cdot 2^2 = 0{,}022 > 0$. B gehe irrtümlicherweise von $AH = 1$ aus (s.u.). Er wählt die Manipulation $M_B = (\underline{\underline{0}}, 1, 2, \underline{\underline{1}}, 2, 3, \underline{\underline{2}}, 3, \boldsymbol{0}, \underline{\underline{0}}, 1, 2, \underline{\underline{1}}, 2, 3, \underline{\underline{2}}, 3, \boldsymbol{0}, \underline{\underline{0}}, 1, 2, \underline{\underline{1}}, \ldots)$. Zum Ende jeden dritten Zyklus bzw. in jeder neunten Periode (hier fett kursiv markiert) berichtet B also nonkonform, verzichtet auf das Konformitätsinzitament und entledigt sich der Umkehrwirkung. Wenn der Kontrahent $AH \geq 9$ setzt, kontrahiert er stets nur mit G und erzielt in jeder Periode $za(AS) = p(G) \cdot TE_G$. Wäre dagegen $J^{\#}_{B,Z} = (\underline{\underline{\pm 3}}, -2, -2, \underline{\underline{\pm 3}}, -2, -2, \ldots)$, dann wäre wegen $\Delta_B^{mUW} = (\underline{\underline{0}}, 2, 4, \underline{\underline{1}}, 3, 5, \underline{\underline{2}}, 4, 6, \underline{\underline{3}}, \ldots)$ für B $M_B = (\underline{\underline{0}}, 2, \boldsymbol{0}, \underline{\underline{0}}, 2, \boldsymbol{0}, \underline{\underline{0}}, 2, \boldsymbol{0}, \ldots)$ optimal und es würde zur alleinigen und ständigen Selektion von G $AH = 3 = ZD_B$ ausreichen. Ginge B zutreffenderweise von $AH \geq 9$ bzw. $AH = 3$ aus, bliebe er nach der ersten Nonkonformitätsperiode stets nonkonform. Auch dann würde die zyklische Separation stattfinden.

Man betrachte nun den Fall, dass der Ersteller nicht irrtümlich von $AH = 1$ als Kontrahentenstrategie ausgeht, sondern **antizipiert**, dass es zur Erzielung des Konformitätsinzitamentes nach Nonkonformität $\mathbf{AH \geq 1}$ intratemporal konformer Perioden bedarf. Dann unterlässt er bei $PH = 1$ mangels Voraussicht die Manipulation in jeder Periode, welcher nicht ein Zeitraum von $AH - 1$ konformen Vorperioden unmittelbar vorausgeht. Nonkonformität strahlt insofern äußerst disziplinierend auf die Folgeperioden aus: B berichtet bei $PH = 1$ in den $AH - 1$ Perioden nach Nonkonformität nur dann konform, wenn ohnehin sein unverfälschtes Periodenergebnis die intratemporale Konformitätsanforderung übersteigt; er unterlässt wegen fehlenden (von ihm antizipierten) Anreizes jegliche Manipulation[500]. Nun können wegen Ann. C-11 d) und (C-18) höchstens für $ZD_B - 1$ aufeinander folgende Perioden $J^{\#}_{B,t} > \bar{J}$ gelten, so dass wegen (C-21) auch bei Antizipation der Mehrperiodität des Anforderungshorizontes B nach Nonkonformität von supratemporaler Konformität ausgeschlossen bleibt. Für G ist die Antizipation wegen kontinuierlicher Konformität irrelevant. Deshalb sind (C-18), (C-19) und (C-21) auch bei Antizipation der Mehrperiodität des Anforderungshorizontes hinreichende Bedingungen für zyklische Separation. Abschnitt D6 (S. 286ff.) analysiert den Fall $AH > 1$ bei $PH \geq 2$.

500 S.a. Fn. 787 S. 291. Die unverfälschten Periodenergebnisse des B nach Nonkonformität werden somit beobachtbar. Dies interessiert den Kontrahenten wegen $TE_B < 0$ nicht. In einem erweiterten Modellrahmen könnte es jedoch für den Kontrahenten vorteilhaft sein, durch Differenzierung seines Verhaltens die derart zum Vorschein kommende Information zu nutzen. Dies würde aber den Ersteller dazu verleiten, trotz Nonkonformität in einbezogenen Vorperioden zu manipulieren, worauf hin wiederum das Verhalten des Kontrahenten in Frage gestellt würde. Es ergäbe sich erneut das Problem der Ermittlung eines Erwartungsgleichgewichtes. Der hier besprochene Manipulationsverzicht des B ist ein durch $AH > 1$ hervorgerufener Spezialfall des in Abschnitt C3.5 dargestellten Zusammenhangs.

3.5 Modellendogene Aufdeckung zeitlich aggregierter Totalerfolge

In diesem Abschnitt C3.5 sowie in späteren Abschnitten wird die Position eines Beobachters eingenommen, dessen Reaktionen den Ersteller nicht hinreichend betreffen, um sein Manipulationsverhalten zu beeinflussen. Diesem Beobachter stehen insbesondere die ausgewiesenen Periodenergebnisse und die Konformitätsanforderungen der Vergangenheit zur Verfügung. Er und seine über die Feststellung des Konformitätsverhaltens hinausgehenden Beobachtungen werden als **KOMMUNIKATIONSEXOGEN** bezeichnet.

Wie oben zu Tab. C-2 S. 124 bereits festgestellt, gleicht [strikt unterschreitet respektive unstrikt überschreitet] bei Anspannung [Überspannung respektive Entspannung] das ausgewiesene Periodenergebnis der [die] Konformitätsanforderung. Anspannungszeiträume sind somit kommunikationsexogen beobachtbar, weil das Vorzeichen der Ausweisdifferenz dem Spannungszustand – bis auf Grenzfälle[501] – eineindeutig zugeordnet werden kann: Ein **Anspannungszeitraum** zeigt sich dem kommunikationsexogenen Beobachter als Zeitraum mit Ausweisen i.H.d. Konformitätsanforderung, dem ein hiervon abweichendes ausgewiesenes Periodenergebnisse jeweils vorausgeht und nachfolgt.[502] Über einen Anspannungszeitraum und dessen Folgeperiode kumuliert, gleichen die ausgewiesenen den unverfälschten Periodenergebnissen (s. Ann. C-8 S. 109, (C-9), (C-10) S. 129), denn wegen $M_{(ae|t')+1} = 0$ und

(C-22) $$M_{ae|t'} = \sum_{t=aa|t'}^{t=ae|t'} \Delta_t = \sum_{t=aa|t'}^{t=ae|t'} \left(\bar{J}_t - J_t^{\#}\right) = \sum_{t=aa|t'}^{t=ae|t'} \left(J_t - J_t^{\#}\right) \text{ gilt}$$

(C-23) $$J_{(ae|t')+1} = J^{\#}_{(ae|t')+1} - M_{ae|t'} = J^{\#}_{(ae|t')+1} - \sum_{t=aa|t'}^{t=ae|t'} \left(J_t - J_t^{\#}\right) \Rightarrow \sum_{t=aa|t'}^{(ae|t')+1} J_t = \sum_{t=aa|t'}^{(ae|t')+1} J_t^{\#}$$

Wartet also der kommunikationsexogene Beobachter das Anspannungsende ab, dann kann er das kumulierte unverfälschte Periodenergebnis seit Anspannungsanfang als Summe der ausgewiesenen Periodenergebnisse berechnen.[503] Im Ergebnis passt die Manipulation lediglich Periodenergebnisse innerhalb der Perioden des Anspannungszeitraumes an die Konformitätsanforderungen an und holt sie von der Folgeperiode in den Anspannungszeitraum, verändert aber die Summe der Periodenergebnisse über den Anspannungszeitraum und seine Folgeperiode nicht. Die Verteilung der unverfälschten Periodenergebnisse innerhalb eines Anspan-

---

501 Zu den Grenzfällen der An- und Entspannung vgl. S. 123. Da im Grenzfall der Entspannung An- und Entspannung nicht kommunikationsexogen unterschieden werden können, soll der kommunikationsexogene Beobachter in diesem Grenzfall irrtümlich die Entspannungsperiode für anspannungsbehaftet halten. Es kann dann vorkommen, dass er zur Feststellung von Totalerfolgen mehr Perioden einbezieht als notwendig wäre, wenn die Tatsache der Entspannung beobachtet werden könnte.

502 So sind bspw. in Abb. C-7 S. 127 die Perioden $t \in \{0,1,3,5\}$ als Anspannungperioden erkennbar.

503 In Abb. C-7 S. 127 sei $\bar{J} = 0$. Dann ergibt sich für t =0 bis t = 2 beobachtete J_t i.H.v. 0+0–3 = –3, was in der Summe mit den unverfälschten Periodenergebnissen übereinstimmt: $J_0^{\#} + J_1^{\#} + J_2^{\#} = -1-1-1=-3$. Analog erhält man für t = 3 bis t = 4 0+1=1 bzw. $J_3^{\#} + J_4^{\#} = -1+2 = 1$. Für t = 5 steht das Anspannungsende noch aus.

nungszeitraumes und seiner Folgeperiode[504] bleibt dem kommunikationsexogenen Beobachter jedoch verborgen.

Kumulierte Periodenergebnisse sollen als **TOTALERFOLGE** bezeichnet werden. Betrachtet man allgemein den Zeitraum von der Folgeperiode einer anspannungsfreien Periode bis zur nächsten darauf folgenden anspannungsfreien Periode, so kann bei einperiodigem Planungshorizont mangels Manipulation in Vor- und Endperiode dieses Zeitraumes weder zu dessen Lasten noch zu dessen Gunsten Periodenergebnis verschoben worden sein. Weicht somit das ausgewiesene Periodenergebnis von der Konformitätsanforderung ab, dann erfährt der kommunikationsexogene Beobachter in dieser Periode das *unverfälschte,* seit Anspannungsanfang kumulierte Periodenergebnis: als *ausgewiesenen* Totalerfolg. Die hiesige Modellierung endogenisiert hiermit die in existierenden Erfolgsperiodisierungsmodellen exogen vorausgesetzte Aufhebung der Informationsasymmetrie hinsichtlich des Totalerfolges.[505] Vorhersehbar ist sie für Adressaten allerdings nicht.

Totalerfolge in der Modellwelt der vorliegenden Untersuchung korrespondieren in der institutionellen Welt der externen Rechnungslegung zur Veränderung der Gewinnrücklagen zuzüglich zu deren Lasten erfolgter Ausschüttungen. Sie entsprechen also einer zeitraumbezogenen, um Finanzierungsvorgänge im Verhältnis zu den Eigenkapitalgebern berichtigten Eigenkapitalveränderungsgröße.

Die kommunikationsexogene Beobachtbarkeit des Totalerfolges eines Anspannungszeitraumes ist ein Ergebnis der geringen Sensitivität (s.S. 297) des Anreizes durch das Kontrahentenverhalten, welches ja lediglich dichotom zwischen Konformität und Nonkonformität unterscheidet; hingen die Anreize des Erstellers in stetiger Weise vom ausgewiesenen Periodenergebnis ab (s.a. S. 118), wären auch Totalerfolge nicht beobachtbar. Der mit der dichotomen Auswertung der Rechnungslegung einhergehende Verzicht des Kontrahenten auf kardinale Interpretation des Periodenergebnisses ermöglicht somit die kommunikationsexogene Beobachtung des unverfälschten, kardinal interpretierbaren Totalerfolges. Dies ist ein Beispiel für die in Abschnitt E1 S. 295ff. erläuterte **„anreiz-informatorische Unschärferelation“**, wonach eine zu berichtende Größe umso weniger beobachtbar ist, je extensiver, intensiver und sensitiver die an sie geknüpften Anreize sind. Diese Unschärferelation wird im Folgenden wiederholt zur allgemeinen Einordnung der Ergebnisse heranzuziehen sein.

---

504 Also innerhalb des Zeitraumes $t \in \{aa|t', \ldots, (ae|t')+1\}$, wenn er in $t = (ae|t')+1$ beobachtet.

505 Siehe Abschnitt B5.2.3.2. Allerdings knüpfen diese Modelle an die kumulierte Größe Anreize, die eine erneute rekursive Ermittlung von Auswertungs- und Manipulationsverhalten erforderlich machen. S.a. Fn. 500 S. 140, Abschnitt B5.3 (S. 92ff.) und zu unverfälschtem versus idealem Periodenergebnis Abschnitt B4.3 (S. 63ff.).

4 Zusammenfassung

In diesem Kapitel C wurden in Abschnitt C1 die Kalküle der Akteure modelliert, insbesondere für den Kontrahenten die dichotome Reaktion sowie für den Ersteller der quadratische Manipulationsmalus und die vollständige sofortige Umkehrwirkung der Manipulation.

Abschnitt C2 leitete die Separation durch die Interaktion von Ersteller und Kontrahent ab und beschrieb die manipulativen Spannungszustände des Erstellers. In Perioden mit Anspannung [Entspannung, Überspannung] wird ein Periodenergebnis in Höhe [unstrikt oberhalb, strikt unterhalb] der Konformitätsanforderung ausgewiesen. Im Unschärfeintervall $\left\lfloor \bar{J}_{t'} - \sqrt{E_{t'}/\omega}; \bar{J}_{t'} \right\rfloor$ erfolgt der Ausweis nur an seiner oberen Beschränkung $\bar{J}_{t'}$.

Nach diesem Aufbau des Modells wurde in Abschnitt C3 für den Fall von einperiodigem Planungshorizont des Erstellers und Kommunikationskontinuität eruiert:

C3.1: Bei manipulativer Anspannung kumuliert sich Umkehrwirkung im Zeitablauf. Bei Entspannung und Überspannung wird die Kumulation unterbrochen; die Folgeperiode wird nicht durch Umkehrwirkung belastet.

C3.2: Die Manipulation einer Periode erhöht die Manipulation aller nachfolgenden Perioden bis zum Anspannungsende (Wiederholungseffekt) und erhöht hierdurch ihre durchschnittlichen sowie ihre marginalen Manipulationsmalusse (Progressionseffekt).

C3.3: Unterperiodige Berichterstattung erschwert die Manipulation, insbesondere aufgrund der Wiederholungs- und Progressionseffekte der Umkehrwirkung.

C3.4: Bei zyklischem Verlauf der Anforderungsresiduen kann die Konformitätsanforderung so bemessen werden, dass bei hinreichendem Anforderungshorizont stets nur mit G kontrahiert wird.

C3.5: Aufgrund der eineindeutigen Zuordnung von Spannungszustand und Vorzeichen der Ausweisdifferenz kann der Spannungszustand kommunikationsexogen beobachtet werden. Der über einen Anspannungszeitraum und seine Folgeperiode aggregierte unverfälschte Totalerfolg wird in der Folgeperiode modellendogen aufgedeckt.

D Mehrperiodiger Planungshorizont

1 Vorbemerkungen

Dieses Kapitel D steigert die Differenziertheit des Erstellerkalküls durch Erweiterung seines Planungshorizontes auf mehrere Perioden. Dieser Kalkül ist insofern **langfristig**, dass er künftige Handlungsfolgen berücksichtigt und insofern **dynamisch**, dass er künftige Entscheidungen expliziert.[506]

Zum **Gang der Untersuchung** in Kapitel D vergleiche S. 9f. und S. 12. Eine Übersicht über den Geltungsbereich der getroffenen Annahmen zeigt Tab. F-2 S. 337. Eine Zusammenfassung von Kapitel D findet sich in Abschnitt E3 auf S. 304 – 307. Zur allgemeinen Einordnung der Differenzierung des Erstellerkalküls in die Kategorien der anreiz-informatorischen Unschärferelation siehe Abschnitt E1 (S. 295ff.).

Für verschiedene Annahmekränze werden die Implikationen der folgenden **kommunikationsexogenen Beobachtungen** (vgl. S. 141) erschlossen:

— die Übererfüllung der Konformitätsanforderung, $J_{t'} > J^{\#}_{t'}$,

— die genaue Höhe des ausgewiesenen Periodenergebnisses und

— etwaig erlangbare Hinweise auf das Vorzeichen der Manipulation.

Vgl. hierzu die Abschnitte D3.3 (S. 196ff.), D4.2.5 (251ff.), D5.5 (S. 283ff.). S.a. Abschnitt B4.1 (S. 57ff.). Gemäß Ann. C-1 S. 95, dichotome Rechnungslegungsanalyse, und Ann. C-2 S. 95, einperiodiger Anforderungshorizont, verwertet der Kontrahent derartige Beobachtungen nicht. Eine durch den Ersteller erfolgende Antizipation von Kontrahentenreaktionen aufgrund dieser Beobachtungen wäre wiederum im Kalkül des Kontrahenten zu berücksichtigen. Die Auflösung dieser Rekursivität sprengt für mehrperiodigen Planungshorizont den Rahmen der hier tolerierten Komplexität. Es bleibt deshalb bei den eben genannten Ann. C-1, C-2 S. 95. Auf eine rudimentäre Berücksichtigung der Rechnungslegung vergangener Perioden im Kontrahentenkalkül geht Abschnitt D6 (S. 286ff.) ein.

Es entfällt in Kapitel D die Indizierung nach der Qualität des Erstellers.[507] Es gilt

---

506 Zur Systematisierung von Zeithorizonten in Entscheidungsmodellen vgl. Bitz (1977) S. 186 – 224, insbes. S. 197. S.a.o. S. 98.

507 Siehe jedoch kurz unten S. 293. Sind die Konformitätsanforderungen im Planungszeitraum hinreichend niedrig, dass Konformität für G stets vorteilhaft ist, dann ist eine Betrachtung von G entbehrlich. Eine not-

Ann. D-1: MEHRPERIODIGER **PLANUNGSHORIZONT** (statt Ann. C-3, Geltung: Kap. D)
Der Planungshorizont des Erstellers umfasst mindestens zwei Perioden, $PH \geq 2$.

Die folgenden Ausführungen gelten grundsätzlich für $PH \geq 1$, stellen aber in der Formulierung auf $PH \geq 3$ ab. Wie oben auf S. 25 erläutert, werden zwischen 2 und 5, vereinzelt 7 Jahre, als angemessene Planungshorizonte angesehen.[508] Die Einbeziehung der Folgeperiode erscheint aus Sicht des Erstellers dringend geboten, zum einen aufgrund der Umkehreffekte, zum anderen, weil die Fertigstellung der Rechnungslegung realiter während der Folgeperiode erfolgt und häufig verlässliche Informationen hierüber bereits vorliegen dürften. $PH \geq 2$ liegt also nahe. Zumindest grobe planerische Vorstellungen von etwa 5 Jahre entfernten Geschäftsergebnissen erscheinen noch im Bereich des gemeinhin Möglichen[509]. Für größere Unternehmen in Märkten mit langfristig planbaren Aktivitäten sind auch erheblich längere Planungshorizonte anzutreffen. Dabei können unter den hiesigen „Perioden" u.a. Jahre, Quartale oder Monate zu verstehen sein.[510]

Die Periode, deren Manipulation bei einer Entscheidung des Erstellers sofort ansteht[511], wird als ENTSCHEIDUNGSPERIODE $t = d$, deren Ende als ENTSCHEIDUNGSZEITPUNKT, s.a. oben S. 97, bezeichnet und bei Bedarf mit hochgestelltem Index „ind" ausgewiesen. Ein Planungszeitraum, der die Periode t enthält, soll als $PZ_t = \{pza, \ldots, pze\}$ beschrieben werden. Es ist $pze = pza + PH - 1$. Abweichungen einer aktuell durchgeführten oder einer für die Zukunft geplanten Manipulation gegenüber einer früher geplanten Manipulation (**PLANREVISIONEN**) sollen

---

wendige, nicht hinreichende Bedingung hierfür ist, dass das Anforderungsresiduum des G in keiner Periode $t = t'$ $\sqrt{E_{t'}/\omega^S_{t'}}$ überschreitet.

508 Als erster Hinweis auf das Vorkommen nicht ganz kurzer Planungshorizonte mag die Feststellung von Wahlen (1994) S. 456, 469 – 473 dienen, der für 106 US-amerikanische Banken eine positive Korrelation zwischen Erhöhungen von Abschreibungen auf Kundenforderungen und den Zahlungsüberschüssen der folgenden drei Jahre feststellt. Wahlen (1994) S. 474 – 476 erhebt weiter eine positive Kursreaktionen auf die Erhöhung der Abschreibungen.

509 Investitionsprojekte mit derartiger und längerer Amortisationsdauer (s.a.u. Fn. 778 S. 287) dürften häufig anzutreffen sein. Mit einigen Vorbehalten kann dem entnommen werden, dass Anreize zur langfristigen Planung in unternehmerische Kalküle internalisiert sein können. Hierbei ist zu beachten, dass der Ersteller, sofern der Kontrahent die Konformitätsanforderung laufend an die allgemeine volkswirtschaftliche Lage respektive an die Lage des Gütermarktes der in Frage kommenden Ersteller anpasst, im Rahmen der hier modellierten Entscheidung weitgehend mit Informationen über seinen künftigen Erfolg im Vergleich zur gesamten Volkswirtschaft respektive im Vergleich zu seinen Konkurrenten auf seinem Gütermarkt auskommt, während Informationen über seinen absoluten künftigen Erfolg weniger dringend benötigt werden. Ein langer Planungshorizont für Manipulationsentscheidungen erscheint insofern eher möglich und ihre Abbildung als Information unter Sicherheit eher plausibel als für Unternehmensplanungen, die Informationen über absolute künftige Erfolge erfordern.

510 Eine Planung etwa, welche über 5 Jahre die Planung von bis zu 24 Monaten und bis zu 12 anschließenden Quartalen vorsieht, also 36 Perioden, erscheint durchaus denkbar. Die folgenden Ausführungen gehen von im Zeitablauf gleich langen Perioden aus, die getroffenen Aussagen gelten aber, mit einfachen Modifikationen, auch ohne diese Einschränkung.

511 Die Erstellung der Rechnungslegung findet zum Ende einer jeden Periode statt, vgl. S. 97.

nicht betrachtet werden.[512] In diesem Kapitel D wird somit die am Anfang einer Folge von Perioden stattfindende Planung analysiert. Die Schlussfolgerungen hieraus unterstellen, dass die Ausgangsdaten sicher zutreffen und dass der Ersteller seiner ursprünglichen Planung folgt, ohne sie im Lichte später eingehender Informationen über anfangs noch nicht geplante Perioden zu überprüfen. Es gilt

Ann. D-2: Keine Planrevision (Geltung: Kapitel D)
Der Ersteller revidiert seine Planung nicht.

Wird ein für die Manipulation einer Periode relevanter Effekt ausschließlich [nicht ausschließlich] der jeweils betrachteten Periode zugeordnet, soll er zur Erfassung seiner **Zuordnung zu Perioden** – in analoger Anwendung der Unterscheidung zwischen intra- und intertemporalen Handlungsfolgen in Abschnitt B2.3.2 S. 33 – als INTRATEMPORAL [INTERTEMPORAL] bezeichnet werden. Effekte, die ausschließlich einer anderen als der jeweils betrachteten Periode [einer Mehrheit von Perioden] zugeordnet werden, sollen als EXTRATEMPORAL [SUPRATEMPORAL] bezeichnet werden.[513] Abb. D-1 stellt diese begriffliche Hierarchie dar.

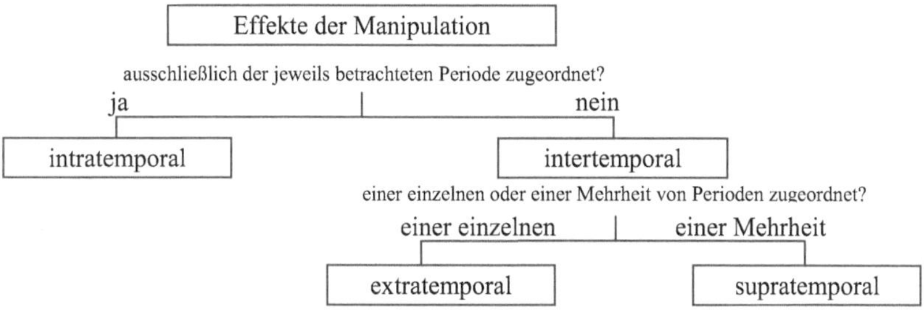

Abb. D-1: Zeitreferenzen von Effekten der Manipulation

Bei PH = 1 berücksichtigt der Ersteller keine künftigen Kommunikationsvorgänge in seinem Kalkül, sondern lediglich intratemporale Handlungsfolgen, s.S. 99. Der Manipulationsmalus $C_{t'}$, $C_{t'} = \omega_{t'}^{RL} \cdot M_{t'}^2$ der Periode t = t', wurde somit lediglich der Periode t = t' zugeordnet und ist daher intratemporal. Der Ersteller verglich $C_{t'}$ mit $E_{t'}$, um die Vorteilhaftigkeit der Konformität der Periode t = t' zu beurteilen.

512 Es ist t = pza der einzige Entscheidungszeitpunkt t = d in einem Planungszeitraum. Die Unterscheidung zwischen t = d und t = pza soll jedoch zur Verdeutlichung aufrecht erhalten werden.

513 Die entsprechenden deutschen Termini inner-, zwischen-, außer- und überperiodig sollen dem allgemeinen, nicht für die Untersuchung festgelegten Sprachgebrauch vorbehalten bleiben. S.a. Fn. 140 S. 33.

Bei PH > 1 bezieht er auch Veränderungen intratemporaler Manipulationsmalusse und erzielter Konformitätsinzitamente anderer Perioden $t \neq t'$ innerhalb seines Planungszeitraumes ein, die als zur Konformität in $t=t'$ notwendig in Kauf zu nehmende Nachteile[514] und somit als Kosten der Konformität in $t=t'$ anzusehen sind. Als SUPRATEMPORALE KONFORMITÄTSKOSTEN $SC_{t'}^{ind}$ der Konformität in $t=t'$ im Entscheidungszeitpunkt $t=d$ soll bezeichnet werden die in $t=d$ herrschende Differenz zwischen der auf den jeweiligen, mit $t=d$ beginnenden Planungszeitraum bezogenen, optimales Erstellerverhalten voraussetzenden Nutzenposition

— *ohne Konformität* in der Referenzperiode $t=t'$ abzüglich der Nutzenposition
— *mit Konformität*, aber *ohne Konformitätsinzitament in* der Referenzperiode $t=t'$.

$SC_{t'}^{ind}$ ist die Größe, die der Ersteller in $t=d$ mit dem Konformitätsinzitament $E_{t'}$ von $t=t'$ vergleicht, um die Vorteilhaftigkeit der Konformität in $t=t'$ zu beurteilen. $sc_{t'}^{ind}(\cdot)$ bezeichnet die Funktion vom betrachteten Argument auf $SC_{t'}^{ind}$. Bei PH = 1 ist $d=t'$ und $SC_{t'}^{ind} = C_{t'}$. Da der Ersteller gemäß Ann. D-2 seine Planung nicht revidiert, hängt $SC_{t'}^{ind}$ nicht von d ab, so dass der Index „ind“ im Folgenden nur gelegentlich erforderlich ist.

Die EXTRATEMPORALEN KONFORMITÄTSKOSTEN $XC_{t^\#|t'}^{ind}$ *in* $t=d$ *aus* $t=t^\#$ *für* $t=t'$ mit $t^\# \neq t'$ sind erhöhte intratemporale Manipulationsmalusse oder geringere Konformitätsinzitamente in $t=t^\#$, die zum Zwecke der Konformität in $t=t'$ bei der Entscheidung in $t=d$ in Kauf genommen werden, und die bei $E_{t^\#}=0$ nicht in Kauf genommen werden würden. Sie gehen in $SC_{t'}^{ind}$ ein. Bei PH = 1 ist $XC_{t^\#|t'}^{ind} = 0$ für alle d, $t^\#$, t', $t^\# \neq t'$. Extratemporale Manipulationsmalusse bedürfen im Folgenden keiner expliziten Betrachtung.

514 Bei mehrperiodigem Anforderungshorizont (s. Ann. D-9 S. 286, s.a.S. 138, 159) besteht die Möglichkeit, dass die supratemporalen Konformitätskosten negativ werden, weil mit intratemporaler Konformität zugleich eine (Teil-)Anwartschaft auf supratemporale Konformität künftiger Perioden erworben wird. Zur begrifflichen Erfassung intertemporaler Wechselwirkungen hinsichtlich des Kontrahentenverhaltens s.o. Abschnitt C1, insbes. S. 96.

2 Stille Reserven bei Kommunikationsdiskontinuität

2.1 Optimale Manipulation

Bevor die Abschnitte D3 bis D6 das Manipulationsverhalten bei Kommunikationskontinuität analysieren, erläutert Abschnitt D2, wie der Ersteller die Kosten der Konformität mit Hilfe stiller Reserven reduzieren kann, wenn in den durch Umkehrwirkungen verknüpften Vor- und Folgeperioden keine Kommunikationsvorgänge stattfinden. Es gilt

Ann. D-3: **KOMMUNIKATIONSDISKONTINUITÄT**
(statt Ann. C-10, Geltung: Abschnitt D2)
Ein Kommunikationsvorgang findet lediglich in $t = 0$ statt, nicht hingegen in den UD Perioden vor und nach $t=0$:
$E_0 > 0 \wedge E_{t'} = 0$ für $t' \in \{-UD, \ldots, -1, 1, \ldots, UD\}$.

Zum Konformitätsinzitament s. Abschnitt C1.2.2 (S. 98ff.). Außer in Abschnitt D2.4 (S. 159ff.) wird stets $UD = 1$ angenommen.

Die Umkehrwirkung (s. Abschnitt C1.2.4 (S. 108ff.)) wirkt gemäß Ann. C-8 S. 109 stets vorzeichenverkehrt zu der sie auslösenden Manipulation. Aktuelle negative Manipulation ruft somit künftige positive Umkehrwirkung hervor. So kehrt sich die Primärwirkung einer negativen Manipulation in $t=-1$, $M_{-1} < 0$, gemäß Ann. C-9 S. 111 in $t=0$ um, indem ihre Umkehrwirkung die Manipulationsmaluskurve von $t=0$ in die entgegengesetzte Richtung der Primärwirkung verlagert, wie es Abb. C-2 S. 109 für eine stille Last zeigt. Die mit Hilfe negativer Manipulation in $t=-1$ gebildete stille Reserve vermindert deshalb die in $t=0$ für Konformität erforderliche Manipulation:

$$\text{(D-1)} \qquad M_0 = \Delta_0 - (-M_{-1}) = M_{-1} + \Delta_0$$

Dies kann zur **Verbilligung** der Manipulation in $t=0$ genutzt werden, zumal der Grenzmalus gemäß Ann. C-7, $C_{t'} = \omega_{t'}^{RL} \cdot M_{t'}^2$, bei null anfangend stets ansteigt. Es muss sich also wenigstens eine marginal kleine Gewinnverschiebung lohnen, denn diese ist kostenlos in $t=-1$ und erspart einen strikt positiven Betrag an Manipulationsmalus in $t=0$.[515] Diese Möglichkeit war bisher aufgrund der unterstellten völligen Planungsabstinenz des Erstellers irrelevant, s. Ann. C-3 S. 98, $PH = 1$. Mit der in Ann. D-1 S. 146, $PH \geq 2$, unterstellten Voraussicht und unter Ann. C-9 S. 111, $UD = 1$, wird der Ersteller das Anforderungsresiduum Δ_0 stets teilweise durch negative Manipulation in $t=-1$, teilweise durch positive Manipulation in $t=0$ bewältigen.[516]

515 Dies folgt auch aus den Beobachtungen der Fn. 524 S. 153.

516 Zur asymmetrischen Manipulationsmalusfunktion s.o. S. 107 sowie dort Ann. C-7.

Um die Vorteilhaftigkeit der Konformität zu beurteilen, ist der Barwert[517] der Manipulationsmalusse, die ohne sie vermeidbar wären, mit dem Konformitätsinzitament zu vergleichen. Manipuliert der Ersteller negativ, um sich positive Manipulation in der Folgeperiode zu ersparen, dann gehört auch der Manipulationsmalus der negativen Manipulation zu den mit dem Konformitätsinzitament zu vergleichenden Konformitätskosten, SC_0. Mit dem für Manipulation in der Periode t=0 des Kommunikationsvorganges aufgebrachten, intratemporalen Manipulationsmalus C_0 ergibt sich der für die Vorteilhaftigkeit der Konformität in t=0 in d = −1 relevante Endwert der Manipulationsmalusse als (es sei q > 1, s.a. S. 97)

(D-2) $$q \cdot c_{-1}(M_{-1}) + c_0(M_0) = q \cdot \omega_{-1}^R \cdot M_{-1}^2 + \omega_0^L \cdot M_0^2, \quad M_{-1} < 0, M_0 > 0$$

Zur Ermittlung der **optimalen Allokation der Manipulation auf die beiden Perioden** ist (D-2) zu minimieren. Da gemäß (D-1) negative Manipulation in t=−1 denselben Betrag an positiver Manipulation in t=0 erspart, beträgt (D-2) in d = −1:

(D-3) $$q \cdot \omega_{-1}^R \cdot M_{-1}^2 + \omega_0^L \cdot (\Delta_0 + M_{-1})^2$$

Die erste Ableitung beträgt

(D-4) $$2 \cdot q \cdot \omega_{-1}^R \cdot M_{-1} + 2 \cdot \omega_0^L \cdot (\Delta_0 + M_{-1})$$

Das optimale Maß stiller Reserven in t=−1 ist erreicht, wenn ihr Grenzmalus durch negative Manipulation in t=−1, also $-2 \cdot q \cdot \omega_{-1}^R \cdot M_{-1}$, ihre Grenzersparnis durch Minderung positiver Manipulation in t=0, also $2 \cdot \omega_0^L \cdot M_0 = 2 \cdot \omega_0^L \cdot (M_{-1} + \Delta_0)$ erreicht, wenn also (D-4) gleich null ist; hier findet sich das globale[518] Kostenminimum[519] über alle M_0-M_{-1}-Kombinationen mit $J_0 = \overline{J}_0$ für einen gegebenen Fehlbetrag $\Delta_0 \geq 0$:

---

517 Im Folgenden werden Abzinsungsvorgänge nur gelegentlich sprachlich expliziert. S.a.S. 97f.

518 Die zweite Ableitung von (D-3) ist strikt positiv: $2 \cdot \omega_0^L + 2 \cdot q \cdot \omega_{-1}^R > 0$.

519 Der entsprechende Lagrange-Ansatz, mit dem die supratemporalen Konformitätskosten unter der Nebenbedingung zu minimieren sind, dass sich Umkehrwirkung und positive Manipulation zum Anforderungsresiduum addieren müssen, führt zum gleichen Ergebnis:

$$SC_0 = q \cdot \omega_{-1}^R \cdot M_{-1}^2 + \omega_0^L \cdot M_0^2 \rightarrow \underset{M_{-1}, M_0}{\text{Min}}! \quad \text{u.d.N.} \quad \Delta_0 = -M_{-1} + M_0$$

$$L = q \cdot \omega_{-1}^R \cdot M_{-1}^2 + \omega_0^L \cdot M_0^2 + \lambda \cdot (-\Delta_0 - M_{-1} + M_0)$$

$$\frac{\partial L}{\partial M_{-1}} = 2 \cdot q \cdot \omega_{-1}^R \cdot M_{-1} - \lambda \overset{!}{=} 0; \quad \frac{\partial L}{\partial M_0} = 2 \cdot \omega_0^L \cdot M_0 + \lambda \overset{!}{=} 0; \quad \frac{\partial L}{\partial \lambda} = -\Delta_0 - M_{-1} + M_0 \overset{!}{=} 0$$

$$\lambda = 2 \cdot q \cdot \omega_{-1}^R \cdot M_{-1} = -2 \cdot \omega_0^L \cdot M_0 \Rightarrow M_{-1} = -\frac{\omega_0^L \cdot M_0}{q \cdot \omega_{-1}^R}; \quad -\Delta_0 - \left(-\frac{\omega_0^L \cdot M_0}{q \cdot \omega_{-1}^R}\right) + M_0 = 0 \Rightarrow M_0 = \frac{q \cdot \omega_{-1}^R}{q \cdot \omega_{-1}^R + \omega_0^L} \cdot \Delta_0$$

$$M_{-1} = -\omega_0^L \cdot \left(\frac{q \cdot \omega_{-1}^R}{q \cdot \omega_{-1}^R + \omega_0^L} \cdot \Delta_0\right) \cdot \frac{1}{q \cdot \omega_{-1}^R} = -\frac{\omega_0^L}{q \cdot \omega_{-1}^R + \omega_0^L} \cdot \Delta_0$$

(D-5) $$-2 \cdot q \cdot \omega_{-1}^{R} \cdot M_{-1} \overset{!}{=} 2 \cdot \omega_{0}^{L} \cdot (M_{-1} + \Delta_0) \Rightarrow M_{-1}^{*} = -\frac{\omega_0^L}{q \cdot \omega_{-1}^{R} + \omega_0^L} \cdot \Delta_0$$

Das optimale Maß positiver Manipulation in t=0, M_0^*, ergibt sich komplementär als der nach Umkehrung der negativen Manipulation aus t=−1 noch verbleibende Teil des Anforderungsresiduums Δ_0:

(D-6) $$M_0^* = M_{-1}^* + \Delta_0 = \Delta_0 - \frac{\omega_0^L}{q \cdot \omega_{-1}^{R} + \omega_0^L} \cdot \Delta_0 = \frac{q \cdot \omega_{-1}^{R}}{q \cdot \omega_{-1}^{R} + \omega_0^L} \cdot \Delta_0$$

Der Anteil von ω_0^L [$q \cdot \omega_{-1}^R$] an $\omega_0^L + q \cdot \omega_{-1}^R$ stellt also den Anteil der negativen [positiven] Manipulation an der gesamten, über t=−1 und t=0 verteilten, zur Bewältigung des Anforderungsresiduums in t=0 erforderlichen Manipulation i.H.v. Δ_0 dar. Das Verhältnis positiver zu negativer effizienter Manipulation hängt nicht von der Höhe des Anforderungsresiduums ab. Dies ist auf die Annahme konstanter Krümmung des intratemporalen Manipulationsmalusses sowie auf die perfekte Komplementarität positiver und negativer Manipulation zurückzuführen.[520]

2.2 Supratemporale Konformitätskosten

Einsetzen von (D-5), (D-6) in (D-3) ergibt die **supratemporalen Konformitätskosten**:

(D-7) $$\begin{aligned} SC_0 &= q \cdot \omega_{-1}^R \cdot (M_{-1}^*)^2 + \omega_0^L \cdot (M_0^*)^2 \\ &= q \cdot \omega_{-1}^R \cdot \left(-\frac{\omega_0^L}{q \cdot \omega_{-1}^R + \omega_0^L} \cdot \Delta_0\right)^2 + \omega_0^L \cdot \left(\frac{q \cdot \omega_{-1}^R}{q \cdot \omega_{-1}^R + \omega_0^L} \cdot \Delta_0\right)^2 \\ &= \left(q \cdot \omega_{-1}^R \cdot (\omega_0^L)^2 + \omega_0^L \cdot (q \cdot \omega_{-1}^R)^2\right) \cdot \frac{1}{(q \cdot \omega_{-1}^R + \omega_0^L)^2} \cdot \Delta_0^2 \\ &= \frac{q \cdot \omega_{-1}^R}{q \cdot \omega_{-1}^R + \omega_0^L} \cdot \omega_0^L \cdot \Delta_0^2 \end{aligned}$$

Die supratemporalen Konformitätskosten SC_0 bei PH ≥ 2 und Kommunikationsdiskontinuität sind also gleich dem intratemporalen Manipulationsmalus bei PH = 1, $\omega_0^L \cdot \Delta_0^2$, multipliziert mit dem Anteil des Resistenzkoeffizienten für negative Manipulation in t = −1, $q \cdot \omega_{-1}^R$ an der Summe der Resistenzkoeffizienten für negative Manipulation in t = −1 und positive Manipulation in t = 0, $q \cdot \omega_{-1}^R + \omega_0^L$. Sind die Manipulationsmalusfunktionen symmetrisch – fällt dem Ersteller also negative und positive Manipulation gleich schwer – und im Zeitablauf unverändert, gilt $\omega_{-1}^R = \omega_{-1}^L = \omega_0^R = \omega_0^L = \omega$, und (D-7) wird zu $(q \cdot \omega/(q+1)) \cdot \Delta_0^2$. Bei q = 1 halbieren

520 S. Ann. C-7, (D-1), Fn. 524 S. 153 sowie die Erläuterungen zu Abb. D-3 S. 158, insbes. Fn. 530.

stille Reserven also den zur Konformität erforderlichen Manipulationsmalus. Es sei $sc_t(\Delta_t)$ die SUPRATEMPORALE MANIPULATIONSMALUSFUNKTION als Zuordnung von SC_t zum bewältigten Fehlbetrag Δ_t bei optimaler Allokation der Manipulation auf negative und positive Manipulation gemäß (D-7).

Die supratemporalen Kosten beschreiben in Abhängigkeit von $J_0^{\#}$ eine Parabel mit Scheitel in $(0, J_0^{\#})$ bzw. in Abhängigkeit von Δ_0 eine Parabel mit Scheitel in $(0, \Delta_0)$. Das Produkt vor Δ_0^2 in (D-7) entspricht dem intratemporalen Resistenzkoeffizienten ω_0^L in der intratemporalen Manipulationsmalusfunktion in Ann. C-7 S. 107. Es soll als **SUPRATEMPORALER RESISTENZKOEFFIZIENT ω_0^S**,

$$\text{(D-8)} \qquad \omega_0^S = \frac{q \cdot \omega_{-1}^R}{q \cdot \omega_{-1}^R + \omega_0^L} \cdot \omega_0^L$$

bezeichnet werden. Analog zu $2 \cdot \omega_0^L \cdot \Delta_0$ betragen die supratemporalen Grenzkonformitätskosten $2 \cdot \omega_0^S \cdot \Delta_0$, so dass ω_0^S analog zu ω_0^L die konstante, hälftige Krümmung der supratemporalen Manipulationsmalusfunktion bei Kommunikationsdiskontinuität, $PH \geq 2$ und $UD = 1$ quantifiziert.[521]

Im Optimum gleichen sich die **Grenzmalusse** positiver und negativer Manipulation sowie beliebiger Mischungsverhältnisse hiervon; es ist also gleichgültig, ob eine marginale Erhöhung des Anforderungsresiduums Δ_0 mit Hilfe positiver, negativer Manipulation oder einer beliebigen Mischung – z. B. in dem Verhältnis gemäß (D-5) bzw. (D-6) – bewältigt wird.[522] In dem zur Ableitung (D-2) bis (D-6) entsprechenden Lagrange-Ansatz[523] wird dieser Grenzmalus durch λ dargestellt; sie gibt die Malusersparnis einer marginalen Lockerung der Nebenbedingung $-M_{-1} + M_0 = \Delta_0$ an, dass sich die Manipulation in den beiden Perioden zum Anforderungsresiduum in t=0 ergänzen müssen. $\lambda = 2 \cdot q \cdot \omega_{-1}^R \cdot M_{-1}^* = -2 \cdot \omega_0^L \cdot M_0^* = 2 \cdot \omega_0^S \cdot \Delta_0$ gibt somit den Wert einer zusätzlichen Einheit unverfälschten Periodenergebnisses wieder. Es ist also der Grenzmalus negativer Manipulation in t=−1 und positiver Manipulation in t=0 proportional zum jeweiligen Manipulationsbetrag, und die supratemporalen Grenzkonformitätskosten sind proportional zum Anforderungsresiduum in t=0. Diese Grenzkosten können deshalb als Geraden dargestellt werden. Die Steigung gibt die jeweilige Krümmung an, die Fläche unter ihnen die Kosten. Diese Darstellung wird in Abb. D-3 S. 158 genutzt werden.

---

521 Bei einem Planungshorizont von mehr als zwei Perioden kann der Einfluss der Manipulation in einer einzelnen Periode auf die Zielgröße des Erstellers nur unter speziellen Bedingungen als analytischer Ausdruck erfasst werden. Zu einem approximativen Analogon der bisherigen supratemporalen Kostenfunktion $sc_t(\Delta_t)$ sowie zur dazugehörigen supratemporalen Manipulationsresistenz s.o.Fn. 586 S. 186.

522 Diese Eigenschaft wiese die Lösung bei jedem der Ann. C-5 genügenden Funktionsverlauf auf.

523 Siehe Fn. 519 S. 150.

Zunächst zeigt **Abb. D-2** die **Optimierung der Allokation** der Manipulation zwischen negativer Manipulation in der Periode $t=-1$ einerseits, und positiver Manipulation in der Periode der Kommunikation $t=0$ andererseits. Die Abszisse erfasst die positive, die Ordinate die negative Manipulation. Die konvexen Kurven stellen (M_0, M_{-1})-Kombinationen mit konstantem Endwert der Manipulationsmalusse dar (Isokostenkurven), die Geraden [524] jene (M_0, M_{-1})-Kombinationen, die bei gegebenem unverfälschten Periodenergebnis in $t=0$ zu einem konstanten ausgewiesenen Periodenergebnis in $t=0$ führen bzw. die Bewältigung eines konstanten Anforderungsresiduums in $t=0$ Δ_0 implizieren (Isoquanten). Dabei stellen nach rechts unten hin die Isokostenkurven höhere Kosten und die Isoquanten höhere Anforderungsresiduen dar. Die malusminimierende Mischung negativer und positiver Manipulation ist gegeben, wenn sich die Grenzraten der Substitution in den supratemporalen Kosten gemäß (D-7) und in der „Produktionsfunktion", die der Kombination der Manipulationsbeträge (M_0, M_{-1}) ein ausgewiesenes Periodenergebnis j_0 zuordnet, gleichen. Die Grenzrate der Substitution in dieser „Produktionsfunktion" ist gemäß Ann. C-8 S. 109, Ann. C-9 S. 111, vollständige sofortige Umkehr, stets gleich eins. Die optimale Mischung findet sich somit, wenn die Isokostenkurve die Steigung eins erreicht, also für $\partial M_0/\partial M_{-1}=1$ bei gegebenen Kosten, wie es (D-5) impliziert. Die schattierte Fläche stellt die mit einem Barwert der Manipulationsmalusse i.H.v. SC_0' realisierbaren (M_0, M_{-1})-Kombinationen und die graue Fläche die zur Konformität in $t=0$ führenden (M_0, M_{-1})-Kombinationen dar. Die Schnittmenge mit dem einzigen Element (M_0^*, M_{-1}^*) ist die optimale (M_0, M_{-1})-Kombination für $\Delta_0=\Delta_0'$.

524 Würde man mit Fudenberg/Tirole (1995) S. 79 die Umkehrung der stillen Reserve geringer ausfallen lassen als die Bildung (vgl. Fn. 372 S. 85, Fn. 401 S. 92) und insofern eine Wertvernichtung durch die Gewinnverschiebung darstellen, wäre die Isoquante steiler als 45°. Würde dieser Effekt mit steigender stiller Reserve zunehmen, wäre die Isoquante konvex. Es kann aber bei endlichen Manipulationsresistenzen auch in diesen Fällen keine Randlösung optimal sein, zumal die Ableitung der Isokostenkurve als Wurzelfunktion gegen null [plus unendlich] geht, wenn sie sich der Ordinate [der Abszisse] nähert: $SC_0 = q \cdot \omega_{-1}^R \cdot M_{-1}^2 + \omega_0^L \cdot M_0^2 \wedge M_{-1} \leq 0 \Rightarrow M_{-1} = -\sqrt{\left(SC_0 - \omega_0^L \cdot M_0^2\right)/q \cdot \omega_{-1}^R}$

$\frac{\partial M_{-1}}{\partial M_0} = \frac{\omega_0^L \cdot M_0}{\sqrt{q \cdot \omega_{-1}^R} \cdot \sqrt{SC_0 - \omega_0^L \cdot M_0^2}}$. Es ist $\frac{\partial M_{-1}}{\partial M_0} = 0$ für $M_0 = 0$ und $\frac{\partial M_{-1}}{\partial M_0} \to +\infty$ für $M_0 \to \left(\sqrt{SC_0/\omega_0^L}\right)_-$

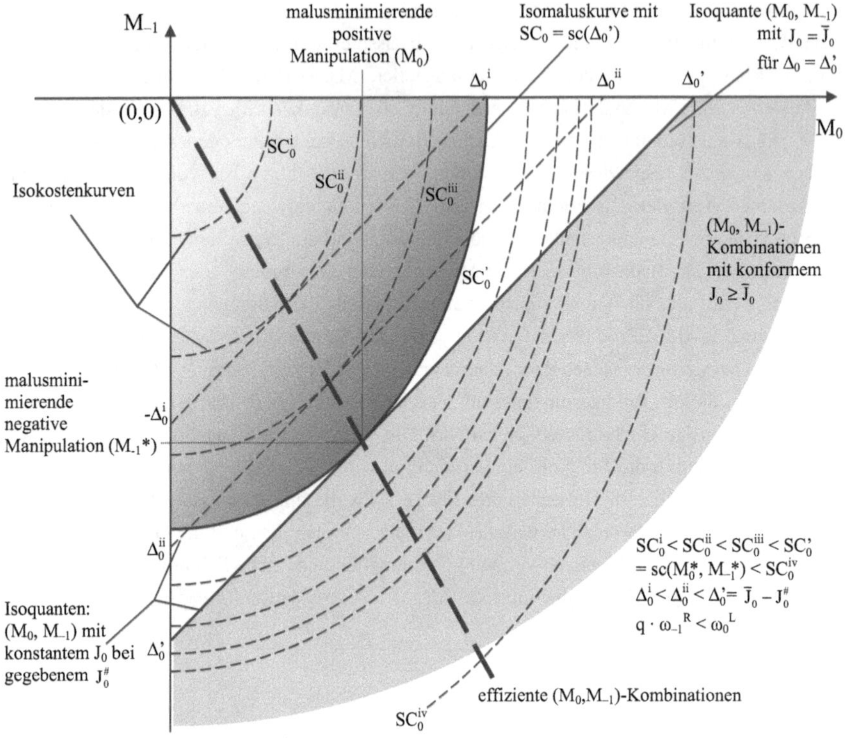

Abb. D-2: Bewältigung eines Anforderungsresiduums mit Hilfe negativer und positiver Manipulation[525]

Der Ersteller berichtet in t=0 genau dann konform, wenn der Manipulationsmalus nach (D-7), d.h. bei optimaler Verteilung der Manipulation auf negative und positive Manipulation gemäß (D-5) und (D-6), das Konformitätsinzitament unstrikt unterschreitet, so dass sich das supratemporale Konformitätslimit bei Kommunikationsdiskontinuität analog zu S. (C-6) S. 121 berechnet als:

(D-9) $$sc_0(\Delta_0) = \omega_0^S \cdot \Delta_0^2 = \frac{q \cdot \omega_{-1}^R}{q \cdot \omega_{-1}^R + \omega_0^L} \cdot \omega_0^L \cdot \Delta_0^2 \leq E_0 \Rightarrow \Delta_0 \leq \sqrt{E_0 \cdot \frac{q \cdot \omega_{-1}^R + \omega_0^L}{q \cdot \omega_{-1}^R \cdot \omega_0^L}} = \sqrt{\frac{E_0}{\omega_0^S}}$$

525 Es gilt der Fall einperiodigen Anforderungshorizontes AH = 1 gemäß Ann. C-1 S. 95 und Kommunikationsdiskontinuität Ann. D-3 S. 149. Es wurde unterstellt, dass negative Manipulation weniger kostspielig ist als positive, und dass dies den Zinseffekt überkompensiert, $q \cdot \omega_0^R < \omega_0^L$.

In Abb. D-2 ist dies genau dann gegeben, wenn die Schnittmenge der mit den höchstens tolerierbaren Konformitätskosten E_0 realisierbaren und der bei dem zu bewältigenden Anforderungsresiduum Δ_0 für Konformität erforderlichen (M_0, M_{-1}) nicht leer ist. Dies ist der Fall, wenn die Isokostenkurve mit $SC_0 = E_0$ von der Isoquante mit $-M_{-1} + M_0 = \Delta_0$ geschnitten oder tangiert wird.[526]

2.3 Malusmilderung durch stille Reserven

Man vergleiche nun mit der Situation bei einperiodigem Planungshorizont, in welcher der Ersteller sein Anforderungsresiduum allein durch positive Manipulation bewältigte. Aufgrund des zunächst marginal geringen, zunehmenden Grenzmalusses ist es, auch bei hohem [niedrigem] intratemporalem Resistenzkoeffizienten in $t=-1$ $[t=0]$, für den Ersteller stets kostengünstiger, die Konformität mit einer Mischung aus positiver und negativer Manipulation herzustellen als mit nur einem der beiden Vorzeichen zu manipulieren[527]: Aus (D-7) folgt $\omega_0^S < \omega_0^L \wedge \omega_0^S < q \cdot \omega_{-1}^R$. Auch supratemporale Grenzkosten und Krümmung sind bei gegebener Manipulation somit betragsmäßig strikt geringer als intratemporale. Die **Malusmilderung** durch die Gewinnverschiebung gegenüber der ausschließlich positiven Manipulation, wie sie ohne Voraussicht des Erstellers betrieben würde, ist deshalb stets größer null:

$$\text{(D-10)} \qquad c_0(\Delta_0) - sc_0(\Delta_0) = \omega_0^L \cdot \Delta_0^2 - \frac{q \cdot \omega_{-1}^R}{q \cdot \omega_{-1}^R + \omega_0^L} \cdot \omega_0^L \cdot \Delta_0^2 = \frac{\omega_0^L}{q \cdot \omega_{-1}^R + \omega_0^L} \cdot \omega_0^L \cdot \Delta_0^2 > 0$$

bzw. für den symmetrischen Fall $\omega_{-1}^R = \omega_0^L = (\omega/(q+1)) \cdot \Delta_0^2$. Die beiden letzten Multiplikanden in (D-10) stellen mit dem intratemporalen Manipulationsmalus bei ausschließlich positiver Manipulation das **Einsparungspotenzial** dar. Dieses ist umso größer,

— je größer das Anforderungsresiduum in $t=0$ ist:

---

526 Die Entscheidung über Konformität ließe sich in einer dreidimensionalen Darstellung mit dem Barwert der Manipulationsmalusse in $t=-1$ und $t=0$ als dritte Dimension wie folgt veranschaulichen: Die Isokostenkurven würden eine (von oben gesehen) elliptische „Schüssel" darstellen, deren hier relevantes Viertel in Abb. D-2 als schattierte Fläche gezeigt wird. Das Konformitätsinzitament ist von M_0 und M_{-1} unabhängig und deshalb eine waagrechte Fläche in dieser dritten Dimension sozusagen ein auf der „Schüssel" ruhender (Kosten-)„Deckel". Die Konformitätsanforderung wäre als senkrechte Wand im Winkel von jeweils 45° zu den beiden Achsen darzustellen, die mit zunehmender Konformitätsanforderung nach außen wandert. Falls diese Wand die „Schüssel" durchschneidet, stellt die Schnittmenge die Menge der (M_0, M_{-1}, SC_0)-Kombinationen mit $J_0 = \overline{J}_0$ und $SC_0 \leq E_0$ dar. Der Ersteller berichtet also konform. Dies ist eine bauchige Kurve im (M_0, M_{-1}, SC_0)-Raum, deren Minimum die Kosten der Konformität minimiert. Verläuft die „Wand" hingegen außerhalb der „Schüssel", deren Radius ja vom „Deckel" begrenzt wird, wird auf Konformität verzichtet. In der obigen Darstellung markiert die fett gezeichnete, links schattierte Isokostenkurve den Rand der „Schlüssel" i.H.d. minimalen Kosten der Konformität bei $\Delta_0 = \Delta_0'$. Die rechts schattierte Gerade trennt die gemäß der Nebenbedingung der Konformität zulässigen [rechts] von den unzulässigen [links] Manipulations-Kombinationen. Der Ersteller berichtet genau dann konform, wenn E_0 diese Höhe erreicht oder übersteigt.

527 S.a.S. 149 und Fn. 524 S. 153.

(D-11) $$\frac{\partial\left(c_0(\Delta_0)-sc_0(\Delta_0)\right)}{\partial\Delta_0}=2\cdot\frac{\omega_0^L}{q\cdot\omega_{-1}^R+\omega_0^L}\cdot\omega_0^L\cdot\Delta_0>0\text{, und}$$

— je größer der intratemporale Resistenzkoeffizient ω_0^L für stille Lasten in t=0 ist:

(D-12) $$\frac{\partial\left(c_0(\Delta_0)-sc_0(\Delta_0)\right)}{\partial\omega_0^L}=\frac{2\cdot\omega_0^L\cdot q\cdot\omega_{-1}^R+\left(\omega_0^L\right)^2}{\left(q\cdot\omega_{-1}^R+\omega_0^L\right)^2}\cdot\Delta_0^2>0$$

Der erste Multiplikand in (D-10) gibt den Anteil stiller Reserven bzw. negativer Manipulation an der gesamten Manipulation und damit zugleich den **eingesparten Anteil** am Einsparungspotenzial an. Dieser Anteil ist umso größer, je wirksamer negative Manipulation die Manipulationsmalusse reduziert, d.h.

— je geringer der intratemporale Resistenzkoeffizient ω_{-1}^R für negative Manipulation in t=−1, ist:

(D-13) $$\frac{\partial\left(c_0(\Delta_0)-sc_0(\Delta_0)\right)}{\partial\omega_{-1}^R}=-\frac{q}{\left(q\cdot\omega_{-1}^R+\omega_0^L\right)^2}\cdot\left(\omega_0^L\cdot\Delta_0\right)^2<0\text{, und}$$

— je geringer die Lukrativität der Alternativanlage q ist:

(D-14) $$\frac{\partial\left(c_0(\Delta_0)-sc_0(\Delta_0)\right)}{\partial q}=-\frac{\omega_{-1}^R}{\left(q\cdot\omega_{-1}^R+\omega_0^L\right)^2}\cdot\left(\omega_0^L\cdot\Delta_0\right)^2<0$$

In Abb. D-2 wurde die mittels stiller Reserven erzielte Malusmilderung durch die Differenz der Manipulationsmalusse, die mit jenen Isokostenkurven assoziiert sind, welche die Isoquante für Δ_0° auf der Effizienzlinie und der Abszisse schneidet. Diese Malusminderung beträgt also $SC_0^{iv}-SC_0^{\circ}$.[528] **Abb. D-3** zeigt sie als hellgraue Fläche im (M_t, C_t)-Raum. Auf der Abszisse wird Manipulation abgetragen, auf der Ordinate die resultierenden Grenzmalusse. Die nach rechts ansteigende Gerade bildet den intratemporalen Grenzmalus positiver Manipulation in t=0 ab. Die abfallende bzw. nach links ansteigende Gerade gibt, ausgehend vom Punkt (Δ_0, 0) nach links hin, den Grenzmalus negativer Manipulation an[529]. Die darunter liegenden Flächen stellen dementsprechend den Malus dar, der bei positiver respektiver negativer Manipulation in t=0 respektive t=−1 anfallen würde. Hilfsweise sind die entsprechenden parabolischen Manipulationsmalusfunktionen als unterbrochene Linien angedeutet. Ohne stille Reserven wäre $M_0=\Delta_0$. An Manipulationsmalus fiele dementsprechend die gesamte Fläche unterhalb der nach rechts ansteigenden Gerade an. Für jede Einheit negativer Manipulation, die in t=−1 ausgehend von (Δ_0, 0) gebildet wird, entfällt Manipulationsmalus in Höhe dieser Geraden, für die erste Einheit also $2\cdot\omega_0^L\cdot\Delta_0$, und beispielsweise $2\cdot\omega_0^L\cdot M_0^*$ für $M_{-1}=M_{-1}^*$. Sie bildet somit zugleich, aufgrund der Komplementarität negativer und positiver Manipulation gemäß (D-1)

528 Im Bild der „Schüssel“, vgl. Fn. 526, bemisst sich die Ersparnis durch stille Reserven als senkrechter Abstand von Punkt (M_0, M_{-1}, SC_0) = (Δ_0, 0, $\omega_0^L\cdot\Delta_0$) bis zur „Schüssel“.

529 Die abfallende Gerade stellt also den Grenzmalus der Bildung stiller Reserven in t = −1 dar, allerdings um das Anforderungsresiduum Δ_0 nach rechts transponiert und aufgezinst auf t = 0.

S. 149, den Grenzertrag negativer Manipulation ab; die Grenzerträge stiller Reserven sind die Grenzkosten stiller Lasten et vice versa. Es kommt jedoch Manipulationsmalus in Höhe der abfallenden Geraden hinzu. Er wächst, bei null in (Δ_0, 0) anfangend, nach links hin an und beträgt für $M_{-1} = M^*_{-1}$ $2 \cdot \omega^R_{-1} \cdot M^*_{-1} = 2 \cdot \omega^L_0 \cdot M^*_0 = 2 \cdot \omega^S_0 \cdot \Delta_0$; da der Grenzmalus negativer Manipulation zunimmt und ihr Grenzertrag abnimmt, ist ihr Optimum erreicht, wenn sich die Geraden schneiden. Zur Bewältigung von Δ_0 fallen also nur Manipulationsmalusse ensprechend der dunkelgrauen und der weißen Fläche an; die negative Manipulation spart einen Manipulationsmalus entsprechend der hellgrauen Fläche ein. Im Optimum verhält sich negative zu positiver Manipulation wie die Krümmung des Manipulationsmalusses positiver Manipulation zur aufgezinsten Krümmung des Manipulationsmalusses negativer Manipulation.[530] Deshalb entspricht der Anteil negativer Manipulation am Anforderungsresiduum dem Verhältnis ihrer Krümmung zur Summe der Krümmungen negativer und positiver Manipulationsmalusse, wie es (D-5) und (D-6) zeigen.[531]

Abb. D-3 erfasst das durch stille Reserven
- eröffnete Einsparungspotenzial durch die insgesamt markierte Fläche, deren Umfang
  - von der Länge ihrer Basis Δ_0 und
  - der Steigung ihrer oberen Begrenzung $2 \cdot \omega^L_0 \cdot M_0$ determiniert wird, während der
- eingesparte Anteil durch die karierte Fläche[532] dargestellt wird, dessen Umfang durch
  - die Steigung ihrer unteren Begrenzung $2 \cdot q \cdot \omega^R_{-1} \cdot (\Delta_0 - M_0)$ determiniert wird.

---

530 In dem in dieser Weise entstehenden, die supratemporalen Konformitätskosten darstellenden Dreieck müssen sich die beiden Teile der Basis, M_0 und M_{-1}, zu einander verhalten wie das reziproke Verhältnis der Steigungen der beiden Schenkel, die jeweils der Krümmung der zugehörigen (verzinsten) Manipulationsmalusfunktion gleichen. Es bezeichne „°" hinter einer Punktfolge das Verhältnis von Kosinus zu Sinus des entsprechenden Winkels im zuerst genannten Punkt. Dann gilt

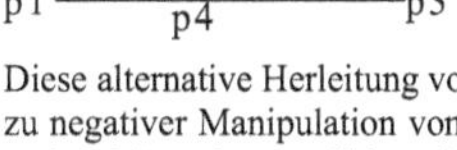

$$p1-p2-p4° = \frac{|p2-p4|}{|p1-p4|} \wedge p3-p2-p4° = \frac{|p2-p4|}{|p3-p4|} \Rightarrow \frac{p1-p2-p4°}{p3-p2-p4°} = \frac{|p4-p3|}{|p1-p4|}$$

531 Diese alternative Herleitung von (D-5) und (D-6) zeigt, dass die Unabhängigkeit des Verhältnisses positiver zu negativer Manipulation vom Anforderungsresiduum auf die Gründe für das Entstehen des Dreiecks zurückzuführen ist, nämlich auf die Annahme konstanter Krümmung der intratemporalen Manipulationsmalusse sowie auf die Komplementarität stiller Reserven und Lasten (s. (D-1) S. 149).

532 Die supratemporalen Konformitätskosten ergeben sich analytisch wie geometrisch als die Hälfte des Produktes aus Grenzkosten (Höhe des Schneidepunktes) und Anforderungsresiduum (Breite der Basis). Ob eine Kombination aus Krümmungen der intratemporalen Manipulationsmalusfunktionen zu höheren oder niedrigeren supratemporalen Konformitätskosten führt, lässt sich somit an der Höhe, in dem sich der Schneidepunkt der beiden Geraden in Abb. D-3 befindet, ablesen. Sie gibt wie erwähnt die supratemporalen Grenzkosten an, deren hälftige erste Ableitung der supratemporalen Manipulationsresistenz entspricht. Bleibt hingegen die Höhe des Schneidepunktes gleich, ist auch die Fläche darunter gleich.

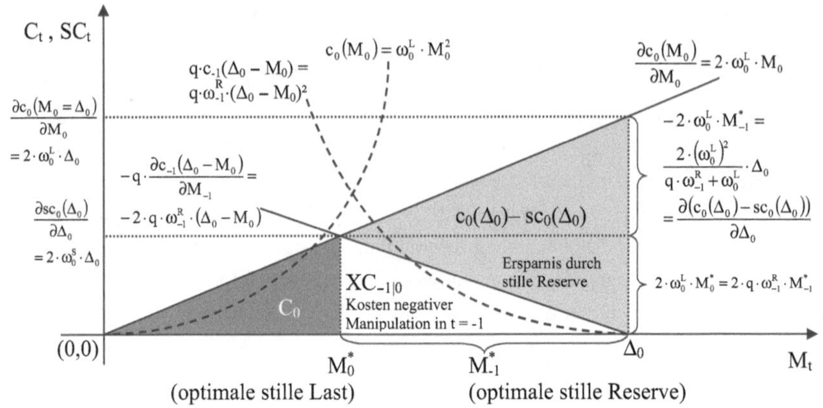

Abb. D-3: Malusmilderung durch stille Reserven, PH $\geq$ 2, AH = 1, E0 > 0, E−1 = E1 = 0[533]

Die Malusmilderung durch Bildung stiller Reserven ist von dem unverfälschten Periodenergebnis in $t = -1$ unabhängig. Zu einer solchen Abhängigkeit bedarf es in der vorliegenden Modellierung[534] eines Kommunikationsvorganges in $t=-1$ oder der Einbeziehung von $t=-1$ in spätere Rechnungslegungsanalyse, AH > 1. Erst durch Kommunikation in anderen Perioden entsteht ein Zusammenhang zwischen den Möglichkeiten der Erreichung von Konformität in der aktuellen Periode einerseits und dem unverfälschten Periodenergebnis in anderen Perioden als modellhafter Abbildung des wirtschaftlichen Erfolges in diesen Perioden andererseits.

Wegen $\omega_0^S < \omega_0^L$ ist das in (D-9) implizierte Unschärfeintervall bei PH = 2 und Kommunikationsdiskontinuität strikt größer als bei PH = 1, s.S. 122. Diese Vergrößerung der **Unschärfe** ist nach der anreiz-informatorischen Unschärferelation (s.u. ausführlich Abschnitt E1 S. 295ff.) zu erwarten, weil Differenzierung des Erstellerkalküls sein Manipulationsgeschick steigert. S.a. S. 198f. Die vorliegende Auswertung des Modells teilt bei Kommunikationsdiskontinuität insofern mit der institutionellen Literatur[535] die Skepsis gegenüber der mit stillen Reserven verbundenen „Entobjektivierung".

533 Werte: $q = 1{,}1$, $\omega_{-1}^R = 0{,}15$, $\omega_0^L = 0{,}2$, $\Delta_0 = 10$.

534 Die Unabhängigkeit vom unverfälschten Periodenergebnis der Vorperiode wäre bei Aufhebung der Annahme, das Manipulationsausmaß hänge nicht vom absoluten Wert des unverfälschten Periodenergebnisses ab (s. Ann. C-5 S. 102), nicht mehr gegeben. S.a. Ann. C-7, (D-1) und Fn. 520 S. 151, 524 S. 153.

535 Vgl. für viele Leffson (1987) S. 84 – 90, Stützel (1959), Stützel (18.08.1962) sowie Adolf Moxter in den Nachw. in Fn. 437 S. 105. S.a. die übrigen Nachweise zum Objektivierungsdilemma auf S. 105 sowie Fn. 798 S. 297. Stille Reserven befürwortet Moxter (1997) S. 196 zu Ausschüttungszwecken.

2.4 Mehrperiodige Umkehrdauern

Gemäß Ann. C-9 S. 111 kehrte sich Manipulation stets in der Folgeperiode um (sofortige Umkehr, UD=u' − t'=1). Diese Annahme sei für diesen Abschnitt D2.4 ersetzt durch

Ann. D-4: Mehrperiodige Umkehrdauern (statt Ann. C-9, Geltung: Abschnitt D2.4)

a) Es kann mit Umkehrdauern zwischen 1 und $UD^{max} \geq pze - pza$ Perioden mit Resistenzkoeffizienten $\omega^R_{t,u}$ [$\omega^L_{t,u}$] negativ [positiv] manipuliert werden. Eine Manipulation $M_{t'|u'}$ findet in t=t' statt und kehrt sich in t=u' > t' um (s.a. Ann. C-8 S. 109).

b) Der Ersteller plant in $t=pza \leq -3$ für die Perioden t=pza bis t=0. Die Kommunikation findet mit der Rechnungslegung in t=0 statt.

Die Modellierung in Abschnitt D2.1 – D2.3 ist als Spezialfall von Ann. D-4 anzusehen, in dem $UD^{max} = 1$ gilt. Gemäß Ann. D-3 S. 149 kann ein Konformitätserlös nur in t = 0 erzielt werden. Es sei $\Delta_0 > 0$. Es ist unter Ann. D-4 möglich, **in jeder Periode** t=t' < 0 durch Bildung stiller Reserven mit der Umkehrdauer UD = −t' für die Periode t=0 **vorzusorgen**. Der Ersteller optimiert in $t = pza \leq -3$ bei seiner Planung zur Bewältigung des Anforderungsresiduums $\Delta_0 > 0$ in t=0 den folgenden Ansatz (zu Zeitbezügen s.S. 97f.):

$$\text{(D-15)}\qquad SC_0 = \sum_{t=pza}^{t=-1} q^t \cdot \omega^R_{t|0} \cdot M^2_{t|0} + \sum_{t=1}^{t=UD^{max}} \omega^L_{0|t} \cdot M^2_{0|t} \to \underset{M_{t|u}}{Min!} \text{ u.d.N. } \Delta_0 \leq -\sum_{t=pza}^{t=-1} M_{t|0} + \sum_{t=1}^{t=UD^{max}} M_{0|t}$$

Die Nebenbedingung gibt die Konformitätsanforderung in t=0 wieder. Jede Übererfüllung wäre ineffizient. Es reicht deshalb aus, (D-15) für Gleichheit der Nebenbedingung zu untersuchen. Man erhält dann nach Lagrange

$$L = \sum_{t=pza}^{t=-1} q^{-t} \cdot \omega^R_{t|0} \cdot M^2_{t|0} + \sum_{t=1}^{t=UD^{max}} \omega^L_{0|t} \cdot M^2_{0|t} + \lambda \cdot \left(\Delta_0 + \sum_{t=pza}^{t=-1} M_{t|0} - \sum_{t=1}^{t=UD^{max}} M_{0|t} \right)$$

$$\frac{\partial L}{\partial M_{t|0}} = 2 \cdot q^{-t} \cdot \omega^R_{t|0} \cdot M_{t|0} + \lambda \overset{!}{=} 0 \; \forall \; t \in \{pza;\ldots;-1\} \wedge$$

$$\text{(D-16)}\qquad \frac{\partial L}{\partial M_{0|t}} = 2 \cdot \omega^L_{0|t} \cdot M_{0|t} - \lambda \overset{!}{=} 0 \forall \; t \in \{1;\ldots;UD^{max}\} \wedge \frac{\partial L}{\partial \lambda} = \Delta_0 + \sum_{t=pza}^{t=-1} M_{t|0} - \sum_{t=1}^{t=UD^{max}} M_{0|t} \overset{!}{=} 0$$

$$\Rightarrow -2 \cdot q^{-pza} \cdot \omega^R_{pza|0} \cdot M_{pza|0} = -2 \cdot q^{-(pza+1)} \cdot \omega^R_{(pza+1)|0} \cdot M_{(pza+1)|0} = \ldots$$

$$= -2 \cdot q \cdot \omega^R_{-1|0} \cdot M_{-1|0} = 2 \cdot \omega^L_{0|1} \cdot M_{0|1} = 2 \cdot \omega^L_{0|2} \cdot M_{0|2} = \ldots = 2 \cdot \omega^L_{0|UD^{max}} \cdot M_{0|UD^{max}} = \lambda$$

Im Optimum muss somit jede Periode und jedes Manipulationsvorzeichen den **gleichen Grenzmalus** ihres Beitrages zur Steigerung des Periodenergebnisses in t=0 aufweisen. Andernfalls könnte eine Umverteilung der Bildung stiller Reserven und Lasten auf die einbezogenen Perioden den Gesamt-Manipulationsmalus reduzieren. In den Grenzmalus fließt die Verzinsung ein; je früher, umso teurer. Der für alle Umkehrdauern gleiche Grenzmalus stellt zugleich die Grenzkosten der Steigerung des Periodenergebnisses in t=0 dar. Diese müssen bei pza < −1 strikt niedriger sein als im Falle sofortiger Umkehrung bzw. UDmax = 1. Es sei hier auf die Herleitung der Grenz- und Gesamtkostenfunktion sowie notwendiger Optimalitätsbedingungen[536] verzichtet. Da der Manipulationsmalus als Integral des Grenzmalusses ohne Skalar ermittelt werden kann, haben die bisherigen Erläuterungen jedoch deutlich gemacht, dass der Grenz- und Gesamt-Manipulationsmalus stets sinkt in

— der Zahl der zur Legung stiller Reserven nutzbaren Perioden und der Zahl der in t=0 nutzbaren Umkehrdauern, weil dies die Progression des Manipulationsmalusses mildert. So führt u.a. die Vorverlegung des Planungsbeginns eine solche Progressionsmilderung herbei.[537, 538]

Dagegen steigt der Grenz- und Gesamtmanipulationsmalus in

— jedem der Resistenzkoeffizienten dieser Perioden bzw. Umkehrdauern und im
— Aufzinsungsfaktor.

Die durch Bildung stiller Reserven erzielbare Malusmilderung verhält sich jeweils umgekehrt. Die in Abschnitt D2.1 erwähnte Implikation der Ann. C-5 c) gilt im allgemeineren Fall ebenfalls, dass nämlich in jeder einbezogenen Periode bis t = −1 mehr als marginal negativ manipuliert wird. Hierbei wird allerdings kostenlose Konservierung der stillen Reserven über mehrere Perioden hinweg unterstellt, die bei sofortiger Umkehrung gemäß Ann. C-9 nur über eine Periodengrenze stattfindet. Weiter setzt die erforderliche frühzeitige und zwecks Terminierung der Auflösung periodengenaue Legung voraus, dass der Ersteller den Bedarf an stillen Reserven rechtzeitig erkennt und in seine Planung einbezieht, also UD Perioden vor der Periode, in der sich die stille Reserve auflösen soll. Auch würde ihr Einsatz bei Berücksichtigung von Unsicherheit voraussichtlich weniger vorteilhaft erscheinen als eine willkürlich und kurzfristig terminierbare Auflösung stiller Reserven, wie sie Abschnitt D4.2 (S. 223ff.) modelliert.

Die Ausführungen des Abschnittes D2.3 zur Einordnung der Wirkungen stiller Reserven in die Kategorien der anreiz-informatorischen Unschärferelation (vgl. ausführlich Abschnitt E1 (S. 295ff.)) für den Spezialfall $UD^{max} = u' - t' = 1\ \forall t$, gelten auch im allgemeineren Fall $u' - t' \in \{1, \ldots, UD^{max}\}$, $UD^{max} \geq 2$: Mehrperiodige Umkehrdauern sind im Vergleich zum Fall $UD^{max} = 1$ als Erweiterung der Abbildungsspielräume anzusehen. Sie erhöht die durch das Unschärfeintervall quantifizierte Unschärfe.

Im Folgenden gelten wieder Ann. C-9 S. 111, $UD = u' - t' = 1, t' \in \forall t$ bzw. $UD^{max} = 1$, und Ann. D-1 S. 146, $PH \geq 2$.

---

536 Vgl. allgemein bspw. Bronstein/Semendjajew (1980) S. 338 – 339.

537 Es werden sozusagen unterschiedliche „Quellen“ mit ansteigenden Grenzmalussen genutzt. Die Modellierung impliziert also, dass die mit einer einmaligen Manipulation verbundenen Unannehmlichkeiten stärker auf den Ersteller wirken als die Summe der Unannehmlichkeiten der Manipulation mehrerer Perioden, die denselben Gesamtbetrag ergeben.

538 Da eine marginale negative Manipulation gem. Ann. C-5 c) S. 102 kostenlos ist, sinkt der Gesamt-Manipulationsmalus bei malusminimierender Manipulation stets, wenn eine zusätzliche Periode einbezogen wird.

3 Manipulation im allgemeinen Fall

3.1 Optimierungsproblem

3.1.1 Formulierung

Dieser Abschnitt D3 analysiert das Optimierungsproblem der Manipulationsentscheidungen des Erstellers bei mehrperiodigem Planungshorizont und Kommunikationskontinuität, ohne die Verläufe der Anforderungsresiduen oder das Manipulationsverhalten von vornherein einzuschränken, was hier als allgemeiner Fall bezeichnet werden soll.[539]

— Abschnitt D3.1 stellt das Optimierungsproblem dar (D3.1.1), lotet die Grenzen von Standardlösungen aus (D3.1.2) und veranschaulicht es anhand von Näherungslösungen (D3.1.3).

— Abschnitt D3.2 leitet ein allgemeines Lösungsverfahren ab, s.S. 175.

— Abschnitt D3.3 erkundet die Möglichkeiten, bei dem ermittelten Manipulationsverhalten von kommunikationsexogenen Beobachtungen der ausgewiesenen Periodenergebnisse und des Manipulationsvorzeichens auf die unverfälschten Periodenergebnisse zu schließen.

— Abschnitt D3.4 plausibilisiert anhand empirischer Befunde das Verhalten im Modell.

Es gilt wieder Ann. C-10 S. 125, Kommunikationskontinuität. Der Ersteller erzielt also das Konformitätsinzitament $E_{t'}$ der Periode t = t', wenn die Summe aus Umkehrwirkung aus der Vorperiode, $-M_{t'-1}$, und Manipulation in t=t', $M_{t'}$, das Anforderungsresiduum in t=t', $\Delta_{t'}$, erreicht. Zur Konformität in t=t' muss somit, wie bisher, die KONFORMITÄTSRESTRIKTION der Periode t' gelten

(D-17) $\Delta_{t'} \leq -M_{t'} - 1 + M_{t'}$

Ist (D-17) erfüllt, ist $\kappa_{t'}=1$, sonst $\kappa_{t'}=0$; κ_t erfasst das Konformitätsverhalten, s.a. S. 121. Es wird sich als nützlich erweisen, κ_t als Entscheidungsvariable zu betrachten.

Entscheidet sich der Ersteller für Nonkonformität in einer Periode t = t', $\kappa_{t'}=0$, dann entfällt die Notwendigkeit positiver Manipulation in t = t'. Auch erlischt jedwede Motivation zur Bildung stiller Reserven in t = t' − 1. Es können also in t = t' − 1 beliebige stille Lasten und für t = t' + 1 beliebige stille Reserven gebildet werden; die Knappheit an unverfälschtem Periodenergebnis entfällt, weil ohne jeglichen Nachteil ein beliebig niedriges Periodenergebnis ausgewiesen werden kann, zumal ohnehin auf $E_{t'}$ verzichtet wurde. Nonkonformität wirkt insoweit ähnlich wie ein sehr großer Überschuss $\Delta_{t'} \ll 0$. Die Entscheidung gegen Konformität in t=t' durchtrennt die Wechselwirkungen zwischen den Perioden vor t=t' einerseits und

539 Weitergehende Verallgemeinerungen erfolgen, teilweise mit anderen Einschränkungen, in Abschnitt D2.4 (S. 223ff.), D4.2 (S. 159ff.), D6 (S. 286ff.).

denjenigen nach t=t' andererseits. Fasst man die Konformitätsrestriktion als (lineare) Nebenbedingung der Minimierung des Barwertes der (quadratisch von der Manipulation abhängigen) Manipulationsmalusse auf, dann kann die Möglichkeit, sich dieser Nebenbedingung durch Nonkonformität zu entledigen, durch Addition von $(1-\kappa_t)\cdot\xi$ auf der rechten Seite von (D-17) abgebildet werden. Hierbei sei ξ höher als jeder in Frage kommende Wert von $\Delta_t + M_{t-1} - M_t$.[540]

PZ={pza, ..., pze} ist der Planungszeitraum des Erstellers. PH ist, wie bisher, die Zahl der Perioden in PZ. KW_{PZ} sei der Barwert der innerhalb des Planungszeitraumes erzielten Konformitätsinzitamente abzüglich des Barwertes der aufgewendeten intratemporalen Manipulationsmalusse (SUPRATEMPORALER KONFORMITÄTSWERT des Planungszeitraumes, KW_{PZ}). Die Resistenzkoeffizienten hängen von der Periode und vom Vorzeichen der Manipulation ab; es ist $\omega_t^{RL} = \omega_t^R$ für $M_t < 0$ und $\omega_t^{RL} = \omega_t^L$ für $M_t \geq 0$.[541] Es sei $M_{pza-1} = 0$.[542] Der Ersteller optimiert – langfristig-dynamisch, s.S. 98 – den supratemporalen Konformitätswert über Konformitäts- und Manipulationsverhalten unter der Nebenbedingung der Konformität in den Perioden, in denen ein Konformitätsinzitament erzielt werden soll:

(D-18)
$$KW_{PZ} = \sum_{t=pza}^{t=pze} q^{-t} \cdot E_t \cdot \kappa_t - \sum_{t=pza}^{t=pze} q^{-t} \cdot \omega_t^{RL} \cdot M_t^2 \rightarrow \max_{M_t, \kappa_t \forall t}!$$
$$\text{u.d.N.} \quad \Delta_t \leq -M_{t-1} + M_t + (1-\kappa_t)\cdot\xi, \quad \kappa_t \in \{0,1\}, \quad \forall t \in \{pza,...,pze\}$$

(D-18) ist ein quadratisches gemischt-binäres Optimierungsproblem, wofür gängige Literatur zur nichtlinearen[543] und ganzzahligen[544] Optimierung keine Standardlösungen kennt. Zum spä-

---

540 Zur Darstellung logischer Aussagen mit Binärvariablen vgl. Williams (1994) S. 168 – 184, hier S. 172.

541 Diese Differenzierung dient der Deutlichmachung der Manipulationsrichtung in den Summationen. ω_t^{RL} ist also die für ω_t^R und ω_t^L übergreifende Variable, die der Konkretisierung der Manipulationsrichtung bedarf. ω_t bezeichnet dagegen die für beide Manipulationsrichtungen geltende Objektivierungsintensität in einem Fall, in dem $\omega_t^R = \omega_t^L = \omega_t$ angenommen wurde. S.a. Ann. C-7 S. 107.

542 Der Anfang des Planungshorizontes besagt lediglich, dass der Ersteller die zeitlich früher liegenden Größen nicht (mehr) beeinflussen kann. Auch bspw. Hunt/Moyer/Shevlin (1996) S. 346 interpretieren in ihrem empirischen Schätzmodell die Größen des Vorjahres als nicht manipuliert.

543 Die von der Literatur zur nichtlinearen Programmierung entwickelten Lösungsverfahren setzen soweit ersichtlich sämtlich reellwertige Variablen voraus, vgl. bspw. die Lehrtexte Kistner (2003), S. 123, 139, Domschke/Drexl (2002) S. 159; Geiger/Kanzow (2002) S. 197; Marti/Gröger (2000) S. 142, 160; Nocedal/Wright (1999) S. 421; Horst (1987) S. 259; implizit Ellinger/Beuermann/Leisten (2001) S. 185, 194, 209. Auch speziellere Arbeiten setzen Reellwertigkeit oder, strenger, Konvexität voraus, vgl. bspw. Lüthi (1976) S. 93, Lohf (1990) S. 10, Locher (1993) S. 2, Spellucci (1993) S. 10.

544 Es existieren Lösungsverfahren der – sehr heterogenen – ganzzahligen Programmierungsprobleme, die nicht allgemein die Linearität der Zielfunktion voraussetzen. Siehe bspw. Djerdjour (1997), der einen Algorithmus zu einer quadratischen Version des rein ganzzahligen, hier nicht einschlägigen Rucksackproblems entwirft. Mit der hier vorliegenden Problemstruktur eines Minimal-Cost-Flow-Netzwerkproblems mit gemischt-ganzzahligen quadratischen Transportkosten (s.o. Abschnitt D3.1.3 (S. 166ff.)) scheint sich die Literatur nicht gezielt befasst zu haben. Am nächsten kommen Nemhauser/Wolsey (1988) S. 8 – 9, 495 – 513 mit einem gemischt-ganzzahligen Minimal-Cost-Flow-Netzwerkproblem mit Fixkosten, aber linearen variablen Kosten. Die in gängigen Lehrtexten behandelten ganzzahligen Verfahren sind meist linear, vgl. etwa Kistner (2003) S. 171 – 225, Ellinger/Beuermann/Leisten (2001) S. 149 – 184, Williams (1993) S. 246 –

teren Gebrauch sei festgelegt, dass der Vektor $\kappa_{PZ} = (\kappa_{pza}, \ldots, \kappa_{pze})$ das Konformitätsverhalten, der Vektor $M_{PZ} = (M_{pza}, \ldots, M_{pze})$ das Manipulationsverhalten und der Skalar C_{PZ} den auf $t = 0$ bezogenen Barwert der Manipulationsmalusse des PZ bezeichnen.

3.1.2 Anwendbarkeit von Standardmethoden

Entscheidet sich der Ersteller *vorab* für ein **gegebenes Konformitätsverhalten** κ_{PZ}, dann entfallen sowohl Konformitätsinzitamente als auch Nebenbedingungen für nonkonforme Perioden, während $\kappa_t = 1$ ist für konforme Perioden, so dass $(1 - \kappa_t)\cdot\xi$ null ist und die entsprechende Nebenbedingung bestehen bleibt. Das so vereinfachte Problem weist eine quadratische konvexe Zielfunktion, lineare Nebenbedingungen, sowie Nicht-Ganzzahligkeit auf. Ersetzt man M_t durch $-R_t$ für $M_t < 0$ und durch L_t für $M_t \geq 0$ mit[545]

$$\text{(D-19)} \qquad R_t = \begin{cases} -M_t & \text{für } M_t < 0 \\ 0 & \text{für } M_t \geq 0 \end{cases} \quad \text{und} \quad L_t = \begin{cases} 0 & \text{für } M_t < 0 \\ M_t & \text{für } M_t \geq 0 \end{cases}$$

sind zudem die Aktivitätsvariablen nichtnegativ. (D-18) lässt sich bei gegebenem Konformitätsverhalten κ_{PZ} deshalb als quadratisches Optimierungsprogramm[546] formulieren:

$$\text{(D-20)} \qquad x^T\Omega x \rightarrow \min_x! \text{ u.d.N. } Yx - \sigma = \delta,\; x \geq 0,\; \sigma \geq 0$$

Es sei für Abschnitt D3.1 von Zinseffekten abgesehen, $q = 1$. Für das durch die Festlegung des Konformitätsverhaltens κ_{PZ} vereinfachte Programm ist $x = (R_{pza}, L_{pza}, R_{pza+1}, L_{pza+1}, \ldots, R_{pze}, L_{pze})^T$ und Ω eine $(2\cdot PH)\times(2\cdot PH)$-Matrix, in der lediglich die Hauptdiagonale von null verschieden ist, und zwar strikt positiv. Hierbei erfasst PH die Zahl der Perioden im PZ, s.S. 24. Die Hauptdiagonale von Ω wird beschrieben durch den Vektor $(\omega^R_{pza}, \omega^L_{pza}, \omega^R_{pza+1}, \omega^L_{pza+1}, \ldots, \omega^R_{pze}, \omega^L_{pze})$. Bei Berücksichtigung von Zinseffekten sind diese Elemente von Ω je-

---

269, Schrijver (1990) S. 227 – 375, Nemhauser/Wolsey (1988) S. 205 – 712, insbes. S. 205, 535, oder rein ganzzahlig, vgl. bspw. Kistner (2003) S. 225 – 237, Williams (1993) S. 293 – 329. Jedoch sind einige der allgemeinen, enumerativen ganzzahligen Verfahren auf derartige Probleme anwendbar, wie es im Folgenden für die Branch-and-Bound-Methode gezeigt wird, vgl. Nachw. Fn. 550 S. 164. Vgl. jedoch auch Williams (1993) S. 228 – 235 zur hier nicht verfolgten Linearisierung von Zielfunktionen. Die Verfahren der dynamischen Programmierung (siehe hierzu Ellinger/Beuermann/Leisten (2001) S. 249 – 268, Kistner (2003) S. 265 – 276, Williams (1993) S. 320 – 322, 340) sind bei Zirkularität des entsprechenden Netzwerkes nicht anwendbar, vgl. Williams (1993) S. 171 – 172. Diese Zirkularität ist hier aber unvermeidbar, vgl. Fn. 553 S. 166.

545 Eine Orthogonalitätsbedingung der Art $R_t \cdot L_t = 0$ $\forall t \in \{pza, \ldots, pze\}$ ist nicht erforderlich, da es niemals optimal wäre, in der gleichen Periode sowohl positiv als auch negativ zu manipulieren.

546 Vgl. zur quadratischen Optimierung Kistner (2003), S. 139 – 152, Domschke/Drexl (2002) S. 179 – 183; Geiger/Kanzow (2002) S. 197 – 206; Marti/Gröger (2000) S. 160 – 169; Nocedal/Wright (1999) S. 440 – 489; Spellucci (1993) S. 285 – 330; Williams (1993) S. 240; Horst (1987) S. 373 – 380. Meist wird in diesen Darstellungen das hiesige Ω als Q und das hiesige s als u bezeichnet.

weils mit q^{-t} abzuzinsen.[547] $x^T\Omega x$ ist somit der Barwert bzw. bei $q = 1$ die Summe der Manipulationsmalusse im Planungszeitraum. Y ist die Matrix der Koeffizienten der Nebenbedingungen. Y hat stets 2·PH Spalten. Für $\kappa_t = 1\ \forall t \in PZ$ hat Y PH Zeilen. Die erste lautet (1, −1, 0, 0, …, 0), die zweite (−1, 1, 1, −1, 0, 0, …, 0), die dritte (0, 0, −1, 1, 1, −1, 0, 0, …, 0) etc., die letzte also (0, 0, …, −1, 1, 1, −1). σ ist der Vektor der nichtnegativen Schlupfvariabeln und δ der Vektor der Aktivitätsbeschränkungen für die konformen Perioden: $\delta = (-\Delta_{pza}, -\Delta_{pza+1}, \ldots, -\Delta_{pze})^T$ bei $\kappa_t = 1\ \forall t \in PZ$. Wird in einer Periode t = t' Nonkonformität vorgesehen, $\kappa_{t'} = 0$, dann entfällt die t'-te Zeile von Y sowie das t'-te Element von σ und δ. δ trägt u.U. einen tiefgestellten Zeitraum-Index, z.B. δ_{PZ}.

Für die Lösung quadratischer Programme sind **Algorithmen** bekannt, deren Optimalität als bewiesen gilt.[548] Sie ermitteln die Kuhn-Tucker-Bedingungen für ein lokales Optimum einer mehrdimensionalen Funktion und lösen diese. Ihre globale Optimalität setzt somit die – hier gegebene – Konvexität[549] der Zielfunktion voraus.

(D-18) ließe sich somit lösen, indem KW_{PZ} für jede mögliche Ausprägung des Konformitätsverhaltens, dargestellt durch den Vektor $\kappa_{PZ} = (\kappa_{pza}, \ldots, \kappa_{pze})^T$, errechnet würde. Insgesamt wären 2^{PH} Ausprägungen zu prüfen, also bspw. für PH = (12+12) Monate + (4+4+4) Quartale = 36 Perioden $2^{36} \approx 7$ Billionen Ausprägungen, für PH = 5 Jahre noch $2^5 = 32$. Diese Suche kann mit Hilfe des **Branch-and-Bound-Verfahrens**[550] häufig erheblich effizienter gestaltet werden. So kann die Ganzzahligkeitsbedingung für κ_t wie folgt sukzessive eingeführt werden: Es wird (D-18) zunächst für $\kappa_{pza} = 0$ und $\kappa_{pza} + 1, \ldots, \kappa_{pze} \in [0;1]$ gelöst, dann für $\kappa_{pza} = 1$ und $\kappa_{pza} + 1, \ldots, \kappa_{pze} \in [0;1]$. Für $\kappa_{pza} + 1, \ldots, \kappa_{pze}$ entfallen also die Ganzzahligkeitsbedingungen, und es sind die zusätzlichen Nebenbedingungen $\kappa_{pza} + 1, \ldots, \kappa_{pze} \leq 1$ einzuführen. Diese beiden Programme können nach den oben genannten Algorithmen oder Abschnitt D3.2.2 (S. 181ff.) gelöst werden. Das κ_{pza} mit dem höheren KW_{PZ} würde dann vorläufig als Wert für κ_{pza} festgesetzt und dieser Knoten weiter verzweigt („branched"), indem (D-18) für diesen

---

547 Um $q > 1$ ergänzt, ist die Hauptdiagonale von Ω zu beschreiben als $(q^{-pza} \cdot \omega^R_{pza}, q^{-pza} \cdot \omega^L_{pza}, q^{-(pza+1)} \cdot \omega^R_{pza+1}, q^{-(pza+1)} \cdot \omega^L_{pza+1}, \ldots, q^{-pze} \cdot \omega^R_{pze}, q^{-pze} \cdot \omega^L_{pze})$.

548 Es handelt sich insbesondere um die Algorithmen von C. E. Lemke, vgl. Lüthi (1976) S. 10 – 17, Horst (1987) S. 375 – 379, und von P. Wolfe, vgl. Kistner (2003) S. 141 – 152, Domschke/Drexl (2002) S. 180 – 183. Vgl. im Übrigen die Nachw. in Fn. 543 S. 162. Geht man nach den in Abb. F-3 S. 319 zusammengefassten Ausführungen des Abschnittes D3.2.2 (S. 181ff.) vor, lässt sich (D-20) sogar, zumindest für $\omega_t^R = \omega_t^L$, auch bei als realistisch anzusehenden Größenordnungen (s.a.o. S. 25, 146), vergleichsweise einfach mit einem Tabellenkalkulationsprogramm lösen.

549 Die quadratische Form $x^T\Omega x$ ist aufgrund der Symmetrie von Ω und der unstrikten Positivität ihrer Elemente positiv semidefinit, vgl. Bronstein/Semendjajew (1980) S. 219. Die Konvexität von $x^T\Omega x$ folgt aus der positiven Semidefinitheit von $x^T\Omega x$, vgl. Kistner (2003) S. 140, Domschke/Drexl (2002) S. 179. (D-18) hingegen ist mangels Reellwertigkeit von κ_t nicht konvex. Zum Begriff der Konvexität s. Kistner (2003) S. 123, Ellinger/Beuermann/Leisten (2001) S. 194 – 209.

550 Zur Methode vgl. Williams (1993) S. 246 – 254. Zu verschiedenen Algorithmen der zuerst von Land/Doig (1960) algorithmisierten Branch-and-Bound-Methodik vgl. Kistner (2003) S. 184 – 205, Ellinger/Beuermann/Leisten (2001) S. 169 – 184, Nemhauser/Wolsey (1988) S. 355 – 367 m.w.N. S. 379, Schrijver (1990) S. 360 – 363 sowie die Nachweise bei Runzheimer (1999) S. 121 – 122.

κ_{pza}-Wert sowie $\kappa_{pza+1} = 0 \wedge \kappa_{pza} + 2, \ldots, \kappa_{pze} \in [0;1]$ und dann für $\kappa_{pza+1} = 1$ und $\kappa_{pza} + 2, \ldots, \kappa_{pze} \in [0;1]$ gelöst würde. Wiederum würde hier der κ_{pza+1}-Wert mit dem höheren KW_{PZ} weiter verzweigt, sofern sein KW_{PZ} nicht dasjenige unterschreitet, welches bei dem zunächst nicht weiter verzweigten κ_{pza}-Wert („wartender Knoten") erreicht wurde. Wäre dies der Fall, würde der wartende Knoten weiter verzweigt. Ein Knoten ist also durch eine Kombination bereits festgelegter κ_t gekennzeichnet, ihre Verzweigung durch die Schaffung zweier neuer Knoten, für die ein weiteres, bisher nicht auf 0 oder 1 festgelegtes κ_t auf 0 für den einen Knoten und auf 1 für den anderen festgelegt wird. Allgemein empfiehlt es sich, den bisher nicht verzweigten Knoten mit dem maximalen KW_{PZ} weiter zu verzweigen. Weiter können einige Knoten anhand der in Abschnitt D3.2.1 (S. 175ff.) erläuterten Kriterien als suboptimal ausgeschlossen werden. Sobald für alle Perioden verzweigt wurde, liegt eine die Ganzzahligkeitsbedingung in (D-18) einhaltende und somit zulässige Lösung vor. Eine solche Lösung könnte alternativ anhand einer Heuristik ermittelt werden, s. bspw. Abschnitt 3.1.3.2 (S. 171ff.). Der KW_{PZ} einer zulässigen Lösung bildet eine untere Grenze des erreichbaren KW_{PZ}. Sie restringiert („bounds") die weitere Verzweigung: Die Verzweigung eines wartenden Knotens mit niedrigerem KW_{PZ} kann den KW_{PZ} nicht gegenüber der gefundenen zulässigen Lösung steigern, zumal die Verzweigung die Einführung zusätzlicher Beschränkungen des Lösungsraumes bedeutet. Derartig restringierte Knoten werden deshalb von der weiteren Suche ausgeschlossen und bedürfen keiner weiteren Verzweigung. Existieren aber noch Knoten mit höherem KW_{PZ} als demjenigen der besten bisherigen zulässigen Lösung, ist einer dieser Knoten weiter zu verzweigen, bis die beste zulässige Lösung alle wartenden Knoten restringiert.

Dieses Verfahren erscheint durchführbar,[551] wenn auch aufwändig. **Einsicht in die wirtschaftliche Struktur** des Entscheidungsproblems erntet man hiermit jedoch nicht. Zu deren Erschließung bedarf es vielmehr der Verknüpfung und Begründung der Lösungsschritte mit den zu Grunde liegenden wirtschaftlichen Sachverhalten. Zu diesem Zweck erläutert Abschnitt D3.1.3 anhand von Optimierungstableaus, Graphen und Zahlenbeispielen das Problem (D-20) und anschließend (D-18) sowie deren Lösung mit Hilfe vereinfachender Entscheidungsregeln, wozu auch das Vorgehen bei ein- und zweiperiodigem Planungshorizont gehört.

Anschließend skizziert Abschnitt D3.2 (S. 175ff.) ein Lösungsverfahren. Soweit dieses Verfahren das Problem der Manipulation bei gegebenem Konformitätsverhalten gemäß (D-20) löst (Abschnitt D3.2.2 (181ff.)), ist die **Optimalität der Lösung** bei Einhaltung der angegebenen Optimalitätsbedingungen, insbesondere (D-28) S. 186, aufgrund der Konvexität des Problems in (D-20) gewährleistet. Soweit es das Konformitätsverhalten optimiert (Abschnitt D3.2.1 (S. 175ff.)), verbleibt eine u.U. erhebliche Zahl an Kombinationen enumerativ oder mittels Branch-and-Bound-Techniken zu prüfen. Ein formaler Nachweis, dass das Verfahren zur optimalen Lösung führt, würde den Rahmen der hiesigen Untersuchung sprengen. Nun

---

551 Zur praktischen EDV-technischen Umsetzung mathematischer Programmierung vgl. Szymanski (1996), zum Branch-and-Bound-Verfahren S. 57 – 134, und auch Leiser (2000), S. 55, 83 – 125.

konnte Gegenteiliges weder anhand informaler Konsistenzüberlegungen noch anhand von Zahlenbeispielen gezeigt werden. Weiter ergibt sich aus Abschnitt D3.2, dass Verbesserungen gegenüber den in Abschnitt D3.1.3 dargestellten vereinfachenden Lösungen erzielt werden. Insofern erscheinen die Optimierungsüberlegungen zu den einzelnen Verfahrensstufen hinreichend robust, um die hieraus gewonnene Einsicht in die Problemstruktur als Grundlage für die ab Abschnitt D3.3 folgenden Analysen des Erstellerverhaltens heranzuziehen.

3.1.3 Veranschaulichung von Näherungslösungen

3.1.3.1 Manipulation bei Konformitätskontinuität

Es wird zunächst das Optimierungsproblem (D-20) veranschaulicht. Konformität für den gesamten Planungszeitraum vorzusehen, $\kappa_t = 1\ \forall t \in PZ$, sei als KONFORMITÄTSKONTINUITÄT bezeichnet. Für fünf Perioden mit Konformitätskontinuität und den positiven Schlupfvariablen σ_1 bis σ_5 erhält man folgendes Tableau (q = 1, s.S. 163):

Variable/ Kapazitäts-beschränk.	R_1	L_1	R_2	L_2	R_3	L_3	R_4	L_4	R_5	L_5	σ_1	σ_2	σ_3	σ_4	σ_5	$= \delta$
Ziel-Fkt.-Koeffizient	$-\omega_1^R \cdot R_1^2$	$-\omega_1^L \cdot L_1^2$	$-\omega_2^R \cdot R_2^2$	$-\omega_2^L \cdot L_2^2$	…					$-\omega_5^L \cdot L_5^2$						
t = 1	1	−1									1					$-\Delta_1$
t = 2	−1	1	1	−1								1				$-\Delta_2$
t = 3			−1	1	1	−1							1			$-\Delta_3$
t = 4					−1	1	1	−1						1		$-\Delta_4$
t = 5							−1	1	1	−1					1	$-\Delta_5$

Tab. D-1: Tableau bei mehrperiodigem Planungshorizont und Konformitätskontinuität

Die von Baston/Rahmouni/Williams (1991) entworfene Methode zur Umsetzung von linearen Programmen in Netzwerk-Graphen[552] kann, leicht abgewandelt, auf (D-20) angewendet werden. Der resultierende Graph entspricht der Darstellung eines zyklischen[553] **Minimalkosten-Transport-Problems**[554], jedoch mit nichtlinearen Transportkosten an den Pfeilen. Hierbei entsprechen die Perioden den Destinationen, die Gewinnverschiebung dem Transport, die

552 Vgl. Fn. 556.

553 Die Zirkularität zwischen den einzelnen Periodenknoten wäre vermeidbar, indem statt L_t und R_t mit Vorzeichenbeschränkung nur M_t ohne Vorzeichenbeschränkung abgebildet würde. Die Zirkularität zwischen zwischen t=5 und den übrigen Periodenknoten über den Schlupf-Knoten ist dagegen nicht vermeidbar. Vgl. auch Fn. 544 S. 162.

554 Zu diesem „Minimal-Cost-Flow-Problem" vgl. bspw. Kistner (2003) S. 271 – 273, Williams (1993) S. 32 – 33, 141 – 143, 172 – 173, 246, Nemhauser/Wolsey (1988) S. 56 – 61, 121, 444 – 450, 495 – 513, m.w.Nachw. auf S. 142, alle Linearität der Zielfunktion voraussetzend. Hier soll auch kurz vom „Transportproblem" die Rede sein.

Manipulationsmalusse den Transportkosten und die Anforderungsresiduen den Anfangsbeständen an den Destinationen. Dabei sind positive Bestände unerwünschte Güter, also von den Destinationen weg zu transportierender „Abfall", während negative Bestände Abfall-Lagerungskapazitäten entsprechen. Das Konformitätsinzitament entspricht einer Entlohnung für das „Sauberhalten", der durch die Verbringung etwaigen Abfalls an der betreffenden Destination nach Destinationen mit freier Lagerkapazität erzielt werden kann. Der Schlupf gibt den Tatbestand ungenutzter Lagerkapazität wieder. Die Annahme sofortiger Umkehr, Ann. C-9 S. 111, entspricht der Anordnung der Destinationen an einem einzigen Transportweg, so dass eine Destination stets nur von ihren Nachbarn angefahren werden kann, wobei die Destinationen in zeitlicher Reihenfolge angeordnet sind und die erste und die letzte Destination jeweils nur einen Nachbarn haben. Dies allerdings mit der Modifikation, dass von der letzten Destination ohne Ziel[555] abgefahren werden kann. Man erhält den Graphen:[556]

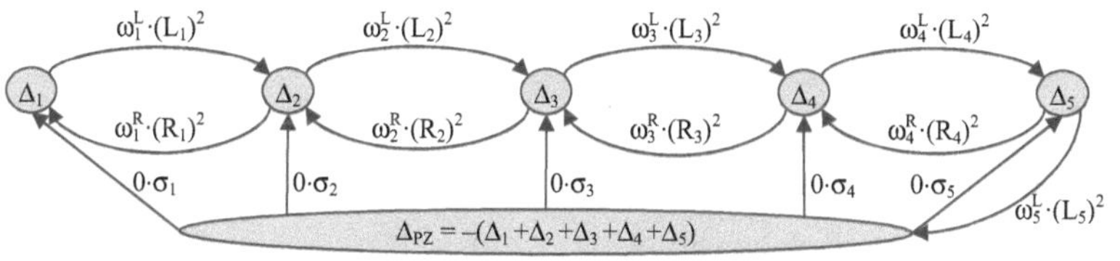

Abb. D-4: Graph des Problems (D-20) bei Konformitätskontinuität

Die zirkelförmigen Knoten repräsentieren jeweils die durch das Anforderungsresiduum der entsprechenden Periode quantifizierte Konformitätsrestriktion (PERIODENKNOTEN), die geschwungenen Pfeile (MANIPULATIONSPFEILE) die jeweilige Aktivitätsvariable, die geraden Pfeile (SCHLUPF-PFEILE) und der ovale Knoten den Schlupf, also die Tatsache, dass die Konformitätsrestriktion sanktionslos übererfüllt werden kann (SCHLUPFKNOTEN). In der Bildsprache der Abb. D-4 lautet die **Minimierungsaufgabe** in Tab. D-1: Verschiebe das Anforde-

555 Diese „Ziellosigkeit" ist die bildliche Entsprechung zur notwendigerweise fehlenden zeitlichen Abgeschlossenheit des Erstellerkalküls, s.o. S. 19f., 24; die künftigen Konsequenzen der Manipulation in der letzten geplanten Periode fließen mangels Voraussicht des Erstellers nicht in seinen Kalkül ein. In Abb. D-4 wird das „Anfahren" der letzten Periode „ohne Abfahrtsort" nicht gezeigt, weil negative Manipulation am Ende des Planungszeitraumes für den Ersteller sinnlos ist. S.a. Fn. 560 S. 168.

556 Zur Konstruktion bildet man aus den Schlupfvariablen einen spannenden Baum derart, dass jeder Aktivitätsvariablen eine Kante entspricht, die mit Kanten der von ihr betroffenen Schlupfvariablen (bspw. für R_1 also mit σ_1 und σ_2) einen Polygon bildet. Die Kanten werden zu Pfeilen gerichtet, indem die Kanten der Schlupfvariablen mit Koeffizienten –1 [+1] die gleiche [entgegengesetzte] Richtung des Pfeils der entsprechenden Aktivitätsvariablen des Polygons erhalten. Den Kanten der Aktivitätsvariablen werden die Koeffizienten in der Zielfunktion als Kosten pro Einheit des Flusses zugeordnet. Den Knoten wird ein externer Zustrom i.H.d. der Summe der den abgehenden Pfeile entsprechenden Aktivitätsbeschränkungen abzüglich derjenigen der ankommenden Pfeile zugeordnet, hier also das Anforderungsresiduum der einzelnen Perioden für die zirkelförmigen Knoten und die Summe der Anforderungsresiduen für den ovalen Knoten. Diese Methode zur Umsetzung von linearen Programmen in Netzwerk-Graphen entwerfen Baston/Rahmouni/Williams (1991), dargestellt bei Williams (1994) S. 96 – 99. S.a. Nemhauser/Wolsey (1988) S. 60 – 61, 546 – 561, Schrijver (1990) S. 282 – 283. Zu Begriffen der Graphentheorie vgl. Domschke/Drexl (2002) S. 60 – 63, Runzheimer (1999) S. 180 – 181.

rungsresiduum Δ_t , $\Delta_t \gtreqless 0$, der einzelnen Perioden und den Schlupf derart zeitlich nach vorn (in der Abbildung: nach rechts) oder hinten (in der Abbildung: nach links) oder aus dem Schlupf (in der Abbildung: nach oben), dass nach der Verschiebung alle Knoten ausgeglichen[557] sind, und minimiere hierbei die für Verschiebung anfallenden, an den geschwungenen Manipulationspfeilen notierten, quadratischen Malusse. Hierbei kann entlang der kostenlosen Schlupfpfeile nur positives Anforderungsresiduum verschoben werden. Anforderungsresiduen, die nicht derartig verschoben werden, müssen von t = 5 zum Schlupfknoten verschoben werden.

Sind alle Periodenknoten negativ, ist die Lösung von (D-20) trivial: Jeder Periodenknoten wird durch Verschiebung von Anforderungsresiduum aus dem Schlupfknoten kostenlos ausgeglichen. Ist dagegen mindestens ein Anforderungsresiduum strikt positiv, dann muss über die geschwungenen Manipulationspfeile ausgeglichen werden, also positiv oder negativ manipuliert werden.

Eine Lösung von (D-20) bestünde darin, die Periodenknoten sukzessive, in zeitlicher Reihenfolge, und ohne Ansehen des Vorzeichens des Anforderungsresiduums mit Hilfe der geschwungenen Manipulationspfeile gänzlich auszugleichen, also in jeder Periode so viel negative oder positive Manipulation zu betreiben, dass der Konformitätsanforderung gerade Genüge getan wird: In t = 1 würde also bei $\Delta_1 > 0$ ($\Delta_1 < 0$) der Manipulationspfeil L_1 (R_1) i.H.v. Δ_1 genutzt. In t = 2 wäre somit $\Delta_1 + \Delta_2$ an Anforderungsresiduum nach Umkehrwirkung zu bewältigen und es würde bei $\Delta_1 + \Delta_2 > 0$ ($\Delta_1 + \Delta_2 < 0$) der Manipulationspfeil L_2 (R_2) i.H.v. $\Delta_1 + \Delta_2$ genutzt, etc. Es würde i.H.d. seit Anfang des geplanten Zeitraumes kumulierten Anforderungsresiduums manipuliert; $M_{t'} = \Delta_{pza:t'}$.[558, 559] In den Termini des Transportproblems wäre nach dem Transfer an den Destinationen weder Abfall vorzufinden noch Lagerkapizität frei. Ein Überhang an Abfall würde ohne Ziel abgefahren werden.[560] Da hiermit die maximal mögliche stille Reserve gebildet wird, soll diese Heuristik als **Maximalkonservatismus** bezeichnet werden.

557 „Ausgleichen" bedeutet hier, dass der Anfangsbestand zuzüglich Zugänge abzüglich Abgänge gleich null wird, wobei der Anfangsbestand auch negativ sein kann, während die Zu- und Abgänge stets positiv sind. Zu- und Abgänge umfassen auch Verschiebungen über die Schlupfpfeile.

558 Formal ist (D-18) mit $\kappa_t = 1\ \forall t \in PZ$ und Gleichheit der Nebenbedingungen zu lösen, so dass sich der Manipulationsbetrag einer jeden Periode bereits aus den Nebenbedingungen ergibt:

$$\left\{\left\{\begin{array}{l}\left\{\Delta_t = -M_{t-1} + M_t \quad \forall t \in \{pza,...,pze\} \wedge M_{pza-1} = 0 \Rightarrow M_{pza} = \Delta_{pza}\right\} \Rightarrow \\ \Delta_{pza+1} = -M_{pza} + M_{pza+1} = -\Delta_{pza} + M_{pza+1} \Rightarrow M_{pza+1} = \Delta_{pza} + \Delta_{pza+1}\end{array}\right\} \Rightarrow ...\right\} \Rightarrow M_{t'} = \sum_{\tau=pza}^{\tau=t'} \Delta_\tau$$

559 Man schreibe in Anlehnung an die Notation eines Intervalls für die Kumulation im Zeitablauf von $t=t^\$$ bis $t=t^{\$\$}$ kurz $t^\$:t^{\$\$}$, unter Berücksichtigung der Abzinsung auf t = 0: $\Delta_{t':t''} = \sum_{t=t^\$}^{t=t^{\$\$}} \Delta_t$; $C_{t':t''} = \sum_{t=t'}^{t=t''} q^{-t} \cdot C_t$.

560 Ein Überhang an Lagerkapizität würde nach strikter Befolgung zu einem Herholen von Abfall ohne Abfahrtsort führen, also negative Manipulation in t = pze, $M_{pze} = \Delta_{PZ} < 0$, oder, sinnvoller, zur Ansammlung aller überhängender Lagerkapazität an der letzten Destination, also $M_{pze} = 0$. S.a. Fn. 555 S. 167.

Bsp. D-1: Maximalkonservatismus als heuristische Manipulationsstrategie
Es sei $PZ = \{1, \ldots, 5\}$, $\delta_{PZ} = (\Delta_1, \Delta_2, \Delta_3, \Delta_4, \Delta_5) = (-5, 2, 4, 2, -5)$, $\omega_t^R = \omega_t^L = ¼\ \forall t$. Dann ist bei der Strategie Maximalkonservatismus $M_{PZ} = (-5, -3, 1, 3, -2)$ PE und $C_{PZ} = ¼ \cdot ((-5)^2 + (-3)^2 + 1^2 + 3^2 + (-2)^2) = 12$ NE.

Werden allerdings keine stillen Reserven benötigt, ist die negative Manipulation entbehrlich, kostspielig und erhöht evtl. die in späteren Perioden notwendige Manipulation. Wie sich aus dem noch darzustellenden Verfahren ergibt, ist Maximalkonservatismus nur während Zeiträumen manipulativer Anspannung[561] sinnvoll.

Eine andere Lösung wäre das Manipulationsverhalten bei einperiodigem Planungshorizont (**PH = 1**) und Konformitätskontinuität ($\kappa_t = 1\ \forall t \in PZ$): Es wird abgewartet, bis der erste Fehlbetrag (t=va für „Verlustphasenanfang"; t = ve für „Verlustphasenende" bezeichne die letzte Fehlbetragsperiode) auftritt. Dieser wird mit Hilfe positiver Manipulation bewältigt. Sofern deren Umkehrwirkung in der Folgeperiode nicht durch einen Überschuss ausgeglichen wird, ist sie, zuzüglich [abzüglich] eines dann auftretenden Fehlbetrages [Überschusses], wieder durch positive Manipulation zu bewältigen. So wird fortgefahren, bis positive Manipulation nicht mehr erforderlich ist. Dies ist zum ersten Mal in der ersten Periode der Fall, in welcher das seit der ersten Fehlbetragsperiode t = va kumulierte Anforderungsresiduum $\Delta_{va:t}$ negativ wird. Deren Vorperiode sei mit t = t' bezeichnet; $\Delta_{va:t'} > 0$ und $\Delta_{va:t'+1} < 0$. Die Summe aus Umkehrwirkung und Anforderungsresiduum der Periode wird also so lange in die nächste Periode verschoben, bis sie nicht mehr strikt positiv ist. Liegt bspw. nur eine einzige Fehlbetragsperiode vor, auf die betragsmäßig kleinere Überschüsse folgen, würde also der Fehlbetrag in t=va=ve durch wiederholte positive Manipulation in den Perioden von t=va=ve bis t = t' sukzessive „abgebaut". Bei mehreren Fehlbeträgen würden sich diese sukzessive zu einer immer größeren Umkehrwirkung „aufbauen", bis sie durch Saldierung mit Überschüssen wieder „abgebaut" würden. In jeder Periode t von t=va bis t = t' ist die Manipulation gleich $\Delta_{va:t}$ und der Ersteller weist gerade die Konformitätsanforderung aus. In jeder dieser Perioden würde – gegeben das unterstellte Vorgehen des Erstellers – Anspannung herrschen: Eine Mehrung des unverfälschten Periodenergebnisses würde die Manipulation in jeder nachfolgenden Periode bis t = t' reduzieren. S.a. oben S. 132f. Dieses Vorgehen entspricht in Abb. D-4 ebenfalls der Verschiebung entlang der oberen Manipulationspfeile, aber nur für positives Vorzeichen der Summe $\Delta_t + M_{t-1}$. Bei negativem Vorzeichen wäre $\sigma_t > 0$, bildlich würde also zum Ausgleich, rein Formal, positives Anforderungsresiduum aus dem Schlupf in die betreffende Periode verschoben werden.[562] Im Bsp. D-1 ist nach diesem Vorgehen $M_{PZ} = (0, 2, 6, 8, 3)$ PE und $C_{PZ} = ¼ \cdot (0^2+2^2+6^2+8^2+3^2) = 28¼$ NE. In den Termini des

561 Wenn eine zusätzliche marginale Einheit unverfälschten Periodenergebnisses den Barwert der Manipulationsmalusse reduzieren würde, liegt Anspannung vor, sonst Nicht-Anspannung. Letztere wird hier als Entspannung [Überspannung] bezeichnet, wenn in der betroffenen Periode konform [nonkonform] berichtet wird. Vgl. hierzu Abschnitt C2.3 (S. 121ff.), Abb. C-5 S. 124, S. 182 – 183.

562 Bei $\Delta_{PZ} < 0$ würde dies zum Ausgleich beitragen, bei $\Delta_{PZ} > 0$ wäre $L_{pze} > \Delta_{PZ}$.

Transportproblems wäre bei t = pza mit einem etwaig positiven dortigen Abfall-Bestand loszufahren, und an jeder Destination entweder weiter aufzuladen, oder bei freier Lagerkapazität abzuladen.

Ein weiterer Schritt wäre, bei negativem Vorzeichen des kumulierten Anforderungsresiduums in t = t' künftige Anforderungsresiduen durch Bildung stiller Reserven vorwegzunehmen, ihn also die unteren Manipulationspfeile entlang zeitlich nach vorn zu verschieben. Die malusminimierende stille Reserve ist für $\Delta_{t'+1} > 0$ erreicht, wenn sich der Grenzmalus der Links- und der Rechtsverschiebung hin zum Periodenknoten t =t'+1 gleichen. Nun geht ja der Manipulationsmalus für geringe Verschiebungen gegen null (s.a. Fn. 423 S. 101). Eine marginal kleine stille Reserve ist somit bei negativer Summe aus Anforderungsresiduum und Umkehrwirkung sowie positivem Anforderungsresiduum in der Folgeperiode stets vorteilhaft. Zu diesem Ergebnis führten auch die Überlegungen auf S. 149. Die genannte Summe kann jedoch auch die malusminimierende stille Reserve unterschreiten. Die malusminimierende stille Reserve ging für **PH = 2** aus (D-5) S. 151 hervor und betrug $-\left(\omega^L_{t'+1} / \left(q \cdot \omega^R_{t'} + \omega^L_{t'+1}\right)\right) \cdot \Delta_{t'+1}$, $\Delta_{t'+1} > 0$. Im Bsp. D-1 beträgt die malusminimierende stille Reserve 1 PE und es wird i.H.v. $M_{PZ} = (-1, 1, 5, 7, 2)$ PE manipuliert mit $C_{PZ} = \frac{1}{4} \cdot ((-1)^2+1^2+5^2+7^2+2^2) = 20$ NE. In den Termini des Transportproblems würde an jeder leer angefahrenen Destination, die einen positiven Abfall-Bestand aufweist, das Maximum aus malusminimierendem Rücktransport und freier Lagerkapazität der vorhergehenden Destination an diese zurückgefahren.

Reicht die Voraussicht des Erstellers, wie hier gemäß Ann. D-1 S. 146, PH ≥ 2, unterstellt, weiter als eine Periode in die Zukunft (für Bsp. D-1 sei **PH = 5**), und ist die bei Bildung der gemäß (D-5) S. 151 berechneten stillen Reserve aus t = t' für t = t'+1 resultierende Summe aus Umkehrwirkung und Anforderungsresiduum in t = t'+2 strikt positiv, dann wird es sich lohnen, eine noch höhere stille Reserve in t = t' zu bilden, weil dies ja nicht nur in t = t'+1, sondern auch in t = t'+2 positive Manipulation einspart. Auch hier ist, wie für PH = 2, die stille Reserve so hoch zu bilden, dass ihr Grenzmalus der Summe der Grenzmalusse der von ihr betroffenen Perioden entspricht. Diese stille Reserve wird in Abschnitt D3.2.2.2 (S. 185ff.) errechnet. Im Bsp. D-1 ist hierbei lediglich t = 1 bis t = 4 als Anspannungsreichweite (s.u. S. 181) einzubeziehen. Sie beträgt $-(2 \cdot \frac{1}{4} \cdot (2+6+8))/(2 \cdot (\frac{1}{4}+\frac{1}{4}+\frac{1}{4}+\frac{1}{4})) = -4$, so dass $M_{PZ} = (-4, -2, 2, 4, 0)$ und $C_{PZ} = \frac{1}{4} \cdot ((-4)^2 +(-2)^2 +2^2 +4^2 + 0^2) = 10$ NE. In den Termini des Transportproblems würde das ursprüngliche Transportproblem gelöst werden.

Im **Bsp. D-1** bringt die Erweiterung des Planungshorizontes von PH = 1 auf PH = 2 [von PH = 2 auf PH = 5] eine Manipulationsmalusersparnis von 28,25 − 20 = 8,25 NE [20 − 10 = 10 NE]. Die Heuristik Maximalkonservatismus, die mit Informationen über die jeweils aktuelle Periode auskommt, schneidet nur um 2 NE schlechter ab als das Verhalten bei PH = 5. Sie approximiert insofern das Verhalten bei dem informatorisch wohl i.d.R. ungleich aufwändigeren Planungshorizont PH = 5 für den Fall des Bsp. D-1 vergleichsweise gut. Maximalkonservatismus ist allerdings weniger zweckmäßig, wenn betragsmäßig hohe negative

Summen aus Umkehrwirkung und Anforderungsresiduum auftreten, die nicht für stille Reserven benötigt werden. Dies zeigt Bsp. D-2.

Bsp. D-2: Vorteilhaftigkeit verschiedener Manipulationsstrategien bei Konformitätskontinuität
„KK" bezeichnet die Festlegung des Erstellers auf Konformitätskontinuität. Fiele die mit $(\Delta_2,\Delta_3,\Delta_4) = (2, 4, 2)$ abgebildete wirtschaftliche Krise gemäßigter aus, etwa mit $(\Delta_2, \Delta_3, \Delta_4) = (2, 2, 2)$, erhielte man für die Heuristik Maximalkonservatismus $M_{PZ} = (-5, -3, -1, 1, -4)$ und $C_{PZ} = 13$, für $PH^{KK} = 1$ $M_{PZ} = (0, 2, 4, 6, 1)$ und $C_{PZ} = 14\ ¼$, für $PH^{KK} = 2$ $M_{PZ} = (-1, 1, 3, 5, 0)$ und $C_{PZ} = 9$ und für $PH^{KK} = 5$ $M_{PZ} = (-3, -1, 1, 3, 0)$ und $C_{PZ} = 5$. Wäre gar $\Delta_3 = -2$, erhielte man für Maximalkonservatismus $M_{PZ} = (-5, -3, -5, -3, -8)$ und $C_{PZ} = 33$, für $PH^{KK} = 1$ $M_{PZ} = (0, 2, 0, 2, 0)$ und $C_{PZ} = 2$, für $PH^{KK} = 2$, $PH^{KK} = 5$ übereinstimmend $M_{PZ} = (-1, 1, -1, 1, 0)$ und $C_{PZ} = 1$. In diesen Fällen approximieren die kurzen Planungshorizonte also das malusminimierende Verhalten $PH^{KK} = 5$ besser als der Maximalkonservatismus.

3.1.3.2 Konformitätsverhalten

Nun ist es auch bei geschickter Manipulation möglich, dass die Konformitätskontinuität, u.a. angesichts der Wiederholungs- und Progressionseffekte (s.o. S. 131), von einer Alternative mit nonkonformen Perioden dominiert wird. Man betrachte wieder Tab. D-1 S. 166. Entschließt sich der Ersteller zur Nonkonformität bspw. in $t = 3$, dann entfällt die entsprechende Zeile in Tab. D-1. Nun teilen die Konformitätsrestriktionen $t\in \{1, 2\}$ mit $t\in \{4, 5\}$ keine Variablen, so dass Zielfunktion und Konformitätsrestriktionsmatrix Y der Entsprechung zu Tab. D-1 in zwei getrennte quadratische Programme separiert werden können: Die Glieder R_1 bis L_2 der Zielfunktion mit den Restriktionen $t = 1$ und $t = 2$ einerseits und R_3 bis L_5 mit den Restriktionen $t = 4$ und $t = 5$ andererseits. So schlägt sich die auf S. 161 geschilderte Durchtrennung der intertemporalen Wechselwirkungen durch Nonkonformität formal nieder; es entfällt die Begrenzung stiller Lasten in $t = 2$, dass sie evtl. in $t = 3$ ausgeglichen werden müssten, und es können in $t = 3$ unbegrenzt stille Reserven gebildet werden. Der entsprechende Graph erhält die in Abb. D-5 gezeigte Form:

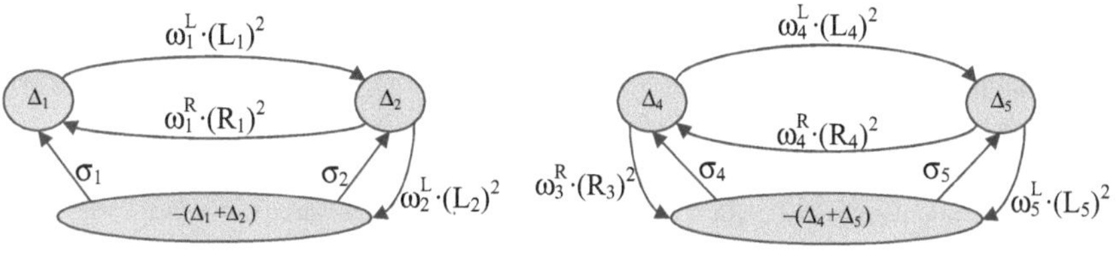

Abb. D-5: Graphen der beiden Optimierungsprobleme bei Nonkonformität in $t = 3$

Die beiden Programme in Abb. D-5 unterscheiden sich nur darin, dass im Entscheidungszeitpunkt $d = 1$ noch die Bildung stiller Reserven aus $t = 3$ für $t = 4$ geplant werden kann, aus einer etwaig vor $t = 1$ befindlichen Periode $t = 0$ für $t = 1$ dagegen nicht.

Die Option, das Problem in Abb. D-4 gegen dasjenige in Abb. D-5 einzutauschen, also gegen Aufgabe des Konformitätsinzitamentes einer Periode die Wechselwirkungen zwischen den

Perioden vor und nach der Nonkonformitätsperiode zu durchtrennen, kann in Abb. D-4 mit einem zusätzlichen, κ_t repräsentierenden, gegen die Richtung der Schlupf-Pfeile gerichteten Pfeil (NONKONFORMITÄTSPFEIL) abgebildet werden (hier geknickt und gestrichelt):[563]

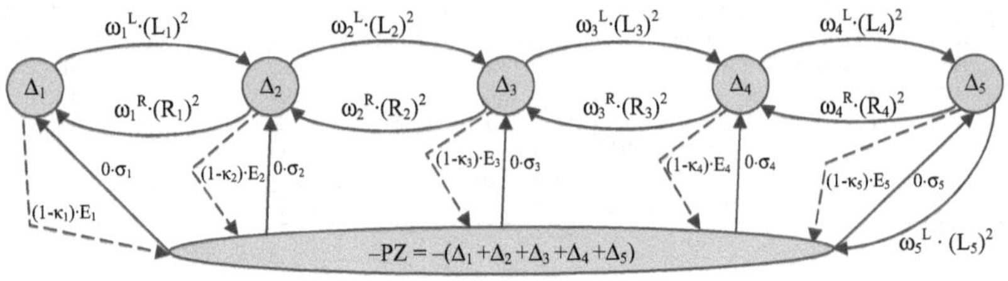

Abb. D-6: Graph des Optimierungsproblems (D-20) bei variablem Konformitätsverhalten

In der Bildsprache der Abb. D-6 kostet diese Verschiebung von Anforderungsresiduen in den Schlupf für jede Periode t = t', in der sie sich vollzieht, das Konformitätsinzitament dieser Periode, $E_{t'}$. Wird dies, Fixkosten ähnlich, in Kauf genommen, dann kann von den Nachbarperioden unbegrenzt Anforderungsresiduum in die nonkonforme Periode verschoben werden, wobei Manipulationsmalusse für die Verschiebung zwischen den Periodenknoten entstehen, nicht jedoch für die Verschiebung aus der nonkonformen Periode in den Schlupf. Im Bild des Transportproblems kann eine Destination durch Verzicht auf die Entlohnung für das „Sauberhalten" zur „Deponie" erklärt werden, an der unbegrenzte Mengen an Abfall aus den Nachbardestinationen abgeladen werden kann.

Wiederum ist eine erste **Näherungslösung** von (D-18) das Verhalten bei einperiodigem Planungshorizont (PH = 1, s. Abschnitt C3.1 (S. 125ff.)): Die Manipulation wird wie oben für PH = 1 skizziert betrieben. Übersteigt ihr Malus das Konformitätsinzitament der Periode, wird für diese Periode Nonkonformität vorgesehen. Die Manipulationskumulation beginnt dann in der Folgeperiode von neuem. Bei PH = 1 werden somit die mit stillen Reserven verbundenen Einsparungsmöglichkeiten nicht genutzt. In den Termini des Transportproblems würde der Ersteller von t = pza nach t = pze fahren und an jeder Destination auf- und abladen, bis entweder die freie Lagerkapazität für die angesammelte Ladung ausreicht, oder aber die Entlohnung für das „Sauberhalten" nicht mehr die Kosten für den Weitertransport deckt. Eine solche Destination würde zur „Deponie" erklärt und die aktuelle Ladung dort hinterlassen. Bei PH = 2 würde er, wenn er ohne Ladung ankommt, zur vorhergehenden Destination zurückfahren, um die quadratischen Transportkosten durch die Aufteilung des Transports auf Rück- und Weiterfahrt zu mäßigen. Nur, wenn auch dies die Transportkosten nicht unter die Entlohnung für das „Sauberhalten" drücken würde, würde er die Destination zur Deponie erklären.

563 Das Tableau ergäbe sich aus Abb. D-14 S. 227 durch Streichung von Zeile TR und Spalte u_{TR}.

Das seinem Wissen über künftige Perioden innewohnende Potenzial zur Steigerung seiner Nutzenposition schöpft der Ersteller jedoch nur dann aus, wenn er sämtliche Perioden seines Planungshorizontes simultan optimiert. Eine solche Lösung ermittelt – mit dem auf S. 165 gemachten Vorbehalt – Abschnitt D3.2.

Bsp. D-3: Vorteilhaftigkeit verschiedener Konformitäts- und Manipulationsstrategien
Die folgende Tabelle betrachtet den Fall eines im Zeitablauf konstanten Konformitätsinzitamentes E^{cst}, $E_t = E^{cst}\ \forall t \in PZ$. Die Tabelle zeigt für Bsp. D-1 S. 169, $\delta_{PZ} = (-5, 2, 4, 2, -5)$ und $\omega_t^R = \omega_t^L = ¼\ \forall t$, das Konformitäts- und Manipulationsverhalten der erläuterten Strategien in Abhängigkeit von E^{cst}, sowie die damit erzielten, über den Planungszeitraum summierten (q = 1) Konformitätsinzitamente E_{PZ}, Manipulationsmalus C_{PZ} und der Barwert der Konformitätswerte des Planungszeitraumes, KW_{PZ}. Bei der Strategie Maximalkonservatismus soll dem Ersteller unterstellt werden, dass er genau dann nonkonform berichtet, wenn bei positiver Summe aus Umkehrwirkung und Anforderungsresiduum der Manipulationsmalus das Konformitätsinzitament der Periode übersteigt. Bspw. berichtet der Ersteller bei der Strategie Maximalkonservatismus für $E^{cst} \in [2¼;\infty)$ NE kontinuierlich konform, erzielt insgesamt $5 \cdot E^{cst} \in [11¼;\infty)$ NE, manipuliert i.H.v. $M_{PZ} = (-5, -3, 1, 3, -2)$ PE mit einem Manipulationsmalus von $C_{PZ} = 12$ NE und erzielt somit über den gesamten Planungszeitraum einen Konformitätswert i.H.v. $KW_{PZ} = 5 \cdot E^{cst} - 12\ NE \in [-¾;\infty)$. Die Untergrenzen der E^{cst}-Intervalle ergeben sich als dasjenige konstante Konformitätsinzitament, welches das Konformitätsverhalten der entsprechenden Zeile gerade noch rechtfertigt. Bspw. wechselt der Ersteller für PH = 2 von Konformitätskontinuität zur einmaligen Nonkonformität in t = 3 bei $E^{cst} = 18$: Aus Sicht des Entscheidungszeitpunktes d = 3 erfordert Konformität in t = 3 und t = 4 Malusse i.H.v. $¼ \cdot (5^2+7^2) = 18½$ NE, Konformität lediglich in t = 4 nur $¼ \cdot ((-1)^2+1^2) = ½$ NE. Er spart also 18 NE durch Nonkonformität in t = 3. Für PH = 5 lässt sich durch Nonkonformität in t = 3, aufgrund der besseren Voraussicht, dagegen nur 10 – 1 = 9 NE einsparen.

Strategie↓	E^{cst}	κ_{PZ}	E_{PZ} (erzielt)	M_{PZ}	C_{PZ}	KW_{PZ}
Maximal-	[2¼; ∞)	(1, 1, 1, 1, 1)	[11¼; ∞)	(–5, –3, 1, 3, –2)	12	[–¾; ∞)
Konser-	[¼;2¼)	(1, 1, 1, 0, 1)	[1; 9)	(–5, –3, 1, 0, –5)	15	[–14; –6)
vatismus	[0;¼)	(1, 1, 0, 0, 1)	[0; ¾)	(–5, –3, 0, 0, –5)	14 ¾	[–14¾; –14)
PH = 1	[16;∞)	(1, 1, 1, 1, 1)	[80; ∞)	(0, 2, 6, 8, 3)	28 ¼	[51¾; ∞)
	[9;16)	(1, 1, 1, 0, 1)	[36; 64)	(0, 2, 6, 0, 0)	10	[26; 54)
	[1;9)	(1, 1, 0, 1, 1)	[4; 36)	(0, 2, 0, 2, 0)	2	[2; 34)
	[0;1)	(1, 0, 0, 0, 1)	[0; 2)	(0, 0, 0, 0, 0)	0	[0; 2)
PH = 2	[18;∞)	(1, 1, 1, 1, 1)	[90; ∞)	(–1, 1, 5, 7, 2)	20	[70; ∞)
	[½;18)	(1, 1, 0, 1, 1)	[2; 72)	(–1, 1, –1,1, 0)	1	[–½;17)
	[0;½)	(1, 0, 0, 0, 1)	[0; 1)	(0, 0, 0, 0, 0)	0	[0; 1)
PH = 5	[9;∞)	(1, 1, 1, 1, 1)	[45; ∞)	(–4, –2, 2, 4, 0)	10	[35; ∞)
	[½;9)	(1, 1, 0, 1, 1)	[2; 36)	(–1, 1, –1, 1, 0)	1	[1; 35)
	[0;½)	(1, 0, 0, 0, 1)	[0; 1)	(0, 0, 0, 0, 0)	0	[0; 1)

Die folgende Wertetabelle zeigt die Konformitätswerte KW_{PZ} für ausgewählte Werte von E^{cst} für jede Konformitäts- und Manipulationsstrategie[564], woraus sich die Graphik ergibt.

564 Bei gleichen E^{cst}–Werten gibt die rechte [linke] Spalte den genauen [marginal niedrigeren] Wert an. Bspw. erzielt der Ersteller bei $E^{cst} = 9$ NE bei der Strategie Maximalkonservatismus 33 NE, bei PH = 1 26 NE, bei PH = 2 und PH = 5 35 NE als KW_{PZ}. Bei $E^{cst} \rightarrow 9_-$ geht KW_{PH} gegen 33_-, 34_-, 35_-, 35_- NE. Der Sprung nach unten für PH = 1 ist auf die fehlende Voraussicht des Erstellers zurückzuführen; er stellt den in t = 4 stattfindenden Progressions- und Wiederholungseffekt seiner Manipulation in t = 3 nicht in Rechnung. Es entgeht ihm deshalb in t = 3, dass es wegen $\Delta_3 = 4 > \Delta_4 = 2$ vorteilhaft wäre, auf die Konformität in t = 3 zu

E^{cst} →	0	¼	¼	1/2	1/2	1	1	2¼	2¼	9	9	16	16	18	18	20
Maxkons.	−14¾	−14	−14	−13	−13	−11	−11	−6	−¾	33	33	68	68	78	78	88
PH = 1	0	½	½	1	1	2	2	7	7	34	26	54	51¾	61¾	61¾	71¾
PH = 2	0	½	½	1	1	3	3	8	8	35	35	63	63	71	70	80
PH = 5	0	½	½	1	1	3	3	8	8	35	35	70	70	80	80	90

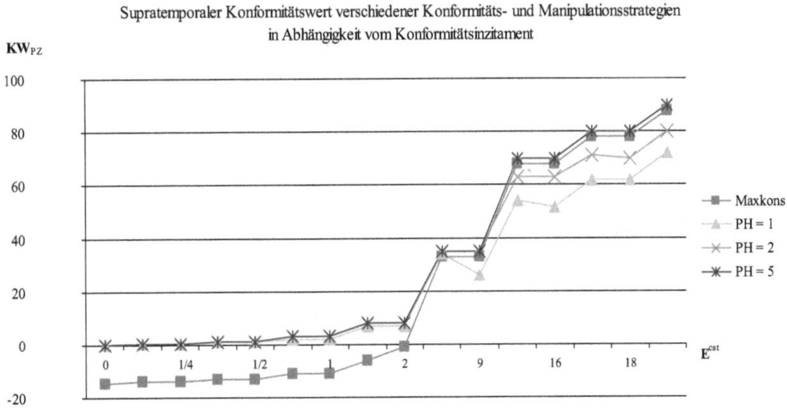

Wie erwartet dominiert PH = 5 [565] alle übrigen Strategien. Weiter wird PH = 1 erwartungsgemäß von PH = 2 dominiert.[566] Maximalkonservatismus führt für niedrige E^{cst} zur „Überinvestition" in stille Reserven.[567] Für höhere E^{cst} dagegen, lohnt sich diese „Investition" im Vergleich zu PH = 1 und PH = 2, wenn auch PH = 5 aufgrund einer niedrigeren, für diesen PZ gerade optimalen stillen Reserve geringfügig besser abschneidet. Die Vorteilhaftigkeit des Maximalkonservatismus' verschlechtert sich bei niedrigeren Anforderungsresiduen allerdings erheblich, vgl. Bsp. D-2 S. 171. Abb. D-7 und Abb. D-8 illustrieren zwei der Lösungen für PH = 5. An den Manipulationspfeilen werden nicht die Manipulationsmalusse notiert, wie in Abb. D-6 S. 172, sondern die Manipulationsvolumina. Ungenutzte Pfeile werden grau gezeichnet.

---

verzichten, um für t = 4 stille Reserven zu bilden. Diese Voraussicht lassen dagegen die Strategien PH = 2 und PH = 5 explizit walten und die Strategie Maximalkonservatismus in diesem Fall implizit.

565 Bei PH = 5 kann durch einmalige Nonkonformität, nämlich in t = 3, 9 NE eingespart werden. Bei $E^{cst} < 9$ wird deshalb mindestens einmal nonkonform berichtet. Bei $E^{cst} \in [½;9)$ dominiert die Nonkonformität in t = 3 diejenige in t = 2 und t = 4, die zu M_{PZ} = (0, –3⅓, ⅔, 2⅔, 0) und C_{PZ} = 4⅔ respektive M_{PZ} = (–2⅔, –⅔, 3⅓, 0, 0) und C_{PZ} = 4⅔ führen würden. Der geringstmögliche Manipulationsmalus für Konformität in t = 2 ist ¼ $\cdot((-1)^2 + 1^2)$ = ½. Gleiches gilt für t = 4. Für geringere Konformitätsinzitamente wird nicht manipuliert.

566 Bei PH=2 fällt die Entscheidung, in t=3 nonkonform zu berichten, für $E^{cst} \in [½;6¼)$ in t=2, für $E^{cst} \in [6¼;18)$ erst in t = 3, nämlich aufgrund des Wiederholungs- und Progressionseffektes in t = 4. Für $E^{cst} \in [0;½)$ fällt die Entscheidung für Nonkonformität in t = 2, t = 3, t = 4 jeweils in der Vorperiode.

567 Die für $E^{cst} < 9$ höhere Steigung der Strategie Maximalkonservatismus im Vergleich zu den übrigen Strategien ist darauf zurückzuführen, dass erstere fünf- und letztere viermalige Konformität vorsehen.

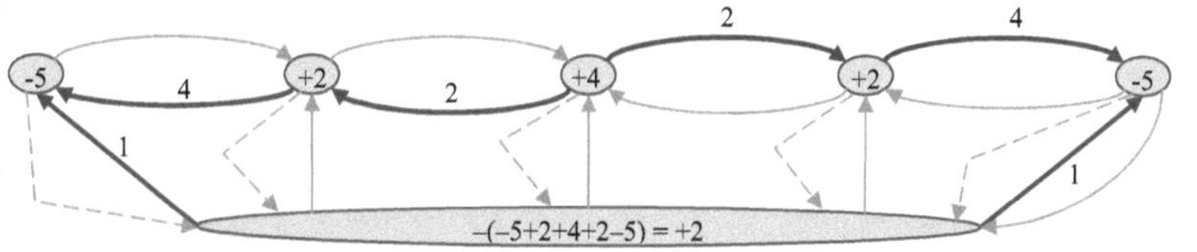

Abb. D-7: Graph der Lösung von (D-18) S. 162 für Bsp. D-3 bei PH = 5, $E^{cst} \geq 9$ NE

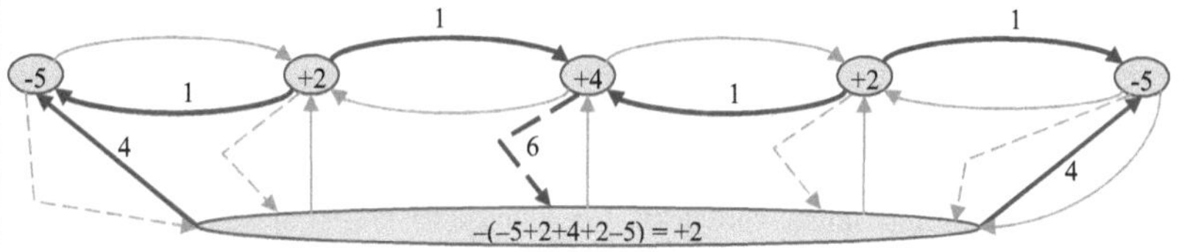

Abb. D-8: Graph der Lösung von (D-18) S. 162 f. Bsp. D-3 bei PH = 5, $E^{cst} \in (½; 9]$ NE

3.2 Lösung durch Zerlegung in separat optimierbare Zeiträume

3.2.1 Konformitätsverhalten

In diesem Abschnitt D3.2 wird ein Verfahren zur Lösung von (D-18) S. 162 skizziert. Zu dessen Optimalität vergleiche S. 165. Es wird wie folgt vorgegangen:

— Abschnitt D3.2.1 optimiert das Konformitätsverhalten.
— Abschnitt D3.2.2 optimiert die Manipulation innerhalb eines Zeitraumes mit durchgehender Konformität und dessen Vorperiode.
— Abschnitt D3.2.3 beschreibt das modellierte Verhalten zusammenfassend.

In diesem Abschnitt D3.2.1 wird zunächst eine hinreichende Bedingung für die Optimalität von Nonkonformität einer Periode angeführt. Nach Unterscheidung zweier Arten von Konformitätszeiträumen werden dann – unter Rückgriff auf die im Abschnitt D3.2.2 (S. 181ff.) erläuterten Verfahrensstufen zur Optimierung der Manipulation für einen Zeitraum mit Konformitätskontinuität und dessen Vorperiode – die Möglichkeiten ausgelotet, hinreichende Bedingungen für die Optimalität von Konformität einer Periode abzuleiten. Die verbleibenden Möglichkeiten des Konformitätsverhaltens sind enumerativ zu prüfen. Die in Abschnitt D3.2.1 respektive D3.2.2 beschriebenen Verfahrensstufen werden im Anhang F2.1 (S. 317ff.) in Abb. F-2 S. 318 respektive Abb. F-3 S. 319 als Flussdiagramm dargestellt.

Die **minimal denkbaren Kosten** für die Konformität einer Periode mit gegebenem, positivem Anforderungsresiduum sind diejenigen, die ohne Rücksicht auf andere Perioden und bei Planung spätestens in der Vorperiode aufzubringen wären, also die supratemporalen Konformitätskosten gemäß (D-7) S. 151. Übersteigen nun bereits diese Manipulationsmalusse das Konformitätsinzitament der betreffenden Periode, gilt also

(D-21) $$q^{-t'} \cdot \omega^S_{t'} \cdot \mathrm{Max}\{0; \Delta_{t'}\}^2 > q^{-t'} \cdot E_{t'} \Rightarrow \Delta_{t'} > \sqrt{E_{t'} / \omega^S_{t'}}, \ t' > pza$$

bzw. für t = pza: $$\Delta_{pza} > \sqrt{E_{pza} / \omega^L_{pza}}$$

dann muss in t=t' die Nonkonformität der Konformität strikt vorzuziehen sein; Rücksicht auf andere Perioden können nur zu Erhöhungen der für die Konformität in t=t' aufzubringenden Kosten führen. Dies lässt sich wie folgt an Abb. D-6 S. 172 ersehen: Wenn die denkbar preiswerteste Möglichkeit, positives Anforderungsresiduum $\Delta_{t'}$ ohne Nonkonformität zum Ausgleich zu bringen, nämlich die malusminimierende Aufteilung auf Verschiebung nach rechts und links, einen höheren Malus als E_t hervorruft, dann ist die Nutzung des eckigen, gestrichelten Nonkonformitätspfeils vorteilhaft. Der Umkehrschluss ist nicht zulässig: Konformität kann auch bei höherem Konformitätsinzitament von Nonkonformität dominiert werden.

Zeiträume, während derer nach den jeweils unterstellten Vorentscheidungen Konformität noch vorteilhaft sein *kann*, sollen als **KONFORMITÄTSZEITRÄUME** KZ bezeichnet werden. Wie oben gezeigt (s. Abb. D-5 S. 171), zerschneidet die Entscheidung für Nonkonformität die intertemporalen Wechselwirkungen zwischen den Perioden davor und danach: Sie zerlegt insofern den Planungszeitraum in von einander separat optimierbare Zeiträume. Zeiträume, die durch die Grenzen des Planungshorizontes oder durch Perioden begrenzt werden, für welche die Vorteilhaftigkeit der Nonkonformität bereits anhand der isolierten Betrachtung einer einzelnen Periode erkennbar ist, wie bei Geltung von (D-21), sollen als INTRATEMPORAL identifizierbare KONFORMITÄTSZEITRÄUME (IKZ) bezeichnet werden. Zeiträume, für die nach den jeweils unterstellten, mehrere Perioden simultan berücksichtigenden Vorentscheidungen Konformitätskontinuität vorgesehen wird, sollen als SUPRATEMPORAL identifizierbare KONFORMITÄTSZEITRÄUME (SKZ) bezeichnet werden. KZ|t' [IKZ|t', SKZ|t'] ist der KZ [IKZ, SKZ], dem t' angehört. KZ [{IKZ}, {SKZ}] ist die Menge aller KZ|t [{IKZ|t}, {SKZ|t}] innerhalb des Planungszeitraumes, $t \in PZ$. [568] Der Anfang eines KZ|t' [IKZ|t', SKZ|t'] sei als kza|t' [t = ikza|t', t = skza|t'] bezeichnet, das Ende als kze|t' [t = ikze|t' , t = skze|t']. KZ sind von einander durch eine oder mehrere Perioden mit $\kappa_t = 0$ getrennt und können sich nicht überlappen. Ein SKZ umfasst stets nur Perioden innerhalb desselben IKZ. IKZ können mehrere SKZ umfassen. Konformitätskontinuität wird innerhalb eines SKZ stets gewahrt, innerhalb eines IKZ genau dann, wenn er mit einem einzigen SKZ übereinstimmt.

568 Die Zuordnung „|" ist vor jeder anderen Operation durchzuführen. Es ist deshalb (ara|t'–1) die Periode vor t = ara|t', und ($\Delta_{ara|t':t''}$) die Summe der Δ_t von t = ara|t' bis t = t''. S.a.S. 343, 349.

Bsp. D-4: Begrifflichkeiten der Separierbarkeit von Zeiträumen

Im Bsp. D-1 S. 169 bzw. Bsp. D-3 S. 173 war $\delta_{PZ} = (-5, 2, 4, 2, -5)$, $\omega_t^R = \omega_t^L = \frac{1}{4}\ \forall t$ und $E^{cst} = 1$. Es sei PH = 5. Da $\omega_3^S = \frac{1}{2} \cdot \frac{1}{4}$, beträgt die Untergrenze gemäß (D-21) $\sqrt{8} < \Delta_3 = 4$. Nonkonformität in t = 3 ist also schon bei alleiniger Betrachtung von t = 3 vorteilhaft. Es existieren somit zwei IKZ, nämlich t = 1 bis t = 2 und t = 4 bis t = 5. Da für $E^{cst} = 1$ keine weitere Nonkonformität vorteilhaft ist, gibt es auch zwei SKZ, nämlich ebenfalls t = 1 bis t = 2 und t = 4 bis t = 5. Wäre beispielsweise $\Delta_1 = 2$, würde in t = 1 nonkonform berichtet und stille Reserven i.H.v. 1 gelegt. Die IKZ blieben gleich, zumal $\Delta_1 = 2 < \sqrt{8}$. Der erste der beiden SKZ würde aber nur t = 2 umfassen. Es gälte dann: IKZ|1 = IKZ|2 = {1, 2}, IKZ|3 ∈ {}, IKZ|4 = IKZ|5 = {4, 5}, SKZ|1 ∈ {}, SKZ|2 = {2}, SKZ|3 ∈ {}, SKZ|4 = SKZ|5 = {4, 5}. Dies zeigen folgende Beschriftungen am Zeitpfeil:

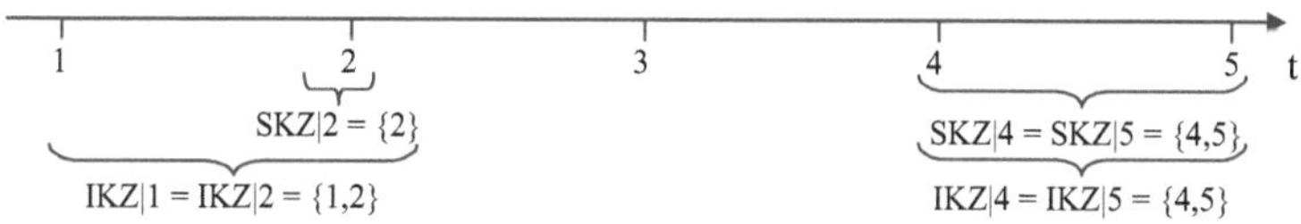

Um das optimale Konformitätsverhalten zu bestimmen, zerlege man zunächst den Planungszeitraum anhand von (D-21) in IKZ. Diese können unabhängig von einander optimiert werden, s.S. 171. Es ist der Konformitätswert des IKZ zu optimieren, $KW_{IKZ|t'}$.[569] Das Konformitätsverhalten eines KZ|t' sei als $\kappa_{KZ|t'} = (\kappa_{kza|t'}, \kappa_{(kza|t')+1}, \ldots, \kappa_{kze|t'})$, das Manipulationsverhalten als $M_{KZ|t'} = (M_{kza|t'}, M_{(kza|t')+1}, \ldots, M_{kze|t'})$ und der Barwert der Manipulationsmalusse im KZ als $C_{KZ|t'}$ bezeichnet. Analoges soll für IKZ und SKZ gelten. Man betrachte nun einen beliebigen IKZ. Man minimiere den Barwert der Manipulationsmalusse des IKZ für Konformitätskontinuität. Sofern nicht ikza|t' = pza (es sei stets $M_{pza-1} = 0$), beziehe man dabei die jeweilige Vorperiode als Manipulationsgelegenheit, aber ohne Konformitätsrestriktion mit ein. Im Vorgriff auf spätere Optimierungsschritte bezeichne man IKZ|t' allgemeiner als KZ|t'. Die Struktur dieses Optimierungsproblems entspricht dann (D-20) S. 163 für Konformitätskontinuität, also $\kappa_t = 1\ \forall t \in \{kza|t', \ldots, kze|t'\}$. Stellt man die Nebenbedingung als Ungleichung dar und verzichtet auf die Aufsplittung von M_t in R_t und L_t, dann kann es formuliert werden als

(D-22)
$$C_{KZ|t'} := \sum_{\tau=kza|t'-1}^{\tau=kze|t'} q^{-\tau} \cdot \omega_\tau^{RL} \cdot M_\tau^2 \rightarrow \min_{\forall M_t}!$$
$$\text{u.d.N.}\quad \Delta_t \leq -M_{t-1} + M_t \quad \forall t \in KZ\,|\,t' = \{kza|t', \ldots, t', \ldots kze|t'\}$$

wobei ω_t^{RL} aus (D-18) S. 162 zu entnehmen ist. Dieses Problem entspricht für kza|t' = pza der Abb. D-4 S. 167. Nur wäre sie bei kza|t' > pza um einen nach unten gerichteten Manipulationspfeil von dem ersten Periodenknoten zum Schlupfknoten mit Transportkosten $\omega_{kza|t'-1}^R \cdot (R_{kza|t'-1})^2$ zu ergänzen, analog zur rechten Hälfte von Abb. D-5 S. 171 mit kza|t' = 4. Zur Lösung können die auf S. 164 genannten Algorithmen oder Abschnitt D3.2.2 (S. 181ff.) dienen.

569 Der Konformitätswert eines KZ, KW_{KZ}, ist der Barwert der im KZ erzielten Konformitätsinzitamente abzüglich der aufgebrachten Manipulationsmalusse im KZ und seiner Vorperiode:
$$KW_{KZ|t'} = E_{KZ|t'} - C_{KZ|t'} = \sum_{t=kza|t'}^{t=kze|t'} q^{-t} \cdot E_t \cdot \kappa_t - \sum_{t=kza|t'-1}^{t=kze|t'} q^{-t} \cdot \omega_t^{RL} \cdot (M_t^*)^2$$

Anhand der Lösung von (D-22) stelle man fest, welche Perioden des betrachteten IKZ von Anspannung befallen sind (s. Fn. 561 S. 169), in welchen Perioden also eine marginal kleine Senkung des Anforderungsresiduums zu einer strikt positiven Ersparnis führen würde. Dies ist, bis auf den im Folgenden nicht zu betrachtenden Grenzfall der Entspannung, genau dann gegeben, wenn das ausgewiesene Periodenergebnis mit der Konformitätsanforderung übereinstimmt.[570] In Abb. D-4 ist die Anspannung eines Periodenknotens daran erkennbar, dass der entsprechende Schlupf-Pfeil nicht zum Ausgleich genutzt wird: Bis auf die Bildung einer stillen Reserve für die erste von mehreren durch Anspannung verbundenen, aufeinander folgenden Perioden sowie einer stillen Last in der letzten dieser Perioden, findet der Ausgleich ausschließlich zwischen den von Anspannung befallenen Periodenknoten statt. Im Bsp. D-3 waren für PH = 5 und $E^{cst} \geq 9$ t = 2 bis t = 4 von Anspannung befallen. Nach Verschiebung zwischen den Periodenknoten war der Vektor der negativen Ausweisdifferenzen $\overline{J}_t - J_t$, sozusagen der „Anforderungsresiduen nach Verschiebung", $(-1, 0, 0, 0, -1)^T$. Aus dem Schlupf i.H.v.−(−5+2+4+2−5) = 2 PE wird an die Periodenknoten Δ_1 und Δ_5 jeweils 1 PE verschoben; das ausgewiesene Periodenergebnis übersteigt die Konformitätsanforderung um 1 PE. Aufeinander folgende Perioden, die nach der Optimierung für Konformitätskontinuität von Anspannung befallen sind, bilden supratemporale Anspannungsreichweiten (SAR), s. Abschnitt D3.2.2.1 (S. 181ff.).

Man betrachte nun das **Konformitätsverhalten innerhalb des IKZ**, und hierbei zunächst einzelne Perioden. Da sich zwischen zwei supratemporalen Anspannungsreichweiten stets Perioden ohne Anspannung befinden, kann Nonkonformität in t = t' bestenfalls die Manipulation innerhalb der dazugehörigen supratemporalen Anspannungsreichweite sowie deren Vorperiode einsparen. Erreicht deshalb $E_{t'}$ den Barwert dieses Malusses

$$\text{(D-23)} \qquad C_{SAR|t'} := \sum_{t=sara|t'-1}^{t=sare|t'} q^{-t} \cdot \omega_t^{RL} \cdot \left(M_t^*\right)^2 \leq q^{-t'} \cdot E_{t'}$$

dann muss Konformität in der betreffenden Periode vorteilhaft sein. Gleiches gilt für Perioden außerhalb von Anspannungsreichweiten, was für $t \in \{IKZ\}$ $\Delta_t \leq 0$ impliziert. Konformitätsverhalten, κ_{IKZ}, welches in solchen Perioden Nonkonformität vorsieht, kann deshalb als suboptimal verworfen werden. In Abb. D-6 S. 172 zeigt sich dies daran, dass wenn es möglich ist, eine Folge von Periodenknoten über die geschwungenen Manipulationspfeile für Manipulationsmalusse zum Ausgleich zu bringen, deren Barwert die „Fixkosten" $q^{-t'} \cdot E_{t'}$ eines in der Folge enthaltenen Periodenknotens $\Delta_{t'}$ unterschreiten, dann kann es nicht vorteilhaft sein, die-

570 Anspannung liegt nicht vor, wenn das ausgewiesene Periodenergebnis strikt von der Konformitätsanforderung abweicht; dann liegt entweder Ent- oder Überspannung vor. Vgl. zur Definition S. 122. Auch in dem hier nicht weiter explizit betrachteten Grenzfall der Entspannung [Anspannung], in dem die Differenz zwischen ausgewiesenem Periodenergebnis und Konformitätsanforderung [die Manipulation] optimalerweise gerade null ist, führen die Optimierungsschritte zu der – mit dem Vorbehalt auf S. 165 – optimalen Lösung. S.a. Fn. 594 S. 189, Fn. 600 S. 194.

sen Periodenknoten mit Hilfe des eckigen, gestrichelten Nonkonformitätspfeiles auszugleichen bzw. zur „Deponie" zu erklären. Dies war im Bsp. D-3 S. 173 für PH = 5, $E^{cst} \geq 10$, $t' \in \{2, 3, 4, 5\}$, wegen $C_{PZ} = 10$ der Fall. Der Umkehrschluss ist nicht zulässig: Konformität in einer Periode kann trotz $C_{SAR|t'} > q^{-t} \cdot E_{t'}$ vorteilhaft sein. So ist im Bsp. D-3 bei $E^{cst} \in [9; 10)$ die Konformität in $t' \in \{2, 3, 4, 5\}$ trotz $C_{SAR|t'} = 10 > q^{-t} \cdot E_{t'} \in [9; 10)$ vorteilhaft, weil der Manipulationsmalus über die SAR|t' durch einmalige Nonkonformität (in t = 3) nicht auf null, sondern nur auf 1 reduziert wird.[571]

Im Übrigen sind Eingrenzungen mit Hilfe einfacher Entscheidungsregeln für <u>mehrere Perioden</u> nur unter engen Voraussetzungen möglich. Bspw. kommen bei gleich bleibenden verbarwerteten Konformitätsinzitamenten, und wenn die Fehlbetragsperioden der SAR aufeinander folgen, nur diese in Frage[572]. Ansonsten lässt sich die Suche nach optimalen Nonkonformitätsperioden nicht einmal allgemein auf Fehlbetragsperioden beschränken.[573] Aussagen sind jedoch in speziellen Fällen möglich, etwa für ununterbrochene Folgen von Überschussperioden am Ende des Planungszeitraumes[574], oder für das Ende einer SAR.[575]

---

571 Bei $q^{-t} \cdot E_{t'} \in [½; 9)$ umfassen die SAR nur jeweils eine Periode, nämlich SAR|2 = {2} und SAR|4 = {4}, so dass für $E^{cst} < 9$ die Konformität genau dann vorteilhaft ist, wenn (D-23) erfüllt ist: Gilt $C_{SAR|2} = C_{SAR|4} = ¼ \cdot ((-1)^2 + 1^2) = ½ \leq q^{-t} \cdot E_{t'} \in [½ ; 9)$, ist $\kappa_2 = 1$ $\kappa_2 = 0$ und $\kappa_4 = 1$ $\kappa_4 = 0$ vorzuziehen. Gilt dagegen $q^{-t} \cdot E_{t'} \in [0; ½)$, dann ist $\kappa_2 = 0$ $\kappa_2 = 1$ und $\kappa_4 = 0$ $\kappa_4 = 1$ vorzuziehen (der Ersteller zieht die jeweils erstgenannte Ausprägung von κ der letztgenannten vor).

572 Ist $q^{-t} \cdot E_t$ gleich für $\forall t \in SAR|t'$ und weist SAR|t' genau eine Fehlbetragsperiode t=v auf, dann kommt Nonkonformität nur für diese Periode in Frage. In diesem Fall ist einmalige Nonkonformität in t=v optimal, wenn $q^{-v} \cdot E_v \geq C_{SZ|v}$ gemäß (D-23). Dagegen ist durchgehende Konformität über den separat optimierbaren Zeitraum optimal, wenn $q^{-v} \cdot E_v < C_{SZ|v}$. Als einmalige Nonkonformität sei ein Konformitätsverhalten bezeichnet, welches in einem gegebenen Zeitraum genau einmal Nonkonformität vorsieht. Siehe i.Ü. die Ausführungen am Ende von D5.2.1 und D5.2.2 sowie Fn. 762 S. 271 für den Fall, dass sich der Ersteller auf einmalige Nonkonformität innerhalb eines als separat optimierbar erkannten Zeitraumes festlegt.

573 Schwanken die verbarwerteten Konformitätsinzitamente und sind etwa die Überschüsse in den Vorperioden zu t = v und das Konformitätsinzitament in t = v − 1 hinreichend niedrig, ist es bei im Zeitablauf konstanten und symmetrischen Objektivierungsintensitäten sowie q = 1 mit einem höheren Gesamtkonformitätswert verbunden, in t = v − 1 nonkonform und in t = v konform zu berichten als umgekehrt. Würde allerdings für t = v die Nonkonformität gewählt, kann in den übrigen Perioden der Anspannungsreichweite nur noch Konformität vorteilhaft sein, zumal dann in diesen Perioden die Anspannung und damit der einzige Grund für Nonkonformität entfiele. Auch kann sich eine Überschussperiode etwa dann als die optimale Periode der Nonkonformität herausstellen, wenn ein geringer Überschuss zwischen zwei hohen Fehlbetragen auftritt; die Manipulationsersparnis durch das „Verpuffen" der stillen Last und die Möglichkeit zur Bildung stiller Reserven kann die Entlastung übersteigen, die bei Beschränkung der Nonkonformität auf eine der beiden Fehlbetragsperioden erzielbar wäre.

574 In diesem Fall kann, da die Verwendbarkeit stiller Reserven nach dem Ende des Planungshorizontes vom Ersteller nicht beachtet wird, die Konformität für diese Perioden als vorteilhaft vorausgesetzt werden, wenn zu Beginn dieser Folge das seit dem Anfang des Planungshorizontes pza kumulierte Anforderungsresiduum negativ ist.

575 So können beispielsweise bei Nonkonformität der letzten Periode einer Anspannungsreichweite (t' = are) zumindest die Malusse der zur Beseitigung des bis dahin kumulierten Fehlbetrags (die letzte Periode einer Anspannungsreichweite kann keinen kumulierten Überschuss aufweisen) notwendigen positiven Manipulation, also $q^{-t} \cdot \omega_t^{RL} \cdot \left(M^*_{ara-1} + \Delta_{ara:are}\right)^2$, eingespart werden. Die tatsächliche Ersparnis überschreitet für t' = are sogar diesen Betrag, wenn ara|t' > pza: Nonkonformität würde in jedem Fall weitere negative Manipulation

Kann jedoch die durch einmalige Nonkonformität innerhalb einer SAR erzielbare Ersparnis berechnet werden, wie für Bsp. D-3 i.H.v. 10 − 1 = 9, und ist sie für keine [mindestens eine] Periode der Anspannungsreichweite höher als das Konformitätsinzitament, ist einmalige Nonkonformität [Konformitätskontinuität] als endgültig suboptimal anzusehen.

Es lässt sich unter Rückgriff auf das unten in Abschnitt D3.2.2 (S. 181ff.) vorgestellte Verfahren eine Untergrenze[576] der durch einmalige Nonkonformität erzielbaren Ersparnisse ermitteln, in dem für die Vorperiode der SAR respektive für die zu prüfende Nonkonformitätsperiode t = nk die malusminimierende Reserve gemäß (D-28) S. 186 für die jeweils folgenden Perioden bis zur Periode vor der Nonkonformität respektive bis zur letzten Periode der SAR berechnet wird. Ergibt sich hierbei eine positive Manipulation, $M^*_{sara-1} > 0$ oder $M^*_{nk} > 0$, können weitere Manipulationsmalusse eingespart werden, zumal die Wirkung von $M^*_{sara-1} > 0$ oder $M^*_{nk} > 0$ kostengünstiger durch Unterlassung der positiven Manipulation in $t = sara-1$ oder $t = nk$ und mindestens einer Folgeperiode erreicht werden kann.[577] Gleiches gilt, wenn sich eine negative Manipulation in der jeweils letzten Periode der beiden neuen Anspannungszeiträume, $M^*_{nk-1} < 0$ oder $M^*_{sare} < 0$, ergibt; der Anspannungszeitraum kann um eine Periode gekürzt werden.

Übersteigt für mindestens eine Periode des als separat optimierbar erkannten Zeitraumes diese Untergrenze das Konformitätsinzitament, ist Konformitätskontinuität als endgültig suboptimal erkannt worden. Die Präferenzreihenfolge zwischen der von Konformitätskontinuität und einmaliger Nonkonformität dominanten Handlungsalternative einerseits und mehrmaliger Nonkonformität andererseits bliebe jedoch selbst bei genauer Kenntnis der durch einmalige Nonkonformität erzielbaren Ersparnisse ungeklärt.[578] Die Terminierung einer als vorteilhaft erkannten einmaligen Nonkonformität analysiert Abschnitt D4.1 (S. 212ff.).

---

in den Perioden t = ara − 1 bis t = are − 1 einsparen. Beispielsweise würde etwaige negative Manipulation in den t' = are unmittelbar vorausgehenden Perioden entfallen. In (D-28) würde im Nenner das strikt positive letzte Glied der Summation wegfallen.

576 Durch einmalige Nonkonformität zerfällt der ursprüngliche separat optimierbare Zeitraum $t \in \{ara|nk, \ldots, are|nk\}$ zunächst in zwei solche Zeiträume, vor und nach der Nonkonformitätsperiode t = nk, deren Manipulation unter der Annahme durchgehender Konformität mit Hilfe des Verfahrens gem. Abschnitt D3.2.2 zu optimieren ist. Die durch einmalige Nonkonformität erzielbare Ersparnis ergibt sich dann als Differenz zwischen dem Barwert der intratemporalen Manipulationsmalusse gemäß (D-27) für die ursprüngliche abzüglich der Summe derselben für die beiden „Rumpfzeiträume".

577 Dies impliziert ja, dass die mit einer positiven Manipulation in t = sara − 1 bzw. t = nk einhergehenden Malus-Steigerung durch Ausdehnung positiver Manipulation in anderen Folgeperioden geringer sein muss als die hiermit einhergehende Malus-Minderung durch Reduktion negativer Manipulation in den Folgeperioden, was kostengünstiger dadurch erreicht werden kann, dass positive Manipulation in t = sara − 1 bzw. t = nk unterlassen und in den Folgeperioden positive und negative Manipulation reduziert wird. Hierdurch tritt in mindestens einer Folgeperiode während des jeweiligen „Rumpfzeitraumes" Entspannung ein. S.a. Fn. 576 S. 180 sowie Fn. 586 S. 186.

578 Dies gilt auch dann, wenn einmalige Nonkonformität der durchgehenden Konformität vorzuziehen ist und man die durch die erste Zerlegung entstehenden neuen Zeiträume in gleicher Weise untersucht; durch eine andere (zunächst als einmalige gedachte) Nonkonformität wären ja möglicherweise andere separat opti-

Mit Hilfe von (D-21), (D-23) und den angestellten Überlegungen zur Separierbarkeit und Optimalität dürfte es für realistische Größenordnungen (s.S. 146) des Problems (D-18) S. 162 möglich sein, die als optimal noch in Frage kommenden Ausprägungen des Konformitätsverhaltens (s.S. 164) auf eine überschaubare Zahl zu beschränken. Diese Ausprägungen sind enumerativ zu prüfen. Dass (D-18) hiermit einfacher zu lösen ist als mit der Branch-and-Bound-Methode unter Nutzung des Lemke- bzw. Wolfe-Logarithmus' (s.S. 164f.), erscheint durchaus möglich. Wie erwähnt (s.S. 165), war aber die Motivation für die Entwicklung des Verfahrens nicht die Effizienz der Lösung des sich in der Praxis mangels Formalisierung des rechnungslegungspolitischen Kalküls wohl ohnehin nicht stellenden Problems, sondern die verbesserte Einsicht in die Problemstruktur. Diese Einsicht erlaubt die Analysen des modellierten Verhaltens in Abschnitt D3.2.3 bis D6.

3.2.2 Manipulation bei Konformitätskontinuität

3.2.2.1 Anspannungsreichweiten

Dieser Abschnitt D3.2.2 ermittelt – mit dem auf S. 165 gemachten Vorbehalt – die optimale Manipulation bei Konformitätskontinuität innerhalb eines separat optimierbaren Zeitraumes (IKZ oder SKZ) und deren Vorperiode und somit eine Lösung von (D-22) S. 177, bzw., äquivalent, (D-20) S. 163 mit $\kappa t = 1$ für alle Perioden des KZ.

— Dieser Abschnitt D3.2.2.1 ermittelt Zeiträume, deren Perioden bei Konformitätskontinuität interdependent sind (Anspannungsreichweiten AR, s.u. S. 181ff.). Sie werden getrennt durch Perioden mit unverfälschten Periodenergebnissen, die hinreichend hoch sind, um die Knappheit an unverfälschtem Periodenergebnis aufzuheben.

— Abschnitt D3.2.2.2 ermittelt die Manipulation innerhalb derartiger Zeiträume, insbesondere die stille Reserve in der Vorperiode einer Anspannungsreichweite.

Abb. F-3 S. 319 im Anhang F2.1 (S. 317ff.) präsentiert das Verfahren als Flussdiagramm. Die dortigen Verfahrensstufen I bis V und IX bis XI [VI bis VIII] entsprechen den Erläuterungen in Abschnitt D3.2.2.1 (S. 181ff.) [D3.2.2.2 (S. 185ff.)]. Sofern Optimalitätsbedingungen als Nullsetzungen von ersten Ableitungen angegeben werden, wie insbesondere in (D-28) S. 186, ist eine Prüfung der zweiten Ableitungen aufgrund der Konvexität des Problems (D-20) S. 163, s.a. die dortigen Nachweise, nicht erforderlich.

Eine **A**NSPANNUNGS**R**EICHWEITE (AR) sei ein Zeitraum, in dem Konformitätskontinuität optimalerweise dadurch erreicht wird, dass in jeder Periode manipuliert wird in Höhe des seit Anfang des Zeitraumes kumulierten Anforderungsresiduums abzüglich einer noch zu berechnenden (s. Abschnitt D3.2.2.2 (S. 185ff.)) stillen Reserve aus der Vorperiode der AR. Inner-

---

mierbare Teil-Zeiträume entstanden, die zu einem höheren Konformitätswert des Gesamtzeitraumes geführt hätten. Hier soll nach Entscheidungskriterien für diese Verzweigungen des Prozesses der Auffindung von Perioden, deren Nonkonformität vorteilhaft ist, nicht gesucht werden.

halb einer AR wird die Konformitätsanforderung mit Gleichheit erfüllt. Es herrscht manipulative Anspannung in dem auf S. 122 definierten Sinne, weil eine infinitesimale Erhöhung des unverfälschten Periodenergebnisses in jeder dieser Perioden die Gesamtkosten der Konformität senken würde. Der Anfang derjenigen Anspannungsreichweite, die t=t' umfasst (Anspannungsreichweite „zu" t=t', AR|t'), soll mit t = ara|t' und ihr Ende mit t = are|t' bezeichnet werden.

Man ermittele zunächst für jede Fehlbetragsperiode t=v∈KZ|t', $\Delta_v>0$, welcher Zeitraum in KZ|t' von Anspannung befallen würde, wenn in t=v und den umgebenden Perioden Konformität angestrebt würde. Ein solcher Zeitraum soll als **I̲NTRATEMPORALE A̲NSPANNUNGSR̲EICHWEITE** (IAR) bezeichnet werden. Zu seiner Ermittlung ist festzustellen,[579]

— wie viele Vorperioden einzubeziehen wären, bis
  - □ ein für malusminimierende stille Reserven hinreichender Überschuss vorliegt (Anspannungsanfang nach Entspannung),[580]
  - □ eine malusminimierende stille Reserve wegen Nonkonformität gebildet werden kann (Anspannungsanfang nach Überspannung, ara|v=kza|v) oder
  - □ der Anfang des Planungszeitraumes erreicht wird (ara|v=pza)[581]; und weiter

— wie lange es dauern würde, bis die in dieser Weise in t=v entstandene stille Last wieder abgebaut wäre, d.h. bis
  - □ entweder das von t=v an kumulierte Anforderungsresiduum zum ersten Mal negativ wird (Anspannungsende durch Entspannung),[582]
  - □ sich die Umkehrwirkung in einer Nonkonformitätsperiode entladen kann (Anspannungsende durch Überspannung, are|v=kze|v), oder
  - □ der Planungszeitraum endet (are|v=pze).[583]

Würde das so umrissene Manipulationsverhalten realisiert, dann würde während des Zeitraumes t=ara|v bis t=are|v manipulative Anspannung herrschen.[584]

Zur Ermittlung der intratemporalen Anspannungsreichweite zu einem t=v, $\Delta_v > 0$, lege man zunächst eine vorläufige IAR zugrunde, die von der ersten Periode nach der letzten Überschussperiode vor t=v bis zum Abbau der von diesem vorläufigen Anfang der Anspannungsreichweite, t=ara|v, bis zu t=v kumulierte Umkehrwirkung $\Delta_{ara|v:t}$ reicht. In einem der Abb. D-6 S. 172 entsprechenden, für kza|t' > pza um einen Manipulationspfeil vom Periodenknoten

579 Da auf diese Verfahrensschritte auch für SAR Bezug genommen werden soll, wird in Abb. F-3 S. 319 die für IAR und SAR geltende Abkürzung AR verwendet.

580 Der Anspannungsanfang tritt in der nächsten Periode nach dieser Periode ein.

581 In diesem Fall fängt die Planung zu spät an, um für t = v mit malusminimierender stiller Reserve vorzusorgen, ohne auf Konformitätsinzitamente des SZ|t' zu verzichten.

582 Das Anspannungsende tritt in der letzten Periode vor dieser Periode ein.

583 In diesem Fall wird die Periode nach dem Ende des Planungszeitraumes mit Umkehrwirkung belastet.

584 Siehe S. 178 zur Anspannung in Abb. D-4 S. 167 und Bsp. D-3 S. 173.

Δ_1 zum Schlupfknoten mit dem Manipulationsmalus $\omega_0^R \cdot (R_0)^2$ ergänzten, KZ|v abbildenden Graphen, wandert man also zunächst vom Periodenknoten Δ_v nach links bis zum ersten Periodenknoten mit $\Delta_t \leq 0$. In Bsp. D-3 S. 173 wäre dies bei v = 3 für KZ|3 = {1, 2, 3, 4, 5} mit $\delta_{KZ|3} = \delta_{PZ} = (-5, 2, 4, 2, -5)$ der Periodenknoten Δ_1. Dessen rechter Nachbarknoten ist der vorläufige Anfang der Anspannungsreichweite, in Bsp. D-3 t = ara|3 = 2. Von hier ist nach rechts zu kumulieren, also das Anforderungsresiduum die oberen geschwungenen Manipulationspfeile entlang zu verschieben, bis der kumulierte Betrag unstrikt negativ oder das Ende des KZ erreicht wird. Die Periode vor der Periode, in der dies geschieht, bzw. t = kze, ist das vorläufige Ende der AR, t=are|v. In Bsp. D-3 wäre dieses vorläufige are|3 = kze|3 = 5, weil $\Delta_{2:5} = 2 + 4 + 2 - 5 > 0$ ist, so dass das vorläufige Ende der Anspannungsreichweite mit dem Ende des Planungszeitraumes zusammenfällt.[585] Würde man $\delta_{KZ|3}$ bspw. um eine Periode mit $\Delta_t = -5$ auf $\delta_{KZ|3} = \{-5, 2, 4, 2, -5, -5\}$ erweitern, wäre das vorläufige are|3 = 5, da $\Delta_{2:6} = 2 + 4 + 2 - 5 - 5 < 0$. Man berechne dann die malusminimierende stille Reserve in der Überschussperiode vor dieser vorläufigen AR, t=ara|v − 1 in Bsp. D-3 S. 173 also t=1. Dies kann das Ende der Anspannung zeitlich nach vorn, nicht aber nach hinten verlegen. So betrug in Bsp. D-3 die malusminimierende stille Reserve $M^*_{-1} = -4$, so dass sich das endgültige Anspannungsende als t=4 ergab, da $M^*_{-1} + \Delta_{2:4} = -4 + 2 + 4 + 2 - 5 < 0$. Diese Berechnung stellen Abschnitt D3.2.2.2 (S. 185ff.) und Verfahrensstufe VI bis VIII in Abb. F-3 S. 319 dar.

Die vorläufig berechnete malusminimierende stille Reserve ist genau dann <u>mit Konformität in t=ara|v − 1 vereinbar</u>, wenn $\Delta_{ara|v-1} \leq M_{ara|v-1} < 0$ gilt. Gilt dies nicht, muss der vorläufige Anspannungsanfang um eine Periode vorverlegt werden und das vorläufige Anspannungsende sowie die dazugehörige malusminimierende stille Reserve in der Periode vor dem neuen vorläufigen Anspannungsanfang erneut berechnet werden. Das Verfahren wird so oft durchlaufen, bis der Anspannungsanfang entweder auf eine Periode mit hinreichend großem Überschuss folgt oder mit dem Anfang des betreffenden KZ zusammenfällt. Letzteres ist der Fall, wenn der Anspannungsanfang einer Nonkonformitätsperiode folgt, ara|v=kza|v, oder mit dem Anfang des Planungszeitraumes zusammenfällt, ara|v=kza|v= pza.

Nach den intratemporalen IAR sind die **<u>S</u>UPRATEMPORALE<u>N</u> <u>A</u>NSPANNUNGS<u>R</u>EICHWEITEN (SAR)** zu ermitteln. Überlappen sich IAR oder sind die Umkehrwirkung in der letzten Periode einer IAR und die malusminimierende stille Reserve für eine unmittelbar nachfolgende IAR unvereinbar mit Konformität in der Periode zwischen den beiden IAR, weil Umkehrwirkung und malusminimierende stille Reserve zusammen betragsmäßig strikt größer sind als der Überschuss in der Periode zwischen den beiden IAR, gilt also für ein $t=t^{\$}$ und ein $t=t^{€}$, $\Delta_{t\$} > 0$, $\Delta_{t€} > 0$, $t^{\$} < t^{€}$, die Bedingung

585 Für v = 5 im Bsp. D-9 S. 195 hört die vorläufige Anspannungsreichweite in t = 12 auf. Die Kumulation fängt bei t = 4 an und muss bis t = 12 laufen, um ein negatives Anforderungsresiduum zu ergeben; $\Delta_{4:11} = 2 + 4 + 2 - 5 + 2 + 4 + 2 - 5 - 5 = 3 > 0$ und $\Delta_{4:12} = \Delta_{4:11} - 5 = 3 - 5 = -2 < 0$.

$$(D\text{-}24) \qquad ara|t^{€} \leq are|t^{\$} \vee (are|t^{\$} + 1 = ara|t^{€} - 1 \wedge M^{*}_{ara|t^{\$}-1} + \Delta_{ara|t^{\$}:are|t^{\$}} + \Delta_{are|t^{\$}+1} > M^{*}_{ara|t^{€}-1})$$

dann verschmelzen beide IAR zu einer SAR. In einem der Abb. D-6 entsprechenden Graphen für KZ|v wäre dies daran erkennbar, dass wenn vom Periodenknoten $\Delta_{ara|t^{\$}}$ [$\Delta_{ara|t^{€}}$] Anforderungsresiduum i.H.v. $M^{*}_{ara|t^{\$}}$ [$M^{*}_{ara|t^{€}}$] nach links verschoben würde und der Rest nach rechts bis zur Negativität des „Anforderungsresiduums nach Verschiebung", dann gäbe es mindestens einen unausgeglichenen Periodenknoten mit strikt positivem „Anforderungsresiduum nach Verschiebung" zwischen $ara|t^{\$}$ und $are|t^{€}$. Für den Zeitraum vom Beginn der ersten bis zum Ende der letzten verschmolzenen IAR ist die Manipulation und die Anspannungsreichweite wie oben für IAR zu ermitteln, wobei $t = v$ als die letzte Fehlbetragsperiode zwischen $ara|t^{\$}$ und $are|t^{€}$ sowie $ara|v = ara|t^{\$}$ und $are|v = are|t^{€}$ zu wählen sind. Wenn die hierbei ermittelten AR wiederum verschmelzen, ist das Verfahren erneut anzuwenden, bis eine Folge von Manipulationsbeträgen gefunden ist, bei der keine AR mehr verschmelzen. S.a. S. 178 zur Erkennung von AR in Abb. D-4. Die hierbei festgestellten Manipulationsbeträge wären zu realisieren, um Konformitätskontinuität während des betreffenden KZ zu gewährleisten. Die hieraus resultierenden AR sind supratemporale Anspannungsreichweiten.

Bsp. D-5: Verschmelzung intratemporaler Anspannungsreichweiten zu supratemporalen

Würde man das Bsp. D-3 S. 173 um die Perioden $t \in \{6, 7, 8, 9\}$ zu einem doppelten Zyklus des in Abschnitt C3.4 (S. 136ff.) analysierten Verlaufes erweitern, mit $\delta_{PZ} = (-5, 2, 4, 2, -5, 2, 4, 2, -5)^T$ für $t = \{1, \ldots, 9\}$ und $E^{cst} > 18$, dann ergäbe das erläuterte Vorgehen zunächst $IAR|2 = IAR|3 = IAR|4 = \{2, 3, 4\}$, $IAR|6 = IAR|7 = IAR|8 = \{6, 7, 8\}$ mit $M_{IAR|3} = (-4, -2, 2, 4)^T$ für $t = \{1, \ldots, 4\}$ und ebenfalls $M_{IAR|7} = (-4, -2, 2, 4)^T$ für $t = \{5, \ldots, 8\}$, wobei das erste Element die Manipulation in der Vorperiode der IAR erfasst. Es würde also in $t = 4$ eine stille Last i.H.v. 4 und in $t = 5$ eine stille Reserve i.H.v. 4 gebildet. Dies wäre mit Konformität in $t = 5$ unvereinbar, zumal $\Delta_5 = -5$, das unverfälschte Periodenergebnis die Konformitätsanforderung also nur um 5 PE übersteigt, so dass bei der Auflösung einer stillen Last i.H.v. 4 und der Bildung einer stillen Reserve i.H.v. 4 ein Periodenergebnis um 3 PE unterhalb der Konformitätsanforderung ausgewiesen werden würde. Die Anspannung umfasst vielmehr den gesamten Planungszeitraum: Es ist $SAR|t = PZ \; \forall t$ und es ist zur Konformität $M_{PZ} = (-5, -3, 1, 3, -2, 0, 4, 6, 1)$, also $M^{*}_{t} = \Delta_{1:t}$ erforderlich. S.a. Bsp. D-7 S. 190.

Allgemein ist {AR} die Menge aller AR|t, {IAR} die Menge aller IAR|t und {SAR} die Menge aller SAR|t, jeweils für $\forall t \in \{pza, \ldots, pze\}$. IAR können sich innerhalb eines SKZ überlappen oder verschmelzen. SAR sind stets von einander durch mindestens eine Periode ohne Anspannung, also mit Entspannung (Übererfüllung der Konformitätsanforderung) oder Überspannung (Nicht-Erfüllung der Konformitätsanforderung) getrennt, wobei letzteres impliziert, dass die beiden betrachteten SAR verschiedenen SKZ angehören. AR (IAR oder SAR) umfassen nur Perioden innerhalb eines KZ, wobei es sich je nachdem, welcher Optimierungsschritt betrachtet wird, um ein IKZ oder ein SKZ handeln kann. Bezeichnet man die in D3.2.2.2 zu ermittelnde malusminimierende stille Reserve in der Vorperiode eines Anspannungszeitraumes zu $t = t'$ als $M^{*}_{ara|t'-1}$, dann beträgt die Lösung zu (D-22) für alle Perioden t des gelösten KZ und seine Vorperiode

$$\text{(D-25)}\qquad M_t = \begin{cases} 0 & \text{für } t \notin \{AR\} \wedge t+1 \notin \{AR\} \\ M_t^* & \text{für } t \notin \{AR\} \wedge t+1 \in \{AR\} \\ M^*_{ara|t-1} + \Delta_{ara|t:t} & \text{für } t \in \{AR\} \end{cases}$$

Der durch die Fehlbeträge einer AR|t' ausgelöste Manipulationsmalus beträgt somit

$$\text{(D-26)}\qquad C_{AR|t'} = q^{-(ara|t'-1)} \cdot \omega^R_{ara|t'-1} \cdot \left(M^*_{ara|t'-1}\right)^2 + \sum_{t=ara|t'}^{t=are|t'} q^{-t} \cdot \omega^{RL}_t \cdot \left(M^*_{ara|t'-1} + \Delta_{ara|t':t}\right)^2$$

SAR gemäß der endgültigen Lösung von (D-18) S. 162 sollen ab Abschnitt D3.2.3 (S. 193ff.) als Anspannungszeiträume A (s.o. S. 128) bezeichnet werden, ihre erste Periode als t = aa (Anspannungsanfang) und ihre letzte als t = ae (Anspannungsende). Während Anspannungszeiträumen wird in Höhe der seit Anspannungsanfang kumulierten Umkehrwirkung abzüglich einer in t = aa − 1 gebildeten stillen Reserve manipuliert. Es wird, bis auf den Grenzfall der Anspannung (s.u. S. 123) während Anspannungszeiträumen und ihrer jeweiligen Vorperiode manipuliert und sonst nicht. Die Konformitätsanforderung wird nur innerhalb von SKZ erfüllt, und zwar innerhalb von Anspannungszeiträumen mit Gleichheit erfüllt und ansonsten übererfüllt.

3.2.2.2 Malusminimierende stille Reserve

Es ist die Manipulation in der Periode t=ara|v − 1 zu ermitteln, welche den Barwert der Manipulationsmalusse der Perioden t=ara|v −1 bis t=are|v minimiert, wobei in t=ara|v bis t=are|v Konformität gewahrt werden soll. Aus den gemäß dem letzten Abschnitt D3.2.2.1 zur Bestimmung von t=ara|v und t=are|v durchgeführten Verfahrensschritten ergibt sich, dass sich zwischen t=ara|v und t=v entweder nur Fehlbetragsperioden befinden oder aber auch Überschüsse, die jedoch nicht ausreichen, um unter Berücksichtigung der Umkehrwirkung aus ihrer jeweiligen Vorperiode die malusminimierende stille Reserve für ihre jeweiligen Folgeperioden zu bilden. Zur Konformität von t=ara|v bis t=are|v wäre ohne stille Reserve in t = are|v−1 deshalb in jeder Periode so zu manipulieren, dass der Konformitätsanforderung gerade genüge getan wird; es wäre die Manipulation einer jeden dieser Perioden t=t' $M_{t'} = \Delta_{ara|v:t'}$. Wird in t=ara|v eine stille Reserve $M^*_{ara|v-1}$ gebildet, dann senkt sie die Manipulation in sämtlichen Perioden bis t=are|v um denselben Betrag; es wäre dann zunächst $M_{t'} = M^*_{ara|v-1} + \Delta_{ara|v:t'}\ \forall t' \in AR|v$.

Man nehme zunächst an, $M^*_{ara|v-1}$ sei betragsmäßig kleiner als die von t=ara|v bis t=are|v kumulierte Umkehrwirkung, führe also nicht zu einem Überschuss nach Umkehrwirkung in t=are|v und **verkürze** somit **nicht die Dauer der Anspannung**; $M_{are|v} = M^*_{ara|v-1} + \Delta_{ara|v:are|v} \geq 0$. Man ermittele nun zunächst die malusminimierende stille Reserve in der Vorperiode der Anspannungsreichweite, $M^*_{ara|v-1}$, für diesen Fall $M^*_{ara|v-1} + \Delta_{ara|v:are|v} \geq 0$, in dem man den Barwert der intratemporalen Manipulationsmalusse während der Anspannungsreichweite und ihrer Vorperiode, also von $t=ara|v-1$ bis $t=are|v$, über $M_{ara|v-1}$ minimiert. Der Barwert der intratemporalen Manipulationsmalusse der vorläufigen Anspannungsreichweite beträgt[586]

(D-27)
$$C_{(ara|v-1):are|v} = \sum_{t=ara|v-1}^{t=are|v} q^{-t} \cdot C_t = \sum_{t=ara|v-1}^{t=are|v} q^{-t} \cdot \omega_t^{RL} \cdot M_t^2$$
$$= q^{-(ara|v-1)} \cdot \omega_{ara|v-1}^{R} \cdot M_{ara|v-1}^2 + \sum_{t=ara|v}^{t=are|v} q^{-t} \cdot \omega_t^{RL} \cdot \left(M_{ara|v-1} + \Delta_{ara|v:t}\right)^2$$

Aus der Nullsetzung der ersten Ableitung[587] nach $M_{ara|v-1}$ erhält man die malusminimierende stille Reserve $M^*_{ara|v-1}$[588]

(D-28)
$$\frac{\partial C_{(ara|v-1):are|v}}{\partial M_{ara|v-1}} = \begin{pmatrix} 2 \cdot q^{-(ara|v-1)} \cdot \omega_{ara|v-1}^{R} \cdot M_{ara|v-1} + \\ 2 \cdot \sum_{t=ara|v}^{t=are|v} q^{-t} \cdot \omega_t^{RL} \cdot \left(M_{ara|v-1} + \Delta_{ara|v:t}\right) \end{pmatrix} \overset{!}{=} 0 \Rightarrow$$
$$M^*_{ara|v-1} = -\frac{\sum_{t=ara|v}^{t=are|v} 2 \cdot q^{-t} \cdot \omega_t^{RL} \cdot \Delta_{ara|v:t}}{\sum_{t=ara|v-1}^{t=are|v} 2 \cdot q^{-t} \cdot \omega_t^{RL}}$$

Die stille Reserve senkt M_t in allen Perioden von $t=ara|v$ bis $t=are|v$. Ihr Grenzmalus ($2 \cdot q^{-t} \cdot \omega_t^R \cdot M_t$ mit $t = ara|v-1$) muss zur Malusminimierung deshalb der Summe der Grenzmalusse dieser Perioden (Summation in der oberen Gleichung von (D-28)) gleichen. Aus den vor der Berechnung von $M^*_{ara|v-1}$ durchgeführten Verfahrensschritten folgt, dass ein etwaiger Überschuss in $t=ara|v$ nicht zur Bildung der malusminimierenden stillen Reserve für $t=ara|v+1$ bis $t=are|v$ ausreicht; die Auflösung einer marginal kleinen stillen Reserve aus $t=ara|v-1$ in $t=ara|v$ würde also den Barwert der Manipulationsmalusse in $t=ara|v$ bis $t=are|v$ senken. Die Klammer in (D-28) muss für $M_{ara|v-1} = 0$ also strikt positiv sein. Deshalb muss, da die zweite Ableitung von (D-28) strikt positiv ist[589], die Minimalstelle von (D-28) strikt negativ sein, $M^*_{ara|v-1} < 0$. Die stille Reserve in $t=ara|v-1$ sollte gesteigert bzw. $M_{ara|v-1}$ gesenkt werden, bis ihr Grenzmalus, $2 \cdot q^{-t} \cdot \omega_t^R \cdot M_t$ mit $t = ara|v-1$, ihren Grenzertrag er-

---

586 Differenziert man (D-27) nach $M_{ara|v-1}$ und teilt durch zwei, erhält man – unter Vernachlässigung der Optimierung der Anspannungsreichweite (s.o. Fn. 576 S. 180) – die Entsprechung zum supratemporalen Resistenzkoeffizienten ω_0^S in (D-7) S. 151: $\omega_{AR}^S = M_{ara-1} \cdot \sum_{t=ara|v}^{t=are|v} q^{-t} \cdot \omega_t^{RL} + \sum_{t=ara|v}^{t=are|v} q^{-t} \cdot \omega_t^{RL} \cdot \Delta_{ara|v:t}$.

587 Dies ist das globale Minimum in $M_{ara|v-1}$: $\frac{\partial \partial C_{(ara|v-1):are|v}}{\partial M_{ara|v-1} \partial M_{ara|v-1}} = 2 \cdot \sum_{t=ara|v-1}^{t=are|v} \left(q^{-t} \cdot \omega_t^{RL}\right) > 0$

588 (D-28) ergibt wie erwartet (D-5) S. 151 für $ara|v = are|v = v = 0$, woraus $\omega_{-1}^{RL} = \omega_{-1}^{R} \wedge \omega_0^{RL} = \omega_0^L$ folgt.

589 Siehe Fn. 587.

reicht, nämlich die Summe der Grenzmalusse der Manipulation in den Perioden, auf deren Manipulation sie sich auswirkt. Diese sind für $M^*_{ara|v-1} + \Delta_{ara|v:are|v} \geq 0$ die Perioden $t = ara|v$ bis $t = are|v$.[590, 591] $M^*_{ara|v-1}$ quantifiziert die Knappheit an unverfälschtem Periodenergebnis in AR|v und insofern die Intensität der Anspannung.

Für Abb. D-6 S. 172 besagt (D-28), dass über AR|v und ihre Vorperiode die Summe der Grenzmalusse der unteren Manipulationspfeile gleich der Summe der Grenzmalusse der oberen Manipulationspfeile ist, bzw. bei Zusammenfassung von R_t und L_t zu M_t, dass die Summe der Grenzmalusse über alle Manipulationspfeile einer Anspannungsreichweite gleich null ist. Dies gilt für jede Anspannungsreichweite mit $ara|v > pza$. Bei $ara|v = pza$ ist diese Summe strikt positiv.[592]

Oben auf S. 185 wurde angenommen, die stille Reserve in $ara|v-1$ verkürze die Dauer der Anspannung nicht; $M_{are|v} = M^*_{ara|v-1} + \Delta_{ara|v:are|v} \geq 0$. Gilt hingegen $M^*_{ara|v-1} + \Delta_{ara|v:are|v} \leq 0$, dann würde bei $M_t = M^*_{ara|v-1} + \Delta_{ara|v:t}$ $\forall t \in AR|v$ die stille Reserve in der Vorperiode der vorläufigen Anspannungsreichweite zu einem Überschuss nach Umkehrwirkung in deren letzten Periode führen. Es könnte also die Manipulation in $t = are|v$ unterlassen werden, $M_{are|v} = 0$, ohne auf Konformität zu verzichten. Eine marginale Veränderung des unverfälschten Periodenergebnisses in are|v würde somit den Manipulationsmalus der AR nicht verändern. Die zunächst berechnete stille Reserve würde also die Folge der Perioden mit **Anspannung** um mindestens eine Periode, nämlich die letzte, **verkürzen**. Anspannungsreichweite und malusminimierende stille Reserve sind deshalb erneut zu berechnen, wobei der Anspannungsanfang beizubehal-

590 Anspannungszeiträume können Überschussperioden umfassen, bedürfen zu ihrer Existenz jedoch mindestens einer Fehlbetragsperiode. Wenn bspw. der Überschuss in $t = -1$ nicht ausreicht, um stille Reserven im malusminimierenden Umfang für $t = 0$ zu bilden, also $\Delta_0 > 0 \wedge M^*_{-1} < \Delta_{-1} < 0 \wedge \Delta_{-2} < 0$, dann ist bei $M_{-1} = \Delta_{-1} < 0$ der Grenzmalus der Bildung stiller Reserven in $t = -1$ höher als der Grenzmalus der Bildung stiller Lasten in $t = 0$. Es lohnt sich deshalb, in $t = -1$ stille Reserven zu bilden, deren Grenzmalus für sehr kleine Beträge annahmegemäß gleich null ist, damit in $t = -1$ stille Reserven über Δ_{-1} hinaus gebildet werden können. Wenn der Überschuss in $t = -2$ nicht ausreicht, um diesen Kostenvorteil auszuschöpfen (wozu die stille Reserve in $t = -2$ hinreichend hoch sein muss, dass die Summe der Grenzmalusse der Bildung stiller Reserven in $t = -1$ und $t = -2$ dem Grenzmalus der Bildung stiller Lasten in $t = 0$ gleicht), dann sind $t = -2$, $t = -1$ und $t = 0$ Teil eines Anspannungszeitraumes. Analog kann für eine beliebige Zahl von Perioden argumentiert werden.

591 Der Einsatz eines Überschusses zur Milderung des Malusses eines späteren Fehlbetrages ist somit um so kostspieliger, je weiter beide von einander entfernt sind, zumal die Konservierung stiller Reserven für jede zwischen Überschuss- und Fehlbetragsperiode liegende Periode einen Malus verursacht: Wenn in $t = t' - 3$ ein hoher Überschuss vorlag, der für $t = t'$ konserviert werden soll, und in $t = t' - 2$ und $t = t' - 1$ nur geringe Überschüsse zu verzeichnen waren, müssen Malusse negativer Manipulation insgesamt dreimal aufgebracht werden, bevor die stille Reserve beim Ausgleich eines Fehlbetrags zum Zuge kommt. Dementsprechend steigen die Grenzkosten ihres Einsatzes und die malusminimierende stille Reserve sinkt. Sind zwischen den Überschuss-Perioden auch Fehlbeträge zu verzeichnen, erhöhen diese die Kosten der Konservierung, weil die in der Periode vor dem Fehlbetrag für diesen zu bildende stille Reserve den Grenzmalus der negativen Manipulation für die Konservierung erhöht.

592 Zudem gilt (s.o. S. 178), dass alle Knoten $\Delta_{ara|v}$ bis $\Delta_{are|v}$ ausgeglichen sind und dass weder Schlupfpfeile noch Konformitätspfeile genutzt werden. Bei $ara|v = pza$ entfällt die stille Reserve links. Die stille Last rechts ist zwingend.

ten, das Anspannungsende dagegen um eine Periode vorzuverlegen ist. Es entfällt somit in dem im Zähler von (D-28) abgebildeten Grenzertrag der stillen Reserve in $ara|v-1$ zumindest der letzte Summand für $t = are|v$. Für das mit dem neuen Ende der Anspannungsreichweite aus (D-28) errechnete $M_{ara|v-1}$ ist erneut festzustellen, ob $M^*_{ara|v-1} + \Delta_{ara|v:are|v} \geq 0$ gilt. Das Prozedere ist so oft zu durchlaufen, bis (D-28) für ein $M^*_{ara|v-1} \geq -\Delta_{ara|v:are|v}$ gilt. Dies ist spätestens bei $are|v = v$ der Fall.

Die graphische Darstellung der Optimierung stiller Reserven anhand der ersten Ableitungen (vgl. Abb. D-3 S. 158) ist auch bei mehrperiodigem Planungshorizont möglich. Bei korrekter Konstruktion der Zeichnung ergibt sich die optimale stille Reserve stets als Schnittpunkt zweier unstrikt konvexer, abschnittweise linearer Funktionen. Ein Spezialfall ist die in Abb. D-15 bis Abb. D-22 dargestellte Konformitätskontinuität. Ohne dass hier ein formaler Nachweis erbracht werden soll, dürfte dies eine Folge der auf S. 164 bereits erwähnten Konvexität des Problems (D-20) S. 163 sein, welche die Existenz lediglich lokaler, nicht globaler Kostenminima ausschließt. Die Möglichkeit dieser graphischen Darstellung ist ein weiterer Hinweis darauf, dass das hier dargestellte Verfahren, welches ein lokales Optimum systematisch sucht, zur Ermittlung der optimalen Manipulation während einer Anspannungsreichweite führt. Bei mehr als drei Perioden gerät diese Darstellung jedoch an die Grenze ihrer Anschaulichkeit. Für Bsp. D-6 (s.u. S. 189) wird deshalb die den Zeitablauf stärker betonende, in Abb. C-7 S. 127 bereits verwendete Darstellungsweise herangezogen.

Wie (D-25) S. 185 zeigt, ergibt sich die Manipulation innerhalb von Anspannungsreichweiten als stille Reserve in der Vorperiode zuzüglich des seit dem Anfang der Anspannungsreichweite kumulierten Anforderungsresiduums. Sie entwickelt sich somit im Zeitablauf durch Vortrag des Anforderungsresiduums nach Umkehrwirkung auf die nachfolgende Periode und Addition von deren Anforderungsresiduum. Die stille Reserve reguliert nun die absolute Höhe dieses starren, sich über mehrere Perioden erstreckenden Profils von Manipulationsbetragsdifferenzen. Dabei hat sie zu beachten, dass der Manipulationsmalus in seinem Absolutbetrag quadratisch zunimmt. Dies illustriert Bsp. D-6 in Abb. D-9 mit den Werten aus Bsp. D-3.

Bsp. D-6: Optimierung stiller Reserven

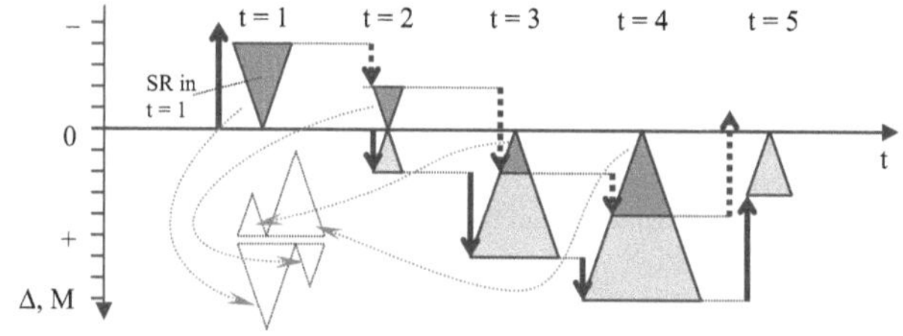

Abb. D-9: Malusminimierende Manipulation im Bsp. D-3 bei einer AR = {2, 3, 4}[593]

Abb. D-9 zeigt (zur Darstellungsweise vgl. Abb. C-7 S. 127, Abb. C-8 S. 131) die malusminimierende stille Reserve im Bsp. D-3 S. 173 bei Konformitätskontinuität. Es ist PZ = {1, ..., 5}, δ_{PZ} = (−5, 2, 4, 2, −5), $\omega_t^R = \omega_t^L = \frac{1}{4}$ $\forall t \in PZ$. Die AR reicht von t = 2 bis t = 4, ara|v = 2 für alle v∈ {2, 3, 4}. Der Zähler in (D-28) S. 186 ergibt 2·¼·(2+6+8) = 8 NE, der Nenner 2·(¼+¼+¼+¼) = 2 NE, die malusminimierende Reserve gemäß (D-28) also $M_1^* = -8/2 = -4$ PE und M_{PZ} = (−4, −2, 2, 4, 0). Diese stille Reserve versetzt somit die nach unten führende „Treppe" um 4 nach oben, spart dabei die hellgrauen Flächen unterhalb der Abszisse ein und „investiert" dafür die dunkelgrauen Flächen oberhalb, t∈ {1,2}. Wie die gepunkteten Pfeile und Dreiecke andeuten, gilt (D-28) für $M_1 = M_1^* = -2$: Die Summe der Ableitungen ist gleich null; eine betragsmäßige Erhöhung [Senkung] der stillen Reserve würde in t = 1 und t = 2 höhere [geringere] Manipulationsmalusse auslösen [einsparen], als sie in t = 3 und t = 4 einsparen [auslösen] würde. Der Graph der Lösung ergibt sich als:

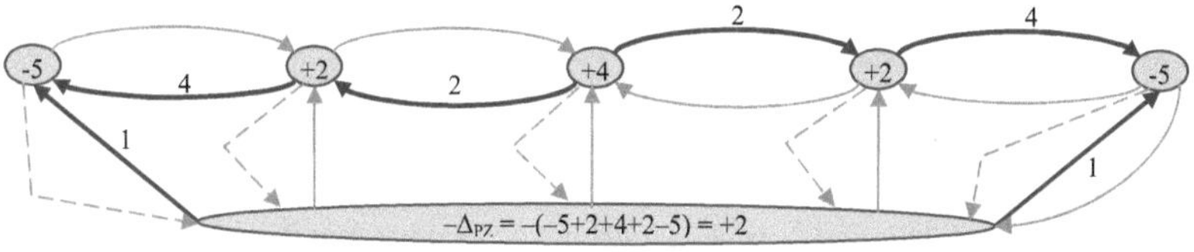

593 Nach unten [oben] gerichtete Pfeile stellen positive [negative] Anforderungsresiduen Δ_t dar. Dreiecke unterhalb [oberhalb] der Abszisse veranschaulichen Malusse positiver [negativer] Manipulation, also $\omega^L_t \cdot M_t^2$ ($\omega^R_t \cdot M_t^2$). Graue [schraffierte] Dreiecke stellen Manipulationsmalusse ohne [mit] stille Reserve in t = 1 dar. Ihr Areal ist zum jeweiligen intratemporalen Manipulationsmalus, ihre waagrechte Begrenzung zum Grenz-Manipulationsmalus proportional. S.a. zur Symbolik Abb. C-8 S.131.

Bsp. D-7: Malusminimierende stille Reserve nicht realisierbar

Bei unzureichendem Überschuss ist die malusminimierende stille Reserve nicht realisierbar. Im Bsp. D-5 S. 184 ($PZ = \{1,\ldots, 9\}$, $\delta_{PZ} = (-5, 2, 4, 2, -5, 2, 4, 2, -5)$, $\omega_t^R = \omega_t^L = \frac{1}{4}$ NE/PE² $\forall t \in PZ$) ist der Grenzmalus stiller Reserven in $t = 1$ für $M_1 = -5$ $2 \cdot \frac{1}{4} \cdot 5 = 2\frac{1}{2}$ NE, ihre Grenzreduktion der Manipulationsmalusse in $t = 2$ bis $t = 9$ dagegen $2 \cdot \frac{1}{4} \cdot (-3+1+3-2+0+4+6+1) = 5$ NE. Die optimale stille Reserve in $t = 1 = pza$ muss also betragsmäßig größer sein; $M_1^* < -5$. Gem. (D-28) wäre $M_1^* = -(2 \cdot \frac{1}{4} \cdot 50)/(2 \cdot \frac{1}{4} \cdot 9) = -5\frac{5}{9}$ PE optimal. Wegen $M_1^* = -5\frac{5}{9} < \Delta_1 = -5$ bleibt es aber bei $M_1 = \Delta_1 = -5$. Die Manipulationskumulation erstreckt sich somit über den gesamten Planungszeitraum.[594] Der Graph ergibt sich als (ungenutzte Pfeile fortgelassen):

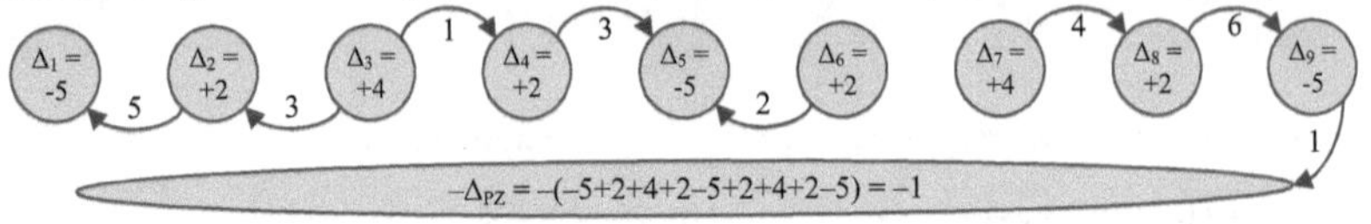

Zur Veranschaulichung der Optimierung der stillen Reserven vor Anspannungsanfang lässt sich, wie auf Seite 128 für einperiodigen Planungshorizont des Erstellers skizziert, die Analogie mit der Unterhaltung eines **Kontokorrentkredits** heranziehen[595], dessen Zinsen und Opportunitätskosten bei einer gegebenen Reihe von Belastungen und Gutschriften mit Hilfe einer Anfangseinzahlung minimiert werden soll. Tab. D-2 zeigt auf, welche Elemente der beiden Rechenmodi einander entsprechen.

Nur die Zinsberechnung gehorcht keinen üblichen Gepflogenheiten: Der Zins- bzw. Opportunitätskostensatz als Analogon zur Manipulationsresistenz ist nicht auf den Kontostand, sondern auf dessen Quadrat anzuwenden. Dass die in Tab. D-2 aufgeführte Analogie zu negativer Manipulation bei Nonkonformität nur gesetzeswidrig realisierbar sein dürfte, verdeutlicht die Missbilligung, die diesem Manipulationsverhalten zuteil werden könnte. Die Anspannungszeiträume entsprechen aufeinander folgenden Perioden, in denen weder Insolvenz erklärt noch Guthaben abgehoben wird. Die negative Manipulation in der Vorperiode des Anspannungszeitraumes, $t = aa - 1$, entspricht bei Konformität in $t = aa - 1$ dem Stehenlassen eines Guthabens und bei Nonkonformität in $t = aa - 1$ der Abhebung am Anfang der Vorperiode, gefolgt von unverzinstem und deshalb mit Opportunitätskosten belastetem „Verstecken" des abgehobenen Betrages, pönalisiertem Schuldenerlass und Einzahlung des „versteckten" Betrages zu Anfang der ersten Anspannungsperiode $t = aa$. Der Kontostand ergibt sich als derartiges Anfangsguthaben zuzüglich einer starren Reihe von Kontostandsveränderungen. Die Optimierung der stillen Reserve in der Vorperiode eines Anspannungszeitraumes entspricht nun der Wahl der Anfangseinzahlung, mit Hilfe derer die quadratischen Zins- und Opportunitätskosten bzw. der Manipulationsmalus des Anspannungszeitraumes minimiert werden.

---

594 Dass $M_6 = 0$ ist, ergibt sich zufällig wegen $\Delta_{1:6} = 0$. Entspannung tritt nicht ein; zusätzliches unverfälschtes Periodenergebnis in $t = 6$ würde zur Bildung stiller Reserven für $t = 7$ bis $t = 9$ genutzt. S.a. Fn. 570 S. 178, sowie S. 123.

595 Zu einer ähnlichen Analogie s.a. Niehoff (2002) S. 21, 25.

Manipulation		**Kontokorrentkredit**
Anforderungs-residuen	Fehlbetrag	Belastung
	Überschuss	Gutschrift
	nach Umkehrwirkung	Kontostand
Manipulation	positive	Stehenlassen einer Schuld
	negative (bei Konformität)	Stehenlassen eines Guthabens
	negative (bei Nonkonformität)	Abhebung zu Anfang der Periode, unverzinstes „Verstecken" des abgchobenen Betrages, insolvenzbedingter Schuldenerlass, Einzahlung des versteckten Betrages zu Anfang der Folgeperiode
Unterlassung der Manipulation	positive (bei Überspannung)	insolvenzbedingter Schuldenerlass (Entfallen des Konformitätsinzitamentes bei Nonkonformität entspricht Pönalisierung)
	negative (bei Entspannung)	Abhebung eines Guthabens
Manipulations-malusse	positiver Manipulation	periodisch aus externer Quelle zu zahlende Zinsen auf Schuldbestände[596]
	negativer Manipulation	Opportunitätskosten des Stehenlassens oder des Versteckens von Guthaben

Tab. D-2: Analogie der Mechanik von Manipulation und Kontokorrentkredit

In dem besonders einfachen Fall, in dem $q = 1$, $\omega_t^{RL} = \omega\ \forall t$ gilt und nach einer Reihe aufeinander folgender Fehlbetragsperioden $t \in \{t'+1, \ldots, ve\}$ Nicht-Anspannung folgt, lässt sich die malusminimierende stille Reserve in $t = t'$ als der Negativbetrag des über $t \in \{t', \ldots, ve\}$ ermittelten **durchschnittlichen Manipulationsbetrages** berechnen, der eintreten würde, wenn in $t = t'$ nonkonform berichtet und auf Manipulation verzichtet werden würde. In diesem Fall wird aus (D-28) S. 186 mit $are|v = ae_t = ve$ und t' statt $ara|v - 1$:

$$\text{(D-29)} \qquad M^*_{t'}\Big|_{\substack{q=1 \\ \omega_t^{RL}=\omega \\ ae_t=ve}} = -\frac{\sum\limits_{t=t'+1}^{t=ve} \Delta_{t'+1:t}}{ve-t'+1} = -\frac{\sum\limits_{t=t'+1}^{t=ve} \Delta_t \cdot (ve-t+1)}{ve-t'+1} = \frac{\Delta_{t'+1:ve}}{ve-t'+1} \cdot \sum_{t=t'+1}^{t=ve} \frac{\Delta_t}{\Delta_{t'+1:ve}} \cdot (ve-t+1)$$

Der erste Multiplikand ist das durchschnittliche Anforderungsresiduum über $t \in \{t', \ldots, ve\}$ bei $\Delta_{t'} = 0$. Gewichtet man für jede Periode t (inkl. $t = t'$ mit $\Delta_{t'} = 0$)

— die Dauer, über welche die Primär-, Wiederholungs- und Progressionseffekte ihrer Manipulation bei Konformitätskontinuität bis zum Anspannungsende $t = ve$ wirken würden, $ve - t + 1$,

596 Die Zinsen sind in der hiesigen Modellierung gleichsam aus dem Privatvermögen des Erstellers zu begleichen. S.a. die Definition der Manipulationsmalusse und ihre personelle Zuordnung auf S. 100.

— mit dem Anteil ihres Fehlbetrages Δ_t an der Summe der Fehlbeträge $\Delta_{t'+1:ve}$,

erhält man mit der Summe dieser Gewichte ein Analogon zur gewichteten Laufzeit einer schrittweisen Fremdmittelaufnahme, welches als DURATION $DUR_{t'+1:ve}$ bezeichnet werden soll. In dem oben auf die Manipulationskumulation gemünzten Bild des Kontokorrentkontos (s.S. 190) entspricht $ve - t + 1$ der „Laufzeit" einer Abhebung in der Periode t, also eines Fehlbetrages $\Delta_t > 0$. Die Duration der Krise erhält man alternativ, in dem man die Fehlbeträge Δ_t mit dem Anteil ihrer „Restlaufzeiten" $ve - t + 1$ an der Gesamtlaufzeit $ve - t' + 1$ gewichtet, summiert und durch den durchschnittlichen Fehlbetrag teilt.[597]

Der zweite Multiplikand in (D-29) gibt die so „gewichtete Laufzeit", die Duration $DUR_{t'+1:ve}$ des restlichen Fehlbetragszeitraumes wieder. Das Produkt aus durchschnittlichem Fehlbetrag und Duration der restlichen Krise ergibt die durchschnittliche Manipulation bei $M_{t'} = 0$ bzw., in der Analogie des Kontokorrentkredits, den durchschnittlichen Kontostand ohne Anfangsguthaben. Da sich die stille Reserve auf sämtliche Perioden $t \in \{t', \ldots, ve\}$ auswirkt, also in den Durchschnitt mit ihrer gesamten „Laufzeit" von $(ve - t'+1)$ eingeht, reduziert eine stille Reserve mit diesem Absolutbetrag den Durchschnitt bei $M_{t'} = M_{t'}^*$ auf null und minimiert hierdurch – in diesem besonders einfachen Fall, $q = 1$, $\omega_t^{RL} = \omega\ \forall t$ – die Kostenprogression über den Zeitraum $t \in \{t', \ldots, ve\}$. Die Analogie eines Kontokorrentkontos wird auf S. 269 wieder aufgegriffen werden.

597 Es ist also alternativ $DUR_{t'+1:ve} = \dfrac{\sum_{t=t'+1}^{t=ve} \Delta_t \cdot \dfrac{ve-t+1}{ve-t'+1}}{\dfrac{\Delta_{t'+1:ve}}{ve-t'+1}}$

3.2.3 Zusammenfassung des modellierten Verhaltens

Der Planungszeitraum entfällt auf Zeiträume der Anspannung, Entspannung und Überspannung. Zu diesen Begriffen s.o. S. 122. Der Ersteller manipuliert nur während **Anspannungszeiträumen** und ihrer Vorperioden. Ein Anspannungszeitraum enthält mindestens einen Fehlbetrag. Es gilt weiter:

- Sofern der Anspannungszeitraum nicht mit der ersten Periode des Planungszeitraumes beginnt, wird zu Lasten seiner Vorperiode im Hinblick auf seine späteren Fehlbeträge eine stille Reserve gebildet.
- Während des Anspannungszeitraumes werden etwaige Überschüsse zur Gänze für die Kompensation von Umkehrwirkung aus der Vorperiode oder für die Bildung stiller Reserven benötigt. Ist in einer Periode das Anforderungsresiduum nach Umkehrwirkung negativ [positiv], dann wird in Höhe der Differenz von Periodenergebnis nach Umkehrwirkung und Konformitätsanforderung negativ [positiv] manipuliert:
  - Anforderungsresiduen werden – wie bei der oben als Maximalkonservatismus bezeichneten Heuristik – von Periode zu Periode fortgetragen. Die Manipulation gleicht dem seit Anspannungsanfang kumulierten Anforderungsresiduum abzüglich der in einer etwaigen Vorperiode gebildeten stillen Reserve.[598]
  - Es wird gerade die Konformitätsanforderung ausgewiesen.

  Hierüber hinausgehende Aussagen über Zusammenhänge zwischen unverfälschtem Periodenergebnis und Manipulation sind nicht allgemein möglich.
- Die Umkehrwirkung in der Folgeperiode des Anspannungszeitraumes ist strikt negativ; es erfolgt der letzte Abbau der durch seine Fehlbeträge aufgehäuften stillen Last.

Um während der Anspannung die Konformitätsanforderung auszuweisen, verschiebt also der Ersteller Periodenergebnisse innerhalb des Anspannungszeitraumes, und er transferiert Periodenergebnisse in den Anspannungszeitraum, nämlich aus dessen Vorperiode i.H.d. hier gebildeten stillen Reserve und aus dessen Folgeperiode i.H.d. in der letzten Anspannungsperiode gelegten stillen Last.

Die Perioden eines Anspannungszeitraumes, und *nur diese*, sind in dem Sinne interdependent, dass eine marginale Veränderung des Anforderungsresiduums in einer Periode die optimale Manipulation im gesamten Zeitraum verändert. Eine Erhöhung [Senkung] erhöht [senkt] den Manipulationsmalus des Anspannungszeitraumes, nicht jedoch notwendigerweise den Manipulationsmalus in der Periode der Veränderung. Irrelevant ist dagegen die Manipulation in einem Anspannungszeitraum für einen anderen Anspannungszeitraum. Diese **Entkoppelung der Optimierung** eines Anspannungszeitraumes von vor- und nachgelagerten Perioden ist die

598 Im Vorfeld von Fehlbetragsperioden werden also durch evtl. wiederholte negative Manipulation stille Reserven aufgebaut, deren Auflösung sich mit den späteren Fehlbeträgen verrechnet. Überschießender Fehlbetrag wird durch positive Manipulation bewältigt. Folgen hierauf Fehlbetragsperioden, baut sich diese stille Last weiter auf. Überschüsse dagegen bauen die stille Last ab. Bei wiederum späteren Fehlbeträgen kann es auch innerhalb des selben Anspannungszeitraumes zum erneuten Aufbau stiller Reserven kommen.

in der Einleitung S. 10 angekündigte Irrelevanz der manipulativen Optimierung von Zeiträumen für einander. Sie ist auf die Aufhebung der Knappheit an unverfälschtem Periodenergebnis (soweit diese im Entscheidungskalkül internalisiert ist) am Anfang und Ende des Anspannungszeitraumes durch zeitliche Umgrenzung von Nicht-Anspannung zurückzuführen. Es herrscht in Vor- und Folgeperiode des Anspannungszeitraumes also entweder[599]

— Entspannung: Der Überschuss einer Entspannungsperiode reicht aus, um
  - □ die Auflösung einer etwaigen stillen Last aus der Vorperiode zu kompensieren,
  - □ und etwaig für Folgeperioden verwendbare stille Reserven zu bilden; oder
— Überspannung: Hohe oder anhaltende Fehlbeträge können Nonkonformität für den Ersteller vorteilhaft machen, so dass in der Nonkonformitätsperiode unbegrenzt
  - □ stille Lasten aus vorgelagerten Perioden aufgelöst und
  - □ stille Reserven für nachgelagerte Perioden gebildet werden können; oder aber
— die separate Optimierbarkeit des Anspannungszeitraumes ergibt sich aus der zeitlichen Abgeschlossenheit des Entscheidungskalküls; der Anspannungszeitraum beginnt [endet] mit der ersten [letzten] Periode des Planungszeitraumes.

Zeitliche Nachbarschaft zweier Anspannungszeiträume ist nicht möglich. Ent- und Überspannungs- können mit An-, Über- oder Entspannungsperioden zeitlich benachbart sein.

Bsp. D-8: Manipulationsverhalten bei Krise mit einmaliger Nonkonformität
Man betrachte einen Ersteller, der grundsätzlich moderate, anhaltende Überschüsse verzeichnet, die aber durch eine mehrperiodige Folge so hoher Fehlbeträge unterbrochen werden, dass einmalige Nonkonformität vorteilhaft ist. Zunächst würde dieser Ersteller seine Periodenergebnisse strikt oberhalb der Konformitätsanforderung ausweisen, nämlich i.H.d. unverfälschten Periodenergebnisses. Mindestens eine Periode vor dem ersten Fehlbetrag würde er stille Reserven bilden. In der ersten dieser Perioden (der Vorperiode des Anspannungszeitraumes) würde er strikt oberhalb der Konformitätsanforderung, aber unterhalb des unverfälschten Periodenergebnisses ausweisen. Dann folgen bis zur Nonkonformitätsperiode Ausweise in Höhe der Konformitätsanforderung. In der Nonkonformitätsperiode erfolgt ein Ausweis strikt unterhalb der Konformitätsanforderung, und zwar um den aktuellen Fehlbetrag zzgl. stiller Last aus der Vorperiode zzgl. stiller Reserve für die Folgeperiode. Sollte der Ersteller die Nonkonformität in der ersten [letzten] Fehlbetragsperiode wählen, entfällt jedoch die stille Last [Reserve]. Es folgen Ausweise i.H.d. Konformitätsanforderung, bis die stille Last, zuzüglich etwaiger auf die Nonkonformitätsperiode folgenden Fehlbeträge, abgebaut ist. Der darauf folgende Ausweis erfolgt strikt oberhalb der Konformitätsanforderung (in der Folgeperiode des Anspannungszeitraumes), aber unterhalb des unverfälschten Periodenergebnisses. In späteren Perioden werden wieder die unverfälschten Periodenergebnisse strikt oberhalb der Konformitätsanforderung ausgewiesen.

Spannungszustand und Vorzeichen der Differenz zwischen ausgewiesenem Periodenergebnis und Konformitätsanforderung (**Ausweisdifferenz** (AuswDiff $= J_t - \bar{J}_t$)) können einander wie bei PH = 1 eineindeutig[600] zugeordnet werden: Bei Anspannung wird das Periodenergebnis in Höhe der Konformitätsanforderung ausgewiesen, bei Entspannung strikt oberhalb, bei Überspannung strikt unterhalb. Konformität wird somit bei An- und Entspannung gewahrt,

599 Großer zeitlicher Abstand zwischen zwei Fehlbeträgen begünstigt die Entkoppelung der Optimierbarkeit ihrer Perioden: Es sind viele Überschussperioden vorhanden, in denen zum einen die stille Last aus dem ersten Fehlbetrag abgetragen werden kann, und in denen zum anderen stille Reserven „konserviert" werden müssten, um für den zweiten Fehlbetrag verwendet werden zu können.

600 Zur definitorischen Zuordnung der Grenzfälle zur Anspannung vgl. Fn. 570 S. 178.

bei Überspannung nicht. Herrscht in der Periode vor der Vorperiode und in der Periode nach der Folgeperiode eines Anspannungszeitraumes Nicht-Anspannung, gleichen sich die von Vor- bis zur Folgeperiode kumulierten ausgewiesenen und unverfälschten Periodenergebnisse, s.u. Abschnitt D3.3.2 (S. 196ff.).

Bsp. D-9: Eineindeutige Zuordnung von Spannungszustand und Ausweisdifferenz

Man erweitere den Planungshorizont in Bsp. D-5 S. 184 (s.a. Bsp. D-6, Bsp. D-7 S. 190) an jedem Ende um je zwei Perioden mit einem Überschuss von 5 PE, so dass PH = 13 und $\delta_{PZ} = (-5, -5, -5, 2, 4, 2, -5, 2, 4, 2, -5, -5, -5)$ für die Perioden $t \in \{1, \ldots, 13\}$. Für $E^{cst} \in [13\tfrac{5}{8};\infty)$ berichtet der Ersteller kontinuierlich konform, und es ist $M^*_{PZ} = (0, -\tfrac{1}{2}, -5\tfrac{1}{2}, -3\tfrac{1}{2}, \tfrac{1}{2}, 2\tfrac{1}{2}, -2\tfrac{1}{2}, -\tfrac{1}{2}, 3\tfrac{1}{2}, 5\tfrac{1}{2}, \tfrac{1}{2}, 0, 0)$, $AuswDiff_{PZ} = (5, 4\tfrac{1}{2}, 0, 0, 0, 0, 0, 0, 0, 0, 0, 4\tfrac{1}{2}, 5)$, $C_{PZ} = 24\tfrac{5}{8}$. In $t \in \{1, 2, 12, 13\}$ liegt Entspannung vor, sonst Anspannung. Für $E^{cst} \in [9;13\tfrac{5}{8})$ ist der Ersteller bei q = 1 zwischen einmaliger Nonkonformität in t = 5 und einmalige Nonkonformität in t = 9 indifferent, siehe Bsp. F-3 S. 320ff. Bei einmaliger Nonkonformität in t = 5 ist $M^*_{PZ} = (0, 0, -1, 1, -1, 1, -4, -2, 2, 4, 0, 0)$, $AuswDiff_{PZ} = (5, 5, 4, 0, -6, 0, 0, 0, 0, 0, 3, 5, 5)$, $C_{PZ} = 11$. In $t \in \{1, 2, 3, 11, 12, 13\}$ liegt Entspannung, in $t \in \{4, 6, 7, 8, 9, 10\}$ Anspannung und in $t \in \{5\}$ Überspannung vor. Der Graph der Lösung für $E^{cst} \in [9;13\tfrac{5}{8})$, ohne ungenutzte Pfeile, hat folgende Gestalt:

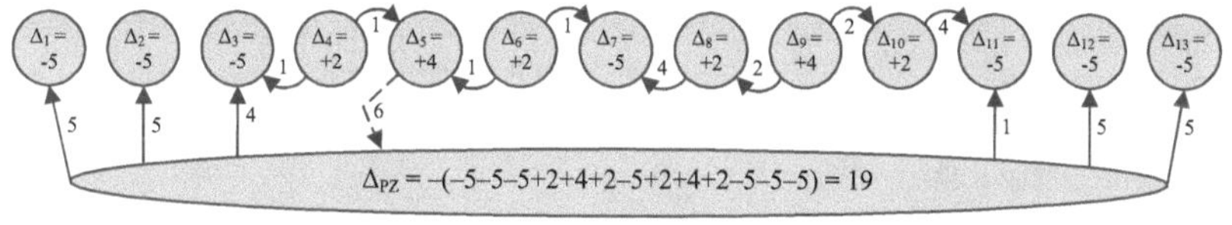

Von dem **Verhalten bei kürzerem Planungshorizont**, PH = 1 (Kapitel C, vgl. insbes. Abschnitt C3.1 (S. 125ff.)), unterscheidet sich das hier modellierte Verhalten eben durch die weitere Voraussicht: In Vorperioden von Anspannungszeiträumen sowie während Anspannungszeiträumen in Perioden mit negativem Anforderungsresiduum nach Umkehrwirkung bildet der Ersteller im Gegensatz zum Fall PH = 1 stille Reserven für künftige Perioden bis zur nächsten Periode ohne Anspannung.[601] Soweit das seit Anspannungsanfang kumulierte Anforderungsresiduum abzüglich der in der Vorperiode des Anspannungszeitraumes gebildeten stillen Reserve positiv ist, verhält sich der Ersteller aber insofern wie bei PH = 1, dass er in voller Höhe des Anforderungsresiduums nach Umkehrwirkung manipuliert. Einer Planung der Manipulation bedarf es insoweit während der Anspannungszeiträume nicht. Planung ist lediglich zur Bestimmung des Konformitätsverhaltens, des Anspannungsanfangs und -endes sowie der malusminimierenden stillen Reserve vor dem Anspannungsanfang erforderlich. Das Modell gibt somit eine Mechanik der Manipulation wieder, in der die im Schrifttum – mit dem gänzlich anderen Argument einer zu hohen Komplexität und einer zur geringen Vorhersehbarkeit der Planungsdeterminanten – vereinzelt empfohlene[602] Abstinenz von langfristiger Planung sowie das soweit ersichtlich empirisch wohl relativ bescheidene rechnungslegungspolitische Planungsbemühen von Unternehmen (s.a. Nachweise S. 98f., 146) nachvollziehbar erscheint; es ist lediglich temporär sowie in extremen Situationen erforderlich.

---

601 Bei einer von Nicht-Anspannung umgrenzten Fehlbetragsperiode ergibt sich die stille Reserve M^*_{v-1} für $aa|v = ae|v = v$ wie bei $PH = 2 \wedge PZ = \{v-1, v\}$, vgl. Fn. 588 S. 186.

602 Vgl. Fn.107 S. 25 sowie Baetge/Ballwieser (1978) S. 525, 530, s.a. Scheren (1993) S. 52.

3.3 Implikationen kommunikationsexogener Beobachtungen

3.3.1 Übererfüllung der Konformitätsanforderung

Dieser Abschnitt D3.3 erkundet die Möglichkeiten, bei dem jeweils ermittelten Manipulationsverhalten von kommunikationsexogenen Beobachtungen der ausgewiesenen Periodenergebnisse (D3.3.1, D3.3.2) und des Manipulationsvorzeichens (D3.3.3) auf die unverfälschten Periodenergebnisse zu schließen.

Der hier modellierte Kontrahent stellt gemäß Ann. C-1 S. 95, dichotome Rechnungslegungsanalyse, lediglich fest, ob das ausgewiesene Periodenergebnis die Konformitätsanforderung strikt unterschreitet oder nicht. Er differenziert also zwischen Überspannung einerseits und An- und Entspannung andererseits, aber nicht zwischen An- und Entspannung. Überspannung impliziert die zeitliche Nähe hoher Fehlbeträge. Dabei ist deren maximal mögliche zeitliche Entfernung umso geringer und ihre minimal mögliche Höhe umso niedriger,
— je höher die Resistenzkoeffizienten,
— je niedriger die Konformitätsinzitamente und
— je niedriger die zeitlich nahen Überschüsse sind;
umso weniger neigt ja der Ersteller zur zeitlichen Verschiebung seiner Periodenergebnisse. Anhand der Feststellung, dass Überspannung nicht vorliegt, kann der Ersteller die zeitliche Nähe von Fehlbeträgen weder verifizieren noch ausschließen.

Ein kommunikationsexogener Beobachter (s.o. S. 141), der zusätzlich feststellen würde, ob das ausgewiesene Periodenergebnis die Konformitätsanforderung *strikt überschreitet oder nicht*, würde zwischen Anspannung und Entspannung differenzieren. Bei Entspannung würde er damit einen Fehlbetrag für die betreffende Periode und die zeitliche Nähe hoher Fehlbeträge (an den eben genannten Faktoren gemessen) ausschließen.

3.3.2 Ausgewiesene Periodenergebnisse

Für einen beliebigen Zeitraum, in welchem weder Anfangs- noch Endperiode von Anspannung befallen ist,[603] und der von zwei Perioden ohne Anspannung umschlossen wird, gleicht der von Anfangs- bis zur Endperiode kumulierte ausgewiesene Totalerfolg dem **unverfälschten Totalerfolg**. Dann nämlich, ist für einen solchen Zeitraum, $t \in \{aa-1, aa, \ldots, ae, ae+1\}$ mit $aa \leq ae$, $M_{aa-2} = 0 \Rightarrow J_{aa-1} = J^{\#}_{aa-1} + M^{*}_{aa-1}$ und $M_{ae+1} = 0 \Rightarrow J_{ae+1} = J^{\#}_{ae+1} - M_{ae}$, woraus sich analog zu (C-23) S. 141[604] unter Berücksichtigung von $M_t = M^{*}_{aa-1} + \Delta_{aa:t} \; \forall t \in A$ gemäß (D-25) S. 185 ergibt:

603 Zu den Grenzfällen der An- und Entspannung vgl. S. 123 und Fn. 501 S. 141.

604 Der Bezug auf den Ersteller, Q, und der Bezug auf die Periode, |t', können hier entfallen.

(D-30) $M_{ae} = M^{*}_{aa-1} + \Delta_{aa:ae} = \left(J_{aa-1} - J^{\#}_{aa-1}\right) + \left(\bar{J}_{aa:ae} - J^{\#}_{aa:ae}\right) = J_{aa-1:ae} - J^{\#}_{aa-1:ae}$ so dass gilt

(D-31) $J_{ae+1} = J^{\#}_{ae+1} - M_{ae} = J^{\#}_{ae+1} - \left(J_{aa-1:ae} - J^{\#}_{aa-1:ae}\right) \Rightarrow J_{aa-1:ae+1} = J^{\#}_{aa-1:ae+1}$

Dies gilt auch für aa = ae; in der mittleren drei aufeinander folgender anspannungsfreier Perioden wird das unverfälschte Periodenergebnis ausgewiesen. Es gilt weiter auch dann, wenn aa und ae unterschiedlichen Anspannungszeiträumen angehören. Es gilt deshalb allgemein ($t' \leq t''$):

(D-32) $J_t \neq \bar{J}_t \;\forall\; t \in \{t'-1, t', t'', t''+1\} \Rightarrow J_{t':t''} = J^{\#}_{t':t''}$

Die kommunikationsexogene Feststellung von zweimal zwei aufeinander folgenden anspannungsfreien Perioden ($J_t \neq \bar{J}_t$) erlaubt somit die Beobachtung des unverfälschten Totalerfolges des von der zweiten Periode des ersten Periodenpaares bis zur ersten Periode des zweiten Periodenpaares reichenden Zeitraumes. Die beiden Periodenpaare können sich um bis zu einer Periode überlappen. Ansonsten sind allenfalls Unter- und Obergrenzen der unverfälschten Periodenergebnisse beobachtbar.

Wie bei einperiodigem Planungshorizont (vgl. Abschnitt C3.5 (S. 141ff.)), wenn auch unter engeren Voraussetzungen, erlaubt also die Beschränkung des Kontrahenten auf die periodenweise *dichotome* Verarbeitung der Rechnungslegung dem kommunikationsexogenen Beobachter die Feststellung eines *kardinal* interpretierbaren Totalerfolges anhand der ausgewiesenen Periodenergebnisse.[605] Nun ist diese Beobachtung lediglich zeitlich *aggregiert*, *unverhersehbar* und *verzögert* möglich: Auch der kommunikationsexogene Beobachter erfährt den unverfälschten Totalerfolg seit der zweiten Periode des letzten anspannungsfreien Periodenpaares erst am Ende der zweiten Periode des nächstfolgenden anspannungsfreien Periodenpaares.[606] Er erhält somit zwar umso mehr Information – d.h. über umso kürzere Zeiträume aggregiert, umso häufiger und umso weniger verzögert –, je kürzer die Anspannungszeiträume sind.[607] Die Beobachtung der ausgewiesenen Periodenergebnisse reicht jedoch *nie* zur *sofortigen*, d.h. bei Veröffentlichung der Rechnungslegung stattfindenden Beobachtung des Totalerfolges eines mit dieser Rechnungslegung zu Ende gehenden Zeitraumes aus. Allerdings bildet der ausgewiesene Totalerfolg von einer anspannungsfreien Periode zur nächsten eine *Untergrenze* für den unverfälschten Totalerfolg; dieser ausgewiesene Totalerfolg kann lediglich durch die Auflösung stiller Lasten (aus einem unmittelbar vorhergehenden Anspannungszeit-

605 Diese Beobachtbarkeit – die nicht gegeben wäre, wenn der Ersteller von ihr betroffen wäre – ist ein Niederschlag der anreiz-informatorischen Unschärferelation, vgl. S. 296, 198.

606 Denn erst in der zweiten anspannungsfreien Periode nach dem Anspannungsende stellt der kommunikationsexogene Beobachter fest, dass in der ersten anspannungsfreien Periode nach dem Anspannungsende keine stille Reserve gebildet wurde.

607 Deren Ausdehnung ist umso geringer, je höher die Absolutbeträge der Überschüsse und Fehlbeträge, je höher die Resistenzkoeffizienten und je geringer die Konformitätsinzitamente sind, s.a.o. S. 196.

raum) in der ersten und Bildung stiller Reserven (für einen unmittelbar nachfolgenden Anspannungszeitraum) in der zweiten anspannungsfreien Periode vom ausgewiesenen Totalerfolg abweichen, und zwar nach unten.[608] Diese Untergrenze ist sofort bei der Beobachtung einer anspannungsfreien Periode ($J_t \neq \bar{J}_t$) bekannt. Analoges gilt für eine einzelne anspannungsfreie Periode: Ihr ausgewiesenes Periodenergebnis kann ihr unverfälschtes nicht strikt übersteigen.

Das hiesige Modell liefert insoweit eine **Endogenisierung** der Informationsasymmetrie zum Spielende, wie sie in existierenden Erfolgsperiodisierungsmodellen exogen angenommen wird, s. Abschnitt B5.2.3.2 (S. 83ff.) und B5.3 (S. 92ff.). Die gemachten Einschränkungen verdeutlichen die mit einer solchen Annahme verbundene Ungenauigkeit.

In den Kategorien der **anreiz-informatorischen Unschärferelation** (s.u. S. 296ff.) ist die Erweiterung des Planungshorizontes eine Differenzierung des Erstellerkalküls. Einerseits vergrößert die Verfeinerung seines Manipulationgeschicks[609] die Unschärfe:

- Bei Kommunikationsdiskontinuität erweitert sie die Weite des Unschärfeintervalles von $\sqrt{E_t/\omega_t^L}$ auf $\sqrt{E_t/\omega_t^S}$, s.a. oben S. 158.
- Sie steigert die Effizienz des Umgangs mit Manipulationsgelegenheiten und ermöglicht dem Ersteller deshalb unstrikt seltener nonkonform zu berichten als bei PH = 1. So erweitert sie die Menge zeitlicher Profile der Anforderungsresiduen, die noch mit Konformitätskontinuität vereinbar sind[610], und erweitert die Anspannungszeiträume.
- Sie behindert die Beobachtung des unverfälschten Totalerfolges.[611]

Die Kommunikationskontinuität introduziert im Vergleich zur Kommunikationsdiskontinuität Konkurrenz um die Manipulationsgelegenheit einer Periode. Dies kommt einer Einengung von Abbildungsspielräumen gleich, weil ein Bericht indirekt für mehrere Kontrahierungsentscheidungen relevant ist, und reduziert die Unschärfe. Bspw. betrug die Weite des Unschärfeintervalles der Δ_t, für die die Konformitätsanforderung ausgewiesen wird (s.S. 122), bei Kommunikationsdiskontinuität $\sqrt{E_t/\omega_t^S}$ (s. (D-9) S. 154 und S. 158), bei Kommunikationskontinuität dagegen unstrikt weniger, und zwar aufgrund der Rücksicht auf andere Perioden als t = t'. Diese Konkurrenz besteht auch bei PH = 1: Bei PH = 1 konnte die Manipulation in

608 Bei PH = 1 bedurfte es hierzu lediglich jeweils einer anspannungsfreien Periode, vgl. (C-23) S. 141. Bei PH ≥ 2 reichte dies nicht aus: Herrschte in t = t'– 1 Anspannung, würde die Auflösung der stillen Last aus t = t'–1 in t = t' den ausgewiesenen Totalerfolg $J_{t':t''}$ in unbeobachtbarer Höhe mindern. Herrschte in t = t''+1 Anspannung, würde die Bildung der stillen Reserve in t = t'' für t = t''+1 den ausgewiesenen Totalerfolg $J_{t':t''}$ unbeobachtbar mindern.

609 So der Aufbau stiller Reserven über mehrere Perioden und die bessere Terminierung der Nonkonformität. Vgl. u.a. Abschnitt C3.1 (S. 125ff.) und Bsp. D-2 S. 171, Bsp. D-3 S. 173.

610 In Bsp. D-3 S. 173 sinkt der Barwert der Malusse einer gegebenen Anzahl Konformitätsperioden mit steigendem Planungshorizont.

611 Zur Beobachtbarkeit von Totalerfolgen im Fall PH = 1 s.o. Abschnitt C3.5 (S. 141f.).

einer Periode $t = t^{\$}$ die ansonsten vorteilhafte Konformität einer späteren Periode $t = t^{€} > t^{\$}$ unvorteilhaft machen. Sie wird allerdings erst bei Eintreten der Umkehrwirkung in den Erstellerkalkül internalisiert.

Die Erweiterung des Planungshorizontes verschärft nun andererseits diese Konkurrenz um die Manipulationsgelegenheit einer Periode:

— Die Verfeinerung des Manipulationsgeschickes steigert die Verwendbarkeit und somit die Opportunitätskosten der Verwendung einer Manipulationsgelegenheit. So kann das Unschärfeintervall bei $PH \geq 2$ zwar wegen geschickterer Manipulation weiter sein als bei $PH = 1$, nämlich bis zu $\sqrt{E_t/\omega_t^S}$ bei Nicht-Anspannung in beiden Nachbarperioden, $\sqrt{E_t/\omega_t^S} > \sqrt{E_t/\omega_t^L}$. Bieten aber die umgebenden Perioden aufgrund hoher Konformitätsinzitamente, Fehlbeträge und Manipulationsresistenzen hinreichend gute Verwendungsmöglichkeiten für die Manipulationsgelegenheit der betreffenden Periode, kann es auch enger sein als bei $PH = 1$.[612]
— Sie internalisiert diese Konkurrenz in den Erstellerkalkül zu einem früheren Zeitpunkt als bei $PH = 1$; der Ersteller berücksichtigt die Konkurrenz nicht erst bei Eintreten der Umkehrwirkung, sondern im unstrikt früheren Planungszeitpunkt, u.U. mehrere Perioden bevor die Primärwirkung eintritt. Beispielsweise wurde die Nonkonformität in Bsp. D-3 S. 173f. bei gegebenem Konformitätsinzitament entweder nur für $PH = 1$ oder aber unstrikt früher für $PH = 1$ als für $PH = 2$ und $PH = 5$ terminiert. Auch fing die Anspannung bei $PH \geq 2$ früher an als bei $PH = 1$. Auf die Terminierung von Nonkonformität kommt Abschnitt D5 (S. 256ff.) zurück.

Der **Kontrahent** könnte die Implikationen der hier dargelegten „Mechanik" zum Anlass nehmen, sein bisher als dichotom angenommenes Kontrahierungsverhalten durch das Ange-

---

612 Bei Nonkonformität in $t = nk$ wird für den Fall, dass in Vor- und Folgeperiode Nicht-Anspannung herrscht, das unverfälschte Periodenergebnis ausgewiesen, wobei dieses höchstens $E_{nk} < \omega_{nk}^S \cdot \Delta_{nk}^2 \Rightarrow \sqrt{E_{nk}/\omega_{nk}^S} < \Delta_{nk} = \bar{J}_{nk} - J_{nk}^{\#} \Rightarrow J_{nk}^{\#} < \bar{J}_{nk} - \sqrt{E_{nk}/\omega_{nk}^S}$ marginal annähern kann, s. (D-23) S. 178. Einen Wert im Intervall $\left[\bar{J}_{nk} - \sqrt{E_{nk}/\omega_{nk}^S}; \bar{J}_{nk}\right]$ weist der Ersteller also in diesem Fall nur i.H.v. $\bar{J}_{nk}$ nicht aus. Herrscht nur in der Vorperiode Anspannung, verengt sich das Unschärfeintervall auf $\left[\bar{J}_{nk} - \sqrt{E_{nk}/\omega_{nk}^L}; \bar{J}_{nk}\right]$. Herrscht in der Folgeperiode Anspannung, ergibt sich bei Nonkonformität das ausgewiesene Periodenergebnis als Summe aus Umkehrwirkung $-M_{nk-1}$ und unverfälschtem Periodenergebnis $J_{nk}^{\#}$ abzüglich der für den auf die betrachtete Periode folgenden Anspannungszeitraum gebildeten malusminimierenden stillen Reserve $M_{nk}^* < 0$. Selbst wenn $J_{nk}^{\#} - M_{nk-1} > \bar{J}_{nk}$, kann das Periodenergebnis bei strikt positivem Konformitätsinzitament $E_{nk} > 0$ nicht lediglich marginal unterhalb der Konformitätsanforderung ausgewiesen werden. Denn die negative Manipulation wird ja gesteigert, bis ihre Grenzkosten ihre Grenzerträge erreichen und ihr „Grenzvorteil" somit null wird. Nun muss der mit dem Unterschreiten der Konformitätsanforderung erreichte Vorteil größer sein als das Konformitätsinzitament, weil sonst die Konformitätsaufgabe nicht vorteilhaft wäre. Somit kann der Betrag, um den die Konformitätsanforderung unterschritten wird, nicht lediglich marginal klein sein. Das Unschärfeintervall ist somit nie leer. Zur Empirie betreffend Ergebnisausweise oberhalb von Schwellenwerten vgl. S. 205.

bot mehrerer, gar stetig variierter Vertragskonditionen zu differenzieren, um so die grundsätzlich erlangbare kardinale Information über die unverfälschten Totalerfolge der oben erläuterten Zeiträume zu nutzen. Dabei kann er u.U. seinen erwarteten Kontrahierungsgewinn steigern, wofür hier jedoch kein formaler Nachweis erbracht werden soll. Allerdings sprechen die folgenden Gesichtspunkte gegen eine solche Differenzierung:

— Diese Informationen treffen nur unregelmäßig ein und könnten somit für die hier vorliegende kontinuierliche Kommunikation nicht immer genutzt werden.
— Möglicherweise reicht die verfügbare Zeitreihe ausgewiesener Periodenergebnisse nicht bis zum letzten anspannungsfreien Periodenpaar.
— Wandelt sich im Zeitablauf der Nutzen TE_Q, den der Ersteller Q dem Kontrahenten bei Kontrahierung verschafft, also die Qualität der Ersteller aus Sicht des Kontrahenten, oder kann sich die Qualität eines gegebenen Erstellers im Zeitablauf wandeln, dann stellt sich die Frage nach der Aktualität der so gewonnenen Informationen. Dies ist insbesondere virulent, wenn die informationsverzögernde Anspannung durch zahlreiche oder hohe Fehlbeträge zustande kommt, zumal diese häufig mit Umbrüchen in der Umwelt des Unternehmens und hieraus folgender Notwendigkeit zur Neuausrichtung der unternehmerischen Aktivitäten einhergehen. Für die Beurteilung der hierbei bestehenden Erfolgsaussichten ist die Summe vergangener Periodenergebnisse, seien sie auch „unverfälscht" im Sinne des Modells, weniger aussagekräftig als bei stetiger Entwicklung von Unternehmen und Umwelt.
— Weiter hätte ja auch der Kontrahent das in Abschnitt D1 ausgeschlossene Problem der rekursiven Antizipation der Informationsauswertung durch den Ersteller[613] zu lösen, welches bereits im einfachsten Falle dichotomen Kontrahentenverhaltens einige Kapazität bei der Informationsverarbeitung in Anspruch nehmen könnte.

Diese Beschränkungen der Verwendbarkeit der Information motivieren zusätzlich, neben den in Abschnitt B3 (S. 38ff.) angeführten Gründen, die Implikation der Ann. C-1 S. 95, dichotome Rechnungslegungsanalyse, dass der Kontrahent nicht alle in Frage kommenden Informationen auswertet.

613 Der Ersteller würde ja dann im Bewusstsein handeln, dass der von ihm ausgewiesene Betrag, und nicht das Unterschreiten der Diskriminanzanforderung, zu für ihn spürbaren Konsequenzen führen würde und sein Verhalten entsprechend ändern, womit die bisherigen Ableitungen hinfällig wären.

3.3.3 Vorzeichen der Manipulation

Wie in Abschnitt B4.1 (S. 57ff.) dargestellt, ist die Beobachtung von Rechnungslegungspolitik meist nur in engen Grenzen möglich.[614] Dem hiesigen Kontrahenten wurde völlige Unkenntnis der Rechnungslegungspolitik unterstellt.[615] Würde er sie – als diametral entgegengesetzes Extrem – exakt beziffern können, dann entfiele hinsichtlich der Vergangenheit das Informationsgefälle, welches zum untersuchten Problem Anlass gab. Hier soll der „vermittelnde“ Fall interessieren, in dem der kommunikationsexogene Beobachter neben dem exakten ausgewiesenen Periodenergebnis das Vorzeichen[616], nicht aber den Betrag der Manipulation beobachtet. Dann sind Rückschlüsse möglich, die über die in Abschnitt D3.3.1 und D3.3.2 gezogenen hinausgehen.

Manipulation kommt nur innerhalb von Anspannungszeiträumen sowie in ihrer Vorperiode vor, vgl. (D-25) S. 185. Es ist $M^*_{aa-1} < 0$, $M_{t'} = M^*_{aa-1} + \Delta_{aa:t'}$ mit $\Delta_{aa:t'} = \bar{J}_{aa:t'} - J^{\#}_{aa:t'}$ und $\bar{J}_{aa:t'} = J_{aa:t'}$ $\forall t' \in \{A\}$. Negative [positive] Manipulation impliziert deshalb, dass die seit Anspannungsanfang kumulierten *ausgewiesenen* Periodenergebnisse die *unverfälschten* zuzüglich der in $t = aa - 1$ gebildeten stillen Reserve unterschreiten [übersteigen], $J_{aa:t'} < J^{\#}_{aa:t'} - M^*_{aa-1}$ [$J_{aa:t'} > J^{\#}_{aa:t'} - M^*_{aa-1}$].[617] Der Ersteller hat sich insofern über $t = aa - 1$ bis $t = t'$ insgesamt „arm gerechnet“ [„reich gerechnet“] bzw. Periodenergebnis aus diesem [in diesen] Zeitraum nach [aus] künftigen Perioden transferiert.[618] Andererseits ist $M_{ae} = M^*_{aa-1} + \Delta_{aa:ae} = M_{t'} + J_{t'+1:ae} - J^{\#}_{t'+1:ae}$ mit $M_{ae} > 0$. Bei negativer Manipulation hält es der Ersteller also für erforderlich, mehr als die positive Manipulation am Anspannungsende, M_{ae}, aus den umliegenden Zeiträumen[619] in die verbleibenden Perioden des Anspannungszeitraumes zu transferieren, um die Konformitätsanforderung zu erfüllen. Er erwartet also für die verbleibenden Perioden des Anspannungszeitraumes kumuliert höhere Fehlbeträge als M_{ae}; $0 < M_{ae} < \Delta_{t'+1:ae}$. Bei po-

614 Systematische Versuche, aus beobachteten rechnungslegungspolitischen Entscheidungen Schlüsse auf die Entscheidungssituation des Erstellers zu ziehen, sind in der institutionellen Literatur zur Rechnungslegungsanalyse rar. Dies beobachtet auch Wagenhofer (1990 Informationspolitik) S. 308 – 309.

615 Alternativ hätte das ausgewiesene Periodenergebnis durch den im Wege der in Fn. 270 S. 59 erwähnten Verfahren bereinigten Jahresüberschuss ersetzt werden können, was die Antizipation der Analysemethoden des Kontrahenten durch den Ersteller impliziert. Siehe zum „Wettrüsten“ von Rechnungslegungspolitik und -analyse Küting (1996) S. 944.

616 Siehe hierzu Fn. 272 S. 60.

617 $J_{aa:t'} = \bar{J}_{aa:t'} = J_{aa:t'} - J^{\#}_{aa:t'} + J^{\#}_{aa:t'} = \Delta_{aa:t'} + J^{\#}_{aa:t'} = -M^*_{aa-1} + J^{\#}_{aa:t'} + M_{t'} \gtreqless -M^*_{aa-1} + J^{\#}_{aa:t'}$ bei $M_{t'} \gtreqless 0$.

618 Dies korrespondiert zum Vorzeichen der Umkehrwirkung in der Folgeperiode.

619 In die Perioden $t \in \{t'+1, \ldots, ae\}$ transferiert er $M_{t'}$ aus den Perioden bis $t = t'$ und $M_{ae} > 0$ aus den Perioden ab $t = ae + 1$.

sitiver Manipulation erwartet er hingegen einen kumuliert geringeren Fehlbetrag als M_{ae} oder sogar einen kumulierten Überschuss; $0 < M_{ae} \wedge M_{ae} > \Delta_{t'+1:ae}$.[620]

Empirische Befunde zur Marktreaktion auf Manipulation und zur Berechtigung dieser Reaktionen sind uneinheitlich.[621] Die Praxis der Rechnungslegungsanalyse beurteilt c.p. Anzeichen gewinnerhöhender Rechnungslegungspolitik eher negativ, ergebnissenkender eher positiv.[622, 623] Ob das hiesige Modell diese **traditionelle Bewertung des Manipulationsvorzeichens** bestätigt, hängt von der Erkenntnissuche des Analysten ab.

Ist er bemüht, vergangene ausgewiesene Periodenergebnisse um Manipulation zu bereinigen, ist diese Bewertung im Modell nachvollziehbar; der unverfälschte Totalerfolg seit dem letzten Anspannungsanfang muss bei positiver Manipulation strikt niedriger sein als der ausgewiesene, während er bei negativer Manipulation auch höher sein kann.

---

620 Bei positiver [negativer] Manipulation erwartet er, dass die von Folgeperiode bis Anspannungsende kumulierten unverfälschten Periodenergebnisse zuzüglich M_{ae} die ausgewiesenen übersteigen [unterschreiten] werden, $J^{\#}_{t'+1:ae} + M_{ae} > J_{t'+1:ae}$ [$J^{\#}_{t'+1:ae} + M_{ae} < J_{t'+1:ae}$].

621 Beaver/Engel (1996) S. 177 – 179, 184 – 186 stellen fest, dass der nach ihrer Schätzung rechnungslegungspolitisch indizierte Teil der Abschreibungen auf Kundenforderungen bei den untersuchten Banken vom Markt in der Regel weniger stark gewertet wird als der übrige Teil der Abschreibung, meist jedoch in der gleichen Richtung, also marktwertmindernd. Ein Subsample allerdings, zeigt eine marktwerterhöhende Wirkung diskretionärer Abschreibungen. Wahlen (1994) S. 456, 459 – 476 stellt für 106 US-amerikanische Banken eine positive Korrelation von Erhöhungen von Abschreibungen auf Kundenforderungen und den Zahlungsüberschüssen der folgenden drei Jahre sowie eine positive Kursreaktion auf die Erhöhung von Abschreibungen fest. Bei Bötzel/Hauschildt (1995) S. 558, 561 – 562 gingen mit ergebniserhöhender Rechnungslegungspolitik niedrige Renditen und hohe Verschuldung, aber starkes Wachstum und hohe Investitionen im Vergleich zu den übrigen Unternehmen einher. Subramanyam (1996) deutet seinen – allerdings umstrittenen – Befund derart, dass Adressaten von Gewinnglättung zu einer langfristigen Erwartung ausgehen und deshalb positive [negative] Rechnungslegungspolitik positiv [negativ] bewerten. Zur Ergebnisglättung s.u. S. 209f.

622 Die Deutsche Bundesbank verwendet in ihrer Diskriminanzfunktion (vgl. S. 47f.) eine ordinal messbare variable „Jahresabschlusspolitik“ mit drei Ausprägungen: Sie stuft das zu prüfende Unternehmen insbes. anhand von Anhangangaben danach ein, ob es im Vergleich zur Mehrheit der Unternehmen im Geschäftsverkehr der Bundesbank signifikant stärker gewinnmindernd, ähnlich oder signifikant stärker gewinnerhöhend berichtet, wobei die aus der Einstufung resultierende Bewertung in der genannten Reihenfolge sinkt. Vgl. Deutsche Bundesbank (1999 Bonitätsbeurteilung) S. 53 – 54, 55 und Eigermann (2001) S. 523. Ähnlich skeptisch wird ergebniserhöhende Rechnungslegungspolitik bewertet von Baetge (1989) S. 804 – 806, Coenenberg/Sieben (1997) S. 128, Freidank (1998 Hrsg.) S. 360. Diese Bewertung impliziert auch die „Eisberg-These“ von Lachnit (1996) S. 2137, ähnlich Küting/Weber (1993) S. 454 sowie Clemm (1989) S. 360, wonach „gute Bilanzen meist besser und schlechte Bilanzen meist noch schlechter sind, als sie zumindest auf den ersten Blick erscheinen“, hier zit. n. Küting/Weber (1993) S. 398 sowie ähnlich Küting (1996) S. 939. Nach Imhoff (1992) S. 99 m.w.N. schließen US-amerikanische Finanzanalysten aus der Kombination aus negativer Rechnungslegungspolitik und hohem Publizitätsniveau (zu dessen Operationalisierung vgl. Fn. 99 S. 24) auf eine hohe Aussagekraft der Rechnungslegung im Allgemeinen und des Periodenergebnisses im Besonderen („quality of earnings“). Vgl. auch Levitt (1998 e) bzw. Levitt (1998 d) S. 2544 – 2545.

623 Eine gängige Einschätzung der relativen Wertigkeit der Abwesenheit von Manipulation einerseits und positiver oder negativer Manipulation andererseits scheint nicht zu existieren. Vgl. bspw. Deutsche Bundesbank (1999 Bonitätsbeurteilung) S. 54 ohne eine solche, im Kontext zu erwartende Festlegung.

Die so genannte „Eisberg-Hypothese"[624] kann als die Annahme verallgemeinert werden, die Rechnungslegungspolitik erfolge in Richtung eines von Adressant und Adressat für maßgeblich gehaltenen Normwertes. Im Modell tritt die Konformitätsanforderung an Stelle des Normwertes. Nun wird nicht ausgehend vom unverfälschten Periodenergebnis manipuliert, sondern von demjenigen nach Umkehrwirkung. Wenn dieses Ergebnis interessiert, trifft die „Eisberg-Hypothese" und die mit ihr verbundene positive [negative] Bewertung negativer [positiver] Manipulation im Modell schon definitionsgemäß zu (s.S. 100). Interessiert dagegen das aktuelle unverfälschte Periodenergebnis, also dasjenige, welches ohne „Sünden aus der Vergangenheit" und ohne aktuelle Manipulation ausgewiesen worden wäre, trifft sie keineswegs immer zu: Das Vorzeichen von Manipulation und Anforderungsresiduum stimmt nur unter speziellen Voraussetzungen – etwa bei einperiodigen Anspannungszeiträumen – überein. So ist bspw. stets $M_{ae} > 0$, auch bei $\Delta_{ae} < 0$. Umgekehrt ist $M_{t'} < 0$ auch bei $\Delta_{t'} > 0$, wenn stille Reserven von $t = t' - 1$ nach $t = t' + 1$ transferiert werden, wie im Bsp. D-6 S. 189 für $t' = 2$; trotz $\Delta_2 = 2 > 0$ wurden mit $M_2^* = -2 < 0$ stille Reserven von $t = 1$ nach $t = 3$ verlagert.

Versucht der Analytiker dagegen, die Implikationen des Manipulationsverhaltens für einen größeren, auch künftige Perioden umfassenden Zeitraum zu erschließen, ist zunächst offensichtlich, dass bei Konformität die Abwesenheit der Anwesenheit von Manipulation vorzuziehen ist, gewährleistet sie doch nicht nur die Abwesenheit eines Fehlbetrages in der aktuellen Periode, sondern auch in ihrer zeitlichen Nähe, während negative wie positive Manipulation Anspannung und deshalb Fehlbeträge in zeitlicher Nähe verraten.[625] Eine Präferenzfolge der Manipulationsvorzeichen untereinander erscheint weniger eindeutig. Wie oben dargelegt, hat negative [positive] Manipulation günstigere Implikationen für die Vergangenheit [Zukunft] als positive [negative] Manipulation. Interessieren vorrangig künftige Periodenergebnisse – etwa weil vergangene in relevante Marktpreise als einkalkuliert gelten –, erscheint positive Manipulation somit als kleineres Übel. Ist zudem anzunehmen, dass die Fehlbeträge eines Anspannungszeitraumes aufeinander folgen, dann ist die positive Manipulation der negativen nachgelagert, so dass ihr zu entnehmen ist, dass der Fehlbetragszeitraum weiter fortgeschritten ist als wenn negative Manipulation zu beobachten wäre. Positive Manipulation schließt zwar anstehende Fehlbeträge nicht aus, lässt aber zumindest die Möglichkeit jetziger oder baldiger Überschüsse und Entspannung offen, während negative Manipulation in jedem Fall Fehlbeträge ankündigt, die ebenfalls mit Überspannung enden können.

Ob man bei Berücksichtigung von Unsicherheit zu einer anderen Bewertung dieses Vorgehens kommt, soll hier nicht geprüft werden. Es erscheint jedoch nicht nahe liegend, zumal negative Manipulation auch bei abweichender Modellierung in erster Linie als Zukunftsvorsorge, also nur bei Sorge um die Zukunft, in Frage kommt.

---

624 Vgl. Lachnit (1996) S. 2137. S.a. Fn. 622.

625 Dies ging bereits aus der anhand der ausgewiesenen Periodenergebnisse beobachtbaren Tatsache der Zugehörigkeit einer Periode zu einem Anspannungszeitraum hervor.

Insgesamt erscheint die traditionelle Bewertung des Vorzeichens der Rechnungslegungspolitik im hiesigen Modellkontext nur sinnvoll, wenn Erkenntnisse über die Vergangenheit gewonnen werden sollen. Einer solchen Vergangenheitsorientierung kann eine gesunde Skepsis hinsichtlich der Validität der Erwartungen des Erstellers nicht abgestritten werden. Sie kann als Versuch gewertet werden, die in Abschnitt D3.3.2 (S. 196ff.) skizzierte nachträgliche Aufdeckung von Totalerfolgen approximativ vorwegzunehmen. Dass mit dem Verzicht auf den Versuch, die Erwartungen des Erstellers auszuloten, das Maximum an Information aus seinem Verhalten gezogen wird, ist dagegen eher zweifelhaft.

Eine weitere Rechtfertigung für die traditionelle Beurteilung des Vorzeichens der Rechnungslegungspolitik könnte der Versuch sein, von der Bildung stiller Reserven auf den **Planungshorizont** des Erstellers zu schließen, zumal unter sonst gleichen Bedingungen bei weitem Planungshorizont mehr stille Reserven gebildet werden als bei engem Planungshorizont.[626] Ob dies zum informatorischen Vor- oder Nachteil von Adressaten ist, soll hier nicht analysiert werden.[627] Nun setzt der rechnungslegungspolitische Planungshorizont einen mindestens so weiten Planungshorizont für die operativen Unternehmensaktivitäten voraus. Somit könnte die Bildung stiller Reserven einen langfristigen allgemeinen Planungshorizont der Unternehmensleitung indizieren und insofern deren Bereitschaft, sich mit künftigen Widrigkeiten rechtzeitig auseinander zu setzen. Auch dürfte ein langfristiger allgemeiner Planungshorizont häufig die Internalisierung externer Effekte in den Entscheidungskalkül von handlungsberechtigten Personen bei der Lösung von Kooperationsproblemen der an dem Unternehmen interessierten Parteien erleichtern.[628] Weiter dürfte er i.d.R. mit dem Gläubigerinteresse an der Erhaltung der Zahlungsfähigkeit des Unternehmens korrespondieren. An der Tatsache, dass Zukunftsvorsorge Sorge um die Zukunft verrät, ändert dies jedoch nichts.

Die Analyse legt nahe, dass die mit Informationen über die Rechnungslegungspolitik einhergehenden Vorteile gegenüber den **Informationsständen** gemäß Ann. C-1 S. 95, Abschnitt D3.3.1 (S. 196), D3.3.2 (S. 196ff.) auch kostspielige Informationsbeschaffung motivieren kann.[629] In der Analyse abgestufter Informationsstände verschiedener Adressaten ist ein fruchtbares Feld künftiger Modellierungsbemühungen zu vermuten.[630]

---

626 Bspw. wurden in Abschnitt C3 (S. 125ff.) gar keine und in Abschnitt D2 (S. 149ff.) nur für die Folgeperiode stille Reserven gebildet, in Abschnitt D3.2.2.2 (S. 185ff.) dagegen für mehrere Perioden im Voraus.

627 Siehe aber oben auf S. 198f. die Ausführungen zur anreiz-informatorischen Unschärferelation.

628 Vgl. u.a. Lambert (2001) S. 5, 46, 77 – 82.

629 Solche Suchaktivitäten können durchaus defiziler und aufwändiger sein als die Auswertung der veröffentlichten Rechnungslegung. Sie können beispielsweise in der Pflege langfristiger, durch personelle Verflechtungen sowie Informations- und Risikoteilung gekennzeichneter Finanzierungsbeziehungen bestehen. Ein Ergebnis könnte die Einsicht in den vom Abschlussprüfer gemäß § 321 I HGB zu erstellenden Prüfungsbericht sein, oder die Informationen, die Finanzanalysten zuweilen bevorzugt erlangen, s.o.Fn. 188 S. 43.

630 Abgestufte Informationsstände betrachtet u.a. Schredelseker (1985). S.a. die Hinweise zu den Informationsablehnungstheoremen in Fn. 342 S. 76.

3.4 Einordnung empirischer Befunde

Im Folgenden werden – trotz methodischer Einschränkungen der Interpretierbarkeit[631] – ausgewählte[632] empirische Befunde mit dem modellierten Verhalten verglichen. Einige hieraus folgende Möglichkeiten zur Differenzierung des Modells werden anschließend aufgezeigt.

Die in Abschnitt B3.1 S. 171 angeführten empirischen Befunde dokumentieren unerwartet geringe [hohe] Häufigkeiten von Werten ausgewiesener Periodenergebnisse unmittelbar unterhalb [oberhalb] von Werten, die als Sprungwerte bzw. **Schwellenwerte** in der Anreizfunktion der Unternehmensleitung in Frage kommen, wie der Wert null, der Wert der Vorperiode, Analystenerwartungen und für die Verletzung von Negativklauseln maßgebliche Werte.[633] Die betreffenden Unternehmen scheinen also den Bereich unmittelbar unterhalb solcher Schwellenwerte zu meiden, weshalb sie ihn entweder weit verfehlen oder knapp erreichen.[634] Interpretiert man Nonkonformität als die Unterschreitung des Schwellenwertes, sind diese Befunde insofern mit der hiesigen Modellierung vereinbar: Der Ersteller weist während Anspannungszeiträumen gerade die Konformitätsanforderung aus und bei Entspannung einen Wert darüber[635]. Unmittelbar unterhalb der Konformitätsanforderung dagegen, gibt es ein Intervall von strikt positiver, nicht nur marginaler Ausdehnung, in dem keine Periodenergebnisse ausgewiesen werden.[636]

Vielmehr entlädt sich für viele Parameterkonstellationen in nonkonformen Perioden eine über mehrere Fehlbetragsperioden kumulierte Umkehrwirkung.[637] Hierzu kommt evtl. noch die

---

631 Die Schärfe, mit der die empirischen Untersuchungen zwischen Periodenergebnissen mit und ohne Rechnungslegungspolitik zu trennen vermögen, wird im Allgemeinen als unbefriedigend angesehen, vgl. S. 57 und dort Fn. 257, 258, 259 sowie Abschnitt B4.1 (S. 57ff.) und die dortigen Nachw. Diese Untersuchungen laufen zudem insbesondere Gefahr, den hier als Umkehrwirkung bezeichneten Effekt als Rechnungslegungspolitik einzustufen. Beispielsweise würde eine empirische Schätzung, die, wie es häufig der Fall ist, s.o.Fn. 258 S. 57, eine Erhöhung ermessensbehafteter Bilanzpositionen ggü. der Vorperiode als Indikator für ergebnismindernde Rechnungslegungspolitik heranzieht, die Bildung der Rückstellung in Bsp. C-1 S. 110 in $t = 4$ zur Rechnungslegungspolitik zählen. Im Modell dagegen, ist sie als Unterlassung der Kompensation der Umkehrwirkung aus der Vorperiode zu qualifizieren, also gerade als Unterlassung von Rechnungslegungspolitik. Diese Bedenken treffen in weit weniger hohem Maße die Befunde zu Schwellenwerten, vgl. die Nachweise in Abschnitt B3.1 (S. 38ff.) sowie Fn. 634.

632 Ausblicke auf weitere, hier nicht referierte Befunde geben u.a. Bushman/Smith (2001), Fields/Lys/Vincent (2001), Healy/Wahlen (1999). S.a. die Nachw. in Fn. 168 S. 39.

633 Vgl. die Nachweise in Fn. 171 S. 39, Abschnitt B3.3.1.2 (S. 48ff.) und Fn. 641 S. 206. Die Befunde von Chen/DeFond/Park (2002) (s. Fn. 657 S. 209) und DeFond/Park (1997) legen zudem nahe, dass ähnliche Wirkungen, wenn auch weniger exakt messbar, vom Branchendurchschnitt ausgehen.

634 Dieser Vorgehensweise werden weit weniger methodische Bedenken entgegengebracht als den zahlreichen Untersuchungen, die Rechnungslegungspolitik – und nicht nur ihr Ergebnis – zu beobachten versuchen. Vgl. die Nachweise und Verweise in Fn. 631, Fn. 633 sowie Fn. 167 S. 39.

635 Zu Grenzfällen vgl. Fn. 570 S. 178.

636 Vgl. Fn. 612 S. 199.

637 Vgl. etwa Bsp. D-9 S. 195: Es betrugen die Anforderungsresiduen $\delta_{4:6} = (+2, +4, +2)$, und eine für $E^{cst} \in [9;13\frac{5}{8})$ optimale Manipulationsweise war $M^*_{3:6} = (-1, +1, -1, +1)$, so dass das Konformitätsverhalten

Bildung stiller Reserve für die Fehlbetragsperioden eines etwaig nachfolgenden Anspannungszeitraumes. Im Modell wird deshalb für viele plausible Parameterkonstellationen[638] in Nonkonformitätsperioden ein Ergebnis weit unterhalb der Konformitätsanforderung, und u.U. auch weit unterhalb des unverfälschten Periodenergebnisses ausgewiesen. Dies ist die modellhafte Abbildung des von Levitt (1998 e) gerügten, von Empirie und populärer Finanzpresse beobachteten Phänomen des „**Big Bath**"[639], worunter der Ausweis „sehr schlechter" Periodenergebnisse aufgrund der Nachholung von Belastungen, die bei unverfälschtem Abbildungsverhalten längst zu buchen gewesen wären, verstanden wird.[640] Im Modell wird diese Nachholung als Unterlassung der Kompensation der Umkehrwirkung wiedergegeben. Abschnitt D5 (S. 256ff.) kommt hierauf zurück.

Die empirischen Befunde, die Rechnungslegungspolitik auf das Bemühen zurückführen, die Folgen der Vertragsverletzung von rechnungslegungsbasierten **Negativklauseln in Darlehensverträgen** (im Folgenden kurz Vertragsverletzung) zu vermeiden, machen vor allem Anzeichen ergebniserhöhender Rechnungslegungspolitik bei drohender Vertragsverletzung aus.[641] Beispielsweise dokumentieren Dichev/Skinner (2002) deutlich niedrigere [höhere] Häufigkeiten ausgewiesener Rechnungslegungsdaten unmittelbar unterhalb [oberhalb] des zur Vertragsverletzung führenden Wertes, als anhand der übrigen Verteilung zu erwarten wäre.[642]

---

mit $\kappa^*_{4:6} = (1,\ 0,\ 1)$ ausfiel. In $t = 5$ ($\Delta_5 = +4$) betrug die Ausweisdifferenz $AD_5 = -(M_4 + \Delta_5 + M_5) = -(1 + 4 + 1) = -6$; wovon -1 aus t=4 und -1 aus t= 6 herrührte.

638 S.a. Abschnitt D5 (S. 256ff.).

639 Vgl. Abschnitt D5.1 S. 256, insbes. Fn. 723 S. 256.

640 Dies kommt gehäuft in bestimmten Situationen vor, wie nach unfreiwilligem Wechsel der Unternehmensleitung, während Restrukturierungen und bei extremen Lagen an den Finanzmärkten. Es werden häufig zugleich künftige Belastungen antizipiert, die bei unverfälschtem Abbildungsverhalten noch nicht zu buchen wären (im Modell die Bildung stiller Reserven).

641 Vgl. neben dem Nachweis in Fn. 642 u.a. DeFond/Jiambalvo (1994) S. 146,149 – 154, 161, 167, 172 – 175; Sweeney (1994) S. 282, 297 – 299, 307. Diese Studien stellen fest, dass die mit Hilfe der in Fn. 258 S. 57 behandelten Modelle geschätzte Rechnungslegungspolitik von 94 bzw. 130 Unternehmen, die in ihren Jahresabschlüssen von Vertragsverletzungen berichten, insbesondere im Jahr vor der Vertragsverletzung Anzeichen stärker ergebniserhöhende Rechnungslegung aufweisen als Unternehmen einer Kontrollgruppe. Vgl. weiter Hand/Skantz (1997) S. 176, 182, 192, 199 (Ausgründungsgewinne); Dhaliwal/Johnson (1988) S. 237, 264 – 271 und Dhaliwal/Frankel/Trezevant (1999) S. 279, 285 – 289 (Aufgabe der LIFO-Verbrauchsfolgeunterstellung); Malmquist (1990) S. 174 – 178, 188 – 193 (Behandlung von Explorationskosten, kritisch hierzu Holthausen (1990) S. 210 – 213), die feststellen, dass erhöhte Werte von Größen zur Schätzung des Risikos einer Vertragsverletzung, wofür insbesondere der Verschuldungsgrad und ähnliche Größen herangezogen werden, tendenziell mit Wahl der ergebniserhöhenden Abbildungsalternative einhergeht. Ähnlich Bartov (1993) S. 843 – 844, 851 – 852 (Terminierung des Verkaufs von Anlagevermögen). Vgl. auch Hunt/Moyer/Shevlin (1996) S. 344 – 345, 362 – 363 (s.a.u. Fn. 657 S. 209). Beatty/Weber (2003) S. 119 – 123, 133 – 141 stellen Abhängigkeit der Rechnungslegungspolitik von Charakteristika der Restriktionen in Darlehensverträgen fest. Überblicksdarstellungen finden sich bei Fields/Lys/Vincent (2001) S. 271 – 275 und Haller/Park (1995). Zu einer Übersicht über die ersten Studien hierzu siehe Holthausen/Leftwich (1983) S. 90 – 95. Zu Kosten der Vertragsverletzung s. Abschnitt B3.3.1.2 (S. 48ff.).

642 Vgl. Dichev/Skinner (2002) S. 1111 – 1116.

Dies korrespondiert im Modell zur positiven Manipulation in anspannungsbehaftenen Perioden mit positiver Manipulation.[643]

Bei bereits erfolgter Vertragsverletzung finden Dichev/Skinner (2002) jedoch kaum noch Anzeichen von Rechnungslegungspolitik. DeAngelo/DeAngelo/Skinner (1994) stellen bei Dividendenminderung, über mehrere aufeinander folgenden Perioden ausgewiesenen Fehlbeträgen und teilweise bindenden Restriktionen in Darlehensverträgen ergebnismindernde Rechnungslegungspolitik fest.[644] Diese Befunde nicht-positiver Rechnungslegungspolitik bei **schlechter wirtschaftlicher Lage** nach Verletzungen von Negativklauseln und anderen Anzeichen wirtschaftlicher Widrigkeiten[645] und nach Nonkonformität korrespondieren im Modell zum Verhalten des Erstellers, wenn er Konformität nicht als vorteilhaft erachtet, aber entweder eine Erholung herannahen sieht und deshalb negativ manipuliert[646] oder aber keine derartige Hoffnung hegt und deshalb kostspielige Manipulation unterlässt.[647] Eine weitere Erklärung gibt Abschnitt D6 (S. 286ff.) mit AH > 2. S.a. unten S. 210f.

---

643 Unter den Voraussetzungen des Abschnittes D4.1 (S. 212ff.) wird bei einer Krise mit durchgehender Manipulation ab der Anspannungsklimax bis zur Entspannung positiv manipuliert, siehe dort insbes. Abschnitt D4.1.4 (S. 217ff.), D4.1.5 (S. 222ff.).

644 Vgl. DeAngelo/DeAngelo/Skinner (1994) S. 115, 129 – 133, die Unternehmen mit Dividendenreduktion und anhaltend negativen ausgewiesenen Periodenergebnissen analysieren. Sie stellen fest, vgl. ebenda S. 128 – 133, dass in den Jahren nach der Dividendenreduktion der Jahresüberschuss erheblich geringer ist als der Cash-Flow (vgl. ebenda S. 124 m.w.N.). Sie führen erstens intensivere Überwachung, zweitens Vorteile geringer ausgewiesener Periodenergebnisse, wie Verhandlungen mit Gewerkschaften, Gläubigern und Regulatoren sowie Begründungsbedürftigkeit der Dividendenreduktion, und drittens die Motivation des Managements, ihre Bereitschaft zur Korrektur vergangener Fehler zu dokumentieren, als Gründe für ihren Befund an, vgl. ebenda S. 133 – 138. Sie interpretieren das festgestellte Verhalten insgesamt als angemessene Abbildung der tatsächlichen finanziellen Schwierigkeiten, vgl. ebenda S. 113, 133 – 141, und insoweit als Verzicht auf Rechnungslegungspolitik. In das vorliegende Modell wären diese Gründe zunächst als hohe Manipulationsresistenz und negative Konformitätsinzitamente einzuordnen, bei niedriger Konformitätsanforderung. Zum gleichen empirischen Befund würde aber auch die bisher gegebene Begründung für die Unterlassung von Manipulation führen: Der Ersteller hält die Manipulation für zu kostspielig, die Manipulationsresistenz also für zu hoch und sein unverfälschtes Periodenergebnis für zu niedrig im Vergleich zur Konformitätsanforderung, unterlässt deshalb Manipulation und verzichtet auf das positive Konformitätsinzitament. Bei mehrperiodigem Anforderungshorizont ist dies insbesondere nach Anwartschaftsabbruch zu erwarten, vgl. Abschnitt D6.2 (S. 287ff., u.a. S. 288). Auch Matsumoto (2002) S. 507, 510 beobachtet eine geringere Häufigkeit von Gewinnmanipulation in Perioden nach wiederholten Fehlbeträgen.

645 Vgl. auch Hüls (1995), welche im Rahmen der Diskriminanzanalyse bei später insolvent gewordenen Unternehmen das Muster einer wenig volatilen Entwicklung der herangezogenen Kennzahlen beobachtet, die sich zwei Jahre vor der Insolvenz sogar teilweise ein wenig verbessert, um sich im Jahr vor der Insolvenz abrupt zu verschlechtern.

646 Nach DeAngelo/DeAngelo/Skinner (1994) S. 114 mussten die wenigsten Unternehmen nach der Verletzung der Darlehensvereinbarungen Insolvenz anmelden. Im Modell wäre dies als Ausdruck für das Zutreffen der mit negativer Manipulation implizierten Erwartungen zu interpretieren.

647 Als alternative Erklärung sind jedoch auch Anreize zur ergebnismindernden Rechnungslegungspolitik denkbar, s. bspw. unten Fn. 734 S. 258, die im Modell in der Manipulationsmalusfunktion implizit abzubilden wären.

Healy (1985)[648] erhebt ergebniserhöhende [ergebnismindernde] Rechnungslegungspolitik für unmanipulierte Periodenergebnisse innerhalb und unweit unterhalb [oberhalb und weit unterhalb] der Anreizzone von **Entlohnungsverträgen**[649] der Unternehmensleitung. Da die hiesige Modellierung der Betroffenheit des Erstellers vom Kontrahentenverhalten einer degenerierten Anreizfunktion gleichkommt, nämlich eine Treppenfunktion, in der gleichsam Leistungsziel, Ober- und Untergrenze der Anreizzone zusammenfallen, können ihre Implikationen nicht anhand der Befunde zur Manipulation innerhalb der Anreizzone überprüft werden. Mit den Befunden zur Manipulation außerhalb der Anreizzone sind die Modellergebnisse vereinbar. Nun wurde der Befund von Healy (1985) später zwar für Manager nachgeordneter Leitungsebenen[650] sowie für Assetmanager bestimmter Investmentfonds[651] bestätigt. Für die – vermutlich vielfältigeren Anreizen ausgesetzte – Rechnungslegung ganzer Unternehmen wurde dieser Befund nur hinsichtlich ergebnismindernder [ergebniserhöhender] Rechnungslegungspolitik oberhalb [unterhalb] der Obergrenze der Anreizzone reproduziert, nicht hingegen hinsichtlich ergebnismindernder Rechnungslegungspolitik weit unterhalb der Anreizzone.[652] Es scheint somit auch weit unterhalb der Anreizzone Anreize zur ergebniserhöhenden Rechnungslegungspolitik zu geben, wie beispielsweise das Risiko des Arbeitsplatzverlustes oder die oben angeführte drohende Verletzung von Negativklauseln[653].

Diese Befunde legen die Differenzierung des Kontrahentenverhaltens im Modell um mehrere Schwellenwerte nahe. Eine weitere, auf dem Hintergrund der mit den Befunden von Healy (1985) verknüpften Empirie erwägenswerte Differenzierung des Modells wäre die Berücksichtigung des bei Healy (1985) nicht thematisierten Anreizes zur ergebnismindernden Rechnungslegungspolitik oberhalb des Leistungszieles aufgrund des „budget ratcheting“ Effektes

---

648 Vgl. Healy (1985) S. 88 – 92, 95 – 107 (zur anschaulichen Darstellung des zugrunde liegenden Modells s.a. Ewert/Wagenhofer (2003) S. 217 – 219). Zu den Problemen bei der Feststellung von Jahresabschlussmanipulation s.o.Fn. 258 S. 57. Baber/Kang/Kumar (1999) finden Abhängigkeiten zwischen Periodenergebnissen, deren Veränderungen und Schwankungsintensität einerseits und der Entlohnung leitender Manager der betreffenden Unternehmen andererseits. Siehe zu Entlohnungsverträgen auch die Nachweise in Fn. 245 – 247 S. 53.

649 Zu Begrifflichkeiten von Entlohnungsfunktionen s.o. S. 53f., insbes. Fn. 245.

650 Vgl. Guidry/Leone/Rock (1999) S. 113, 129 – 130, 140.

651 Vgl. Chandar/Bricker (2002) S. 1038 – 1043, 1058 – 1066.

652 Vgl. Holthausen/Larcker/Sloan (1995) S. 46 – 55, 65, Gaver/Gaver/Austing (1995) S. 17 – 25. Letztere führen das erhobene Berichtsverhalten weit unterhalb der Anreizzone auf Anreize zur Ergebnisglättung zurück. Erstere führen es sowohl bei Healy (1985) als auch bei Gaver/Gaver/Austing (1995) auf das Untersuchungsdesign zurück, vgl. Holthausen/Larcker/Sloan (1995) S. 55 – 61, 65 – 66; 61 – 64, 66. Sie schlagen als Grund andere Anreize zu ergebniserhöhender Rechnungslegungspolitik weit unterhalb der Anreizzone vor, wie Risiken des Arbeitsplatzverlustes oder Vertragsverletzung von Negativklauseln.

653 Vgl. Holthausen/Larcker/Sloan (1995) S. 65, die auf S. 61 – 64 Ergebnisglättung zum Leistungsziel hin als Ursache der ergebniserhöhenden Manipulation weit unterhalb der Anreizzone für ihre Daten ausschließen. S.a. die Überblicksdarstellungen von Healy/Wahlen (1999) S. 376 – 378 und Fields/Lys/Vincent (2001) S. 267.

(„Sperrklinken“-Effekt)[654], wonach die in Entlohnungsverträgen vereinbarten Leistungsziele mit den in der Vergangenheit ausgewiesenen Periodenergebnissen zu steigen tendieren. Eine explizite[655] Berücksichtigung hätte u.A. die Antizipation der Höhe künftiger unverfälschter Periodenergebnisse einzukalkulieren. Ein solcher Anreiz könnte auch in Perioden ohne Anspannung zu der von Leone/Rock (2002) S. 62 – 64 festgestellten Tendenz ergebnismindernder Rechnungslegungspolitik von Berichtsergebnissen oberhalb des Leistungszieles führen.

Es soll hier nicht analysiert werden, bei welchen Ausprägungen der Modellparameter die Manipulation im hiesigen Modell zu einer Reduktion der Schwankungsintensität der ausgewiesenen Periodenergebnisse im Zeitablauf[656] führt, wie sie von den zahlreichen Studien zum „income smoothing“ bzw. „**Ergebnisglättung**“[657] nahe gelegt wird. Derartige Ergebnisglättung wird beispielsweise hin zum branchendurchschnittlichen Periodenergebnis[658]; hin zum Ergebnis der Vor- oder Folgeperiode oder sonst im Zeitablauf glättend[659] sowie hin zu dem für re-

---

654 Dieser Effekt wurde von Weitzman (1976) S. 252 begriffsbildend eingeführt, im vorliegenden Zusammenhang von Holthausen/Larcker/Sloan (1995) S. 61 angesprochen und von Leone/Rock (2002) S. 46 – 50, 54 – 56 modelliert und empirisch dokumentiert. Auch Indjejikian/Lenk/Nanda (2000), hier zitiert nach Ittner/Larcker (2001) S. 382, erheben diesen Effekt. Vgl. Bushman/Smith (2001) S. 282.

655 Bei impliziter Darstellung wäre dies im Rahmen der hiesigen Modellierung in die Manipulationsmalusfunktion zu inkludieren als Reduktion [Erhöhung] der Malusse negativer [positiver] Manipulation, allerdings nur für den Bereich von Ergebnissen oberhalb eines Leistungszieles.

656 Barton (2001) S. 8 konkretisiert die Vorstellung von Gewinnglättung mit Hilfe einer „Gewinnglättungsquote“, die sich als Verhältnis der Varianz von Periodenergebnissen mit Rechnungslegungspolitik zur Varianz derselben ohne Rechnungslegungspolitik errechnet.

657 Als Überblicksdarstellung siehe Fields/Lys/Vincent (2001) S. 267, 275 – 276, 279 – 280, 292 – 294. Siehe zu älteren Studien insbesondere Fischer/Haller (1993), sowie Coenenberg/Haller (1993) S. 580 – 581, Freidank (1990) S. 63 – 66 alle m.v.w.N. Befunde, die gegen Ergebnisglättung als Erklärung für Manipulationsverhalten sprechen, werden u.a. in Fn. 639 S. 206 betreffend Periodenergebnisse weit unterhalb der Anreizzone bzw. bei wiederholten ausgewiesenen Fehlbeträgen zitiert. Derartige Befunde zeigen auch bspw. Francis/Hanna/Vincent (1996) S. 126 – 127 (Terminierung von Abschreibungen).

658 Vgl. DeFond/Park (1997) S. 116 – 118, 125 – 130, die über 13.297 Unternehmensjahre von 1984 bis 1994 dokumentieren, dass 87 % [92 %] der Unternehmen mit im Vergleich zur Branche unterdurchschnittlichem [überdurchschnittlichem] aktuellem Periodenergebnis vor Rechnungslegungspolitik und zugleich überdurchschnittlicher [unterdurchschnittlicher] Erwartung der Finanzanalysten für das Periodenergebnis des folgenden Jahres ergebniserhöhende [ergebnismindernde] Rechnungslegungspolitik betreiben. Dies ist konsistent mit den Implikationen des Modells von Fudenberg/Tirole (1995), vgl. dort S. 82 – 89 sowie den von Blackwell/Brickley/Weisbach (1994) S. 332, 350 – 356 gefundenen empirischen Befund signifikant erhöhter Jobunsicherheit bei bleibender Unterschreitung branchendurchschnittlicher Periodenergebnisse (so auch Morck/Schliefer/Vishny (1989) S. 844 – 847, aber mit Tobins' Q, Aktienkursentwicklung und Mitarbeiterzahl als Erfolgsindikatoren).

659 Vgl. Kallunki/Martikainen (2003) S. 311 – 316, 320 – 323 (Finnland: Ergebnisglättung im an Zahlungsbemessungszwecken orientierten Jahresabschluss zum erwarteten Ergebnis des Folgejahres hin, Beobachtung der Rechnungslegungspolitik anhand eines gesonderten Rechenwerkes zu Informationszwecken); Barton (2001) S. 1, 8 – 9, 14, 24 (Austauschbarkeit von formaler Rechnungslegungspolitik und Risikomanagement mit Hilfe von Finanzderivaten); Murphy (2001) S. 259 – 269 (viertes Quartalsergebnis tendiert im Vergleich zu den ersten drei Quartalen zum Vorjahreswert hin); Dietrich/Harris/Muller III (2001) S. 125, 128, 139, 141 – 145, 154 (Veräußerungen von Immobilienbewertung werden zum Vorjahresergebnis hin glättend terminiert); Hunt/Moyer/Shevlin (1996) S. 342 – 344, 362, 368 (Schätzung von Determinanten von Rechnungslegungspolitik mit mehreren Aktions- und Zielgrößen bei LIFO-Unternehmen: an Vor- und Folgejahr gemessene Ergebnisglättung mit Hilfe von Vorrats- und sonstigem Nettoumlaufvermögen); Subramanyam (1996) S. 251 – 252, 267 – 272, 278 (Investoren bepreisen Indikatoren für Rechnungsle-

gelmäßige Ausschüttungen erforderlichen Ergebnis[660] erhoben. Weiter werden Anzeichen festgestellt, dass sie aufgrund von Entlohnungsverträgen[661] oder zwecks Kompensation ungewöhnlicher Aufwendungen[662] betrieben wird. Auch die Vereinbarkeit dieser Befunde von Ergebnisglättung mit den übrigen hier besprochenen Befunden soll im Folgenden nicht analysiert werden. Klar ist jedoch, dass die Knappheit an unverfälschten Periodenergebnissen in Folgeperioden einen endogenen Anreiz zur Ergebnisminderung schafft, der trotz des Fehlens exogener Anreize zur Ergebnisminderung im Modell immer dann zum Ausweis wie auch immer geglätteter Periodenergebnisse führt, wenn

— erstens die Konformitätsanforderungen einem solchen Trend folgen und wenn
— zweitens die Knappheit an unverfälschtem Periodenergebnis gerade stark genug ist, um manipulative Spannung hervorzurufen, aber nicht so stark, dass Überspannung eintritt, also während der Anspannungszeiträume.

Die Befunde zeigen – mit unvermeidlicher Willkür der Auswahl und Gewichtung unter den vielfältigen, häufig mit einander schwer zu vereinbarenden Befunden zur Rechnungslegungspolitik – zumindest folgende lohnenswerte **Differenzierungsmöglichkeiten** der Modellierung der Betroffenheit des Erstellers durch die Reaktion des Kontrahenten an:

— Differenzierungen hinsichtlich einer einzelnen Periode könnten einen niedrigen, einen mittleren und einen hohen Bereich ausgewiesener Ergebnisse unterscheiden, wobei das Unternehmen im unteren Bereich als von einer ernsthaften Krise betroffen, im mittleren Bereich als gut gehend und im hohen Bereich als unterschätzt gelten würde. Die Betroffenheit des Erstellers als Funktion des ausgewiesenen Periodenergebnisses könnte am Übergang vom niedrigen zum mittleren Bereich einen Sprung, im mittleren Bereich einen steigenden und im hohen Bereich einen sinkenden Verlauf vorsehen.[663] Weitere Differenzierung könnte Sprünge bei hiermit noch nicht abgebildeten Schwellenwerten der o.g. Art vorsehen.

---

gungspolitik mit positivem Vorzeichen; siehe aber Sloan (1996) mit entgegengesetzten Befunden sowie Bernard/Skinner (1996) S. 317 – 320 zu Anzeichen von Fehlspezifikation bei Subramanyam (1996)); Bartov (1993) S. 842 – 843, 852 – 854 (Terminierung von Veräußerungen von Anlagevermögen: Ergebnisglättung hin zum Vorjahresergebnis); Dhaliwal/Johnson (1988) S. 237, 246 – 249 (ergebniserhöhende Aufgabe von LIFO-Verbrauchsfolgeunterstellung im Vorratsvermögen gehäuft bei Ergebnisminderung gegenüber dem Vorjahr).

660 Vgl. Kasanen/Kinnunen/Niskanen (1996) S. 283 – 287,290 – 291, 294 – 303 für Finnland: Orientierung an dem ohne Rückgriff auf Gewinnrücklagen für regelmäßige Dividendenzahlungen erforderlichen Periodenergebnis, gedeutet als Rücksicht auf Präferenz institutioneller Investoren für regelmäßige Dividendenzahlungen und auf ausgeprägte Steuerwirkungen.

661 Vgl. Gaver/Gaver/Austing (1995) S. 19 – 20, 23, 26 – 27: ergebniserhöhende respektive -senkende Indikatoren für Rechnungslegungspolitik, wenn die untere Grenze der Anreizzone von Entlohnungsverträgen unterschritten respektive überschritten wurde.

662 Vgl. Hand/Skantz (1997) S. 182 – 184, 192 – 193, 199: Realisierung von Erträgen bei Veräußerung von Unternehmensteilen gehäuft, wenn zugleich hohe diskretionäre Abschreibungen gebucht wurden.

663 Es ergäbe sich am Übergang vom mittleren zum oberen Bereich ein lokales Maximum der Anreizfunktion. Im unteren Bereich wären leicht ansteigende wie auch teilweise fallende Verläufe denkbar.

- Es könnte das Konformitätsinzitament der einzelnen Periode mit dem unverfälschten Periodenergebnis derart verknüpft werden, dass ersterer vom letzteren negativ abhängt, um damit die Möglichkeit abzubilden, dass Nonkonformität umso gravierendere Folgen hat, je schlechter die bei näherer Überprüfung zum Vorschein kommende Lage des Unternehmens ist, wie es insbesondere für die Verletzung von Darlehensverträgen als formalisierte Auslöser („trip wires“[664]) von Bemühungen und Möglichkeiten zur Informationsbeschaffung des Darlehensgebers dokumentiert wurde. Hiermit würde sich eine Zuspitzung der Lage des Erstellers ergeben: Mit sich verschlechterndem wirtschaftlichen Zustand würden zugleich Kosten und Anreiz der Manipulation zunehmen. So wurde bereits in der vorliegenden Untersuchung argumentiert, s.S. 51, Fn. 419 S. 130, Fn. 99 S. 130.
- Es könnte unterstellt werden, dass Nonkonformität nicht nur für die laufende, sondern auch für Folgeperioden negative Folgen mit sich zieht, bis hin zum gänzlichen Entfallen von Konformitätsinzitamenten in Folgeperioden. Dies würde nicht nur den Befund abnehmender Attraktivität der Einhaltung von Darlehensverträgen bei erfolgter Verletzung widerspiegeln, sondern auch die Tendenzen zur verminderten Beachtung durch Anleger bei Abbruch anwachsender oder ununterbrochener Gewinne, und würde weiter der Empfehlung von Praktikern zur Rechnungslegungsanalyse, die Rechnungslegung der Vorperioden einzubeziehen, entsprechen. Derartige Effekte führt die Erweiterung des Anforderungshorizontes herbei, auf die in Abschnitt D6 (S. 286ff.) eingegangen wird.
- Weitere aussichtsreiche Differenzierungen des Modells könnten die Unsicherheit, insbesondere hinsichtlich künftiger unverfälschter Periodenergebnisse, sowie Interdependenzen zwischen Malusfunktionen verschiedener Perioden, etwa wie sie auf S. 130 kurz angesprochen wurden, explizieren.

Trotz der vielen Vorbehalte, die den empirischen Befunden entgegenzubringen sind[665], zu denen insbesondere die unvollkommene Trennbarkeit von Rechnungslegungspolitik und „unverfälschtem“ Ergebnis gehören[666], und trotz der Idealisierung durch viele der hier getroffenen Modellannahmen, wozu insbesondere die starke Vereinfachung der zur Manipulation motivierenden Anreize durch eine einstufige Treppenfunktion und das Verweisen aller Anreize zur Ergebnisminderung in die Manipulationsmalusfunktion gehören, findet sich somit eine wohl für das subjektive Empfinden eines Erkenntnisgewinnes hinreichende Entsprechung zwischen dem durch das Modell implizierten Manipulationsverhalten und den empirischen Beobachtungen. Der verbleibende Teil der vorliegenden Untersuchung erkundet deshalb den bisherigen, punktuell erweiterten[667] Modellrahmen. Zum weiteren Fortgang der Arbeit s.a. S. 12.

---

664 Dichev/Skinner (2002) S. 1093.

665 Vgl. insbes. Fn. 258, 259 S. 57 sowie die in Fn. 308 S. 69 erwähnten Überblicksdarstellungen.

666 Vgl. die Nachweise in Fn. 257 und 258 S. 57. S.a. Fn. 631 S. 205.

667 S. Abschnitt D4.2 (S. 223ff.), D6 (S. 286ff.).

4 Konformitätskontinuität

4.1 Umkehrende Manipulation

4.1.1 Vorbemerkungen

Eine ununterbrochene Folge von Fehlbetragsperioden soll im vorliegenden Modell als FEHLBETRAGSZEITRAUM V = {va, …, ve} („v" für „Verlust"), ihre institutionelle Entsprechung als KRISE bezeichnet werden. Dieser Abschnitt D4 (wie auch Abschnitt D5) analysiert das Manipulationsverhalten für den Fall eines Fehlbetragszeitraumes. Es gilt

Ann. D-5: Optimalität der Konformitätskontinuität (Geltung: Abschnitt D4)

a) Die Konformitätsinzitamente reichen für die Optimalität der Konformität in allen Perioden des Planungszeitraumes aus.

b) Dem Fehlbetragszeitraum gehen [folgen] innerhalb des Planungszeitraumes ausreichend Überschussperioden voraus [nach], um alle in Frage kommenden stille Reserven zu bilden [stille Lasten auszugleichen].

Die Optimierung der Manipulation kann in diesem Fall eines von Entspannung umgebenen Fehlbetragszeitraumes bei Optimalität der Konformitätskontinuität mit Hilfe des in Abschnitt D3.2.2.2 (S. 185ff.) beschriebenen oder des in Abschnitt D3.1.2 (S. 163ff.) genannten Verfahrens gelöst werden. In diesem Abschnitt D4.1 soll sie zwecks Erschließung der Implikationen für einen kommunikationsexogenen Beobachter graphisch als *Schnittpunkt der Grenzertrags- und der Grenzkostenfunktion der stillen Reserve* für die erste Fehlbetragsperiode, $M_{va-1} \leq 0$, konstruiert werden, wobei erstere die ersparten Malusse positiver Manipulation und letztere die aufgewendeten Malusse negativer Manipulation erfassen.

Dieser Abschnitt D4.1 geht wie folgt vor:

— Abschnitt D4.1.2 entwickelt die Grenzkostenkurve negativer Manipulation.

— Abschnitt D4.1.3 entwickelt deren Grenzertragskurve, die sich mit der Grenzkostenkurve positiver Manipulation deckt.

— Abschnitt D4.1.4 präsentiert die Optimierung analytisch und graphisch.

— Abschnitt D4.1.5 zeigt die Implikationen des modellierten Verhaltens auf.

Der nachfolgende Abschnitt D4.2 führt, aufbauend auf die Lösung des Abschnittes D4.1, eine terminierbare stille Reserve ein.

Wie sich herausstellen wird, wechselt im Fall des Fehlbetragszeitraumes das Vorzeichen der Manipulation genau einmal, und zwar von negativ zu positiv. Man bezeichne die erste Periode mit positiver Manipulation als Periode der ANSPANNUNGSKLIMAX t = amax, weil hier der Grenznutzen unverfälschten Periodenergebnisses am größten ist, s.u. S. 222. Die der Anspannungsklimax vorausgehenden Perioden, $t \in$ {aa, …, amax − 1}, sollen als ANSPANNUNGS-AUFBAU-ZEITRAUM AUF = {aufa, …, aufe} und die ihr nachfolgenden als ANSPANNUNGS-

ABBAU-ZEITRAUM AAB = {aaba, ..., aabe} bezeichnet werden. Negative [positive] Manipulation findet somit stets im gesamten Anspannungs-Aufbau-Zeitraum und seiner Vorperiode [im gesamten Anspannungs-Abbau-Zeitraum] statt, sonst nicht.

4.1.2 Kosten negativer Manipulation

Man betrachte zunächst nur die Malusse negativer Manipulation bis inklusive $t = va - 1$. Hierzu sei $-\Delta_{va-3:va-1} \leq \Delta_{va}$ angenommen (es ist gemäß Ann. D-5 (b) $\Delta_t < 0$ $\forall t \in \{pza, ..., va-1\}$). Solange $-M_{va-1} \leq \Delta_{va-1}$ gilt, beträgt der Malus der stillen Reserve für $t = va$ $q^{-(va-1)} \cdot \omega^R_{va-1} \cdot M^2_{va-1}$. Um negative Manipulation zu ermöglichen, die den Überschuss in $t = va - 1$ überschreitet, muss jedoch insoweit schon in $t = va - 2$ eine stille Reserve gebildet werden. Der in $t = va - 2$ aufgebrachte Teil muss von $t = va - 2$ bis $t = va$ „konserviert" werden: Aufgrund ihrer unabwendbaren Auflösung in $t = va - 1$ muss sie hier erneut gebildet werden. Eine solche stille Reserve in $t = va - 1$, $M_{va-1} \in (\Delta_{(va-2):(va-1)}; \Delta_{(va-1)}]$, ruft also einen Malus i.H.v. $q^{-(va-2)} \cdot \omega^R_{va-2} \cdot (M_{va-1} - \Delta_{va-1})^2 + q^{-(va-1)} \cdot \omega^R_{va-1} \cdot M^2_{va-1}$ hervor. Analog beträgt der Barwert der Manipulationsmalusse für $M_{va-1} \in (\Delta_{(va-3):(va-1)}; \Delta_{(va-2):(v-1)}]$:

(D-33) $$q^{-(va-3)} \cdot \omega^R_{va-3} \cdot (-\Delta_{(va-2):(va-1)} + M_{va-1})^2 + q^{-(va-2)} \cdot \omega^R_{va-2} \cdot (-\Delta_{va-1} + M_{va-1})^2 + q^{-(va-1)} \cdot \omega^R_{va-1} \cdot M^2_{va-1}$$

Man betrachte nun die Malusse negativer Manipulation ab inklusive $t = va$. Hierzu sei $-\Delta_{va-1} > \Delta_{va:va+2}$ angenommen. Für $-M_{va-1} \leq \Delta_{va}$ entstehen keine Malusse negativer Manipulation ab $t = va$. Geht dagegen die Umkehrwirkung aus $t = va - 1$ über Δ_{va} hinaus, dann muss sie insoweit, soll sie zur Reduktion positiver Manipulation eingesetzt werden, von $t = va - 1$ bis $t = va + 1$ durch erneute negative Manipulation in $t = va$ „konserviert" werden, um in $t = va + 1$ ihre positive Umkehrwirkung zu entfalten. Es fallen Manipulationsmalusse für negative Manipulation ab $t = va$ i.H.v. $q^{-va} \cdot \omega^R_{va} \cdot (M_{va-1} + \Delta_{va})^2$ an. Analog beträgt der Malus negativer Manipulation für $M_{va-1} \in (-\Delta_{va:va+2}; -\Delta_{va:va+1}]$:

(D-34) $$q^{-va} \cdot \omega^R_{va} \cdot (M_{va-1} + \Delta_{va})^2 + q^{-(va+1)} \cdot \omega^R_{va+1} \cdot (M_{va-1} + \Delta_{va:va+1})^2$$

Man betrachte nun sämtliche Malusse negativer Manipulation, und beschränke sich hierbei auf den Fall $-\Delta_{va-1} < \Delta_{va} < -\Delta_{(va-2):(va-1)} < \Delta_{va:va+1}$ und $M_{va-1} \in (\Delta_{(va-2):(va-1)}; -\Delta_{va}]$. Die stille Reserve muss zunächst in $t = va - 2$, dann in $t = va - 1$ und zuletzt in $t = va$ gebildet werden. Der Barwert der Manipulationsmalusse beträgt

(D-35) $$q^{-(va-2)} \cdot \omega^R_{va-2} \cdot (-\Delta_{va-2} + M_{va-1})^2 + q^{-(va-1)} \cdot \omega^R_{va-1} \cdot M^2_{va-1} + q^{-va} \cdot \omega^R_{va} \cdot (M_{va-1} + \Delta_{va})^2.$$

Der Anspannungs-Aufbau-Zeitraum dehnt sich mit zunehmendem M_{va-1} also zeitlich nach vorne und hinten aus. Für jede hinzukommende Periode ist die Kostenfunktion der der stillen Reserve in $t = va - 1$ bzw. der Umkehrwirkung in $t = va$ um einen quadratischen Summanden zu ergänzen, der den Manipulationsmalus in der hinzukommenden Periode erfasst. Die Grenzkostenfunktion in M_{va-1} ist deshalb eine von $M_{va-1}=0$ ausgehende, für immer stärker negativ werdende M_{va-1} stufenweise immer stärker herabfallende, unstrikt konvexe Funktion.

Die Definitionsteilbereiche[668] der die Kostenfunktion der stillen Reserve in $va-1$ darstellenden Funktion in M_{va-1} seien mit φ aufsteigend für immer stärker negativ werdende M_{va-1} nummeriert. Der Abschnitt mit der Nummer φ, AUFφ, entspricht dabei den Perioden AUFφ= {aufaφ, ..., aufeφ}. Der entsprechende Definitionsteilbereich von M_{va-1} wird mit [AUFφ] bezeichnet. Die Zuordnung von Definitionsteilbereichen und Anspannungsaufbauzeiträumen ist eineindeutig. Sie ist wie folgt zu ermitteln: Für jeden neuen Abschnitt AUF1, AUF2, ..., wird eine zusätzliche Periode in den Anspannungs-Aufbau-Zeitraum einbezogen. Es ist stets AUF1={}; es wird nur in $t=va-1$ negativ manipuliert, ein Anspannungs-Aufbau-Zeitraum existiert nicht.[669] Es ist AUF2={va − 1} bei $-\Delta_{va-1} \leq \Delta_{va}$ und sonst AUF2={va}. Für $\varphi \geq 3$ lässt sich der im Definitionsteilbereich $\varphi=\varphi''$ einbezogene Anspannungs-Aufbau-Zeitraum wie folgt bestimmen ($\varphi''=\varphi'+1$):

$$\text{(D-36)} \qquad \text{AUF}\varphi'' = \text{AUF}\varphi' \cup t \text{ für das gilt } t = \begin{cases} \text{aufa}\varphi'-1 & \text{wenn } -\Delta_{\text{aufa}\varphi'-1} \leq \Delta_{(\text{aufa}\varphi'):(\text{aufe}\varphi'+1)} \\ \text{aufe}\varphi'+1 & \text{wenn } -\Delta_{\text{aufa}\varphi'-1} > \Delta_{(\text{aufa}\varphi'):(\text{aufe}\varphi'+1)} \end{cases}$$

Die Untergrenze eines Definitionsteilbereiches [AUFφ'] gleicht der Obergrenze des darunter liegenden, [AUF(φ'+1)]. Letztere ergibt sich als $-\text{Min}\{-\Delta_{\text{aufa}(\varphi'+1):(va-1)}, \Delta_{va:\text{aufe}(\varphi'+1)}\}$ und für AUF1 als 0. Die Kosten negativer Manipulation betragen im Definitionsteilbereich φ (leere Summationen, wie bspw. $\Delta_{\tau+1:va-1}$ für $\tau = va-1$, seien mit 0 festgelegt)

$$\text{(D-37)} \qquad \sum_{\tau=\text{aufa}\varphi-1}^{\tau=va-1} q^{-\tau} \cdot \omega_\tau^R \cdot (-\Delta_{\tau+1:va-1} + M_{va-1})^2 + \sum_{\tau=va}^{\tau=\text{aufe}\varphi} q^{-\tau} \cdot \omega_\tau^R \cdot (M_{va-1} + \Delta_{va:\tau})^2$$

Der Anspannungs-Aufbau-Zeitraum wird also stets um die Periode erweitert, die bei einer Erhöhung von M_{va-1} als nächstes für anspannungsbehaftete negative Manipulation einbezogen werden muss. Zur graphischen Abbildung der Definitionsteilbereiche gehe man anhand der Abb. D-12 unten auf S. 221 vor (zu den Werten s.u. Bsp. D-10 S. 215). Man bilde t auf der Abszisse und das Anforderungsresiduum auf der Ordinate ab. Nach oben [unten] zeigende Pfeile stellen Überschüsse [Fehlbeträge] dar. Die Kumulation des Anforderungsresiduums

668 Unter einem Definitionsteilbereich soll ein Teilbereich des Definitionsbereiches einer Funktion verstanden werden, über den die Funktion einheitlich definiert ist.

669 Für $M_{va-1} \in$ [AUF1] findet kein Anwachsen der Ersparnis von Malussen statt, welche eine zusätzliche Einheit unverfälschten Periodenergebnisses erbrächte; sie erreicht ihr Maximum schon in $t=aa=va$. Bei $-\Delta_{va-1} \leq \Delta_{va}$ ist AUF2 = {va − 1} und [AUF1]=(Δ_{va-1};0]. Bei $-\Delta_{(va-2):(va-1)} \leq \Delta_{va}$ ist AUF3={va−2, va − 1} und [AUF2] = ($\Delta_{(va-2):(va-1)}$;Δ_{va-1}]. Für $-\Delta_{va-1} \leq \Delta_{va} \leq -\Delta_{(va-2):(va-1)}$ dagegen, ist AUF3 = {va − 1,va} und [AUF2] = (Δ_{va}; $-\Delta_{va-1}$]. Bei $\Delta_{va} < -\Delta_{va-1}$ ist AUF2={va} und [AUF1]=($-\Delta_{va}$;0]. Bei $\Delta_{va:(va+1)} \leq -\Delta_{va-1}$ ist AUF3={va, va+1} und [AUF2]=($-\Delta_{va:(va+1)}$; $-\Delta_{va}$]. Bei $-\Delta_{va-1} < \Delta_{va:(va+1)}$ ist AUF3={va − 1, va} und [AUF2]=(Δ_{va-1}; $-\Delta_{va}$] und so weiter.

lässt sich als Treppe darstellen, deren Stufenhöhe sich aus dem Negativwert des Anforderungsresiduums der betreffenden Periode ergibt. Diese Treppe führt bis inklusive $t = va - 1$ hinauf und von $t = va$ bis $t = ve$ herab.

Man lasse zunächst für $M_{va-1} = 0$ die oberste Stufe, $t = va - 1$, mit der Abszisse fluchten. Würde nun gar nicht negativ manipuliert, ergäbe sich die Manipulation in jeder Periode von $t = va$ bis $t = ae^{max}$, in der zum letzten Mal $\Delta_{va:t'} \geq 0$ ist, als $\Delta_{va:t} \geq 0$; es würde in jeder dieser Periode i.H.d. Abstandes von der Abszisse bis zu der Stufe der jeweiligen Periode positiv manipuliert.

Man verschiebe nun für sinkendes $M_{va-1} < 0$ die gesamte Treppe gedanklich parallel nach oben. Die Manipulation einer Periode ergibt sich dann wieder als Abstand von der Abszisse bis zur Stufe, und zwar als negative [positive] Manipulation für Stufen oberhalb [unterhalb] der Abszisse, also i.H.d. seit dem Anfang des Anspannungs-Aufbau-Zeitraumes kumulierten Anforderungsresiduums zuzüglich des „Stumpfes" aus dessen Vorperiode, der benötigt wird, um M_{va-1} ohne Nonkonformität zu ermöglichen.

Der Anspannungs-Aufbau-Zeitraum ergibt sich somit als die Folge aller Perioden, deren Pfeile sich zur Gänze oberhalb der Abszisse befinden. In der ersten Periode mit $M_t < 0$, nämlich $t = aufa\varphi - 1$ bzw. im Bsp. D-10 für $\varphi = 4$ die Periode $t = 1$ oder für $\varphi = 2$ die Periode $t = 2$, herrscht noch Entspannung; ihr Pfeil fängt unterhalb der Abszisse an. Mit sinkendem M_{va-1} wird, wie (D-36) zeigt, eine zusätzliche Periode nach der anderen in den Anspannungs-Aufbau-Zeitraum einbezogen, und zwar jeweils entweder an dessen Anfang oder an dessen Ende. Die so genutzte „Treppe" ist ein Beispiel für das auf S. 192 (s.a. Tab. D-2 S. 191) starre zeitliche Profil von Kontostandsveränderungen des dort bildhaft zitierten Kontokorrentkontos, welches mit Hilfe der stillen Reserve M_{aa-1} bzw. $M_{va-1} = M_{aa-1} + \Delta_{aa:va-1}$ auf die malusminimierende Höhe eingestellt wird.

Bsp. D-10: Kosten negativer Manipulation bei Konformitätskontinuität
Es sei $PZ = \{1, \ldots, 10\}$ und $\delta_{PZ} = (-900, -300, -200, +300, +400, +500, -300, -500, -300, -200)$ PE wie unten in Tab. D-3 S. 219 und Abb. D-12 S. 221 gezeigt.[670] Die negativen kumulierten Anforderungsresiduen bis $t = ve$ – also die Umkehrwirkung in der jeweiligen Folgeperiode bei $M_t = \Delta_{1:t}\ \forall t \in \{1, \ldots, ve\}$ – betragen +900, +1200, +1400, +1100, +700, +200 PE. Dies entspricht in Abb. D-12 der bei der jeweiligen Stufe erreichten Höhe der Treppe relativ zum Ausgangspunkt.

Die Grenzen der Definitionsteilbereiche der Kostenfunktion der stillen Reserve in va – 1 betragen somit gemäß (D-36) 0, 1400 – 1200, 1400 – 1100, 1400 – 900, 1400 – 700, 1400 – 200, also 0, 200, 300, 500, 700, 1200. Der Anspannungs-Aufbau-Zeitraum umfasst in den jeweiligen Definitionsbereichen $AUF1 = \{\}$, $AUF2 = \{3\}$, $AUF3 = \{3, 4\}$, $AUF4 = \{2, 3, 4\}$, $AUF5 = \{2, 3, 4, 5\}$. In Abb. D-12 muss bspw. für $M_{va-1} \in [AUF4] = (-700; -500]$ die Treppe um einen Wert zwischen 500 und 700 PE nach oben verschoben werden. Dies impliziert den Aufbau stiller Reserven im Zeitraum $t = 2$ bis $t = 4$. Die entsprechenden Defini-

670 In Bsp. D-10 bis Bsp. D-14 werden Anforderungsresiduen und Manipulationsresistenzen in einer anderen Größenordnung als in den übrigen Beispielen der vorliegenden Untersuchung gewählt, um die Darstellung einer größeren Bandbreite von Werten komfortabler zu gestalten. Eine inhaltliche Aussage ist hiermit nicht beabsichtigt.

tionsteilbereiche lauten [AUF1] = (−200; 0], [AUF2] = [(−300; −200], [AUF3] = (−500; −300], [AUF4] = (−700; −500], [AUF5] = (−1200; −700] PE.

Es sei $\omega_t^R = \omega_t^L = 0{,}01\ \%\ \forall t \in \{1, \ldots, 10\}$ und q = 1. Man setze versuchsweise φ = 4. Man nehme also an, dass die optimale stille Reserve in t = va − 1 dem Intervall $M_{va-1} \in [AUF4] = (-700; -500]$ angehört und somit im Zeitraum AUFφ = AUF4 = {2, 3, 4} aufzubauen ist. Die Kosten der stillen Reserven in t = va − 1 betragen für φ = 4

(D-38)
$$0{,}01\% \cdot \left((M_{va-1} - (-300-200))^2 + (M_{va-1} - (-200))^2 + M_{va-1}^2 + (M_{va-1} + 300)^2\right)$$
$$= 0{,}01\% \cdot \left(4 \cdot (M_{va-1})^2 + 2.000 \cdot M_{va-1} + 380.000\right)$$

Sowohl $M_{va-1} = -700$ als auch $M_{va-1} = -500$ führen zum Anspannungsende in t = 7. In Abb. D-12 lässt sich dies daran erkennen, dass in beiden Fällen die Pfeilspitze für Δ_8 sich als erste im Anspannungs-Abbau-Zeitraum über der Abszisse befinden würde, wenn die Treppe in Abb. D-12 soweit nach oben verschoben würde, dass die Treppenstufe für t = 1 bzw. t = 5 mit der Abszisse fluchten würde. φ = 4 impliziert deshalb den Anspannungszeitraum A = {2, …, 7}. Die malusminimierende stille Reserve in der Periode vor dem Anspannungsanfang, t = aa − 1, beträgt gemäß (D-28) S. 186 $M^*_{aa-1} = M^*_{aufa-1} = 43$ PE, so dass sich bis zur Vorperiode vor dem Fehlbetragszeitraum eine stille Reserve von 543 PE anhäuft, $M_{va-1} = -43 - 300 - 200 = -543$ PE. Für $M_{va-1} = -543$ PE ergibt Einsetzung in (D-38) Kosten stiller Reserven i.H.v. 47,31 ≒ 47 NE. Die Grenzkosten stiller Reserven in t = va − 1 betragen −0,01%·(2·4·(−543) + 2000) = 0,23 NE/PE; eine marginale Reduktion von $\Delta_{amax} = \Delta_5$ brächte diese Ersparnis.

4.1.3 Erträge negativer Manipulation

Die Erträge negativer Manipulation bestehen in der Vermeidung positiver Manipulation von t = va bis zu der Periode $t = ae^{max}$, in welcher zum letzten Mal $\Delta_{va:t} \geq 0$. Für $M_{va-1} = 0$ umfasst der Anspannungs-Abbau-Zeitraum alle diese Perioden. Wenn M_{va-1} in hinreichendem Maße sinkt bzw. betragsmäßig steigt, dann kann der Anspannungs-Abbau-Zeitraum schrumpfen, zumal eine Erhöhung der stillen Reserve in t = va − 1 die Periode, in der zum ersten [letzten] Mal positiv manipuliert wird, nach hinten [vorne] verschieben kann. Hinreichende stille Reserve verspätet also den Vorzeichenwechsel der Manipulation und beschleunigt das Anspannungsende. Auch hier können die Definitionsteilbereiche der Kostenfunktion positiver Manipulation (nummeriert mit η) aus der Vorstellung einer Treppe gewonnen werden, die mit steigendem M_{va-1} nach oben verschoben wird, s. Abb. D-12 S. 221. Allerdings führt die Treppe von t = va bis t = ve nach unten und ab t = ve + 1 wieder nach oben; mit der für sinkendes M_{va-1} stattfindenden Verschiebung nach oben findet die genannte Verkürzung des Anspannungs-Abbau-Zeitraumes statt. AAB1 umfasst stets t = va bis $t = ae^{max}$; es wird in all diesen Perioden positiv manipuliert, der Anspannungs-Abbau-Zeitraum hat seine maximal denkbare Länge. AAB2 ist gleich $\{va + 1, \ldots, ae^{max}\}$ bei $\Delta_{va} \leq \Delta_{va:ae^{max}}$ und sonst $\{va, \ldots, ae^{max} - 1\}$. Im ersteren Falle ist $[AAB1] = (-\Delta_{va}; 0]$, im letzteren $[AAB1] = (-\Delta_{va:ae^{max}}; 0]$. Weitere Definitionsbereiche gehen für Bsp. D-10 aus Abb. D-12 hervor. Der Definitionsteilbereich η mit dem Anspannungs-Abbau-Zeitraum AABη = {aabaη, …, aabeη} lässt sich formulieren als (η'' = η' + 1; $AAB1 = \{va, \ldots, ae^{max}\}$)

(D-39) $$AAB\eta''=AAB\eta' \setminus t \text{ für das gilt } t=\begin{cases} aaba\eta' & \text{wenn } \Delta_{aaba\eta'} \le \Delta_{(aaba\eta'):(aabe\eta')} \\ aabe\eta' & \text{wenn } \Delta_{aaba\eta'} > \Delta_{(aaba\eta'):(aabe\eta')} \end{cases}$$

Der Anspannungs-Abbau-Zeitraum wird also schrittweise um jene Periode gekürzt, die bei einer Senkung bzw. betragsmäßigen Erhöhung von M_{va-1} als nächstes von positiver Manipulation befreit wird. Die Obergrenze eines Definitionsteilbereiches $[AAB\eta']$ gleicht der Untergrenze des darüber liegenden, $[AAB(\eta'-1)]$. Letztere beträgt $-\text{Max}\{\Delta_{va:aaba(\eta'-1)}, \Delta_{va:aabe(\eta'-1)}\}$. Die Obergrenze von AAB1 ist 0. Die Kosten positiver Manipulation betragen im Definitionsteilbereich $AAB\eta$

(D-40) $$\sum_{\tau=aaba\eta}^{\tau=aabe\eta} q^{-\tau} \cdot \omega_\tau^L \cdot (M_{va-1} + \Delta_{va:\tau})^2$$

4.1.4 Optimierung

Die Summe aus (D-37) und (D-40) ergibt die Gesamtkosten des Anspannungszeitraumes, zumal Anspannungs-Aufbau-Zeitraum und Anspannungs-Abbau-Zeitraum überschneidungsfrei den Anspannungszeitraum bilden; es ist bei kongruenter Bestimmung von $AUF\varphi$ und $AAB\eta$ $aa=aufa\varphi$, $aufe\varphi=aaba\eta-1$, $aabe\eta=ae$ und deshalb $AUF\varphi \cup AAB\eta = A$ $\wedge$ $AUF\varphi \cap AAB\eta = \{\}$. Die Summe aus (D-37) und (D-40) gleicht bei $AR=A$ und $ara|t' = aa$, $are|t' = ae$ dem Ausdruck in (D-26) S. 185, wenn man für M_{va-1} den sich aus der Durchführung des Verfahrens aus Abschnitt D3.1.2 (S. 163ff.) bzw. Abb. F-3 S. 319 ergebenden Wert $M^*_{aa-1} + \Delta_{aa:(va-1)}$ einsetzt.

Das Optimierungsproblem für gegebenes Konformitätsverhalten, (D-20) S. 163, wurde, wie auf S. 212 erwähnt, bereits in Abschnitt D3.1.2 (S. 163ff.) allgemein gelöst.[671] Das optimale M_{va-1} ist gefunden, wenn sich aus (D-28) S. 186 für $ara = aa = aufa\varphi$ ein M^*_{aa-1} ergibt, welches mit dem bei dieser Berechnung unterstellten Anspannungszeitraum kongruent ist. Dies war im Bsp. D-10 für $\varphi = 4$ gegeben; die für den Anspannungszeitraum $A = \{2, ..., 7\}$ berechnete negative Manipulation in $t = 1$ i.H.v. $M_1 = -43$ führte zur Anspannung genau in den der Berechnung von M_1 zu Grunde gelegten Anspannungs-Perioden 2 bis 7.[672]

Für das optimale φ und $M_{aafa\varphi-1} = M_{aa-1}$ (woraus u.a. M_{va-1} und η resultieren) gilt also (D-28). Ordnet man in der Nullsetzung in (D-28) die Glieder von $t = amax$ bis $t = are = ae$ rechts an, erhält man

---

671 Zur Entbehrlichkeit der Prüfung zweiter Ableitungen bei Optimalitätsbedingungen s.o. S. 181.

672 $\varphi = 3$ hätte bei der zweiten Iteration des Verfahrens in Abschnitt D3.1.2 (S. 163ff.) $M^*_{aa-1} = M^*_2 = -350$ PE ergeben. Dies ist zwar mit dem hierdurch implizierten Anspannungsende in $t = 7$ ($-350+\Delta_{3:7} = 350 > 0$, $-350+\Delta_{3:8} = -150 < 0$) vereinbar, aber nicht mit Konformität in $t = 2$, zumal $\Delta_2 = -200 > -350$.

$$
\text{(D-41)} \quad \begin{aligned} &-2\cdot q^{-(aa-1)}\cdot \omega^R_{aa-1}\cdot M^*_{aa-1} - \sum_{\tau=aa}^{\tau=a\max-1} 2\cdot q^{-\tau}\cdot \omega^R_\tau \cdot \left(M^*_{aa-1}+\Delta_{aa:\tau}\right) \\ &\qquad = \sum_{\tau=a\max}^{\tau=ae} 2\cdot q^{-\tau}\cdot \omega^L_\tau \cdot \left(M^*_{aa-1}+\Delta_{aa:\tau}\right) \end{aligned}
$$

Da amax = aabaη, steht links die Summe der Grenzkosten der (negativen) Manipulation während des Anspannungs-Aufbau-Zeitraumes AUFφ und rechts diejenigen der (positiven) Manipulation während des Anspannungs-Abbau-Zeitraumes AABη. Diese Grenzkosten erhält man aus der ersten Ableitung von (D-37) und (D-40). Es gleichen sich also für $M_{va-1} = M^*_{va-1}$ Grenzertrag und -kosten der stillen Reserve in $t = va-1$ bzw. der Umkehrwirkung in der Periode der Anspannungsklimax. Dieser Grenznutzen unverfälschten Periodenergebnisses in $t = amax$ soll als Absolutbetrag der Anspannungsklimax, |amax|, bezeichnet werden. In Abb. D-13 ist, wie in Bsp. D-10 erwähnt, |amax| = 0,23 NE.

Allgemein bemisst sich die Spannung als Grenznutzen unverfälschten Periodenergebnisses, bei Anspannung in t = t' also $\sum_{\tau=t'}^{\tau=ae} 2\cdot q^{-\tau}\cdot \omega^L_\tau \cdot \left(M^*_{aa-1}+\Delta_{aa:\tau}\right)$; hiermit werden die Grenzkosten des Transfers von Periodenergebnis aus $t = aa-1$, oder – bei optimaler Manipulation äquivalent – aus $t = ae+1$ nach t = t' quantifiziert. Die Äquivalenz ergibt sich aus (D-41), in dem man die Glieder für t∈ {t', …, ae} rechts und die Glieder für t∈ {aa − 1, …, t' − 1} links anordnet. Die beiden so entstehenden Ausdrücke sind äquivalente Verallgemeinerungen des Spannungsmaßes in (C-8) S. 123. Im Fall der Ann. D-5 S. 212 fängt die Spannung bei null in $t = aa-1$ an, steigert sich auf |amax| in t = amax = aabaη, und sinkt auf null in $t = ae+1$ wieder herab.

Bsp. D-11: Manipulation um Fehlbetragszeitraum bei Konformitätskontinuität
Mit Δ_t aus Tab. D-3 (s.u.) erhält man als ab t = va = 4 negative kumulierte Anforderungsresiduen (bzw. Umkehrwirkung in der jeweiligen Folgeperiode bei $M_t = \Delta_{va:t}$): −300, −700, −1200, −900, −400, −100, +100. Der jeweils entsprechende Anspannungs-Abbau-Zeitraum umfasst AAB1 = {4, ..., 9}, AAB2 = {4, ..., 8}, AAB3 = {5, ..., 8}, AAB4 = {5, 6, 7}, AAB5 = {6, 7}, AAB6 = {6}. Die entsprechenden Definitionsteilbereiche der Kostenfunktion der stillen Reserve M_{va-1} in t = va − 1, lauten [AAB1] = (−100;0], [AAB2] = (−300;−100], [AAB3] = (−400;−300], [AAB4] = (−700;−400], [AAB5] = (−900;−700], [AAB6] = [−1200;−900]. In Abb. D-12 muss bspw. für $M_{va-1} \in$ [AAB4] = (−700; −400] die Treppe um einen Wert zwischen 400 und 700 PE nach oben verschoben werden. Dies impliziert den Abbau stiller Reserven im Zeitraum t = 5 bis t = 7.

Aus $M_{va-1} = -543$, s.o. Bsp. D-10 S. 215, folgt $\eta = 4$ wegen $M_{va-1} = -543 \in$ [AAB4], so dass $AAB\eta$ = AAB4 = {5, 6, 7} und $M_{va-1} \in$ [AAB4] = [−700;−400). Es schließt sich wie erwartet der Anspannungs-Abbau- an den Anspannungs-Aufbau-Zeitraum an: Aus $M_{va-1} = -543$ folgt $\varphi = 4$, und AUF4 = {2, 3, 4}, s.o. Bsp. D-10 S. 215, so dass der gesamte Anspannungszeitraum A = AUF4∪AAB4 = {2, 3, 4}∪{5, 6, 7} = {2, ..., 7} umfasst. Es betragen bei $M_{va-1} \in$ [AAB4] die Kosten positiver Manipulation ($\omega_t^R = \omega_t^L$ = 0,01 % $\forall t \in$ {1, ..., 10} und q = 1)

(D-42)
$$0{,}01\% \cdot \left((M_{va-1} + 300 + 400)^2 + (M_{va-1} + 700 + 500)^2 + (M_{va-1} + 1200 - 300)^2\right)$$
$$= 0{,}01\% \cdot \left(3 \cdot (M_{va-1})^2 + 2740000 + 5600 \cdot M_{va-1}\right)$$

Für $M_{va-1} = -543$ PE ergibt die Einsetzung in (D-42) Kosten positiver Manipulation während des Anspannungszeitraumes i.H.v. 58,41 ≒ 58 NE. Die Grenzkosten positiver Manipulation betragen wie diejenigen negativer Manipulation, vgl. Bsp. D-10 S. 215, ebenfalls 0,23 NE/PE; eine marginale Reduktion des Anforderungsresiduums in t = amax = 5 brächte diese Ersparnis.

Aus der Gleichheit der Grenzkosten der stillen Reserve in t = va − 1 (s. Bsp. D-10 S. 215) und positiver Manipulation in t = amax (dieses Bsp. D-11) folgt die Optimalität der gewählten Anspannungsreichweite, $(\varphi,\eta) = (4,4)$. Die Konformität von t = 1 bis t = 10 kostet den Ersteller insgesamt 47,31 + 58,41 = 105,72 ≒ 106 NE. Anforderungsresiduen, -beträge und -kosten für Bsp. D-10 und Bsp. D-11 gehen aus Tab. D-3 hervor. Spannung baut sich in AUF4 = {2, 3, 4} auf und in AAB4 = {5, 6, 7} wieder ab. Der Graph zeigt die Lösung.

t	1	2	3	4	5	6	7	8	9	10
J_t	100	100	100	100	100	100	100	100	100	100
$J_t^\#$	1000	400	300	−200	−300	−400	400	600	400	300
$\Delta_t = J_t - J_t^\#$	-900	-300	-200	+300	+400	+500	-300	-500	-300	-200
$J_t^\# - M_{t-1}$	1000	443	643	343	−57	−557	−257	243	400	300
M_t	-43	-343	-543	-243	+157	+657	+357	0	0	0
J_t	957	100	100	100	100	100	100	243	400	300
C_t (NE)	0,18	11,76	29,47	5,90	2,47	43,18	12,76	0	0	0
$\partial C_t/\partial M_t$	-0,01	-0,07	-0,11	-0,04	0,03	0,13	0,07	0	0	0
Spannungsmaß	0	0,01	0,08	0,19	0,23	0,20	0,07	0	0	0

Tab. D-3: Anforderungsresiduen, Manipulationsbeträge und -malusse bei Konformitätskontinuität (q = 1, $\omega_t^R = \omega_t^L = 0{,}0001$ $\forall t \in$ {1, ..., 10})

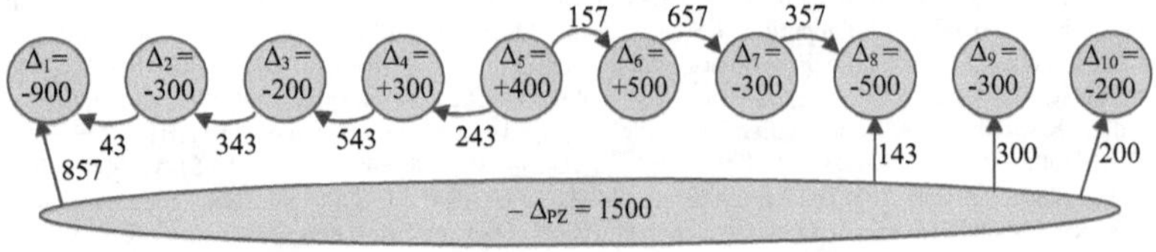

Abb. D-10 Manipulation um einen Fehlbetragszeitraum bei Kommunikationskontinuität, Darstellung als Graph

Unten wird die Lösung in der Darstellungsweise von Abb. D-9 S. 189 (s.a. Abb. C-9 S. 132) gezeigt. Die Angaben in den Dreiecken geben Vorzeichen und Absolutbetrag der Manipulation an, ihre Flächen entsprechen dem Manipulationsmalus der betreffenden Periode. Die gepunkteten Figuren deuten die Gleichheit der Grenzkosten positiver und negativer Manipulation an.

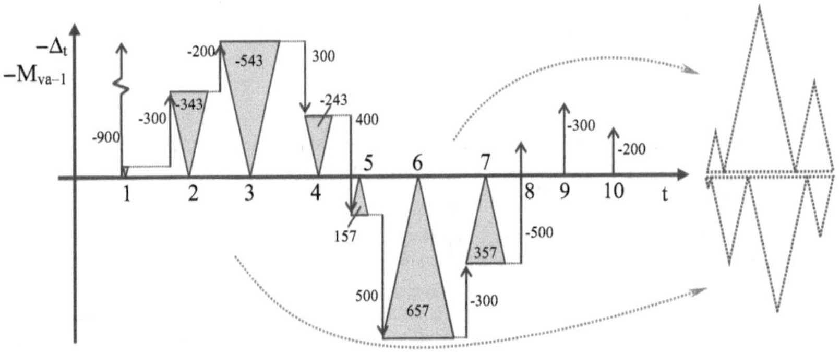

Abb. D-11 Manipulation um einen Fehlbetragszeitraum bei Kommunikationskontinuität, Darstellung als Dreiecke

Abb. D-12 zeigt die Ermittlung der Definitionsteilbereiche und Abb. D-13 die Optimierung der Manipulation in Bsp. D-10 und Bsp. D-11. Die aufsteigende [herabfallende] Funktion in Abb. D-13 zeigt die Grenzerträge [Grenzkosten] der stillen Reserve M_{va-1} vor Beginn des Fehlbetragszeitraumes. Die Flächen stellen bei aufsteigender [absteigender] Schraffierung Manipulationsmalusse für positive [negative] Manipulation dar. Die Malusse positiver [negativer] Manipulation werden „gestapelt“ in der umgekehrten [einfachen] Reihenfolge ihres Entfallens [Notwendigwerdens] bei sinkendem M_{va-1}, also mit der letzten Fehlbetragsperiode [Überschussperiode] anfangend und mit der jeweils vom Abstand her nächsten „Treppenstufe“ fortsetzend.

Würde man die aufsteigende Funktion bis zur Ordinate fortentwickeln, würde die Fläche zwischen den beiden Kurven rechts vom Schnittpunkt die durch den Einsatz stiller Reserven erzielte Malusmilderung anzeigen, analog zu Abb. D-3 S. 158. Das nach links hin spitze Zulaufen dieser Fläche zeigt an, dass die Differenz zwischen Grenzertrag und -kosten von M_{va-1} mit sinkendem M_{va-1} bis auf null abnimmt.

Die Manipulationsbeträge erreichen ihre Extremwerte jeweils vor dem Vorzeichenwechsel der Zeitreihe der Anforderungsresiduen, nämlich ihren Tiefpunkt vor dem Eintritt in den Fehlbetragszeitraum und ihren Höhepunkt vor dem Austritt hieraus.

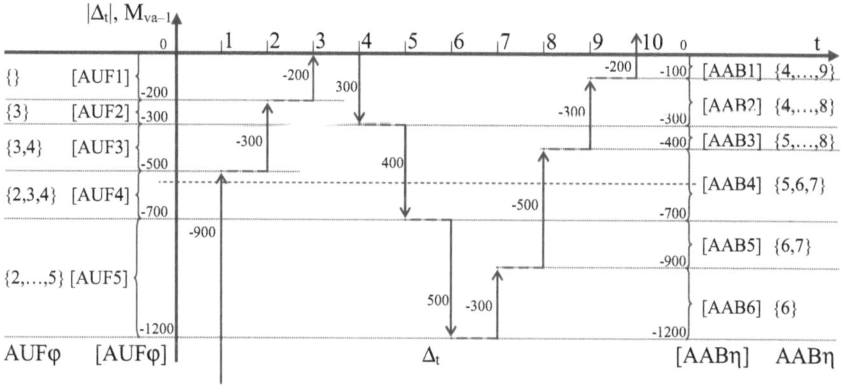

Abb. D-12: Ermittlung von Definitionsteilbereichen der Kostenfunktion der stillen Reserve vor Beginn des Fehlbetragszeitraumes

Stellt man eine Binomialfunktion $f(x)=a \cdot x^2+b \cdot x+c$ als Tripel (a; b; c) ihrer Koeffizienten dar, erhält man für die einzelnen Definitionsteilbereiche die aus Tab. D-4 hervorgehenden Teil-Funktionsvorschriften für Kosten-, Ertrags-, Grenzkosten- und Grenzertragsfunktionen sowie die Undifferenzierbarkeitspunkte der sich aus ihnen ergebenden gesamten Grenzkosten- und Grenzertragsfunktionen. Die Kosten- und Ertragsfunktionen wurden in analoger Weise wie die Kostenfunktion von AUF4 in Bsp. D-10 und die Ertragsfunktion in Bsp. D-11 für AAB4 ermittelt. S.a Bsp. D-14 S. 248. Sie werden für die Konstruktion von Abb. D-13 herangezogen, wobei dort die Grenzkostenfunktion mit ihrem Absolutbetrag dargestellt wird.

Zeitraum	Kosten-/Ertragsfunktion			Grenzertrags-/ Grenzkostenfunktion		Undifferenzier-barkeitspunkt	
	a	b	c	2·a	b	M_{va-1}	$\partial C/\partial M$
AUF1	0,0001	0,00	0	0,0002	0,00	0	0,00
AUF2	0,0002	0,04	4	0,0004	0,04	−200	0,04
AUF3	0,0003	0,10	13	0,0006	0,10	−300	0,08
AUF4	0,0004	0,20	38	0,0008	0,20	−500	0,20
AAB6	0,0001	0,24	144	0,0002	0,24	−1.200	0,00
AAB5	0,0002	0,42	225	0,0004	0,42	−900	0,06
AAB4	0,0003	0,56	274	0,0006	0,56	−700	0,14

Tab. D-4: Funktionsvorschriften für Kosten, Erträge, Grenzkosten und Grenzerträge der stillen Reserve vor Beginn des Fehlbetragszeitraumes

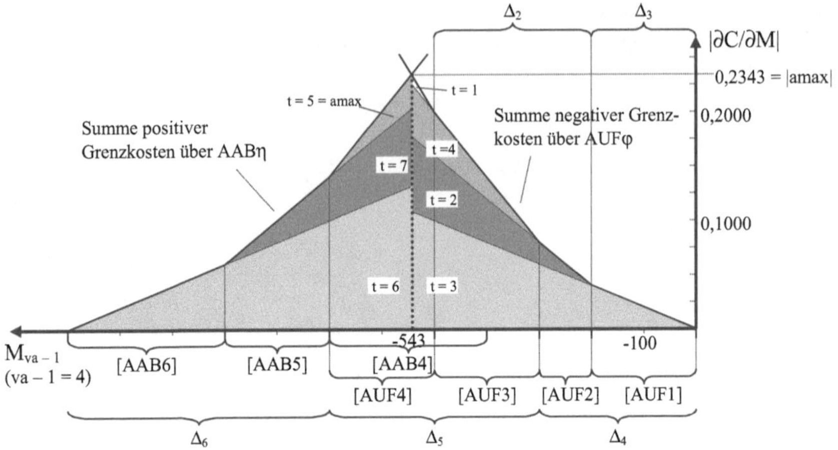

Abb. D-13: Manipulation um einen Fehlbetragszeitraum bei Konformitätskontinuität, Darstellung als Grenzkostenkurven

4.1.5 Anspannungsklimax und kommunikationsexogene Beobachtung

Eine Erhöhung unverfälschten Periodenergebnisses einer Periode des Anspannungszeitraumes würde wirken wie die Verkürzung [Verlängerung] eines hinabführenden [hinaufführenden] Pfeils in Abb. D-12. Sie würde die größte Kostenersparnis erbringen, wenn sie in t=amax stattfände, und umso weniger, je weiter sie von t=amax entfernt wäre:

— Im Anspannungs-Aufbau-Zeitraum, weil sie umso häufiger durch wiederholte negative Manipulation über einen umso längeren Zeitraum konserviert bzw. transferiert werden muss, bevor sie positive Manipulation reduziert;
— und im Anspannungs-Abbau-Zeitraum, weil sie sich auf umso weniger Perioden manipulationsmindernd auswirkt.[673]

Es wird insofern in der Periode des Vorzeichenwechsels von negativer zu positiver Manipulation, t=amax, ein Höhepunkt der Knappheit unverfälschten Periodenergebnisses erreicht: Die Ersparnis von Manipulationsmalussen des gesamten, separat optimierbaren Konformitätszeitraumes, die durch eine marginale Erhöhung des unverfälschten Periodenergebnisses erzielt werden kann, erreicht hier ihr Maximum |amax|, den Absolutbetrag der Anspannungsklimax. Hiermit wird eine Klimax der unbemerkten Enttäuschung der an das Unternehmen gehegten Erwartungen quantifiziert (s.a. S. 129).

Für **kommunikationsexogene Beobachtung** impliziert die Analyse Folgendes:

673 Dies widerspricht der oben auf S. 220 beschriebenen Anordnung der Flächen in Abb. D-13 nicht.

— Ist der Vorzeichenwechsel von negativer zu positiver Manipulation beobachtbar, zeigt er t=amax an. Da er sich frühestens in der ersten Periode des Fehlbetragszeitraumes und spätestens in dessen letzten Periode findet, impliziert er aktuelle und evtl. anstehende Fehlbeträge.
— Gelänge, etwa anhand Indikatoren intratemporaler Grenzmalusse,[674] die Beobachtung des zeitlichen Maximums der negativen [positiven] Manipulation, dann gälte:
  - Es würde mit dessen Folgeperiode [dessen Periode] der Anfang t = va [das Ende t = ve] des Fehlbetragszeitraumes festgestellt werden.
  - Umso höher das Maximum ist, umso höher sind zwar die Überschüsse in der jüngsten Vergangenheit [nächsten Zukunft], aber umso größer sind auch die bevorstehenden [vorausgegangenen] Fehlbeträge.
  - Die seit der Vorperiode des Anspannungszeitraumes kumulierte Differenz von beobachtetem und unverfälschtem Periodenergebnis erreicht in t = va [t = ve] ihr Minimum [Maximum]. Der ausgewiesene Totalerfolg, s.S. 142, dieses Zeitraumes ist somit in diesen beiden Perioden besonders irreführend: Er zeigt einen zu niedrigen [zu hohen] Wert an.

Diese Implikationen kommunikationsexogener Beobachtungen gelten auch für andere, dem einmaligen Fehlbetragszeitraum ähnliche Zeitreihen der Anforderungsresiduen. Die möglicherweise nahe liegende Vermutung, es ließe sich von konform überstandener Anspannungsklimax auf Konformitätskontinuität im gesamten Fehlbetragszeitraum schließen, trifft dagegen nicht zu: Die Terminierung von Nonkonformität hängt von dem zeitlichen Profil der Anforderungsresiduen ab, siehe Abschnitt D5 (S. 256ff.).

4.2 Auflösung terminierbarer stiller Reserven

4.2.1 Motivation: Verlustverschleierungspotenzial, Cookie Jar Reserves

In diesem Abschnitt D4.2 werden die Implikationen eines zum Anspannungsanfang vorhandenen Vorrates einer noch zu erläuternden terminierbaren stillen Reserve erschlossen:
— Dieser Abschnitt D4.2.1 motiviert die Modellierung;
— Abschnitt D4.2.2 stellt das Optimierungsproblem vor;
— Abschnitt D4.2.3 ermittelt das Manipulationsverhalten;
— Abschnitt D4.2.4 skizziert ausgewählte Erweiterungsmöglichkeiten und
— Abschnitt D4.2.5 erschließt Implikationen kommunikationsexogener Beobachtungen.

Besinnt man sich auf den semantischen Gehalt des Wortes „Reserve“, so sind neben ihrer Endlichkeit die Konnotationen Konservierbarkeit und damit Terminierbarkeit ihrer Auflösung nach dem Willen ihres Besitzers unüberhörbar: Es handelt sich um einen ruhenden Bestand,

---

674 S.a. Fn. 272, 273, 274 S. 60.

der *über einen Zeitraum hinweg* bei Bedarf aktiviert werden kann und anschließend verbraucht ist.[675] Im Kontext der Rechnungslegung sind es in bildlichem Sinne „liquidierbare" Bestände, über mehrere Perioden hinweg einmalig nutzbare Potenziale zur Steigerung von Periodenergebnissen. Sie werden von der Betriebswirtschaftslehre und Regulierern unter Gesichtspunkten der informatorischen Funktionalität externer Rechnungslegung kritisch beurteilt. So prangert Wolfgang Stützel 1959 vielzitiert die Stille des Zurücklegens von Reserven an, die als „**Verlustverschleierungspotenzial**"[676] im Krisenfall eingesetzt werden können. Oder Arthur Levitt moniert 1998 als Chairman der US-amerikanischen Börsenaufsicht SEC, ebenfalls vielbeachtet, das während guter Zeiten stattfindende Verstauen auflösbarer Abgrenzungsposten in „Cookie Jars"[677], in die während schlechter Zeiten hineingelangt werden könne.

Die stille Reserve wurde in der bisherigen **Modellierung** durchaus als Bestand abgebildet. Allerdings wurde gemäß Ann. C-9 S. 111 ganz auf die von der Empirie (s.o. S. 111) für überwiegend relevant gehaltene Verschiebung von Erfolgen zwischen zeitlich benachbarten Perioden abgestellt. Ein Handlungsspielraum zur Beeinflussung der Umkehrdauer und damit zur Terminierung der Auflösung wurde dem Ersteller – bis auf den kurzen Ausblick in Abschnitt D2.4 (S. 159ff.) – nicht zugestanden. Als in dieser Hinsicht zu Ann. C-9 S. 111 diametral entgegengesetzte Modellierung sollen in diesem Abschnitt D4.2 erste Implikationen einer jederzeit auflösbaren Reserve erschlossen werden. Der Bestand an derartiger Reserve zu Beginn des Planungszeitraumes wird exogen vorausgesetzt.

675 Übliche Formulierungen über „Verbrauch" oder „Erschöpfung" stiller Reserven setzen implizit ein gewisses Maß an Konservierbarkeit und Terminierbarkeit voraus. Vgl. bspw. Baetge/Ballwieser (1978) S. 518 – 519 und explizit Küting/Kaiser (1994) S. 8. S.a. Abschnitt B2.3.2 (S. 33ff.).

676 Stützel (1959) S. 4. Vgl. auch die Forderung „verschlossene(r), aber gläserne(r) Taschen" für die Verwaltung einer Aktiengesellschaft bei Stützel (18.08.1962) S. 5, Kronstein und Claussen zitierend. Vgl. auch Schmalenbach (1927) S. 52, Moxter (1962) S. 626.

677 Levitt (1998 e): "... some companies ... stash accruals in cookie jars during the good times and reach into them when needed in the bad times." S.a. Levitt (1998 d) S. 2546.

Ein institutionelles **Beispiel**[678] einer konservierbaren und terminierbaren stillen Reserve wäre der gemessen an unverfälschter Rechnungslegung (vgl. Abschnitt 4.2 S. 60ff.) nicht zu bildende Teil von Restrukturierungsrückstellungen, deren Auflösung in der Folgezeit ihrer Bildung häufig sehr ermessensbehaftet ist[679]. Eine solche Reserve wird häufig anlässlich einer buchhalterischen Generalbereinigung bzw. „big bath" gelegt, wie sie in Abschnitt D5 (S. 256ff.) analysiert wird. Ein weiteres Beispiel ist die manipulative[680]Verzögerung der Veräußerung eines Vermögensgegenstandes, dessen voraussichtlicher Veräußerungserlös den Buchwert übersteigt.[681] Bei hinreichendem Planungshorizont des Erstellers besteht für ihn die Möglichkeit, eine unter Manipulationsgesichtspunkten geeignete Periode für die Auflösung zu wählen (zu „terminieren"). Kosten dieser Verschiebung von Erfolgen entstehen durch die operative Suboptimalität des Veräußerungszeitpunktes, etwa aufgrund kurzfristiger Anberaumung. Sie könnten u.a. auf Bildung, Konservierung und Auflösung aufgeteilt werden. Die hiesige Modellierung ordnet jedoch – bis auf die Anmerkung auf S. 250 – alle Kosten der terminierbaren stillen Reserve ihrer Auflösung zu.

---

678 Als Beispiele erwähnt Levitt (1998 e) (s.o.Fn. 677) die Überschätzung künftiger Belastungen bei Umsatzretouren, Abschreibungen auf Darlehen (etwa bei Kreditinstituten) und Garantieaufwendungen. Eine kostenlose Konservierung solcher Reserven impliziert, dass bei regelmäßigen, erneuten Schätzungen die Überschätzung der Vorperiode mühelos übernommen werden kann, s.o. auch Fn. 452 S. 110. Zur empirischen Analyse von Rechnungslegungspolitik mit Terminierungsentscheidungen vgl. insbes. Bartov (1993) (s.o. Fn. 379 S. 87, Fn. 641 S. 206, Fn. 659 S. 209), Dietrich/Harris/Muller III (2001) (s.Fn. 379 S. 87, 659 S. 209) zur Terminierung des Verkaufs von Vermögensgegenständen, die u.a. Tendenzen zur Gewinnglättung feststellen (zur Einordnung in den hiesigen Modellkontext s.Fn. 716 S. 252.) sowie Klassen (1997) S. 455, 460 – 461. Siehe weiter die Nachweise zu Erhebungen von Aufwertungen bei Dietrich/Harris/Muller III (2001) S. 127. Beispiele sind Moehrle (2002) (s.Fn. 741 S. 259, s.a. Fn. 171 S. 39, Fn. 439 S. 106) sowie Sharpe/Walker (1975) und Standish/Ung (1982), die beiden letzteren zur Signalwirkung ermessensbehafteter Aufwertung von Anlagevermögen. Auch die Untersuchungen über die Wahl der Abbildungsmethode (s. hierzu die Überblicksdarstellungen in Fn. 257 S. 57, Fn. 308 S. 69) thematisieren teilweise Terminierungsentscheidungen, bspw. Klassen (1997) (s.o.), oder Chen/Lee (1995) S. 95. Letztere analysieren eine regulatorisch erzwungene Veränderung der Abbildungstechnik, die in einem von zwei Geschäftsjahren stattfinden musste. Terminierungsentscheidungen sind z.T. als Auflösung terminierbarer stiller Reserven beobachtbar, bspw. bei Moehrle (2002). Zur Erschließung von Implikationen von Beobachtung der Auflösung terminierbarer stiller Reserven in der hiesigen Modellierung s. Abschnitt D4.2.5 S. 251ff.

679 Vgl. Fn. 678 und Fn. 741 S. 259.

680 Die Manipulation besteht in der Abweichung von der operativ optimalen Periode der Veräußerung: In der letztgenannten Periode wird eine stille Reserve gebildet, die sich in der Periode der Veräußerung auflöst. Die Zuordnung zur operativen manipulations-induzierten Unternehmenspolitik ist allerdings ebenfalls denkbar, s. hierzu S. 22f., 62. Von den in Abb. B-2 S. 37 aufgeführten Kategorien extratemporaler Wechselwirkungen ist angesprochen sowohl „Ertragsperiodisierung", nämlich zwischen operativ optimaler Periode des Verkaufs einerseits und der Summe der unverfälschten Periodenergebnisse der für manipulativ motivierten Verkauf in Frage kommenden Perioden andererseits, als auch „Verbrauch aufschiebbarer Alternativen", nämlich zwischen den für manipulativen Verkauf in Frage kommenden Perioden unter einander.

681 Wird vor der operativ optimalen Periode verkauft, handelt es sich um die Bildung und Auflösung einer stillen Last. Unterschreitet trotz Niederstwertprinzip (vgl. § 253 II, III HGB, U. Döring/ M. Karrenbauer in Küting/Weber (1995) § 253 RdNr. 146 – 188) der voraussichtliche Verkaufserlös den Buchwert, handelt es sich bei der zeitlichen Vorverlegung [Nachverlegung] des Verkaufs um eine stille Reserve [Last], die in der Periode des rechnungslegungspolitisch motivierten Verkaufs gebildet [aufgelöst] und in der Periode des operativ optimalen Verkaufs aufgelöst [gebildet] wird.

4.2.2 Modellierung

Der Ersteller habe bereits in Perioden vor Beginn des Planungszeitraumes ergebnismindernd einen endlichen Anfangsbestand bzw. Vorrat an TERMINIERBARER STILLER RESERVEN i.H.v. TRV (im folgenden VORRAT) angelegt, für den gilt

Ann. D-6: Terminierbare stille Reserve (Geltung: Abschnitt D4.2)

a) Terminierbarkeit: Die Auflösung der terminierbaren stillen Reserve, $TR_t \geq 0$, in jeder Periode $t \in \{pza, \ldots, pze\}$, erhöht das ausgewiesene Periodenergebnis J_t um TR_t. Es ist also $J_t = J_t^{\#} + M_t - M_{t-1} + TR_t$.

b) Kosten: Auflösung TR_t ruft in $t = \tau$ Kosten i.H.v. $q^{-1} \cdot \varpi \cdot TRt$ hervor.

c) Endlichkeit: Es gilt $TR_{pza:pze} \leq TRV$.

Die Summe der über alle jeweils betrachteten Perioden aufgelösten terminierbaren stillen Reserven sei mit $TR_{pza:pze} = TR_{PZ}$, $0 \leq TR_{PZ} \leq TRV$, bezeichnet. Ein etwaiger mit der Bildung einhergehender Verzicht auf ausgewiesenes Periodenergebnis soll vor dem hier betrachteten Anspannungsanfang stattgefunden haben. Zur Unterscheidung von dieser terminierbaren stillen Reserve wird die bisherige „stille Reserve" bei Bedarf als „umkehrende stille Reserve", s.a. S. 110, bezeichnet, und positive und negative Manipulation insbesondere in diesem Abschnitt D4.2 als (sofort) umkehrend.

Ann. D-6 b), wonach die Kosten linear vom Auflösungsbetrag abhängen, ist allenfalls indirekt empirisch zu begründen. Vielmehr ergibt sie sich aus der oben erklärten Absicht, als Gegensatz zur periodenweisen unbeschränkten Gewinnverschiebung die zeitliche Verteilung eines ex ante vorhandenen, endlichen Vorrates zu modellieren: Die Linearität und die – bis auf die Abzinsung – zeitliche Konstanz der Grenzkosten gewährleisten dessen beliebige Verteilbarkeit über den Planungszeitraum, die dem Ersteller bei der umkehrenden stillen Reserve gemäß Ann. C-9 S. 111, sofortige Umkehr, versagt blieb. Dieser entgegengesetzte, einfache Fall erscheint geeignet, um ein Spektrum grundsätzlicher Wirkungsmechanismen aufzuzeigen.[682]

Sieht man von der Annahme der Optimalität der Konformitätskontinuität gemäß Ann. D-5 S. 212 ab, stellt sich dem Ersteller das folgende von (D-18) S. 162 abgewandelte Optimierungsproblem:[683]

---

682 Eine weitere Anreicherung der Analyse mit Effekten aus nicht-linearen Grenzkosten erscheint im Vergleich zu den übrigen Problemstellungen der hiesigen Untersuchung nicht opportun. Im Auflösungsbetrag zunehmende Grenzkosten würden zur zeitlichen Glättung der Auflösung anreizen, abnehmende Grenzkosten zur Konzentration in wenigen Perioden. Kostenfunktionen mit lokalen Extrema würden „zweitbeste unverfälschte Periodenergebnisse" erzeugen und den Ausweis in Richtung der Minima lenken. Im Folgenden werden zeitlich variierende Grenzkosten mit den Zinseffekten exemplarisch behandelt und eine abgewandelte Verteilung auf Bildung, Konservierung und Auflösung wird in Abschnitt D4.2.4 S. 250f. kurz angesprochen.

683 (D-43) ist eine Verallgemeinerung von (D-18) S. 162. (D-18) erhält man aus (D-43) mit TRV=0.

$$KW_{PZ} = \sum_{t=pza}^{t=pze} q^{-t} \cdot E_t \cdot \kappa_t - \sum_{t=pza}^{t=pze} q^{-t} \cdot \omega_t^{RL} \cdot M_t^2 - \sum_{t=pza}^{t=pze} q^{-t} \cdot \varpi \cdot TR_t \rightarrow \max_{\forall M_t}! \quad \text{u.d.N.}$$

(D-43) $$\Delta_t \leq -M_{t-1} + M_t + TR_t + (1-\kappa_t) \cdot \xi$$

$$TR_{pza:pze} = TR_{PZ} \leq TRV,\; TR_t \geq 0,\; \kappa_t \in \{0,1\}, \quad \forall t \in \{pza, \ldots, pze\}$$

Zwecks Darstellung von (D-43) als Tableau ist Tab. D-1 S. 166 um die Variablen zu ergänzen, welche die Auflösung der terminierbaren stillen Reserve (TR_t) und das Konformitätsverhalten (κ_t) wiedergeben. Weiter ist die Endlichkeit des Vorrates an terminierbarer stiller Reserve als Restriktion an TR_{PZ} und das Entfallen der Konformitätsrestriktion bei Nonkonformität ($-\xi$) zu erfassen. Man erhält (für PH = 5, q^{-t} fortgelassen, s.a. S. 107):

	R_1	L_1	R_2	L_2	R_3	L_3	R_4	L_4	R_5	L_5	TR_1	…			TR_5	κ_1	…			κ_5	1	σ_1	…			σ_5	σ_{TR}	$=\delta_{PZ}/$ TRV
ZFK	$-\omega_1^R \cdot R_1^2$	$-\omega_1^L \cdot L_1^2$	…							$-\omega_5^L \cdot L_5^2$	$-\varpi$	…			$-\varpi$	E_1	…			E_5								
t = 1	1	−1									−1					ξ					$-\xi$	1						$-\Delta_1$
t = 2	−1	1	1	−1								−1					ξ				$-\xi$		1					$-\Delta_2$
t = 3			−1	1	1	−1							−1					ξ			$-\xi$			1				$-\Delta_3$
t = 4					−1	1	1	−1						−1					ξ		$-\xi$				1			$-\Delta_4$
t = 5							−1	1	1	−1					−1					ξ	$-\xi$					1		$-\Delta_5$
TRV											1	1	1	1	1												1	TRV

Tab. D-5: Tableau bei variablem Konformitätsverhalten und terminierbarer stiller Reserve

Den entsprechenden Graphen erhält man aus Abb. D-6 S. 172 durch Ergänzung um einen VORRATSKNOTEN mit dem negativen Anfangsbestand −TRV bzw. Abfall-Lagerungskapazitäten i.H.v. TRV. Pfeile von den Periodenknoten zum Vorratsknoten geben die Auflösung terminierbarer stiller Reserve an (AUFLÖSUNGSPFEILE), der Schlupf-Pfeil vom Schlupfknoten zum Vorratsknoten den am Ende des Planungszeitraumes noch unverbrauchten Teil des Vorrates. Der Schlupf ist um den Vorratsbestand TRV zu erhöhen.

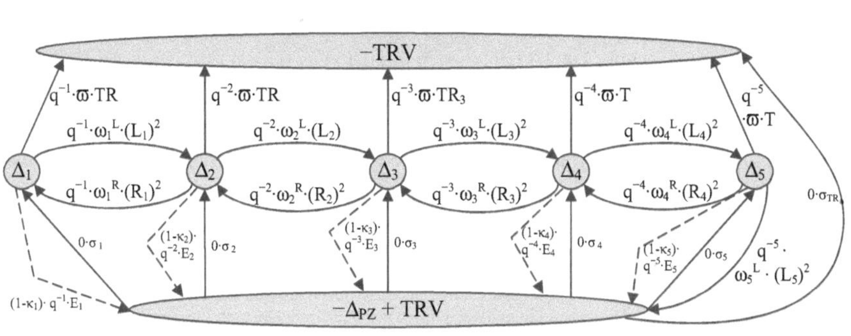

Abb. D-14: Graph bei variablem Konformitätsverhalten und terminierbarer stiller Reserve

In der Sprache des Transportproblems sind, wie in Abb. D-4 S. 167 und Abb. D-6 S. 172, die Periodenknoten durch Verschiebung der Anforderungsresiduen auszugleichen. Der Vorrat entspricht einer zusätzlichen, endlichen Lagerkapazität, die von jeder Destination direkt angefahren werden kann, wobei die Transportkosten linear im transportierten Volumen ansteigen.

Dieses Problem soll für Zeiträume mit genau einem Fehlbetragszeitraum analysiert werden, für die der Ersteller bereits separate Optimierbarkeit und Vorteilhaftigkeit der Konformitätskontinuität gemäß Ann. D-5 S. 212 festgestellt hat. In Tab. D-5 entfallen wegen $\kappa_t = 1\ \forall t$ die Spalten κ_1 bis „1" und in Abb. D-14 die eckigen gestrichelten Nonkonformitätspfeile. Setzte man TRV=0 erhielte man das Problem, für welches Abschnitt D4.1 (S. 212ff.) als Spezialfall der Lösungen in Abschnitt D3.2.2.1 (S. 181ff.) und D3.2.2.2 (S. 185ff.) eine Lösung ermittelt. Da terminierbare stille Reserve eingesetzt werden kann, aber nicht muss, kann sie innerhalb des Anspannungszeitraumes die Knappheit an unverfälschtem Periodenergebnis allenfalls mildern und ihn hierdurch verkürzen, nicht aber verlängern.[684] Es reicht somit aus, den Anspannungszeitraum zu betrachten, wie er sich bei TRV = 0 ergäbe. Es kann deshalb (D-43) als Problem malusminimierender Ersetzung von umkehrender Manipulation in der Lösung des Abschnittes D4.1 (S. 212ff.) durch Auflösung terminierbarer stiller Reserve angesehen werden. Man erhält als **Vereinfachung von (D-43)** (leer laufende Summationen seien mit null festgelegt, s.a. S. 349):

(D-44)
$$\begin{aligned}
&C_A = \sum_{t=aa-1}^{t=ae} q^{-t} \cdot \omega_t^{RL} \cdot \left(M_{aa-1} + \Delta_{aa:t} - TR_{aa:t}\right)^2 + \sum_{t=aa}^{t=ae} q^{-t} \cdot \varpi \cdot TR_t \rightarrow \min_{M_{va-1}, TR_t}! \text{ u.d.N.}\\
&\Delta_t \leq -M_{t-1} + M_t + TR_t\\
&TR_{aa:ae} \leq TRV,\ TR_t \geq 0\ \ \forall t \in A = \{aa, \ldots, ae\}
\end{aligned}$$

Die optimale Lösung kann am Anfang und Ende des bei TRV=0 anspannungsbehafteten Zeitraumes Perioden ohne Anspannung vorsehen. Im Folgenden sollen unter Anspannungsanfang t=aa und -ende t=ae die endogen für einen gegebenen Vorrat TRV > 0 ermittelten Perioden verstanden werden.

Der nun folgende Abschnitt D4.2.3 befasst sich mit dem aus (D-44) resultierenden Verhalten des Erstellers. Es soll kein Lösungsverfahren vorgestellt, sondern lediglich die Optimalitätsbedingungen entwickelt, auf ihre Implikationen hin untersucht und graphisch veranschaulicht werden.[685] An Beispielen wird demonstriert, wie die angestellten Überlegungen und ihre gra-

---

684 Außerhalb des Anspannungszeitraumes kommt Auflösung terminierbarer stiller Reserven nicht in Frage: Weder wäre sie hier zwecks Konformität erforderlich, noch bestehen Interdependenzen zu den anspannungsbehafteten Perioden, die zur Einsparung von Manipulation führen könnten. Sofern Anspannungszeiträume mit mehreren Fehlbetragszeiträumen aufgrund der Auflösung terminierbarer stiller Reserven durch Entspannung in mehrere Anspannungszeiträume mit jeweils einem Fehlbetragzeitraum zerfallen, gelten für das Manipulationsverhalten innerhalb der entstehenden Anspannungszeiträume die Ausführungen zum Fehlbetragzeitraum, und für die Verteilung einer knappen terminierbaren stillen Reserve (ohne Knappheit existiert kein Verteilungsproblem) die unten in Abschnitt D4.2.3.4 (S. 241ff.) gemachten Ausführungen. Zur Mehrheit von Fehlbetragzeiträumen, die nur bei knapper terminierbarer stiller Reserve von Bedeutung ist, s. Abschnitt D4.2.4 (S. 250ff.).

685 Zur Entbehrlichkeit der Prüfung zweiter Ableitungen bei Optimalitätsbedingungen s.o. S. 181.

phischen Veranschaulichungen genutzt werden können, um die Lösung zielgerichtet anzusteuern und ihre Optimalität zu überprüfen. Die Allgemeinheit und damit die Komplexität der Ausführungen wird schrittweise gesteigert:

— Abschnitt D4.2.3.1 zeigt die Manipulation bei einperiodigem Anspannungszeitraum.
— Abschnitt D4.2.3.2 entwickelt eine Lösung bei mehrperiodigem Anspannungszeitraum und ausreichendem Vorrat und
— Abschnitt D4.2.3.3 für knappen Vorrat. In Abschnitt D4.2.3.2 und D4.2.3.3 wird auf Zinseffekte lediglich kursorisch eingegangen.
— Abschnitt D4.2.3.4 analysiert die allgemeine Lösung von (D-44) für mehrperiodige Anspannungszeiträume, knappen Vorrat und Zinseffekte.

4.2.3 Manipulationsverhalten

4.2.3.1 Einperiodiger Anspannungszeitraum

Zur Struktur dieses Abschnittes D4.2.3 siehe ebenda, am Ende des Abschnittes D4.2.2.

Negative Manipulation sei zunächst ausgeschlossen. Man betrachte in einer von Nicht-Anspannung umgebenen Fehlbetragsperiode $t=t'$, $\Delta_{t'}>0$, $A|t'=\{t'\}\Rightarrow t'+1\notin\{A\} \wedge t'-1\notin\{A\}$, die Art der Manipulation mit ansteigendem kumulierten Anforderungsresiduum: Es wird als erstes positiv manipuliert, bis der Grenzmalus ϖ erreicht, bis also $2\cdot\omega_t^L\cdot M_t=\varpi \Rightarrow M_t=\varpi/(2\cdot\omega_t^L)$. $\varpi/(2\cdot\omega_t^L)$ soll mit M_t^{ϖ} bezeichnet werden. Darüber hinausgehendes Anforderungsresiduum wird durch Auflösung der terminierbaren stillen Reserve bewältigt. Durch Auflösung der Nebenbedingung des folgenden quadratischen Optimierungsprogramms nach TR_t, Einsetzung in die Zielfunktion, Ableitung und Nullsetzung derselben sowie Auflösung nach M_t erhält man[686]

$$(\text{D-45})\qquad \left\{\begin{array}{l} C_t=q^{-t}\cdot\omega_t^L\cdot M_t^2+q^{-t}\cdot\varpi\cdot TR_t\rightarrow \min\limits_{M_t,TR_t}! \\ \Delta_t-M_t-TR_t=0 \\ M_t\geq 0 \\ 0<\varpi/(2\cdot\omega_t^L)<\Delta_t<\varpi/(2\cdot\omega_t^L)+TRV \end{array}\right\} \Rightarrow \left\{\begin{array}{l} M_t^{\varpi}=\varpi/(2\cdot\omega_t^L) \\ TR_t=\Delta_t-M_t^{\varpi} \\ C_t=q^{-t}\cdot\varpi\cdot(\Delta_t-M_t^{\varpi}/2) \end{array}\right\}$$

wodurch die terminierbare stille Reserve einen Manipulationsmalus positiver Manipulation i.H.v. $q^{-1}\cdot\omega_t^L\cdot(\Delta_t-M_t^{\varpi})^2$ einspart; sie verhütet die Progression für Manipulation größer als

---

686 Der Malus positiver Manipulation beträgt $q^{-t}\cdot\omega_t^L\cdot(\varpi/(2\cdot\omega_t^L))^2=q^{-t}\cdot\varpi\cdot M_t^{\varpi}/2$, also die Hälfte der Kosten, die für die Auflösung terminierbarer stiller Reserve in gleicher Höhe aufzuwenden wären, weil der Grenzmalus positiver Manipulation bei null anfängt, linear zunimmt und bei M_t^{ϖ} gerade die Auflösungsgrenzkosten terminierbarer stiller Reserven erreicht. Die Gesamtkosten der Manipulation ergeben sich somit als $q^{-t}\cdot\varpi\cdot\Delta_t$ abzüglich der durch im Vergleich zu $TR_t=\Delta_t$ mittels positiver Manipulation eingesparten Kosten. Diese Ersparnis beträgt $q^{-t}\cdot\varpi\cdot M_t^{\varpi}/2$, wie es (D-45) zeigt.

M_t^{ϖ}. In Abb. D-15 entspricht die Fläche p1-p5-p4-p1 der Ersparnis für $\Delta_t = M_t^{\varpi} + TRV$ im Vergleich zur ausschließlich positiven Manipulation i.H.v. Δ_t. Übersteigt das über M_t^{ϖ} hinausgehende Anforderungsresiduum den Vorrat TRV, dann muss die positive Manipulation über M_t^{ϖ} hinaus gesteigert werden. Man erhält mit $M_t^{\varpi} = \varpi/(2\cdot\omega_t^L)$ die Manipulationsmalusfunktion ohne Berücksichtigung negativer Manipulation als

$$\text{(D-46)} \qquad C_t = \begin{cases} q^{-t}\cdot\omega_t^L\cdot\Delta_t^2 & 0 \le \Delta_t \le M_t^{\varpi} \\ q^{-t}\cdot\varpi\cdot\left(\Delta_t - M_t^{\varpi}/2\right) & M_t^{\varpi} < \Delta_t \le M_t^{\varpi} + TRV \\ q^{-t}\cdot\omega_t^L\cdot(\Delta_t - TRV)^2 + q^{-t}\cdot\varpi\cdot TRV & M_t^{\varpi} + TRV < \Delta_t \end{cases}$$

Man beziehe nun die Möglichkeit negativer Manipulation in der Vorperiode mit ein. Gemäß der Annahme der Nicht-Anspannung in der Vorperiode reicht der Überschuss der Vorperiode für jede in Frage kommende negative Manipulation aus. Terminierbare stille Reserve wird nur aufgelöst, wenn ihre Grenz-Auflösungskosten ϖ die supratemporalen Grenzkonformitätskosten $2\cdot\omega_t^S\cdot\Delta_t$ unterschreiten, also bei $\Delta_t > \Delta_t^{\varpi} = \varpi/(2\cdot\omega_t^S)$ mit $\omega_t^S = q\cdot\omega_{t-1}^R\cdot\omega_t^L/(q\cdot\omega_{t-1}^R + \omega_t^L)$. Bei $\Delta_t \ge \Delta_t^{\varpi} + TRV$ wird die terminierbare Reserve zur Gänze aufgelöst. Die Manipulationsmalusfunktion lautet wie in (D-46), nur ist ω_t^L durch ω_t^S und M_t^{ϖ} durch Δ_t^{ϖ} zu ersetzen.

Abb. D-15 illustriert die Optimierung negativer Manipulation in $t = t-1$ für $\Delta_t > M_t^{\varpi} + TRV$. Die Fläche f1 stellt den Malus negativer Manipulation in $t = t-1$ dar. f2a erfasst mit $|f2a| = q^{-t}\cdot\omega_t^L\cdot(M_t^{\varpi})^2$ den Manipulationsmalus positiver Manipulation, dessen Grenzmalus $q^{-t}\cdot\varpi$ unterschreitet. f2b zeigt die Kosten der Auflösung der gesamten terminierbaren stillen Reserve, $|f2b| = q^{-t}\cdot\varpi\cdot TRV$, und f2c den Manipulationsmalus positiver Manipulation, soweit dessen Grenzmalus $q^{-t}\cdot\varpi$ überschreitet. Die Grundlinie von f2c berechnet sich als $\Delta_t - M_t^{\varpi} - TRV$, so dass $|f2c| = q^{-t}\cdot\varpi\cdot(\Delta_t - M_t^{\varpi} - TRV) + q^{-t}\cdot\omega_t^L\cdot(\Delta_t - M_t^{\varpi} - TRV)^2$. Die Fläche p1-p2-p3-p4-p1 stellt die Ersparnis durch die terminierbare stille Reserve im Vergleich zum malusminimierenden Einsatz positiver und negativer Manipulation dar. Vertauscht man die Positionen von f2b und f2c, ist Abb. D-15 ein analoger, einfacherer Fall der Abb. D-19, s.u. S. 240 in Abschnitt D4.2.3.3 (S. 237ff.).

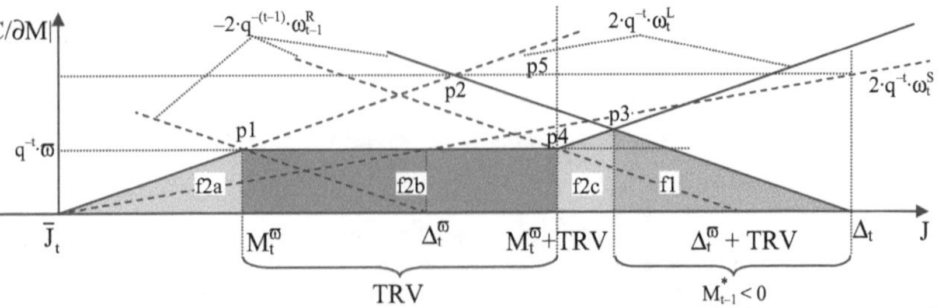

Abb. D-15: Manipulation bei knapper terminierbarer stiller Reserve und Nicht-Anspannung in den Nachbarperioden

Übersteigt das Konformitätsinzitament E_t den bei ausreichender terminierbarer stiller Reserve aufzubringenden Malus für umkehrende Manipulation, $E_t > q^{-t} \cdot \varpi \cdot \Delta_t^{\varpi}/2$, dann erweitert die terminierbare stille Reserve das auf S. 122 erläuterte Unschärfeintervall, in welchem der Ersteller niemals sein Periodenergebnis ausweisen würde. Dessen Länge beträgt

(D-47) $$q^{-t} \cdot E_t = q^{-t} \cdot \varpi \cdot \left(\Delta_t - \Delta_t^{\varpi}/2\right) \Rightarrow \Delta_t = E_t/\varpi + \Delta_t^{\varpi}/2$$

so dass sich das Unschärfeintervall bei $E_t > q^{-t} \cdot \varpi \cdot \Delta_t^{\varpi}/2$ von $J_{t'} = \bar{J}_{t'}\ \forall J_t^{\#} \in \left\lfloor \bar{J}_t - \sqrt{E_t/\omega_t^S}; \bar{J}_t \right\rfloor$ erweitert auf $J_{t'} = \bar{J}_{t'}\ \forall J_t^{\#} \in \left\lfloor \bar{J}_t - \left(E_t/\varpi + \Delta_t^{\varpi}/2\right); \bar{J}_t \right\rfloor$ mit $\Delta_t^{\varpi} = \varpi/(2 \cdot \omega_t^S)$.

4.2.3.2 Ausreichender Vorrat ohne Zinseffekte

Es sei zunächst TRV hinreichend hoch, dass jede gewünschte Auflösung terminierbarer stiller Reserve (im Folgenden auch kurz „Auflösung“) möglich ist ($\lambda = 0$, s.u. Abschnitt D4.2.3.3 (S. 237ff.)). Es sei weiter zunächst $q = 1$.

Sämtliche umkehrende Manipulation durch Auflösung zu ersetzen, kann nicht optimal sein. Zumindest eine marginal kleine stille Reserve für t = va muss sich lohnen, zumal ihr Grenzmalus gegen null geht und somit ϖ unterschreiten muss, $M^*_{va-1} < 0$. Dies wurde auch in Abschnitt D4.2.3.1 (S. 229ff.) für A = {t'} demonstriert. Analoges gilt für stille Lasten in t = ve; $M^*_{ve} > 0$. Das Ausmaß positiver und negativer Manipulation kommt also auf die Grenz-Auflösungskosten, ϖ, an, wobei die Konsequenzen der umkehrenden Manipulation für die umgebenden Perioden zu berücksichtigen sind. Die Summe der Grenzmalusse der durch umkehrende Manipulation in t = va hervorgerufenen Malusse muss also strikt positiv sein, kann aber ϖ nicht übersteigen. Gleiches muss für umkehrende Manipulation in t = ve gelten.

Eine Möglichkeit, Fehlbeträge durch Auflösung zu bewältigen, bestünde darin, sie durch umkehrende Manipulation in eine andere Periode zu transferieren, um sie dann durch Auflösung auszugleichen. Abb. D-14 S. 227 macht jedoch deutlich, dass dies bei q = 1 nicht vorteilhaft sein kann: Die horizontale, d.h. **zeitliche Verschiebung** von Anforderungsresiduen verursacht Manipulationsmalusse, ohne hinsichtlich der Nutzung der nach oben gerichteten Auflösungspfeile einen Vorteil zu erzielen. Vielmehr muss es preiswerter sein, die Fehlbeträge direkt aus der Ursprungsperiode nach oben zu verschieben; der „Umweg“ über andere Periodenknoten lohnt sich nicht.

Dies gibt für die Verschiebung nach rechts die Tatsache wieder, dass die Auflösung in einer Periode t = t' ebenso wirksam die Umkehrwirkung in t = t' + 1 bewältigt (nämlich durch Vermeidung) wie die Auflösung in t = t'+1, aber mit dem zusätzlichen Nutzen der Reduktion positiver Manipulation in t = t'. Durch derartiges ABWARTEN mit der Auflösung – in Abb. D-14 also die Verschiebung vom Periodenknoten Δ_t über den Manipulationspfeil L_t, den Periodenknoten Δ_{t+1} und den Auflösungspfeil TR_{t+1} in den Vorratsknoten TRV – kann allenfalls der Vorteil erlangt werden, die Auflösungskosten der terminierbaren stillen Reserve später aufbringen zu müssen.[687] Das Abwarten mit der Auflösung muss also bei q = 1 suboptimal sein.

Für die Verschiebung nach links gibt dies die Tatsache wieder, dass die durch Auflösung bewerkstelligte Vermeidung positiver Manipulation in t = t' der Ermöglichung umkehrender stiller Reserven in t = t' − 1 für t = t' vorzuziehen sein muss; letzteres würde lediglich einen Malus negativer Manipulation in t = t' − 1 verursachen, ohne dass damit ein anderer Vorteil erzielt werden würde.[688] Auch dieser <u>UMTAUSCH</u> terminierbarer gegen umkehrende stille Reserve muss somit suboptimal sein: Es muss gelten $M^*_{aa-1} + \Delta_{aa:t} - TR^*_{va:(t-1)} \geq TR^*_t$ $\forall t \in \{va, \ldots, ae^{max}\}$.

Auflösung terminierbarer stiller Reserven kann also bei q = 1 nur während Fehlbetragszeiträumen stattfinden; $TR^*_t = 0\ \forall t \notin V$.

Eine weitere Möglichkeit, Fehlbeträge auszugleichen, wäre die Verschiebung mit Hilfe sofort umkehrender Manipulation, deren Grenzmalus in jeder Periode bei null anfängt (s.o. Ann. C-5 c) S. 102), über t = va oder t = ve <u>nach Überschussperioden</u> Perioden mit negativen Anforderungsresiduen. Eine solche Verschiebung würde sich lohnen, so lange die Summe der Grenzmalusse umkehrender Manipulation in den Perioden, über welche die Fehlbeträge transferiert werden, ϖ unterschreitet. Ansonsten wäre ja die Auflösung in der Ursprungsperiode günstiger. Nun muss für jede Periode zwischen einer solchen Ursprungsperiode $t = t^{\$}$ und dem sich durch die Verschiebung ergebenden Anspannungsanfang t = aa oder Anspannungsende t = ae der Transfer nach anspannungsfreien Perioden durch umkehrende Manipulation der Auflösung vorzuziehen sein, zumal hier die Summe der Grenzmalusse bei der Verschiebung aus dem Anspannungszeitraum niedriger sein muss als in $t = t^{\$}$. Ergo müssen die Perioden mit negativer [positiver] Manipulation aufeinander folgen und sich am Anfang [Ende] des Anspannungszeitraumes befinden. Weiter müssen sie wegen $M^*_{va-1} < 0$ $[M^*_{ve} > 0]$ t = va − 1 [t = ve] umfassen.

Spiegelbildlich müssen deshalb die Perioden der Auflösung bei q = 1 aufeinander folgen, und es kann nur für die erste [in der letzten] dieser Perioden negativ [positiv] manipuliert werden; eine negative [positive] Manipulation nach [vor] den Auflösungsperioden wäre suboptimal. Von der Lösung in Abschnitt D4.1 (S. 212ff.) ausgehend, ist umkehrende Manipulation also während eines zusammenhängenden, vom Fehlbetragszeitraum umschlossenen Zeitraumes

---

687 Deshalb macht auch ein in der Folgeperiode niedrigerer Resistenzkoeffizient für positive Manipulation das Abwarten nicht vorteilhaft. Auch ist zur Relevanz von Fällen, die gegen die unten noch zu kommentierenden Ann. D-7 S. 243 verstoßen, sowohl q > 1 als auch $\omega^L_{t-1} < \omega^L_t$ notwendig. Weitere Kostenwirkungen bleiben aus wegen der unterstellten zeitlichen Konstanz von ϖ.

688 Bei kostenloser Konservierung gilt allgemein, auch Abseits der Geltung von Ann. D-5 S. 212, dass die terminierbare stille Reserve nicht aufgelöst wird, um spätere Fehlbeträge zu decken.

(Auflösungszeitraum, s.u.) durch Auflösung zu ersetzen, sofern überhaupt terminierbare stille Reserve aufzulösen ist. Negative [positive] Manipulation findet in jedem Fall statt, und zwar in genau einem Zeitraum, der vom Anspannungszeitraum umschlossen wird und mit dessen ersten [letzten] Periode beginnt [endet]. Findet keine Auflösung statt, wird wie in Abschnitt D4.1 (S. 212ff.) abgeleitet manipuliert.

Zur Bestimmung von Betrag und Zeitraum der Auflösung können die **Grenzkosten- und Grenzertragskurven** für die zunehmende Bewältigung der Fehlbeträge eines Fehlbetragszeitraumes mit Hilfe negativer und positiver Manipulation herangezogen werden, wie sie in Abschnitt D4.1 (S. 212ff.) entwickelt wurden: Die Grundlinie der „Pyramide" in Abb. D-13 S. 222 stellte die Summe der von links nach rechts in herab fallender zeitlicher Reihenfolge angeordneten Fehlbeträge dar. Die herabsinkende Funktion gab die Grenzkosten der Bewältigung von Fehlbeträgen mit Hilfe sofort umkehrender stiller Reserven wieder, die in den Vorperioden des Fehlbetragszeitraumes durch negative Manipulation aufzubringen waren.[689] Die aufsteigende Funktion gab die Grenzkosten der Bewältigung von Fehlbeträgen mit Hilfe sofort umkehrender stiller Lasten wieder, die in den Folgeperioden des Fehlbetragszeitraumes durch positive Manipulation auszugleichen waren. Dies war zugleich die Grenzertragsfunktion negativer Manipulation in $t = va - 1$. Die Grenzkosten sofort umkehrender stiller Reserven [Lasten] waren umso höher, je spätere [frühere] Fehlbeträge bewältigt werden sollten. Sie stiegen also zur Mitte des Fehlbetragszeitraumes hin an. Der Schnittpunkt teilte die Fehlbeträge auf die Manipulationsvorzeichen ihrer Bewältigung auf: links stille Lasten, rechts stille Reserven. In dieser Periode der Anspannungsklimax $t = amax$, in der zum ersten Mal positiv manipuliert wurde, wurde die maximale Ersparnis der marginalen Minderung eines Anforderungsresiduums erreicht. Sie wurde als Absolutbetrag der Anspannungsklimax, $|amax|$, bezeichnet.

Erreichen die Grenzkostenfunktionen umkehrender Manipulation ihren Schnittpunkt unterhalb von ϖ, $|amax| < \varpi$, dann ist die Auflösung terminierbarer stiller Reserven unvorteilhaft. Es wird wie in Abschnitt D4.1.4 (S. 217ff.) manipuliert. Erreichen die Grenzkostenfunktionen sofort umkehrender Manipulation die Höhe ϖ, bevor sie einander schneiden, dann geht die in Abb. D-13 abgebildeten Funktion der Grenzkosten umkehrender stiller Lasten [Reserven] in die Waagrechte ϖ über, sobald sie ϖ erreicht: Mehr stille Lasten [Reserven] können sich nicht lohnen, zumal sie zu Kosten i.H.v. ϖ durch Auflösung ersetzt werden können. Ab diesem „Knick" der aufsteigenden [herabfallenden] Grenzkostenfunktion sofort umkehrender Manipulation bis zur Anspannungsklimax wird positive [negative] Manipulation durch Auflösung

689 Die Bewältigung mit Hilfe stiller Reserven [Lasten] ging hierbei von der ersten [letzten] Verlustperiode aus, und bezog sukzessive immer spätere [frühere] Fehlbetragsperioden ein, je mehr Fehlbeträge mit Hilfe umkehrender stiller Reserven [Lasten] bewältigt werden sollten. Dementsprechend musste auch umso mehr Überschussperioden einbezogen werden, also umso früher [später] mit der negativen [positiven] Manipulation begonnen [aufgehört] werden.

ersetzt. Der Vorrat an terminierbarer stiller Reserve limitiert also die Grenzkosten der Bewältigung von Anforderungsresiduen auf ihre konstanten Grenzauflösungskosten ϖ. Ist $\varpi < |amax|$, dann mildert der Vorrat die Knappheit an unverfälschtem Periodenergebnis.

Terminierbare stille Reserven werden also entweder gar nicht oder in aufeinander folgenden Perioden, dem AUFLÖSUNGSZEITRAUM TRZ = {tra, …, tre} $\subseteq$ V [690] aufgelöst, und zwar bei q = 1 jeweils i.H.d. Anforderungsresiduums der betreffenden Periode, außer in der ersten Auflösungsperiode, für die stattdessen in strikt positiver Höhe umkehrende stille Reserve in $t = tra - 1$ gebildet wird, und außer in der letzten Auflösungsperiode, wo in strikt positiver Höhe stille Lasten gebildet werden ($TR_{tra} < \Delta_{tra}$, $TR_{tre} < \Delta_{tre}$). Es wird wie folgt **manipuliert**:

t∈	{aa−1}	{aa,…, tra−1}	{tra}	{tra+1,…, tre−1}	{tre}	{tre+1, …, ae}
umkehrende Manipulation M_t	M^*_{aa-1} < 0	$M^*_{aa-1} + \Delta_{aa:t}$ < 0	0	0	$\Delta_{tre} - R_{tre} > 0$	$-TR_{tre} + \Delta_{tre:t}$ > 0
terminierbare Auflösung TR_t	0	0	$M^*_{aa-1} + \Delta_{aa:t}$ > 0	$\Delta_t > 0$	$TR_{tre} > 0$	0

Tab. D-6: Manipulation und Auflösung bei ausreichender terminierbarer stiller Reserve

Es ist t = aa und M^*_{aa-1} sowie TR_{tre} und t = ae zu optimieren; die übrigen Größen ergeben sich dann aus den Anforderungsresiduen. t = aa und M^*_{aa-1} [TR_{tre} und t = ae] ermitteln sich anhand der Grenzkostenkurven in Abb. D-13: Negative [Positive] Manipulation ist gerade so früh und in solcher Höhe zu beginnen, dass ihre über alle Perioden mit negativer [positiver] Manipulation summierten Grenzmalusse ϖ betragen. Es ist C_A:

(D-48)
$$\sum_{t=aa-1}^{t=tra-1} \omega_t^R \cdot (M_{aa-1} + \Delta_{aa:t})^2 + \varpi \cdot (M_{aa-1} + \Delta_{aa:tra}) + \sum_{t=tra+1}^{t=tre-1} \varpi \cdot \Delta_t + \varpi \cdot TR_{tre} + \sum_{t=tre}^{t=ae} \omega_t^L \cdot (-TR_{tre} + \Delta_{tre:t})^2$$

Die Ableitungen nach M_{aa-1} und TR_{tre} ergeben für q = 1 die **Gleichheit der Grenzkosten** negativer Manipulation, Auflösung und positiver Manipulation,[691] woraus sich M_{aa-1} und TR_{tre} errechnen (s.a. (D-53) S. 241, (D-59), (D-60) S. 245 im Abschnitt D4.2.3.4):

690 Also innerhalb des Fehlbetragszeitraumes. Zum Fall mehrerer Fehlbetragszeiträume s.u. S. 250.

691 Die Optimalitätsbedingung (D-51) S. 238 ist bei diesem Vorgehen für alle TR_t, $va \le tra \le t \le tre \le ve$, erfüllt, wobei die Klammer in der Summation für alle $\tau \in \{tra, \dots, tre-1\}$ null ergibt: Eine marginale Senkung der Auflösung der terminierbaren stillen Reserve in der Periode $t = t' \in \{tra, \dots, tre\}$ würde marginal kleine positive Manipulation in $t \in \{t', \dots, ae\}$ erforderlich machen, wobei diejenige für $t \in \{t', \dots, tre-1\}$ jeweils einen Grenzmalus von null aufweist und die Summe der Grenzmalusse von $t \in \{tre, \dots, ae\}$ $\varpi + \lambda$ ergibt. Positive Manipulation vor t = tre kann also nicht vorteilhaft sein, zumal sie neben ihrem Manipulationsmalus in den Perioden bis t = tre auch supratemporale Grenzkosten in t = tre i.H.v. $\varpi + \lambda$ auslöst. Analytisch erhält man diese Lösung für t = tre aus (D-51). Für $va \le t < tre$ ergibt sie sich daraus dem sukzessiv rückschreitenden Einsetzen des Grenzmalusses positiver Manipulation. Für t = tre beträgt er $\varpi + \lambda$. Dies wird in (D-51) für $t = tre - 1$ eingesetzt: Aus $\sum_{t=tre}^{t=ae} 2 \cdot q^{-\tau} \cdot \omega_\tau^L \cdot (\Delta_{va:\tau} - TR_{va:\tau}) + \varpi + \lambda = 0$ und $2 \cdot q^{-(tre-1)} \cdot \omega_{tre-1}^L \cdot (\Delta_{va:tre-1} - TR_{va:tre-1}) + \sum_{\tau=tre}^{\tau=ae} 2 \cdot q^{-\tau} \cdot \omega_\tau^L \cdot (\Delta_{va:\tau} - TR_{va:\tau}) + \varpi + \lambda = 0$ folgt $\Delta_{va:tre-1} = TR_{va:tre-1}$. Es

$$(D\text{-}49)\qquad -2\cdot\sum_{t=aa-1}^{t=tra-1}\omega_t^R\cdot(M_{aa-1}+\Delta_{aa:t})=\varpi=2\cdot\sum_{t=tre+1}^{t=ae}\omega_t^L\cdot(-TR_{tre}+\Delta_{tre:t})$$

Bei strikt **positivem Zins**, $q>1$, sinken die verbarwerteten Grenz-Auflösungskosten im Zeitablauf.[692] Das Abwarten in Periode t mit Auflösung i.H.v. M_t erbringt einen Zinsvorteil von $q^{-t}\cdot\varpi\cdot M_t-q^{-(t+1)}\cdot\varpi\cdot M_t=q^{-t}\cdot(1-q^{-1})\cdot\varpi\cdot M_t$. Somit wird positiv manipuliert, bis die Grenzkosten positiver Manipulation diesen Zinsvorteil erreichen, also i.H.v. $q^{-t}\cdot(1-q^{-1})\cdot\varpi=q^{-t}\cdot 2\cdot\omega_t^L\cdot M_t\Rightarrow M_t=(1-q^{-1})\cdot\varpi/(2\cdot\omega_t^L)=(1-q^{-1})\cdot M_t^{\varpi}$. Bei gleichem $\omega_t^L\ \forall t\in\{tra,\ldots,tre\}$ und hinreichenden Absolutbeträgen der Anforderungsresiduen wird – zinsinduziert – Anforderungsresiduum in dieser Höhe durch in jeder Periode wiederholte positive Manipulation von $t=tra$ nach $t=tre$ transferiert. Ansonsten ergibt sich das Verhalten wie bei $q=1$. Die Entsprechung zu (D-49) bei $q>1$ und knappem Vorrat zeigt (D-60) S. 246 im Abschnitt D4.2.3.4.

wird also in $t=tre-1$ nicht positiv manipuliert. Rückschreitend ergibt (D-51) analog für jede Periode von $t=va$ bis $t=tre$, dass jede positive Manipulation unvorteilhaft wäre. Für $t\in\{tre,\ldots,ae\}$ ist $TR_t=0$, weil (D-51) mit der hieraus resultierenden Umkehrwirkung aus $t=tre$ nur für ein die Nicht-Negativitäts-Bedingung in (D-44) verletzendes TR_t erfüllt ist.

692 Etwaige hier nicht modellierte Malusse der Konservierung wirken diesen Zinseffekten entgegen.

Bsp. D-12: Manipulation um Fehlbetragszeitraum bei ausreichender terminierbarer stiller Reserve

Von Bsp. D-11 S. 219 ausgehend sei TRV = 500 und $\varpi = 0{,}1$ NE/PE. Die Grenzertragsfunktion umkehrender stiller Reserven, bzw., äquivalent, die Grenzkostenfunktion stiller Lasten, erreicht für $-M_{va-1} = -800$ PE, also in AAB5, den Wert $\varpi = 0{,}1$ NE/PE (sie lautet in AAB5 $0{,}0004 \cdot M_{va-1} + 0{,}42$ NE/PE, s. Tab. D-4 S. 221, Gleichsetzung mit 0,1 ergibt −800 PE). Die Grenzkostenfunktion von M_{va-1} erreicht für $M_{va-1} = -333 = M^*_{va-1} \in$ AUF3, den Wert $-\varpi = -0{,}1$ NE/PE (sie lautet in AUF3 $0{,}0006 \cdot M_{va-1} + 0{,}1$ NE/PE).

Nach dieser Lösung ist also AUF3 = {3, 4}, s.a. Abb. D-12 S. 221, mit tra = 5. M^*_{va-1} erhält man auch alternativ aus der linken Gleichung in (D-49) mit aa = 3, tra = 5: $(-2 \cdot 0{,}0001 \cdot (M^*_{aa-1} + (M^*_{aa-1} - 200) + (M^*_{aa-1} - 200 + 300))) = 0{,}1 \Rightarrow M^*_{aa-1} = -133$, woraus sich $M^*_{va-1} = M^*_3 = M^*_2 + \Delta_3 = -133 - 200 = -333$; $M^*_4 = M^*_3 + \Delta_4 = -333 + 300 = -33$; und $TR^*_5 = M^*_4 + \Delta_5 = -33 + 400 = 367$ PE ergibt. Weiter ist nach der graphisch ermittelten Lösung ae = 7. Aus der rechten Gleichung von (D-49) erhält man mit tre = 6 und ae = 7: $0{,}1 = 2 \cdot 0{,}0001 \cdot ((500 - TR^*_6) + (500 - 300 - TR^*_6) \Rightarrow TR^*_6 = 100$ PE, so dass $M^*_6 = -TR^*_6 + \Delta_6 = 400$ PE und $M^*_7 = M^*_6 + \Delta_7 = 400 - 300 = 100$ PE.

Die Manipulation und ihre Malusse gehen aus der unten stehenden Tabelle hervor. Die Gesamtkosten sinken durch die Auflösung von 105,72 NE auf 76,67 NE. In Abb. D-16 S. 236 erfasst die oberhalb von 0,1 NE/PE befindliche, nicht grau unterlegte Spitze der „Pyramide“ diese Ersparnis. Die Grenzersparnis unverfälschten Periodenergebnisses in einer der hierfür günstigsten Perioden, nämlich t = 5 oder t = 6, ist $\varpi = 0{,}1$ NE/PE, ist also niedriger als der Absolutbetrag der Anspannungsklimax bei TRV = 0 i.H.v. 0,23 NE/PE (s. Bsp. D-11); terminierbare stille Reserven mildern die Knappheit an unverfälschtem Periodenergebnis.

t	1	2	3	4	5	6	7	8	9	10
$\bar{J}_t$	100	100	100	100	100	100	100	100	100	100
J^*_t	1000	400	300	−200	−300	−400	400	600	400	300
$\Delta_t = \bar{J}_t - J^*_t$	−900	−300	−200	+300	+400	+500	−300	−500	−300	−200
$J^*_t - M_{t-1}$	1000	400	433	133	−267	−400	0	500	400	100
M_t	0	−133	−333	−33	0	+400	+100	0	0	0
TR_t	0	0	0	0	367	100	0	0	0	0
J_t	1000	267	100	100	100	100	100	500	400	300
$\omega \cdot M_t^2$	0	1,77	11,09	0,11	0	16	1	0	0	0
$\varpi \cdot TR_t$	0	0	0	0	36,70	10	0	0	0	0
$\partial C_t / \partial M_t$	0	−0,027	−0,067	−0,006	0	0,080	0,020	0	0	0
Spannungsmaß	0	0	0,027	0,094	0,100	0,100	0,020	0	0	0

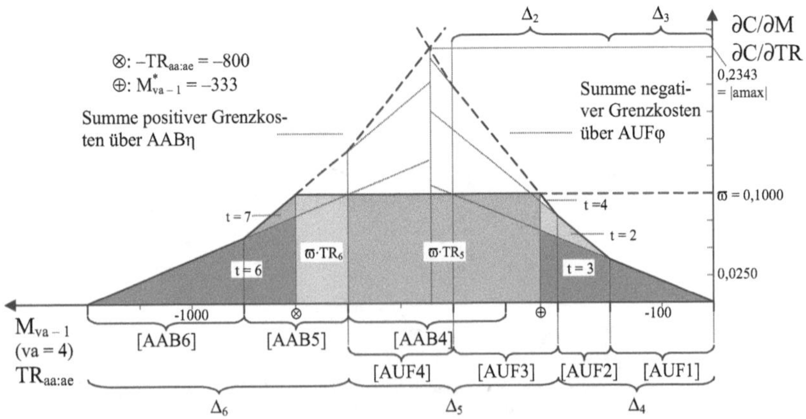

Abb. D-16: Manipulation um einen Fehlbetragszeitraum bei Konformitätskontinuität und ausreichender terminierbarer stiller Reserve ohne Zinseffekte, Darstellung als Grenzkostenkurven

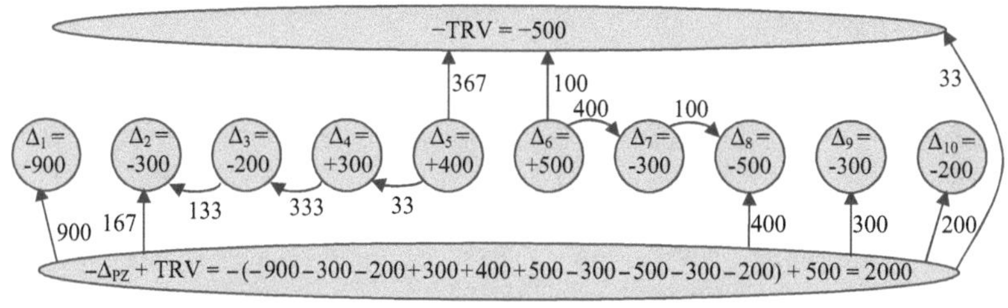

Abb. D-17: Manipulation um einen Fehlbetragszeitraum bei Konformitätskontinuität und ausreichender terminierbarer stiller Reserve ohne Zinseffekte, Darstellung als Graph

Bei $q > 1$ sinken die Grenz-Auflösungskosten im Zeitablauf, in der Linie für ϖ in Abb. D-16 also von rechts nach links, stufenweise. Die Stufe t, $\Delta_t > 0$, hat die Höhe $q^{-t} \cdot \varpi$. Die zinsinduzierte positive Manipulation für $t \in \{tra, \ldots, tre-1\}$ zeigt sich als linear ansteigender Übergang zwischen den Stufen, s. Abschnitt D4.2.3.4 S. 246.

Abb. D-18 zeigt die Lösung in der Darstellungsweise von Abb. D-9 S. 189 (s.a. Abb. C-9 S. 132), für $q = 1$:

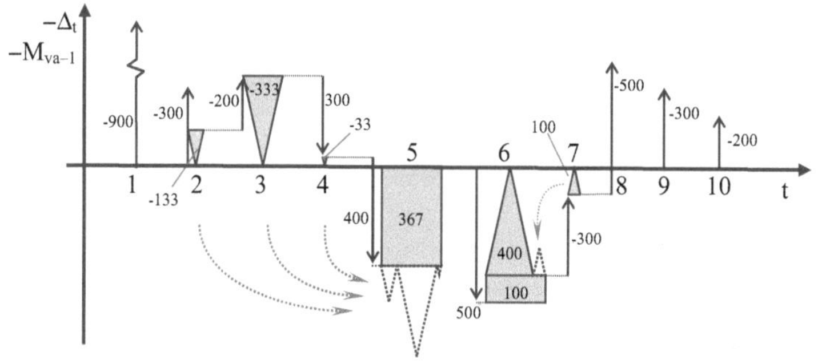

Abb. D-18: Manipulation um einen Fehlbetragszeitraum bei Konformitätskontinuität und ausreichender terminierbarer stiller Reserve ohne Zinseffekte, Darstellung als Drei- und Vierecke

Da $M_5 = 0$, fängt der nach unten gerichtete Pfeil, der den Fehlbetrag $\Delta_6 = 500$ darstellt, an der Abszisse an; sein Anfang wird nicht durch Umkehrwirkung aus $t = 5$ verschoben. Ebenso fängt der Pfeil für $\Delta_7 = -300$ i.H. des Manipulations-Dreiecks $t = 6$, also i.H.v. $-M_6 = -400$ an. Wie die gepunkteten Figuren andeuten, summieren sich die Grenzmalusse jeweils positiver und negativer Manipulation zu den linearen Grenz-Auflösungskosten terminierbarer stiller Reserven ϖ.

4.2.3.3 Knapper Vorrat ohne Zinseffekte

(D-44) S. 228 stellte das Optimierungsproblem des Erstellers bei Konformitätskontinuität über einen Fehlbetragszeitraum hinweg gemäß Ann. D-5 S. 212, Verfügbarkeit einer terminierbaren stillen Reserve gemäß Ann. D-6 S. 226, und Zinseffekten ($q > 1$) dar. Differenzierung von (D-44) nach der negativen Manipulation vor dem Anspannungsanfang M_{aa-1} ergibt zunächst als eine von mehreren **Optimalitätsbedingungen**

(D-50) $$\frac{\partial C_A}{\partial M_{aa-1}} = \sum_{t=aa-1}^{t=ae} 2 \cdot q^{-t} \cdot \omega_t^{RL} \cdot (M_{aa-1} + \Delta_{aa:t} - TR_{aa:t}) = 0$$

Dies entspricht (D-28) S. 186, in der für den Fall ohne terminierbare stille Reserve die Ableitung des Gesamt-Manipulationsmalusses des Anspannungszeitraumes nach M_{aa-1} gleich null gesetzt wurde.

Kann davon ausgegangen werden, dass die gesamte terminierbare stille Reserve aufzulösen ist, $TR_{aa:ae}=TRV$, ist die Kapazitätsbeschränkung $TR_{aa:ae} \leq TRV$ nach Lagrange in die Zielfunktion aufzunehmen. Man erhält als Ableitung der Zielfunktion nach TR_t für alle Perioden mit $TR_t^* > 0$:

(D-51) $$-\left[\sum_{\tau=t}^{\tau=ae} 2 \cdot q^{-\tau} \cdot \omega_\tau^{RL} \cdot (M_{aa-1} + \Delta_{aa:\tau} - TR_{aa:\tau})\right] + q^{-t} \cdot \varpi + \lambda \overset{!}{=} 0, \forall t \text{ mit } TR_t^* > 0$$

Die Summation stellt den supratemporalen Grenzertrag durch ersparte umkehrende Manipulation ab der Periode t, der Ausdruck $q^{-t} \cdot \varpi + \lambda$ die Grenzkosten, inklusive der noch zu erläuternden Grenz-Opportunitätskosten λ, der Auflösung TR_t dar. Die gleichzeitige Erfüllung von (D-50) und (D-51) ist notwendig und hinreichend[693] für die Optimalität der gewählten Werte von M_{aa-1} und TR_t, $t \in \{aa, \ldots, ae\}$.

λ stellt die im Optimum herrschenden **Grenz-Opportunitätskosten der Auflösung** terminierbarer stiller Reserven dar. λ gibt die Tatsache wieder, dass bei knappem Vorrat dieser alternativ in anderen Perioden als $t=\tau$ kostenreduzierend, mit höheren supratemporalen Grenzerträgen als ϖ zur Reduktion positiver Manipulation eingesetzt werden könnte. Im Optimum ist durch eine Umverteilung der Auflösung des Vorrates kein Vorteil zu erlangen; die Grenz-Opportunitätskosten sind für alle Perioden gleich λ. Die Gesamt-Grenzkosten der Auflösung in Periode $t=t'$ ergibt sich als Summe aus den Grenz-Opportunitätskosten und dem „Payout"-Preis, den Grenz-Auflösungskosten $q^{-t'} \cdot \varpi$. Wird nicht der gesamte Vorrat verbraucht, dann ist in keiner Periode eine Reduktion des Manipulationsmalusses von mehr als ϖ möglich; $\lambda=0$. Von dieser Situation wurde in Abschnitt D4.2.3.2 ausgegangen. Unterschreitet dagegen der vorhandene Vorrat TRV den für die dortige Lösung benötigten Vorrat $TR_{aa:ae}^*$, dann muss in jeder Periode mit $TR_t > 0$ die Grenzersparnis durch Auflösung ϖ strikt überschreiten; eine marginale Steigerung von TRV würde die Gesamtkosten der Manipulation um diese Differenz λ reduzieren. Dieser Abschnitt D4.2.3.3 betrachtet jenen Fall $TRV < TR_{aa:ae}^*$.

Der größte Grenznutzen der Auflösung, also die größte Differenz zwischen Grenzertrag und Grenz-Auflösungskosten, ist, wie aus Abb. D-13 S. 222 und Abb. D-16 abgelesen werden kann, in der Periode der Anspannungsklimax zu erzielen.[694] Sofern $\varpi < |amax|$ gilt, ist negati-

693 Zur Entbehrlichkeit der Prüfung zweiter Ableitungen bei Optimalitätsbedingungen s.o. S. 181.

694 Die Grenzkosten [Grenzerträge] stiller Reserven erfasste die linke [rechte] Seite von (D-41) S. 218.

ve und positive Manipulation derart zu ersetzen, dass der supratemporale Grenzertrag durch ersparte umkehrende Manipulation abzüglich der Grenz-Auflösungskosten ($q^{-t} \cdot \varpi$), also der Grenznutzen der Auflösung terminierbarer stiller Reserven in jeder Periode, gemäß (D-51) gleich λ ist. Für $TRV \rightarrow 0_{+}$ wird Vorrat nur in $t = amax$ aufgelöst und es ist $|\lambda| = |amax| - q^{-amax} \cdot \varpi$. Für steigenden Vorrat wird die **Auflösung gleichzeitig auf frühere und spätere Perioden** ausgedehnt, nach Maßgabe der Grenzertrags- und Grenzkostenkurven. Hierdurch wird umkehrende Manipulation auch am Anfang und am Ende des Anspannungszeitraumes entbehrlich.

Es sei in diesem restlichen Abschnitt D4.2.3.3 von Zinseffekten abgesehen, $q = 1$. Dann ist Abwarten und Umtausch (s.o. S. 231) unvorteilhaft, so dass die Auflösungsperioden aufeinander folgen müssen und dass nur in der ersten und der letzten Auflösungsperiode Anforderungsresiduen mit Hilfe umkehrender Manipulation bewältigt werden. $TR_t \in \{tra, \ldots, tre - 1\}$ ergeben sich deshalb, wie bei ausreichendem TRV, als $TR_{tra} = M_{aa-1} + \Delta_{aa:tra}$, $TR_t = \Delta_t \; \forall t \in \{tra + 1, \ldots, tre - 1\}$. $t = tre$ und TR_{tre} resultieren aus der Endlichkeit von TRV: $t = tre$ ist die Periode, in welcher der Vorrat erschöpft wird, also die erste Periode, in der $TRV < TR_{tra:t}$ gilt, und es ist $TR_{tre} = TRV - TR_{tra:(tre-1)}$. $|M_{va-1}|$ ist, ausgehend von dem M_{va-1} und $t = tra$ bei $TRV = 0$, also $tra = amax$, soweit zu senken, dass (D-50) gilt. Da die Summation wie erläutert für $t \in \{tra, \ldots, tre - 1\}$ null ergibt, müssen bei $q = 1$ die supratemporalen Grenzkosten in $t = tra - 1$ dem supratemporalen Grenzertrag in $t = tre$ gleichen. In (D-48) und (D-49) ist ϖ durch $\varpi + \lambda$ zu ersetzen. Zur Kapazitätsbeschränkung s.a.u. (D-58) S. 244. Die Knappheit ändert nicht das Manipulationsverhalten während der Perioden $t \in \{tra, \ldots, tre - 1\}$, sondern lediglich die Bestimmung von M_{aa-1}, $t = tra$, $t = tre$ und M_{tre}, und die hieraus resultierenden Residuen M_t für die Perioden $t \in \{aa, \ldots, tra - 1, tre, \ldots, ae\}$. Bei $q > 1$ würde positiv i.H.v. $(1 - q^{-1}) \cdot M_t^{\varpi}$ manipuliert werden, s.a.u. Ann. D-7 S. 243.

Zur Abbildung der Manipulationsoptimierung als **Grenzkostenkurven** ist in Abb. D-13 S. 222 von $M_{va-1} = M^{*}_{va-1}$ gemäß D4.2.3.2 ausgehend gleichzeitig nach rechts und links fortschreitend umkehrende Manipulation durch Auflösung terminierbarer Reserve zu ersetzen. In Abb. D-16 ist die Waagrechte i.H.v. ϖ auf die Länge TRV (strikt kleiner als 467 PE) zu kürzen und die Lücken durch Verlängerung der aufsteigenden Grenzertrags- und der absteigenden Grenzkostenfunktion auszufüllen. Dabei muss rechts und links jeweils gerade soviel herausgekürzt werden, dass der Grenznutzen – nämlich der Abstand zwischen der verlängerten Grenzertrags- bzw. -kostenfunktion und der Waagrechten ϖ – auf beiden Seiten gleich ist. Die Höhe der – bei optimaler Manipulation gleich hohen – „Spitzen" gibt rechts [links] die Grenzkosten positiver [negativer] Manipulation an. Bei Zinseffekten ist noch zu beachten, dass die Grenz-Auflösungskosten in Stufen mit linear ansteigendem Übergang ansteigen, s.u. S. 246f. und dort Bsp. D-14. Hier bemessen sich die Grenzkosten positiver Manipulation als linke „Spitze" zuzüglich der Summe der Höhen der Stufen $t \in \{tra, \ldots, tre\}$. Dies ergibt zusammen die Höhe der rechten „Spitze".

Wie der ausreichende Vorrat **mildert also auch der knappe Vorrat die Knappheit** an unverfälschtem Periodenergebnis, sofern $\varpi < |amax|$ gilt. Anders als der ausreichende Vorrat, reicht der knappe Vorrat aber nicht aus, um die Grenzkosten der Bewältigung von Anforderungsresiduen auf ϖ zu limitieren. Zu Zinseffekten vgl. die Ausführungen zu Abb. D-16 sowie Abb. D-21 S. 249 im Abschnitt D4.2.3.4.

Bsp. D-13: Manipulation um Fehlbetragszeitraum bei knapper terminierbarer stiller Reserve

Es sei von Bsp. D-12 (S. 236) ausgehend TRV = 200. Setzt man versuchsweise $\varphi = 3 \Rightarrow M_{va-1} = M_3 \in$ [AUF3], dann ist aa = 3. Es ist ae = 7, weil bei $M_1 = 0$ $(M_2 + \Delta_{3:7} - TRV) \in [200;500] \geq 0$, während $(M_2 + \Delta_{3:8} - TRV) \in [-300;0] \leq 0$.[695] Es ist deshalb $\eta = 4$; AABη = AAB4. TRV ist auf jeden Fall in der Periode der Anspannungsklimax gemäß Abb. D-13 (S. 222) einzusetzen. Es ist amax = 5. Da $\Delta_5 > 200$, wird die terminierbare stille Reserve in t = 5 zur Gänze aufgelöst; $TR_5 = TRV = 200$. Die Grenzkostenfunktion in M_3 für AUF3 lautet $0{,}0006 \cdot M_3 + 0{,}1$, die Grenzertragsfunktion für AAB4 $0{,}0006 \cdot M_3 + 0{,}56$, s. Tab. D-4 S. 221. Multipliziert man die Funktion für AUF3 mit (−1) und setzt $(M_3 - 200)$ statt M_3 in die Funktion für AAB4 ein, dann erhält man durch Gleichsetzung $M_3 = -450$, woraus $M_2 = -250$, $M_3 = -450$, $M_4 = -150$, $TR_5 = 200$, $M_5 = +50$, $M_6 = +550$ und $M_7 = +250$ folgt. Die supratemporalen Grenzkosten negativer Manipulation in t = 3, $M_{va-1} < 0$, sind somit $2 \cdot 0{,}0001 \cdot (-250 - 450 - 150) = -0{,}17$ und die supratemporalen Grenzkosten positiver Manipulation in t = 5, M_{tre}, ebenfalls $2 \cdot 0{,}0001 \cdot (+50 + 550 + 250) = 0{,}17$. Die Gleichheit zeigt die Optimalität von $M_2 = -250 = M_2^*$ an. Der Grenznutzen einer zusätzlichen Einheit terminierbarer stiller Reserve, λ, beträgt also $0{,}17 - \varpi = 0{,}17 - 0{,}10 = 0{,}07$ NE/PE. Dies zeigt Abb. D-19.

Bei TRV = 400 gilt ebenfalls $M_{va-1} \in$ [AUF3] und (D-50) S. 238 ist für die Manipulationsbeträge $M_2 = -160$, $M_3 = -360$, $M_4 = -60$, $M_5 = 0$, $TR_5 = 340$, $TR_6 = 60$, $M_6 = +440$, $M_7 = +140$ erfüllt. S.a. Fn. 691 S. 234. Der supratemporale Grenzertrag von TR_6 beträgt $2 \cdot 0{,}0001 \cdot (+440 + 140) = 0{,}1160$ und die supratemporalen Grenzkosten von M_3 ebenfalls $2 \cdot 0{,}0001 \cdot (-160 - 360 - 60) = -0{,}1160$ NE/PE; der Grenznutzen einer zusätzlichen Einheit terminierbarer stiller Reserve beträgt $\lambda = 0{,}1160 - \varpi = 0{,}0160$ NE/PE, sinkt also erwartungsgemäß, wenn TRV von 200 PE auf 400 PE steigt. Abb. D-19 weist die entsprechenden Werte aus.

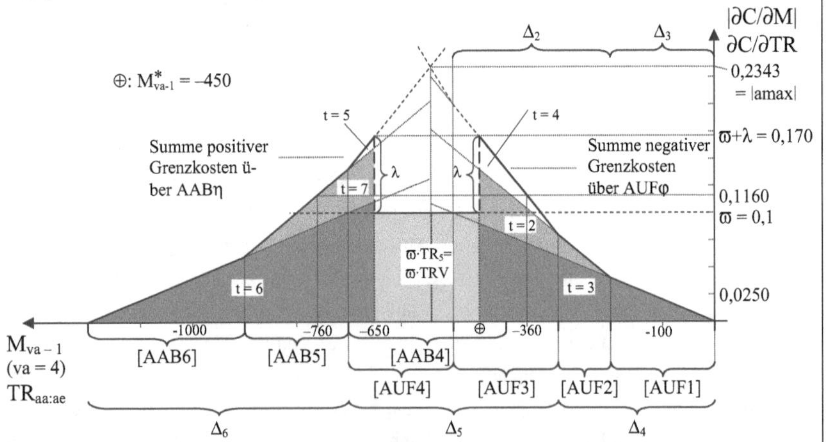

Abb. D-19: Manipulation um einen Fehlbetragszeitraum bei Konformitätskontinuität und knapper terminierbarer stiller Reserve ohne Zinseffekte, Darstellung als Grenzkostenkurven

695 Alternativ ermittelt man t = ae in Abb. D-12 S. 221 mit einer treppenförmigen Linie, deren einzige Stufe zwischen t = 4 und t = 6 herabführt und TRV hoch ist.

4.2.3.4 Knapper Vorrat mit Zinseffekten

Man nehme an, eine optimale Lösung zu (D-50) und (D-51) sei bereits gefunden worden. Man betrachte nun, von dem Anspannungsende t = ae ausgehend, zeitlich rückschreitend die Manipulation und die Auflösung.

Man betrachte also zunächst die Auflösung vom **Ende des Anspannungszeitraumes** ausgehend. $M_{t'}^{\varpi} = \varpi/(2\cdot\omega_{t'}^{L})$ bezeichnete in Abschnitt D4.2.3.1 (S. 229f.) die optimale positive Manipulation bei A = {t'} und hinreichendem TRV, nämlich diejenige, deren Grenzmalus ϖ beträgt. Bei knappem Vorrat, $TRV < TR^{*}_{aa:ae}$, und q > 1, muss dieser Grenzmalus $q^{-t'} \cdot \varpi + \lambda$ betragen, und die Abzinsung ist auch beim Resistenzkoeffizienten $\omega_{t'}^{L}$ zu berücksichtigen. Man erhält aus der Optimalitätsbedingung (D-51) S. 238 für t=ae die Auflösung TR_{ae} als Anforderungsresiduum nach Umkehrwirkung abzüglich dieser, sich noch lohnenden umkehrenden Manipulation $M_{t'}$ mit Grenzmalus $q^{-ae}\cdot\varpi+\lambda$:

(D-52) $$TR_{ae} = \left(M_{aa-1} + \Delta_{aa:ae} - TR_{aa:(ae-1)}\right) - \frac{q^{-ae}\cdot\varpi+\lambda}{2\cdot q^{-ae}\cdot\omega_{ae}^{L}}$$

Ergibt (D-52) ein die Nicht-Negativitätsbedingung verletzendes TR_{ae}, dann ist das Anforderungsresiduum nach Umkehrwirkung in t=ae, $M_{aa-1} + \Delta_{aa:ae} - TR_{aa:(ae-1)}$, zu niedrig, um den Grenzmalus positiver Manipulation von $q^{-ae}\cdot\varpi + \lambda$ zu erreichen. Es muss also $TR_{ae}=0$ gelten. In die Bestimmung von TR_{ae-1} gemäß (D-51) geht deshalb ein niedrigerer Grenzmalus positiver Manipulation in t=ae ein als $q^{-ae}\cdot\varpi + \lambda$, nämlich $2\cdot q^{-ae}\cdot\omega_{ae}^{L}\cdot(M_{aa-1} + \Delta_{aa:(ae-1)} - TR_{aa:(ae-1)} + \Delta_{ae}) < q^{-ae}\cdot\varpi+\lambda$. Man erhält für jede Periode t, auf welche bis zum Anspannungsende keine Auflösung folgt, aus (D-51) für TR_t ($TR_{t+1}=TR_{t+2}=\ldots=TR_{ae}=0$):

(D-53) $$TR_{t} = \left(M_{aa-1} + \Delta_{aa:t} - TR_{aa:(t-1)}\right) - \frac{q^{-t}\cdot\varpi+\lambda-\sum_{\tau=t+1}^{\tau=ae} 2\cdot q^{-\tau}\cdot\omega_{\tau}^{L}\cdot\Delta_{(t+1):\tau}}{\sum_{\tau=t}^{\tau=ae} 2\cdot q^{-\tau}\cdot\omega_{\tau}^{L}}$$

sofern sich so ein $TR_t>0$ ergibt, ansonsten muss $TR_t = 0$ sein. Die Klammer, also das Anforderungsresiduum nach Umkehrwirkung, muss gemäß der Definition von t = ae für t = ae strikt positiv sein. Der Bruch stellt die positive Manipulation in der Periode t dar, deren supratemporalen Grenzkosten, also die Summe der durch sie über den restlichen Anspannungszeitraum ausgelösten Grenzmalusse, $q^{-t} \cdot \omega + \lambda$ betragen. Die Differenz ist bei (D-53) > 0 durch Auflösung zu bewältigen. Ist nach (D-53) $TR_t < 0$, dann ist M_t gleich der Umkehrwirkung $M_{aa-1}+\Delta_{aa:t} - TR_{aa:t-1}$ und auch in dieser Periode $TR_t=0$.

Ermittelt man das Vorzeichen von TR_t gemäß (D-53) ausgehend von t = ae für immer frühere Perioden, dann ist t = tre die erste Periode mit $TR_t > 0$. Wenn die Klammer beim zeitlichen Rückwärtsschreiten negativ wird, ohne dass inzwischen $TR_t > 0$ war, sieht die optimale Lösung keine Auflösung vor; der Grenz-Manipulationsmalus der restlichen Anspannungsreichweite erreicht also in keiner Periode die Grenz-Auflösungskosten ϖ.[696] Im Folgenden soll jedoch $TR^*_{aa:ae} > 0$ sein. Für $t = tre - 1$ steht somit fest, dass in der Folgeperiode terminierbare stille Reserve aufzulösen ist.

Man betrachte nun die Auflösung in der **Mitte des Anspannungszeitraumes**. Soweit wie das Anforderungsresiduum nicht durch negative Manipulation in der Vorperiode bewältigt wird, ist bei $q=1$ aufgrund der Suboptimalität des Abwartens (s.S. 231f.) die Auflösung in $t = tre - 1$, $\Delta_{tre-1} > 0$, stets vorteilhafter als positive Manipulation, zumal die Auflösung durch positive Manipulation lediglich aufgeschoben werden würde, ohne dass dem für positive Manipulation aufgewendeten Malus ein Vorteil gegenüberstünde. Bei $q > 1$ dagegen bringt das Abwarten den Grenzvorteil $(1-q-1)\cdot\varpi$ [697]. Es muss also gelten $(1-q-1)\cdot\varpi = 2\cdot\omega^L_t\cdot Mt \Rightarrow$ $M_t = (1-q^{-1})\cdot\frac{\varpi}{2\cdot\omega^L_t} = (1-q^{-1})\cdot M^\varpi_t$. Es ist also Mt und TRt

$$\text{(D-54)}\qquad \begin{aligned} &M_t = M_{aa-1} + \Delta_{aa:t} - TR_{aa:t} \wedge M_t = (1-q^{-1})\cdot M^\varpi_t \Rightarrow \\ &TR_t = (M_{aa-1} + \Delta_{aa:t} - TR_{aa:(t-1)}) - (1-q^{-1})\cdot M^\varpi_t \end{aligned}$$

Dies ergibt sich für $t = ae - 1$ ebenfalls aus der Optimalitätsbedingung (D-51) für $t = ae - 1$ und $\omega^{RL}_{ae-1} = \omega^L_{ae-1}$, $\omega^{RL}_{ae} = \omega^L_{ae}$ durch Einsetzen der Optimalitätsbedingung (D-52) für $t = ae$, wenn (D-52) für ein positives TR_{ae} erfüllt ist. Impliziert (D-54) ein positives TR_{ae-1}, ist also das Anforderungsresiduum nach Umkehrwirkung, $M_{aa-1} + \Delta_{aa:ae-1} - TR_{aa:ae-2}$, größer als $(1-q^{-1})\cdot M^\varpi_{ae-1}$, dann ergibt sich TR_{ae-1} aus (D-54). Es ist also dann $TR_{ae-1} > 0$, womit $q^{-(ae-1)}\cdot\varpi$ für die Berechnung von TR_{ae-2} als Grenzkosten in $t = ae - 1$ maßgeblich ist, so dass sich TR_{ae-2} ebenfalls nach (D-54) bestimmt. (D-54) gilt, wie es sich auch aus dem Einsetzen von (D-52) für $t = ae - 2$, $t = ae - 3$, etc. in (D-51) ergibt, somit rückschreitend für jede Periode t, solange das Anforderungsresiduum nach Umkehrwirkung $(1 - q^{-1})\cdot M^\varpi_t$ übersteigt. Für eine Periode, in deren Vor- und Folgeperiode jeweils terminierbare stille Reserve aufgelöst wird, gilt deshalb

$$\text{(D-55)}\qquad TR_t = (1-q^{-1})\cdot\frac{\varpi}{2\cdot\omega^L_{t-1}} + \Delta_t - (1-q^{-1})\cdot\frac{\varpi}{2\cdot\omega^L_t} = \Delta_t + (1-q^{-1})\cdot(M^\varpi_{t-1} - M^\varpi_t)$$

Im Folgenden soll als Normalfall angenommen werden, der mit dem Produkt in (D-55) erfasste Zinseffekt werde von hinreichend großen Absolutbeträgen der Anforderungsresiduen dominiert, so dass das Vorzeichen von (D-55) dem Vorzeichen von Δ_t folgt und (D-55) innerhalb [außerhalb] von Fehlbetragszeiträumen stets positiv [negativ] ist:

---

696 In der Abb. D-16 S. 236 übersteigt ϖ also die Spitze der aus den Verläufen der Grenzkosten positiver und negativer Manipulation gebildeten Pyramide.

697 Der Knappheitspreis λ spielt hier keine Rolle, weil in beiden verglichenen Fällen, nämlich Auflösung in Periode t oder t+1, der Vorrat belastet wird: $(q^{-t}\cdot\varpi + \lambda) - (q^{-(t+1)}\cdot\varpi + \lambda) = q^{-t}\cdot(1 - q^{-1})\cdot\varpi$. S.a.S. 235f.

Ann. D-7: Dominierter Zinseffekt (Geltung: Abschnitt D4.2.3.4)
Es gilt $|\Delta_t| \geq |(1 - q{-}1) \cdot (M_t^{\varpi} - 1 - M_t^{\varpi})|$

Für eine Verletzung von Ann. D-7 müsste $q > 1 \wedge \omega_{t-1}^{L} \neq \omega_t^{L}$ gelten, und die Absolutwerte der Anforderungsresiduen müssten hinreichend niedrig sein.[698]

Unter Ann. D-7 ist die erste Periode, für die (D-54) bei der rückschreitenden Bestimmung von TR_t aufgrund niedrigen Anforderungsresiduums nach Umkehrwirkung ein negatives TR_t ergibt, die Vorperiode $t = tra - 1$ zur erstmaligen Auflösung $t - tra \geq va$.

Für $t = tra$ wird $(1 - q^{-1}) \cdot M_{t-1}^{\varpi}$ in (D-55) durch die Umkehrwirkung $M_{aa-1} + \Delta_{aa:tra-1}$ ersetzt, wobei M_{aa-1} noch zu bestimmen ist. So errechnet sich TR_{tra}. $TR_t \forall t \in \{tra + 1, \ldots, tre - 1\}$ ergibt sich unter Ann. D-7 $TR_t > 0$ aus (D-55) und TR_{tre} aus (D-53), wobei das Anforderungsresiduum nach Umkehrwirkung, also die Klammer in (D-53), sich als Δ_{tre} zuzüglich M_{tre-1} aus (D-55) ergibt, wenn tre>tra, und als $M_{aa-1} + \Delta_{aa:tra}$, wenn tre = tra. In den übrigen Perioden ist unter Ann. D-7 $TR_t = 0$, so dass $TR_t > 0$ für $t \in \{tra, \ldots, tre\}$ und $TR_t = 0$ für $t \notin \{tra, \ldots, tre\}$. Man erhält als Kosten von Auflösung und umkehrender Manipulation über den **gesamten Anspannungszeitraum**

$$\text{(D-56)} \quad \begin{aligned} C_A = {} & \sum_{t=aa-1}^{t=tra-1} q^{-t} \cdot \omega_t^R \cdot \left(\mathbf{M}_{\mathbf{aa-1}} + \Delta_{aa:t}\right)^2 + q^{-tra} \cdot \varpi \cdot \left(\mathbf{M}_{\mathbf{aa-1}} + \Delta_{aa:tra} - \left(1 - q^{-1}\right) \cdot M_{tra}^{\varpi}\right) + \\ & \sum_{t=tra}^{t=tre-1} q^{-t} \cdot \omega_t^L \cdot \left(\left(1 - q^{-1}\right) \cdot M_t^{\varpi}\right)^2 + \sum_{t=tra+1}^{t=tre-1} q^{-t} \cdot \varpi \cdot \left(\Delta_t + \left(1 - q^{-1}\right) \cdot \left(M_{t-1}^{\varpi} - M_t^{\varpi}\right)\right) + \\ & q^{-tre} \cdot \varpi \cdot \mathbf{TR}_{\mathbf{tre}} + \sum_{t=tre}^{t=ae} q^{-t} \cdot \omega_t^L \cdot \left(\left(1 - q^{-1}\right) \cdot M_{tre-1}^{\varpi} - \mathbf{TR}_{\mathbf{tre}} + \Delta_{tre:t}\right)^2 \end{aligned}$$

Tab. D-7 zeigt, analog zu Tab. D-6 S. 234, welche Beträge auf negative und positive Manipulation sowie Auflösung entfallen. Man erhält (D-56) aus Tab. D-7 durch Multiplikation mit dem einschlägigen Resistenzkoeffizienten bzw. den Grenz-Auflösungskosten, Abzinsung auf $t = 0$, und Zusammenfassung durch Summation über Perioden.

---

698 Ist Ann. D-7 nicht erfüllt, könnte (D-55) bei $\omega_{t-1}^L > \omega_t^L$ und hinreichend kleinem Δ_t auch während des Fehlbetragszeitraumes negativ sein. Dann würde in der Periode t keine terminierbare stille Reserve aufgelöst. Bei $\omega_{t-1}^L < \omega_t^L$ könnte (D-55) auch nach dem Ende des Fehlbetragszeitraumes positiv sein. Dann könnte es vorteilhaft sein, in der entsprechenden Periode terminierbare stille Reserve aufzulösen. Ann. D-7 ist bspw. bei $q - 1 = 20\%$ pro Periode, $\varpi = 0{,}1$ NE/PE und $\omega_{t-1}^L = 0{,}00015 > \omega_t^L = 0{,}0001$ NE/PE² und $\Delta_t > 83{,}33 - 55{,}56 = 27{,}77$ PE erfüllt; es ist dann sowohl $\Delta_t > 0$ also auch $TR_t > 0$ gemäß (D-55). Bei $0 < \Delta_t < 27{,}77$ PE wäre Ann. D-7 verletzt. Wäre umgekehrt $\omega_{t-1}^L = 0{,}0001 < \omega_t^L = 0{,}00015$ NE/PE² ist (D-55) dagegen positiv auch bei einem Überschuss $\Delta_t < 0$, sofern dieser absolut weniger als $55{,}56 - 83{,}33 = -27{,}77$ beträgt.

$t\in$	$\{aa-1\}$	$\{aa, \ldots, tra-1\}$	$\{tra\}$	$\{tra+1, \ldots, tre-1\}$	$\{tre\}$	$\{tre+1, \ldots, ae\}$
umkehrende Manipulation M_t	$M_{aa-1} < 0$	$M_{aa-1} + \Delta_{aa:t} < 0$	$(1-q^{-1})\cdot M_t^{\varpi}$	$(1-q^{-1})\cdot M_t^{\varpi}$	$(1-q^{-1})\cdot M_{tre-1}^{\varpi} + \Delta_{tre} - TR_{tre} > 0$	$(1-q^{-1})\cdot M_{tre-1}^{\varpi} - TR_{tre} + \Delta_{tre:t} > 0$
terminierbare Auflösung TR_t	0	0	$M_{aa-1} + \Delta_{aa:t} - (1-q^{-1})\cdot M_t^{\varpi} > 0$	$\Delta_t + (1-q^{-1})\cdot (M_{t-1}^{\varpi} - M_t^{\varpi}) > 0$	$TR_{tre} > 0$	0

Tab. D-7: Manipulation und Auflösung bei knapper terminierbarer stiller Reserve und Zinseffekten

Bei $tra < tre$ ergab sich $M_t\ \forall t\in \{tra, \ldots, tre-1\}$ aus (D-54). $M_t\ \forall t\in \{aa, \ldots, tra-1, tre, \ldots, ae\}$ ergibt sich als kumuliertes Anforderungsresiduum $\Delta_{aa:t}$, abzüglich M_{aa-1}, abzüglich aller bis zur betrachteten Periode erfolgten Auflösungen $TR_{aa:t}$.[699] TR_{tra} hängt wie erwähnt von M_{aa-1} ab; $TR_{tra} = M_{aa-1} + \Delta_{aa:tra} - M_{tra}$. $TR_t\ \forall t\in \{tra+1, \ldots, tre-1\}$ ergab sich aus (D-55). Stehen die Perioden $t \in \{aa, tra, tre, ae\}$ fest, dann ist also C_A nur noch über die beiden in Tab. D-7 grau unterlegten Größen M_{aa-1} und TR_{tre} zu minimieren. Setzt man (D-54) für $t = tre - 1$ in (D-53) $t = tre$ ein, erhält man – bei gegebenem λ unabhängig von M_{aa-1} (siehe aber unten) – als die **letzte Auflösung** TR_{tre}

$$\text{(D-57)} \qquad TR_{tre} = \left(1-q^{-1}\right)\cdot M_{tre-1}^{\varpi} + \Delta_{tre} - \frac{q^{-tre}\cdot\varpi + \lambda - \sum_{\tau=tre+1}^{\tau=ae} 2\cdot q^{-\tau}\cdot\omega_{\tau}^{L}\cdot\Delta_{(tre+1):\tau}}{\sum_{\tau=tre}^{\tau=ae} 2\cdot q^{-\tau}\cdot\omega_{\tau}^{L}}$$

Offen ist also nur noch die **negative Manipulation** vor dem Anspannungsanfang, M_{aa-1}. Zur Bemessung von deren Entlastung des Vorrates an terminierbarer stiller Reserve ist dessen Endlichkeit zu beachten. Die Summe der Auflösungen[700] kann also höchstens TRV betragen (s.a. Abb. D-14 S. 227)[701]. Nach Einsetzung von (D-57) ergibt sich diese Kapazitätsbeschränkung als:

$$\text{(D-58)} \qquad M_{aa-1} + \Delta_{aa:tre-1} - (1 - q^{-1})\cdot M_{tre-1}^{\varpi} + TR_{tre} = M_{aa-1} + \Delta_{aa:tre} - M_{tre} \leq TRV$$

wobei sich $M_{tre} > 0$ auf den Bruch in (D-57) ohne Vorzeichen beläuft. Da TRV annahmegemäß knapp ist, $\lambda > 0$, ist (D-58) für Gleichheit als Nebenbedingung nach Lagrange in ein (D-56) minimierendes Programm aufzunehmen. Differenziert man (D-56), ergänzt um

---

699 M_{tre} kann höchstens den Wert des Bruches in (D-52) S. 241 annehmen, wenn nämlich $tre = ae$. Für etwaige Perioden $t = tre + 1$ bis $t = ae$ ist $M_t = M_{tre} + \Delta_{tre+1:t}$. M_t gleicht also der Summe aus Umkehrwirkung aus $t = tre$ und den darauf folgenden Anforderungsresiduen.

700 Dies sind in (D-56) die mit ϖ multiplizierten Summationen sowie TR_{tre}. Die zinsinduzierte positive Manipulation transferiert Anforderungsresiduum von $t\in \{tra, \ldots, tre-1\}$ nach $t = tre$ durch die Umkehrwirkung in $t = tre$, also i.H.d. Summe der in (D-56) mit ϖ multiplizierten Ausdrücke $(1-q^{-1})\cdot M_t^{\varpi}$, die $(1-q^{-1})\cdot M_{tre-1}^{\varpi}$ beträgt. S.a. Tab. D-7 S. 244.

701 Während Anspannungszeiträumen bleibt der Schlupf ungenutzt. In Abb. D-14 S. 227 (s.a.u. Abb. D-22 S. 249) entspricht $TR_{aa:tre-1}$ deshalb der Summe der Knoten $t = aa$ bis $t = tre-1$ abzüglich R_{aa-1} und L_{tre-1}. Zählt man hierzu die Summe $TR_{tre:ae}$, also TR_{tre}, kann dies TRV nicht überschreiten.

$\lambda\cdot(M_{aa-1} + \Delta_{aa:tre} - M_{tre} - TRV)$, nach M_{aa-1} und TR_{tre}, dann erhält man, neben (D-57) für TR_{tre}, für M_{aa-1} statt (D-50) S. 238:

$$\text{(D-59)} \qquad M^*_{aa-1} = -\frac{q^{-tra}\cdot\varpi+\lambda+\sum_{t=aa}^{t=tra-1}2\cdot q^{-t}\cdot\omega_t^R\cdot\Delta_{aa:t}}{\sum_{t=aa-1}^{t=tra-1}2\cdot q^{-t}\cdot\omega_t^R}$$

Im Unterschied zu (D-28) S. 186 sind nur Perioden bis zur erstmaligen Auflösung maßgeblich; die Grenzerträge umkehrender stiller Reserven (hier $q^{-tra}\cdot\varpi+\lambda$, dort die Vermeidung positiver Manipulation, für einen Fehlbetragszeitraum also die Summation ab t = amax) werden ausschließlich durch die Grenz-Auflösungskosten, ϖ, in t = tra und die Grenz-Opportunitätskosten des Vorrates, λ, determiniert. Spiegelbildlich ist auch zur Bestimmung von M_{tre} (also der Bruch in (D-57) ohne Vorzeichen) nur $q^{-tre}\cdot\varpi+\lambda$ sowie die supratemporalen Grenzkosten positiver Manipulation ab t = tre maßgeblich. Bei knappem Vorrat verschiebt eine Erhöhung des Aufzinsungsfaktors den Auflösungszeitraum zeitlich nach vorn, weil sich die Grenzmalusse positiver relativ zu negativer Manipulation ermäßigen aufgrund der stärkeren Abzinsung positiver Manipulation.[702] Die Manipulationen vor und nach der Auflösung lassen sich also bei gegebenem λ von eineinander unabhängig optimieren; der **Vorrat entkoppelt** insoweit die Optimierung der Manipulation der Perioden vor und nach seiner Auflösung. Da allerdings λ von den Anforderungsresiduen und den Manipulationsresistenzen im gesamten Anspannungszeitraum sowie dem Abzinsungsfaktor abhängt, gilt dies nur bei ausreichendem Vorrat, $\lambda = 0$.

Die **Grenzkosten der drei Möglichkeiten**, Anforderungsresiduen auszugleichen, betragen somit im Optimum wie erwartet $q^{-tra}\cdot\varpi+\lambda$: Für negative Manipulation folgt es aus der Herleitung von (D-59). In t = tra findet die kostspieligste, weil früheste Auflösung statt; die Gesamt-Grenzkosten der Auflösung terminierbarer stiller Reserve betragen also ebenfalls $q^{-tra}\cdot\varpi+\lambda$. Für positive Manipulation sind die Ableitungen der beiden den Faktor ω_t^L enthaltenden Summationen in (D-56) nach der Manipulation zu addieren. Die Ableitung der ersten Summation nach der Manipulation, also nach dem Ausdruck $(1-q^{-1})\cdot M_t^{\varpi}$, ergibt $(q^{-tra}-q^{-tre})\cdot\varpi$ wegen $M_t^{\varpi}=\varpi/(2\cdot\omega_t^L)$. Die Ableitung der letzten Summation in (D-56) nach der Manipulation, also nach dem Ausdruck $(1-q^{-1})\cdot M_{tre-1}^{\varpi}-TR_{tre}+\Delta_{tre:t}$, gibt die Summe der Grenzmalusse positiver Manipulation von t = tre bis t = ae an. Aus (D-51) folgt, dass diese Summe $q^{-tre}\cdot\varpi+\lambda$ betragen muss, was ja auch zur Herleitung von (D-53), und damit von

702 Aufgrund der zeitlichen Abfolge verteuert der Zinseffekt negative Manipulation relativ zur Auflösung und die Auflösung relativ zu positiver Manipulation. Er verlagert somit Manipulation zeitlich nach hinten, von der negativen Manipulation zur Auflösung und von der Auflösung zur positiven Manipulation. Er mindert [mehrt] also negative [positive] Manipulation zu Gunsten [Lasten] der Auflösung.

TR_{tre}, verwendet wurde.[703] Die beiden Ableitungen addieren sich somit zu $q^{-tra}\cdot\varpi + \lambda$. Es ist also, analog zu (D-49) S. 235,

$$\text{(D-60)}\quad \begin{aligned} &\sum_{t=aa-1}^{t=tra-1} 2\cdot q^{-t}\cdot\omega_t^R\cdot\left(M_{aa-1}+\Delta_{aa:t}\right) = q^{-tra}\cdot\varpi+\lambda \\ &= \sum_{t=tra}^{t=tre-1} 2\cdot q^{-t}\cdot\omega_t^L\cdot\left(\left(1-q^{-1}\right)\cdot M_t^{\varpi}\right) + \sum_{t=tre}^{t=ae} 2\cdot q^{-t}\cdot\omega_t^L\cdot\left(\left(1-q^{-1}\right)\cdot M_{tre-1}^{\varpi} - TR_{tre} + \Delta_{tre:t}\right) \end{aligned}$$

(D-49) S. 235 ist der Spezialfall von (D-60), in dem keine Knappheit an terminierbarer stiller Reserve herrscht ($\lambda = 0$) und keine Abzinsung erfolgt ($q = 1$). Das Spannungsmaß in $t = t'$ ergäbe sich durch Umstellung der äußeren Gleichung in (D-60), wobei links von $t = aa-1$ bis $t = t'$ und rechts von $t = t' + 1$ bis $t = ae$ zu summieren ist. Das Spannungsmaß steigt also von null in $t = aa-1$ auf $q^{-tra}\cdot\varpi + \lambda$ in $t = tra$ an, um bis $t = tre$ auf $q^{-tre}\cdot\varpi + \lambda$ und bis $t = ae$ auf null wieder herabzusinken.

Zusammenfassend gilt unter Ann. D-7 S. 243, dominierter Zinseffekt,[704] wie im Fall $q=1$ auch bei $q > 1$ $va \le tra \le tre \le ve$[705], $TR_t > 0$ für $t\in\{tra, \ldots, tre\}$, $TR_t=0$ für $t\notin\{tra, \ldots, tre\}$ und somit auch $TR_t=0$ für $\forall t$ mit $\Delta_t < 0$. Die Auflösung der terminierbaren stillen Reserve erfolgt in einer ununterbrochenen Folge von Perioden innerhalb des Fehlbetragszeitraumes. Diesem Auflösungszeitraum geht vor $t=va$ beginnende negative Manipulation voraus und es folgt ihm positive Manipulation, die frühestens in $t=ve$ endet. Abweichend vom Fall $q=1$ wird in allen Perioden mit $TR_t>0$ positiv manipuliert, und zwar gem. (D-54) für $t\in\{tra, \ldots, tre-1\}$ und i.H.d. Bruches in (D-53) für $t=tre$, wobei der Bruch in (D-52) eine Obergrenze für die in (D-53) implizierte positive Manipulation bildet, die im Fall $tre=ae$ erreicht wird: Bei $tre = ae$ ist $M_{ae} = (q^{-ae}\cdot\varpi + \lambda)/(2\cdot q^{-ae}\cdot\omega_{ae}^L)$.

An der Struktur der Abbildung der Manipulationsoptimierung als **Grenzkostenkurven**, wie in Abb. D-16 S. 236 und Abb. D-19 S. 240, ändert sich durch $q > 1$, $\lambda > 0$ nur die „Deckelung" der Grenzertragsfunktion negativer Manipulation: Im Zeitablauf sinken die durch sie

703 Setzt man in die Ableitung der letzten Summation von (D-56) für die Umkehrwirkung aus $t = tre-1$, $\left(1-q^{-1}\right)\cdot M_{tre-1}^{\varpi}$, $M_{aa-1} + \Delta_{aa:(tre-1)}$ — $TR_{aa:(tre-1)}$, ein, und für TR_{tre} den Ausdruck aus (D-53) für $t = tre$, dann erhält man $\sum_{t=tre}^{t=ae} 2\cdot q^{-t}\cdot\omega_t^L\cdot\left(M_{tre}+\Delta_{(tre+1):t}\right)$, wobei $M_{tre} > 0$ den Bruch in (D-53) darstellt, mit positivem Vorzeichen. Setzt man dies gleich $q^{-tre}\cdot\varpi + \lambda$ und löst nach M_{tre} auf, erhält man den Bruch in (D-53). Die Summation muss also gleich $q^{-tre}\cdot\varpi + \lambda$ sein.

704 Verletzungen von Ann. D-7 können dazu führen, dass bei $q > 1$, im Zeitablauf fallender [steigender] Manipulationsresistenz ω_t^L und absolut geringen Fehlbeträgen [Überschüssen] zwischen $t = tra$ und $t = tre$ keine [nach $t = ve$ strikt positive] Auflösung terminierbarer stiller Reserve stattfindet.

705 Gälte $TR_{ve+1} > 0$, dann wäre $M_{ve}=(1 - q^{-1})\cdot\varpi/(2\cdot\omega_{ve}^L)$. Dann aber wäre unter Ann. D-7 S. 243 gemäß (D-55) $TR_{ve+1} < 0$, zumal $\Delta_{ve+1} < 0$. Also kann nicht $TR_{ve+1} > 0$, sondern nur $TR_{ve+1} = 0$ gelten. Da die auf $t=tre+1$ folgenden Überschüsse die Summe aus Anforderungsresiduum und Umkehrwirkung weiter senkt, muss auch in etwaigen Perioden $t=tre+2$ bis $t=ae$ $TR_t=0$ gelten, so dass $tre \le ve$ gilt.

einzusparenden Grenz-Auflösungskosten von TR_t. Aus der Waagrechten in Abb. D-16 wird eine ansteigende Treppe mit linear ansteigendem Übergang zwischen den Stufen: Die Stufe $t' \in \{va, \ldots, ve\}$ verläuft i.H.v. $q^{-t'} \cdot \varpi + \lambda$ über der Abszisse, für einen Fehlbetrag also waagrecht, und zwar umso höher, je früher dieser ist. Da aber die umkehrende stille Reserve TR_t nur bis zu dem Auflösungsbetrag (D-54) und darüber hinaus TR_{t+1} zuzüglich positiver Manipulation M_t ersetzt, verläuft die Grenzersparnis im M_{va-1}-Intervall von $-\Delta_{va:t}$ bis $-\Delta_{va:t} + (1 - q^{-1}) \cdot \varpi / (2 \cdot \omega_t^L)$ linear mit der Steigung $(2 \cdot q^{-t} \cdot \omega_t^L)$ von $(q^{-(t+1)} \cdot \varpi + \lambda)$ auf $(q^{-t} \cdot \varpi + \lambda)$.[706] Die Differenz zwischen der Grenzersparnisfunktion bei TRV = 0 und dieser Treppe sinkt strikt mit sinkendem M_{va-1}.[707] Die Schnittstelle zwischen den beiden Funktionen ist somit, falls existent[708], eindeutig. Ohne dass hier ein formaler Nachweis erfolgen soll, scheint dies auf die Konvexität des Problems (s.S. 188, 164) zurückzuführen zu sein.

Wie in Abb. D-19 ist umkehrende positive [negative] Manipulation von $M_{va-1} = M^*_{va-1}$ gemäß D4.2.3.2 ausgehend nach rechts [links] fortschreitend durch Auflösung derart zu ersetzen[709], dass der Abstand zwischen der Treppe mit den abgeschrägten Stufen und den Spitzen der verlängerten Grenzertrags- bzw. -Grenzkostenfunktion bei TRV = 0 (wie in Abb. D-16) rechts und links gleich ist, nämlich λ. Bei ausreichendem Vorrat an terminierbarer stiller Reserve ist $\lambda = 0$. Die Höhendifferenz von der ersten zur letzten Stufe beträgt $(q^{-tra} - q^{-tre}) \cdot \varpi$.

---

706 $(q^{-t} - q^{-(t+1)}) \cdot \varpi = q^{-t} \cdot (1 - q^{-1}) \cdot \varpi$. Bei Negativität von (D-55) entfällt das waagrechte Stück i.H.v. $q^{-t} \cdot \varpi + \lambda$ und die „Schräge" der Periode t geht in diejenige der Periode t+1 über.

707 Die „Grenzersparnisfunktion" ohne terminierbare stille Reserve, $\partial C_{\forall t} / \partial M_{va-1} | M_t > 0$, steigt mit $\sum_{\tau=t}^{\tau=ae} 2 \cdot q^{-\tau} \cdot \omega_\tau^L$ und somit, außer in t = ae, stets steiler als die mit $2 \cdot q^{-t} \cdot \omega_t^L$ steigende „Schräge" der „abgeschrägten Treppenstufe", wobei t die jeweils einschlägige Fehlbetragsperiode bezeichnet. Für $M_{va-1} \to (-\Delta_{va:ve})_+$ steigt sowohl die Grenzersparnisfunktion ohne terminierbare stille Reserven als auch die „Schräge" der „Treppe" mit $2 \cdot q^{-ve} \cdot \omega_{ve}^L$. Es wird hier aber die „Treppe" von der Grenzersparnisfunktion strikt rechts von $-\Delta_{va:ve} + (1 - q^{-1}) \cdot \varpi / (2 \cdot \omega_{ve}^L)$, im waagrechten Teil der „Treppe" geschnitten, zumal diese für $M_{va-1} \to (-\Delta_{va:ve})_-$ in der Höhe $(q^{-(ve+1)} \cdot \varpi + \lambda) > 0$ verlaufen muss, während die Grenzersparnisfunktion den Wert null annimmt.

708 Der Schnittpunkt existiert, wenn für $TR_{aa:ae} = 0$, $M_{va-1} = 0$, der Grenzertrag negativer Manipulation größer ist als $q^{-va} \cdot \varpi$, also $\sum_{t=va}^{t=ae^{max}} 2 \cdot q^{-\tau} \cdot \omega_\tau^L \cdot \Delta_{va:\tau} > q^{-va} \cdot \varpi$. Zu $t = ae^{max}$ s.o. S. 215.

709 Die Bereiche unterhalb der Übergänge zwischen den Stufen entsprechen positiver Manipulation, vgl. das linke Kästchen in Abb. D-20.

Bsp. D-14: Manipulation um Fehlbetragszeitraum bei knapper terminierbarer stiller Reserve und Zinseffekten

Abb. D-20 zeigt Beispiel Bsp. D-13 bei $q = 1{,}1$ und $TRV = 400$. Für $q = 1{,}1$ erhält man über den in Abb. D-12 S. 221 aufgeführten Definitionsbereichen die folgenden Funktionen der supratemporalen Grenzkosten (AUFφ) und Grenzerträge (AABη) von $M_{va-1} = M_3$ (s.a. Bsp. D-10 S. 215, Bsp. D-11 S. 219):

AUF1: $2\cdot 0{,}0001\cdot(1{,}1^{-3}\cdot M_3) = 0{,}000150\cdot M_3$

AUF2: $2\cdot 0{,}0001\cdot(1{,}1^{-2}\cdot(M_3-(-200)) + 1{,}1^{-3}\cdot M_3) = 0{,}000316\cdot M_3 + 0{,}03306$

AUF3: $2\cdot 0{,}0001\cdot(1{,}1^{-2}\cdot(M_3-(-200)) + 1{,}1^{-3}\cdot M_3 + 1{,}1^{-4}\cdot(M_3+300)) = 0{,}000452\cdot M_3 + 0{,}07404$

AUF4: $2\cdot 0{,}0001\cdot(1{,}1^{-1}\cdot(M_3-(-300-200))+ 1{,}1^{-2}\cdot(M_3-(-200))+ 1{,}1^{-3}\cdot M_3+1{,}1^{-4}\cdot(M_3+300)) = 0{,}000634\cdot M_3 + 0{,}16495$

AAB6: $2\cdot 0{,}0001\cdot(1{,}1^{-6}\cdot(M_3+1200)) = 0{,}000113\cdot M_3 + 0{,}13547$

AAB5: $2\cdot 0{,}0001\cdot(1{,}1^{-6}\cdot(M_3+1200)+1{,}1^{-7}\cdot(M_3+900)) = 0{,}000216\cdot M_3 + 0{,}22784$

AAB4: $2\cdot 0{,}0001\cdot(1{,}1^{-5}\cdot(M_3+700)+1{,}1^{-6}\cdot(M_3+1200)+1{,}1^{-7}\cdot(M_3+900)) = 0{,}000340\cdot M_3 + 0{,}31477$

Abb. D-20 zeigt die Absolutwerte der Grenzkostenfunktion negativer Manipulation. Die Undifferenzierbarkeitspunkte der Grenzkostenkurve lauten als geordnete Paare von M_{aa-1} und Grenzkosten: (−200; 0,0301), (−300; 0,0616), (−500; 0,1520). Für die Grenzertragskurve lauten sie (−1200; 0), (−900; 0,0339), (−700; 0,0770), (−400; 0,1789). S.a. Tab. D-4 S. 221.

Man nehme probehalber an, dass die gesamte terminierbare Reserve aufzulösen ist, dass $M_{va-1} = M_3 \in$ AUF3 und $(M_{va-1} - TRV) \in$ AAB5. Der optimale Wert für M_3 errechnet sich dann durch Lösung der Gleichsetzung von Grenzkosten- respektive Grenzertragsfunktion mit der zugehörigen Stufe der Kostenfunktion für die Auflösung terminierbarer stiller Reserven zuzüglich der Grenz-Opportunitätskosten λ. Bei $q = 1$ wäre $a_{max} = 5$. Weiter ist $\Delta_5 = 400$. Man setze deshalb versuchshalber $tra = 5$ und $tre = 6$. Dann ist zum einen die negative Grenzkostenfunktion in M_3 für AUF3 mit den Grenz-Auflösungskosten zuzüglich Grenz-Opportunitätskosten in $t = tra$, $q^{-5}\cdot\varpi + \lambda$, gleichzusetzen: $2\cdot 0{,}0001\cdot\{1{,}1^{-2}\cdot(200+M_3) + 1{,}1^{-3}\cdot M_3 + 1{,}1^{-4}\cdot(M_3 + 300)\} = 1{,}1^{-5}\cdot 0{,}1 + \lambda$. Zum anderen ist die Grenzertragsfunktion für AAB5 mit den Grenz-Auflösungskosten zuzüglich Grenz-Opportunitätskosten in $t = tre$, $q^{-6}\cdot\varpi + \lambda$, gleichzusetzen, wobei M_3 durch $(M_3 - TRV)$ zu ersetzen ist: $2\cdot 0{,}0001\cdot\{1{,}1^{-6}\cdot((M_3-400) + 300 + 400 + 500) + 1{,}1^{-7}\cdot((M_3-400) + 1200 - 300)\} = 1{,}1^{-6}\cdot 0{,}1 + \lambda$. Dies ergibt $M_3 \doteq -331{,}47$, das hier auf $M_3 \doteq -332$ abgerundet werden soll, so dass $M_4 = M_3 + \Delta_4 = -332 + 300 = -32$. Die zinsinduzierte Manipulation ergibt sich in $t = 5$ als $M_5 = (1 - 1{,}1^{-1})\cdot 0{,}1/(2\cdot 0{,}0001) \doteq 45$. Deshalb ist $TR_5 = TRV + M_4 - M_5 = 400 - 32 - 45 = 323$ und $TR_6 = TRV - TR_5 = 400 - 323 = 77$. Dann ist $M_6 = M_5 + \Delta_6 - TR_6 = 45 + 500 - 77 = 468$, $M_7 = M_6 + \Delta_7 = 468 - 300 = 168$ und $M_8 = 0$. Der Anspannungszeitraum hört also, mit der Ausgangsannahme $M_{va-1} + TRV \in$ AAB5 kongruent, in $t = 7$ auf. Mit negativer Manipulation und terminierbarer stiller Reserve wurde bis $t = 5$ ein kumulierter Fehlbetrag von $-M_3 + TR_5 = 332 + 323 = 655$ PE bewältigt und in $t = 6$ weitere 77 PE, zusammen 732 PE. Der Rest von $\Delta_V = \Delta_{4:6} = 1200$ PE, also 468 PE, wird durch positive Manipulation in den Perioden $t \in \{5, 6\}$ nach dem Fehlbetragszeitraum verschoben.

Der Barwert der Malusse umkehrender Manipulation betragen 23,73 NE, die Kosten der Auflösung terminierbarer stiller Reserve 24,40 NE, insges. 48,13 NE. Der Barwert der Grenzmalusse umkehrender Manipulation von $t = aa - 1 = 2$ bis $t = tra - 1 = 3$ beträgt −0,0758 NE/PE, und von $t = tra = 5$ bis $t = ae = 7$ 0,0758 NE/PE, addieren sich also zu null. Auch marginale Umverteilung zwischen TR_5 und TR_6 reduziert die Gesamtkosten nicht, denn die Summe aus dem Grenzmalus positiver Manipulation in $t = 5$, 0,0056 NE/PE, und den Grenz-Auflösungskosten in $t = 6$, 0,0564 NE/PE, gleicht den Grenz-Auflösungskosten in $t = 5$: $0{,}0056 + 0{,}0564 = 0{,}0621$ NE/PE. Eine marginale Erhöhung von TRV brächte die Grenz-Opportunitätskosten λ, $0{,}758 - 0{,}0621 = 0{,}0137$ NE/PE ein. Zum zeitlichen Verlauf des Spannungsmaßes s.S. 246. Abb. D-21 zeigt die Optimierung mit Hilfe des Grenzkostenkalküls. Abb. D-20 gibt den Graphen der Lösung als Minimalkostenflussproblem an, s.a. Abb. D-14 S. 227. Abb. D-22 stellt die Lösung analog zur Abb. D-18 (s.a. Abb. D-9 S. 189, Abb. C-9 S. 132 und Abb. D-16 S. 236) dar:

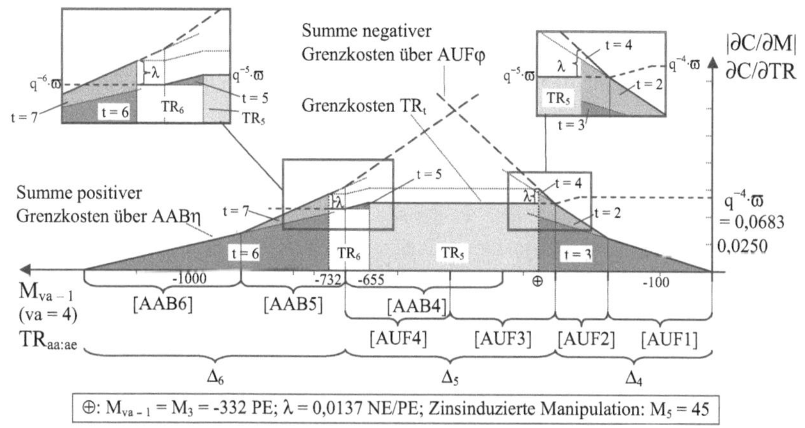

Abb. D-20: Manipulation um einen Fehlbetragszeitraum bei Konformitätskontinuität, knapper terminierbarer stiller Reserve und Zinseffekten, Darstellung als Grenzkostenkurven

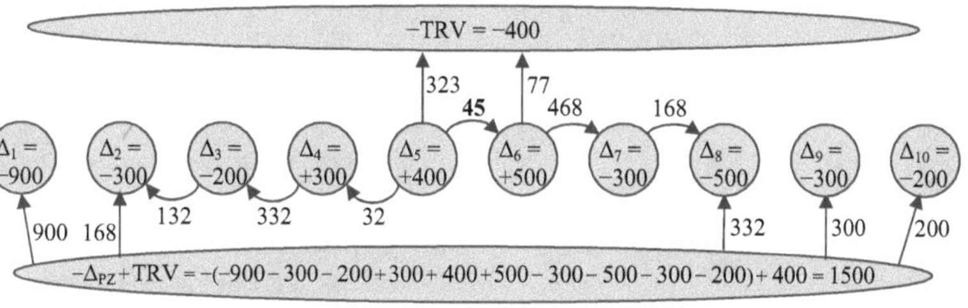

Abb. D-21: Manipulation um einen Fehlbetragszeitraum bei Konformitätskontinuität, knapper terminierbarer stiller Reserve und Zinseffekten, Darstellung als Graph

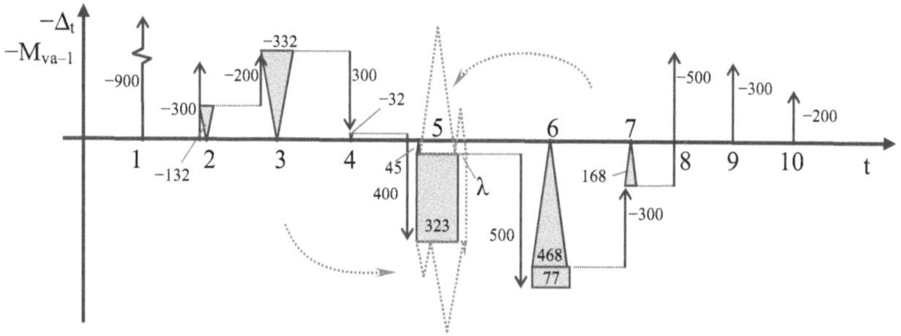

Abb. D-22: Manipulation um einen Fehlbetragszeitraum bei Konformitätskontinuität, knapper terminierbarer stiller Reserve und Zinseffekten, Darstellung als Drei- und Vierecke

Bei $q > 1$ und $\omega_t^L = cst\ \forall t$, $\omega_t^R = cst\ \forall t$ sinken die abgezinsten Resistenzkoeffizienten der umkehrenden Manipulation und der Auflösung im Zeitablauf. Dementsprechend werden die Drei- und Vierecke im Zeitablauf schmaler. Die Knappheit an terminierbarer stiller Reserve zeigt sich darin, dass der Barwert der Grenzmaluse negativer respektive positiver Manipulation die höchsten Grenz-Auflösungkosten (in $t = tra = 5$) jeweils um λ übersteigen.

4.2.4 Ausgewählte Erweiterungsmöglichkeiten

Kommen innerhalb des Planungshorizontes des Erstellers **mehrere** durch Nicht-Anspannung umgrenzte, für Konformitätskontinuität vorgesehene, separat optimierbare **Fehlbetragszeiträume** vor, bei denen der Absolutbetrag der Anspannungsklimax bei TRV = 0[710] ϖ überschreitet, dann sind die entsprechenden Anspannungszeiträume und ihre Vorperioden in Zielfunktion und Nebenbedingung von (D-44) S. 228 aufzunehmen. Die terminierbare stille Reserve ist also derart auf die Perioden aller Fehlbetragzeiträume zu verteilen, dass die Grenz-Opportunitätskosten der Auflösung für alle Fehlbetragszeiträume gleich λ sind. Es wird einem Fehlbetragszeitraum umso mehr terminierbare Reserve zugeteilt, je höher seine Fehlbeträge, je geringer die Überschüsse konformer Nachbarperioden, je höher die Resistenzkoeffizienten für positive und negative Manipulation sind und je früher der Fehlbetragszeitraum innerhalb des Planungshorizontes stattfindet.

Bisher blieb die Bildung terminierbarer stiller Reserven unbeachtet, s.S. 226. Eine denkbare Modellierung zur **Endogenisierung der Bildung** terminierbarer stiller Reserven könnte annehmen, dass sie in Überschussperioden bis zu einem gewissen Betrag kostenlos gebildet werden können, aber ihre Konservierung bzw. „Lagerung" mit einem – von $(q - 1)$ zu unterscheidenden – „Lagerhaltungskostensatz" für jede Periode zwischen Bildung und Auflösung belegen. So geht beispielsweise bei dem manipulativ verzögerten Verkauf von Vermögensgegenständen über Buchwert (s.S. 225) der Verzicht auf die Veräußerung zwischen Legung und Auflösung der stillen Reserve mit zum Zwecke der Haltung stiller Reserven selbst auferlegten Beschränkungen einher, die aufgrund der hierbei nicht genutzten Handlungsmöglichkeiten einer Art „Opportunitäts-Lagerkosten" ähnlich dem Verzicht auf Verzinsung gebundenen Vermögens gleichkommen. Terminierbare stille Reserven für einen Fehlbetragszeitraum wären in so vielen Vorperioden kostenlos zu bilden, dass sich die abgezinsten Grenz-„Lagerungskosten" von der ersten Periode der Legung bis zur ersten Periode der Auflösung gerade zu λ addieren würden.

Diese Modellierung würde somit hinsichtlich der Terminierung ihrer Umkehrwirkung einen Kompromiss zwischen der bisher modellierten, in der Folgeperiode umkehrenden stillen Reserve, deren Umkehrwirkung *gar nicht* verzögert werden kann, und der terminierbaren stillen Reserve, deren Umkehrwirkung *beliebig* verzögert werden kann.[711] Der erstgenannte [letztgenannte] Fall ergäbe sich für einen gegen unendlich [null] gehenden Lagerkostensatz als Spezialfall aus der erweiterten Modellierung.

---

710 S.a.u. Fn. 712 S. 251.

711 Soweit das Kongruenzprinzip (vgl. Fn. 46 S. 13) gilt, kann lediglich die Periodisierung von Erfolgen manipuliert werden. Ein Verzicht auf ausgewiesenes Periodenergebnis muss insoweit auch für die Anlage des Vorrates an terminierbarer stiller Reserve erfolgen. Dies ist annahmegemäß bereits vor dem hier betrachteten Anspannungsbeginn geschehen, vgl. S. 226.

4.2.5 Kommunikationsexogene Beobachtung

Bei TRV = 0 (s. Abschnitt D4.1 (S. 212ff.)) wurde bis zur Vorperiode der Anspannungsklimax, t = amax − 1, negativ und danach positiv manipuliert. t = amax erfasste bei TRV = 0 das zeitliche Maximum des Grenznutzens unverfälschten Periodenergebnisses und insofern einen unbemerkten Höhepunkt der Enttäuschung der an das Unternehmen gestellten Erwartungen.[712] Geht man von der Lösung für TRV = 0 aus, wird die terminierbare stille Reserve, beginnend in der Periode der Anspannungsklimax bei TRV = 0, für steigenden Vorrat in immer früheren Vor- und immer späteren Folgeperioden aufgelöst. Die Perioden mit Auflösung bilden einen zusammenhängenden, die Periode der Anspannungsklimax bei TRV = 0 umfassenden Zeitraum innerhalb des Fehlbetragszeitraumes.[713] In diesen Perioden wird ansonsten nur zinsinduziert positiv manipuliert[714], während die übrige umkehrende Manipulation durch Auflösung terminierbarer stiller Reserve ersetzt wird. Im Vergleich zum **Manipulationsverhalten** bei TRV = 0 *keilt sich* die Auflösung terminierbarer stiller Reserve insofern *zwischen negative und positive* Manipulation und drängt sie umso näher an die Ränder des Fehlbetragszeitraumes,

- je größer der Vorrat ist,
- und, bei ausreichendem Vorrat,
  - je geringer die Grenz-Auflösungskosten,
  - je höher die Resistenzkoeffizienten und
  - je niedriger die den Fehlbetragszeitraum umgebenden Überschüsse sind.

Der Zeitraum negativer [positiver] Manipulation umfasst die Vorperiode [Endperiode] des Fehlbetragszeitraumes. Bei knappem Vorrat findet sich der Auflösungszeitraum umso später, je größer die Überschüsse vor dem Fehlbetragszeitraum relativ zu denjenigen danach sind. Die Dauer der umkehrenden Manipulation außerhalb des Fehlbetragszeitraumes kann durch den Vorrat an terminierbarer stiller Reserve reduziert werden. Bei ausreichendem Vorrat entkoppelt sie die Optimierung der Manipulationsentscheidungen vor und nach ihrer Auflösung, macht also die Verhältnisse zeitlich jeweils jenseits der Auflösung für die Manipulationsentscheidungen irrelevant.[715] Die Funktion terminierbarer stiller Reserven als Verlustverschleie-

---

712 Der höchste Grenznutzen unverfälschten Periodenergebnisses wird bei TRV > 0 und q = 1 in gleicher Höhe während des gesamten Auflösungszeitraumes erreicht. Bei q > 1 ist er aufgrund der Abzinsung in der ersten Auflösungsperiode am höchsten. Gemessen an den supratemporalen Grenzkosten der Manipulation bzw. der Auflösung wird insofern die Klimax rechnungslegungspolitischer Anspannung in allen Auflösungsperioden bzw. in der ersten erreicht. t = amax soll jedoch weiterhin die Anspannungsklimax „vor Auflösung", also bei TRV = 0 bezeichnen. Diese Periode ist auch bei TRV>0 als Höhepunkt der Enttäuschung der an das Unternehmen gehegten Erwartungen zu interpretieren.

713 Zinseffekte werden gemäß Ann. D-7 S. 243 durch den Verlauf der Anforderungsresiduen dominiert.

714 Zinseffekte erzeugen den Transfer von Anforderungsresiduum von der ersten bis zur letzten Periode mit Auflösung i.H.d. auf den Manipulationsmalus derjenigen Manipulation entfallenden Zinses, dessen Grenzmalus den Auflösungs-Grenzkosten gleichen, s. (D-54) S. 242.

715 Es sei auf die Ähnlichkeit zu den Irrelevanztheoremen für Investition und Finanzierung hingewiesen, wonach der Handel mit Rechten an Zahlungsströmen unter bestimmten Voraussetzungen einem Unternehmen

rungspotenzial bzw. „cookie jar"-Reserve für Perioden mit hoher Anspannung resultiert aus der Linearität ihrer Grenz-Auflösungskosten und dem Ausbleiben einer Umkehrwirkung, s.a.o. S. 250.

Nimmt man an, dass die zinsinduzierte Manipulation zu gering ist, um als Manipulation kommunikationsexogen wahrgenommen zu werden, dass aber dagegen die Grenz-Auflösungskosten ϖ und die Überschüsse um den Fehlbetragszeitraum hinreichend hoch sind, dass die Manipulation vor t = tra und ab t = tre beobachtbar ist, dann nimmt kommunikations-exogene **Beobachtung des Manipulationsvorzeichens** und der Auflösung terminierbarer stiller Reserve die Krise des Erstellers als zeitliche Abfolge wahr:

negative Manipulation → Auflösung terminierbarer stiller Reserve → positive Manipulation

Die beiden ersten Phasen können sich nicht überlappen, während sich die letzten beiden um genau eine Periode überlappen müssen.[716]

Die in Abschnitt D3.3.3 erwähnten **Implikationen** negativer Manipulation bleiben deshalb erhalten; sie weist auf die zeitliche Nähe des Beginns eines Fehlbetragszeitraumes sowie das Bevorstehen der Anspannungsklimax hin.

Die Beobachtung der Auflösung terminierbarer stiller Reserven zeigt einen aktuellen Fehlbetrag sowie die Möglichkeit der Anspannungsklimax an. Das ausgewiesene Periodenergebnis übersteigt das unverfälschte.

---

ermöglicht, Investitionsalternativen und Finanzierungsalternativen jeweils getrennt anhand ihrer Volatilität und Korrelation mit dem Gesamtmarkt zu bewerten, wenn ihr Einfluss auf den Gesamtmarkt hinreichend gering ist. Im vorliegenden Modell wird ein dem Handel von Rechten an Zahlungsströmen ähnlicher Austauschmechanismus durch die Linearität der Auflösungs-Grenzkosten bereit gestellt: Sie geben den von den Verhältnissen vor t = tra und nach t = tre in gewissen Grenzen unabhängigen Preis der Bewältigung von Fehlbeträgen in t = tra und ab t = tre an. Wieviele Fehlbeträge nach t = tra [t = tre] transferiert werden, ist irrelevant für die Manipulation nach t = tre [vor t = tra].

716 Diese Implikationen könnten als Ansatzpunkt für Versuche dienen, die empirische Relevanz der Modellergebnisse zu validieren. So etwa von Bartov (1993) ausgehend. Er macht Anzeichen dafür aus, dass Vermögensgegenstände, deren Zeitwert ihren Buchwert überschreitet, vor allem dann veräußert werden – was im Modell als Auflösung terminierbarer stille Reserve zu interpretieren wäre –, wenn das Unternehmen hierdurch einen Vertragsbruch von Negativklauseln vermeidet oder die Entlohnung der Unternehmensleitung erhöht – im Modell also in Perioden mit positivem Anforderungsresiduum nach Umkehrwirkung. Vgl. Bartov (1993) S. 248 – 254. Es wäre zusätzlich festzustellen, ob im Modell negative [positive] umkehrende Manipulation – also beispielsweise Bildung und Auflösung manipulierbarer sich kurzfristig auflösender Rückstellungen – der Auflösung terminierbarer stiller Reserven vorausgeht [nachfolgt]. Es wäre hierbei zwischen Anforderungsresiduum und Umkehrwirkung zu differenzieren, um festzustellen, ob terminierbare stille Reserven nur in Fehlbetragsperioden aufgelöst werden. Zur empirischen Konkretisierung der Konformitätsanforderung s.a.o. Abschnitt B3.3.1.2 (S. 48ff.), 3.3.2 (S. 52ff.). Bartov (1993) S. 248 – 254 findet zudem neben Anzeichen für das Wirken steuerlicher Anreize auch Anzeichen für die Tendenz zur Veräußerung überbewerteten Vermögens, wenn das Ergebnis sich oberhalb der Obergrenze der Anreizzone (s.o. Fn. 245 S. 53) befindet, was mit Ergebnisglättung vereinbar wäre. Ähnlich erheben Dietrich/Harris/Muller III (2001) S. 141 – 144 ergebnisglättendes Verhalten bei Terminierung der Veräußerung von Vermögensgegenständen.

— Wird nicht zugleich positiv manipuliert, impliziert sie weiter, dass der aktuelle Fehlbetrag nicht der letzte sein kann, den der Ersteller erwartet.
— Wird dagegen in derselben Periode zugleich positiv manipuliert, zeigt dies die letzte Auflösungsperiode an. Die Anforderungsresiduen der Folgeperioden sind dann gerade so hoch, dass die Summe der Grenzmalusse positiver Manipulation bis zum Anspannungsende die Grenz-Auflösungskosten terminierbarer stiller Reserve zuzüglich Grenz-Opportunitätskosten der Auflösung gleicht. Ist der Vorrat nicht knapp, betragen diese Kosten ϖ, ansonsten sind sie höher, und zwar umso höher, je höher die Resistenzkoeffizienten und die Anforderungsresiduen des Krisenzeitraumes und der ihn umgebenden Perioden sind. Weitere Fehlbetragszeiträume im selben Planungszeitraum – auch solche, die nicht durch Anspannung verbunden sind – erhöhen den Knappheitspreis der Auflösung und somit die Manipulation vor und nach dem betrachteten Auflösungszeitraum.

Je weniger knapp der Vorrat ist, um so deutlicher weist also positive Manipulation auf die zeitliche Nähe der letzten Fehlbetragsperiode hin. Die Anspannungsklimax findet sich spätestens in der ersten Periode mit positiver Manipulation.

Will man die **Manipulationsvorzeichen bewerten**, so wird der Charakter von negativer Manipulation als Bote eines anfangenden und von positiver Manipulation als Bote eines endenden Fehlbetragszeitraumes, wie er in Abschnitt D3.3.3 aufgezeigt wurde, aufgrund
— ihrer durch die terminierbare stille Reserve vergrößerten zeitlichen Entfernung,
— ihres reduzierten Ausmaßes und
— ihrer reduzierten Dauer

im Vergleich zum Fall ohne terminierbare stille Reserve noch ausgeprägter. Die gängige Bewertung, wonach eine Rechnungslegung, der negative Manipulation anzumerken ist, unter sonst gleichen Umständen höher einzuschätzen ist als eine, der positive Manipulation anzumerken ist, bleibt aus den gleichen Gründen wie bei TRV = 0 (s.o. S. 202f.) allenfalls unter weiteren Voraussetzungen verständlich. So kann, wie bei TRV = 0, nicht vom Manipulationsvorzeichen auf das Vorzeichen des Anforderungsresiduums der Periode geschlossen werden. Aus negativer [positiver] Manipulation folgt insbesondere nicht, dass das ausgewiesene Periodenergebnis das unverfälschte unterschreiten [übersteigen] würde.

Der Beobachtung der Auflösung terminierbarer stiller Reserven positive Aspekte abzuringen, fällt dagegen schwer; sie teilt mit der negativen Manipulation die Implikation, dass der Fehlbetragszeitraum noch nicht zu Ende ist, und mit der positiven Manipulation die Implikation, dass bereits Fehlbeträge zu verzeichnen waren. Die gängige skeptische Bewertung dieser Art willentlicher Ergebniserhöhung ist somit kongruent mit den Implikationen des Modells. Gelänge die Beobachtung der – hier nicht modellierten – Legung terminierbarer stiller Reserven, und unterstellt man hierfür Kostenlosigkeit, so sagte die Beobachtung wenig über die Erwartungen des Erstellers hinsichtlich künftiger unverfälschter Periodenergebnisse aus. Ist hingegen ihre „Lagerung" kostenträchtig (s.S. 250), so verrät ihre Bildung die Erwartung des

Erstellers, künftige Fehlbeträge ausgleichen zu müssen, die zeitlich umso näher liegen, je höher die „Lagerungskosten“ sind, und umso höher sind, je länger eine solche Bildung beobachtet wurde.[717]

Das Ausmaß negativer [positiver] Manipulation erreichte bei TRV = 0 sein Maximum in der Periode vor dem Anfang [an dem Ende] des Fehlbetragszeitraumes, s.o. S. 222. In diesen Perioden war deshalb der seit Anspannungsanfang kumulierte **Totalerfolg** besonders stark manipulativ nach unten [oben] **verzerrt**. Diese Aussagen treffen auch bei TRV > 0 zu. Allerdings war die Verzerrung des Totalerfolges bei TRV = 0 temporär: Sie verkehrte während des Fehlbetragszeitraumes ihr Vorzeichen und wurde bis zum Anspannungsende korrigiert. Dagegen schlägt sich bei TRV > 0 jede Auflösung als permanente Verzerrung in dem so kumulierten Totalerfolg nieder.[718]

Nach der anreiz-informatorischen Unschärferelation (s. Abschnitt E1 (S. 295ff.)) ist von der terminierbaren stillen Reserve für die **informatorische Funktionalität** einer Rechnungslegung nichts Gutes zu erwarten: Sie erweitert den zeitlichen Abbildungsspielraum bei gleich bleibenden an den Bericht geknüpften Anreizen. Dies bestätigt die Analyse des Modells. Im Vergleich zur Situation mit Konformitätskontinuität ohne terminierbare stille Reserve (s. Abschnitt D3.3.2 S. 196ff., D4.1.5 S. 222f.), ist sie eindeutig von Übel:

- Sie erweitert bei hinreichendem Konformitätsinzitament das Unschärfeintervall bei Kommunikationsdiskontinuität. Bei Kommunikationskontinuität kann sie als zusätzliche Manipulationsmöglichkeit das Unschärfeintervall nicht verkürzen, sondern allenfalls verlängern.
- Sie entschärft die Konkurrenz um Manipulationsgelegenheiten in zeitlicher Nähe und während der Krise und ermöglicht hierdurch Konformität für zeitliche Profile von Anforderungsresiduen, die ohne sie nicht mit Konformität vereinbar wären, und zwar in von ihrem Ursprung weit entfernten und insofern für die Beurteilung der Periode der Auflösung wenig relevanten Perioden.
- Sie kann somit den kumulierten Totalerfolg über große Zeiträume verzerren.
- Sie erschwert die Beobachtung der Anspannungsklimax.
- Sie erschwert den Schluss von etwaig beobachtbaren intratemporalen Grenzmalussen positiver oder negativer Manipulation auf die Anforderungsresiduen des Fehlbetragszeitraumes und der ihn umgebenden Perioden.

Dass sie die Beobachtbarkeit von Anfang und Ende der Krise anhand des Vorzeichens umkehrender Manipulation verbessert, vermag diese Makel kaum aufzuwiegen.

---

717 So wäre im vorliegenden Modellkontext bspw. die Jahrzehnte währende sorgsame Hütung der Unterbewertung von Immobilienbeständen, wie sie in der Versicherungswirtschaft vermutet wird, als Anzeichen der Befürchtung bevorstehender stürmischer Zeiten zu verstehen.

718 Zur Korrektur wäre spätestens ab der Bildung der terminierbaren stillen Reserve zu kumulieren.

Insofern legt die Modellanalyse nahe, bei der Konzeption von Abbildungsregeln zur Erfolgsperiodisierung über große zeitliche Entfernungen wesentlich größere „objektivierungs-...bedingte Verzerrungen"[719] in Kauf zu nehmen als bei der Konzeption von Abbildungsregeln zur Periodisierung zwischen zeitlich nahe gelegenen Perioden. Sie lässt bspw. die regelmäßige Neubewertung von Anlagevermögen oder zumindest präzise diesbezügliche betragsmäßige Anhangangaben empfehlenswert erscheinen, zumal hierbei langfristige gegen kurzfristige Manipulierbarkeit eingetauscht wird: Das schwach pönalisierte, aber wohl i.d.R. nur zur Erfolgsverschiebung über wenige Perioden ermächtigende Ermessen bei der Neubewertung ersetzt die über lange Zeiträume realisierbare Hütung von Zeitwertrücklagen[720]. Die Analyse legt nahe, dass Ersteres weniger schwer wiegt als Letzteres. Die Modellergebnisse konkretisieren somit die in der institutionellen Literatur gehegten Vorbehalte gegen terminierbare stille Reserven.[721]

Im Folgenden sollen terminierbare stille Reserven aufgebraucht sein, TRV = 0.

719 Moxter (1982) S. 9. Vgl. auch die vorliegende Untersuchung S. 105 und Nachw. in Fn. 437 S. 105.

720 So in Form einer Differenz zwischen dem möglichen Veräußerungserlös und dem Buchwert i.H.d. fortgeschriebenen Anschaffungs- und Herstellkosten. Vgl. Küting (1995) S. 5. S.a. die vorliegende Untersuchung S. 225 und Fn. 680, 681 S. 225 sowie Abschnitt B5.2.3.3 (S. 89ff.).

721 Vgl. u.a. Stützel (1959), Küting/Weber (1993) S. 50, Coenenberg (2003) S. 299.

5 Terminierung einmaliger Nonkonformität

5.1 Motivation: buchhalterische Generalbereinigung, „Big Bath"

Dieser Abschnitt D5 analysiert, wann der Ersteller eine aufgrund eines Fehlbetragszeitraumes als notwendig erkannte, einmalige Nonkonformität terminiert:

— Abschnitt D5.1 motiviert die Modellierung anhand empirischer Befunde, engt die Fragestellung auf zeitliche Wechselwirkungen der Manipulation ein und präzisiert das analysierte Szenario.
— Abschnitt D5.2 zeigt die Determinanten der Terminierung einmaliger Nonkonformität auf, wobei die Effekte stiller Reserven sich überwiegend als Mäßigung der Effekte ohne stille Reserven ergeben und deshalb gesondert behandelt werden.
— Abschnitt D5.3 betrachtet nur Primär- und Wiederholungseffekte. Dies kommt der (immer wieder enttäuschten) Hoffnung des Erstellers gleich, der Fehlbetrag der jeweils nächsten Periode sei der letzte.
— Abschnitt D5.4 unterstellt gleich bleibende Fehlbeträge. Es wird zunächst der Fall untersucht, in dem Entspannung unmittelbar nach dem Fehlbetragszeitraum eintritt, und dann der Fall anschließender Null-Überschüsse.
— Abschnitt D5.5 fasst die Ergebnisse zusammen, erschließt deren Implikationen für die zeitliche Position des Erstellers in der Krise und gibt einen kurzen Ausblick.

Die bei Nonkonformität stattfindende Unterlassung der Kompensation der – ggf. über mehrere Perioden kumulierten – stillen Last[722] entspricht der aus der Empirie bekannten Praxis des „buchhalterischen Großreinemachens", des „big bath"[723] (im Folgenden **BUCHHALTERISCHE GENERALBEREINIGUNG**[724]). Kommt sie unerwartet, ist sie eine ausgesprochen schlechte Nachricht für am Wohlergehen des Unternehmens interessierte Adressaten: Sie ist im Modell[725] wie im institutionellen Verständnis der spektakuläre buchhalterische Ausdruck einer

---

722 Vgl. Bsp. C-1 S. 110.

723 Auch „bath" oder „earnings bath", vgl. neben Levitt (1998 e) bzw. Levitt (1998 d) S. 2545 als Regulierer u.a. Degeorge/Patel/Zeckhauser (1999) S. 11, Gaver/Gaver/Austing (1995) S. 19 und im deutschsprachigen Schrifttum Ewert/Wagenhofer (2003) S. 206, 219, 226, Vorwold (1999) S. 2324, Lachnit (1996) S. 2137, Coenenberg/Haller (1993) S. 579. Synonym werden die Wendungen "cleaning the stables", "wiping the slate clean", "clear the decks" gebraucht, vgl. Nachw. bei Walsh/Craig/Clarke (1991) S. 173 – 175. Walsh/Craig/Clarke (1991) S. 178 definieren ein „big bath" als ein Ausreißer in der Zeitreihe der Ergebnisveränderungen, und zwar, soweit ersichtlich abweichend vom Sprachgebrauch im sonstigen Schrifttum, unabhängig von dessen Vorzeichen. Sie stellen für die Geschäftsjahre 1951 – 1989 unter 96 der 500 größten australischen Unternehmen 13 Unternehmen fest, die ein solches big bath mit negativem Vorzeichen absolviert haben, vgl. Walsh/Craig/Clarke (1991) S. 180 – 185. Elliott/Shaw (1988) S. 92 – 95 verstehen unter „big bath" eine gesondert ausgewiesene, ermessensbehaftete Abschreibung von mehr als 1% der Bilanzsumme.

724 So die Übersetzung Levitt (1998 d) S. 2545. Lachnit (1996) S. 2137 verwendet „Generalüberholung".

725 Bei regelmäßigen hohen Konformitätsinzitamenten, also starker Abhängigkeit des Erstellers vom Kontrahenten, und nicht allzu starker Manipulationsresistenz impliziert eine Nonkonformitätsperiode i.d.R. erhebliche oder nachhaltige Fehlbeträge in zeitlicher Nähe, s.a.o. Abschnitt D3.2.3 (S. 193f.).

erheblichen oder nachhaltigen Enttäuschung der an das Unternehmen gestellten Erwartungen. Geht sie, wie von Levitt (1998 e) gerügt, mit nicht regeltreuem ergebnissenkenden Abbildungsverhalten einher, entspricht dies im Modell der Bildung stiller Reserven für einen anschließenden Anspannungszeitraum.

Insofern erstaunt zunächst der von der populären Finanzpresse anekdotisch berichtete[726] Befund *positiver* **Kursreaktionen** bei Verlautbarungen, die eine buchhalterische Generalbereinigung anzeigen, wie bspw. Meldungen hoher, ermessensbehafteter außerplanmäßiger Abschreibungen oder Rückstellungen. Nun kann eine solche Verlautbarung einerseits über die Existenz einer Krise, andererseits über deren Bewältigung[727] informieren. Hinsichtlich beider Aspekte kann sie die Unternehmenseinschätzung der kursbildenden Investoren verbessern oder verschlechtern.[728] Denkbar sind also sowohl positive als auch negative Kursreaktionen. Der o.g. Befund wurde denn auch mit gemischtem Ergebnis empirisch erhoben.[729] Jedenfalls scheint es, zumindest im Lichte der Ergebnisse von Elliott/Shaw (1988), die eine signifikant schlechtere Entwicklung des Aktienkurses von etwa drei Jahre vor bis etwa eineinhalb Jahren nach der Generalbereinigung feststellen,[730] unplausibel, dass Generalbereinigungen i.d.R. die Adressaten vollkommen überraschen sollten. Eher dürften sie häufig seit geraumer Zeit von der Existenz einer Krise ausgehen.

Alltägliche Erfahrung legt nahe, dass das mit der Generalbereinigung geäußerte Eingeständnis unbefriedigender Zustände als Versuch verstanden werden könnte, den **Willen zur Veränderung** glaubhaft[731] zu dokumentieren. Diese Glaubhaftigkeit könnte aus der gelegentlich geäußerten Vermutung herrühren, viele Adressaten würden über ein einmalig stark negatives Periodenergebnis hinwegsehen, nicht aber über eine Wiederholung[732] (im Modell also einmalig das Konformitätsinzitament trotz Nonkonformität gewähren, im folgenden EINMALIGE

---

726 Vgl. die Nachweise bei Elliott/Shaw (1988) S. 104. Vgl. auch Walsh/Craig/Clarke (1991) S. 174.

727 Vgl. Elliott/Shaw (1988) S. 92 – 93, 98, 105. Es kündigte das Management in 71 % der Fälle der Bekanntgabe von Abschreibungen Restrukturierungsmaßnahmen an, vgl. ebenda S. 98, und im Sample von Elliott/Shaw (1988) in 35% der Fälle, vgl. ebenda S. 652, s.a.u. Fn. 728.

728 Strong/Meyer (1987) S. 656 führen dies als mögliche Erklärung für eine negative Korrelation zwischen Kursreaktionen vor und nach expliziter Bekanntgabe von Abschreibungen an.

729 Francis/Hanna/Vincent (1996) S. 128 – 133, Kross/Par/Ro (1996), letztere hier zit. n. Moehrle (2002) S. 399, und Brickley/Drunen (1990) S. 272 – 275, Strong/Meyer (1987) S. 655 – 660 stellen eine signifikante positive Kursreaktion bei Anzeichen von Generalbereinigungen fest, Elliott/Shaw (1988) S. 104 eine signifikant negative. S.a. rekapitulierend Fields/Lys/Vincent (2001) S. 268 – 269.

730 Vgl. Elliott/Shaw (1988) S. 93, 103 – 105, 108, 114.

731 Angesichts der u.U. äußerst unangenehmen Seiten eines erzwungenen Wandels eines Unternehmens bedarf die Bekundung eines Veränderungswillens durchaus der Verifikation. Die Verifikation eines Veränderungswillens könnte u.a. aus den Unannehmlichkeiten und Risiken des Eingeständnisses negativer Entwicklungen als Signalisierungskosten herrühren. S.a. Fn. 734.

732 Vgl. u.a. Levitt (1998 e), aber s.a.u. Fn. 787 S. 291. U.U. wirkt die von Dechow/Huson/Sloan (1994) S. 142, 149 – 155 erhobene Nichtberücksichtigung von Restrukturierungsrückstellungen in Entlohnungsfunktionen der Unternehmensleitung ähnlich. Chen/Lee (1995) S. 91, 103 – 110 erheben Nichtberücksichtigung regulatorisch erzwungener Ergebnisminderungen bei Öl- und Gasförderunternehmen.

VERZEIHUNG[733]): Das Ausspielen eines derartigen „Jokers" würde den Druck auf das Management erhöhen, künftig positive Periodenergebnisse auszuweisen. Auch das häufige Zusammentreffen von Generalbereinigungen mit der Ankündigung von Restrukturierungsmaßnahmen[734] könnte für einen positive [negative] Kursreaktionen verstärkenden [mildernden] Informationsgehalt sprechen. Die Generalbereinigung könnte insofern als glaubwürdige Nachricht über den Beginn von Gegenmaßnahmen verstanden werden.[735]

Die **Terminierung einmaliger Nonkonformität** kann im Modellrahmen des Abschnittes D3 (S. 161ff.) auch durch Schwankungen der Konformitätsinzitamente beeinflusst werden, insbesondere wenn diese in bestimmten Perioden besonders niedrig sind,[736] etwa aus den folgenden Gründen:

— Die Reaktionen der Adressaten oder die Betroffenheit der Unternehmensleitung hiervon können schwach sein, etwa bei besonders optimistischer oder besonders pessimistischer[737] „Börsenstimmung". [738]

---

733 Wenn sich der Kontrahent in dieser Hinsicht glaubhaft auf „einmalige Verzeihung" festlegen würde, könnte er sich darauf verlassen, im Laufe eines *jeden* Anspannungszeitraumes ein solches Signal zu erhalten und brauchte es nur abzuwarten, um seine Entscheidungen an dieser Information über die Position in der Krise ausrichten zu können. Den Implikationen hinsichtlich solcher Erwartungen sollen im Folgenden jedoch nicht näher nachgegangen, sondern weiterhin von dem unterstellten Verhalten des Kontrahenten ausgegangen werden, das Konformitätsinzitament nur bei Konformität zu gewähren. Siehe jedoch auch Abschnitt D6 (S. 286ff.) zur Erweiterung des Anforderungshorizontes.

734 Das Eingeständnis könnte ebenfalls ein Versuch sein, Koalitionären wie Mittelmanagement, Regulatoren, Gewerkschaften oder Fremdmittelgebern zu bedeuten, dass Veränderungen erforderlich sind. So deutete The Economist den am 28. Juni 1995 bekannt gemachten ersten Verlust von Daimler-Benz seit dem zweiten Weltkrieg, vgl. o.A. (1995 Daimler) S. 58, als Signal der Bereitschaft des im Mai desselben Jahres ins Amt berufenen Vorstandsvorsitzenden zu entschiedenen Maßnahmen, und als sein Versuch, Koalitionäre von deren Notwendigkeit zu überzeugen. So wurde am selben Tag im Bundestag die für Daimler-Benz wichtige Finanzierung des Eurofighters behandelt. S.a.Fn. 739, 740 S. 259. Auch Thakor (1987) S. 662 nimmt den Befund von Strong/Meyer (1987) (s. Fn. 729 S. 257), das häufige Zusammentreffen von Generalbereinigungen einerseits und Restrukturierungsmaßnahmen oder kurz vorausgegangenem Wechsel an der Unternehmensspitze andererseits sowie die Tendenz, dass die Preisreaktion um so positiver gewesen sein soll, je betragsmäßig größer die zur Generalbereinigung führenden Buchungen ausfielen, zum Anlass für die Vermutung, die buchhalterische Generalbereinigung signalisiere den Beginn erfolgsversprechender Restrukturierungsmaßnahmen. S.a.o. Fn. 727 S. 257.

735 Sie hätte, wenn ihre Ergreifung der Unterlassung und ihr sofortiger Beginn jedem späteren vorgezogen wird und wenn etwaige zugleich transportierte Information über die Art der Gegenmaßnahmen nicht enttäuscht, zwingend positive Kursreaktionen zur Folge: Sie würde ja die Bandbreite möglicher Beginne von Gegenmaßnahmen auf den günstigst möglichen Zeitpunkt, nämlich sofort, verengen.

736 So würde ein Konformitätsinzitament von null während des Fehlbetragszeitraumes in der betroffenen Periode auf jeden Fall Nonkonformität auslösen.

737 Einen schwächeren statistischen Zusammenhang zwischen negativen Periodenergebnissen und Aktienkurs als zwischen positiven Periodenergebnissen und Aktienkurs belegt Hayn (1995) S. 126 – 127, 133, die dies als Ausdruck des Put-Optionscharakters von Eigentumsrechten an Kapitalgesellschaften interpretiert, vgl. Hayn (1995), insbes. S. 135 – 136. Hiernach ergibt sich der Wert von Eigenmittelanteilen bei Vernachlässigung des Wertes aus dem Versicherungseffekt des Put-Optionscharakters als Minimum aus Gegenwartswert künftiger Einzahlungen aus den Anteilsrechten und Liquidationswert. Auch bei Berücksichtigung des Versicherungseffektes reagiert der Anteilspreis für Werte um oder unterhalb des Liquidationswertes schwächer als für Werte weit oberhalb, wenn Informationen über den Gegenwartswert eingehen. Wenn ersterer Wertebereich mit Fehlbeträgen oder niedrigen Gewinnen zusammenfallen und letzterer mit hohen Gewinnen, ergibt sich der zu erklärende Effekt. Zum Versicherungseffekt s. Brealey/Myers (2000) S. 597.

— Bei wirtschaftlichen Schwierigkeiten des Unternehmens kann eine Reihe von Gründen die Unternehmensleitung zum Versuch veranlassen, verschiedene Interaktionspartner mit derartigem Abbildungsverhalten vom Ernst der Lage und von ihrem Veränderungswillen zu überzeugen.[739]

— Buchhalterische Generalbereinigungen sind typisch für die Anfangszeit einer neuen, insbesondere durch unfreiwilligen Wechsel ins Amt gelangten Unternehmensleitung[740]. Diese kann mit dem „Ausmisten" einerseits durch den Ausweis eines niedrigen Periodenergebnisses ein düsteres Bild ihrer Ausgangssituation zu zeichnen versuchen, womit sie auf eine Ermäßigung der an sie gerichteten Erwartungen hoffen mag, und sich andererseits durch Bildung stiller Reserven das Vorzeigen von Erfolgen in der Folgezeit erleichtern, um so die Misserfolge des Unternehmens der Amtszeit des Vorgängers zuzuweisen.[741]

Weiter können schwankende Manipulationsresistenzen, wie etwa eine besonders intensive Überwachung der Rechnungslegungserstellung in Zeiten offensichtlicher wirtschaftlicher Schwierigkeiten die Terminierung beeinflussen.[742]

---

738 Vgl. u.a. Walsh/Craig/Clarke (1991) S. 174.

739 Vgl. hierzu DeAngelo/DeAngelo/Skinner (1994) S. 116, 134 – 140: Rechtfertigung einer Dividendenreduktion gegenüber den Aktionären; Signalisierung von Einsicht und Veränderungswillen des bisherigen Managements an Aufsichtsrat und bedeutende Mittelgeber; an Gewerkschaften und Regulatoren gerichtete Signalisierung der Notwendigkeit von Zugeständnissen. Ähnlich auch Walsh/Craig/Clarke (1991) S. 187. Elliott/Shaw (1988) S. 98 halten Konsensbildung unter Management und Mitarbeitern als Ziel einer Generalbereinigung für plausibler als die Beeinflussung von Investoren. Die von diesen Beiträgen skizzierten Motivationen können auch vor einem unfreiwilligen Wechsel bestehen und mögen den Befund von Pourciau (1993) S. 317 – 323, 330 – 335 erklären, wonach ergebnismindernde Rechnungslegungspolitik auch in der Periode vor dem unfreiwilligen Wechsel der Unternehmensleitung beobachtet wurde. S.a. Fn. 734 S. 258 sowie den auf diese Fußnote folgenden Spiegelstrich.

740 Vgl. hierzu mit Befunden über Anzeichen für ergebnismindernde Rechnungslegungspolitik im Antrittsjahr nach einem solchen Wechsel Beatty/Weber (2003) S. 121, 126, 133 – 141; Pourciau (1993) S. 318, 320 – 323, 330 – 334; Murphy/Zimmerman (1993) S. 274, 309 – 312; DeAngelo (1988) S. 4, 30 – 35, Strong/Meyer (1987) S. 659 für die USA und für die BRD Leker/Salomo (1998) insbes. S. 168 – 171, 174 – 175. Auch in den Daten von Elliott/Shaw (1988), vgl. dort S. 98, sind Wechsel der Unternehmensleitung häufig. Ergebnisverbesserungen im Jahr nach der Generalbereinigung beobachtet u.a. DeAngelo (1988) S. 33, während Leker/Salomo (1998) S. 168 – 171, 172, 174 – 175 die Rückkehr zum vorherigen Erfolgsniveau feststellt, deren häufigste Ursache sie jedoch eher in Rechnungslegungspolitik als in materieller Verbesserung der Unternehmenssituation zu erkennen glauben. Auch Pourciau (1993) S. 317 – 318, 329 – 331 erhebt Anzeichen positiver Rechnungslegungspolitik im Jahr nach Generalbereinigungen im Zusammenhang mit einem unfreiwilligen Wechsel an der Unternehmensspitze. S.a.o. S. 91.

741 Vgl. Pourciau (1993) S. 322 – 323, Walsh/Craig/Clarke (1991) S. 173 – 174, Elliott/Shaw (1988) S. 98. Buchhalterisch spiegelt sich dies in der Senkung des Nenners der Eigenkapitalrendite und der Minderung späterer Aufwandsbuchungen wie Rückstellungen und Abschreibungen oder sogar in der ertragswirksamen Auflösung im Antrittsjahr gebildeter Rückstellungen wider. Moehrle (2002) S. 401 – 402, 404 – 410 findet Hinweise darauf, dass Auflösung von Restrukturierungsrückstellungen in den Jahren nach der Restrukturierung gezielt zur Erreichung von Schwellenwerten (Null, Vorjahreswert, Analystenerwartung, vgl. Nachw. in Abschnitt B3.1 (S. 38ff.)) eingesetzt wurden. Zu den Implikationen des Modells für die Leistungsbeurteilung der beiden Unternehmensleitungen s.o.Fn. 396 S. 91.

742 So vermutet die Empirie, vgl. u.a. Pourciau (1993) S. 333.

Die folgende **Modellanalyse** fokussiert auf den zeitlichen Aspekt, welche Rückschlüsse eine Nonkonformität auf die zeitliche Position des Erstellers innerhalb einer Krise erlaubt, wenn die Einmaligkeit der Nonkonformität bereits feststeht.[743] Es wird auf die intertemporalen Wechselwirkungen der Manipulation abgestellt, weshalb Konformitätsinzitamente als im Zeitablauf äquivalent angenommen werden und auf Resistenzkoeffizienten nicht eingegangen wird. Zu einer kurzen diesbezüglichen Bemerkung siehe jedoch S. 285. $t = nk$ sei die einmalige Nonkonformitätsperiode. Es gilt im Einzelnen

Ann. D-8: EINMALIGE NONKONFORMITÄT (Geltung: Abschnitt D5)

a) Einmalige bewältigte Krise: Der Planungshorizont beginnt mit einem Fehlbetragszeitraum, $\Delta_t > 0\ \forall t\{ka, \ldots, ve\} \subset PZ$, $ka = pza$ (ka für Krisenanfang). $\{ka, \ldots, ve\}$ sei als KRISENZEITRAUM bezeichnet. Hierauf folgen nur Überschüsse, $\Delta_t < 0\ \forall t > ve$. Sie gleichen die Fehlbeträge aus, $\Delta_{ka:pze} = \Delta_{PZ} \leq 0$.

b) Monokausale Dynamik der Krise: Es sei ausgeschlossen, dass $nk = t^{\$} \prec nk = t' \prec nk = t^{€}$ mit $t' < t^{\$} < t^{€}$. Dies ist gegeben, wenn die Zeitreihe der Differenz $\Delta_{t+1} - \Delta_t$ höchstens einen Vorzeichenwechsel aufweist, und zwar von positiv zu negativ,[744] und wenn die Fehlbeträge nach langsamem Anstieg nicht zu sprunghaft zunehmen. Beides soll hier angenommen werden. S.a. unten S. 266.

c) Symmetrische konstante Resistenzkoeffizienten: $\omega_t^{RL} = \omega_t^{L} = \omega_t^{R} = \omega \forall t$.

d) Der Barwert der erzielten Konformitätsinzitamente hängt nicht von $t = nk$ ab.

e) Der Ersteller geht davon aus, dass er genau einmal nonkonform berichten muss. Er prüft in jeder Periode, mit der ersten anfangend, ob er hiermit noch eine Periode warten soll. Ist dies nicht der Fall, berichtet er nonkonform.

Ann. D-8 a) kennzeichnet $t = ka$ als die Periode, in der sich der Ersteller nach Erschöpfung stiller Reserven der Existenz einer zur einmaligen Nonkonformität führenden Krise eingesteht. Dies schließt weder vorausgehende Fehlbeträge noch negative Manipulation in $t = ka - 1$[745] aus. Ann. D-8 b), MONOKAUSALITÄT, soll wiedergeben, dass die Krise eine einzelne Ursache hat, die sich in nicht zu erratischer[746] Weise auswirkt, und dass die gegen sie

743 Zum Spielraum bei Terminierung von Generalbereinigungen vgl. Walsh/Craig/Clarke (1991) S. 174.

744 Dies schließt weder stets ansteigende ($\Delta_t \leq \Delta_{t+1}\ \forall t \in V$); zunächst ansteigende und dann herabfallende ($\Delta_t \leq \Delta_{t+1}\ \forall t \in \{va, \ldots, t^{\$}\}$, $\Delta_t \geq \Delta_{t+1}\ \forall t \in \{t^{\$}+1, \ldots, ve\}$); gleich bleibende ($\Delta_{t+1} = \Delta_t\ \forall t \in V$) noch stets herabfallende ($\Delta_t \geq \Delta_{t+1}\ \forall t \in V$) Fehlbeträge aus, wohl aber zunächst herabfallende und dann ansteigende Fehlbeträge. Letzteres wäre mit Monokausalität der Krise nicht zu vereinbaren.

745 Es ist Δ_{ka} als Anforderungsresiduum nach Umkehrwirkung zu verstehen. Ein etwaiger Einfluss der Manipulation in $t = ka - 1$ auf das unmanipulierte Periodenergebnis in $t = ka$ bedarf, da M_{ka-1} nicht mehr in Frage steht, nicht der Explizierung; es kann $J_{ka}^{\#} - M_{ka-1} = J_{ka}^{\#}$ gesetzt werden.

746 Steigen die Fehlbeträge nur sehr langsam an, um dann abrupt zu steigen, soll dies als „neue" Ursache angesehen werden und durch Ann. D-8 b), monokausale Dynamik der Krise, ausgeschlossen sein.

ergriffenen Maßnahmen ab einer bestimmten Periode ohne Rückschläge erfolgreich sind[747]. Ann. D-8 c) schließt die Überwachungsintensität als Determinante der Terminierung der Nonkonformität aus, siehe ebenda. Ann. D-8 d) gibt wieder, dass die Konformitätsinzitamente im Zeitablauf mit dem Aufzinsungsfaktor ansteigen, $E_t = q \cdot E_{t-1}\ \forall t \in PZ$, oder dass der Ersteller von einmaliger Verzeihung (s.S. 257) ausgeht.

Für eine optimale Terminierung der Nonkonformitätsperiode im allgemeinen Fall wäre das Verfahren gemäß Abschnitt D3.2 (S. 175ff.) zu bemühen. Nach Ann. D-8 e) beschränkt der Ersteller allerdings den Zeithorizont, innerhalb dessen er Nonkonformität als Handlungsmöglichkeit expliziert, auf die aktuelle und die Folgeperiode. Diese „revolvierende“ Zerlegung des Planungsproblems kann bei Verletzung von Ann. D-8 b) zu einer suboptimal frühen[748] Nonkonformität führen. Denn entscheidet sich der Ersteller in t = t' für sofortige Nonkonformität, begibt er sich der Möglichkeit, die einmalige Nonkonformität auf t ≥ t' + 2 zu verlegen, ohne diese Möglichkeit mit Nonkonformität in t = t' verglichen zu haben. Insofern verlässt er sich zur Abschätzung der durch nk = t' und nk = t'+1 vermeidbaren Kosten auf seine Prognose späterer Ergebnisse, aber nicht darauf, dass sie noch für nk = t' + 2 zutrifft. Vielmehr projiziert er den zwischen nk = t' und nk = t'+1 angestellten Vergleich in die Zukunft: Verbessert [Verschlechtert] er sich durch Warten, schließt er hieraus, ein weiteres Warten könne zu [keinen] Verbesserungen führen. Wie sich im Laufe der Analyse herausstellen wird, kann dieser Schluss nur fehlgehen, wenn die Fehlbeträge später, nach der Folgeperiode, abrupt ansteigen. Diesem Vorgehen ist deshalb ein gewisser Optimismus inhärent: Der Ersteller geht davon aus, dass wenn sich das Warten um eine Periode nicht mehr lohnt, die Krise auch später nicht wieder eskaliert. Er unterstellt insofern Monokausalität, wie sie Ann. D-8 b) skizziert. Die Annahme der Monokausalität beschränkt also die Analyse auf Fälle, in denen das Vorgehen gemäß Ann. D-8 e) mit seinen Erwartungen konsistent ist und deshalb zur Identifikation der optimalen Nonkonformitätsperiode führt.[749] S.a. unten S. 266.

747 Bei feiner zeitlicher Unterteilung des Planungszeitraumes, etwa in Monaten, mag ein Vorzeichenwechsel von $\Delta_{t+1} - \Delta_t$ eher mit der Vorstellung von Monokausalität vereinbar sein. Dann aber sorgen i.d.R. Wiederholungs- und Progressionseffekte für Optimalität des Vorgehens gem. Ann. D-8 e).

748 Die Gefahr einer suboptimal späten Nonkonformität besteht aufgrund der Transitivität (s. Bamberg/Coenenberg (1992) S. 32) des Entscheidungskalküls nicht, weil der Ersteller nach Ann. D-8 e) jede Periode bis zum gewählten t = nk mit mindestens einer anderen Periode vergleicht.

749 Ob eine günstige Gelegenheit zur Nonkonformität – d.h. eine Periode mit niedrigem Konformitätsinzitament, s.u. S. 258 – das Vorgehen gemäß Ann. D-8 e), revolvierender Entscheidungsmodus, abseits der Geltung von Ann. D-8 b), monokausale Dynamik der Krise, motiviert, sei dahingestellt. Bspw. könnte der Ersteller in jeder Periode für die aktuelle t = t' und die folgende Periode t =t'+1 eine solche Gelegenheit sehen und annehmen, dass diese Gelegenheit ab t=t' + 2 hinaus nicht weiter bestehen wird, aber mit fortschreitendem Entscheidungszeitpunkt immer wieder erneut feststellen, dass sie doch noch eine weitere Periode besteht.

Buchhalterische Generalbereinigungen werden zuweilen, der Metapher des „Großreinemachens“ entsprechend, von der Beteuerung einer **buchhalterischen Katharsis** der Unternehmensleitung begleitet: Sie wolle sich von vergangenen unseriösen Bilanzpraktiken ab- und künftig lauterem Abbildungsverhalten zuwenden[750]. Will man ihr nicht die Vorhersage künftiger Nonkonformität unterstellen, behauptet sie hiermit – im Modell – das Vorliegen des günstigst denkbaren Falles einer solchen Auflösung von Unsicherheit über die zeitliche Position in einer Krise, dass nämlich gerade die letzte Fehlbetragsperiode erreicht ist. Denn Nonkonformität würde nur in dieser Periode eine solche Läuterung der buchhalterischen Seele herbeiführen; andernfalls würde in mindestens einer späteren Periode wieder positiv manipuliert werden. Wie noch deutlich werden wird, ist eine solche Beteuerung im Modell nicht glaubwürdig. Die Aussage dagegen, mit der Generalbereinigung sei der Schwerpunkt der Krise[751] erreicht, wird durch die Analyse unterstützt.[752]

---

750 Vgl. Nachw. in Fn. 723 S. 256.

751 Zur Konkretisierung dieses Begriffes vgl. S. 277.

752 Je nach Informationsstand der Adressaten ist sie mit sowohl positiven als auch negativen Kursreaktionen vereinbar, legt aber eher erstere nahe, wenn die Notwendigkeit genau einmaliger Nonkonformität bereits bekannt ist. S.a. o. Fn. 720 S. 255.

5.2 Determinanten der Terminierung einmaliger Nonkonformität

5.2.1 Ohne stille Reserven

Bei seiner Entscheidung in $t = t'$ zieht der Ersteller gemäß Ann. D-8 e) als einmalige Nonkonformitätsperiode nur $nk = t'$ und $nk = t'+1$, $nk \in \{ka, \ldots, pze\} = PZ$, in Betracht. Die Bildung stiller Reserven in $t = nk$ erwäge er nicht (siehe hierzu Abschnitt D5.2.2, D5.3 und D5.4). Mit $nk = t'$ würde er Manipulation i.H.v. bis zu $\Delta_{ka:t'}$ ab $nk = t'$ vermeiden. Mit $nk = t'+1$ würde er in den Folgeperioden mehr Manipulation vermeiden, nämlich jeweils bis zu $\Delta_{ka:t'+1}$ anstatt bis zu $\Delta_{ka:t'}$, aber erst ab $nk = t'+1$. Es sei $t = ae_{t^{\$}}$ das Anspannungsende, welches sich bei $nk = t^{\$}$ unter Ann. D-8 a) ergibt (ae_{KK} sei dasjenige bei Konformitätskontinuität). Dann gilt $ae_{t'} \geq ae_{t'+1}$ wegen $\Delta_{ka:t'} < \Delta_{ka:t'+1}$. Nach $t = ae_{t'}$ hat die Entscheidung zwischen $nk = t'$ und $nk = t'+1$ keine Auswirkungen mehr, zumal in beiden Fällen Entspannung herrscht und Manipulation unterlassen wird. Zieht man die Manipulationsmalusse von $t = t'$ bis $t = ae_{t'}$ bei $nk = t'$ von denjenigen bei $nk = t'+1$ ab, erhält man den Maluseffekt des Wartens mit einmaliger Nonkonformität von $t = t'$ bis $t = t'+1$, d.h. die Veränderung der durch einmalige Nonkonformität vermeidbaren Manipulationsmalusse durch Warten um die Periode $t = t'$ (WARTEEFFEKT $W_{t'}^{oSR}$ <u>o</u>hne <u>s</u>tille <u>R</u>eserven):

(D-61)
$$
\begin{aligned}
W_{t'}^{oSR} &= \left(C_{PZ}\big|_{KK} - C_{ka:ae_{t'}}^{oSR}\big|_{nk=t'+1}\right) - \left(C_{PZ}\big|_{KK} - C_{ka:ae_{t'}}^{oSR}\big|_{nk=t'}\right) = C_{ka:ae_{t'}}^{oSR}\big|_{nk=t'} - C_{ka:ae_{t'}}^{oSR}\big|_{nk=t'+1} \\
&= \left(\sum_{t=ka}^{t=t'-1} q^{-t}\cdot\omega\cdot\Delta_{ka:t}^2 + \sum_{t=t'+1}^{t=ae_{t'}} q^{-t}\cdot\omega\cdot\Delta_{(t'+1):t}^2\right) - \left(\sum_{t=ka}^{t=t'} q^{-t}\cdot\omega\cdot\Delta_{ka:t}^2 + \sum_{t=t'+2}^{t=ae_{t'+1}} q^{-t}\cdot\omega\cdot\Delta_{(t'+2):t}^2\right) \\
&= -q^{-t'}\cdot\omega\cdot\Delta_{ka:t'}^2 + q^{-(t'+1)}\cdot\omega\cdot\Delta_{t'+1}^2 \\
&\qquad + \sum_{t=t'+2}^{t=ae_{t'+1}} q^{-t}\cdot\omega\cdot\left(\Delta_{t'+1}^2 + 2\cdot\Delta_{(t'+2):t}\cdot\Delta_{t'+1}\right) + \sum_{t=ae_{t'+1}+1}^{t=ae_{t'}} q^{-t}\cdot\omega\cdot\Delta_{(t'+1):t}^2
\end{aligned}
$$

Subtrahenden quantifizieren Nachteile des Wartens bzw. Vorteile sofortiger Nonkonformität, Summanden dagegen Vorteile des Wartens bzw. Nachteile sofortiger Nonkonformität. Bei Nonkonformität in $t = t'$ kann der Malus der Beseitigung des Fehlbetrags in $t = t'$ inklusive Umkehrwirkung aus $t = t' - 1$, also $\Delta_{ka:t'}$, gespart werden. Hierfür wäre es in $t = t' + 1$ zu spät; diese Manipulation kann nicht mehr vermieden werden, wenn mit der Konformität noch eine Periode abgewartet wird (**VERFALLSEFFEKT**). Diesen Nachteil des Wartens erfasst der Subtrahend in (D-61) sowie der schraffierte Kegel für $t = 4$ in Abb. D-24, s.u. S. 266 sowie die Erläuterung in Bsp. D-15. $\Delta_{ka:t'}$ verändert sich um $\Delta_{t€}$, wenn der Entscheidungszeitpunkt $t = t'$ von $t' = t^{€} - 1$ auf $t' = t^{€}$ fortschreitet. $\Delta_{ka:t'}$ nimmt also während des Krisenzeitraumes zu und anschließend bis $t = ae_{KK}+1$ auf null ab.

Die drei Summanden in (D-61) erfassen die Vorteile des Wartens, d.h. die mit dem Warten hinzukommenden Ersparnisse, also die Malusse, die bei Nonkonformität in $t = t'$ bestehen blieben, aber bei Nonkonformität in $t = t' + 1$ entfielen. Dies sind zugleich die Malusse, welche ab $t = t' + 1$ aufgrund der Manipulation in $t = t' + 1$ ausgelöst würden, wenn in $t = t'$ nicht manipuliert würde. Sie werden durch die karierten Flächen in Abb. D-24 erfasst. Die grauen Flächen sind weder durch nk = t' noch durch nk = t'+1 vermeidbar.

Der erste Summand in (D-61) erfasst die Periode t=t' +1; bei Warten wird die Manipulation in t=t'+1 gespart. Dieser **PRIMÄRWARTEVORTEIL**[753] ist umso größer, je höher der Fehlbetrag der Periode t=t'+1, $\Delta_{t'+1}$, ist. Existenz und Ausmaß aller – sogleich zu erläuternden – sekundären Wartevorteile Wiederholungs-, Progressions- und Verkürzungswartevorteil hängen von Existenz und Ausmaß eines Primärwartevorteils positiv ab.

Die erste Summation erfasst t=t' + 2 bis $t=ae_{t'+1}$. Die Unterlassung positiver Manipulation in t' + 1 vermeidet in diesen Perioden Folgendes, sofern ve ≥ t'+2[754]:

- Die Wiederholung der positiven Manipulation i.H.v. $\Delta_{t'+1}$. Dieser **WIEDERHOLUNGSWARTEVORTEIL** (erster Summand der ersten Summation in (D-61)) ist umso größer, je länger die Anspannung bei nk=t' + 1, d.h. je
  - länger der restliche Krisenzeitraum ist, je
  - höher die Fehlbeträge des restlichen Krisenzeitraumes sind, und je
  - niedriger die Überschüsse des darauf folgenden Überschusszeitraumes sind.
- Die mit ihr verbundene Steigerung der Grenz- und Durchschnittsmalusse in den Folgeperioden t=t' + 2 bis $t=ae_{t'+1}$. Dieser **PROGRESSIONSWARTEVORTEIL**[755] (zweiter Summand der ersten Summation in (D-61)) ist umso größer, je
  - höher die Fehlbeträge der auf t=t' + 1 folgenden Perioden sind und je
  - länger die Anspannung bei Nonkonformität in t=t' + 1 andauert ($ae_{t'+1} - (t' + 1)$).

Bei nk = t' ist $M_{ve} = \Delta_{t'+1:ve}$, bei nk = t'+1 ist $M_{ve} = \Delta_{t'+2:ve}$ (es sei ve ≥ t'+2). Bei Warten wird also eine um den Fehlbetrag in t' + 1 geringere Umkehrwirkung an den Überschusszeitraum weitergegeben; $\Delta_{t'+1:ve} - \Delta_{t'+2:ve} = \Delta_{t'+1}$. Die Umkehrwirkung wird deshalb bei Warten unstrikt schneller abgebaut als bei Nonkonformität in nk = t'. Sie wird strikt schneller abgebaut, wenn $\Delta_{t'+1:ae_{t'}} > 0 > \Delta_{t'+2:ae_{t'}} \Rightarrow \Delta_{t'+1} > \Delta_{t'+1:ae_{t'}}$. Es muss also $ae_{t'} < 0$ sein; diese Verkürzung des Anspannungszeitraumes kann, falls existent, nur Perioden nach dem Krisenzeitraum betreffen. Die Malusse der Manipulation in den Perioden, die bei nk = t' noch von der Anspannung befangen wären, nicht aber bei nk = t' + 1, erfasst die zweite Summation in (D-61). Dieser **VERKÜRZUNGSWARTEVORTEIL** ist umso größer, je stärker das Warten das Anspannungsende hervorholt, d.h. – bei gegebenem Primärwartevorteil – je niedriger die Überschüsse in den letzten Perioden vor $t=ae_{t'}$ sind. In Abb. D-24 holt das Warten das Anspannungsende von

---

753 Die Effekte bezeichnen sowohl die Vermeidung von Manipulation als auch von Malussen.

754 Bei t'+1 = ve entfallen diese Abwarteeffekte. Zum Wiederholungs- und Progressionseffekt s.o. S. 131.

755 In Abb. D-24 S. 266 stellt der innere Teil der hellgrauen Flächen für t ∈ {6, 7, 8} den Wiederholungswartevorteil dar. Es sind also die Malusse, die durch das Warten erspart würden, wenn die Fehlbeträge nach t=t' + 1 gleich null wären, während der Progressionswartevorteil die Malusse darstellt, die deswegen erspart werden, weil das Warten die manipulative Kompensation der Fehlbeträge nach t=t' + 1 durch die Abschwächung der Progression preiswerter macht.

$ae_4 = 9$ auf $ae_5 = 8$ hervor. Abb. D-23 systematisiert die Warteeffekte einmaliger Nonkonformität.[756]

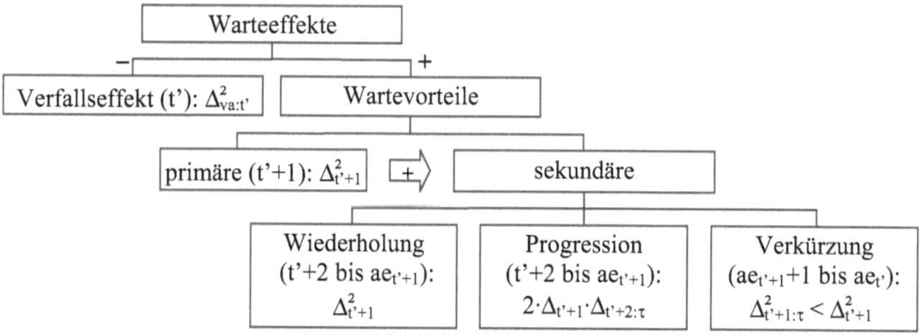

Abb. D-23: Systematisierung von Warteeffekten einmaliger Nonkonformität

Die Warteeffekte sind jeweils absolut umso größer, je höher die Resistenzkoeffizienten für positive Manipulation sind. Der Verfallseffekt wird früher realisiert als die Wartevorteile, so dass Zinseffekte gegen das Warten und somit für eine frühe Nonkonformität sprechen. Die Nonkonformität muss während des Krisenzeitraumes stattfinden, weil ab der letzten Fehlbetragsperiode die vermeidbare Umkehrwirkung nicht mehr ansteigt, der Primärwartevorteil also entfällt und damit alle Wartevorteile. Auch kommt Nonkonformität vor Beginn des Krisenzeitraumes nicht in Frage: Bei $\Delta_{ka-1} < 0$, weil keine Umkehrwirkung vermieden werden kann, und bei $\Delta_{ka-1} > 0$, weil der Ersteller die Notwendigkeit der Nonkonformität annahmegemäß (s.S. 260) nicht erkannt hatte.

Bsp. D-15: Warteeffekte einmaliger Nonkonformität
Es sei $q = 1{,}1$, $\omega = 0{,}1$, PZ = {ka, ..., pze} = {1, ..., 12}. $\delta_{PZ} = (\Delta_1, \ldots, \Delta_{12})$ geht aus Tab. D-8 hervor. Es werde zunächst lediglich nk = 4 oder nk = 5 als Nonkonformitätsperiode erwogen. Warten von nk = 4 bis nk = 5 impliziert den Verzicht auf die Vermeidung der Manipulation i.H.v. $\Delta_{1:4} = 20$ PE in t = 4 (Verfallseffekt), und ermöglicht dafür die zusätzliche Vermeidung von Manipulation i.H.v. $\Delta_5 = 7$ PE in t = 5 (Primärwartevorteil) sowie in t = 6 bis t = 8 (Wiederholungs- und Progressionswartevorteil) und i.H.v. $\Delta_{5:9} = 2$ in t = 9 = ae_4 (Verkürzungswartevorteil: $ae_4 = 9$, $ae_5 = 8$). Die Maluseffekte gehen aus Tab. D-8 und Abb. D-24 hervor. Zur Symbolik der Dreiecke s. Abb. C-8 S. 131, Abb. D-9 S. 189, die hier allerdings zweckmäßiger mit der Spitze nach unten gezeigt werden. Die Progressionswartevorteile in t = 6,7,8 betragen respektive 3,95 bzw. 6,47 bzw. 3,27 NE. Durch nk = t' lassen sich alle Manipulationsmalusse rechts oberhalb der Spitze des Pfeils $\Delta_{t'}$ vermeiden. Die Ersparnisse sind für nk = 4 gepunktet und für nk = 5 gestrichelt eingekästelt. Die nur in nk = 4 [nk = 5] erzielbaren Ersparnisse sind schraffiert [kariert]. Die weder in nk = 4 noch in nk =5 [sowohl in nk = 4 als auch in nk = 5] erzielbaren Ersparnisse sind grau [weiß] dargestellt. Wie Tab. D-8 zeigt, ist nk = 4 $\succ$ nk = 5. Ein Vergleich aller durch einmalige Nonkonformität in nk = 1 bis nk = 7 vermeidbaren Manipulationsmalusse ergibt ebenfalls das Maximum der Ersparnisse für nk = 4: Der jeweilige gesamte Warteeffekt für nk = 1,2,3,4,5,6 beträgt gerundet respektive 56, 86, 77, −3, −39, −57 NE. Da alle Warteeffekte für nk = 1,2,3 positiv und für nk = 4, 5, 6 negativ sind, steigt der Warteeffekt bis inklusive nk = 4 und sinkt danach. nk = 4 ist also optimal. Die Vorgehensweise gemäß Ann. D-8 b) S. 260 führt somit zur Wahl

756 In den Kästchen wurde der Übersichtlichkeit halber lediglich die Bemessungsgrundlage quantifiziert, mit der $q^{-t}\cdot\omega_t^{RL}$ in den jeweiligen Perioden zu multiplizieren ist, um die Warteeffekte zu berechnen.

der optimalen Nonkonformitätsperiode: Da der erste negative Warteeffekt in t = 4 zu verzeichnen ist, wartet der Ersteller mit Nonkonformität bis nk = 4.

t	1	2	3	4	5	6	7	8	9	10	11	12	Σ
Δ_t	1	3	6	10	7	5	4	−4	−10	−10	−10	−10	
M_t bei nk=4	1	4	10	0	7	12	16	12	2	0	0	0	
C_t bei nk=4	0,09	1,32	7,51	0	3,04	8,13	13,14	6,72	0,17	0	0	0	40,12
M_t bei nk=5	1	4	10	20	0	5	9	5	0	0	0	0	
C_t bei nk=5	0,09	1,32	7,51	27,32	0	1,41	4,16	1,17	0	0	0	0	42,98
Warteeffekte, M_t	0	0	0	−20	7	7	7	7	2	0	0	0	
oWarteeffekte, C_t	0	0	0	−27,32	3,04	6,72	8,98	5,55	0,17	0	0	0	−2,86

Tab. D-8: Warteeffekte einmaliger Nonkonformität

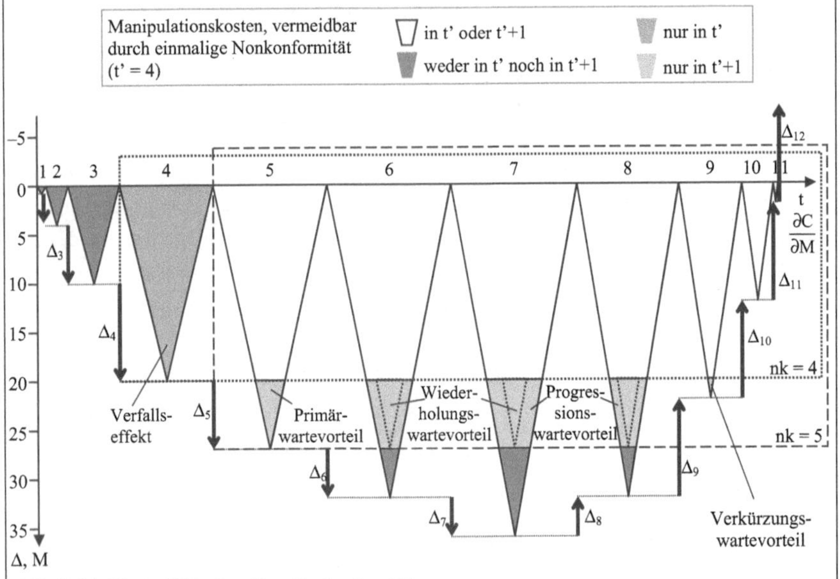

Abb. D-24: Warteeffekte einmaliger Nonkonformität

Ann. D-8 b) konkretisierte die Vorstellung von Monokausalität. Sie soll an Abb. D-24 veranschaulicht werden. Damit nk = 4 ≻ nk = 5 gilt, muss die Fläche rechts oberhalb der Pfeilspitze für Δ_4 größer sein als diejenige rechts oberhalb der Pfeilspitze für Δ_5. Es kann stets ein hierfür hinreichend kleines $\Delta_5 > 0$ gefunden werden. Es muss zumindest $\Delta_{1:4} > \Delta_5$ gelten; sonst würde bereits der Primärwartevorteil zum Warten anreizen. Andererseits muss die Fläche rechts oberhalb der Pfeilspitze für Δ_4 kleiner sein als die – nicht in Abb. D-24 gekennzeichnete – Fläche rechts oberhalb der Pfeilspitze für Δ_6, damit nk = 4 ≺ nk = 6. Dies ist für hinreichend großes Δ_6 und hinreichend langer Anspannungsdauer nach t = 6 der Fall. Es muss entweder

$\Delta_5 < \Delta_6$ sein, oder die Anspannung muss bei nk = 6 noch bis mindestens t = 7 anhalten. Je länger die Anspannung aber andauert, umso höher muss $\Delta_{1:4}$ sein, damit nk = 4 $\succ$ nk = 5 gilt. Die Umstände, unter denen Ann. D-8 b) verletzt ist, können hier nicht restlos erschlossen werden.[757] Sie scheinen aber einen flachen Verlauf der ersten Fehlbeträge, gefolgt von einem so hohen Wert des Fehlbetrages der späteren, für Nonkonformität optimalen Periode vorauszusetzen, dass dieser Anstieg als abrupt empfunden werden muss und insofern mit der durch Ann. D-8 b) konkretisierten Vorstellung von Monokausalität der Krise schwer zu vereinbaren ist, zumal sich die Krisenursache über mindestens drei Perioden mit wesentlich geringerer Intensität ausgewirkt haben müsste als in der späteren, optimalen Nonkonformitätsperiode. Insgesamt dürften Verletzungen von Ann. D-8 b) Satz 1 in aller Regel mit der Vorstellung von Monokausalität konfligieren.

Bsp. D-16: Suboptimalität revolvierender Konformitätsentscheidungen in Grenzfällen der Monokausalität Es sei δ_{PZ} = (1, 1, 1, 1, 1, 6, −11, 0, 0, 0, 0, 0) PE, ω = 0,1 GE/PE², q = 1. Die Barwerte der Manipulationsmalusse für nk = 1, 2, 3, 4, 5, 6 betragen respektive: 13; 9 6/10; 7 4/10; 6 4/10; 6 6/10; 5½ GE. Der gesamte Abwarteeffekt beträgt also 6 6/10 − 6 4/10 = −2/10 < 0 GE in t = 4, so dass der Ersteller nach Ann. D-8 e) S. 260 nk = 4 wählen würde. Es wäre aber vorteilhafter, bis t = 6 mit der Nonkonformität abzuwarten und nur 5½ < 6 4/10 GE für Manipulationsmalusse aufzubringen. Ann. D-8 b) Satz 1 ist insofern verletzt. Allerdings entspricht δ_{PZ} ob des abrupten Anstieges der Fehlbeträge in t = 6 mit Δ_6 = 6 PE nach einer mehrperiodigen Folge kleiner Fehlbeträge nicht der hier zu Grunde gelegten Vorstellung von Monokausalität; in Δ_6 ist das Wirken einer neuen Krisenursache zu vermuten.

5.2.2 Stille Reserven

Die beste **Alternative** zur Konformität ist nicht, wie in Abschnitt D5.2.1 unterstellt,

— Nonkonformität gänzlich ohne Manipulation in der betroffenen Periode, sondern
— Nonkonformität und Bildung umkehrender stiller Reserven (im Folgenden kurz stille Reserven) in malusminimierendem Umfang für die restliche Anspannungsdauer, die sich bei Nonkonformität ergäbe.

757 Ohne Verkürzungswartevorteile (t = ae unabhängig von t = nk) und bei q=1 ist Ann. D-8 b) allgemein für $\sum_{\tau=t^\$}^{\tau=ae} q^{-\tau}\cdot\omega\cdot\left(\Delta^2_{ka:t^\$}+2\cdot\Delta_{ka:t^\$}\cdot\Delta_{t^\$+1:\tau}\right) < \sum_{\tau=t'}^{\tau=ae} q^{-\tau}\cdot\omega\cdot\left(\Delta^2_{ka:t'}+2\cdot\Delta_{ka:t'}\cdot\Delta_{t'+1:\tau}\right) < \sum_{\tau=t^\epsilon}^{\tau=ae} q^{-\tau}\cdot\omega\cdot\left(\Delta^2_{ka:t^\epsilon}+2\cdot\Delta_{ka:t^\epsilon}\cdot\Delta_{t^\epsilon+1:\tau}\right)$ verletzt, $t' < t^\$ < t^\epsilon$. Die linke [rechte] Ungleichung stellt den Vergleich zwischen den Handlungsalternativen nk = $t^\$$ [nk = t^ϵ] und nk = t' dar. Das Quadrat erfasst jeweils die Primär- bzw. Wiederholungseffekte, das Produkt in der Klammer die Progressionseffekte, wobei sie hier nicht als Warteeffekte zu verstehen sind, sondern als Wirkung einmaliger Nonkonformität in der jeweiligen Periode im Vergleich zur durchgehenden Konformität. Für $t^\$ = t'+1$, $t^\epsilon = t'+2$ wird dies zu $(ae-t')\cdot\Delta^2_{t'+1}+\sum_{\tau=t'+2}^{\tau=ae} 2\cdot\Delta_{t'+1}\cdot\Delta_{t'+2:\tau} < \Delta^2_{ka:t'} \wedge 2\cdot\Delta^2_{ka:t'}+2\cdot\Delta_{ka:t'}\cdot\Delta_{t'+1} < \sum_{\tau=t'+2}^{\tau=ae}\left((\Delta_{t'+1}+\Delta_{t'+2})^2+2\cdot(\Delta_{t'+1}+\Delta_{t'+2})\cdot\Delta_{t'+3:\tau}\right)$. Bei ae=t'+2 ergibt dies $2\cdot\Delta_{t'+1}\cdot(\Delta_{t'+1}+\Delta_{t'+2}) < \Delta^2_{ka:t'} < (1/2)\cdot[(\Delta_{t'+1}+\Delta_{t'+2})^2 - 2\cdot\Delta_{ka:t'}\cdot\Delta_{t'+1}]$. Bei den Parametern des Bsp. D-16 ist diese Bedingung für $\Delta_5 < \sqrt{17} - 3 \approx 1\,1/10$ erfüllt.

Wie im Anhang F2.2.1 mit (F-11) S. 326 gezeigt, kann die mittels stiller Reserve in t = t' erzielte Malusmilderung ermittelt werden als Produkt ihrer Höhe mit der hälftigen Summe der Grenzmalusse bis zum Anspannungsende

$$\text{(F-11)}\quad ESR_{t'} = -\frac{\left(\sum_{t=t'+1}^{t=ae_{t'}} q^{-t}\cdot\omega_t^{RL}\cdot\Delta_{(t'+1):t}\right)^2}{q^{-t'}\cdot\omega_{t'}^{R}+\sum_{t=t'+1}^{t=ae_{t'}} q^{-t}\cdot\omega_t^{RL}} = M_{t'}^{*}\cdot\sum_{t=t'+1}^{t=ae_{t'}} q^{-t}\cdot\omega_t^{RL}\cdot\Delta_{(t'+1):t}$$

Dies ist ein Ergebnis der Linearität des Grenzmalusses. Die Abb. D-25 (s.a. Abb. C-8 S. 131) verdeutlicht die Gesetzmäßigkeit für den Fall der Bildung einer stillen Reserve in t = t' ausschließlich für t = t'+1; die gepunktete Fläche ist die Malusmilderung durch die stille Reserve und beläuft sich auf die Hälfte von $2\cdot\omega_{t'+1}^{L}\cdot\Delta_{t'+1}\cdot M_{t'}^{*}$. Die waagrecht [senkrecht] linierte Fläche stellt den Malus in t = t'+1 [t = t'] dar. Die Grenzmalusse in t = t'+1 und t = t' gleichen sich. Es wurde $q^{-t'}\cdot\omega_{t'}^{R} > q^{-(t'+1)}\cdot\omega_{t'+1}^{L}$ unterstellt.

- Malus der stillen Last: $q^{-(t'+1)}\cdot\omega_{t'+1}^{L}\cdot(M_{t'+1}^{*})^2$
- Malus der stillen Reserve: $q^{-t'}\cdot\omega_{t'}^{R}\cdot(M_{t'}^{*})^2$
- Malusmilderung durch SR: $q^{-(t'+1)}\cdot\omega_{t'+1}^{L}\cdot\Delta_{t'+1}$
- * $2\cdot q^{-(t'+1)}\cdot\omega_{t'+1}^{L}\cdot M_{t'+1}^{*} = 2\cdot q^{-t'}\cdot\omega_{t'}^{R}\cdot M_{t'}^{*}$

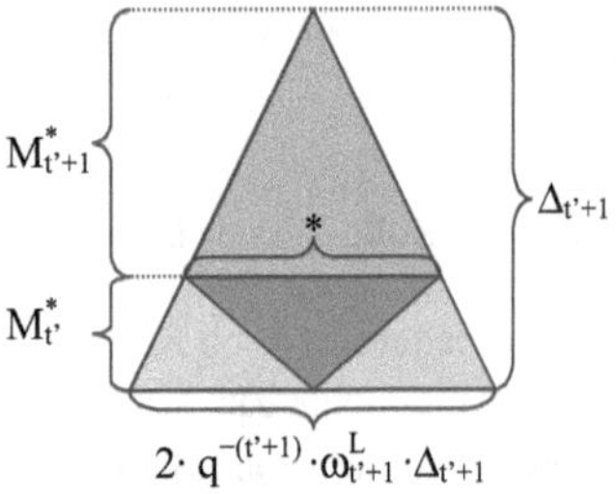

Abb. D-25: Malusmilderung durch stille Reserven

Die Summation in (F-11) muss strikt positiv sein, weil andernfalls $M_{t'} > 0$ und die Wirkung von $M_{t'} > 0$ preiswerter durch Reduktion von Manipulation in den Folgeperioden erzielt werden könnte. Der Absolutbetrag der Malusmilderung steigt strikt monoton im Absolutbetrag der gebildeten stillen Reserve. Betrachtet man den Verlauf der **Determinanten** der Höhe der stillen Reserve im Zeitablauf, dann ist zunächst festzustellen, dass die Summe und die Progression der Fehlbeträge, für die stille Reserven zu bilden sind, mit jedem Warten abnimmt. Denn

— der Fehlbetrag in t = t' + 1 entfällt (INVERSER PRIMÄRWARTEVORTEIL),

— dessen Wiederholungs- und Progressionseffekte in den Folgeperioden entfallen (INVERSER WIEDERHOLUNGS- UND PROGRESSIONSWARTEVORTEIL), und es kann

— das Anspannungsende beschleunigt werden (INVERSER VERKÜRZUNGSWARTEVORTEIL).

Diese inversen Wartevorteile bewirken somit stets ein Absinken der bei Nonkonformität zu bildenden malusminimierenden stillen Reserve im Zeitablauf und damit der mit ihr erzielten Malusmilderung. Die Nonkonformität verzögern kann dagegen die Tatsache, dass

— das Abwarten es möglicherweise entbehrlich macht, die in t = t' gebildete stille Reserve durch erneute negative Manipulation in t = t' + 1 für darauf folgende Perioden zu konservieren (WEGFALL VON KONSERVIERUNG). Dies ist genau dann der Fall, wenn $M^*_{t'} + \Delta_{t'+1} < 0$, wenn also die Malusminimierung in t = t' eine stille Reserve in t = t' + 1 vorsieht. Dies setzt voraus, dass der Fehlbetrag in t=t'+1 im Vergleich zu Zahl und Ausmaß der folgenden Fehlbeträge sowie zur Zahl der bis zu deren Ausgleich durch Überschüsse verstreichenden Perioden klein ist. Bei $\Delta_{t'+1} + M^*_t < 0$ [$\Delta_{t'+1} + M^*_t > 0$] ist die Grenzwirkung von M^*_t, also die marginale Minderung des Absolutbetrages der stillen Reserve auf den Manipulationsmalus in t = t'+1 eine Senkung [Steigerung]. Die Tatsache, dass t = t' und die Perioden ab t = t'+2 durch eine Periode t = t'+1 getrennt sind, hat sich also mindernd [mehrend] auf den Absolutbetrag der malusminimierenden stillen Reserve für die Perioden ab t = t'+2 ausgewirkt.[758] Der Wegfall von Konservierung spricht also, sofern existent, dafür, mit der die Bildung stiller Reserven ermöglichenden Nonkonformität bis kurz vor großen Fehlbeträgen abzuwarten, nicht aber darüber hinaus.
— Weiter kann es vorteilhaft sein, den Manipulationsmalus für die Bildung der stillen Reserve in die Zukunft zu verschieben, um die Abzinsung der durch ihn erzielten, späteren Malusmilderungen auf den Bildungszeitpunkt zu mindern.

Schließlich können etwaige, gemäß Ann. D-8 c) S. 260, $\omega_t^{RL} = \omega_t^L = \omega_t^R = \omega \forall t$, hier nicht thematisierte Veränderungen der Resistenzkoeffizienten im Zeitablauf die Nonkonformität verzögern oder beschleunigen.[759]

Man betrachte nun den Fall, dass der erste Überschuss nach dem Krisenzeitraum ausreicht, um in jedem Fall, unabhängig von der Periode der einmaligen Nonkonformität, die Umkehrwirkung aus t = ve zu kompensieren und Entspannung herbeizuführen; $ae_{nk} = ve \ \forall nk \in \{ka, \ldots, ve\}$. Es muss also gelten $\Delta_{nk+1:ve} < -\Delta_{ve+1} \ \forall nk \in \{ka, \ldots, ve\}$. Dieser Fall soll als **SOFORTIGE ENTSPANNUNG** bezeichnet werden.

Man sehe weiter zunächst von Zinseffekten ab, q = 1 und nehme $\omega_t^{RL} = \omega_t^L = \omega_t^R = \omega \ \forall t \in PZ$ an. In diesem Fall gleicht die stille Reserve $M^*_{t'}$, wie oben S. 191 gezeigt, betragsmäßig der über t = t' bis t = ve ermittelten <u>durchschnittlichen Manipulation</u>, wie sie ausfiele, wenn in t = t' gänzlich auf Manipulation verzichtet und anschließend konform berichtet würde. Denn

758 Es ist unter Ann. D-8 c) S. 260, $\omega_t^{RL} = \omega_t^L = \omega_t^R = \omega \forall t$, q = 1, zu erwarten, dass das Vorzeichen der Veränderung der durch stille Reserven erzielbaren Ersparnis genau so lange positiv sein muss, wie in der ersten Periode nach der Konformität eine stille Reserve vorgesehen wird, dass also $M^*_{t'+1}\big|_{nk=t'} < 0 < M^*_{t'+2}\big|_{nk=t+1} \Rightarrow M^*_{t'} < M^*_{t'+1}$. Dieser Zusammenhang soll hier nicht nachgewiesen werden.

759 Das Warten tauscht den Resistenzkoeffizienten aus; es ist für den Manipulationsmalus der Bildung stiller Reserven $q^{-(t'+1)} \cdot \omega^R_{t'+1}$ statt $q^{-t'} \cdot \omega^R_{t'}$ maßgeblich.

diese stille Reserve würde die durchschnittliche Manipulation über t = t' bis t = ve gerade auf null reduzieren und damit die Progressionseffekte über die gesamte Laufzeit der Krise minimieren. Die durch den Fehlbetrag Δ_t im Zeitraum von t bis zur letzten Fehlbetragsperiode ausgelöste Manipulation beträgt

$$\text{(D-62)} \qquad \sum_{\tau=t}^{\tau=ve} \Delta_{t:\tau} - \sum_{\tau=t+1}^{\tau=ve} \Delta_{t+1:\tau} = \sum_{\tau=t}^{\tau=ve} \Delta_t = \Delta_t \cdot (ve - t + 1)$$

Die o.g. durchschnittliche Manipulation für $t \in \{t'+1, \ldots, ve\}$ beläuft sich, betragsgleich zur malusminimierenden stillen Reserve in t = t'+1 und analog zu (D-29) S. 191, auf

$$\text{(D-63)} \qquad \frac{\sum_{t=t'+2}^{t=ve} \Delta_{t'+2:t}}{ve - t'} = \frac{\sum_{t=t'+2}^{t=ve} \Delta_t \cdot (ve - t + 1)}{ve - t'} = \frac{\Delta_{t'+2:ve}}{ve - t'} \cdot \sum_{t=t'+2}^{t=ve} \frac{\Delta_t}{\Delta_{t'+2:ve}} \cdot (ve - t + 1)$$

Der erste Multiplikand ist der durchschnittliche Fehlbetrag über $t \in \{t'+1, \ldots, ve\}$ bei $\Delta_{t'+1} = 0$, der zweite die auf S. 191 erläuterte Duration der Fehlbeträge der restlichen Krise, $DUR_{t'+2:ve}$, also ihre gewichtete „Laufzeit" bis zum Anspannungsende t = ve. Das Produkt aus durchschnittlichem Fehlbetrag und Duration der restlichen Krise ergibt die durchschnittliche Manipulation für $t \in \{t'+1, \ldots, ve\}$ bei $M_{t'+1} = 0$.

Übersteigt $\Delta_{t'+1} \cdot (ve - t')$ den durchschnittlichen Manipulationsbetrag gemäß (D-63), dann entfällt durch Warten ein überdurchschnittlicher Manipulationsbetrag über $t \in \{t'+1, \ldots, ve\}$. Von nk = t' bis nk = t'+1 sinkt die malusminimierende stille Reserve und damit die mit ihr erzielte Malusmilderung. Dann spricht die Möglichkeit der Bildung stiller Reserven bei q = 1, $\omega_t^{RL} = \omega_t^L = \omega_t^R = \omega \; \forall t \in PZ$ gegen das Warten in t = t', andernfalls spricht sie dafür.

Nun verkürzt sich die „Laufzeit" eines Fehlbetrages mit jeder Erhöhung von t = t'. Sollen also stille Reserven für das Warten sprechen, müssen sie hinreichend stark ansteigen, um die Verkürzung ihrer Laufzeit zu kompensieren.[760] Bei konstanten oder fallenden Fehlbeträgen wird also die größte Malusmilderung in der ersten Periode, bei ansteigenden Fehlbeträgen entweder ebenfalls in den ersten Krisenperioden, oder, bei hinreichend starkem Anstieg, vor den höchsten Fehlbeträgen erzielt, und zwar umso näher an sie, je steiler sie ansteigen.

760 Folgen sie bis $t = ve - 1$ gerade dem Pfad, der sich aus $\Delta_t = \frac{\Delta_{ve}}{(ve - t + 1) \cdot 2}$ ergibt, also $\Delta_{ve-1} = \Delta_{ve}/4$, $\Delta_{ve-2} = \Delta_{ve}/6$, $\Delta_{ve-3} = \Delta_{ve}/8$ etc. dann bleibt M_t^* gemäß (D-63) bis t = ve — 1 konstant, nämlich $M_t^* = \Delta_{ve}/2$. Folgen sie diesem Pfad zunächst, um ihn dann zu überschreiten [unterschreiten], dann ist mit der stillen Reserve die größte Ersparnis in der vorherigen Periode [in einer der Folgeperioden] zu erzielen.

Zinseffekte können die Periode mit der maximalen Malusmilderung durch stille Reserven verzögern. Wird die Entspannung erst nach t = ve + 1 erreicht, können inverse Verkürzungswartevorteile die Periode maximaler Malusmilderung durch stille Reserven beschleunigen, aber nicht verzögern. Anhang F2.2.1 (323ff.) leitet mit (F-16) S. 327 ein formales Kriterium für das Vorzeichen der Veränderung der durch stille Reserven erzielbaren Ersparnis mit Zinseffekten ab.

Insgesamt legt die Analyse nahe, dass stille Reserven in der Regel die Nonkonformität im Vergleich zum Kalkül gemäß (D-61) S. 263 zeitlich nach vorne holen dürften, um möglichst viel positive Manipulation zu ersetzen, allerdings nicht allzu weit vor dem Schwerpunkt der Fehlbeträge[761]. Dieser Eindruck wird durch Abschnitt D5.3 und D5.4 bestätigt, s.u. (D-67) S. 275, S. 279 und S. 329f. im Anhang F2.2.2. S.a.u. S. 281f. Stille Reserven erhöhen als alternative Verwendungsmöglichkeit der Manipulationsgelegenheit die Kosten positiver Manipulation; sie geben dem Ersteller zusätzliche Gründe, aus Rücksicht auf künftige Kommunikation seine Krise aufzudecken.

Würde man entgegen Ann. D-8 a), pza = ka, unterstellen, dass der Ersteller den Krisenzeitraum vor dessen Beginn absehen kann, dann können umkehrende stille Reserven durch Senkung des Gesamt-Malusses **Konformitätskontinuität ermöglichen** und die Aufdeckung der Krise gänzlich vereiteln. Dies allerdings nur dann, wenn hierfür hinreichende zeitnahe Überschüsse vor t = ka zu verzeichnen waren; andernfalls verhüten die Malusse ihrer Konservierung mittels negativer Manipulation ihre Verwendung zur Verschleierung der Krise. Ein Vorrat terminierbarer stiller Reserve dagegen, kann die Kosten der Konformitätskontinuität unabhängig von zeitnahen Überschüssen senken. Auch ist von ihr keine Beschleunigung der Nonkonformität zu erwarten, zumal sie sowohl vor als auch nach der Nonkonformitätsperiode eingesetzt werden kann. Der mit ihr abgebildete größere Manipulationsspielraum des Erstellers ist insofern im Fall einmaliger Nonkonformität – ebenso wie bei Kommunikationskontinuität – kritischer zu betrachten als die umkehrende stille Reserve. Eine formale Analyse soll hier nicht erfolgen.

Wie im Falle ohne stille Reserven ist Nonkonformität außerhalb des Krisenzeitraumes nicht vorteilhaft.[762]

Weitere Analysen bedürfen weitgehender Vereinfachungen. Abschnitt D5.3 betrachtet nur Primär- und Wiederholungswartevorteile, D5.4 gleich bleibende Fehlbeträge.

---

761 Zur Konkretisierung dieses Begriffes vgl. S. 275.

762 Annahmegemäß ist $\omega^R > 0$. Bei kostenloser Bildung stiller Reserven, einmaligem Fehlbetrag und gleich bleibenden Konformitätsinzitamenten wäre der Ersteller indifferent zwischen Nonkonformität in der Vorperiode zur Fehlbetragsperiode und Nonkonformität in der Fehlbetragsperiode, ansonsten ist Nonkonformität selbst bei $\omega^R = 0$ vor Beginn des Fehlbetragszeitraumes unvorteilhaft.

5.3 Primär- und Wiederholungswartevorteil

Sieht man von Zinseffekten ab, q=1, und von der Möglichkeit zur Bildung stiller Reserven, dann kann bei Ann. D-8 c), $\omega_t^L = \omega\ \forall t$, die Summation der Primär- und Wiederholungswartevorteile in (D-61) S. 263 durch Multiplikation mit der Zahl der Perioden, in denen diese Effekte wirken, $ae_{t'+1} - t'$, ersetzt werden:

$$\text{(D-64)}\qquad W_{t'}^{oSR} = \omega \cdot \left[-\Delta_{ka:t'}^2 + \left(ae_{t'+1} - t'\right) \cdot \Delta_{t'+1}^2 + 2 \cdot \Delta_{t'+1} \cdot \sum_{t=t'+2}^{t=ae_{t'+1}} \Delta_{(t'+2):t} + \sum_{t=ae_{t'+1}+1}^{t=ae_{t'}} \Delta_{(t'+1):t}^2 \right]$$

Betrachtet man als bei q = 1 gültige Untergrenze des Vorteils des Wartens nur Primär- und Wiederholungswartevorteil, so ist dies zur Unterstellung äquivalent, es folgen auf t=t' + 1 ($ae_{t'+1} - t' - 1$) Perioden mit einem Überschuss von gerade null und anschliessend ein Überschuss i.H.v. mindestens $-\Delta_{t'+1}$. Hierdurch entfallen Progressions- und Verkürzungswartevorteile. Es wird gleichsam unterstellt, dass der Ersteller immer wieder hofft, der Fehlbetrag der jeweils nächsten Periode sei der letzte; danach kommen zwar bis zur Periode $t=ae_{t'+1}$ noch Null-Überschüsse, aber ein weiteres Anforderungsresiduum kumuliere sich nicht. In (D-64) entfallen die beiden Summationen. Der Ersteller stellt sich also vereinfachend seine Entscheidung vor als die Wahl zwischen Vermeidung der Manipulation in der aktuellen Periode einerseits und Vermeidung der bis zum Anspannungsende $ae_{t'+1}$ wiederholten Manipulation i.H.d. Fehlbetrages der Folgeperiode andererseits.

Man betrachte einen Krisenzeitraum gegebener Länge. Für jede Periode des Krisenzeitraumes außer der letzten Periode gibt es bei einem solchen Entscheidungskalkül des Erstellers stets einen endlichen Fehlbetrag der Folgeperiode, oberhalb dessen der Ersteller die Nonkonformität um eine weitere Periode hinauszögert (<u>N</u>ON<u>K</u>ONFORMITÄTS<u>V</u>ERZÖGERNDER FEHLBETRAG Δ_t^{NKV}). Gilt also $\Delta_{t'+1} \geq \Delta_{t'+1}^{NKV}$, dann wird in t=t' noch nicht nonkonform berichtet. Damit der bis $ae_{t'+1}$ wirkende Primär- und Wiederholungswartevorteil den in t=t' einmalig wirkenden Verfallseffekt übersteigt, muss für $t'<ae_{t'+1}$ gelten:[763]

$$\text{(D-65)}\qquad 0 \leq -\omega \cdot \Delta_{ka:t'}^2 + \left(ae_{t'+1} - t'\right) \cdot \omega \cdot \Delta_{t'+1}^2 \Rightarrow \Delta_{t'+1} \geq \frac{\Delta_{ka:t'}}{\sqrt{ae_{t'+1} - t'}} = \Delta_{t'+1}^{NKV}\Big|^{PWoSR}$$

Der Radikand gibt die Zahl der Perioden an, in der Primär- und Wiederholungswartevorteil wirken. (D-65) gibt den Fehlbetrag an, den $\Delta_{t'+1}$ übersteigen muss, damit in t = t', unter Vernachlässigung von Zins-, Progressions- und Verkürzungseffekten sowie stillen Reserven, mit der Nonkonformität abgewartet wird. Wenn also t'=ka und auf t=t' + 1 eine, zwei resp. drei Null-Überschuss-Perioden und hierauf wiederum ein Überschuss i.H.v. absolut mindestens $\Delta_{t'+1}$ folgen, und stille Reserven nicht erwogen werden, dann wartet der Ersteller in t = t' mit

---

763 In t' = ve geht wegen $ae_{ve} = ve = ve = t'$ $\Delta_{ve}^{NKV} \to \infty$ gemäß (D-65), so dass $nk \leq ve$ gelten muss.

der Nonkonformität ab für jedes $\Delta_{t'+1}$, welches das $1/\sqrt{2}$ -, $1/\sqrt{3}$ -fache resp. 1/2 von $\Delta_{ka:t'} = \Delta_{ka}$ übersteigt. Verzinsung erhöht dieses Vielfache.

(D-65) zeigt, dass ohne Zins-, Progressions- und Verkürzungseffekte sowie stille Reserven Nonkonformität in der **ersten Fehlbetragsperiode** nur bei kurzen Anspannungsdauern und abnehmenden Fehlbeträgen oder einer Kombination dieser Faktoren in Frage kommt. Abnehmende Fehlbeträge kennzeichnen eine Abschwächung des Krisenzeitraumes. Kurze Anspannungsdauern implizieren ihr baldiges Ende sowie anschließende, schnell die angefallenen Fehlbeträge kompensierende Überschüsse. Nur dann ist mit Nonkonformität am Anfang des Krisenzeitraumes zu rechnen. Sonst ist (D-65) für t'=ka erfüllt und der Ersteller wartet zu Beginn des Krisenzeitraumes mit der Nonkonformität ab.

Andererseits lassen Primär- und Wiederholungswartevorteil Nonkonformität in der **letzten Fehlbetragsperiode** nur unter speziellen Voraussetzungen optimal erscheinen. Da (D-65) für t=t'+1 lautet:

(D-66)
$$0 \le -\omega \cdot \Delta^2_{ka:t'+1} + \left(ae_{t'+2} - (t'+1)\right) \cdot \omega \cdot \Delta^2_{t'+2}$$
$$\Rightarrow \Delta_{t'+2} \ge \frac{\Delta_{ka:t'+1}}{\sqrt{ae_{t'+2} - (t'+1)}} = \Delta^{NKV}_{t'+2}\Big|^{PWoSR} > \frac{\Delta_{ka:t'}}{\sqrt{ae_{t'+1} - t'}} = \Delta^{NKV}_{t'+1}\Big|^{PWoSR}$$

wächst der nonkonformitätsverzögernde Fehlbetrag im Laufe des Krisenzeitraumes an:

— Der Primär- und Wiederholungswartevorteil hat einen vom Manipulationsbetrag her höheren Verfallseffekt zu kompensieren; es ist $\Delta_{ka:t'+1} > \Delta_{ka:t'}$ wegen $\Delta_{t'+1} > 0$.
— Der Primär- und Wiederholungswartevorteil wirkt nicht mehr in t=t'+1 (die Zahl der Perioden, in denen sie sich auswirken, sinkt von $ae_{t'+1} - t'$ auf $ae_{t'+2} - (t'+1)$ mit $ae_{t'+1} \ge ae_{t'+2}$). Deshalb sinkt die auf Primär- und Wiederholungswartevorteil zurückzuführende Malusmilderung bei einer Erhöhung von t=t', wenn der Primärwartevorteil nicht im Zeitablauf hinreichend ansteigt. Spätestens für t' = ve ist $\Delta_{t'} < \Delta^{NKV}_{t'}$ [764]. Zudem entfallen durch den Verkürzungswartevorteil mit fortschreitendem Vergleichszeitpunkt Perioden am Ende des Anspannungszeitraumes.[765]

Bsp. D-17 Grenzpfad nonkonformitätsverzögernder Fehlbeträge
Es fange ein fünfperiodiger Krisenzeitraum {1, 2, ..., 5} mit einem Fehlbetrag i.H.v. 1 PE an, $\Delta_1 = 1$. Primär- und Wiederholungswartevorteil wirken sich dann in 5 − 1 = 4 Perioden aus. Der Überschuss in t = 6 sei so hoch, dass kein Verkürzungswartevorteil auftritt, $\Delta_{1:5} < -\Delta_6$. Der Progressionswartevorteil werde vernachläs-

764 Vgl. Fn. 763 S. 272.

765 Wird also bspw. das Anspannungsende in ae = t' + 5 bei Nonkonformität in nk = t' + 1 erreicht, bei Nonkonformität in nk = t' + 2 aber bereits in ae = t' + 4, dann steigt $\Delta^{NKV}_{t^S+1}$ von t^S = t'+1 auf t^S = t'+2 um den Faktor $\frac{\Delta_{ka:t'+1}}{\sqrt{(t'+4)-(t'+2)}} \Big/ \frac{\Delta_{ka:t'}}{\sqrt{(t'+5)-(t'+1)}} = \sqrt{2} \cdot \left(1 + \frac{\Delta_{t'+1}}{\Delta_{ka:t'}}\right)$

Siehe zum Verkürzungs- und Progressionseffekt auch unten S. 276.

sigt (s.a. unten S. 276). Aus (D-65) erhält man für t' = 1 als Δ_2^{NKV} $1/\sqrt{5-1} = 0{,}5$ PE. Nimmt Δ_2 gerade diesen Wert an, so ergibt sich Δ_3^{NKV} als $(1+0{,}5)/\sqrt{5-2} \doteq 0{,}87$. Ist wiederum gerade $\Delta_3 = 0{,}87$, dann ist $\Delta_4^{NKV} = (1+0{,}5+0{,}87)/\sqrt{5-3} \doteq 1{,}67$. Ist schließlich $\Delta_4 = 1{,}67$, dann muss $\Delta_5 \geq \Delta_5^{NKV} = (1+0{,}5+0{,}87+1{,}67)/\sqrt{5-4} \doteq 4{,}04$ sein, damit in t = 4 noch nicht nonkonform berichtet wird.

Die Folge Δ_2=0,5; Δ_3=0,87; Δ_4=1,67; Δ_5=4,04 im Bsp. D-17 kann als **GRENZPFAD NONKONFORMITÄTSVERZÖGERNDER FEHLBETRÄGE** bezeichnet werden: Dies sind die minimalen Fehlbeträge, welche zur Verzögerung der Nonkonformität bis zur jeweiligen Periode führen. Wird dieser Pfad zunächst genau eingehalten und dann unterschritten, wird in der Vorperiode des Unterschreitens nonkonform berichtet. Wird der Pfad überschritten, erhöhen sich die nonkonformitätsverzögernden Fehlbeträge für die Folgeperioden. Abb. D-26 zeichnet den Grenzpfad nonkonformitätsverzögernder Fehlbeträge in Vielfachen des ersten Fehlbetrages für fünf-, acht- und zwölfperiodige Krisenzeiträume auf. Bei einem achtperiodigen Krisenzeitraum muss beispielsweise der zweite Fehlbetrag mehr als 38 % von dem ersten betragen, damit in der ersten Periode des Krisenzeitraumes Konformität gewählt wird, und wenn diese 38 % gerade realisiert werden, in der zweiten 56 % etc. Bewegen sich die Fehlbeträge auf diesem Grenzpfad zur Nonkonformität weiter, muss bspw. der siebte (achte) Fehlbetrag 470 % (1134%) des anfänglichen Fehlbetrages betragen, damit in der sechsten (siebten) Periode konform berichtet wird.

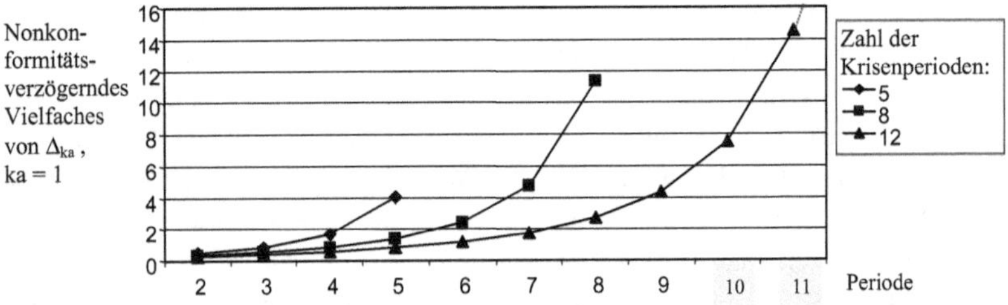

t'+1	2	3	4	5	6	7	8	9	10	11	12
ae = 5	50 %	87 %	167 %	404 %							
ae = 8	38 %	56 %	87 %	140 %	243 %	470 %	1134 %				
ae = 12	30 %	41 %	57 %	81 %	117 %	174 %	268 %	434 %	752 %	1453 %	3507 %

Abb. D-26: Grenzpfad des nonkonformitätsverzögernden Fehlbetrages als Vielfaches des anfänglichen Fehlbetrages (ohne Zins-, Progressions-, Verkürzungseffekt und ohne stille Reserven)

Wie man sieht, steigt diese in Vielfachen des Fehlbetrages der ersten Fehlbetragsperiode gemessene Grenze des Fehlbetrages, der für Warten mit der Nonkonformität in der Vorperiode erforderlich ist, am Anfang schwach oder sie sinkt, um dann gegen Ende der Anspannungsdauer steil zu steigen. Wird der Grenzpfad nonkonformitätsverzögernder Fehlbeträge übertroffen, erhöht sich im Folgenden die Anforderung an den konformitätsbewahrenden Fehlbetrag der Folgeperiode. Bei alleiniger Betrachtung von Primär- und Wiederholungswartevorteil ist also eine Nonkonformität ganz am Ende der Anspannungsdauer nur bei zunächst allenfalls schwach steigenden und zum Ende hin sehr stark ansteigenden Fehlbeträgen zu erwarten. Bei allen anderen Verläufen wird die Nonkonformität früher ausgelöst. Allerdings müssen die Fehlbeträge schon stark herabfallen, damit dies ganz am Anfang geschieht. Z.B. müsste Δ_2 bei achtperiodigem Krisenzeitraum wie erwähnt 38% von Δ_1 unterschreiten. Steigen die Fehlbeträge zunächst nonkonformitätsverzögernd an – was ja nur einen schwachen Anstieg erfordert –, um dann herabzusinken, terminiert der Ersteller die Nonkonformität in der Periode des höchsten Fehlbetrages. Insgesamt ist bei alleiniger Betrachtung von Primär- und Wiederholungswartevorteil von einer Nonkonformität wenige Perioden vor den höchsten Fehlbeträgen oder gleichzeitig mit ihnen auszugehen. Dies gilt erst recht unter Ann. D-8 b), monokausale Dynamik der Krise.

Für die **Malusmilderung durch stille Reserven** in t=t' erhält man aus (D-28) S. 186 sowie (F-11), (F-12) S. 326 im Anhang F2.2.1 (S. 323ff.) bei alleiniger Betrachtung von inversem Primär- und Wiederholungswartevorteil, also bei Unterstellung von $\Delta_t = 0\ \forall t\{t'+2, \ldots, ae_{t'}\}$:

$$\text{(D-67)} \qquad ESR_{t'}^{PW} = -\frac{\left(\sum_{t=t'+1}^{t=ae_{t'}} \omega \cdot \Delta_{t'+1}\right)^2}{\omega + \sum_{t=t'+1}^{t=ae_{t'}} \omega} = -\frac{\omega \cdot \left((ae_{t'} - t') \cdot \Delta_{t'+1}\right)^2}{(ae_{t'} - t'+1)} = -\frac{(ae_{t'} - t')^2}{ae_{t'} - t'+1} \cdot \omega \cdot \Delta_{t'+1}^2$$

$ESR_{t'+1}^{PW}$ lässt sich analog mit t'+1 anstelle von t' errechnen. Der Quotient in (D-67) nimmt für hier relevante Werte von $t=ae_{t'}$ und t=t' mit t=t' ab[766]; die mittels stiller Reserven durch Vermeidung von Primär- und Wiederholungseffekten erzielbare Malusmilderung sinkt mit fortschreitendem Krisenzeitraum, wenn die Fehlbeträge nicht hinreichend ansteigen, weil die Zahl der Perioden sinkt, in denen sich die stille Reserve auswirkt.

Den zu (D-65) entsprechenden Ausdruck erhält man durch Addition der Veränderung der durch stille Reserven erzielbaren Malusmilderung, also durch Addition von (D-67) für t=t' und Subtraktion von (D-67) für t=t'+1:[767]

766 Die Ableitung des Quotienten in (D-67) nach t' beträgt für festes $ae_{t'}$ $\frac{-(ae_{t'} - t') \cdot (ae_{t'} - t'+2)}{(ae_{t'} - t'+1)^2}$. Die Parabel im Zähler ist nach unten offen mit Nullstellen in $ae_{t'}$ und $ae_{t'}+2$, also strikt negativ außer für $t \in \{ae_{t'}, ae_{t'}+1, ae_{t'}+2\}$, die hier nicht relevant sind. Die Ersparnis durch stille Reserven nach (D-67) sinkt also im Zeitablauf für alle relevanten Werte von t'.

767 Das zweite Glied in der ersten Ungleichung stellt die Malusse für den restlichen Anspannungszeitraum bei nk = t' ohne stille Reserven dar, das dritte Glied die bei nk = t' erzielbare Ersparnis durch stille Reserven.

$$0 \le -\omega \cdot \Delta^2_{ka:t'} + (ae_{t'+1} - t') \cdot \omega \cdot \Delta^2_{t'+1} - \frac{(ae_{t'+1} - t')^2}{(ae_{t'+1} - t'+1)} \cdot \omega \cdot \Delta^2_{t'+1} - ESR^{PW}_{t'+1}$$

$$\text{(D-68)} \qquad \Rightarrow 0 \le -\omega \cdot \Delta^2_{ka:t'} + \frac{(ae_{t'+1} - t') \cdot \omega \cdot \Delta^2_{t'+1}}{(ae_{t'+1} - t'+1)} - ESR^{PW}_{t'+1}$$

$$\Rightarrow \Delta_{t'+1} \ge \frac{\sqrt{\left(\Delta^2_{ka:t'} + ESR^{PW}_{t'+1}/\omega\right) \cdot (ae_{t'+1} - t'+1)}}{\sqrt{ae_{t'+1} - t'}} = \Delta^{NKV}_{t'+1}\Big|^{PWmSR}$$

Im Vergleich zu (D-65) S. 272 ist die Addition von $ESR^{PW}_{t'+1}/\omega < 0$ und die Multiplikation mit $(ae_{t'+1} - t' + 1)$ im Nenner hinzugekommen:

— Die Addition von $ESR^{PW}_{t'+1}/\omega < 0$ gibt die Tatsache wieder, dass die Malusmilderung durch in $t = t'+1$ für $t \ge t'+2$ gebildete stille Reserven das Warten von $nk = t'$ bis $nk = t'+1$ c.p. attraktiver macht.

— Die Multiplikation mit $(ae_{t'+1} - t' + 1)$ quantifiziert den entgegengesetzten Effekt, dass die Malusmilderung durch in $t = t'$ für $t \ge t'+1$ gebildete stille Reserven für Nonkonformität in $t = t'$ spricht.

Ersteres senkt, Letzteres steigert $\Delta^{NKV}_{t'+1}$ im Vergleich zur Situation ohne stille Reserve.

Folgen auf die zweite Fehlbetragsperiode weitere, dann sprechen **Progressions- und Verkürzungswartevorteil**, quantifiziert durch die beiden letzten Summanden in (D-64) S. 272, für das Warten. Allerdings nimmt ihre Wirkung im Zeitablauf ab:

— Der Progressionswartevorteil nimmt im Zeitablauf ab, weil Primär- und Wiederholungswartevorteil sich auf einem umso geringeren Niveau auswirken, je weniger Anforderungsresiduum in den Fehlbetragsperioden noch kumuliert werden wird. S.a. Abb. D-24 S. 266 und Abb. D-26 S. 274.

— Weiter nehmen, wie es oben für Primär- und Wiederholungswartevorteil gezeigt wurde, alle in (D-64) mit Summanden abgebildeten Vorteile des Wartens im Zeitablauf ab, weil sie mit steigendem $t=t'$ in immer weniger Perioden wirken. Dabei entfällt nicht nur am vorderen zeitlichen Ende die Periode $t=t'+1$, sondern jedes Warten senkt auch die Umkehrwirkung, die an die auf den Krisenzeitraum folgenden Perioden weitergegeben wird, und kann damit den auf die Nonkonformitätsperiode folgenden Anspannungszeitraum verkürzen; es gilt $ae_{t'+1} \le ae_{t'+2}$.

Progressions- und Verkürzungswartevorteil wirken also sowohl einer sehr frühen als auch einer sehr späten Nonkonformität entgegen. Der **Zinseffekt** spricht, da der Verfallseffekt als einziger gegen das Warten sprechender Effekt zeitlich vor den übrigen Effekten anfällt, stets für eine frühere Nonkonformität. So auch unter Berücksichtigung stiller Reserven. Bei hinreichend hohem Zins kann sie eine Nonkonformität in der ersten Periode vorteilhaft machen.

Ihre Summe zeigt der erste Summand in der zweiten Ungleichung: Man erhält die Malusse mit stillen Reserven, in dem man die Malusse ohne stille Reserven durch $(ae_{t'+1} - t'+1)$ dividiert.

Insgesamt legt die Analyse von Primär- und Wiederholungswartevorteil bei überschlägiger Berücksichtigung von Progressions- und Verkürzungswartevorteil sowie Zinseffekten nahe, dass Nonkonformität außer in speziellen Konstellationen weder ganz am Anfang noch ganz am Ende des Krisenzeitraumes optimal ist. Zwar ist Ersteres aufgrund starker Abzinsung oder bei stark abnehmenden Fehlbeträgen und Letzteres bei stark zunehmenden Fehlbeträgen möglich. Die Voraussetzungen hierfür erscheinen allerdings eher eng.

Zwar kann ein gemessen an den übrigen Fehlbeträgen sehr hoher Fehlbetrag Nonkonformität auslösen. Bei weniger extremer und nicht zu sehr erratischer zeitlicher Entwicklung der Fehlbeträge sprechen die Verläufe der einschlägigen Effekte jedoch eher für Nonkonformität gegen Mitte des Krisenzeitraumes. So etwa bei zunächst ansteigenden und anschließend abnehmenden Fehlbeträgen. Finden sich die höchsten Fehlbeträge vor [nach] der Mitte des Krisenzeitraumes, verschiebt dies die Nonkonformität zeitlich nach vorne [hinten]. Bezeichnet man als SCHWERPUNKT DER KRISE etwa die Periode, die sich durch Abzug der Duration (s.S. 192) der Krise vom Krisenende $t = ve$ und Addition von 1 ergibt, $t = ve - DUR_{ka:ve} + 1$,[768] dann erscheint insgesamt die Nonkonformität in der *Nähe* eines so oder ähnlich definierten *Schwerpunktes* des Krisenzeitraumes nahe liegend, also in zeitlicher Nähe der Kulmination der Krise, oder, bei sich im Zeitablauf nur wenig verändernden Fehlbeträgen, in deren zeitlichen Mitte.

5.4 Gleich bleibende Fehlbeträge

5.4.1 Anschließende sofortige Entspannung

Zur Konkretisierung der bisherigen Ergebnisse sei in diesem Abschnitt D5.4 von gleich bleibenden Fehlbeträgen ausgegangen; $\Delta_t = \bar{\bar{\Delta}} > 0 \ \forall t \in \{ka, \ldots, ve\}$ mit ka [ve] als erste [letzte] Periode des Krisenzeitraumes. Dies kann als Sonderform der Monokausalität gemäß Ann. D-8 b) angesehen werden: Eine die Krise auslösende Ursache tritt in einer Periode ein, wirkt über einige Perioden mit unveränderter Intensität und wird mit einem Schlag behoben. In diesem Abschnitt D5.4.1 soll weiter, wie schon in Abschnitt D5.2.2, von sofortiger Entspannung (s.S. 269) in $t = ve + 1$ ausgegangen werden. Dieser Fall soll als GLEICH BLEIBENDE FEHLBETRÄGE BEI SOFORTIGER ENTSPANNUNG bezeichnet werden. In diesem Fall kann kein Verkürzungswartevorteil auftreten.

Man erhält aus (D-64) bei $q=1$ ohne stille Reserven für $ka=1$

768 Es handelt sich um eine Zahl von Perioden, kann aber auch Bruchteile als Wert annehmen. Der Schwerpunkt der Krise findet sich in der Nähe der höchsten Fehlbeträge. Treten diese am Anfang [Ende] der Krise auf, findet er sich nach [vor] den höchsten Fehlbeträgen, und zwar umso weiter weg, je länger die Krise ist und je flacher der Verlauf der Fehlbeträge nach [vor] den höchsten Fehlbeträgen ist. Bei gleich bleibenden Fehlbeträgen findet sich der Schwerpunkt der Krise in ihrer zeitlichen Mitte. Dieser Begriff soll, weiterer Verwendungsmöglichkeiten unbeschadet, hier lediglich einer groben Orientierung dienen.

(D-69) $$W_{t'}^{GFoSR} = \omega^L \cdot \left\{ -\left(t' \cdot \overline{\overline{\Delta}}\right)^2 + \left(ve - (t'+1) + 1\right) \cdot \left(\overline{\overline{\Delta}}\right)^2 + 2 \cdot \overline{\overline{\Delta}} \cdot \sum_{t=t'+2}^{t=ve} \left[\overline{\overline{\Delta}} \cdot \left(t - (t'+2) + 1\right)\right] \right\}$$

Der Subtrahend stellt den Verfallseffekt, der erste Summand den Primär- und Wiederholungswartevorteil und die Summation den Progressionswartevorteil dar. Man klammere $\overline{\overline{\Delta}}^{\,2}$ aus. Die Glieder der Summation laufen von 1 bis ve – t' – 1. Die Summe der Folge {1, 2, 3, …, n} beträgt ½·n·(n+1)[769]. (D-69) wird deshalb nach Einsetzen von

(D-70) $$\sum_{t=t'+2}^{t=ve} \left(t - (t'+2) + 1\right) = \frac{(ve - t' - 1) \cdot (ve - t')}{2} = 1/2 \cdot \left[(t')^2 + ve^2 - 2 \cdot t' \cdot ve - (ve - t')\right] \text{ zu}$$

(D-71) $$W_t GFoSR = \omega^L \cdot \left(\overline{\overline{\Delta}}\right)^2 \cdot \left[ve \cdot (ve - 2 \cdot t')\right]$$

Unterstellt man, dass der Ersteller bei Indifferenz abwartet, dann wartet er ab, solange

(D-72) $$t' \leq ve/2$$

Der Ersteller wird somit in diesem einfachen Fall die einmalige Nonkonformität in der ersten Periode terminieren, nachdem die Hälfte des Krisenzeitraumes verstrichen ist. Ist t = ve eine ungerade Zahl, wird der Ersteller die Nonkonformität in der mittleren Periode terminieren. Ist ve gerade, ist er zwischen den beiden mittleren Perioden indifferent und wartet annahmegemäß die letzte der beiden mittleren Perioden ab.

Zum selben Ergebnis wie in (D-72) kommt man für q > 1, wenn die abgezinsten intratemporalen Malusse in (D-61) S. 263 im Zeitablauf gleich bleiben, also die Fehlbeträge gerade mit

(D-73) $$q^{-t} \cdot \omega^L \cdot \Delta_t^2 = q^{-(t+1)} \cdot \omega^L \cdot \Delta_{t+1}^2 \Rightarrow \frac{\Delta_{t+1}}{\Delta_t} = \sqrt{q} \quad \forall \; t \in \{ka, \ldots, ve\}$$

von Periode zu Periode anwachsen. Die den Zinseffekt „neutralisierende" Wachstumsrate der Fehlbeträge $\sqrt{q}$ ist aufgrund der Konvexität der Manipulationsmalusfunktion geringer als der Aufzinsungsfaktor. Größere [kleinere] Wachstumsraten der Fehlbeträge führen bei gegebenem q > 1 zu späterer [früherer] Nonkonformität. Da ja der Vorteil sofortiger Nonkonformität, also der Subtrahend in (D-61), sofort anfällt, während die Vorteile des Wartens alle später wirksam werden, begünstigt der **Zinseffekt** eine frühe Nonkonformität. S.a. oben S. 276.

Im Zeitablauf **ansteigende [abnehmende] Fehlbeträge** erhöhen [senken] das in der einzelnen Periode auftretende Volumen von sowohl Primär-, Wiederholungs- als auch Progressionswartevorteil im Vergleich zu (D-69). Diese Erhöhung [Senkung] des periodenspezifischen Volumens führt zu einer späteren [früheren] Nonkonformität im Vergleich zu (D-69), also zu

769 Vgl. Bronstein/Semendjajew (1980) S. 166.

einer Verlagerung in Richtung der höheren Fehlbeträge. Im Falle bis zur Hälfte des Krisenzeitraumes ansteigender und anschließend abnehmender Fehlbeträge wird die Nonkonformitätsperiode bei ansonsten gleichen Parametern unstrikt früher stattfinden als gemäß (D-72), weil der Progressionswartevorteil – als einziger von der Abnahme betroffener Effekt in (D-69) – in den Perioden nach dem Höhepunkt der Fehlbeträge weniger stark ist als nach (D-72). In den Perioden vor dem Höhepunkt allerdings, verzögert das Ansteigen der Fehlbeträge, welches ja sowohl Primär-, Wiederholungs- als auch Progressionswartevorteil verstärkt, die Nonkonformität, so dass diese sich kurz vor dem Höhepunkt der Fehlbeträge ergibt.

Wie im Anhang F2.2.2 (S. 328ff.) abgeleitet, beträgt die in der Nonkonformitätsperiode gebildete **stille Reserve**

$$\text{(F-21)}\quad M^{*}_{t'} = -\frac{\omega\cdot\overline{\overline{\Delta}}\cdot 1/2\cdot(ve-t')\cdot(ve-t'+1)}{\omega\cdot(ve-t'+1)} = -\overline{\overline{\Delta}}\cdot 1/2\cdot(ve-t')$$

Wie in den auf S. 191 und S. 269 behandelten, einfachen Fällen ist also eine stille Reserve im Absolutbetrag der von t = t' bis t = ve durchschnittlichen Manipulation bei $M_{t'} = 0$ zu bilden. Dann senkt sie die durchschnittliche Manipulation auf null und minimiert die Progressionseffekte; es gleichen sich die Grenzmalusse negativer und positiver Manipulation. Es wird bei ungerader [gerader] Zahl verbleibender Fehlbetragsperioden von t = t' bis $t = t' + ½\cdot(ve - t') - ½$ negativ [bis $t = t' + ½\cdot(ve - t') - 1$ negativ, in $t = t' + ½\cdot(ve - t')$ gar nicht] und anschließend bis t = ae = ve positiv manipuliert.

Die Malusmilderung durch stille Reserven beträgt, s. (F-25) im Anhang F2.2.2 S. 329,

$$\text{(F-25)}\quad ESR^{GF}_{t'} = -\omega\cdot\left(\overline{\overline{\Delta}}\cdot 1/2\cdot(ve-t')\right)^2\cdot(ve-t'+1)$$

$[\overline{\overline{\Delta}}\cdot ½\cdot(ve - t')]$ ist zunächst die durchschnittliche Manipulation über t = t' bis t = ve bei $M_{t'} = 0$. $2\cdot\omega\cdot[\overline{\overline{\Delta}}\cdot ½\cdot(ve - t')]\cdot(ve - t'+1)$ ist somit die Summe der Grenzmalusse positiver Manipulation von t = t'+1 bis t = ve bei $M_{t'} = 0$, s.a. (F-19) S. 328. Zugleich ist $-[\overline{\overline{\Delta}}\cdot ½\cdot(ve - t')]$ die stille Reserve gemäß (F-21). Die Hälfte des Produktes dieser beiden Faktoren ergibt die gesamte Malusminderung über den restlichen Anspannungszeitraum, vgl. (F-11) S. 326 und Abb. D-25 S. 268.[770]

Die durch stille Reserven erzielbare Malusmilderung sinkt, wie die Ergebnisse in Abschnitt D5.2.2 und D5.3 für den hier unterstellten Fall bereits nahelegten, mit fortschreitendem t = t'. Sie führt deshalb zu einer unstrikt früheren Nonkonformität. Der zu (D-72) entsprechende

770 Die Klammer gleicht absolut M^{*}_{t} aus (F-25). Die stille Reserve spart also das Vielfache ihres eigenen Malusses (man bedenke die Symmetrie in Zeit und Manipulationsrichtung, q = 1, $\omega^{RL}_{t} = \omega\ \forall t$) ein, welches der Zahl der Perioden von t = t' bis zum Ende der Anspannungsreichweite entspricht.

Wert geht, wie in Anhang F2.2.2 S. 329f. abgeleitet, gegen $((1/3)\cdot ve-(1/6))_+$ für $ve \to \infty$, vgl. (F-31) S. 330. Für ka = 1 und ve=3, 5, 8, 10 wird nach (D-72) Nonkonformität in der 2. respektive 3. respektive 5. respektive 6. Periode gewählt, unter Berücksichtigung stiller Reserven in der 2. respektive 2. respektive 3. respektive 4. Periode, also unstrikt früher als ohne stille Reserven.

5.4.2 Anschließende Null-Überschüsse

Eine in Abschnitt D5.4.1 nicht betrachtete Determinante der Terminierung der Nonkonformität ist die Höhe der Überschüsse im folgenden Überschusszeitraum. Es wurde von dem Extrem ausgegangen, dass schon der erste Überschuss hoch genug ist, jegliche stille Last aus dem Krisenzeitraum aufzufangen. Sind die Überschüsse am Anfang des Überschusszeitraumes hingegen niedriger, so verzögert dies die Nonkonformität unstrikt, weil mit zunehmender Dauer des Abbaus der Umkehrwirkung aus dem Krisenzeitraum die Zahl der Wiederholungen und somit der Wiederholungs- und Progressionswartevorteil ansteigt. Weiter kann der Verkürzungswartevorteil auftreten. Die zeitliche Ausdehnung der mit der während des Krisenzeitraumes aufgestauten stillen Last verbundenen Manipulationsmalusse kann sogar dazu führen, dass der Ersteller erst in t=ve die Konformität aufgibt, um noch die letzte mögliche Steigerung des Wiederholungswartevorteils mitzunehmen, und dafür auf die Vermeidung der Manipulation in den Perioden zuvor verzichtet. Es gibt ohne stille Reserven stets eine endliche Zahl von Perioden, um die das Anspannungsende zu verzögern ist, damit der Ersteller erst in der letzten Fehlbetragsperiode nonkonform berichtet. Bei stillen Reserven gilt dies nur, wenn abweichend vom hier unterstellten Fall $q^{-(ve-1)}\cdot\omega^L_{ve-1}\cdot\Delta^2_{ka:ve-1} < q^{-(ve-1)}\cdot\omega^R_{ve-1}\cdot\Delta^2_{ve}$, s.S. 282.

Zur Präzisierung dieses Zusammenhanges von Erholungstempo und Nonkonformitätsterminierung gehe man von einer Modifikation des oben in (D-69) dargestellten Falles gleich bleibender Fehlbeträge aus, bei welcher der Überschusszeitraum sehr schwach beginnt, nämlich mit ae − ve Perioden mit einem Überschuss von null, sich aber dann in t=ae + 1 ein sehr hoher Überschuss $\Delta_{nk:ve} < -\Delta_{ae+1}$ anschließt, der die gesamte Umkehrwirkung ausgleicht, so dass $ae_{t'+1} = ae_{t'} > ve\ \forall t' \in \{ka, \ldots, ve\}$ (Fall ANSCHLIESSENDER NULL-ÜBERSCHÜSSE). Dann ist (D-69) um den **Wiederholungs- und Progressionswartevorteil** in den Perioden t=ve + 1 bis t=ae zu ergänzen. Der Wiederholungswartevorteil beträgt $\omega^L \cdot \left(\overline{\overline{\Delta}}\right)^2$ wie auch während des Krisenzeitraumes ab t=t' + 2. Der Progressionswartevorteil kumuliert sich, wie Einsetzen von t=ve in die Summation von (D-69) zeigt, im Laufe des Krisenzeitraumes auf $\omega^L\cdot 2\cdot\overline{\overline{\Delta}}\cdot\overline{\overline{\Delta}}\cdot(ve-(t'+2)+1)$. Beide Effekte wirken im Vergleich zum Fall von (D-69) zusätzlich in (ae − (ve + 1) + 1) Perioden. (D-69) schreibt sich in diesem erweiterten Fall wie folgt:

$$\text{(D-74)}\qquad W_{t'}^{GF0oSR} = \omega^L \cdot \left(\overline{\overline{\Delta}}\right)^2 \cdot \left\{-(t')^2 + (ae-t') + 2\cdot\sum_{t=t'+2}^{t=ve}(t-t'-1) + 2\cdot(ae-ve)\cdot(ve-t'-1)\right\}$$

Hierin bezeichnet der Subtrahend den Verfallseffekt, der erste Summand den Primär- und Wiederholungswartevorteil, während der zweite resp. dritte Summand den Progressionswartevorteil während des Krisenzeitraumes resp. nach dem Krisenzeitraum bis zum Anspannungsende erfasst. Ein Vergleich von (D-74) und (D-72) einerseits und (D-69) andererseits zeigt, dass bei gerader Zahl der Fehlbetragsperioden schon die Verzögerung des Anspannungsendes um eine einzige Periode ausreicht, um die Indifferenz des Erstellers gegenüber Nonkonformität in den beiden mittleren Perioden zu einer strikten Präferenz für Nonkonformität in der zweiten Hälfte des Krisenzeitraumes zu verschieben.

Der Ersteller wird in dem Fall von (D-74) dann in der letzten Fehlbetragsperiode nonkonform berichten, wenn (D-74) für $t' = ve - 1$, $ve \geq 2$, noch positiv ist. In $t' = ve - 1$ entfällt der Progressionswartevorteil, so dass (D-74) für $t' = ve - 1$, $ve \geq 2$, positiv ist, wenn

(D-75) $$(ve - 1)^2 < (ae - (ve - 1)) \Rightarrow ae - ve > ve \cdot (ve - 2)$$

Bei einem Krisenzeitraum von bspw. drei Perioden bedürfte es $3 \cdot (3 - 2) = 3$ anschließende Null-Überschüsse, um den Ersteller dazu zu bewegen, mit der Nonkonformität bis zur letzten Fehlbetragsperiode abzuwarten. Im obigen Fall sofortiger Entspannung hätte er sie gemäß (D-72) in der mittleren Fehlbetragsperiode terminiert. Bei $ka = 1$, $ve = 4$ und $ae = ve = 4$ ist gemäß (D-72) $nk = 2 \sim nk\ 3$, während bei $ae = ve+1 = 5$ $nk = 2 \prec nk = 3 \succ nk = 4$ gilt. Es wären $4 \cdot (4 - 2) = 8$ Null-Überschüsse erforderlich, also $ae = 12$, um die Nonkonformität bis in die vierte Fehlbetragsperiode zu verzögern.

Die durchschnittliche Manipulation für $t \in \{nk, \ldots, ae\}$ bei $M_{nk} = 0$ steigt um den Anteil der Null-Überschuss-Perioden am restlichen Anspannungszeitraum zuzüglich der Nonkonformitätsperiode. Die **stille Reserve** in $t = t'$ ist im Vergleich zu (F-21) um diesen Anteil absolut zu erhöhen (vgl. (F-34) im Anhang F2.2.3 S. 331), damit die durchschnittliche Manipulation mit stiller Reserve null wird und die Progressionseffekte minimiert werden:

(F-34) $$M^*_{t'} = -\overline{\overline{\Delta}} \cdot 1/2 \cdot (ve - t') \cdot \left[1 + \frac{(ae - ve)}{(ae - t' + 1)}\right]$$

Es wird später von negativer zu positiver Manipulation gewechselt als im Falle von (F-21), spätestens jedoch in $t = ve$; sonst wäre $M^*_{t'} = -\Delta_{t'+1:ve}$, womit die Summe der Grenzmalusse positiver Manipulation während der Null-Überschuss-Perioden gleich null wäre und die Summe der Grenzmalusse negativer Manipulation während des Krisenzeitraumes strikt unterschreiten würde.

Die Malusmilderung erhält man als (vgl. (F-37) im Anhang F2.2.3 S. 331)[771]:

---

771 Die Klammer gleicht absolut M^*_t aus (F-34). Es gilt auch hier die Anmerkung in Fn. 770 S. 279.

$$\text{(F-37)}\quad ESR_{t'}^{GF0} = -\omega\cdot\left(\overline{\overline{\Delta}}\cdot 1/2\cdot(ve-t')\cdot\left[1+\frac{ae-ve}{ae-t'+1}\right]\right)^2\cdot(ae-t'+1)$$

Der Quadrant gibt analog zu (F-25), vgl. S. 279, die durchschnittliche Manipulation über t = t' bis t = ae bei $M_{t'} = 0$ an. Multipliziert mit $2\cdot\omega\cdot(ae-t'+1)$ erhält man die Summe der Grenzmalusse positiver Manipulation von t = t' bis t = ae. Der Quadrant ist zugleich der Absolutbetrag der stillen Reserve. Das hälftige negative Produkt dieser drei Faktoren ergibt die Malusmilderung über den restlichen Anspannungszeitraum, vgl. (F-11) S. 326, Abb. D-25 S. 268.

Am Ende des Fehlbetragszeitraumes etabliert die Möglichkeit zur Bildung stiller Reserven eine obere Schranke für die Summe der Manipulationsmalusse von t = ve bis t = ae i.H.d. Malusses einer stillen Reserve i.H.v. Δ_{ve}, also $q^{-(ve-1)}\cdot\omega^R_{ve-1}\cdot\Delta^2_{ve} = \omega\cdot(\overline{\overline{\Delta}})^2$; Manipulation für den Null-Überschuss-Zeitraum ließe sich mit diesem Malus durch stille Reserven in ve − 1 verhüten. Allerdings lässt sich die Summe der Malusse über t = ve − 1 bis t = ae stets durch zumindest marginale positive Manipulation ab t = ve mindern, zumal deren Grenzmalus für geringfügige Manipulation gegen null geht. Somit erreicht die Summe der Malusse nicht $q^{-(ve-1)}\cdot\omega^R_{ve-1}\cdot\Delta^2_{ve} = \omega\cdot(\overline{\overline{\Delta}})^2$, sondern konvergiert nur gegen diese Schranke für t = ae gegen unendlich. Der Verfallseffekt betrug $q^{-(ve-1)}\cdot\omega^L_{ve-1}\cdot\Delta^2_{ka:ve-1} = \omega\cdot(\overline{\overline{\Delta}}\cdot(ve-1))^2$. Bei ve>1 unterschreitet die Schranke der Summe der Malusse von t = ve bis t= ae den Verfallseffekt also strikt. Es ist deshalb bei gleich bleibenden Fehlbeträgen mit anschließenden Null-Überschüssen bei ve > 1 stets günstiger, spätestens in der vorletzten Fehlbetragsperiode nonkonform zu berichten und stille Reserven zu bilden als mit der Nonkonformität bis zur letzten Fehlbetragsperiode abzuwarten. Vgl. hierzu Anhang F2.2.3 (S. 330ff.), insbes. (F-40) S. 332.

Vielmehr berichtet der Ersteller nonkonform unstrikt später als bei sofortiger Entspannung, also nach mindestens $((1/3)\cdot ve-(1/6))$ Perioden, nachdem mindestens knapp das erste Drittel des Krisenzeitraumes überstanden ist,[772] aber spätestens in der vorletzten Fehlbetragsperiode.

Übersteigt allerdings, abweichend vom Fall gleich bleibender Fehlbeträge, die Schranke des Malusses einer stillen Reserve i.H.v. Δ_{ve} den Malus positiver Manipulation in t = ve − 1, gilt also $\omega^L_{ve-1}\cdot\Delta^2_{ka:ve-1} < \omega^R_{ve-1}\cdot\Delta^2_{ve}$, dann gibt es stets eine endliche Zahl von Null-Überschuss-Perioden, die den Ersteller dazu veranlasst, mit der Nonkonformität bis zur letzten Fehlbetragsperiode abzuwarten. Wenn nicht die Bildung stiller Reserven kostspieliger ist als die Legung stiller Lasten, setzt dies jedoch voraus, dass der letzte Fehlbetrag die Summe der vorherigen übersteigt.

772 Siehe jedoch im Einzelnen (F-30), (F-31), Tab. F-1 S. 330f.

5.5 Zusammenfassung und Implikationen einmaliger Nonkonformität

Es wurde die Frage gestellt, wann Nonkonformität innerhalb eines Krisenzeitraumes zu erwarten ist, wenn feststeht, dass der Ersteller genau einmal im betrachteten Zeitraum nonkonform berichtet. Es wurde Unabhängigkeit des Barwertes der Konformitätsinzitamente von der Periode der Nonkonformität sowie im Zeitablauf konstante und symmetrische Resistenzkoeffizienten angenommen. So wurde auf die zeitlichen Wechselwirkungen durch Umkehrwirkungen als Determinante der Terminierung der Nonkonformität fokussiert. Zinseffekte wurden kursorisch berücksichtigt. Es wurde von monokausaler Dynamik der Krise ausgegangen, mit genau einem unstrikten Höhepunkt der Fehlbeträge.

Die Höhe des durch Nonkonformität vermiedenen Manipulation in der Nonkonformitätsperiode steigt während des Fehlbetragszeitraumes stets an. Allerdings sinkt die Zahl der Perioden, auf die sie sich manipulationsmindernd auswirkt, sowohl am Anfang als auch am Ende des verbleibenden Anspannungszeitraumes. Weiter sinkt die Stärke ihrer Progressionsmilderung. Als **Ergebnisse** folgten, ohne Festlegung des Krisenverlaufes und ohne stille Reserven:

- Es wird während des Krisenzeitraumes nonkonform berichtet.
- Ansteigende Fehlbeträge und langsame Erholung verzögert die Nonkonformität, herabfallende Fehlbeträge und schnelle Erholung beschleunigt sie.
- Nonkonformität in der ersten Fehlbetragsperiode kommt nur bei sehr kurzen Anspannungsdauern, stark abnehmenden Fehlbeträgen, hohem Abzinsungsfaktor oder einer Kombination dieser Faktoren in Frage.
- Nonkonformität in der letzten Fehlbetragsperiode kommt nur bei stark ansteigenden Fehlbeträgen oder sehr langsamer Erholung in Frage.

Eine stille Reserve kann mit fortschreitendem Fehlbetragszeitraum für immer weniger Fehlbeträge gebildet werden, was für frühe Nonkonformität spricht. Muss sie jedoch wegen späterer Fehlbeträge durch erneute negative Manipulation über Folgeperioden hinweg transferiert werden, dann mindert dies die erzielte Malusmilderung. Lange vor dem Schwerpunkt[773] der Fehlbeträge verzögert sie somit die Nonkonformität, führt jedoch nicht zu einer Verzögerung über jene Fehlbeträge hinweg, für die sie gebildet werden würde, also nicht über die höchsten Fehlbeträge, oder bei gleich bleibenden Fehlbeträgen über deren zeitliche Mitte hinweg. Sie begünstigt also eine Nonkonformität wenige Perioden vor dem Schwerpunkt der Krise. Dass sie somit die Aufdeckung einer Krise *beschleunigen* kann, ist nicht so erstaunlich, wie es auf den ersten Blick erscheinen mag: Stille Reserven erhöhen als alternative Verwendungsmöglichkeit der Gelegenheit zur Manipulation die Kosten positiver Manipulation; sie geben dem Ersteller zusätzliche Gründe, aus Rücksicht auf künftige Kommunikationsvorgänge seine Krise rechtzeitig aufzudecken.

---

773 Zum Begriff vgl. Fn. 768 S. 275.

Im Fall gleich bleibender Fehlbeträge wird bei sofortiger Erholung und ohne stille Reserven die Nonkonformität gewählt, wenn die Hälfte der Fehlbetragsperioden verstrichen ist. Verlangsamung der Erholung verzögert sie. Um sie jedoch bis in die letzte Fehlbetragsperiode hinauszuschieben, bedurfte es, gemessen an der Länge des Krisenzeitraumes, einer erheblichen Zahl anschließender Null-Überschüsse. Die Berücksichtigung stiller Reserven holte die Nonkonformität bei sofortiger Erholung auf die erste Periode hervor, nach dem knapp das erste Drittel der Fehlbetragsperioden verstrichen ist. Verlangsamung der Erholung verzögert sie, kann sie jedoch nicht in die letzte Fehlbetragsperiode hinausschieben.

Insgesamt weist die Analyse somit auf Nonkonformität zeitlich nicht allzu weit entfernt, tendenziell vor dem Schwerpunkt der Krise hin, wobei sie ein langsamer Anstieg [eine langsame Abnahme] der Anforderungsresiduen zeitlich hervorholt [verzögert]. Im Modellrahmen, insbes. Ann. D-8 S. 260, einmalige Nonkonformität, ist Nonkonformität also weder frohe Kunde einer *endenden*, noch Hiobsbote einer *anfangenden*, sondern eher die – je nach Erwartung gute oder schlechte – Nachricht einer *kulminierenden* Krise. Dies ist mit den zitierten anekdotischen Berichten positiver Kursreaktionen (s.S. 257) nur sehr bedingt vereinbar. Besser fügt es sich in das von den empirischen Befunden gezeichnete Bild.[774]

Der aus den zeitlichen Wechselwirkungen der Manipulation abgeleitete Zeitpunkt für Nonkonformität geht somit tendenziell demjenigen leicht voraus, zu dem die gegen die Krise ergriffenen Maßnahmen zu wirken, die Fehlbeträge also zu sinken, beginnen. Die Analyse spricht somit dafür, dass die bei buchhalterischen Generalbereinigungen häufigen[775] **Ankündigungen** von Gegenmaßnahmen insofern durchaus mit ernsthafter Veränderungsabsicht (s.S. 257) verbunden sind, dass die Gleichzeitigkeit von Ankündigung und Nonkonformität für den Ersteller nur sinnvoll ist, wenn er auf die baldige Wirksamkeit der angekündigten Maßnahmen vertraut; andernfalls würde er die Nonkonformität weiter hinauszögern. Als buchhalterische Katharsis (s.S. 262) kann sie dagegen schwerlich verstanden werden: Außer

774 Der o.g. Befund einer relativ zur einschlägigen Branche signifikant schlechteren Entwicklung des Aktienkurses von ca. 3 Jahren vor bis ca. 1,5 Jahren nach der Generalbereinigung (Elliott/Shaw (1988), s.o.Fn. 730 S. 257), zeigt ebenfalls an, dass die Akteure am Aktienmarkt einerseits schon seit geraumer Zeit von der Existenz einer Krise ausgehen und sie andererseits nicht als mit der Generalbereinigung überstanden ansehen. Wollte man diesen gesamten Zeitraum als Entsprechung zum modellhaften Krisenzeitraum ansehen, dann legt er u.U. – je nach Dynamik der Fehlbeträge – eine etwas spätere Nonkonformität als hier abgeleitet nahe. Zu einer größeren Übereinstimmung kann jedoch der Umstand führen, dass dem hiesigen Krisenanfang, t = ka, Perioden vorausgehen können, in denen sich die Unternehmensleitung der anstehenden Fehlbeträge noch nicht bewusst war und positiv manipuliert hat, oder aber, Fehlbeträge antizipierend, negativ manipuliert hat, wie etwa in Bsp. D-11 S. 219 für t=1, …, 5. S.a.S. 260. Wenn nämlich Adressaten schon vor t = ka negative Beobachtungen machten, etwa in dem sie Fehlbeträge anhand von Anzeichen positiver Manipulation oder die Antizipation von Fehlbeträgen anhand negativer Manipulation erkannten, würde der Kurs schon vor der empirischen Entsprechung zu t = ka im Vergleich zu Unternehmen ohne derartige Symptome zu sinken beginnen. Auch die auf S. 285 angeführten Überlegungen zu Konformitätsinzitamenten, Manipulationsresistenzen sowie Zweifel hinsichtlich der Einmaligkeit der Nonkonformität könnten sie verzögern.

775 Vgl. Fn. 727 S. 257.

in Extremfällen sofort bewältigter und als beinahe einperiodig anzusehenden Krisen geht mit ihr negative Manipulation einher, evtl. auch in ihren Folgeperioden, und es folgt auf sie positive Manipulation. Je größer die gebildete stille Reserve, umso umfangreichere Fehlbeträge stehen noch aus. Dies gilt umso mehr, wenn auf die Nonkonformitätsperiode Perioden mit negativer Manipulation folgen.

Wollte man pauschal die Wirkung temporärer Senkungen von **Konformitätsinzitamenten** und Steigerungen von **Manipulationsresistenzen** (s.o. S. 258f.) abschätzen, so erscheint es nahe liegend anzunehmen, dass diese temporären Variationen im Anschluss an ein Bekanntwerden der Krise stattfinden, wofür vor allem die Zeit um oder nach der Kulmination der Krise plausibel erscheint. Wenn ein solches Bekanntwerden auch ohne Nonkonformität erfolgen würde, würde die Nonkonformität das Bekanntwerden also lediglich leicht beschleunigen. Umgekehrt würde das Bekanntwerden die Nonkonformität allenfalls leicht verzögern, sofern es der Ersteller antizipiert. Geht er dagegen davon aus, dass die Krise erst aufgrund der Nonkonformität bekannt wird, und glaubt er weiter, in einer späteren, von der Nonkonformität unabhängigen Periode seine Genesung signalisieren und seine Konformitätsinzitamente und Manipulationsresistenzen restaurieren zu können, dann sind verzögernde Effekte anschließender nachteiliger Veränderungen von Konformitätsinzitamenten und Manipulationsresistenzen auf die Terminierung nahe liegend. Dann nämlich, kürzt eine Verzögerung der Nonkonformität den Zeitraum niedriger Konformitätsinzitamente respektive hoher Manipulationsresistenzen und deren Verteuerung der nachfolgenden, die Wartevorteile konstituierenden Manipulation. Bei hinreichender Intensität derartiger Effekte könnten sie die Nonkonformität bis in die letzte Fehlbetragsperiode hinauszögern. Lediglich in diesem Fall wäre Nonkonformität ein Anzeichen buchhalterischer Katharsis, also der künftigen Unterlassung von Manipulation.

Implikationen der Nonkonformität hinsichtlich der **Existenz einer Erholung** – im Gegensatz zu deren Zeit – können der obigen Analyse nicht entnommen werden. Vielmehr setzte sie die Einmaligkeit der Nonkonformität voraus, vgl. Ann. D-8 a), e) S. 260. Sie separiert deshalb nicht Ersteller mit der Absicht einmaliger Nonkonformität von solchen, die nach der Nonkonformität keine für Erholung hinreichenden Überschüsse, sondern weitere Nonkonformitätsperioden erwarten. Dass die Nonkonformität einmalig war, erfährt der Beobachter erst bei dem ersten Ausweis strikt oberhalb der Konformitätsanforderung, also in der Folgeperiode eines auf die Nonkonformität folgenden Anspannungszeitraumes. Dies hat zu bedenken, wer aus den hiesigen oder ähnlichen Überlegungen für Anlageentscheidungen den Schluss zieht, eine buchhalterische Generalbereinigung sei eine günstige Gelegenheit für ein Engagement, wie es die anekdotisch berichteten positiven Kursreaktionen nahe legen könnten. Jedoch liefern diese Überlegungen Hinweise auf die zeitliche Position eines Unternehmens in seiner Krise, wenn von vornherein feststeht, dass diese temporär ist. Je genauere Vorstellungen ein Beobachter dabei über die zeitliche Struktur des Gesamtverlaufes der unverfälschten Periodenergebnisse hat, umso genauer kann er eruieren, wo sich der Ersteller hierin befindet.

6 Erweiterung des Anforderungshorizontes

6.1 Vorbemerkungen

Eine Möglichkeit des Kontrahenten, die bisher erschlossenen Implikationen des Erstellerverhaltens zu nutzen, ist die Erweiterung des Anforderungshorizontes (s.S. 96), wie sie bereits in Abschnitt C3.4, Erweiterung des Anforderungshorizontes zwecks zyklischer Separation (S. 136ff.), analysiert wurde. Dieser Abschnitt D6 skizziert die Grundzüge des Erstellerkalküls bei Antizipation dieses Kontrahentenverhaltens sowie einige Auswirkungen auf die Implikationen des Konformitätsverhaltens. Es soll gelten

Ann. D-9: Mehrperiodiger Anforderungshorizont (statt Ann. C-2; Geltung: Abschnitt D6)
Es ist $AH \geq 2$. Der Kontrahent kontrahiert in $t = t'$, wenn das aktuelle und die $AH - 1$ vorangegangenen Periodenergebnisse die intratemporale Konformitätsanforderung erreichen, wenn also $J_t \geq \overline{J}_t \; \forall t \in \{t' - AH+1, \ldots, t'\}$.

Für AH dürften Werte von 2, 3, evtl. bis 5, in dem hier behandelten Kontext des Anwartschaftserwerbs insbesondere 3 Jahresabschlüsse als empirisch repräsentativ anzusehen sein.[776] Verbal wird auf den Fall $AH \geq 3$ abgestellt. Zu den verwendeten Begriffen vgl. S. 95f. Wie dort soll die Konformität in den $AH - 1$ Vorperioden zu t als Anwartschaft auf t' und die intratemporale Konformität einer solchen Periode t'' als Teilanwartschaft von t'' auf t' bezeichnet werden.

Die Resistenzkoeffizienten seien für alle Perioden gleich, $\omega_t^L = \omega \; \forall t$. Stille Reserven werden nicht thematisiert; $\omega_t^R \rightarrow \infty \; \forall t$. Es wird wie folgt vorgegangen:

— Abschnitt D6.2 erschließt das Erstellerkalkül bei Nichtbestehen einer Anwartschaft auf die aktuelle Periode, ohne Umkehrwirkungen zu berücksichtigen.[777]
— Abschnitt D6.3 betrachtet die Situation bei bestehender Anwartschaft, ebenfalls ohne Umkehrwirkungen.
— Abschnitt D6.4 behandelt den speziellen Fall gleich bleibender Fehlbeträge und berücksichtigt hierbei Umkehrwirkungen.
— Abschnitt D6.5 fasst die Wirkung einer Erweiterung des Anforderungshorizontes auf die Implikationen des Konformitätsverhaltens zusammen.

776 Vgl. die Nachw. in Fn. 169, 171 S. 39, Fn. 493 – 495 S. 137, insbes. Kasznik/McNichols (2002) S. 727.

777 Ohne Einschränkung der Allgemeinheit der Folgerungen kann deshalb $\Delta_t \geq 0 \; \forall t$ angenommen werden; ohne Umkehrwirkung sind Überschüsse bei dichotomem Kontrahentenverhalten bedeutungslos.

6.2 Aufbau einer Anwartschaft

Man betrachte die Entscheidung am Ende der Periode t = d. Geht ihr Nonkonformität voraus, $\kappa_{d-1}=0$, kann der Ersteller das Konformitätsinzitament frühestens in t' = d + AH − 1 erzielen. Hierfür muss er Konformität in allen Perioden t ∈ {t' − AH + 1, ..., t'} = {d, ..., t'} herstellen (ANWARTSCHAFTSAUFBAU zu t = t'). Die hierfür in den Perioden ohne Konformitätsinzitament aufgebrachten Malusse, $C_{(t'-AH+1):(t'-1)}$, seien als ANWARTSCHAFTSAUFBAU-KOSTEN bezeichnet. Dass der INTRATEMPORALE KONFORMITÄTSWERT iKW_t als Ausdruck der Prosperität von t = d (s.S. 146) unstrikt positiv ist,

$$\text{(D-76)}\qquad iKW_t = q^{-t}\cdot\left(\overline{E}_t - \omega\cdot\Delta_t^2\right) \geq 0 \Rightarrow \Delta_t \leq \sqrt{E_t/\omega}$$

war bei AH = 1, PH = 1 für das Konformitätsverhalten ausschlaggebend, vgl. (C-6) S. 121. Bei AH ≥ 2 ist (D-76) dagegen weder hinreichend noch notwendig für die Vorteilhaftigkeit intratemporaler Konformität in d = t' − AH + 1.

Vielmehr ist notwendig, dass sich der Anwartschaftsaufbau zu t = t' irgendwann in der Zukunft lohnt. Man bezeichne den kürzesten, in t = t' − AH + 1 beginnenden Zeitraum, für den die Kosten des Anwartschaftsaufbaus zu t = t' durch die nachfolgenden intratemporalen Konformitätswerte innerhalb des Zeitraumes übertroffen werden, für den sich also der Anwartschaftsaufbau zum ersten Mal lohnt, als ANWARTSCHAFTSAUFBAU-AMORTISIERENDER[778] ZEITRAUM zu t = t'. Man bezeichne den Anfang eines solchen Zeitraumes als $t=ika_{t'}$ (INTRATEMPORALER KONFORMITÄTS-ANFANG, $ika_{t'}=t'-AH+1$) und die Periode, in der sich der Anwartschaftsaufbau amortisiert, mit $t=aam_{t'}$ (AUFBAU-AMORTISATION). $t=aam_{t'} \geq t'$ ist somit die erste Periode ab t = t' − AH + 1, für die gilt

$$\text{(D-77)}\qquad -\sum_{t=ika_{t'}}^{t=t'-1} q^{-t}\cdot\omega\cdot\Delta_t^2 + \sum_{t=t'}^{t=aam_{t'}} q^{-t}\cdot\left(E_t - \omega\cdot\Delta_t^2\right) = -C_{ika_{t'}:t'-1} + iKW_{t':aam_{t'}} \geq 0$$

Der Subtrahend stellt die Anwartschaftsaufbau-Kosten, der Summand die Kumulation der darauf folgenden intratemporalen Konformitätswerte dar. In Abb. D-27 ist AH = 3. Es muss die Summe der fett durchgezogen eingerahmten Felder unstrikt positiv sein. Weiter muss die analoge Einrahmung für jedes t∈ {2, ..., 6}, die sich nur durch ihre rechte – gestrichelt angedeutete – Beschränkung von der fett durchgezogen eingerahmten unterscheidet, jeweils eine strikt negative Summe ergeben.

---

778 Zur Amortisationsdauer als Entscheidungskriterium vgl. bspw. Franke/Hax (2004) S. 179 – 181, 185.

$ika_{t'}$		t'				$aam_{t'}$
t = 0	t = 1	t = 2	t = 3	t = 4	t = 5	t = 6
$-q^{-0} \cdot C_0$	$-q^{-1} \cdot C_1$	$-q^{-2} \cdot C_2$	$-q^{-3} \cdot C_3$	$-q^{-4} \cdot C_4$	$-q^{-5} \cdot C_5$	$-q^{-6} \cdot C_6$
		$q^{-2} \cdot E_2$	$q^{-3} \cdot E_3$	$q^{-4} \cdot E_4$	$q^{-5} \cdot E_5$	$q^{-6} \cdot E_6$

Abb. D-27: Notwendige Bedingung für Vorteilhaftigkeit des Anwartschaftsaufbaus

Die Existenz eines $t = aam_{t'}$ ist notwendig, aber nicht hinreichend für die Vorteilhaftigkeit intratemporaler Konformität in $d = t' - AH+1$. Ist zwar (D-77) schon für $t' = aam_{t'}$ erfüllt, ist der Anwartschaftsaufbau zu $t=t'$ seiner Unterlassung vorzuziehen. In $t = t' - AH+1$ ist dann die Konformität der Nonkonformität vorzuziehen. Ist dagegen $aam_{t'} > t'$, dann kann es eine Periode $t'' \in \{t' + 1, \ldots, aam_{t'}\}$ geben, zu welcher der Anwartschaftsaufbau vorteilhafter ist als zu $t=t'$. Nun unterscheiden sich die beiden Aufbaualternativen nicht hinsichtlich ihrer Möglichkeiten zur Erzielung von Konformitätsinzitamenten ab $t=t''$, zumal sich beide durch den Besitz der Anwartschaft auf Perioden ab $t=t''$ auszeichnen.[779] Es reicht also aus, die kumulierten Konformitätswerte bis $t = t''$ zu betrachten; ihre Differenz bleibt ab $t = t''$ gleich. Der Anwartschaftsaufbau zu $t=t'$ ist deshalb genau dann vorteilhaft, wenn (D-77) für ein $aam_{t'} \geq t'$ gilt und für jedes $t = t'' \in \{t'+1, \ldots, aam_{t'}\}$ gilt

$$\text{(D-78)} \qquad -C_{ika_{t'}:t'-1} + iKW_{t':t''-1} \geq -C_{ika_{t''}:t''-1} \Leftrightarrow -C_{ika_{t'}:ika_{t''}-1} + E_{t':t''-1} \geq 0$$

In Abb. D-28 muss für $t'' = 6$ die Summe der fett durchgezogen umrahmten Felder die Summe der grauen Felder betragsmäßig unstrikt übersteigen. Äquivalent muss die Summe der weißen Felder in der fett durchgezogenen Umrahmung unstrikt positiv sein.

$ika_{t'}$		t'		$ika_{t''}$		t''	$aam_{t'}$
t = 0	t = 1	t = 2	t = 3	t = 4	t = 5	t = 6	t=7
$-q^{-0} \cdot C_0$	$-q^{-1} \cdot C_1$	$-q^{-2} \cdot C_2$	$-q^{-3} \cdot C_3$	$-q^{-4} \cdot C_4$	$-q^{-5} \cdot C_5$	$-q^{-6} \cdot C_6$	$-q^{-7} \cdot C_7$
		$q^{-2} \cdot E_2$	$q^{-3} \cdot E_3$	$q^{-4} \cdot E_4$	$q^{-5} \cdot E_5$	$q^{-6} \cdot E_6$	$q^{-7} \cdot E_7$

Abb. D-28: Hinreichende Bedingung für Vorteilhaftigkeit des Anwartschaftsaufbaus

Auf Nonkonformität folgende Konformität[780] kann als Absichtsbekundung interpretiert werden, die Anwartschaftsaufbau-Kosten als Hürde zur supratemporalen Konformität überwinden zu wollen. Sie impliziert somit die Erwartung künftiger profitabler, die Aufbaukosten kompensierender Kommunikationsvorgänge. Weiter impliziert sie, dass etwaige bis zur A-

779 Die beiden Alternativen unterscheiden sich lediglich dadurch, dass bei Anwartschaftsaufbau zu $t=t'$ die zur Konformität erforderlichen Manipulationsmalusse der Perioden $t \in \{ika_{t'}, \ldots, ika_{t''} - 1\}$ mehr aufzuwenden sind und die Konformitätsinzitamente der Perioden $t \in \{t', \ldots, t'' - 1\}$ mehr eingenommen werden als bei Anwartschaftsaufbau zu $t=t''$. S.a.o. Abb. D-28 S. 288.

780 Nach Nonkonformität ist bei $AH > 2$ Manipulation erst – sofern der Ersteller keine einmalige Verzeihung erwartet, s.o. S. 257 – bei erheblicher Besserung der Unternehmenssituation zu erwarten. Matsumoto (2002) S. 507, 510 erhebt geringere Anzeichen von Gewinnmanipulation in Perioden nach wiederholten Verlusten als sonst, was der Manipulationsabstinenz nach Nonkonformität entspricht.

mortisation der Anwartschaftsaufbau-Kosten auftretende Fehlbeträge nicht größer sind, als dass sich der vorherige Anwartschaftsaufbau lohnt. Die Berücksichtigung von Umkehrwirkungen würde die Implikationen von Konformität verstärken, zumal die Manipulationskumulation zwischen $t = ika_{t'}$ und $t = t'' - AH$ nur den früheren Anwartschaftsaufbau belasten und ihn relativ zur späteren unattraktiver machen würde.

Eine institutionelle Entsprechung zum Anwartschaftsaufbau kann in der Erstemission von Anteilen an einer Börse gesehen werden, wenn interessierte Anleger vergangene Jahresabschlüsse[781] mit mehrperiodigem Anforderungshorizont gemäß Ann. D-9 S. 286 oder in ähnlicher Weise auswerten. Die Konformität in den Vorperioden ist nur vorteilhaft, wenn deren Manipulationsmalusse durch den Börsengang selbst oder durch wiederholte Kommunikation in nachfolgenden Perioden aufgewogen werden, in denen hinreichend wenig Manipulation zur Konformität erforderlich ist, um einen etwaige Manipulationsmalusse für die Zeit vor dem Börsengang übersteigenden Vorteil zu erzielen.[782] Insofern impliziert die Ankündigung eines Börsenganges die Erwartung hoher künftiger Periodenergebnisse, und zwar, bei strikt positiven Anforderungsresiduen vor dem Börsengang, strikt höhere als bei einperiodigem Anforderungshorizont.

6.3 Fortführung einer Anwartschaft

Es sei die Entscheidung am Ende der Entscheidungsperiode $t=d=t'$ betrachtet. Geht dieser Periode supratemporale Konformität voraus, kann der Ersteller das Konformitätsinzitament bereits durch intratemporale Konformität in $t=d=t'$ erzielen. $iKW_{t'} > 0$ gemäß (D-76) ist somit hinreichend für $\kappa_{t'}=1 \succ \kappa_{t'}=0$.

Notwendig ist dies nicht, denn ohne Konformität in $t=t'$ (ANWARTSCHAFTSABBRUCH) verfällt die Anwartschaft auf supratemporale Konformität der Perioden $t=t'+1$ bis $t=t'+AH-1$. Damit die durch $\kappa_{t'}=1$ erreichte ANWARTSCHAFTSFORTFÜHRUNG vorteilhaft ist, muss in mindestens einer Periode $t=fam_{t'} \geq t'$ (FORTFÜHRUNGS-AMORTISATION) der ab $t=t'$ kumulierte Konformitätswert positiv sein, $iKW_{t':fam_{t'}} \geq 0$[783]. Die Existenz einer derartigen Periode innerhalb des Planungshorizontes des Erstellers ist für Vorteilhaftigkeit der Konformität in $t=t'$ notwendig.

Hinreichend ist sie nicht. Die Fortführung in $t=t'$ ist zwar vorteilhaft, wenn sie sich bis zu einem $t=fam_{t'}$ amortisiert, dessen Anforderungshorizont $t=t'$ umfasst, für das also $fam_{t'} \in \{t', \ldots, t'+AH-1\}$ (REICHWEITE DES ANFORDERUNGSHORIZONTES zu t') gilt. Gibt es

781 Diese sind gemäß BörsZulV § 3 für drei Vorjahre vorzulegen, s.a.o. Fn. 495 S. 137.

782 Ein hiermit einhergehendes hohes Konformitätsinzitament impliziert als Manipulationsanreiz allerdings auch geringere Aussagekraft ausgewiesener Periodenergebnisse, vgl. Fn. 262 S. 58, Fn. 798 S. 297.

783 (D-76) S. 287 ist der spezielle Fall von $iKW_{t':fam_{t'}} \geq 0$ mit $t' = fam_{t'}$.

ein $t = fam_{t'}$ aber erst für $fam_{t'} > t' + AH - 1$, dann ist die Fortführung nur vorteilhaft, wenn es keinen ihr vorzuziehenden anwartschaftsaufbau-amortisierenden Zeitraum zwischen $t=t'$ und $t=fam_{t'}$ gibt. Der Aufbau zu einem $t=t''' \in \{t'+AH, \ldots, fam_{t'}\}$ wäre ihr vorzuziehen, wenn[784]

— die durch den Anwartschaftsabbruch vermiedenen Malusse von $t=t'$ bis $t=t''' - AH$

— die seinetwegen entfallenden Konformitätsinzitamente $t=t'$ bis $t=t''' - 1$

überstiegen. Die Fortführung ist dem Anwartschaftsaufbau deshalb genau dann vorzuziehen, wenn es ein $fam_{t'}$ mit $iKW_{t':fam_{t'}} \geq 0$ gibt und entweder $fam_{t'} \leq t' + AH - 1$ oder

$$\text{(D-79)} \quad \begin{aligned} &\sum_{t=t'}^{t=fam_{t'}} q^{-t} \cdot \left(E_t - \omega \cdot \Delta_t^2\right) \geq - \sum_{t=t'''-AH+1}^{t=t'''-1} q^{-t} \cdot \omega \cdot \Delta_t^2 + \sum_{t=t'''}^{t=fam_{t'}} q^{-t} \cdot \left(E_t - \omega \cdot \Delta_t^2\right) \\ &\Rightarrow iKW_{t':t'''-1} \geq -C_{ika_{t'''}:t'''-1} \Leftrightarrow -C_{t':ika_{t'''}-1} + E_{t':t'''-1} \geq 0 \quad \forall t''' \in \{t'+AH, \ldots, fam_{t'}\} \end{aligned}$$

Bis zur Amortisation der Fortführung in $fam_{t'} \geq t'$ müssen also die ab $t = t'$ kumulierten Konformitätswerte die Aufbaukosten zu jedem $t''' \in \{t'+AH, \ldots, fam_{t'}\}$ übersteigen, also betragsmäßig unterschreiten, oder, äquivalent, die bei Anwartschaftsaufbau entfallenden Konformitätsinzitamente $E_{t':t'''-1}$ die vermiedenen Fortführungskosten $C_{t':ika_{t'''}-1}$ übersteigen. In Abb. D-29 muss für $t''' = 6$ die Summe der fett durchgezogen umrahmten Felder die Summe der grauen Felder betragsmäßig unstrikt übersteigen. Äquivalent muss die Summe der weißen Felder in der Umrahmung unstrikt positiv sein. Im Vergleich zu Abb. D-28 entfallen die Aufbaukosten zu $t = t'$, $C_{ika_{t'}:t'-1}$.

t'		$ika_{t'''}$		t'''		$t = fam_{t'}$
t = 2	t = 3	t = 4	t = 5	t = 6	t = 7	t = 8
$-q^{-2} \cdot C_2$	$-q^{-3} \cdot C_3$	$-q^{-4} \cdot C_4$	$-q^{-5} \cdot C_5$	$-q^{-6} \cdot C_6$	$-q^{-7} \cdot C_7$	$-q^{-8} \cdot C_8$
$q^{-2} \cdot E_2$	$q^{-3} \cdot E_3$	$q^{-4} \cdot E_4$	$q^{-5} \cdot E_5$	$q^{-6} \cdot E_6$	$q^{-7} \cdot E_7$	$q^{-8} \cdot E_8$

Abb. D-29: Hinreichende Bedingung für Vorteilhaftigkeit der Anwartschaftsfortführung

Die Fortführung einer Anwartschaft impliziert somit die Existenz aktueller oder künftiger profitabler Kommunikationsvorgänge, die etwaige dazwischen vorfallende unprofitable Konformitätsperioden kompensieren, und ist deshalb mit weitaus schlechteren Zukunftsaussichten vereinbar als die intratemporale Konformität nach Nonkonformität: Bei bestehender Anwartschaft bilden die künftigen profitablen Kommunikationsvorgänge eine Motivation (im Gegensatz zur o.g. Hürde der Aufbaukosten), etwaige unprofitable Perioden bis zur Amortisation konform zu durchstehen. Immerhin aber impliziert sie, dass entweder diese Amortisation innerhalb der Reichweite des Anforderungshorizontes stattfindet, oder aber, sollte dies nicht der Fall sein, dass für jede dazwischen befindliche Periode die kumulierten Konformitätswerte die Aufbaukosten zu dieser Periode übersteigen. Dagegen zeugt Nonkonformität von der Erwartung des Erstellers, in $t=t'$ und evtl. den nächsten Perioden so hohe Konformitätsunwerte zu

784 Wie beim Aufbau unterscheiden sich die beiden Alternativen hinsichtlich der Zeit ab $t = t'''$ nicht, da sie beide die Möglichkeit der Fortführung der Anwartschaft vorsehen. Vgl. Fn. 779 S. 288.

erleiden, dass diese nicht von den auf $t = t'$ folgenden $AH - 1$ erwarteten Konformitätsinzitamenten kompensiert werden. Die Implikationen des Konformitätsverhaltens während eines Anwartschaftsaufbaus, also für $d \in \{t' - AH+2, \ldots, t' - 1\}$, $AH \geq 3$, sind demjenigen bei Nonkonformität in der Vorperiode respektive bei bestehender Anwartschaft umso ähnlicher, je früher respektive später sich der Ersteller innerhalb dieses Zeitraumes befindet.

Eine institutionelle Entsprechung zur Fortführung einer Anwartschaft kann in dem Bestreben einiger Unternehmen gesehen werden, Schwellenwerte über längere, bis zu einem halben Jahrhundert ausgedehnten[785], zeitweise durch wirtschaftliche Schwierigkeiten gekennzeichnete Zeiträume zu erreichen. Die Analyse zeigt mögliche Gründe für ein solches Verhalten auf.[786] Empirisch lässt sie eine stärkere Kursreaktion auf einen Anwartschaftsabbruch vermuten als auf eine Anwartschaftsfortführung, was mit vorhandenen Befunden vereinbar ist.[787]

6.4 Umkehrwirkungen

Der Ersteller verzeichne für den gesamten Planungszeitraum gleich bleibende Fehlbeträge und Konformitätsinzitamente, $\Delta_t = \bar{\bar{\Delta}} > 0$, $E_t = E \; \forall t$. Wie bisher geht $\omega_t^R \rightarrow \infty$. Weiter ist $q = 1$.

Bei $AH = 1$ wird der Ersteller genau dann in einer Periode $t = d$ konform berichten, in deren Vorperiode er nonkonform berichtete und Manipulation unterließ, wenn gemäß (C-6) S. 121 $\omega \cdot \bar{\bar{\Delta}}^2 < E \Rightarrow \bar{\bar{\Delta}} < \sqrt{E/\omega}$ gilt. Anschließend wird er wieder nonkonform berichten, sobald der intratemporale Manipulationsmalus E übersteigt. Die erste intratemporal nonkonforme Perio-

---

785 Vgl. Barth/Elliott/Finn (1999) S. 395f. sowie anekdotisch o.A. (1995 Daimler) S. 58.

786 Unternehmen mit bestehenden Anwartschaften halten signifikant häufiger das die Anwartschaft begründende Muster ein als solche ohne Anwartschaften, berichten also insofern häufiger konform i.S.d. Modells als Unternehmen, die in der Vorperiode nonkonform berichteten, vgl. Barth/Elliott/Finn (1999) S. 395f. Im Modell wäre dies u.a. auf die motivierende Wirkung künftiger profitabler Kommunikationsvorgänge zurückzuführen.

787 Starke negative Kursreaktionen bei Anwartschaftsabbrüchen werden beobachtet, vgl. anekdotisch Fn. 785. Allgemein werden aber relativ geringfügige Kursreaktionen auf hohe Verluste und ähnliche nonkonforme Ausweise gemessen, vgl. Nachw. in Fn. 729 S. 257, Fn. 737 S. 258. Im Modell wäre dies bei $AH = 1$ auf die wegen Manipulationskumulation und Bildung stiller Reserven besonders hohe Differenz zwischen unverfälschtem und ausgewiesenem Periodenergebnis bei Nonkonformität zurückzuführen, vgl. oben u.a. Abschnitt D3.2.3 (S. 193f.). Im Kontext von Anwartschaftsabbrüchen scheint dies aber nicht der Fall zu sein: So erheben Barth/Elliott/Finn (1999) S. 403, s.a.o. Fn. 494 S. 137, für das erste Jahr der Unterbrechung eines Musters steigender Periodenergebnisse die gleiche hohe Relevanz derselben für den Aktienkurs wie während der Geltung des Musters. Im Modell wäre dies bei $AH \geq 2$ auf die Implikationen des Anwartschaftsabbruches zurückzuführen. Bei erkennbaren Anwartschaftsfortführungen wird eine höhere Relevanz des Periodenergebnisses für den Aktienkurs erhoben als sonst, vgl. Nachw. in Fn. 169, 171 S. 39. Im Modell legt diese hohe Wertrelevanz nahe, dass die Adressaten aus kleinen Veränderungen von Periodenergebnissen, die als Anwartschaftsfortführung erkennbar sind, auf die Konformitätsanforderungen, welche die Unternehmensleitung künftig einzuhalten gedenkt, schließen. Der Anreiz zur Einhaltung folgt aus der Analyse zur Anwartschaftsfortführung.

de nach t=d (s.S. 146) soll als $t = nk^{AH}$ bezeichnet werden. Bei Umkehrwirkungen gilt dann für AH = 1

$$\text{(D-80)} \qquad \omega \cdot \left(\overline{\overline{\Delta}} \cdot \left(nk^{AH} - d + 1\right)\right)^2 > E \Rightarrow \overline{\overline{\Delta}} > \frac{\sqrt{E/\omega}}{nk^{AH} - d + 1} \Leftrightarrow nk^{AH} > d + \frac{\sqrt{E/\omega}}{\overline{\overline{\Delta}}} - 1$$

$\sqrt{E/\omega}/\overline{\overline{\Delta}}$ ist die Zahl von Perioden, für deren Primär-, Wiederholungs- und Progressionswirkung das Konformitätsinzitament zu entschädigen im Stande ist.

Bei $AH \geq 3$ dagegen, wird eine Anwartschaft nur aufgebaut, wenn der Manipulationsmalus des vom Anfang des Anwartschaftsaufbaus bis zur ersten Periode supratemporaler Konformität kumulierten Anforderungsresiduums E unterschreitet; in späteren Perioden muss ja der Konformitätswert wegen der strikt anwachsenden Umkehrwirkung geringer sein. Die Vorteilhaftigkeit des Anwartschaftsaufbaus setzt also notwendig voraus

$$\text{(D-81)} \qquad \omega \cdot \left[\overline{\overline{\Delta}} \cdot \left((d + AH - 1) - d + 1\right)\right]^2 < E \Rightarrow \overline{\overline{\Delta}} < \frac{\sqrt{E/\omega}}{AH}$$

Diese notwendige Bedingung für die Existenz eines anwartschaftsaufbau-amortisierenden Zeitraumes $\{d, \ldots, aam_d\}$ ist die – für AH > 1 restriktivere – Verallgemeinerung der Vorteilhaftigkeitsbedingung für Konformität bei AH = 1, (C-6) S. 121, $\overline{\overline{\Delta}} < \sqrt{E/\omega}$.

Für eine hinreichende Bedingung sind noch die Aufbaukosten zu berücksichtigen. Der Manipulationsmalus des seit t=d kumulierten Anforderungsresiduums ist in $aam_d - d + 1 = AAM_d$ (ANWARTSCHAFTSAUFBAU-AMORTISATIONSDAUER) Perioden aufzubringen. Es werden $AAM_d - AH + 1$ Konformitätsinzitamente erzielt. Da $1^2 + 2^2 + \ldots + n^2 = (1/6) \cdot n \cdot (n+1) \cdot (2 \cdot n + 1)$[788], erhält man als obere Schranke des gleich bleibenden Fehlbetrages, welcher noch einen vorteilhaften Anwartschaftsaufbau erlaubt:

$$\sum_{t=d}^{t=aam_d} \omega \cdot \Delta_{d:t}^2 = \sum_{t=d}^{t=aam_d} \omega \cdot \left(\overline{\overline{\Delta}} \cdot (t - d + 1)\right)^2 =$$

$$\text{(D-82)} \qquad \omega \cdot \overline{\overline{\Delta}}^2 \cdot (1/6) \cdot AAM_d \cdot (AAM_d + 1) \cdot (2 \cdot AAM_d + 1) < (AAM_d - AH + 1) \cdot E \Rightarrow$$

$$\overline{\overline{\Delta}} < \sqrt{\frac{E}{\omega}} \cdot \sqrt{\frac{AAM_d - AH + 1}{(1/6) \cdot AAM_d \cdot (AAM_d + 1) \cdot (2 \cdot AAM_d + 1)}}$$

Der Nenner des zweiten Radikanden gibt das Vielfache an, mit dem der Manipulationsmalus der ersten Periode zu multiplizieren ist, um die Summe der für Konformität während der Amortisationsdauer erforderlichen Manipulationsmalusse zu erhalten. Werden die erzielten Konformitätsinzitamente, $E \cdot (AAM_d - AH + 1)$, hiermit dividiert, ergibt sich der anfängliche

788 Vgl. Bronstein/Semendjajew (1980) S. 166.

Manipulationsmalus, den sie gerade noch rechtfertigen. Durch ω geteilt und radiziert erhält man hieraus den gleich bleibenden Fehlbetrag, der höchstens bewältigt werden kann, wenn intratemporale Konformität von $t = d$ bis $t = aam_d$ noch vorteilhaft sein soll. Dieses Konformitätslimit ist wegen $AAM_d \geq AH$ bei $AH > 1$ strikt kleiner als dasjenige bei $AH = 1$, $\sqrt{E/\omega}$.[789]

Bei $AH = 1,2,3$ stellt jeweils $AAM_d = 1,2,3$ die geringsten Anforderungen an $\bar{\bar{\Delta}}$. Bspw. bei $AH = AAM_d = 3$ ergeben sich die Kosten des Anwartschaftsaufbaus als $\omega \cdot (\bar{\bar{\Delta}}^2 + (2 \cdot \bar{\bar{\Delta}})^2 + (3 \cdot \bar{\bar{\Delta}})^2) = \omega \cdot 14 \cdot \bar{\bar{\Delta}}^2$, so dass Konformität in $t = d$ bereits dann unvorteilhaft wird, wenn der gleich bleibende Fehlbetrag $1/\sqrt{14} \doteq 27\%$ des Konformitätslimits bei $AH=1$, $\sqrt{E/\omega}$, überschreitet. Bei $AH=4$ ist Konformität möglich bei dem niedrigsten E, wenn man $AAM_d=5$ unterstellt: Es werden dann zwei Konformitätsinzitamente erzielt, mit denen die Kosten von $\omega \cdot (\bar{\bar{\Delta}}^2 + (2 \cdot \bar{\bar{\Delta}})^2 + (3 \cdot \bar{\bar{\Delta}})^2 + (4 \cdot \bar{\bar{\Delta}})^2 + (5 \cdot \bar{\bar{\Delta}})^2) = \omega \cdot 55 \cdot \bar{\bar{\Delta}}^2$ abgetragen werden können. Das Konformitätslimit beträgt $1/\sqrt{55/2} \doteq 19\%$ von $\sqrt{E/\omega}$.[790] Ein Ersteller mit marginal niedrigerem $\bar{\bar{\Delta}}$ berichtet also von $t = 1$ bis $t = 5$ konform, in $t = 6$ nonkonform und beginnt ab $t = 7$ den Anwartschaftsaufbau von neuem. Er erzielt E_5, E_6, E_{12}, E_{13} etc. Mit niedrigerem $\bar{\bar{\Delta}}$ würde er unstrikt seltener nonkonform berichten und unstrikt öfter das Konformitätsinzitament erzielen.

Durch stille Reserven in der Nonkonformitätsperiode kann er bei gegebenem $\bar{\bar{\Delta}}$ das Konformitätsinzitament unstrikt häufiger erzielen. Nur dann aber, wenn er Überschüsse erwirtschaftet, welche die Summe der Fehlbeträge übersteigen, kann er bei Umkehrwirkungen die Anwartschaft auf Dauer fortführen.[791] S.a. oben S. 129, 136 – 140. Gelingt es, $\bar{J} = J_G^{\#} \Rightarrow \bar{\bar{\Delta}}_G = 0$ zu setzen, kann der Separationsmechanismus durch Verlängerung von AH beliebig sensitiviert, also zur Separation beliebig geringfügig sich unterscheidender Erstellerqualitäten (s.S. 297) genutzt werden.[792]

---

789 Setzt man die rechte Seite von (D-82) kleiner $\sqrt{E/\omega}$, erhält man $0 < 2 \cdot AAM_d^3 + 3 \cdot AAM_d^2 - 5 \cdot AAM_d + 6 \cdot (AH - 1)$. Dies ist für $AAM_d = 1 \Rightarrow AH=1$ mit Gleichheit erfüllt, und für höhere $AAM_d \geq AH$ mit strikter Ungleichheit. Die Vorteilhaftigkeitsbedingung für Konformität bei $AH = 1$ gem. (C-6) S. 121, $\bar{\bar{\Delta}} < \sqrt{E/\omega}$, ist der Spezialfall von (D-82) mit $AAM_d = AH = 1$.

790 Für $AH = 5$ mit $AAM_d = 6$ beträgt es $1/\sqrt{91/2} \doteq 15\%$. Für $AH = 8$ – etwa Quartale – ergibt sich mit $AAM_d = 11$ analog $1/\sqrt{506/4} \doteq 9\%$ von $\sqrt{E/\omega}$.

791 Z.B. erheben Barth/Elliott/Finn (1999) S. 395 für den Schwellenwert Vorjahresergebnis, dass 9% [4%] der untersuchten Unternehmen diese Art der Konformität über mehr als 5 [10] Jahre durchhielten.

792 B wird bei hinreichendem AH bei jedem Zyklus mit positivem kumulierten Anforderungsresiduum von Konformität abhalten, wie in Abschnitt C3.4 (S. 136ff.) demonstriert. Die zur Separation von G und B erforderliche Differenz des unverfälschten Periodenergebnisses kann so beliebig verkleinert werden. S.a. E1 (S. 295f.).

6.5 Zusammenfassung

Die Erweiterung des Anforderungshorizontes errichtet einen „Zaun" um das „Gehege der Konformität": Sie schafft Anreize zur Kontinuität des Konformitätsverhaltens und lässt Zugang wie Abgang nur noch zu, wenn dieser nachhaltig oder sehr ausgeprägt angezeigt ist.

— Sie *verschärft* deshalb die Implikationen von Veränderungen des Konformitätsverhaltens im Zeitablauf, also von Anwartschaftsaufbau und -abbruch: Konformität nach Nonkonformität [Nonkonformität nach Konformität] ist ein umso stärkeres Anzeichen positiver Zukunftserwartungen, je weiter der Anforderungshorizont ist; er macht die Höhe des „Zauns" aus.
— Die Beibehaltung von Konformität [Nonkonformität] *verliert* dagegen mit zunehmendem Anforderungshorizont an Implikationen für zeitnahe Perioden: Zwar besagt sie, dass Konformität in Zukunft vorteilhaft [unvorteilhaft] sein wird. Je weiter der Anforderungshorizont aber ist, umso stärker kann die aktuelle Periode von künftigen abweichen, ohne das intratemporale Konformitätsverhalten zu verändern.

Diese Verknüpfung von Perioden erfordert eine glaubhafte Festlegung des Kontrahenten, die angesichts der positiven Implikationen eines angefangenen Anwartschaftsaufbaus – hier nicht zu analysierende – Schwierigkeiten bereiten könnte, s.a. S. 140. Gelänge sie dennoch, wäre sie mangels anderweitiger Konkurrenz unter Perioden um Manipulationsgelegenheiten (s.a. S. 198) insbesondere angezeigt in Situationen

— ohne regelmäßige Kommunikation, etwa bei Unternehmen mit nur gelegentlicher Inanspruchnahme organisierter Kapitalmärkte, oder
— ohne Umkehrwirkungen, etwa wegen Manipulationsmöglichkeiten mit langfristiger Umkehr oder wegen Auswertung der Rechnungslegung mit Hilfe von Kennzahlen, die geringen Umkehrwirkungen ausgesetzt sind.

Zur Erweiterung des Anforderungshorizontes im Kontext der anreiz-informatorischen Unschärferelation vergleiche S. 297 in dem nun folgenden Abschnitt E1.

Eine Zusammenfassung von Kapitel D findet sich in Abschnitt E3 auf S. 304–307.

E Schlussbetrachtungen

1 Anreiz-informatorische Unschärferelation

Wie einleitend angedeutet (s.o. S. 5, S. 6), kann bei wirtschaftlicher **Delegation** eine Verfügungsdimension und eine Informationsdimension unterschieden werden. Bei reiner Verfügungsdelegation hat der beauftragte Agent lediglich Handlungen auszuführen, bei reiner Informationsdelegation lediglich (dem Prinzipal nicht zur Verfügung stehende) Informationen einzuholen.[793] Ist der Sachverhalt komplex, über den zu verfügen ist, ist Verfügung und verfügungsrelevanter Informationserwerb regelmäßig nicht sinnvoll separierbar, so dass die Endlichkeit des mit der Delegation erzielten Vorteils zur Kombination beider Dimensionen zwingt. Soll einerseits verfügt werden, bietet eine Internalisierung der Betroffenheit des Delegierenden in den Kalkül des Agierenden in aller Regel ökonomische Vorteile. Soweit nicht anderweitig institutionell bewerkstelligt – etwa durch sanktionierte Normen – setzt diese Internalisierung eine Betroffenheit des Agierenden vom Ergebnis der Verfügung voraus. Soll andererseits eine Informationsdelegation erhalten bleiben, ist wiederum ein in gewissem Ausmaß dem Willen des Agierenden unterworfener Bericht über das Ergebnis der Verfügung erforderlich. Denn der Delegierende kann zwar durch eigene Informationsbeschaffung über das Ergebnis der Verfügung die Notwendigkeit, Anreize mit dem Bericht zu verknüpfen, mindern – im Modell also das Konformitätsinzitament reduzieren. Auch kann er durch Kontrolle den Abbildungsspielraum einschränken – im Modell also Manipulationsresistenz und Diskriminierungsgüte erhöhen. Aufgrund der Knappheit seiner Informationsverarbeitungskapazitäten (s.a.o. S. 19f.) kann er aber weder Anreiz noch Abbildungsspielraum beseitigen, ohne den Vorteil aus der Informationsdelegation zu gefährden.[794] Insofern ist bei der Delegation wirtschaftlicher Befugnisse über komplexe Sachverhalte ermessensbehaftetes Berichten mit eigener Betroffenheit des Berichtenden unvermeidlich. Der Delegierende wird seine Informationsverarbeitung zur Kontrolle von Verfügung und Abbildungsprozess derart gestalten, dass ihre Grenzkosten ihrem Grenzertrag in jeder der beiden Verwendungen entsprechen, also einerseits dem durch Informationsverarbeitung erzielbaren Grenzvorteil aus einer Reduktion des mit dem Bericht verbundenen Anreizes und andererseits dem Grenzvorteil aus einer Ein-

793 Bspw. befindet sich die Relation zwischen einem Spezialisten und einem Praktikanten nahe an der erstgenannten, diejenige zwischen einem Rechnungslegungsadressaten und dem Wirtschaftsprüfer eines Unternehmens nahe an der zweitgenannten Pole.

794 Auch die Delegation der Kontrolle beinhaltet vielfältige Probleme: Erstens müsste die Tätigkeit des Kontrolleurs aus dem Vorteil der Delegation entlohnt werden. Zweitens ist dieses neue Delegationsverhältnis mit ähnlichen Problemen behaftet wie das ursprüngliche. S.a. Nachw. in Fn. 116 S. 27.

schränkung des Abbildungsspielraumes. Es weicht insofern sowohl der an den Bericht geknüpfte Anreiz als auch das im Bericht ausgewiesene Ergebnis von demjenigen bei vollständiger Information ab.

Diese ökonomische Regelmäßigkeit wurde hier in Anlehnung an die aus der Quantenphysik bekannte Unschärferelation von Bohr und Heisenberg[795], wonach die Messung
— des Ortes eines atomaren Teilchens mit umso größerer Unschärfe behaftet ist,
— je genauer sein Impuls bestimmt wird, et vice versa, weil die Messung
— nur durch Interaktion mit einem anderen Teilchen oder einer Welle erfolgen kann, die nicht deterministisch exakt berechnet werden kann, [796]

als „ANREIZ-INFORMATORISCHE UNSCHÄRFERELATION“ bezeichnet: Bei komplexer Delegation ist die Bestimmung
— des Ergebnisses einer Verfügung mit umso größerer Unschärfe behaftet,
— je stärker das berichtete Ergebnis mit Anreizen für den Berichtenden verknüpft wird, et vice versa, weil der Berichtende
— stets auch verfügt und weder das Berichten noch das Verfügen exakt kontrolliert werden kann.[797]

Die Entsprechungen der Elemente von anreiz-informatorischer und quantenmechanischer Unschärferelation stellt Tab. B-1 dar.

---

795 Vgl. Heisenberg (1927) S. 174 – 179, Bohr (1928 e) insbes. S. 584 – 585. Diese „Kopenhagener Deutung der Quantentheorie“ erlaubte, in der formalen Ausgestaltung von P. A. M. Dirac, Pascual Jordan und John von Neumann, eine mit der Relativitätstheorie von Albert Einstein (vgl. u.a. Einstein (1905 Phot), Einstein (1905 Äquiv), Einstein (1905 SRT), Einstein (1916)), zu vereinbarende Interpretation des Atommodells von Niels Bohr (vgl. Bohr (1913), Bohr (1922 Nobelpreis), Bohr (1922 Aufsätze)), welches auf der von Max Planck begründeten und u.a. von Arnold Sommerfeld und Erwin Schrödinger formal weiterentwickelten Quantenmechanik aufbaute, vgl. Bohr/Heisenberg (1963 Kopenhagener Deutung) S. 62 – 64 m.w.N.

796 Das Produkt aus Impuls- und Ortsunschärfe erreicht oder übersteigt die hälftige Planck-Konstante, $\hbar/2$, vgl. Heisenberg (1927) S. 175. Unschärfe ist die nicht von Ungenauigkeit der Messmethoden herrührende Schwankung der Messwerte. Zur Wellennatur atomarer Teilchen vgl. Bohr (1928 e) S. 580 – 581, 585 – 587, Heisenberg (1930) S. 9 – 35, Stöcker (2004) 741 – 767. Unschärferelationen gelten auch für andere physikalische Größen, u.a. Energie und Zeit, vgl. Stöcker (2004) S. 743.

797 Das gemessene [messende] Teilchen entspricht also dem verfügenden [berichtenden] Agenten. Der Ort des – bei $PH = 1$ mit der Unschärfe $\sqrt{E/\omega}$ – gemessenen Teilchens entspricht dem „wahren“ Ergebnis und dessen Impuls der Betroffenheit des verfügenden Agenten bei „wahrem“ Ergebnis und – bei kostenloser Information – optimalem Anreizvertrag, während die Interaktion beider Teilchen zur unvermeidlichen personellen Identität von verfügendem und berichtendem Agenten korrespondiert. Das Gesamtausmaß an Unschärfe – bei Bohr und Heisenberg $\hbar/2$ – wird hier durch die Manipulationsspielräume und die Differenziertheit des Erstellerkalküls determiniert, wobei Ersteres von der Informationsbeschaffung bei der Kontrolle des Abbildungsprozesses abhängt. Die Unabhängigkeit von $\hbar/2$ von der Verteilung auf Orts- und Impulsunschärfe entspricht hier der Verteilung der Gesamtunschärfe auf Ungenauigkeit des Berichtsergebnisses und Suboptimalität des Anreizvertrages. Im Folgenden ist mit (informatorischer) Unschärfe stets Ersteres gemeint.

Element der quantenmechanischen Unschärferelation	Element der anreiz-informatorischen Unschärferelation
Ort eines Partikels	Ergebnis einer Verfügung für Delegierenden
Impuls eines Partikels	Anreiz einer Verfügung für Verfügenden
Notwendigkeit der Interaktion des messenden mit dem zu messenden Partikel	Notwendigkeit der Personalunion von Verfügendem und Berichtendem
Fehlende gleichzeitige Messbarkeit von Ort und Impuls	Fehlende gleichzeitige Kontrollierbarkeit von Verfügung und Bericht

Tab. E-1: Analogie quantenmechanischer und anreiz-informatorischer Unschärferelation

Der positive Zusammenhang von Anreiz und informatorischer Unschärfe eines Berichts kommt in der Theorie der Rechnungslegung zum Ausdruck unter anderem

— in informationsökonomischen Modellen (s. Abschnitt B5.2 (S. 72ff.)): Das analysierte Problem ist die Unmöglichkeit einer vollständigen Beobachtung von Verhalten und Erfolg des Berichtenden;
— in empirischen Befunden: Marktreaktionen auf Rechnungslegung fallen in Situationen, in denen das Wirken starker, mit der Rechnungslegung verknüpfter Anreize auf den Ersteller vermutet werden kann, häufig schwächer aus als sonst[798];
— im Objektivierungsdilemma (s.S. 103f., 254 m.w.N.): Bei gegebenen Ressourcen der Erstellung und Verarbeitung von Rechnungslegung, muss zur Steigerung ihrer Aussagekraft meist eine Minderung ihrer Objektivierung in Kauf genommen werden.

In der Regulierung der Rechnungslegung schlägt sich der positive Zusammenhang von Anreiz und Unschärfe eines Berichts in der für gewöhnlich stärkeren Objektivierung zahlungsbemessender relativ zu lediglich informierender Rechenwerke (s.a. S. 29f.) nieder; bei stärkeren Anreizen werden tendenziell größere informatorische Unschärfen toleriert.

Bei gegebenen Abbildungsspielräumen erhöht sich im **Modell** die Unschärfe in den folgenden Dimensionen des an den Bericht geknüpften <u>Anreizes</u> für den Ersteller:

— INTENSITÄT: $\sqrt{E_t/\omega}$ gab bei einperiodigem Planungshorizont die Weite des Unschärfeintervalls an, innerhalb dessen sich das unverfälschte Periodenergebnis befinden konnte,

798 Coenenberg/Schmidt/Werhand (1983), dargestellt bei Coenenberg (1997) S. 807, 811 – 812, und Coenenberg (2003) S. 1206 – 1207, stellen eine stärkere Tendenz zur Ergebnisglättung bei manager- als bei eigentümergeführten Unternehmen fest und interpretieren die stärkere Schwankungsintensität des Kursanpassungsprozesses nach Veröffentlichung von Periodenergebnissen als Skepsis der Marktteilnehmer hinsichtlich ihres Informationsgehaltes. Ähnlich finden Warfield/Wild/Wild (1995) S. 61 – 63, 69 – 76, 86 engere Korrelation zwischen Periodenergebnis und Aktienkurs bei eigentümer- als bei managergeführten Unternehmen. Fan/Wong (2002) S. 401 – 403, 413 – 419 erheben für asiatische Unternehmen umso geringere Reaktionen auf veröffentlichte Periodenergebnisse, je stärker die Indikatoren für Anreize zur Manipulation sind, wobei letztere im regionalen Kontext aus der Konzentration von Anteilen auf wenige Eigentümer resultieren sollen, vgl. Fan/Wong (2002) S. 403 – 409. Shivakumar (2000) erhebt signifikant negative Kursreaktionen bei Ankündigung von Kapitalerhöhungen und interpretiert sie als nachträgliche Revision der Relevanz vorheriger Periodenergebnisse, s. Fn. 262 S. 58.

wenn der Ersteller i.H.d. Konformitätsanforderung ausweist (s.S. 122f.), und insoweit die Unschärfe des hier analysierten Informationsmechanismus: Je höher das Konformitätsinzitament, je intensiver also der Anreiz, umso größer ist die Menge möglicher unverfälschter Periodenergebnisse, auf die das Signal „Konformität" zeigt.

— EXTENSITÄT: Die Erweiterung des Anforderungshorizontes kann bei mehrperiodigem Planungshorizont des Erstellers diesen dazu veranlassen, trotz intratemporalen Konformitätsunwertes konform zu berichten, vgl. u.a. S. 290. Es kann also nicht, wie bei AH = 1 von $Jt = \bar{J}t$ auf $J_t^{\#} \geq \bar{J}_{t'} - \sqrt{E/\omega^S}$, s.a. S. 176, geschlossen werden.

— SENSITIVITÄT: Bei dichotomer Auswertung (s.S. 95) ist der unverfälschte Totalerfolg zwischen zwei anspannungsfreien Periodenpaaren beobachtbar, s.o. Abschnitt C3.5 S. 141f., D3.3.2 S. 196f. Hingen die Anreize des Erstellers in stetiger Weise vom ausgewiesenen Periodenergebnis ab, wäre dies nicht möglich, s.a. S. 118.

Der Abbildungsspielraum wird einerseits durch die für ihre Einschränkung verwendeten Ressourcen[799] determiniert, hier durch Manipulationsresistenzen und Diskriminierungsgüte formalisiert, andererseits durch institutionelle Umstände. Zunächst erweitert jede zusätzliche Manipulationsmöglichkeit, wie

— die umkehrende stille Reserve (s. Abschnitt D2 (S. 149ff.)),

— die Variation der Umkehrdauer (s. Abschnitt D2.4 (S. 159ff.)) oder

— die Auflösung terminierbarer stiller Reserven (s. Abschnitt D5 (S. 256ff.))

den Abbildungsspielraum. Hier modellierte institutionelle Umstände mit Einfluss auf den Abbildungsspielraum waren vor allem die Verknüpfungen zeitlich benachbarter Berichte:

— Die Kommunikationskontinuität induziert – verglichen mit Kommunikationsdiskontinuität – aufgrund der Umkehrwirkungen eine Konkurrenz zeitlich benachbarter Perioden um Manipulationsgelegenheiten. Deshalb ergaben sich die geringst möglichen supratemporalen Konformitätskosten bei Kommunikationsdiskontinuität, vgl. (D-7) S. 151 und (D-21) S. 176.

— Die Erweiterung des Anforderungshorizontes engt den Abbildungsspielraum ein, indem sie für ein Konformitätsinzitament mehrere intratemporal konforme Berichte fordert, die zudem durch Umkehrwirkung manipulationserschwerend verknüpft sind.

Auch die Interaktion dieser Faktoren beeinflusst den Abbildungsspielraum. So verschärfen umkehrende stille Reserven und Senkungen ihrer Manipulationsresistenz die durch Kommunikationskontinuität induzierte Konkurrenz um Manipulationsgelegenheiten, vgl. S. 199f., 271, 283.

---

799 Diese können vom Adressaten aufgebracht werden, etwa in dem er die Rechnungslegung differenziert und unter Zuhilfenahme weiterer Informationen auswertet (vgl. bspw. Küting (1996)); vom Ersteller, etwa in dem er seine Rechnungslegung prüfen lässt (vgl. § 316 I S. 1 HGB); oder von der Regulierung, etwa in dem sie differenzierte Abbildungsvorschriften erlässt (vgl. bpsw. zu den USA Haller/Eierle (1998) m.w.N.) oder die Rechnungslegung selbst prüft (vgl. Nachw. in Fn. 122 S. 28).

Die Relation zwischen Anreiz und informatorischer Unschärfe bei gegebenem Abbildungsspielraum, wie „SENSIBEL“ also der Ersteller reagiert, hängt von der Differenziertheit seines Kalküls als stets unvollständiger[800] Wiedergabe seiner Entscheidungssituation ab und somit von seinem Geschick, Manipulationsspielräume zu nutzen.

— Beispielsweise war der für die Kommunikation günstige Manipulationsverzicht des Erstellers B in Abschnitt C3.4 (S. 136ff.) u.a. das Ergebnis seiner – in diesem Sinne wenig „sensiblen“ – Vernachlässigung künftiger Kommunikationsvorgänge.
— Andererseits holte die Verlängerung des erstellerischen Planungshorizontes die Internalisierung der durch Kommunikationskontinuität herbeigeführten Konkurrenz um Manipulationsgelegenheiten in den Erstellerkalkül zeitlich hervor und veranlasste eine frühere Nonkonformität im Laufe einer Krise, s.S. 199.

Die vorliegende Untersuchung erkundete den Zusammenhang von Anreiz, Abbildungsspielraum, Sensibilität und Unschärfe, indem sie
— die Extensität der Anreize mit dem Anforderungshorizont,
— den Abbildungsspielraum mit der terminierbaren stillen Reserve und
— die Sensibilität des Erstellers mit seinem Planungshorizont

variierte und jeweils die Implikationen kommunikationsexogener Beobachtungen erschloss. Explizit wurde die anreiz-informatorische Unschärferelation in Abschnitt C3.3 S. 134, D2.3 S. 158, D4.2.5 S. 254, D3.3.2 S. 198 und E3 S. 308 zur Plausibilisierung und allgemeinen Einordnung herangezogen. Es konnte eine weitgehende **Übereinstimmung** der jeweiligen Modellergebnisse mit denjenigen festgestellt werden, die nach der anreiz-informatorischen Unschärferelation zu erwarten waren. Die Zusammenfassung stellt Erwartungen und Ergebnisse auf S. 308 gegenüber.

800 Siehe S. 19f., 24f. Die Differenziertheit des Erstellerkalküls hängt von den für die Manipulationsoptimierung eingesetzten Informationsverarbeitungsressourcen ab. Die Einschränkung (s.o.Fn. 799 S. 298) und Nutzung von Abbildugsspielräumen kann insofern als Wettlauf verstanden werden, s.a. Küting (1996). Dieser kann als ein weiterer Grund für im Zeitablauf ansteigende Anforderungen an die Rechnungslegung angesehen werden, wie sie von Ordelheide (1988 neo) mit dem Offenlegungsprinzip und von Dye (2002) S. 1136 – 1138, s.o. Fn. 368 S. 83, mit „standard creep“ zu erklären versucht wurde.

2 Rechnungslegung als Geisel

Versteht man unter einer Geisel[801] einen privaten, nicht übertragbaren[802] Wert eines Geiselgebers, dessen Vernichtung der Geiselnehmer dem Geiselgeber androhen und ihn hierdurch zu einem vom Geiselnehmer erwünschten Verhalten bewegen kann, dann kann die Institution der Rechnungslegung mit Umkehrwirkung im vorliegenden Modellkontext bei hinreichender Voraussicht des Erstellers sowie Kommunikationskontinuität als Hingabe einer Geisel zwecks **Selbstbindung zur Unterlassung von Manipulation** interpretiert werden:

— Das erwünschte Verhalten des Erstellers ist die Unterlassung von Manipulation, also unverfälschte Rechnungslegung in der betrachteten Periode (t = d). Unerwünscht hingegen ist insbesondere die durch Manipulation herbeigeführte Konformität.

— Die Geisel ist die Möglichkeit, künftig mit Hilfe von Rechnungslegung zu kommunizieren, die bei Wohlverhalten in t = d nicht durch Umkehrwirkungen belastet wäre. Der verhaftete, maximal vernichtbare, teilbare Wert ist der Barwert künftiger intratemporaler Konformitätswerte innerhalb des Planungshorizontes des Erstellers.

— Die Liquidation der Geisel exekutiert die Umkehrwirkung, in dem sie höhere Manipulationsmalusse oder gar die Aufgabe der Konformität erzwingt und somit künftige Konformitätswerte mindert im Vergleich zur unverfälschten Abbildung in t = d. Rechtzeitige Bildung stiller Reserven reduziert den Schaden, beseitigt ihn aber nicht.

Eine mit Durchsetzungsanreizen bewehrte Rechnungslegung, deren Manipulation sich in Folgeperioden umkehrt, kann insofern als Mittel zur Selbstbindung eingesetzt werden. Sie be-

801 Die freiwillige Hingabe einer Geisel kann zwecks Selbstbindung sehr sinnvoll sein. Siehe zu einem hier einschlägigen Beispiel Fn. 58 S. 262. Vgl. zu einer Modellierung von vertragsspezifischen Kosten als Hingabe einer Geisel Williamson (1983) insbes. S. 522 – 526. S.a. Bigus (2003) S. 46. Anschaulich ermöglicht in „Die Bürgschaft" von Friedrich Schiller (1799) in der zweiten bis vierten Strophe die Geiselhingabe dem Damon (in der Originalfassung Möros) die Vermählung seiner Schwester. Eine Analogie ließe sich etwa wie folgt ziehen: Damon entspricht dem Ersteller; der Tyrann dem Kontrahenten; dessen Erlaubnis zur Abreise der Kontrahierung (in t = 1); der Wert, den das Leben des Freundes für Damon hat, den künftigen positiven Konformitätswerten (in t ≥ 3) und die Hinrichtung des Freundes den künftigen Durchsetzungsanreizen (in t ≥ 3). Die Rückkehr des Damon entspricht regeltreuem Abbildungsverhalten des Erstellers in t = 2; wäre er nach seiner Rückkehr hingerichtet worden, ließe sich dies mit Nonkonformität in t = 2 vergleichen. Die Begnadigung durch den Tyrannen in der letzten Strophe entspräche einem Verhalten des Kontrahenten, wonach er trotz einmaliger Nonkonformität kontrahieren würde (in t = 2), s.a.o. S. 257. Der Zweifel des Tyrannen an der Glaubwürdigkeit der Selbstbindung, also an dem Wert des Lebens des Freundes für Damon (siehe die Rührung des Tyrannen in der letzten Strophe; „sei ich in Eurem Bunde der Dritte"), entspricht der Ungewissheit des Kontrahenten hinsichtlich der künftigen Konformitätswerte des Erstellers.

802 Verschiedene Effekte, die den hier dargestellten ähneln, werden von der spieltheoretischen Literatur mit der Pfandhingabe assoziiert. Die Geisel unterscheidet sich vom Pfand durch ihre fehlende Übertragbarkeit. Auch beim Pfand kann der Pfandnehmer dem Pfandgeber einen Schaden androhen. Jedoch wird der Pfand nicht vernichtet, sondern zum Nutzen des Pfandnehmers verwertet. U.a. der Aufbau von Reputation wird häufig als Pfandhingabe bezeichnet: Verbricht sich der die Reputation als Pfand hingebende Transaktionspartner gegen die mit der Reputation verbundenen Erwartungen, werden ihm künftige Transaktionen versagt oder erschwert. Sofern bei dieser Erschwerung der Pfandnehmer, also der bei der Transaktion auf die Kooperation des Pfandgebers vertrauende Part, keinen Nutzen bei der Vernichtung der Reputation erzielt, ist hierfür „Geisel" der engere und treffendere Begriff. S.a. Fn. 803.

straft Manipulation ähnlich wie der Verlust einer Reputation[803] für getreue Rechnungslegung: In beiden Fällen erschwert das unerwünschte Verhalten die künftige Erzielung von Vorteilen aus der Kommunikation. Sie hat gegenüber der Reputation jedoch den bedeutsamen Vorteil, dass eine Aufdeckung der Untreue für die Wirksamkeit des verhaltenssteuernden Anreizes entbehrlich ist, weil sie durch Manipulationsmalusse der Kompensation der Umkehrwirkung ersetzt wird, ohne dass eine Beobachtung notwendig wäre.

Dieses Instrument der Verhaltenssteuerung findet seine **Grenze** im positiven Zusammenhang zwischen künftigen unverfälschten Periodenergebnissen und dem Wert der Geisel:

— Zwar ist bei hinreichend kleinen Fehlbeträgen der vom Ersteller bei Manipulation erlittene Schaden umso höher, je schlechter die Zukunftsaussichten des Erstellers sind; die Folgen von Wiederholungs- und Progressionswirkung positiver Manipulation nehmen ja mit steigenden Fehlbeträgen der Folgeperioden zu. Such der Kontrahent vor allem Ersteller mit hohen jetzigen, aber auch künftigen Fehlbeträgen zu vermeiden, ist die Verhaltensbeeinflussung insofern umso stärker, je wichtiger dem Kontrahenten das Wohlverhalten ist.

— Nun kann der Schaden, wie der Verlust einer Reputation, nicht den Wert künftiger Interaktionsmöglichkeiten überschreiten. Diese Maximal-Pönale jedoch ist umso niedriger, je schlechter die Zukunftsaussichten des Erstellers sind, je wichtiger also dem Kontrahenten das Wohlverhalten ist. Übersteigt bereits der zur Beseitigung des Fehlbetrags der Folgeperiode anfallende intratemporale Manipulationsmalus das Konformitätsinzitament, ist die Geisel gar wertlos: Der mögliche Verlust künftiger Interaktionsmöglichkeiten reizt nur dann zum Wohlverhalten an, wenn sie der Geiselgeber zu nutzen gedenkt.

Bsp. F-4 S. 333 im Anhang F3 demonstriert die Betrachtung der Rechnungslegung mit Umkehrwirkung als Geiselhingabe im Fall einperiodigen Anforderungshorizontes ohne terminierbare stille Reserve, AH = 1, TRV = 0. Mit terminierbarer stiller Reserve i.S.d. Abschnittes D4.2 (S. 223ff.) kann, soweit der Vorrat reicht, die Geisel „freigekauft“ und die Verhaltensbindung gelockert werden. Die Erweiterung des Anforderungshorizontes, wie sie in Abschnitt D6 (S. 286ff.) diskutiert wurde, dehnt den für die Abwägung zwischen Abbildungstreue und Liquidation der Geisel jeweils maßgeblichen Zeitraum aus. Bei bestehender Anwartschaft schmälert sie den Wert der Geisel durch Verschärfung der für künftige Konformität zu erfüllenden Anforderungen, und verstärkt den Anreiz zur Inkaufnahme ihrer Liquidation, weil die Fortsetzung der Anwartschaft die Erfüllung dieser Anforderungen erleichtert.

---

803 Die mit modellhafter Erklärung von Reputationsaufbau verbundenen Probleme, u.a. das Handelskettenparadoxon von Selten (1978) S. 130–136, besprechen als Überblicksdarstellungen u.a. Holler/Illing (1993) S. 173–182 und Wilson (1985) S. 27–62, jeweils m.w.N. Nach dem Handelskettenparadoxon lohnt der Reputationsaufbau in der letzten Wiederholung des Spiels mangels künftiger Vorteile aus der Reputationserhaltung nicht. Deshalb geht der Gegenspieler in der letzten Periode nicht vom reputationsgemäßen Verhalten aus, womit die Vorteile der Reputation entfallen. Dann aber besteht auch in der vorletzten Periode kein Grund für die Reputationserhaltung, was der Gegenspieler wiederum antizipiert. Diese Argumentation lässt sich bis in die erste Periode fortsetzen. Kriterien zur Eliminierung unplausibler Erwartungsgleichgewichte besprechen u.a. Holler/Illing (1993) S. 114–138, Damme (1987).

3 Zusammenfassung

Die vorliegende Untersuchung analysiert die Erstellung und Perzeption eines manipulierbaren Berichtes. Nach einer institutionellen Skizze von Aktions- und Zustandsraum des Erstellers wurde die Dichotomie der Adressatenreaktion motiviert und der Begriff der Manipulation definiert. Existierende Berichtsmodelle wurden systematisiert und die vorliegende eingeordnet.

Die **Modellierung** der manipulationsbehafteten Kommunikation empfindet drei institutionelle Charakteristika externer Rechnungslegung und ihrer Perzeption nach:

— Als Manipulation wurde die pönalisierte Abweichung zwischen ausgewiesenem und unverfälschtem Periodenergebnis angesehen. Die unverfälschte Rechnungslegung ist diejenige, die erstellt würde, wenn der Kontrahent unabhängig von der Rechnungslegung des Erstellers kontrahieren würde. Weist also der Ersteller ein vom unverfälschten Periodenergebnis abweichendes Periodenergebnis aus, so können hiermit, abgesehen von der Kontrahentenreaktion, keine Vorteile verbunden sein. Vielmehr müssen Anreize gegen eine derartige Manipulation wirken, insbesondere solche, die der Durchsetzung von Abbildungsregeln dienen. Diesem Manipulationsmalus wurde eine im Absolutbetrag der Manipulation quadratische Zunahme unterstellt. Seine Konvexität, die Manipulationsresistenz, ist ein Maß für die Verlässlichkeit der Rechnungslegung. Die Differenz der unverfälschten Periodenergebnisse guter und schlechter Ersteller (s.u.) spiegelt die Relevanz der Rechnungslegung wieder.

— Die Sekundärwirkung der Manipulation wurde als vollständige Umkehrung in der Folgeperiode abgebildet: Das unverfälschte Periodenergebnis der Folgeperiode sinkt bei positiver und steigt bei negativer Manipulation der Vorperiode um den Manipulationsbetrag. Negative Manipulation bildet insofern stille Reserven, positive legt stille Lasten.

— Die Empirie zu Schwellenwerten in Rechnungslegungsanalyse und -politik wurde zur dichotomen Akzeptanz des Kontrahenten stilisiert: Der Ersteller erzielt ein Konformitätsinzitament genau dann, wenn sein ausgewiesenes Periodenergebnis die Konformitätsanforderung erreicht. Das Konformitätsinzitament quantifiziert den Nutzen des Erstellers aus der Kontrahierung, die Konformitätsanforderung erfasst die Adressatenerwartungen.

Zum dichotomen Verhalten des Kontrahenten korrespondierend, wurden zwei Qualitätsausprägungen unterschieden: Mit guten Erstellern ist die Kontrahierung für den Kontrahenten vorteilhaft, mit schlechten nicht. Gute Ersteller unterscheiden sich von von schlechten durch ein höheres unverfälschtes Periodenergebnis. Ein Erwartungsgleichgewicht existiert, in dem gute Ersteller konform und schlechte Ersteller nonkonform berichten und deshalb vom Konformitätsverhalten auf die Qualität geschlossen werden kann. Für Vorzugswürdigkeit des dichotomen Kontrahentenverhaltens im Vergleich zur Unterlassung jeglicher Selektion anhand externer Rechnungslegung reicht ein bescheidener Informationsstand des Kontrahenten aus: Bereits bei recht willkürlich gewählter Höhe der Konformitätsanforderung, etwa nach gängigen Praktiker-Regeln, kann sie dem Verzicht auf Rechnungslegungsanalyse vorzuziehen sein.

Die rechnungslegungspolitische Knappheit an unverfälschtem Periodenergebnis ist im Modell durch drei, sich im Zeitablauf abwechselnde **manipulative Spannungszustände** gekennzeichnet: Bei Entspannung ist Manipulation für Konformität entbehrlich, bei Anspannung erforderlich, während bei Überspannung die für Konformität erforderlichen Manipulationsmalusse das Konformitätsinzitament übersteigen.

Die Differenz zwischen Konformitätsanforderung und unverfälschtem Periodenergebnis wurde als Anforderungsresiduum bezeichnet, und zwar ein positives als Fehlbetrag, ein negatives als Überschuss. Findet Kommunikation kontinuierlich statt, dann muss die positive Manipulation anlässlich eines Fehlbetrages aufgrund ihrer Umkehrwirkung, soweit auf sie kein Überschuss folgt, in ihrer Folgeperiode erneut stattfinden, wenn hier ebenfalls konform berichtet werden soll. Der Ersteller weist in beiden Perioden gerade die Konformitätsanforderung aus. Es herrscht manipulative Anspannung; unverfälschtes Periodenergebnis ist knapp. Während Anspannungszeiträumen ergibt sich die Manipulation, in dem sich in jeder Periode das Anforderungsresiduum zur Manipulation der Vorperiode addiert (Manipulationskumulation), bis

— entweder Überschüsse für den vollständigen Abbau der aus den Vorperioden weitergegebenen Umkehrwirkung gesorgt haben, Manipulation unterlassen und ein Periodenergebnis strikt oberhalb der Konformitätsanforderung ausgewiesen wird (Entspannung);
— oder bis der quadratisch im Manipulationsbetrag zunehmende Manipulationsmalus das Konformitätsinzitament übersteigt und der Ersteller, ebenfalls auf Manipulation verzichtend, nonkonform berichtet (Überspannung). Anhaltende Fehlbeträge machen Nonkonformität somit unausweichlich.

Bei mehrperiodigem Planungshorizont bildet der Ersteller im Vorfeld von Fehlbetragsperioden stille Reserven. Erforderlichenfalls baut er diese über mehrere Perioden durch wiederholte negative Manipulation auf. Die Manipulation ergibt sich als das seit Anspannungsanfang kumulierte Anforderungsresiduum abzüglich der stillen Reserve in der Vorperiode des Anspannungzeitraumes. In den Anspannungszeitraum wird Periodenergebnis aus der Vorperiode, nämlich durch die anfängliche stille Reserve, und aus der Folgeperiode, nämlich durch die abschließende stille Last, transferiert. Im Übrigen werden Periodenergebnisse lediglich innerhalb des Anspannungszeitraumes verschoben. Manipulation findet stets während Anspannungszeiträumen und deren jeweiligen Vorperiode statt, sonst nicht. In Perioden der Entspannung, Anspannung respektive Überspannung wird ein Periodenergebnis oberhalb, gleich respektive strikt unterhalb der Konformitätsanforderung ausgewiesen. Die Zuordnung von Spannungszustand und Vorzeichen der Ausweisdifferenz ist somit eineindeutig.

Unterteilung des Jahresberichtes in Monats- oder Quartalsberichte erschwert die Manipulation, weil die Umkehrwirkung wiederholt zu kompensieren ist. Bei zyklischem Verlauf der unverfälschten Periodenergebnisse und einperiodigem Planungshorizont kann der Kontrahent durch Einbeziehung der Berichte der Vorperioden in die Konformitätsanforderung (Erweiterung des Anforderungshorizontes) stets schlechte Ersteller von Kontrahierung ausschließen.

Das **Optimierungsproblem** der Maximierung des Barwertes der Differenz von Konformitätsinzitamenten und Manipulationsmalussen besteht bei mehrperiodigem Planungshorizont des Erstellers in der Identifikation optimaler Nonkonformitätsperioden und Anspannungszeiträume sowie der Bemessung der stillen Reserve vor jedem Anspannungsanfang. Es lässt sich als ganzzahliges Minimalkosten-Transport-Problem mit quadratischen Transportkosten veranschaulichen: Fehlbeträge sind hiernach Abfall, den es nach Perioden mit Überschuss, nach außerhalb des Planungszeitraumes oder nach Perioden, die durch Nonkonformität zu „Deponien“ mit unbeschränkter Lagerkapazität erklärt werden, zu verbringen gilt.

Die stille Reserve in der Vorperiode eines Anspannungszeitraumes ist so zu bemessen, dass sich die verbarwerteten Grenzmalusse der Manipulation, also die Grenzkosten des Transfers über den Anspannungszeitraum und seiner Vorperiode, zu null addieren; es muss gleich kostspielig sein, Periodenergebnis aus Vor- und Folgeperiode des Anspannungszeitraumes in diesen zu verlagern. Anschließend wird bis zum Anspannungsende, wie bei einperiodigem Planungshorizont, stets i.H.d. Differenz zwischen Konformitätsanforderung und Periodenergebnis nach Umkehrwirkung manipuliert. Voraussicht bei der Manipulationsentscheidung ist für den Ersteller somit lediglich temporär erforderlich, nämlich vor Beginn eines Anspannungszeitraumes oder wenn die Aufgabe der Konformität in Frage steht. Auch diese Planung ist nur komplex, wenn die unverfälschten Periodenergebnisse wenig von den Konformitätsanforderungen abweichen. Denn die Manipulationsentscheidungen unterschiedlicher Anspannungszeiträume sind, zumindest hinsichtlich marginaler Änderungen, für einander irrelevant: Ent- und Überspannung lösen die Knappheit an unverfälschtem Periodenergebnis auf und entkoppeln die manipulative Optimierung der vorgelagerten von den nachgelagerten Perioden.

Zur Veranschaulichung der Optimierung der stillen Reserve vor Anspannungsanfang eignet sich die Analogie mit einem Kontokorrentkredit. In einem einfachen Fall kann die malusminimierende stille Reserve als Produkt von durchschnittlichem Fehlbetrag und „Duration“ der Krise, d.h. der gewichteten, bis zum Anspannungsende reichenden Laufzeit der Fehlbeträge bzw. Belastungen, errechnet werden; der durchschnittliche Kontostand wird dann – im einfachen Fall progressionsminimierend – null.

Empirische Befunde zur Rechnungslegungspolitik verbunden mit Schwellenwerten, Negativklauseln, finanziellen Schwierigkeiten, buchhalterischen Generalbereinigungen, Entlohnungsverträgen und Gewinnglättung wurden in das modellierte Verhaltensmuster eingeordnet.

Aufgrund der Eineindeutigkeit der Zuordnung von Spannungszustand und Vorzeichen der Ausweisdifferenz (s.o.) kann ein **kommunikationsexogener Beobachter**, dessen Reaktionen den Ersteller nicht hinreichend betreffen, um sein Manipulationsverhalten zu verändern, den Spannungszustand anhand von ausgewiesenem Periodenergebnis und Konformitätsanforderung beobachten.

Der von einer anspannungsfreien Periode bis zur nächsten kumulierte Totalerfolg kann lediglich durch eine stille Last in der Vorperiode eines solchen Zeitraumes oder durch eine stille Reserve in seiner Endperiode gemindert worden sein. Die Beobachtung einer Abweichung von ausgewiesenem Periodenergebnis und Konformitätsanforderung lässt somit den Schluss zu, dass der seit der letzten anspannungsfreien Periode ausgewiesene Totalerfolg den unverfälschten nicht übersteigen kann. Ist sogar zu beobachten, dass ein Zeitraum mit anspannungsfreier Anfangs- und Endperiode wiederum von zwei anspannungsfreien Perioden umschlossen wird, dann kann ein Transfer von Periodenergebnis weder zu Lasten noch zu Gunsten dieses von Anspannungsfreiheit umschlossenen Zeitraumes erfolgt sein; in dessen anspannungsfreien Folgeperiode erfährt der kommunikationsexogene Beobachter den von Anfangs- bis zur Endperiode des Zeitraumes kumulierten *unverfälschten* Totalerfolg: Er gleicht dem *ausgewiesenen* Totalerfolg. Die Dichotomie der Kontrahentenreaktion führt insoweit *modellendogen* zu jener nachträglichen Aufdeckung des unverfälschten Totalerfolges, die existierende Erfolgsperiodisierungsmodelle als Standardannahme für das Spielende exogen voraussetzen. Dies allerdings verzögert und unvorhersehbar.

Empirisch erfolgt die Abgrenzung zweier zeitlich benachbarter Anspannungszeiträume durch Nonkonformität häufig im Antrittsjahr einer neuen, durch unfreiwilligen Wechsel ins Amt gelangten Unternehmensleitung. Es dürften hierbei Periodenergebnisse aus der Nonkonformitätsperiode in die zeitlich benachbarten Amtszeiten transferiert werden. Somit sind existierende Erfolgsperiodisierungsmodelle aufgrund ihrer exogenen Annahme der Aufdeckung des unverfälschten Totalerfolges zum Spielende, also im letzten Amtsjahr der alten Unternehmensleitung, zumindest für den konfligierenden Teil der Fälle, die sie abzubilden beabsichtigen, mit einer wohl häufig erheblichen, sehr spärlich thematisierten Ungenauigkeit behaftet.

Positive Manipulation verlagert Periodenergebnisse aus dem künftigen Teil des Anspannungszeitraumes in den vergangenen. Negative Manipulation impliziert die entgegengesetzte Verlagerungsrichtung. Für die kommunikationsexogene Beobachtung des Manipulationsvorzeichens lässt sich die traditionell negative [positive] Bewertung positiver [negativer] Manipulation im Modell deshalb nur nachvollziehen, wenn der Beobachter vergangene ausgewiesene Periodenergebnisse zu bereinigen versucht. Denn bei positiver Manipulation müssen die seit Anspannungsanfang kumulierten unverfälschten Periodenergebnisse niedriger sein als die ausgewiesenen, bei negativer können sie auch höher sein. Will der Beobachter dagegen die Zukunftserwartungen des Erstellers eruieren, liegt die umgekehrte Bewertung nahe: Bei negativer Manipulation müssen die bis zum nächsten Anspannungsende kumulierten unverfälschten Periodenergebnisse niedriger sein als die ausgewiesenen, bei positiver Manipulation können sie auch höher sein.

Es wurde für den Fall einer Reihe aufeinander folgender Fehlbeträge (**Fehlbetragszeitraum**) das Manipulationsverhalten bei Konformitätskontinuität mit und ohne terminierbare stille Reserven sowie bei einmaliger Nonkonformität analysiert.

Bei Konformitätskontinuität manipuliert der Ersteller im Vorfeld des Fehlbetragszeitraumes negativ, und zwar bis zur letzten Überschussperiode vor dem Fehlbetragszeitraum in immer größerem Ausmaß. Er baut dann die so gelegte stille Reserven ab und legt anschließend stille Lasten, die er ab der ersten Überschussperiode nach dem Fehlbetragszeitraum wieder abbaut. Das Minimum negativer Manipulation wird somit in der Vorperiode der ersten Fehlbetragsperiode erreicht, das Maximum positiver Manipulation in der letzten Fehlbetragsperiode. Das seit Anspannungsanfang kumulierte ausgewiesene Periodenergebnis ist in diesen beiden Perioden besonders irreführend: Es zeigt einen zu niedrigen respektive zu hohen Wert an.

Den größten Vorteil von einer Steigerung des unverfälschten Periodenergebnisses hätte der Ersteller in der Periode, in der er zum ersten Mal positiv manipuliert; dort wirkt sie sich auf die meisten Perioden aus und mildert die Progression am stärksten. Dieser, während des Fehlbetragszeitraumes stattfindende Wechsel von negativer zu positiver Manipulation kennzeichnet die Anspannungsklimax eines rechnungslegungspolitischen Anspannungszeitraumes; es gipfelt hier die unbemerkte Enttäuschung der an das Unternehmen gestellten Erwartungen.

Steht dem Ersteller – über die hier ansonsten modellierte, in der Folgeperiode umkehrende stille Reserve hinaus – eine terminierbare stille Reserve („Verlustverschleierungspotenzial" bzw. „cookie jar reserve") zur Verfügung, wird er sie in der Periode der Anspannungsklimax sowie deren Vor- und Folgeperioden auflösen. Die Auflösung einer solchen Reserve kennzeichnet somit ebenfalls die Kulmination einer Krise. Geht sie mit negativer respektive positiver Manipulation einher, liegt die erste respektive die letzte Periode einer derartigen Phase der Kulmination vor. Sie verzerrt nicht nur den ausgewiesenen Periodenerfolg, sondern, im Gegensatz zur umkehrenden stillen Reserve, auch den Totalerfolg des Anspannungszeitraumes. Ist sie in ausreichendem Maße vorhanden, entkoppelt eine solche terminierbare Reserve, ähnlich der Ent- und Überspannung, die manipulative Optimierung von Zeiträumen; die Linearität ihrer Auflösungskosten macht die Manipulationsentscheidungen der vorgelagerten Perioden für die nachgelagerten irrelevant.

Sieht sich der Ersteller zu einmaliger Nonkonformität („buchhalterischer Generalbereinigung" bzw. „big bath") während eines Fehlbetragszeitraumes gezwungen, so ist diese typischerweise mit der Auflösung einer über mehrere Perioden kumulierten stillen Last sowie der Bildung einer stillen Reserve verbunden. Es wird dann ein Periodenergebnis erheblich nicht nur unterhalb der Konformitätsanforderung, sondern auch unterhalb des unverfälschten Periodenergebnisses ausgewiesen. Auf die Terminierung der einmaligen Nonkonformität wirken gegenläufige Effekte:

— Mit fortschreitender Nonkonformitäts-Periode steigt während des Fehlbetragszeitraumes die in der Konformitätsperiode selbst vermiedene Manipulation von Periode zu Periode an. Allerdings sinkt die Zahl der Folgeperioden, auf welche sich diese Manipulationsvermeidung auswirkt.
— Stille Reserven können mit fortschreitendem Fehlbetragszeitraum für immer weniger Fehlbeträge gebildet werden. Allerdings ist ihr Transfer über die Zeit kostspielig. Sie wirken deshalb auf Nonkonformität kurz vor dem Schwerpunkt der Fehlbeträge hin. Sie können somit Nonkonformität beschleunigen; sie geben dem Ersteller zusätzliche Gründe, seine Krise aus Rücksicht auf künftige Kommunikation offenzulegen.

Insgesamt wird der Ersteller die einmalige Nonkonformität bei sofortiger Entspannung in der ersten Überschussperiode nach dem Fehlbetragszeitraum meist wenige Perioden vor dem Schwerpunkt der Krise terminieren. Allerdings
— holt sie ein anfänglicher langsamer Anstieg der Fehlbeträge zeitlich nach vorne, ein langsames anschließendes Herabsinken nach hinten, und sie wird durch
— niedrige Überschüsse nach dem Fehlbetragszeitraum verzögert.

Nonkonformität ist also ebenfalls ein Zeichen einer kulminierenden Krise. Da sie weitere Manipulation einläutet, lässt sie sich, entgegen anderslautender Beteuerungen betroffener Unternehmensleitungen, schwerlich als „Reinigung der buchhalterischen Seele" des Unternehmens bzw. Rückkehr zu lauterem Abbildungsverhalten deuten. Wohl aber kann sie als Anzeichen dafür verstanden werden, dass die Unternehmensleitung die „Talsohle" für erreicht ansieht und auf die baldige Wirksamkeit der ergriffenen Gegenmaßnahmen vertraut. Dies allerdings nur solange, wie die Unternehmensleitung lediglich temporäre Fehlbeträge und einmalige Nonkonformität erwartet.

Als Anzeichen einer kulminierenden Krise wurden somit ausgemacht:
— der Wechsel von negativer zu positiver Manipulation;
— die Auflösung terminierbarer stiller Reserve;
— die Nonkonformität.

Die **Erweiterung des Anforderungshorizontes** schafft Anreize zur Kontinuität des Konformitätsverhaltens. Sie mäßigt damit die positiven [negativen] Implikationen im Zeitablauf unveränderter Konformität [Nonkonformität] und verschärft die positiven [negativen] Implikationen neuer Konformität [Nonkonformität].

Eine zu berichtende Größe ist im Allgemeinen umso weniger beobachtbar, je extensiver, intensiver und sensitiver die an sie geknüpften Anreize sind. Diese **anreiz-informatorische Unschärferelation** – als modellhafte, in Anlehnung an Bohr und Heisenberg benannte Erweiterung des aus dem institutionellen Schrifttum bekannten „Objektivierungsdilemmas" bzw. des „classical trade-off in accounting" der modelltheoretischen Literatur – ist umso ausgeprägter, je weiter die Manipulationsspielräume des Erstellers sind und je „sensibler" er reagiert, je differenzierter sein Kalkül also ist. Die modellierten Variationen determinierten die Unschärfe wie folgt:

- Die Kommunikationskontinuität engt Manipulationsspielräume ein, indem sie Konkurrenz um Manipulationsgelegenheiten einer Periode induziert.
- Eine terminierbare stille Reserve dehnt Manipulationsspielräume aus.
- Dies gilt ebenfalls für stille Reserven, die sich in der Folgeperiode umkehren. Allerdings verschärfen sie zugleich die Konkurrenz unter benachbarten Perioden um Manipulationsgelegenheiten, und holen die Wirkung dieser Konkurrenz zeitlich hervor.
- Die Erweiterung des Planungshorizontes verfeinert das Manipulationsgeschick, verschärft aber zugleich die Konkurrenz um Manipulationsgelegenheiten durch Steigerung der Opportunitätskosten ihrer Verwendung, und holt den Zeitpunkt der Berücksichtigung dieser Konkurrenz im Erstellerkalkül zeitlich hervor.
- Die Erweiterung des Anforderungshorizontes extensiviert die an einen Bericht geknüpften Anreize, engt aber durch die Erhöhung der Zahl der für ein Konformitätsinzitament zu manipulierenden Berichte zugleich Manipulationsspielräume ein.

Von der Kommunikationskontinuität ist somit ein positiver, von der terminierbaren stillen Reserve ein negativer Effekt auf den Informationsgehalt manipulierbarer Periodenergebnisse zu erwarten, während für umkehrende stille Reserven sowie für die Erweiterung von Planungs- und Anforderungshorizont gegenläufige Effekte zu erwarten sind. Die Modellergebnisse spiegeln diese Erwartungen wider.

Wollte man die Analyse als Anregung zu weiteren Überlegungen für **praktische Anwendungen** heranziehen, so wären, neben den bisher beschriebenen rechnungslegungsanalytischen Implikationen, mögliche Folgerungen unter anderem:

— Der Rechnungslegung von Unternehmen mit unregelmäßigem Kommunikationsbedarf ist mit größerer Skepsis zu begegnen als derjenigen von Unternehmen mit ständigem Kommunikationsbedarf.
— Je länger der Planungshorizont des Erstellers ist, umso größer ist der Zeitraum, über den die Rechnungslegung eine Aussage trifft, und umso mehr Periodenrechnungen sind für eine Beobachtung sinnvollerweise auszuwerten.
— Bei der Konzeption von Abbildungsvorschriften zur Erfolgsperiodisierung sind bei langfristiger Verlagerung größere objektivierungsbedingte Verzerrungen in Kauf zu nehmen als bei kurzfristiger. Dies spricht aus regulatorischer Sicht beispielsweise für die Anordnung regelmäßiger Neubewertungen des Anlagevermögens.
— Ein Adressat dürfte bei anderen Adressaten auf einen weiten Anforderungshorizont hoffen, diesen selbst aber nicht konsequent anlegen.

Die Möglichkeit, künftig mit Hilfe von Rechnungslegung zu kommunizieren, die von Umkehrwirkung aus der aktuellen Periode frei ist, kann als eine vom Ersteller hingegebene **Geisel** interpretiert werden, mit welcher er sich bindet, unverfälscht zu berichten. Sie wird liquidiert, wenn er sich gegen die Selbstbindung verbricht; führt Manipulation doch zu kostspieliger Kompensation der Umkehrwirkung oder zu Nonkonformität in Folgeperioden. Diese Geisel wird zwar aufgrund der Progressions- und Wiederholungseffekte umso empfindlicher getroffen, je schlechter die unverfälschten Periodenergebnisse sind. Jedoch erscheint sie dem Ersteller umso weniger wertvoll.

Ein Normgeber, der durch die Bewehrung von Abbildungsregeln mit Durchsetzungsanreizen die Selbstbindung durch Hingabe einer Geisel in Form künftiger, von Umkehrwirkung bedrohter Rechnungslegung zu ermöglichen sucht, kann insofern nur darauf hoffen, die betreffenden Informations- und Kontrollprozesse, die sich ohne derartige Bewehrung wohl meist mit noch größeren und noch stärker schwankenden Informationsdifferenzen zwischen den Kooperationspartnern vollziehen würden, zu verschärfen, nicht aber darauf, sich ihrer grundsätzlichen Probleme zu entledigen.

F Anhang

1 Einperiodiger Planungshorizont

1.1 Beispiel: Aggregation mehrdimensionaler Handlungsfolgen

Wie auf S. 101 angekündigt, illustriert das Bsp. F-1 die Aggregation von Wirkungen rechnungslegungspolitischer Maßnahmen der Dimensionen von Abb. B-1 S. 31 zur Manipulationsmalusfunktion.

Bsp. F-1: Aggregation mehrdimensionaler Handlungsfolgen zur Manipulationsmalusfunktion
Herr Umsichtig ist einziger Aktionär und Vorstand der Umsichtig AG. Er erstellt den Jahresabschluss der Umsichtig AG ohne Rücksicht auf spätere Kommunikationsvorgänge mit Hilfe des Jahresabschlusses. Er hat zwei Wochen vor Schluss des Geschäftsjahres unter intuitiver Abwägung aller Umstände seinen Jahresabschluss fast optimiert. Lediglich die Reaktionen seines Hauptgeldgebers, der einen höheren Jahresüberschuss erwartet als den von Herrn Umsichtig zunächst errechneten, hat er noch nicht berücksichtigt. Bei der Nutzung seiner Möglichkeiten zur Steigerung des Jahresüberschusses fällt ihm folgendes ein:

- Es könnte auf eine Rückstellung für eine seit einiger Zeit anstehende, aber aufgrund verschiedener Engpässe erst für die Mitte des Folgejahres geplante Instandhaltung verzichtet werden. Nach dem handelsrechtlichen Ehrlichkeitsgefühl des Bilanzbuchhalters wäre ihre Bildung zwar geboten, aber aufgrund des expliziten Wahlrechts des § 249 I S. 3 HGB erwartet Herr Umsichtig ansonsten keine Probleme. Steuerlich wäre sie ohnehin irrelevant.
- Die Verschriftlichung einer Pensionszusage an einen Arbeitnehmer der Umsichtig AG könnte auf nächstes Jahr verschoben werden. Da sie mündlich bereits erteilt ist, wäre die Unterlassung ihrer Bildung zwar handelsrechtlich unzulässig, würde aber wahrscheinlich nicht auffallen. Schlimmer wäre, dass sie gemäß § 6a I EstG das steuerliche Einkommen dann erst nächstes Jahr mindern würde.
- Einige Lieferungen könnten früher als geplant durchgeführt werden. Zusätzlich zum steuerlichen Nachteil befürchtet Herr Umsichtig, dass es einigen Abnehmern ungelegen sein und zu Abwanderungen führen könnte. Außerdem könnte der Wirtschaftsprüfer ob der Umsatzhäufung am Jahresende stutzig und in verschiedenen anderen Fragen kleinlich werden.
- Als letztes Mittel bestünde die Möglichkeit, einige Umsatzbelege zu fälschen. Zusätzlich zum steuerlichen Nachteil und der notwendigen Diskretion, hegt Herr Umsichtig hiergegen angesichts strafrechtlicher Konsequenzen gemäß §§ 239 I, 243 I und § 331 Nr. 1 und 4 HGB aus privaten Gründen erhebliche Bedenken.

Diese Maßnahmen haben offensichtlich Wirkungen in drei Dimensionen: Durchsetzungsanreiz, Steuerbemessung und realer Geschäftsablauf. Die ersten drei Maßnahmen dürfte Herr Umsichtig in jeder der drei Dimensionen in die gleiche Präferenzordnung bringen. Er dürfte sie also mit ansteigendem Anforderungsresiduum in der gezeigten Reihenfolge ergreifen. Lediglich bei den letzten beiden Maßnahmen weicht die Rangfolge in der Dimension „realer Geschäftsablauf" von demjenigen im „Durchsetzungsanreiz" ab: Die Abwanderung von Kunden wiegt wahrscheinlich schwerer als die Notwendigkeit von Diskretion, während das Risiko von Freiheitsstrafen schwerer wiegt als Querelen mit dem Wirtschaftsprüfer. Nun dürften Herrn Umsichtig die verfrühten Lieferungen noch eher erträglich erscheinen als das Risiko von Freiheitsstrafen. Er kann also die vier Maßnahmen eindeutig danach ordnen, welche ihm am wenigsten unlieb ist. Kann er ihnen, wie auf S. 100 angenommen, auch monetäre Werte zuordnen, dann ist er in der Lage, aus der vieldimensionalen Zuordnung von Maßnahmen auf Manipulationsmalus eine zweidimensionale Zuordnung vom Manipulationsbetrag bzw. Jahresüberschuss auf Manipulationsmalus abzuleiten. Wenn auch die oben auf S. 100 getroffene Annahme der Existenz der Manipulationsmalusfunktion weiter reicht; diesen Sachverhalt soll sie im Kern erfassen.

1.2 Beispiel: Ideales und unverfälschtes Periodenergebnis

Wie auf S. 64 und S. 103 angekündigt, formalisiert das folgende Beispiel Bsp. F-2 die Differenzierung zwischen dem regeltreuen Periodenergebnis (ideales Periodenergebnis, siehe Abschnitt B4.3 (S. 63ff.)) und dem Periodenergebnis, welches der Ersteller ausweisen würde, wenn er von der Reaktion des Adressaten nicht betroffen wäre (unverfälschtes Periodenergebnis). Einschlägige Modelle differenzieren nicht explizit zwischen diesen Periodenergebnissen, sondern modellieren nur das letztere und bezeichnen es als „economic", „wahr" o.ä. Das Beispiel zeigt, dass sie voneinander abweichen können. Zum Umgang der vorliegenden Untersuchung mit diesem Problem der Abschottung der Modellwelt gegenüber Anreizen aus nicht modellierten Funktionen des Jahresabschlusses vgl. Abschnitt B4.3 (S. 63ff., insbesondere Fn. 291), B4.4 (S. 65ff.).

Bsp. F-2: Differenzierung zwischen idealem und unverfälschtem Periodenergebnis

Mr. Manus optimiert als einziger Aktionär und Vorstand der Manus AG deren Jahresabschluss ohne Rücksicht auf spätere Kommunikationsvorgänge mit Hilfe des Jahresabschlusses. Er ordnet jedem Wert des Jahresüberschusses einen monetär bewerteten Disnutzen aus der Jahresabschlusserstellung als Differenz zum Disnutzen bei $J = 0$ PE aus. Seine beste Alternativanlage weist eine risikoäquivalente Rendite von 10% p.a. auf. Es sind folgende Gesichtspunkte für seine Optimierung maßgeblich:

— Die Prolongation eines größeren Darlehens bei „Bankhaus Market" steht an. Bei Verweigerung routinemäßiger Prolongation wären Neuverhandlungen mit Kreditgebern und damit einhergehende Versuche der Beeinflussung von Investitionen und Ausschüttungen sowie bei Bekanntwerden dieser Situation – etwa bei Wechselprotesten während Zahlungsengpässen – ein nachteilig verändertes Verhalten verschiedener Geschäftspartner zu befürchten. Mr. Manus geht davon aus, dass diese Situation genau dann auftritt, wenn sein ausgewiesener Jahresüberschuss die Untergrenze branchenüblicher Jahresüberschüsse unterschreitet, die, wie verschiedenen Angaben in dem Branchen-Informations-Blatt des Bankhauses Market entnommen werden kann, $\bar{J} = 90$ PE betragen dürfte. Er beziffert die mit der Verweigerung routinemäßiger Prolongation verbundenen Unannehmlichkeiten auf $E = 500$ NE.

— Abweichungen zwischen Steuerbemessungsgrundlage und Jahresüberschuss kommen nicht in Frage. Die Manus AG zahlt 50 % Ertragsteuern von ihrer Steuerbemessungsgrundlage, sofern diese positiv ist. Eine Veränderung eines positiven Jahresüberschusses setzt also eine doppelt so hohe Veränderung des Jahresüberschusses vor Steueraufwendungen voraus und eine gleich hohe Veränderung der Steueraufwendungen[804]. Einer Erhöhung der Steuerzahlung steht eine gleich hohe Minderung im Jahr der Umkehrung, also im Folgejahr, gegenüber. Private Einkommensteuern berücksichtigt Mr. Manus in seinem Kalkül nicht. Das monetäre Äquivalent zum Disnutzen aus der Steuerbemessungsfunktion Λ_{SBF} (Ma<u>l</u>us aus <u>S</u>teuer<u>b</u>emessungs<u>f</u>unktion) ist also gleich dem Zinseffekt der Verzögerung einer Steuerzahlung i.H.d. Jahresüberschusses:

(F-1) $$\Lambda_{SBF}^{Manus} = J - J \cdot q^{-1} = J \cdot \left(1 - q^{-1}\right) = J \cdot \frac{q-1}{q} = \frac{1{,}1-1}{1{,}1} \cdot J = \frac{J}{11}$$

804 Es sei J^{oS} der Jahresüberschuss vor Abzug von Steuern vom Einkommen und Ertrag, s der einschlägige Steuersatz und S der Steueraufwand, so dass stets $S = s \cdot J^{oS}$ gilt. Dann ist die Ableitung des Ertragsteueraufwandes nach dem ausgewiesenen Jahresüberschuss J gleich $s/(1 - s)$:

$$J = J^{oS} - S = J^{oS} \cdot (1-s) \Rightarrow J^{oS} = J \cdot \frac{1}{1-s}; \quad S = J^{oS} - J = J \cdot \left(\frac{1}{1-s} - 1\right) = J \cdot \frac{s}{1-s}; \quad \frac{\partial S}{\partial J} = \frac{s}{1-s}$$

— Die Buchhaltung hat unter genauer Beachtung der gesetzlichen Vorschriften nach bestem Wissen und Gewissen einen vorläufigen Jahresüberschuss von 100 PE errechnet, aber auch eine Liste über mögliche rechnungslegungspolitische Maßnahmen beigelegt. Unter Berücksichtigung dieser Liste bewertet Mr. Manus Abweichungen vom vorläufigen Jahresüberschuss, die aus Prüfung, unrühmlicher Besprechung der Rechnungslegungspolitik der Manus AG in einschlägigen Publikationen oder gar Anfechtung und Nichtigerklärung des Jahresabschlusses bis hin zu strafrechtlichen Konsequenzen bestehen, mit einem monetären Äquivalent i.H.v. 1 ‰ des Quadrates der Abweichung zwischen ausgewiesenem und vorläufigem Jahresüberschuss. Da dieser Disnutzen für $J = 0$ $(0 - 100)^2/1.000 = 10$ NE beträgt, bildet die Funktion, die diesen Disnutzen im Vergleich zur Nutzenposition von Mr. Manus bei $J = 0$ PE abbildet, eine Parabel durch den Nullpunkt mit erstem Binomial-Koeffizienten von 1/1.000 NE/PE², Minimalstelle in $J = 100$ PE und Minimum i.H.v. −10 NE:

$$\Lambda_{\text{DokF}}^{\text{Manus}} = \frac{(J-100)^2}{1000} - 10 = \frac{J^2}{1000} - \frac{J}{5} \tag{F-2}$$

Mr. Manus minimiert somit die Summe aus (F-1) und (F-2):

$$\Lambda^{\text{Manus}} = \frac{J}{11} + \left(\frac{(J-100)^2}{1000} - 10\right) = \frac{J^2}{1000} - \frac{6 \cdot J}{55} \tag{F-3}$$

mit Minimalstelle und Minimum von

$$\begin{aligned}
&\frac{\partial \Lambda^{\text{Manus}}}{\partial J} = \frac{2 \cdot J}{1.000} - \frac{6}{55} \stackrel{!}{=} 0 \Rightarrow J = \frac{600}{11} \doteq 54{,}55 \text{ PE} \\
&\Lambda_{\text{SBF}}^{\text{Manus}} = \frac{1}{11} \cdot \frac{600}{11} \doteq 4{,}96 \text{ NE} \\
&\Lambda_{\text{DokF}}^{\text{Manus}} \doteq \frac{(600/11 - 100)^2}{1.000} - 10 = \frac{250}{121} \doteq -7{,}93 \text{ NE} \\
&\Lambda^{\text{Manus}} \doteq \frac{(600/11)^2}{1.000} - \frac{6}{55} \cdot \frac{600}{11} = -\frac{43.560}{14.641} \doteq -2{,}98 \text{ NE}
\end{aligned} \tag{F-4}$$

Mr. Manus empfindet sich also c.p. um ca. 2,98 NE reicher, wenn ein Jahresüberschuss i.H.v. $J = 600/11 \doteq 54{,}55$ PE ausgewiesen wird, als wenn ein Jahresüberschuss von $J = 0$ PE ausgewiesen wird. Diese Verbesserung setzt sich, im Vergleich zu $J = 0$ PE, aus der Erhöhung seines Steuerbarwertes i.H.v. 0 NE auf ca. 4,96 NE und einer Minderung der aus den Durchsetzungsanreizen befürchteten Unannehmlichkeiten von 10 NE um 7,93 NE auf 2,07 NE zusammen. Ohne Rücksicht auf das Bankhaus Market würde Mr. Manus also von seiner Liste der möglichen jahresabschlusspolitischen Maßnahmen Gebrauch machen, um anstatt des vorläufigen Jahresüberschuss i.H.v. 100 PE einen Jahresüberschuss von ca. 54,55 PE auszuweisen. $J = 100$ PE ist der ideale Jahresüberschuss i.S.d. Abschnittes B4.2 (S. 60ff.), $J \doteq 54{,}55$ PE der unverfälschte Jahresüberschuss i.S.d. Abschnittes B4.4 (S. 65ff.). Die Differenz i.H.v. ca. 44,55 PE verursacht im Vergleich zum Ausweis des vorläufigen Jahresüberschusses i.H.v. 100 PE eine Erhöhung des Disnutzens von Mr. Manus aus den Durchsetzungsanreizen von null NE auf ca. $(54{,}55 - 100)^2/1000 \doteq 2{,}07$ NE. Diese Erhöhung nimmt er in Kauf, um seinen Steuerbarwert von $100/11 = 9{,}09$ NE um $(600/11 - 100)^2/11 \doteq 4{,}13$ NE auf ca. 4,96 NE zu mindern. So verbessert er seinen Disnutzen im Vergleich zu $J = 0$ PE von $9{,}09 - 10 \doteq -0{,}91$ NE bei $J = 100$ um $2{,}07 - 4{,}13 \doteq -2{,}07$ NE auf $-0{,}91 - 2{,}07 = -2{,}98$ NE.

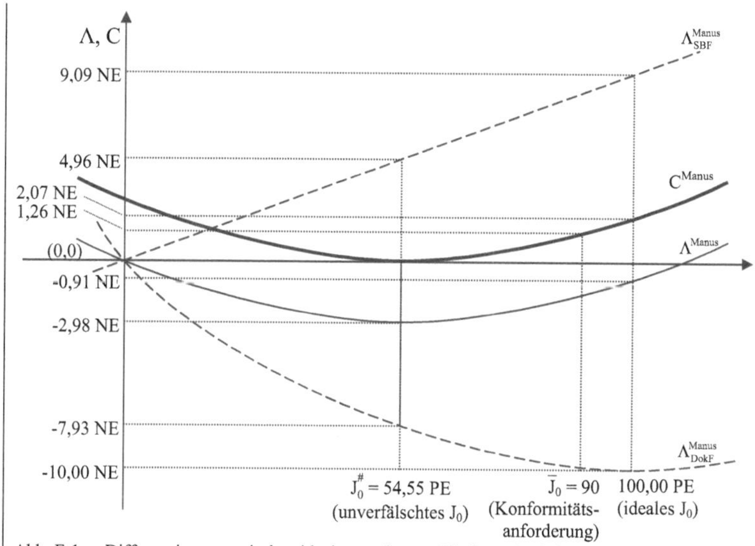

Abb. F-1: Differenzierung zwischen idealem und unverfälschtem Periodenergebnis

Oben wurde der Manipulationsmalus als Nutzeneinbuße durch Abweichung von dem Jahresüberschuss definiert, der optimal wäre, wenn der Kontrahent auf den Jahresüberschuss nicht reagieren würde. Dieser beträgt wie eben abgeleitet J = 54,55 PE. Der Manipulationsmalus ist die Nutzeneinbuße, die Mr. Manus in Kauf nehmen muss, um hiervon abzuweichen. Seine Manipulationsmalusfunktion beläuft sich also auf

(F-5) $$C^{Manus}_{t=0} = \frac{(J_0)^2}{1.000} - \frac{6}{55} \cdot J_0 - \left(-\frac{43.560}{14.641}\right) = \frac{(J_0 - 600/11)^2}{1.000} \doteq \frac{(J_0 - 54,55)^2}{1.000}$$

Es ist also $\omega_0^{Manus} = 1/1.000$ NE/PE² und der unverfälschte Jahresüberschuss $J_0^{\#Manus} \doteq 600/11 \doteq 54,55$ NE.

Um den für routinemäßige Prolongation erforderlichen Jahresüberschuss i.H.v. $\bar{J} = 90$ PE auszuweisen, müsste Mr. Manus also einen Manipulationsmalus i.H.v.

(F-6) $$C^{Manus}_{t=0} = \frac{(90 - 600/11)^2}{1.000} \doteq 1,26 \text{ NE}$$

„aufwenden". Da er aber bei Verweigerung routinemäßiger Prolongation Unannehmlichkeiten i.H.v. 500 NE zu erwarten hätte, weist er J = 90 PE aus, berichtet also konform, und nimmt den intratemporalen Manipulationsmalus i.H.v. ca. 1,26 NE in Kauf. Der intratemporale Konformitätswert beträgt somit ca. 500 − 1,26 = 498,74 NE.

Da die Konformitätsanforderung i.H.v. $\bar{J} = 90$ zwischen unverfälschtem Jahresüberschuss i.H.v. $J_0^{\#Manus} = 54,55$ und dem idealen, regeltreuen Jahresüberschuss i.H.v. J = 100 liegt, weist Mr. Manus trotz positiver Manipulation einen Jahresüberschuss unterhalb dieses idealen Jahresüberschusses aus; der unverfälschte Jahresüberschuss war ja nur der Steuerbemessungsfunktion wegen so niedrig.

Setzte Bankhaus Market einen Jahresüberschuss von mehr als $\bar{J} = 761,66$ PE für routinemäßige Prolongation voraus, dann würde Mr. Manus die Verweigerung routinemäßiger Prolongation in Kauf nehmen. Denn bei J = 761,66 PE würde er im Vergleich zu J = 54,55 PE einen steuerlichen Nachteil von 761,66/11 − 54,55/11 ≐ 64,28 NE und einen Nachteil hinsichtlich der Durchsetzungsanreize i.H.v. ((761,66 − 100)²/1000 − 10) − ((54,55 − 100)²/1000 − 10) ≐ 435,72 NE, zusammen also einen Nachteil im Vergleich zu J = 54,55 PE i.H.v. 64,28 + 435,72 = 500 NE in Kauf nehmen müssen, um die routinemäßige Prolongation zu erreichen.

2 Mehrperiodiger Planungshorizont

2.1 Flussdiagramm zur Optimierung der Manipulation im allgemeinen Fall

Wie auf S. 175 angekündigt, formalisiert Abb. F-2 (S. 318) [Abb. F-3 (S. 319)] das in Abschnitt D3.2.1 (S. 175ff.) [D3.2.2 (S. 181ff.)] erläuterte Verfahren zum Konformitätsverhalten [Manipulationsverhalten während Konformitätszeiträumen] als Flussdiagramm. Abb. F-3 zeigt das Verfahren zur Lösung von (D-22) S. 177. Hierauf beziehen sich die doppelwändigen Kästen in Abb. F-2. In Abb. F-3 entsprechen die Verfahrensstufen I–V und IX–XI [VI–VII] den Erläuterungen in Abschnitt D3.2.2.1 (S. 181ff.) [D3.2.2.2 (S. 185ff.)].

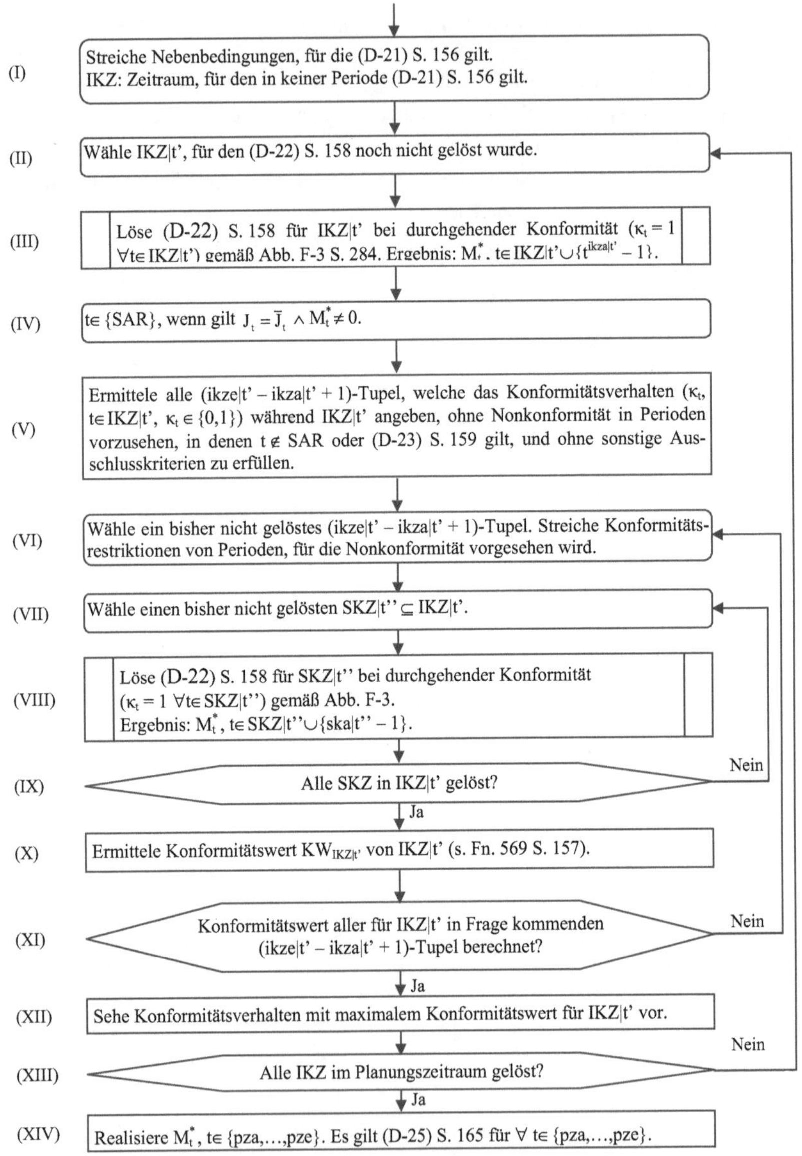

Abb. F-2: Optimierung des Konformitätsverhaltens bei vorgegebener Optimierung der Manipulation während Konformitätszeiträumen (s. Abb. F-3)

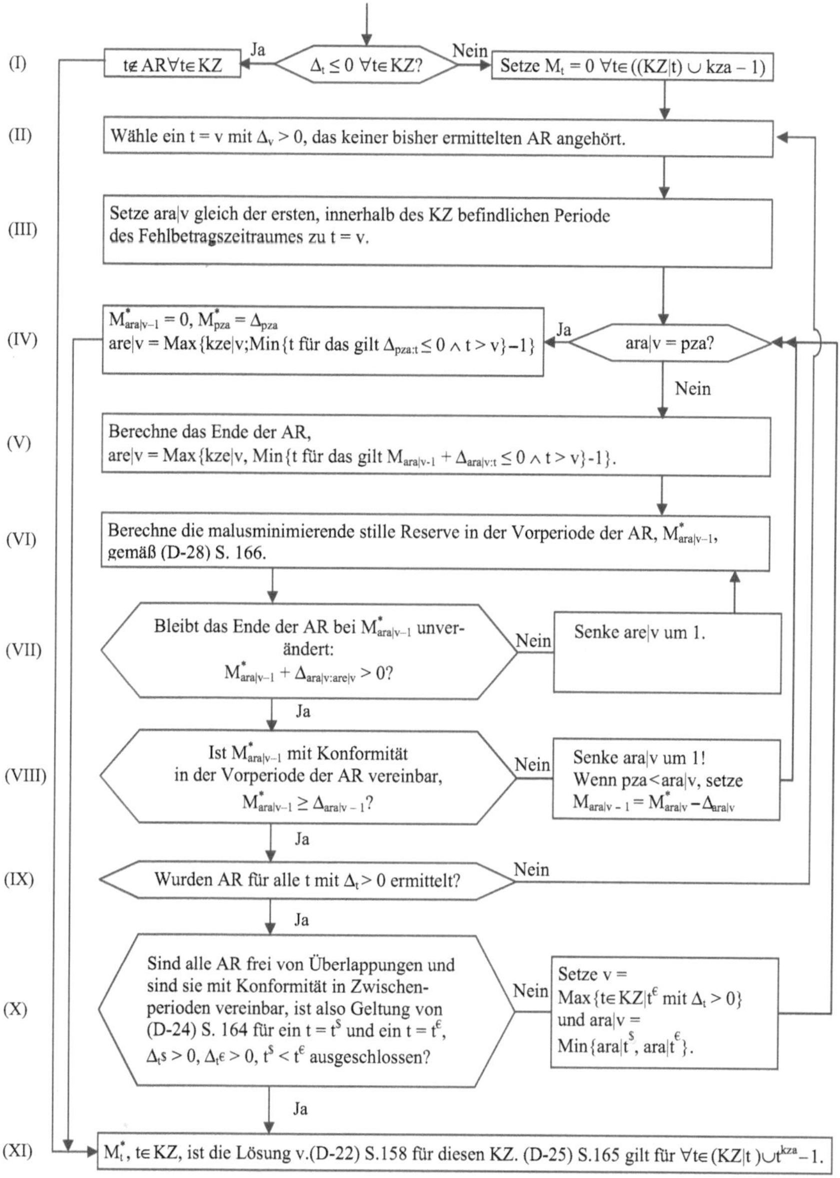

Abb. F-3: Optimierung der Manipulation während eines Konformitätszeitraumes inklusive der stillen Reserve in seiner Vorperiode

Bsp. F-3: Allgemeines Verfahren zur Optimierung von Manipulation und Konformität

Das Verfahren in Abb. F-2 und Abb. F-3 soll anhand der Werte im Bsp. D-9 S. 195 (s.a. Bsp. D-5 S. 184, Bsp. D-6 S. 189, Bsp. D-7 S. 190) demonstriert werden. Es war im Bsp. D-9 $\delta_{PZ} = (-5, -5, -5, 2, 4, 2, -5, 2, 4, 2, -5, -5, -5)$ für $t \in \{1, \ldots, 13\}$. Zur Übersicht vgl. auch die unten gezeigten Graphen. Es galt weiter $q = 1$ und $\omega_t^R = \omega_t^L = ¼$ $\forall t \in PZ$. Aus $\omega_t^R = \omega_t^L = ¼$ folgt $\omega^S = ⅛$ gemäß (D-7) S. 151. Zudem sei $E_t = E^{cst} = 10$ $\forall t$.[805] Mit „Schritt" ist im Folgenden „Verfahrensschritt" gemeint.

1. Schritt F-2 (I): Es ist $\sqrt{E/\omega^S} = \sqrt{80} > 4 = \max\{\Delta_3, \ldots, \Delta_{11}\}$, so dass (D-21) S. 176 keine Periode schon anhand intratemporaler Überlegungen als vorteilhaft für Nonkonformität identifiziert. Es müssen also alle Perioden $t \in \{3, \ldots, 11\}$ als potenziell für Konformität geeignet angesehen werden.

2. Schritt F-2 (II): Der einzige zunächst wählbare Konformitätszeitraum KZ|t, $t \in PZ$, ist $PZ = \{1, \ldots, 13\}$.

3. Schritt F-2 (III): Löse (D-22) S. 177 für $IKZ = \{1, \ldots, 13\}$ nach den Anweisungen in Abb. F-3.

4. Schritt F-3 (I): Da selbst das kleinste Anforderungsresiduum strikt positiv ist, also $\text{Min}\{\Delta_1, \ldots, \Delta_{13}\} > 0$, enthält der KZ mindestens einen Anspannungszeitraum. Man setze gedanklich die Manipulation während des KZ und ihrer Vorperiode gleich null.

5. Schritt F-3 (II): Man wähle willkürlich $v = 5$.

6. Schritt F-3 (III): Der Fehlbetragszeitraum zu $v = 5$ umfasst die Perioden $t \in \{4, 5, 6\}$. Da $kza|5 = 1 < 4$, beginnt die Anspannungsreichweite zunächst in $t = 4$, $ara|5 = 4$.

7. Schritt F-3 (IV): Da $ara|5 = 4 > pza$, ist mit der nächsten Verfahrensstufe fortzufahren.

8. Schritt F-3 (V): Die erste Periode mit negativem Anforderungsresiduum nach Umkehrwirkung bei $ara|5 = 4$ ist $t = 13$; mit $M_3 = 0$ ist $M_3 + \Delta_{4:12} = 1$, $M_3 + \Delta_{4:13} = -4$. Es ist deshalb $are|5 = 12$.

9. Schritt F-3 (VI): Die stille Reserve gemäß (D-28) S. 186 für $t = ara|5 - 1 = 3$ und $AR = \{4, \ldots, 12\}$ beträgt $-(2 \cdot ¼ \cdot (2+6+8+3+5+9+11+6+1))/(2 \cdot ¼ \cdot 10) = -5\ 1/10$ PE.

10. Schritt F-3 (VII): Bei $M_3 = -5\ 1/10$ PE endet die Anspannung bereits in $t = 11$; $M_3 + \Delta_{4:11} = 9/10$ PE, $M_3 + \Delta_{4:12} = -4\ 1/10$ PE. Es ist um eine Verfahrensstufe zurückzusetzen.

11. Schritt F-3 (VI): Die stille Reserve gemäß (D-28) S. 186 für $t = ara|5 - 1 = 3$ und $AR = \{4, \ldots, 11\}$ beträgt $-(2 \cdot ¼ \cdot (2+6+8+3+5+9+11+6))/(2 \cdot ¼ \cdot 9) = -5\ 5/9$ PE.

12. Schritt F-3 (VII): Bei $M_3 = -5\ 5/9$ PE endet die Anspannung in $t = 11$ wie bei der Berechnung von $M^*_{ara|5-1}$ unterstellt; $M_3 + \Delta_{4:11} = 4/9$ PE, $M_3 + \Delta_{4:12} = -4\ 5/9$ PE. Es kann mit der nächsten Verfahrensstufe fortgesetzt werden.

13. Schritt F-3 (VIII): $M_3 = -5\ 5/9$ ist ohne negative Manipulation in $t = 2$ nicht mit Konformität in $t = 3$ vereinbar. Es ist $ara|5 = 3$ sowie $M_2 = M_3 - \Delta_3 = -5\ 5/9 - (-5) = -5/9$ PE zu setzen und zur Verfahrensstufe F-3 (IV) zurückzugehen.

14. Schritt F-3 (IV): Da $ara|5 = 3 > pza$, ist mit der nächsten Verfahrensstufe fortzufahren.

---

805 Schon vor dem Beginn des Verfahrens können $t \in \{1, 13\}$ als Nonkonformitätsperioden wie folgt ausgeschlossen werden. Selbst mit vollständiger Vorsorge durch stille Reserven wäre in $t = 3$ nur i.H.v. $-(+2+4+2-5+2+4+2) = -11$ negativ zu manipulieren, in $t = 2$ also i.H.v. -6 und in $t = 1$ i.H.v. -1, was in $t=1$ keine Manipulation und deshalb erst recht keine Nonkonformität erforderlich machen würde. Gänzlich ohne stille Reserve in $t = 3$ betrüge die Umkehrwirkung in $t = 13$ $-(+2+4+2-5+2+4+2-5-5-5) = -4$, was keine Manipulation und deshalb keine Nonkonformität erforderlich machen würde. $t \in \{1, 13\}$ brauchen somit als Nonkonformitätsperioden nicht geprüft zu werden. Das Verfahren schließt dieses jedoch dadurch aus, dass ab Verfahrensstufe F-2 (IV) nur noch anspannungsbehaftete Perioden betrachtet werden.

15. Schritt F-3 (V): Die erste Periode mit negativem Anforderungsresiduum nach Umkehrwirkung bei $ara|5 = 3$ ist unverändert $t = 11$; mit $M_2 = -5/9$ ist $M_2 + \Delta_{3:11} = 4/9$, $M_2 + \Delta_{3:12} = -4\ 5/9$. Es ist deshalb weiterhin $are|5 = 11 = kze|5$.

16. Schritt F-3 (VI): Die stille Reserve gemäß (D-28) S. 186 für $t = ara|5 - 1 = 2$ und AR={3, …, 11} beträgt $-(2\cdot\frac{1}{4}\cdot(-5-3+1+3-2+0+4+6+1))/(2\cdot\frac{1}{4}\cdot 10) = -\frac{1}{2}$ PE.

17. Schritt F-3 (VII): Bei $M_2 = -\frac{1}{2}$ PE endet die Anspannung in $t = 11$ wie bei der Berechnung von $M^*_{ara|5-1}$ unterstellt; $M_2 + \Delta_{4:11} = \frac{1}{2}$ PE, $M_2 + \Delta_{4:12} = -4\frac{1}{2}$ PE.

18. Schritt F-3 (VIII): $M_2 = -\frac{1}{2}$ ist ohne negative Manipulation in $t = 1$ mit Konformität in $t = 2$ vereinbar.

19. Schritt F-3 (IX): Die AR zu $v = 5$ umfasst mit {3, …, 11} sämtliche Fehlbetragsperioden des KZ. Somit wurden die Anspannungsreichweiten aller Fehlbetragsperioden ermittelt.

20. Schritt F-3 (X): Überlappungen können nicht vorliegen, weil nur eine Anspannungsreichweite existiert.

21. Schritt F-3 (XI): Die optimale Lösung für Konformitätskontinuität ist $M_{PZ} = (0, -\frac{1}{2}, -5\frac{1}{2}, -3\frac{1}{2}, \frac{1}{2}, 2\frac{1}{2}, -2\frac{1}{2}, -\frac{1}{2}, 3\frac{1}{2}, 5\frac{1}{2}, \frac{1}{2}, 0, 0)$. Der Graph gestaltet sich wie folgt:

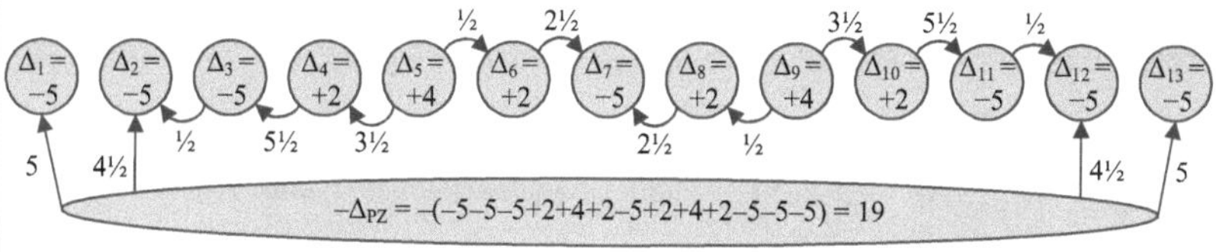

22. Schritt F-2 (IV): Es ist $t \in$ {SAR} $\forall t \in$ {3, …, 11}.

23. Schritt F-2 (V): Wegen $t \in$ {SAR} $\forall t \in$ {3, …, 11} können sämtliche 9-Tupel von Konformität und Nonkonformität in diesen Perioden optimal sein. Von diesen $2^9 = 512$ möglichen Kombinationen scheiden einige allerdings wegen der konstanten Manipulationsresistenzen, Konformitätsinzitamente und der Nicht-Existenz von Zinseffekten aus.

Unter diesen Umständen kann es nicht vorteilhaft sein, Nonkonformität in Überschussperioden vorzusehen, um dort stille Reserven für spätere Perioden zu bilden, weil dies höhere Manipulationsmalusse hervorruft als die negative Manipulation in der ersten der Fehlbetragsperioden, für die die stille Reserve zu bilden gewesen wäre. Die Überschussperioden scheiden somit als Nonkonformitätsperioden aus.

Es verbleiben noch $2^6 = 64$ Möglichkeiten. Vergleicht man isoliert für einen Fehlbetragszeitraum die Nonkonformität in der mittleren Fehlbetragsperiode $\Delta_5 = 4$ bzw. $\Delta_9 = 4$ mit der Nonkonformität in einer der beiden Nachbarperioden, muss die mittlere Periode vorzuziehen sein, weil durch die Verlagerung an den Rand des Fehlbetragszeitraumes lediglich zusätzlicher Verlagerungsaufwand entstehen kann und außerdem weniger Anforderungsresiduum durch Nonkonformität bewältigt wird, nämlich nur jeweils 2 PE statt jeweils 4 PE. Diese Argumentation soll hier als hinreichend angesehen werden, um zweimalige Nonkonformität nur in der Kombination $\kappa_t = 0$ für $t \in$ {5, 9} in Betracht zu ziehen. Weiter soll sie, analog angewendet, für den Ausschluss von $t \in$ {4, 10} als einmalige Nonkonformitätsperioden ausreichen. Was nicht auf den ersten Blick ausscheidet, ist einmalige Nonkonformität in den beiden Perioden $t = 6$ und $t = 8$.

Es verbleiben somit die folgenden Möglichkeiten des Konformitätsverhaltens: Konformitätskontinuität über den gesamten IKZ = {3, …, 11}; Einmalige Nonkonformität in $t = 5$, $t = 6$, $t = 8$ oder $t = 9$; oder zweimalige Konformität in $t = 5$ und $t = 9$. Diese 6 verbliebenen 13-Tupel,

$\kappa_{1:13} = (1, 1, 1, 1, 1, 1, 1, 1, 1, 1, 1, 1, 1)$ „Konformitätskontinuität"
$\kappa_{1:13} = (1, 1, 1, 1, 0, 1, 1, 1, 1, 1, 1, 1, 1)$ „Nonkonformität in $t = 5$"
$\kappa_{1:13} = (1, 1, 1, 1, 1, 0, 1, 1, 1, 1, 1, 1, 1)$ „Nonkonformität in $t = 6$"
$\kappa_{1:13} = (1, 1, 1, 1, 1, 1, 1, 0, 1, 1, 1, 1, 1)$ „Nonkonformität in $t = 8$"
$\kappa_{1:13} = (1, 1, 1, 1, 1, 1, 1, 1, 0, 1, 1, 1, 1)$ „Nonkonformität in $t = 9$"
$\kappa_{1:13} = (1, 1, 1, 1, 0, 1, 1, 1, 1, 0, 1, 1, 1)$ „Nonkonformität in $t = 5$ und $t = 9$"

sollen mit Hilfe des Verfahrens in Abb. F-2 und Abb. F-3 geprüft werden.

24. Schritt F-2 (VI): Man wähle das oben erstgenannte 13-Tupel, Konformitätskontinuität über den gesamten IKZ: $\kappa_{1:13} = (1, 1, 1, 1, 1, 1, 1, 1, 1, 1, 1, 1, 1)$. Es ist keine Konformitätsrestriktion zu streichen.

25. Schritt F-2 (VII): Bei $\kappa_{1:13} = (1, 1, 1, 1, 1, 1, 1, 1, 1, 1, 1, 1, 1)$ ist $SKZ|t'' = IKZ|t'\ \forall t',t'' \in \{1, \ldots, 13\}$. Es gibt also in dem (einzigen) betrachteten intratemporal identifizierbaren Konformitätszeitraum nur einen einzigen supratemporal identifizierbaren Konformitätszeitraum bei diesem Konformitätsverhalten.

26. Schritt F-2 (VIII): Die optimale Manipulation wurde bereits in der Verfahrensstufe F-2 (III) ermittelt.

27. Schritt F-2 (IX): Der einzige SKZ im IKZ wurde gelöst.

28. Schritt F-2 (X): Die Manipulationsmalusse des SKZ = {1, …, 13} betragen insgesamt $C_{1:13} = 0 + \frac{1}{4} \cdot ((-\frac{1}{2})^2 + (-5\frac{1}{2})^2 + (-3\frac{1}{2})^2 + (\frac{1}{2})^2 + (2\frac{1}{2})^2 + (-2\frac{1}{2})^2 + (-\frac{1}{2})^2 + (3\frac{1}{2})^2 + (5\frac{1}{2})^2 + (\frac{1}{2})^2) + 0 + 0 = 24\,\frac{5}{8}$ NE, und das Konformitätsinzitament insgesamt $E_{1:13} = 13 \cdot 10 = 130$ NE, so dass der Konformitätswert $130 - 24\,\frac{5}{8} = 105\,\frac{3}{8}$ NE beträgt.

29. Schritt F-2 (XI): Es verbleiben fünf Konformitäts-13-Tupel für IKZ={1, …, 13} zu prüfen.

30. Schritt F-2 (VI): Man setze mit einmaliger Nonkonformität in $t = 5$ fort, $\kappa_{1:13} = (1, 1, 1, 1, 0, 1, 1, 1, 1, 1, 1, 1, 1)$.

31. Schritt F-2 (VII): Man wähle den SKZ={1, …, 4}.

32. Schritt F-2 (VIII): Durchführung des Verfahrens in Abb. F-3 ergibt $M^*_{1:4} = (0, 0, -1, 1)$.

33. Schritt F-2 (IX): SKZ={6, …, 13} ist noch zu prüfen.

34. Schritt F-2 (VII): Man wähle SKZ={6, …, 13}.

35. Schritt F-2 (VIII): Durchführung des Verfahrens in Abb. F-3 ergibt $M^*_{5:13} = (-1, 1, -4, -2, 2, 4, 0, 0, 0)$.

36. Schritt F-2 (IX): Alle SKZ bei dem Konformitätsverhalten „Nonkonformität in $t = 5$" sind geprüft worden. Der Graph nimmt die folgende Gestalt an:

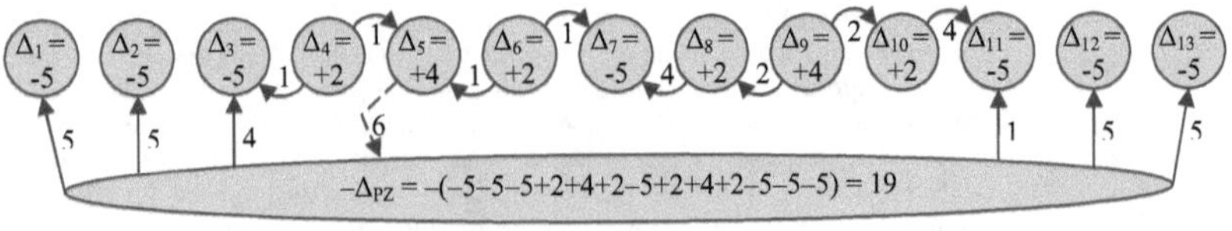

37. Schritt F-2 (X): Die Manipulationsmalusse betragen für die beiden SKZ ½ bzw. 10 ½, in der Summe 11 NE. Das Konformitätsinzitament beträgt $E_{3:9} = 12 \cdot 10 = 120$, weil ja E_5 nicht erzielt wird, so dass sich der Konformitätswert auf $120 - 11 = 109$ NE beläuft.

Der Wechsel von Konformitätskontinuität zu einmaliger Nonkonformität in t = 5 hat also ein Konformitätsinzitament i.H.v. 10 gekostet, aber eine Ersparnis von Manipulationsmalus i.H.v. $24\frac{5}{8}-11=13\frac{5}{8}$, also einen Vorteil von $13\frac{5}{8}-10=3\frac{5}{8}>0$ eingebracht. Die einmalige Nonkonformität in t = 5 ist also der Konformitätskontinuität vorzuziehen.

Die Durchführung der Verfahrensstufen F-2 (VI–X) für die übrigen Konformitätsverhaltens-13-Tupel ergeben die folgenden Konformitätsinzitamente, Manipulations-Vektoren und Konformitätswerte:

κ_{PZ}	E_{PZ}	M_{PZ}													C_{PZ}	KW_{PZ}
		1	2	3	4	5	6	7	8	9	10	11	12	13		
Konf.-Kontin.	130	0	−½	−5½	−3½	½	2½	−2½	−½	3½	5½	½	0	0	24⅝	105⅜
Nonkonf. in t = 5	120	0	0	−1	1	−1	1	−4	−2	2	4	0	0	0	11	109
Nonkonf. in t = 6	120	0	0	−2⅔	−⅔	3⅓	0	−4	−2	2	4	0	0	0	14⅔	105⅓
Nonkonf. in t = 8	120	0	0	−4	−2	2	4	0	−3⅓	⅔	2⅔	0	0	0	14⅔	105⅓
Nonkonf. in t = 9	120	0	0	−4	−2	2	4	−1	1	−1	1	0	0	0	11	109
Nonkonf. in t = 5, 9	110	0	0	−1	1	−1	1	−1	1	−1	1	0	0	0	2	108

38. Schritt F-2 (XI): Alle Konformitätsverhaltens-Tupel des IKZ = {1, …, 13} sind geprüft worden.

39. Schritt F-2 (XII): Der Ersteller ist indifferent zwischen einmaliger Konformität in t = 5 und t = 9. Diese beiden Konformitätsverhaltens-Tupel dominieren die übrigen. Die Äquivalenz von jeweils einmaliger Nonkonformität in t = 5 und t = 9 respektive t = 6 und t = 8 ist auf die zeitliche Symmetrie der Werte des Beispiels, auf die Konstanz und Symmetrie der Manipulationsresistenzen sowie auf die fehlende Verzinsung zurückzuführen.

40. Schritt F-2 (XIII): Der einzige IKZ des Planungszeitraumes, IKZ = {1, …, 13}, ist geprüft worden.

41. Schritt F-2 (XIV): Der Ersteller realisiert Nonkonformität in t = 5 oder t = 9. Die beiden M^*_{PZ} gehen aus der obigen Tabelle hervor.

2.2 Terminierung einmaliger Nonkonformität

2.2.1 Stille Reserven als Determinanten der Terminierung

Im Folgenden wird – wie in Abschnitt D5.2.2 auf S. 268 angekündigt – mit (F-11) (F-12) gezeigt, dass die durch stille Reserven erzielbare Malusmilderung mit der Höhe der gebildeten stillen Reserve anwächst. Mit (F-16) wird – wie auf S. 271 angekündigt – ein formales Kriterium für das Vorzeichen der Veränderung der durch stille Reserven erzielbaren Malusmilderung im Zeitablauf abgeleitet.

Um bei der Terminierung einmaliger Nonkonformität die Möglichkeit zur Bildung umkehrender stiller Reserven in der Nonkonformitätsperiode zu berücksichtigen, ist (D-61) S. 263 neu zu formulieren. Der Vorteil des Wartens mit der Nonkonformität beträgt (neu hinzugekommene Glieder sind fett geschrieben, die malusminimierende stille Reserve $M_t^* < 0$ ist (D-28) S. 186 zu entnehmen):[806]

$$
\begin{aligned}
W_{t'}^{mSR} &= -C_{ka:ae_{t'+1}}\Big|_{nk=t'+1} - \left(-C_{ka:ae_{t'}}\Big|_{nk=t'}\right) \\
&= \left[\sum_{t=ka}^{t=t'-1} q^{-t}\cdot\omega_t^L\cdot\Delta_{ka:t}^2 + \mathbf{q}^{-t'}\cdot\boldsymbol{\omega}_{t'}^{R}\cdot\left(\mathbf{M}_{t'}^*\right)^2 + \sum_{t=t'+1}^{t=ae_{t'}} q^{-t}\cdot\omega_t^{RL}\cdot\left(\Delta_{(t'+1):t} + \mathbf{M}_{t'}^*\right)^2\right] \\
&\quad - \left[\begin{array}{l} \displaystyle\sum_{t=ka}^{t=t'} q^{-t}\cdot\omega_t^L\cdot\Delta_{ka:t}^2 + \mathbf{q}^{-(t'+1)}\cdot\boldsymbol{\omega}_{t'+1}^{R}\cdot\left(\mathbf{M}_{t'+1}^*\right)^2 \\ \qquad\qquad\qquad \displaystyle + \sum_{t=t'+2}^{t=ae_{t'+1}} q^{-t}\cdot\omega_t^{RL}\cdot\left(\Delta_{(t'+2):t} + \mathbf{M}_{t'+1}^*\right)^2 \end{array}\right]
\end{aligned}
$$

$$
\begin{aligned}
&= -q^{-t'}\cdot\left(\omega_{t'}^L\cdot\Delta_{ka:t'}^2 - \boldsymbol{\omega}_{t'}^{R}\cdot\left(\mathbf{M}_{t'}^*\right)^2\right) \qquad \Rightarrow \\
&\quad + q^{-(t'+1)}\cdot\left(\omega_{t'+1}^{RL}\cdot\left(\Delta_{t'+1} + \mathbf{M}_{t'}^*\right)^2 - \boldsymbol{\omega}_{t'+1}^{R}\cdot\left(\mathbf{M}_{t'+1}^*\right)^2\right) \\
&\quad + \sum_{t=t'+2}^{t=ae_{t'+1}} q^{-t}\cdot\left(\omega_t^{RL}\cdot\left(\Delta_{t'+1} + \Delta_{(t'+2):t} + \mathbf{M}_{t'}^*\right)^2 - \omega_t^{RL}\cdot\left(\Delta_{(t'+2):t} + \mathbf{M}_{t'+1}^*\right)^2\right) \\
&\quad + \sum_{t=ae_{t'+1}+1}^{t=ae_{t'}} q^{-t}\cdot\omega_t^{RL}\cdot\left(\Delta_{(t'+1):t} + \mathbf{M}_{t'}^*\right)^2
\end{aligned} \tag{F-7}
$$

$$
\begin{aligned}
W_{t'}^{mSR} &= -q^{-t'}\cdot\left(\omega_{t'}^L\cdot\Delta_{ka:t'}^2 - \boldsymbol{\omega}_{t'}^{R}\cdot\left(\mathbf{M}_{t'}^*\right)^2\right) \\
&\quad + q^{-(t'+1)}\cdot\left[\omega_{t'+1}^{RL}\cdot\left(\Delta_{t'+1}^2 + \left(\left(\mathbf{M}_{t'}^*\right)^2 + \mathbf{2}\cdot\boldsymbol{\Delta}_{t'+1}\cdot\mathbf{M}_{t'}^*\right)\right) - \boldsymbol{\omega}_{t'+1}^{R}\cdot\left(\mathbf{M}_{t'+1}^*\right)^2\right] \\
&\quad + \sum_{t=t'+2}^{t=ae_{t'+1}} q^{-t}\cdot\omega_t^{RL}\cdot\left[\begin{array}{l} \Delta_{t'+1}^2 + 2\cdot\Delta_{(t'+2):t}\cdot\Delta_{t'+1} \\ + \left(\left(\mathbf{M}_{t'}^*\right)^2 + \mathbf{2}\cdot\boldsymbol{\Delta}_{(t'+1):t}\cdot\mathbf{M}_{t'}^*\right) \\ - \left(\left(\mathbf{M}_{t'+1}^*\right)^2 + \mathbf{2}\cdot\boldsymbol{\Delta}_{(t'+2):t}\cdot\mathbf{M}_{t'+1}^*\right) \end{array}\right] \\
&\quad + \sum_{t=ae_{t'+1}+1}^{t=ae_{t'}} q^{-t}\cdot\omega_t^{RL}\cdot\left[\Delta_{(t'+1):t}^2 + \left(\left(\mathbf{M}_{t'}^*\right)^2 + \mathbf{2}\cdot\boldsymbol{\Delta}_{(t'+1):t}\cdot\mathbf{M}_{t'}^*\right)\right]
\end{aligned} \tag{F-8}
$$

Im Vergleich zu (D-61) ist der Manipulationsmalus der Bildung der malusminimierenden stillen Reserven jeweils in der Periode der Nonkonformität, t=t' respektive t=t' + 1, hinzugekommen. Dafür reduzieren diese stillen Reserven die positive Manipulation in den Folgeperioden. Aufgrund der Vorteilhaftigkeit der Bildung der stillen Reserve muss ihre Bildung den Barwert der Manipulationsmalusse bis zum Anspannungsende jeweils reduzieren, also sowohl bei Nonkonformität in t' als auch in t' + 1.

806 In diesem Abschnitt F2.2.1 wird die Manipulationsresistenz wieder ω_t^{RL} geschrieben, um die möglichen Manipulationsrichtungen in der jeweiligen Periode anzudeuten. Inhaltlich gilt aber weiterhin Ann. D-8 c) S. 260; $\omega_t^{RL} = \omega_t^L = \omega_t^R = \omega\forall t$.

Ersetzt man in (F-8) $W_{t'}^{oSR}$ gemäß (D-61) S. 263 und ordnet die aufgrund stiller Reserven hinzugekommenen Glieder erstens nach der Periode, aus der die stille Reserve herrührt, und zweitens nach der Potenz der stillen Reserve, erhält man als Warteeffekt:

$$\text{(F-9)} \qquad W_{t'}^{mSR} = W_{t'}^{oSR} + W_{t'}^{ESR} \text{ mit } W_{t'}^{ESR} = (-ESR_{t'+1}) - (-ESR_{t'}) \text{ und}$$

$$ESR_{t'+1} = \left(q^{-(t'+1)} \cdot \omega_{t'+1}^{R} + \sum_{t=t'+2}^{t=ae_{t'+1}} q^{-t} \cdot \omega_t^{RL}\right) \cdot \left(M_{t'+1}^*\right)^2 + \left(\sum_{t=t'+2}^{t=ae_{t'+1}} q^{-t} \cdot \omega_t^{RL} \cdot 2 \cdot \Delta_{(t'+2):t}\right) \cdot M_{t'+1}^*$$

$$ESR_{t'} = \left(q^{-t'} \cdot \omega_{t'}^{R} + \sum_{t=t'+1}^{t=ae_{t'}} q^{-t} \cdot \omega_t^{RL}\right) \cdot \left(M_{t'}^*\right)^2 + \left(\sum_{t=t'+1}^{t=ae_{t'}} q^{-t} \cdot \omega_t^{RL} \cdot 2 \cdot \Delta_{(t'+1):t}\right) \cdot M_{t'}^*$$

$W_{t'}^{ESR}$ ist der auf die Veränderungen der Malusmilderung stiller Reserven zurückzuführende Warteeffekt. $ESR_{t'}$ [$ESR_{t'+1}$] ist kleiner null und gibt die Malusmilderung stiller Reserven bei Nonkonformität in t=t' [t=t' + 1] an. Es gibt jeweils der erste Untersummand des ersten Summanden den Malus der Bildung, der zweite Untersummand des ersten Summanden den Wiederholungseffekt und der zweite Summand den Progressionseffekt der stillen Reserve an. Anders als beim Progressionswartevorteil (s.S. 264) schwächt der Progressionseffekt die Wirkung der stillen Reserve ab. Fraglich ist nun, wann die stille Reserve die größere Malusmilderung bringt, bei Nonkonformität in t=t' oder in t=t' + 1. Ist ersteres [letzteres] der Fall, ist $W_{t'}^{ESR}$ negativ [positiv].

Die zweite respektive dritte Zeile von (F-9) ist eine Parabel, welche die Malusmilderung durch malusminimierende stille Reserve in t=t' respektive t=t' + 1 angibt. Man erhält als malusminimierende stille Reserve für t=t' respektive t=t' + 1 analog zu (D-28) S. 186 [807]

$$\text{(F-10)} \qquad M_{t'}^* = -\frac{\sum_{t=t'+1}^{t=ae_{t'}} q^{-t} \cdot \omega_t^{RL} \cdot \Delta_{(t'+1):t}}{q^{-t'} \cdot \omega_{t'}^{R} + \sum_{t=t'+1}^{t=ae_{t'}} q^{-t} \cdot \omega_t^{RL}}; \quad M_{t'+t}^* = -\frac{\sum_{t=t'+2}^{t=ae_{t'+1}} q^{-t} \cdot \omega_t^{RL} \cdot \Delta_{(t'+2):t}}{q^{-(t'+1)} \cdot \omega_{t'+1}^{R} + \sum_{t=t'+2}^{t=ae_{t'+1}} q^{-t} \cdot \omega_t^{RL}}$$

Da sich $M_{t'}^*$ aus der Minimierung des die Malusmilderung wiedergebenden Ausdruckes ergibt, beträgt die Malusmilderung durch stille Reserven bei Nonkonformität in t=t' gemäß Einsetzung der Binomialkoeffizienten aus (F-9) in $-b^2/4a + c$ [808]

807 Die Minimalstelle einer Parabel $a \cdot x^2 + b \cdot x + c$ findet sich bekanntlich i.H.d. negativen Hälfte des Verhältnisses zwischen dem zweiten und dem ersten Binomialkoeffizienten; $2 \cdot a \cdot x + b = 0 \Rightarrow x = -b/2a$. In (F-9) ergibt sich a aus der jeweils ersten runden Klammer und b aus der zweiten.

808 Das Minimum der Parabel aus Fn. 807 beträgt $a \cdot (-b/2a)^2 + b \cdot (-b/2a) + c = -b^2/4a + c$.

(F-11) $$ESR_{t'} = -\frac{\left(\sum_{t=t'+1}^{t=ae_{t'}} q^{-t} \cdot \omega_t^{RL} \cdot \Delta_{(t'+1):t}\right)^2}{q^{-t'} \cdot \omega_{t'}^{R} + \sum_{t=t'+1}^{t=ae_{t'}} q^{-t} \cdot \omega_t^{RL}} = M_{t'}^{*} \cdot \sum_{t=t'+1}^{t=ae_{t'}} q^{-t} \cdot \omega_t^{RL} \cdot \Delta_{(t'+1):t}$$

und

(F-12) $$ESR_{t'+1} = -\frac{\left(\sum_{t=t'+2}^{t=ae_{t'+1}} q^{-t} \cdot \omega_t^{RL} \cdot \Delta_{(t'+2):t}\right)^2}{q^{-(t'+1)} \cdot \omega_{t'+1}^{R} + \sum_{t=t'+2}^{t=ae_{t'+1}} q^{-t} \cdot \omega_t^{RL}} = M_{t'+1}^{*} \cdot \sum_{t=t'+2}^{t=ae_{t'+1}} q^{-t} \cdot \omega_t^{RL} \cdot \Delta_{(t'+2):t}$$

Der erste Multiplikand in (F-11) und (F-12) stellt die gebildete stille Reserve dar, die Summation die hälftige Summe der Grenzmalusse bis zum Anspannungsende. Deren Produkt ergibt die Malusminderung über den restlichen Anspannungszeitraum. Dies ist ein Ergebnis der Linearität des Grenzmalusses. Siehe hierzu auch Abb. D-25 S. 268.

Für $W_{t'}^{ESR}$ erhält man durch Einsetzen von (F-11) und (F-12) in (F-9):

(F-13) $$\begin{aligned} W_{t'}^{ESR} = {} & q^{-(t'+1)} \cdot \omega_{t'+1}^{RL} \cdot M_{t'}^{*} \cdot \Delta_{t'+1} + \sum_{t=t'+2}^{t=ae_{t'+1}} q^{-t} \cdot \omega_t^{RL} \cdot \left(\left(M_{t'}^{*} - M_{t'+1}^{*}\right) \cdot \Delta_{(t'+2):t} + M_{t'}^{*} \cdot \Delta_{t'+1}\right) \\ & + \sum_{t=ae_{t'+1}+1}^{t=ae_{t'}} q^{-t} \cdot \omega_t^{L} \cdot M_t^{*} \cdot \Delta_{(t'+1):t} \end{aligned}$$

Wegen $M_{t'}^{*} < 0$, $\Delta_{t'+1:t} > 0 \ \forall t \in \{t'+1, \ldots, ae_{t'}\}$ und $\Delta_{t'+2:t} > 0 \ \forall t \in \{t'+2, \ldots, ae_{t'+1}\}$ kann eine durch Warten herbeigeführte Steigerung der durch stille Reserven erzielbaren Malusmilderung, also der Fall $W_{t'}^{ESR} > 0$ nur vorkommen, wenn die malusminimierende stille Reserve gemäß (F-10) in $t=t'$ absolut kleiner ist als diejenige in $t=t'+1$. Zu den Bestimmungsgrößen der Höhe stiller Reserven vgl. Abschnitt D5.2.2 (S. 267ff.).

Um das Vorzeichen von $W_{t'}^{ESR}$ – wie auf S. 271 angekündigt – zu eruieren, sei der Quadrant des Zählers respektive der Nenner in (F-11) [(F-12)] mit $Z_{t'}$ respektive $N_{t'}$ [$Z_{t'+1}$ respektive $N_{t'+1}$] bezeichnet. Es ist annahmegemäß[809] $\omega_{t'+1}^{R} = \omega_{t'+1}^{L}$. Der Ausdruck, den man erhält, wenn man im Quadranten des Zählers von (F-12) den von der Summation erfassten Zeitraum von $t=ae_{t'+1}$ auf $t=ae_{t'}$ verlängert, soll als $Z_{t'+1}^{oVWV}$ bezeichnet werden; $Z_{t'+1}^{oVWV} = \sum_{t=t'+2}^{t=ae_{t'}} q^{-1} \cdot \omega_t^{RL} \cdot \Delta_{(t'+2):t}$. Analog sei $N_{t'+1}^{oVWV} = \sum_{t=t'+1}^{t=ae_{t'}} q^{-t} \cdot \omega_t^{RL}$. Da $Z_{t'} = N_{t'+1}^{oVWV} \cdot \Delta_{t'+1} + Z_{t'+1}^{oVWV}$, erhält man aus

809 Vgl. Fn. 806 S. 324.

$$\text{(F-14)} \qquad W_{t'}^{ESR} = -ESR_{t'+1} - (-ESR_{t'}) = \frac{(Z_{t'+1})^2}{N_{t'+1}} - \frac{(Z_{t'})^2}{N_{t'}} > 0$$

die Binomialungleichung in $\Delta_{t'+1}$

$$\text{(F-15)} \qquad \left(N_{t'+1}^{oVWV}\right)^2 \cdot \Delta_{t'+1}^2 + \left(2 \cdot N_{t'+1}^{oVWV} \cdot Z_{t'+1}^{oVWV}\right) \cdot \Delta_{t'+1} + \left(Z_{t'+1}^{oVWV}\right)^2 - \frac{N_{t'}}{N_{t'+1}} \cdot (Z_{t'+1})^2 < 0$$

mit der Scheitelstelle $-Z_{t'+1}^{oVWV}/N_{t'+1}^{oVWV} < 0$. Da $\Delta_{t'+1} > 0$, interessiert hier die höhere der beiden Nullstellen (man setze für M_t^* für $-Z_t/N_t$ ein):

$$\text{(F-16)} \qquad \Delta_{t'+1} = -\frac{Z_{t'+1}^{oVWV}}{N_{t'+1}^{oVWV}} - \frac{\sqrt{N_{t'} \cdot N_{t'+1}}}{N_{t'+1}^{oVWV}} \cdot M_{t'+1}^*$$

Für niedrigere [höhere] $\Delta_{t'+1}$ ist $W_{t'}^{ESR}$ positiv [negativ]. $-Z_{t'+1}^{oVWV}/N_{t'+1}^{oVWV}$ muss absolut kleiner sein als $M_{t'+1}^*$.[810] Es gilt stets $N_{t'} > N_{t'+1}^{oVWV} = N_{t'} - q^{-t'} \cdot \omega_{t'}^R \geq N_{t'+1} > 0$. Ohne Verkürzungswartevorteil ist $N_{t'} - N_{t'+1} = q^{-t'} \cdot \omega_{t'}^R$. Weiter gilt in diesem Fall $Z_{t'+1}^{oVWV} = Z_{t'+1}$, $N_{t'+1}^{oVWV} = N_{t'+1}$ und somit $-Z_{t'+1}^{oVWV}/N_{t'+1}^{oVWV} = M_{t'+1}^*$. (F-16) wird dann zu

$$\text{(F-17)} \qquad \Delta_{t'+1} = M_{t'+1}^* - \sqrt{N_{t'}/N_{t'+1}} \cdot M_{t'+1}^* = -\left(\sqrt{N_{t'}/N_{t'+1}} - 1\right) \cdot M_{t'+1}^* > 0$$

Bspw. beträgt bei $q=1$, $t'=1$, $ae_{t'}=ae_{t'+1}=5$ und $\omega_t^R=\omega_t^L=\omega \ \forall \ t$ der Wert, unterhalb dessen der Fehlbetrag in $t=2$ so niedrig ist, dass das Warten zu einer Erhöhung der Malusmilderung durch stille Reserven führt, $[(5/4)^{½} - 1] \doteq 0{,}118$ der stillen Reserve, die in $t' + 1 = 2$ für den restlichen Anspannungszeitraum gebildet würde. Für höhere Fehlbeträge in $t=2$ führt das Warten zu einer Senkung der Malusmilderung durch stille Reserven. Bei $q=1{,}1$ läge diese Grenze bei $-[((1 - 1{,}1^{-5})/(1 - 1{,}1^{-4}))^{½} - 1] \cdot M_{t'+1}^* \doteq -0{,}094 \cdot M_{t'+1}^*$.

Der Verkürzungswartevorteil VWV senkt $N_{t'+1}$ und $M_{t'+1}^*$ und somit den Wert, den $\Delta_{t'+1}$ gemäß (F-16) überschreiten muss, damit die Malusmilderung durch stille Reserven mit dem Abwarten sinkt. Er kann dazu führen, dass $\Delta_{t'+1}$ gemäß (F-16) negativ wird, so dass es kein solches positives $\Delta_{t'+1}$ gibt und das Warten innerhalb des Fehlbetragszeitraumes stets die durch stille Reserven erzielbare Malusmilderung mindert.

---

810 $-Z_{t'+1}^{oVWV}/N_{t'+1}^{oVWV}$ ist die stille Reserve, die in $t=t'+1$ gebildet würde, wenn $t \in \{t'+1, \ldots, ae_{t'}\}$ als Anspannungsreichweite zugrunde gelegt würde. Damit würde unterstellt, dass bis einschließlich $ae_{t'}$ i.H.d. seit $t=t'+1$ kumulierten Anforderungsresiduums abzüglich der stillen Reserve manipuliert würde. Dann würde ab $t=ae_{t'+1}$ (suboptimaler Weise) negativ manipuliert. In die stille Reserve $-Z_{t'+1}^{oVWV}/N_{t'+1}^{oVWV}$ fließt somit ein, dass sie ab $t=ae_{t'+1}$ negative Manipulation auslöst. Diese stille Reserve in $t=t'+1$ wäre deshalb absolut kleiner als $M_{t'+1}^*$.

2.2.2 Gleich bleibende Fehlbeträge, stille Reserven, anschließende Entspannung

Wie auf S. 279 am Ende von Abschnitt D5.4.1 angekündigt, soll hier die optimale Nonkonformitätsperiode unter Berücksichtigung stiller Reserven im Falle gleich bleibender Fehlbeträge mit sofortiger anschließender Entspannung ermittelt werden.

Es ist zunächst die malusminimierende stille **Reserve** zu errechnen. Im o.g. Fall wurden die Anforderungsresiduen während der Fehlbetragsperiode und der Resistenzkoeffizient für positive Manipulation für alle Perioden als gleich angenommen; $\Delta_t = \bar{\bar{\Delta}}$, $\omega_t^{RL} = \omega_t^R = \omega_t^L = \omega \ \forall t$ und $q = 1$. Aus (D-27) und (D-28) S. 186 ergibt sich

$$\text{(F-18)} \qquad M_{t'}^* = -\frac{\sum_{t=t'+1}^{t=ve} \omega_t^{RL} \cdot q^{-t} \cdot \Delta_{(t'+1):t}}{\sum_{t=t'}^{t=ve} \omega_t^{RL} \cdot q^{-t}} = -\frac{\omega^L \cdot \sum_{t=t'+1}^{t=ve} \bar{\bar{\Delta}} \cdot (t-(t'+1)+1)}{\omega_{t'}^R + \sum_{t=t'+1}^{t=ve} \omega^L}$$

Berücksichtigt man, dass die Summe der Folge {1, 2, 3, …, n} $\frac{1}{2} \cdot n \cdot (n+1)$[811] beträgt;

$$\text{(F-19)} \qquad \sum_{t=t'+1}^{t=ve} (t-(t'+1)+1) = 1/2 \cdot (ve-t') \cdot (ve-t'+1) \quad \text{und dass}$$

$$\text{(F-20)} \qquad \omega_{t'}^R + \sum_{t=t'+1}^{t=ve} \omega_t^L = \omega + \sum_{t=t'+1}^{t=ve} \omega = \omega \cdot (1+(ve-(t'+1)+1)) = \omega \cdot (ve-t'+1),$$

für $\omega_t^{RL} = \omega_t^R = \omega_t^L = \omega \ \forall t$ gemäß Ann. D-8 c) S. 260, dann erhält man aus (F-18)

$$\text{(F-21)} \qquad M_{t'}^* = -\frac{\omega \cdot \bar{\bar{\Delta}} \cdot 1/2 \cdot (ve-t') \cdot (ve-t'+1)}{\omega \cdot (ve-t'+1)} = -\bar{\bar{\Delta}} \cdot 1/2 \cdot (ve-t')$$

Wie in den auf S. 191 und S. 269 behandelten, einfachen Fällen entspricht der Absolutbetrag von $M_{t'}^*$ also der von t = t' bis t = ve durchschnittlichen Manipulation bei $M_{t'} = 0$; dann gleichen sich die Grenzmalusse negativer und positiver Manipulation.

Es wird bei ungerader [gerader] Zahl verbleibender Fehlbetragsperioden von t = t' bis $t = t' + \frac{1}{2} \cdot (ve - t') - \frac{1}{2}$ negativ [bis $t = t' + \frac{1}{2} \cdot (ve - t') - 1$ negativ, in $t = t' + \frac{1}{2} \cdot (ve - t')$ gar nicht] und anschließend bis t = ae = ve positiv manipuliert. Für die malusminimierende stille Reserve in t=t' + 1 folgt aus (F-21)

$$\text{(F-22)} \qquad M_{t'+1}^* = -\bar{\bar{\Delta}} \cdot 1/2 \cdot (ve-(t'+1))$$

Es kann (F-9) S. 325 die **Malusmilderung** durch stille Reserven bei Nonkonformität in t=t' im Vergleich zur Unterlassung jeglicher Manipulation in t=t', $ESR_{t'}^{GF}$, in der Standardform

811 Vgl. Bronstein/Semendjajew (1980) S. 166.

eines Binomials entnommen werden.[812] Berücksichtigt man o.g. Annahmen, $\Delta_t = \overline{\overline{\Delta}}$, $\omega_t^{RL} = \omega_t^{R} = \omega_t^{L} = \omega \ \forall t$, q = 1, $ae_{t'} = ae_{t'+1} = ve$, wird sie zu

$$\text{(F-23)} \qquad ESR_{t'}^{GF} = \left(M_{t'}^*\right)^2 \cdot \sum_{t=t'}^{t=ve} \omega + M_{t'}^* \cdot \sum_{t=t'+1}^{t=ve} \omega \cdot 2 \cdot \overline{\overline{\Delta}} \cdot \left(t - (t'+1) + 1\right)$$

Aus (F-23) und (F-19) erhält man

$$\text{(F-24)} \qquad ESR_{t'}^{GF} = \left(M_{t'}^*\right)^2 \cdot \omega \cdot (ve - t'+1) + M_{t'}^* \cdot \omega \cdot \overline{\overline{\Delta}} \cdot (ve - t') \cdot (ve - t'+1)$$

Setzt man hierin (F-21) ein, ergibt sich die Malusmilderung stiller Reserven in t=t' als

$$\text{(F-25)} \qquad ESR_{t'}^{GF} = -\omega \cdot \left(\overline{\overline{\Delta}} \cdot 1/2 \cdot (ve - t')\right)^2 \cdot (ve - t'+1)$$

Zur Interpretation von (F-25) vergleiche oben Seite 279f.

Entsprechend beträgt die Malusmilderung durch stille Reserven in t=t' + 1

$$\text{(F-26)} \qquad ESR_{t'+1}^{GF} = -\omega \cdot \left(\overline{\overline{\Delta}} \cdot 1/2 \cdot (ve - (t'+1))\right)^2 \cdot (ve - (t'+1) + 1)$$

Die Differenz von (F-25) und (F-26) ist strikt negativ:

$$\text{(F-27)} \qquad \begin{aligned} WSR_{t'}^{GF} &= -\omega \cdot \left(\overline{\overline{\Delta}} \cdot 1/2\right)^2 \cdot \left[(ve - t')^2 \cdot (ve - t'+1) - (ve - t'-1)^2 \cdot (ve - t')\right] \\ &= -\omega \cdot \left(\overline{\overline{\Delta}} \cdot 1/2\right)^2 \cdot (ve - t') \cdot \left[(ve - t') \cdot (ve - t'+1) - (ve - t')^2 - 1 + 2(ve - t')\right] \\ &= -\omega \cdot \left(\overline{\overline{\Delta}} \cdot 1/2\right)^2 \cdot (ve - t') \cdot \left[3 \cdot (ve - t') - 1\right] < 0 \quad \text{für} \quad ve > t'+1/3 \end{aligned}$$

Der in Abschnitt D5.4.1 noch nicht berücksichtigte Vorteil aus stillen Reserven ist also größer in t=t' als in t=t' + 1. Dieser Unterschied ist zu berücksichtigen, um zu ermitteln, welche Periode für die Nonkonformität optimal ist. Der Warteeffekt ohne stille Reserven wurde durch (D-71) S. 278 erfasst. Es ist (F-27) zu (D-71) hinzu zu addieren. Warten ist also so lange vorteilhaft, wie noch

$$\text{(F-28)} \qquad \begin{aligned} W_{t'}^{GFmSR} &= \omega \cdot \left(\overline{\overline{\Delta}}\right)^2 \cdot \left[ve \cdot (ve - 2 \cdot t')\right] - \omega \cdot \left(\overline{\overline{\Delta}} \cdot 1/2\right)^2 \cdot (ve - t') \cdot \left[3 \cdot (ve - t') - 1\right] > 0 \\ &\Rightarrow ve^2 - 2 \cdot t' \cdot ve - 3/4 \cdot (ve - t')^2 + 1/4 \cdot (ve - t') > 0 \\ &\Rightarrow ve^2 - 2 \cdot t' \cdot ve - 3/4 \cdot (t')^2 - 3/4 \cdot ve^2 + 3/2 \cdot t' \cdot ve + 1/4 \cdot ve - 1/4 \cdot t' > 0 \\ &\Rightarrow -3/4 \cdot (t')^2 - (1/2 \cdot ve + 1/4) \cdot t' + 1/4 \cdot ve \cdot (ve + 1) > 0 \\ &\Rightarrow -3 \cdot (t')^2 - (2 \cdot ve + 1) \cdot t' + ve \cdot (ve + 1) > 0 \end{aligned}$$

---

812 (F-9) S. 325 lautet $\left(M_{t'}^*\right)^2 \cdot \left(q^{-t'} \cdot \omega_{t'}^{R} + \sum_{t=t'+1}^{t=ae_{t'}} q^{-t} \cdot \omega_t^{RL}\right) + M_{t'}^* \cdot \sum_{t=t'+1}^{t=ae_{t'}} q^{-t} \cdot \omega_t^{RL} \cdot 2 \cdot \Delta_{(t'+1);t}$

Diese nach unten offene Parabel mit Maximum für

$$-2 \cdot 3 \cdot t' - (2 \cdot ve + 1) = 0 \Rightarrow t' = -(1/3 \cdot ve + 1/6) < 0 \tag{F-29}$$

hat ihren rechten Nullpunkt in

$$t' = -\left(\frac{ve}{3} + \frac{1}{6}\right) + \sqrt{\frac{1}{4} \cdot \left(\frac{-(2 \cdot ve + 1)}{-3}\right)^2 - \frac{ve \cdot (ve + 1)}{-3}} \tag{F-30}$$

wobei die Wurzel gegen (ve · ⅔)₊ für t=ve → ∞ konvergiert, so dass (F-30) durch ihre Untergrenze approximiert werden kann, die sich errechnet als

$$t' > -\left(\frac{ve}{3} + \frac{1}{6}\right) + ve \cdot \sqrt{\frac{1}{4} \cdot \left(\frac{2}{3}\right)^2 + \frac{1}{3}} = -\left(\frac{ve}{3} + \frac{1}{6}\right) + \frac{2 \cdot ve}{3} = \frac{1}{3} \cdot ve - \frac{1}{6} \tag{F-31}$$

Tab. F-1 zeigt für Fehlbetragszeiträume mit bis zu zehn Perioden jeweils die optimale Nonkonformitätsperiode gemäß (D-71), (F-30) und (F-31). Die Nonkonformität findet mit stillen Reserven unstrikt früher statt als ohne. Der zeitliche Abstand zwischen der Nonkonformität mit und ohne stille Reserven steigt tendenziell mit der Länge des Krisenzeitraumes. Die Approximation von (F-30) durch (F-31) führt für ve ∈ {3, 6, 9} zur Schätzung einer um eine Periode zu frühen Nonkonformität. Die Fehleinschätzung nimmt mit der Länge des Krisenzeitraumes ab.

Fall↓ ve →	**1**	**2**	**3**	**4**	**5**	**6**	**7**	**8**	**9**	**10**
Wert gemäß (D-72)	0,50	1,00	1,50	2,00	2,50	3,00	3,50	4,00	4,50	5,00
NK-Periode ohne stille Reserven	1.	2.	2.	3.	3.	4.	4.	5.	5.	6.
Wert gemäß (F-30)	0,46	0,81	1,15	1,49	1,82	2,16	2,49	2,83	3,16	3,49
NK-Periode mit stillen Reserven	1.	1.	2.	2.	2.	3.	3.	3.	4.	4.
approximativer Wert gemäß (F-31)	0,17	0,50	0,83	1,17	1,50	1,83	2,17	2,50	2,83	3,17
NK-Periode mit stillen Reserven	1.	1.	1.	2.	2.	2.	3.	3.	3.	4.

Tab. F-1: Vergleich optimaler Nonkonformitätsperioden im Fall gleich bleibender Fehlbeträge und anschließender sofortiger Entspannung

2.2.3 Gleich bleibende Fehlbeträge, stille Reserven, anschließende Null-Überschüsse

Wie in Abschnitt D5.4.2 auf S. 282 angekündigt, soll hier gezeigt werden, dass der Ersteller unter Berücksichtigung stiller Reserven mit der Nonkonformität nicht bis zur letzten Fehlbetragsperiode abwartet, sondern schon früher nonkonform berichtet.

Zunächst ist die malusminimierende stille **Reserve** zu ermitteln. Es sind in (F-18) S. 328 die Perioden t=ve+1 bis t=ae zu ergänzen. Die Manipulation ab t=ve+1 beträgt

$\overline{\overline{\Delta}}\cdot(ve-(t'+1)+1)$. Bei Ann. D-8 c) S. 260, $\omega_t^{RL}=\omega_t^R=\omega_t^L=\omega\ \forall t$, sowie $\Delta_t=\overline{\overline{\Delta}}\ \forall t$ und $q=1$, ist

$$\text{(F-32)}\qquad M_{t'}^{*}=-\frac{\omega\cdot\sum\limits_{t=t'+1}^{t=ve}\overline{\overline{\Delta}}\cdot\left(t-(t'+1)+1\right)+\omega\cdot\sum\limits_{t=ve+1}^{t=ae}\overline{\overline{\Delta}}\cdot\left(ve-(t'+1)+1\right)}{\omega+\sum\limits_{t=t'+1}^{t=ae}\omega}$$

woraus unter Verwendung von (F-19) und (F-20) folgt

$$\text{(F-33)}\qquad M_{t'}^{*}=-\frac{\omega\cdot\overline{\overline{\Delta}}\cdot 1/2\cdot(ve-t')\cdot(ve-t'+1)+\omega\cdot\overline{\overline{\Delta}}\cdot(ae-ve)\cdot(ve-t')}{\omega\cdot(ae-t'+1)}$$

so dass

$$\text{(F-34)}\qquad M_{t'}^{*}=-\overline{\overline{\Delta}}\cdot 1/2\cdot(ve-t')\cdot\left[1+\frac{(ae-ve)}{(ae-t'+1)}\right]$$

Zur Interpretation s.S. 281f.

Die **Malusmilderung** durch stille Reserven erhält man wie in (F-23) S. 329 durch Anpassung von (F-9) S. 325[813] als ($ae_{t'}=ae$)

$$\text{(F-35)}\qquad \begin{aligned} ESR_{t'}^{GF0}&=\left(M_{t'}^{*}\right)^2\cdot\omega\cdot(ae-t'+1)+M_{t'}^{*}\cdot\omega\cdot 2\cdot\overline{\overline{\Delta}}\cdot\left[\sum_{t=t'+1}^{t=ve}(t-t')+\sum_{t=ve+1}^{t=ae}(ve-t')\right]\\ &=\left(M_{t'}^{*}\right)^2\cdot\omega\cdot(ae-t'+1)+M_{t'}^{*}\cdot\omega\cdot\overline{\overline{\Delta}}\cdot(ve-t')\cdot\left[(ve-t'+1)+2\cdot(ae-ve)\right]\\ &=\left(M_{t'}^{*}\right)^2\cdot\omega\cdot(ae-t'+1)+M_{t'}^{*}\cdot\omega\cdot\overline{\overline{\Delta}}\cdot(ve-t')\cdot\left[(ae-t'+1)+(ae-ve)\right]\end{aligned}$$

Setzt man hierin (F-34) ein, erhält man

$$\text{(F-36)}\qquad \begin{aligned} ESR_{t'}^{GF0}&=\omega\cdot\left(\overline{\overline{\Delta}}\cdot 1/2\cdot(ve-t')\right)^2\cdot\left[1+\frac{(ae-ve)}{(ae-t'+1)}\right]\\ &\cdot\left\{\left[1+\frac{(ae-ve)}{(ae-t'+1)}\right]\cdot(ae-t'+1)-2\cdot\left[(ae-t'+1)+(ae-ve)\right]\right\}\end{aligned}$$ so dass

$$\text{(F-37)}\qquad ESR_{t'}^{GF0}=-\omega\cdot\left(\overline{\overline{\Delta}}\cdot 1/2\cdot(ve-t')\cdot\left[1+\frac{ae-ve}{ae-t'+1}\right]\right)^2\cdot(ae-t'+1)$$

813 (F-9) S. 325 lautet $\left(M_{t'}^{*}\right)^2\cdot\left(q^{-t'}\cdot\omega_{t'}^{R}+\sum\limits_{t=t'+1}^{t=ae_{t'}}q^{-t}\cdot\omega_t^{RL}\right)+M_{t'}^{*}\cdot\sum\limits_{t=t'+1}^{t=ae_{t'}}q^{-t}\cdot\omega_t^{RL}\cdot 2\cdot\Delta_{(t'+1):t}$

(F-37) ist analog zu (F-25) S. 329 zu interpretieren, vgl. S. 281f.

$ESR_{t'+1}$ ergibt sich durch Einsetzen von t=t' + 1 statt t=t' in (F-37):

(F-38) $$ESR^{GF0}_{t'+1} = -\omega \cdot \left(\overline{\overline{\Delta}} \cdot 1/2 \cdot (ve - t' - 1) \cdot \left[1 + \frac{ae - ve}{ae - t'} \right] \right)^2 \cdot (ae - t')$$

Um den Warteeffekt $W_{t'}^{GF0mSR}$ abzuleiten, sind (D-74) S. 280 und (F-37) zu addieren und (F-38) abzuziehen. S.a. oben (F-9) S. 325.

Nonkonformität nach t=ve kommt wie oben vermerkt nicht in Frage. Damit in t=ve nonkonform berichtet würde, müsste (D-74) zuzüglich (F-37) abzüglich (F-38) für t=t'=ve − 1 noch positiv sein. Da auf t=ve keine Fehlbeträge folgen, besteht in t=ve kein Anlass zur Bildung stiller Reserven, so dass (F-38) null ist. (F-37) ergibt für t=ve−1

(F-39)
$$\begin{aligned} ESR^{GF0}_{ve-1} &= -\omega \cdot \left(\overline{\overline{\Delta}} \cdot 1/2 \cdot (ve - (ve-1)) \cdot \left[1 + \frac{ae - ve}{ae - (ve-1) + 1} \right] \right)^2 \cdot (ae - (ve-1) + 1) \\ &= -\omega \cdot \left(\overline{\overline{\Delta}} \cdot 1/2 \cdot \left[\frac{ae - ve + 1 + 1 + ae - ve}{(ae - ve + 1) + 1} \right] \right)^2 \cdot ((ae - ve + 1) + 1) \\ &= -\omega \cdot \left(\overline{\overline{\Delta}} \right)^2 \cdot \frac{(ae - ve + 1)^2}{(ae - ve + 1) + 1} \end{aligned}$$

Für t=ve − 1 entfällt der Progressionswartevorteil und mit ihm der zweite Summand in (D-74). Addiert man (F-39) zu den verbleibenden Gliedern von (D-74), erhält man

(F-40)
$$\begin{aligned} W^{GF0mSR}_{ve-1} &= \omega^L \cdot \left(\overline{\overline{\Delta}} \right)^2 \cdot \left\{ -(ve-1)^2 + (ae - (ve-1)) - \frac{(ae - ve + 1)^2}{(ae - ve + 1) + 1} \right\} \\ &= \omega^L \cdot \left(\overline{\overline{\Delta}} \right)^2 \cdot \left\{ -(ve-1)^2 + \frac{(ae - ve + 1)}{(ae - ve + 1) + 1} \right\} \end{aligned}$$

Da der Summand in ae > ve steigt, für ae=ve ½ beträgt und für t=ae → ∞ gegen 1_- konvergiert, während der Subtrahend für ve > 1 kleiner −1 ist, ist (F-40) für ve > 1 stets negativ. Nonkonformität in der letzten Fehlbetragsperiode kommt also nur bei einperiodigem Krisenzeitraum vor, ka = ve = 1. Zur Interpretation im Übrigen s.o. S. 281f., insbes. S. 282.

3 Beispiel: Rechnungslegung als Geisel

Bsp. F-4: Rechnungslegung mit Umkehrwirkung als Geiselhingabe

Wie in Abschnitt E2 (S. 300f.) angekündigt, erläutert das folgende Beispiel die Betrachtung von Rechnungslegung mit Umkehrwirkung als Geiselhingabe. Es ist $q = 1$, $\omega_t = 0{,}001$, $\bar{J}_t = 0\ \forall t$.

Ersteller	G			B'			B''		
Periode t	0	1	2	0	1	2	0	1	2
Anforderungsresiduum Δ_t	50	−25	−25	50	10	0	50	100	10
Konformitätsinzitament E_t	5	5	5	5	5	5	5	5	5
Nonkonformität in t = 0									
Umkehrwirkung M_{t-1}	0	0	0	0	0	10	0	0	0
Anf.-Res. nach Umkehrwirkung, $M_{t-1}+\Delta_t$	50	−25	−25	50	10	10	50	100	10
Manipulation, M_t	0	0	0	0	10	10	0	0	10
Ausgewiesenes Periodenergebnis J_t ($\bar{J}_t = 0$)	−50	25	25	−50	0	0	−50	−100	0
Konformität κ_t (K für κ_t=1, NK für κ_t = 0)	NK	K	K	NK	K	K	NK	NK	K
intratemporaler Manipulationsmalus C_t	0,0	0,0	0,0	0,0	0,1	0,1	0,0	0,0	0,1
intraperiod. Konf.-Gewinn, $iKW_t = \kappa_t \cdot E_t - C_t$	0,0	5,0	5,0	0,0	4,9	4,9	0,0	0,0	4,9
Wert der Geisel bei NK in t=0, $iKW_{1:2}$		10,0			9,8			4,9	
Konformität in t = 0									
Umkehrwirkung M_{t-1}	0	50	25	0	50	60	0	50	0
Anf.-Res. nach Umkehrwirkung, $M_{t-1}+\Delta_t$	50	25	0	50	60	70	50	150	10
Manipulation M_t	50	25	0	50	60	70	50	0	10
Ausgewiesenes Periodenergebnis J_t ($\bar{J}_t = 0$)	0	0	0	0	0	0	0	−150	0
Konformität κ_t (K für κ_t=1, NK für κ_t = 0)	K	K	K	K	K	K	K	NK	K
intratemporaler Manipulationsmalus C_t	2,5	0,6	0,0	2,5	3,6	4,9	2,5	0,0	0,1
intraperiod. Konf.-Wert, $iKW_t = \kappa_t \cdot E_t - C_t$	2,5	4,4	5,0	2,5	1,4	0,1	2,5	0,0	4,9
Wert der Geisel bei K in t=0, $iKW_{1:2}$		9,4			1,5			4,9	
Liquidation der Geisel durch Konformität	0,6			8,3			0,0		
iKW_0 b. κ_t=1 abzgl. Liquidation der Geisel	1,9			−5,8			2,5		
Opferung der Geisel vorteilhaft	ja			nein			ja		
Disziplinierung durch Geiselhingabe ist	entbehrlich			erfolgreich			erfolglos		

Für den **Kontrahenten** soll die Kontrahierung genau dann vorteilhaft sein, wenn die Summe der Periodenergebnisse des Erstellers über die Perioden t = 0, 1, 2 mindestens die Summe der Konformitätsanforderungen ergibt, wenn also $\Delta_{0:2} \leq 0$. Dies ist nur für den Ersteller G gegeben.

Bei Nonkonformität in t = 0 würde der **Ersteller G** in t = 1 und t = 2 einen Konformitätswert von insges. 10,0 NE erzielen, bei Konformität in t = 0 aufgrund der hieraus resultierenden Umkehrwirkung in t = 1 (−50 PE) nur noch 9,4 NE: Der Wert der von ihm hingegebenen Geisel (die Konformitätswerte in t = 1 und t = 2) wird durch die Konformität in t = 0 von 10,0 NE um 0,6 NE auf 9,4 NE reduziert („liquidiert"). Dies reicht nicht aus, um ihn von der Konformität abzuhalten; er berichtet – erwünschter Weise – in t = 0 konform. Die Geisel des **Erstellers B'** würde i.H.v. 8,3 NE liquidiert durch Konformität in t = 0 aufgrund der hieraus herrührenden Umkehrwirkung, weil er aufgrund seiner Anforderungsresiduen in t = 1 und t = 2 Wiederholungs- und Progressionseffekte in Rechnung zu stellen hat. Die drohende Liquidation hält ihn von der Konformität in t = 0 ab. Der **Ersteller B''** würde aufgrund seines hohen Anforderungsresiduums in t = 1 ohnehin nicht konform berichten. Die Umkehrwirkung aus t = 0 ist für ihn irrelevant. Da zwischen t = 0 und den strikt positiven intratemporalen Konformitätswerten für B'' eine nonkonforme Periode liegt, ist die Geisel des B'' zeitlich zu weit entfernt, um von der Umkehrwirkung aus t = 0 liquidiert zu werden; der Ersteller B'', mit welchem der Kontrahent die Kontrahierung zu vermeiden sucht, berichtet trotz deutlich negativem kumulierten Manipulationsresiduums $\Delta_{0:2}$ konform in t = 0. Die Disziplinierung durch Geiselhingabe gelingt nicht.

Verzeichnisse

Verzeichnis der nummerierten Annahmen

Die den Verlauf der Untersuchung maßgeblich beeinflussenden Annahmen wurden nummeriert. Ihre Kurzbezeichnungen werden hier aufgelistet. Die Seitenzahlen verweisen jeweils auf die Platzierung der Annahme und ihrer näheren Erläuterung im Text.

Aspekt →			Planungs-horizont	Plan-revi-sion	Anforde-rungs-horizont	Konfor-mitätsin-zitament	Diskri-minier-ungsgüte	Resistenz-koeffi-zient	Umkehr-dauer	Kommuni-kations-kontinuität	Optimalität der Nonkonformi-tät	Terminier-bare stille Reserve
Symbol →			PH	–	AH	$E_{G,t} - E_{B,t}$	$J^{\#}_{G} - J^{\#}_{B}$	$\omega_{G,t} - \omega_{B,t}$	UD	$E_t > 0$	κ	TRV
Dimension →			Perioden	–	Perioden	NE	PE	NE/PE²	Perioden	–	–	PE
Abschnitt ↓		**Annahme → Betrachtungs-horizont ↓**	Ann. C-3 Ann. D-1	Ann. D-2	Ann. C-2 Ann. D-9	Ann. C-4	Ann. C-6	Ann. C-7	Ann. C-9 Ann. D-4	Ann. C-10 Ann. D-3	Ann. D-5 Ann. D-8	Ann. D-6
C1	i.Ü.	=PH	1	n.a.	1	0	>0	0	1	∀t	o.E.	0
C1	C1.2.4	≥2	1	n.a.	1	0	>0	0	1	∀t	o.E.	0
C2	i.Ü.	=PH	1	n.a.	1	0	>0	0	1	∀t	o.E.	0
C2	C2.2	=PH	1	n.a.	1	o.E.	o.E.	o.E.	1	∀t	o.E.	0
C3		≥2	1	n.a.	1	0	>0	0	1	∀t	o.E.	0
D2	i.Ü.	=PH	≥2	N	1	n.e.	n.e.	n.e.	1	nur t = 0	o.E.	0
D2	D2.4	=PH	≥2	N	1	n.e.	n.e.	n.e.	≥2	nur t = 0	o.E.	0
D3		=PH	≥2	N	1	n.e.	n.e.	n.e.	1	∀t	o.E.	0
D4	D4.1	=PH	≥2	N	1	n.e.	n.e.	n.e.	1	∀t	0 mal	0
D4	D4.2	=PH	≥2	N	1	n.e.	n.e.	n.e.	1	∀t	0 mal	>0
D5		=PH	≥2	N	1	n.e.	n.e.	n.e.	1	∀t	1 mal	0
D6		=PH	≥2	N	≥2	n.e.	n.e.	n.e.	1	∀t	o.E.	0

Tab. F-2: Geltungsbereich der nummerierten Annahmen

Die **graue Unterlegung** in Tab. F-2 kennzeichnet die Abweichung der für den Geltungsbereich der Zeile geltenden Annahme von der restlichen Untersuchung. Der **Betrachtungshorizont** bezeichnet die Zahl der im Rahmen der Analyse betrachteten Perioden, s.u. S. 97. Er wird, anders als der Planungshorizont PH des Erstellers und der Anforderungshorizont AH des Kontrahenten, nicht exogen festgelegt, sondern ergibt sich aus dem geltenden Annahmekranz und den gezogenen Schlussfolgerungen. Folgende **Abkürzungen** wurden verwendet: i.Ü.: im Übrigen (d.h. in dem Teil des in der zweiten Spalte erwähnten Abschnittes, der nicht durch die jeweils darunter liegende Zeile beschrieben wird); n.e.: nicht erforderlich mangels Differenzierung der Modellierung; n.a.: nicht anwendbar; o.E.: ohne Einschränkung, d.h. die Modellierung lässt alle Werte zu. Folgende Annahmen wurden in Tab. F-2 **nicht berücksichtigt**: durchgängig geltende Annahmen (hiervon nummeriert: Ann. C-1, Ann. C-5, Ann. C-7); das nur lokal verwendete Szenario Ann. D-4; die ebenfalls nur lokal verwendete Ann. D-7 sowie nicht nummerierte Annahmen. Zu letzteren gehören insbesondere die Beschränkungen der Berücksichtigung von Zinseffekten in Abschnitt D4.2.3, D5.3, D5.4.

Verzeichnis der Abbildungen

Verzeichnis der Tabellen

Verzeichnis der Beispiele

Verzeichnis der Symbole

Symbole, die im Symbolverzeichnis mit dem Index Q aufgeführt sind, tragen diesen Index im Text nur dann, wenn Unterschiede zwischen den Erstellerqualitäten G und B explizit betrachtet werden. Dies ist lediglich in Abschnitt C1–C2.3 (S. 95 – 125) und C3.4 (S. 136ff.) der Fall. Der Periodenindex t wird in Abschnitt C1.1–C1.2.3 unterdrückt, weil lediglich eine Periode betrachtet wird. Zum Index an den Resistenzkoeffizienten ω s.u. unter ω. Die Symbole der Abschnitte C2.2 (S. 118ff.) C3.3 (S. 132ff.), D2.4 (S. 159ff.), D3.1.2 (S. 163ff.) sowie auf S. 266f. in Abschnitt D5.2.1 werden nur dort gebraucht und hier nicht aufgeführt.

Nach Kategorien

Zeitreferenzen

Mit Ausnahme der beiden Funktion $c(J_{t'})$ und za(·), bezeichnen kleingeschriebene lateinische Buchstaben stets einzelne Perioden. Zeiträume und Dauern werden mit großgeschriebenen lateinischen Buchstaben abgekürzt. Zum Gebrauch des Doppelpunktes als Summationszeichen s.S. 349.

„|“ wird nicht in der üblichen Bedeutung „für das gilt“ verwendet, sondern bezeichnet verschiedene zeitliche Zugehörigkeitsverhältnisse, die verbal mit „zu“ umschrieben werden. „|x|“ bezeichnet wie üblich den Absolutbetrag von x. Die Zuordnung „|“ ist vor jeder anderen Rechenoperation auszuführen. Bspw. ist $ara|t' - 1$ die Periode unmittelbar vor $t = ara|t'$ und $\Delta_{ara|t':t''}$ die Summe das Anforderungsresiduum von $t = ara|t'$ bis $t = t''$.

τ	Index für Periode oder Periodenende
|amax|	Absolutbetrag der Anspannungsklimax, s. Abschnitt D4.1.5 (S. 222ff.)
A	Anspannungszeitraum, s.S. 128
AAM_t	Anwartschaftsaufbau-Amortisationsdauer, s.S. 292
aa|t	Anspannungsanfang zu t, s.S. 185
$AAB\eta$	Anspannungs-Abbau-Zeitraum Nr. η, s. Abschnitt D4.1.3 (S. 216ff.)
$aaba\eta$	Anfangsperiode des Anspannungs-Abbau-Zeitraumes Nr. η, s. Abschnitt D4.1.3 (S. 216ff.)
$aabe\eta$	Endperiode des Anspannungs-Abbau-Zeitraumes Nr. η, s. Abschnitt D4.1.3 (S. 216ff.)
aam_t	Periode der Aufbau-Amortisation, s.S. 287
ae^{max}	Periode, nach der bei Konformitätskontinuität nach einem Fehlbetragszeitraum zum letzten Mal wegen $\Delta_{va:t} > 0$ positive Manipulation erforderlich ist, wenn $M_{va-1} = 0$ und die Konformitätskontinuität allein durch positive Manipulation erreicht wird, s.S. 215

$ae\|t$	Anspannungsende zu t, s.S. 128
ae_t	Anspannungsende bei einmaliger Nonkonformität in t, nur in Abschnitt D5 (S. 256ff.), s.S. 185
AH	Anforderungshorizont; Zahl der in die Rechnungslegungsanalyse einbezogenen Perioden s.S. 96
amax	Anspannungsklimax, s. Abschnitt D4.1.4 (S. 217ff.)
AR	Anspannungsreichweite, s. Abschnitt D3.2.2.1 (S. 181ff.)
ara	erste Periode einer Anspannungsreichweite, s. Abschnitt D3.2.2.1 (S. 181ff.)
are	letzte Periode einer Anspannungsreichweite, s. Abschnitt D3.2.2.1 (S. 181ff.)
$AUF\varphi$	Anspannungs-Aufbau-Zeitraum Nr. φ, s. Abschnitt D4.1.2 (S. 213ff.)
$aufa\varphi$	Anfangsperiode des Anspannungs-Aufbau-Zeitraumes Nr. φ, s. Abschnitt D4.1.2 (S. 213ff.). Auch ohne Nr.
$aufe\varphi$	Endperiode des Anspannungs-Aufbau-Zeitraumes Nr. φ, s. Abschnitt D4.1.2 (S. 213ff.). Auch ohne Nr.
d	Entscheidungsperiode; Periode, deren Manipulation sofort ansteht, s.S. 146
$DUR_{t':t''}$	Duration der Fehlbeträge im Zeitraum $t \in \{t', \ldots, t''\}$ bei $q = 1$ und sofortiger Entspannung in $t = t''+1$, s.S. 192.
fam_t	Forführungs-Amortisation, s.S. 289
ika_t	intratemporaler Konformitätsanfang zu t, s.S. 287
IKZ	intratemporaler Konformitätszeitraum, s. Abschnitt D3.2.1 (S. 175ff.)
$IKZ\|t$	intratemporal separat optimierbarer Zeitraum zu t, s.S. 176f.
$ikza\|t$	erste Periode (Anfang) eines intratemporal separat optimierbaren Zeitraumes zu t, s.S. 176f.
$ikze\|t$	letzte Periode (Ende) eines intratemporal separat optimierbaren Zeitraumes zu t, s.S. 176f.
KZ	Konformitätszeitraum, d.h. Zeitraum mit Konformitätskontinuität, s.S. 177
kza	erste Periode eines Konformitätszeitraumes, s. Abschnitt D3.2.1 (S. 175ff.)
kze	letzte Periode eines Konformitätszeitraumes, s. Abschnitt D3.2.1 (S. 175ff.)
nk	einmalige Nonkonformitätsperiode, nur in Abschnitt D5 (S. 256ff.)
nk^{AH}	erste Nonkonformitätsperiode nach Nonkonformität, s.S. 292
PH	Weite des Planungshorizontes, d. h. die Zahl der in die Entscheidung des Erstellers explizit einbezogenen Perioden, s.S. 24
PH^{KK}	Planungshorizont für den Fall, dass nur Konformitätskontinuität als Konformitätsverhalten in Frage kommt, s.S. 171
pza	Anfang des vom Planungshorizont umfassten Zeitraumes, s.S. 146
pze	Ende des vom Planungshorizont umfassten Zeitraumes, s.S. 146
PZ_t	die Periode t umfassender, gerade analysierter Planungszeitraum (PZ_t fängt mit $t = pza$ an und hört mit $t = pze = pza + PH - 1$ auf), s.S. 146

SAR	supratemporal separat optimierbare Anspannungsreichweite, s. Abschnitt D3.2.2.1 (S. 181ff.)
sara	erste Periode einer supratemporal separat optimierbaren Anspannungsreichweite, s. Abschnitt D3.2.2.1 (S. 181ff.)
sare	letzte Periode einer supratemporal separat optimierbaren Anspannungsreichweite, s. Abschnitt D3.2.2.1 (S. 181ff.)
ska_t	supratemporaler Konformitätsanfang zu t, s.S. 287
SKZ	supratemporaler Konformitätszeitraum, s. Abschnitt D3.2.1 (S. 175ff.)
SKZ|t	supratemporaler Konformitätszeitraum zu t, s.S. 176f.
ssza|t	erste Periode (Anfang) eines supratemporal separat optimierbaren Zeitraumes zu t, s.S. 176f.
skze|t	letzte Periode (Ende) eines supratemporal separat optimierbaren Zeitraumes zu t, s.S. 176f.
SZ|t	separat optimierbarer Zeitraum zu t, s.S. 176f.
kza|t	erste Periode (Anfang) eines Konformitätszeitraumes zu t, s.S. 176f.
kze|t	letzte Periode (Ende) eines Konformitätszeitraumes zu t, s.S. 176f.
t	Index für Periode oder Periodenende
$t^{\$}, t^{€}, t^{§}, t^{\&}$	Periode oder Periodenende, je nach Kontext neu belegbar
t', t'', t'''	Periode oder Periodenende, je nach Kontext neu belegbar
u	Umkehrperiode, d.h. die Periode der Umkehr einer Manipulation, s.S. 109
UD	Umkehrdauer; Zahl der Perioden zwischen Manipulation und deren Umkehr, UD' = u' − t'. UD = 1 außer in Abschnitt D2.4 und D4.2
va	erste Periode eines Fehlbetragszeitraumes (Verlustphasenanfang), s.S. 212
ve	letzte Periode eines Fehlbetragszeitraumes (Verlustphasenende), s.S. 212
ZD_Q	Zyklusdauer: Zahl der Perioden im konjunkturellen Zyklus des Erstellers Q, s.S. 138

Periodenergebnisse

δ_Z	Vektor der Anforderungsresiduen des Zeitraumes Z, z.B. PZ, s. Abschnitt D3.1.2 (S. 163ff.)
$\Delta_{Q,t}$	Anforderungsresiduum des Erstellers Q in der Periode t, $\Delta_{Q,t} = \bar{J}_t - J^{\#}_{Q,t}$, s.S. 121
Δ_t^{NKV}	nonkonformitätsverzögernder Fehlbetrag, s.S. 272.
Δ_t^{ϖ}	Anforderungsresiduum, oberhalb dessen terminierbare stille Reserve aufgelöst wird, also $TR_t > 0$ ist (sofern TRV > 0), s. Abschnitt D4.2.3.1 (S. 229ff.)
$\bar{\bar{\Delta}}$	über alle Perioden konstanter Fehlbetrag, s. Abschnitt D5.4 (S. 277ff.)
$AuswDiff_t$	Ausweisdifferenz, s. Abschnitt D3.2.3 (S. 193ff.)

$J^{\#}_{Q,Max\|Z}$	maximales unverfälschtes Periodenergebnis im Zyklus des Erstellers Q, s.S. 138
$J^{\#}_{Q,Min\|Z}$	minimales unverfälschtes Periodenergebnis im Zyklus des Erstellers Q, s.S. 138
$J^{\#}_{Q,t}$	unverfälschtes Periodenergebnis des Erstellers Q in Periode t, s.S. 100
$\bar{J}^{K}_{Q,t}$	Konformitätsanforderung in der Periode t, bei welcher Ersteller Q zwischen Konformität und Nonkonformität indifferent ist, s. Abschnitt C2.1 (S. 112ff.)
$J_{Q,t}$	ausgewiesenes Periodenergebnis des Erstellers Q in Periode t, s.S. 100
$\bar{J}_t$	Konformitätsanforderung der Periode t, s. Abschnitt C1.1 (S. 95ff.)
K	Konformität, s. Abschnitt C1.1 (S. 95ff.)
$L_{Q,t}$	Manipulation des Erstellers Q in der Periode t, wenn $M_{Q,t} > 0$, und somit eine stille Last gelegt wird, s.S. 163
$M^{*}_{Q,t}$	für den Ersteller Q optimale Manipulation in der Periode t
M_{PZ}	Vektor der Manipulationsbeträge eines Planungszeitraumes, s.S. 163, 171
$M_{Q,t}$	Manipulation des Erstellers Q in der Periode t
M^{oE}_t	optimale Manipulation in Periode t bei unverändertem Spannungszustand in den Perioden nach t, insbesondere ohne Entspannung
M^{ϖ}_t	positive Manipulation, deren Grenzmalus den Grenz-Auflösungskosten terminierbarer stiller Reserven, ϖ, gleichen, s. Abschnitt D4.2.3.1 (S. 229ff.)
NK	Nonkonformität, s. Abschnitt C1.1 (S. 95ff.)
PE	Messeinheit für Periodenergebnis
Q	Ersteller, $Q \in \{G, B\}$, s.S. 95
$R_{Q,t}$	Manipulation des Erstellers Q in der Periode t, wenn $M_{Q,t} < 0$ und somit eine stille Reserve gelegt wird, s.S. 163
TR_{PZ}	Summe der Auflösungen terminierbarer stiller Reserven im Planungszeitraum, s.S. 226
TR_t	Auflösung terminierbarer stiller Reserven in der Periode t, s.S. 226
TRV	Vorrat an terminierbarer stiller Reserve; in t = pza verfügbarer Bestand, s. Abschnitt D4.2.2 (S. 226ff.)
κ_{PZ}	Konformitätsverhalten des Erstellers im Planungszeitraum, $\kappa_{PZ} \in \Re^{PH}$, s.S. 163
$\kappa_{Q,t}$	Konformitätsverhalten des Erstellers Q in Periode t, $\kappa \in \{0, 1\}$, s.S. 121
κ_{SZ}	Konformitätsverhalten des Erstellers im SZ, $\kappa_{PZ} \in \Re^{(kze-kza+1)}$, s. Abschnitt D3.2 (S. 175ff.)

Nutzengrößen

ϖ	Grenz-Auflösungkosten: im Auflösungsbetrag konstante Grenzkosten der Auflösung terminierbarer stiller Reserve, s. Abschnitt D4.2.3.1 (S. 229ff.)
λ	Lagrange-Multiplikator, hier: Grenznutzen einer zusätzlichen Einheit unverfälschten Periodenergebnisses bei optimaler Manipulation, s. Abschnitt D4.2.3.3 (S. 237ff.)
ω	intratemporaler Resistenzkoeffizient (ω für Objektivierung), wenn keine Differenzierung zwischen ω_t^{RL}, ω_t^{L} und ω_t^{R} erforderlich ist, entweder wegen einperiodigem Planungshorizont des Erstellers, PH = 1, oder bei Annahme symmetrischer Manipulationsmalusfunktion ($\omega_t^{RL} = \omega_t^{R} = \omega_t^{L}$), s.a.S. 107
ω_t^L	intratemporaler Resistenzkoeffizient in der Periode t für Bildung stiller Lasten, s.S. 107
ω_t^R	intratemporaler Resistenzkoeffizient in der Periode t für Bildung stiller Reserven, s.S. 107
ω_t^{RL}	intratemporaler Resistenzkoeffizient des Erstellers Q in der Periode t bei Annahme asymmetrischer Manipulationsfunktion mit $\omega_{Q,t}^{RL} = \omega_{Q,t}^{R}$ für $M_{Q,t} < 0$ und $\omega_{Q,t}^{RL} = \omega_{Q,t}^{L}$ für $M_{Q,t} > 0$, s.S. 107
ω_t^S	supratemporaler Resistenzkoeffizient des Erstellers Q für die Bewältigung des Anforderungsresiduums in der Periode t, s.S. 151f.
*	optimal nach der jeweils gültigen Modellierung
$c(J_t)$	intratemporale Manipulationsmalusfunktion, s.S. 107
C_{PZ}	Barwert der Manipulationsmalusse eines Planungszeitraumes, s.S. 171
C_t	intratemporaler Manipulationsmalus in der Periode t, s.S. 102, 107
$C_{t':t''}$	Barwert der intratemporalen Manipulationsmalusse des sich von t = t' bis t = t'' erstreckenden Zeitraumes, s.S. 102, 107
E^{cst}	im Zeitablauf gleich bleibendes Konformitätsinzitament, s.S. 173
E_{PZ}	Barwert erzielter Konformitätsinzitamente im Planungszeitraum, s.S. 173
$E_{Q,t}$	erzielbares Konformitätsinzitament des Erstellers Q in Periode t, s.S. 99
ESR_t	Malusmilderung durch stille Reserven bei einmaliger Nonkonformität in t, s. (F-9) S. 325
ESR_t^{GF}	Malusmilderung durch stille Reserven bei einmaliger Nonkonformität in t, gleich bleibenden Fehlbeträgen und sofortiger Entspannung, s. (F-23) S. 329
ESR_t^{GF0}	Malusmilderung durch stille Reserven bei einmaliger Nonkonformität in t, gleich bleibenden Fehlbeträgen und anschließenden Null-Überschüssen, s. (F-35) S. 331
ESR_t^{PW}	Malusmilderung durch stille Reserven bei einmaliger Nonkonformität in t und ausschließlicher Betrachtung von Primär- und Wiederholungseffekten, s. (D-67) S. 275
iKW_t	intratemporaler Konformitätswert einer Periode, s.S. 287

KW_{PZ}	Konformitätswert des Planungszeitraumes; Barwert erzielter Konformitätsinzitamente abzgl. Manipulationsmalusse, s. Fn. 569 S. 177
KW_{SZ}	Konformitätswert eines separat optimierbaren Zeitraumes; Barwert erzielter Konformitätsinzitamente abzüglich Manipulationsmalusse des SZ abzüglich der Manipulationsmalusse der Bildung einer stillen Reserve in der Vorperiode des SZ, s. Fn. 569 S. 177
NE	Messeinheit für Nutzen, d.h. für Konformitätsinzitamente, Manipulationsmalusse und deren Differenzen
PWoSR	Primär- und Wiederholungswartevorteil ohne stille Reserve, s.S. 273
q	Aufzinsungsfaktor, s.S. 97
$SC_{Q,t}$	supratemporale Konformitätskosten des Erstellers Q, die zwecks Konformität in der Periode t in Kauf genommen werden, s.S. 145f.
sKW_t	supratemporaler Konformitätswert einer Periode
WSR_t	Maluseffekt des Wartens mit einmaliger Nonkonformität in t (Warteeffekt) durch stille Reserven bei einmaliger Nonkonformität, s. (F-13) S. 326
WSR_t^{GF}	Maluseffekt des Wartens mit einmaliger Nonkonformität in t (Warteeffekt) durch stille Reserven bei einmaliger Nonkonformität in t, gleich bleibenden Fehlbeträgen und sofortiger Erholung, s. (F-27) S. 329
W_t^{GF0mSR}	Maluseffekt des Wartens mit einmaliger Nonkonformität in t (Warteeffekt) bei gleich bleibenden Fehlbeträgen und anschließenden Null-Überschüssen mit stillen Reserven, s. (F-40) S. 332
W_t^{GF0oSR}	Maluseffekt des Wartens mit einmaliger Nonkonformität in t (Warteeffekt) bei gleich bleibenden Fehlbeträgen und anschließenden Null-Überschüssen ohne stille Reserven, s. (D-74) S. 280
W_t^{GFmSR}	Maluseffekt des Wartens mit einmaliger Nonkonformität in t (Warteeffekt) bei gleich bleibenden Fehlbeträgen und sofortiger Entspannung mit stillen Reserven, s. (F-28) S. 329
W_t^{GFoSR}	Maluseffekt des Wartens mit einmaliger Nonkonformität in t (Warteeffekt) bei gleich bleibenden Fehlbeträgen und sofortiger Entspannung ohne stille Reserven, s. (D-69) S. 278
$XC_{t^{\#}\|t^{\$}}^{ind}$	extratemporale Kosten *in* $t = d$ *aus* $t = t^{\#}$ *für* $t = t^{\$}$; erhöhte Manipulationsmalusse oder geringere Konformitätsinzitamente in $t = t^{\#}$, die zum Zwecke der Konformität in $t = t^{\$}$ bei der Entscheidung in $t = d$ in Kauf genommen werden, und bei $E_{t^{\#}} = 0$ nicht in Kauf genommen werden würden, s.S. 148
$XE_{Q,t\|t'}$	extratemporale Manipulationserträge des Erstellers Q, die bei AH > 1 in der Periode t' entstehen aufgrund der Konformität in der Periode t, s.S. 145f.

Kontrahentenverhalten

AS	aufsteigende Selektion (eine mögliche Strategie des Kontrahenten), s.S. 112
BS	absteigende Selektion (eine mögliche Strategie des Kontrahenten), s.S. 112
KV	Kontrahierungsverzicht (eine mögliche Strategie des Kontrahenten), s.S. 112
p(Q)	Wahrscheinlichkeit der Kontrahierung mit Ersteller Q bei Selektionsverzicht
SV	Selektionsverzicht (eine mögliche Strategie des Kontrahenten), s.S. 112
TE_Q	Transaktionsergebnis des Kontrahenten bei Kontrahierung mit Ersteller Q, s.S. 95
za(·)	Zielgröße des Kontrahenten, Argument: Strategie KV, SV, AS oder BS, s.S. 95,112

Mathematische Operatoren

$\forall$	alle
$\Rightarrow, \Leftrightarrow$	impliziert, ist gleichbedeutend mit
$\subset, \subseteq$	ist echte Teilmenge von, ist Teilmenge von
$\wedge, \vee$	logisches und, oder
$\cup, \cap, \in, \notin$	Vereinigungsmenge, Schnittmenge, ist Element von, ist nicht Element von
:	Summation, meistens über Zeiträume, meist in Indizes (in Anlehnung an eine verbreitete Tabellenkalkulationssoftware). Leere Summationen, bspw. $\Delta_{\tau+1:va-1}$ für $\tau = va - 1$, seien mit 0 festgelegt. s. Fn. 559 S. 168. Die Operation „:“ ist nach allen anderen Operationen wie Addition und Subtraktion sowie den oben beschriebenen Zuordnungen mit „|“ auszuführen, bspw. $\Delta_{\tau+1:va-1} = \Delta_{(\tau+1):(va-1)}$.
(x;y)	das Intervall von ausschließlich x bis ausschließlich y
[x;y), (x;y]	siehe (x;y) und [x;y]
[x;y]	das Intervall von einschließlich x bis einschließlich y
\	außer; bei B={1, 2, …, t’, …, n} ist B\t’={1, 2, …, t’−1,t+1, …, n}
{a, b, c}	Menge mit den Elementen a, b, c
|x|	Absolutbetrag von x
B, D, F	je nach Kontext neu belegbare Interimssymbole
Max{a, b, c}	maximales Element in der Menge mit den Elementen a, b, c
Min{a, b, c}	minimales Element in der Menge mit den Elementen a, b, c
$x \succ y, y \prec x$	die Handlungsalternative x ist der Handlungsalternative y strikt vorzuziehen

Nach Alphabet

$\forall$	alle
$\Rightarrow$, $\Leftrightarrow$	impliziert, ist gleichbedeutend mit
$\subset$, $\subseteq$	ist echte Teilmenge von, ist Teilmenge von
$\wedge$, $\vee$	logisches und, oder
$\cup$, $\cap$, $\in$, $\notin$	Vereinigungsmenge, Schnittmenge, ist Element von, ist nicht Element von
*	optimal nach der jeweils gültigen Modellierung
:	Summation, meistens über Zeiträume, meist in Indizes (in Anlehnung an eine verbreitete Tabellenkalkulationssoftware). Leere Summationen, bspw. $\Delta_{\tau+1:va-1}$ für $\tau = va - 1$, seien mit 0 festgelegt. s. Fn. 559 S. 168. Die Operation „:" ist nach allen anderen Operationen wie Addition und Subtraktion sowie den oben beschriebenen Zuordnungen mit „|" auszuführen, bspw. $\Delta_{\tau+1:va-1} = \Delta_{(\tau+1):(va-1)}$.
\	außer; bei B={1, 2, …, t', …, n} ist B\t'={1, 2, …, t'–1, t+1, …, n}
(x;y)	das Intervall von ausschließlich x bis ausschließlich y
[x;y), (x;y]	siehe (x;y) und [x;y]
[x;y]	das Intervall von einschließlich x bis einschließlich y
{a, b, c}	Menge mit den Elementen a, b, c
|amax|	Absolutbetrag der Anspannungsklimax, s. Abschnitt D4.1.5 (S. 222ff.)
|x|	Absolutbetrag von x
A	Anspannungszeitraum, s.S. 128
aa|t	Anspannungsanfang zu t, s.S. 185
AABη	Anspannungs-Abbau-Zeitraum Nr. η, s. Abschnitt D4.1.3 (S. 216ff.)
aabaη	Anfangsperiode des Anspannungs-Abbau-Zeitraumes Nr. η, s. Abschnitt D4.1.3 (S. 216ff.)
aabeη	Endperiode des Anspannungs-Abbau-Zeitraumes Nr. η, s. Abschnitt D4.1.3 (S. 216ff.)
AAM_t	Anwartschaftsaufbau-Amortisationsdauer, s.S. 292
aam_t	Periode der Aufbau-Amortisation, s.S. 287
ae|t	Anspannungsende zu t, s.S. 128
ae^{max}	Periode, nach der bei Konformitätskontinuität nach einem Fehlbetragszeitraum zum letzten Mal wegen $\Delta_{va:t} > 0$ positive Manipulation erforderlich ist, wenn $M_{va-1} = 0$ und die Konformitätskontinuität allein durch positive Manipulation erreicht wird, s.S. 215
ae_t	Anspannungsende bei einmaliger Nonkonformität in t, nur in Abschnitt D5 (S. 256ff.), s.S. 185
AH	Anforderungshorizont; Zahl der in die Rechnungslegungsanalyse einbezogenen Perioden s.S. 96

amax	Anspannungsklimax, s. Abschnitt D4.1.4 (S. 217ff.)
AR	Anspannungsreichweite, s. Abschnitt D3.2.2.1 (S. 181ff.)
ara	erste Periode einer Anspannungsreichweite, s. Abschnitt D3.2.2.1 (S. 181ff.)
are	letzte Periode einer Anspannungsreichweite, s. Abschnitt D3.2.2.1 (S. 181ff.)
AS	aufsteigende Selektion (eine mögliche Strategie des Kontrahenten), s.S. 112
AUFφ	Anspannungs-Aufbau-Zeitraum Nr. φ, s. Abschnitt D4.1.2 (S. 213ff.)
aufaφ	Anfangsperiode des Anspannungs-Aufbau-Zeitraumes Nr. φ, s. Abschnitt D4.1.2 (S. 213ff.). Auch ohne Nr.
aufeφ	Endperiode des Anspannungs-Aufbau-Zeitraumes Nr. φ, s. Abschnitt D4.1.2 (S. 213ff.). Auch ohne Nr.
$AuswDiff_t$	Ausweisdifferenz, s. Abschnitt D3.2.3 (S. 193ff.)
B, D, F	je nach Kontext neu belegbare Interimssymbole
BS	absteigende Selektion (eine mögliche Strategie des Kontrahenten), s.S. 112
$c(J_t)$	intratemporale Manipulationsmalusfunktion, s.S. 107
C_{PZ}	Barwert der Manipulationsmalusse eines Planungszeitraumes, s.S. 171
C_t	intratemporaler Manipulationsmalus in der Periode t, s.S. 102, 107
$C_{t':t''}$	Barwert der intratemporalen Manipulationsmalusse des sich von t = t' bis t = t'' erstreckenden Zeitraumes, s.S. 102, 107
δ_Z	Vektor der Anforderungsresiduen des Zeitraumes Z, z.B. PZ, s. Abschnitt D3.1.2 (S. 163ff.)
$\Delta_{Q,t}$	Anforderungsresiduum des Erstellers Q in der Periode t, $\Delta_{Q,t} = \bar{J}_t - J^{\#}_{Q,t}$, s.S. 121
Δ_t^{NKV}	nonkonformitätsverzögernder Fehlbetrag, s.S. 272.
Δ_t^{ϖ}	Anforderungsresiduum, oberhalb dessen terminierbare stille Reserve aufgelöst wird, also $TR_t > 0$ ist (sofern TRV > 0), s. Abschnitt D4.2.3.1 (S. 229ff.)
$\bar{\bar{\Delta}}$	über alle Perioden konstanter Fehlbetrag, s. Abschnitt D5.4 (S. 277ff.)
d	Entscheidungsperiode; Periode, deren Manipulation sofort ansteht, s.S. 146
$DUR_{t':t''}$	Duration der Fehlbeträge im Zeitraum t∈ {t', …, t''} bei q = 1 und sofortiger Entspannung in t = t''+1, s.S. 192.
E^{cst}	im Zeitablauf gleich bleibendes Konformitätsinzitament, s.S. 173
E_{PZ}	Barwert erzielter Konformitätsinzitamente im Planungszeitraum, s.S. 173
$E_{Q,t}$	erzielbares Konformitätsinzitament des Erstellers Q in Periode t, s.S. 99
ESR_t	Malusmilderung durch stille Reserven bei einmaliger Nonkonformität in t, s. (F-9) S. 325
ESR_t^{GF}	Malusmilderung durch stille Reserven bei einmaliger Nonkonformität in t, gleich bleibenden Fehlbeträgen und sofortiger Entspannung, s. (F-23) S. 329

ESR_t^{GF0}	Malusmilderung durch stille Reserven bei einmaliger Nonkonformität in t, gleich bleibenden Fehlbeträgen und anschließenden Null-Überschüssen, s. (F-35) S. 331
ESR_t^{PW}	Malusmilderung durch stille Reserven bei einmaliger Nonkonformität in t und ausschließlicher Betrachtung von Primär- und Wiederholungseffekten, s. (D-67) S. 275
fam_t	Forführungs-Amortisation, s.S. 289
ika_t	intratemporaler Konformitätsanfang zu t, s.S. 287
iKW_t	intratemporaler Konformitätswert einer Periode, s.S. 287
IKZ	intratemporaler Konformitätszeitraum, s. Abschnitt D3.2.1 (S. 175ff.)
IKZ|t	intratemporal separat optimierbarer Zeitraum zu t, s.S. 176f.
ikza|t	erste Periode (Anfang) eines intratemporal separat optimierbaren Zeitraumes zu t, s.S. 176f.
ikze|t	letzte Periode (Ende) eines intratemporal separat optimierbaren Zeitraumes zu t, s.S. 176f.
$J^{\#}_{Q,Max\|Z}$	maximales unverfälschtes Periodenergebnis im Zyklus des Erstellers Q, s.S. 138
$J^{\#}_{Q,Min\|Z}$	minimales unverfälschtes Periodenergebnis im Zyklus des Erstellers Q, s.S. 138
$J^{\#}_{Q,t}$	unverfälschtes Periodenergebnis des Erstellers Q in Periode t, s.S. 100
$\bar{J}^{K}_{Q,t}$	Konformitätsanforderung in der Periode t, bei welcher Ersteller Q zwischen Konformität und Nonkonformität indifferent ist, s. Abschnitt C2.1 (S. 112ff.)
$J_{Q,t}$	ausgewiesenes Periodenergebnis des Erstellers Q in Periode t, s.S. 100
$\bar{J}_t$	Konformitätsanforderung der Periode t, s. Abschnitt C1.1 (S. 95ff.)
K	Konformität, s. Abschnitt C1.1 (S. 95ff.)
κ_{PZ}	Konformitätsverhalten des Erstellers im Planungszeitraum, $\kappa_{PZ} \in \Re^{PH}$, s.S. 163
$\kappa_{Q,t}$	Konformitätsverhalten des Erstellers Q in Periode t, $\kappa \in \{0, 1\}$, s.S. 121
κ_{SZ}	Konformitätsverhalten des Erstellers im SZ, $\kappa_{PZ} \in \Re^{(kze-kza+1)}$, s. Abschnitt D3.2 (S. 175ff.)
KV	Kontrahierungsverzicht (eine mögliche Strategie des Kontrahenten), s.S. 112
KW_{PZ}	Konformitätswert des Planungszeitraumes; Barwert erzielter Konformitätsinzitamente abzgl. Manipulationsmalusse, s. Fn. 569 S. 177
KW_{SZ}	Konformitätswert eines separat optimierbaren Zeitraumes; Barwert erzielter Konformitätsinzitamente abzüglich Manipulationsmalusse des SZ abzüglich der Manipulationsmalusse der Bildung einer stillen Reserve in der Vorperiode des SZ, s. Fn. 569 S. 177
KZ	Konformitätszeitraum, d.h. Zeitraum mit Konformitätskontinuität, s.S. 177
kza	erste Periode eines Konformitätszeitraumes, s. Abschnitt D3.2.1 (S. 175ff.)
kza|t	erste Periode (Anfang) eines Konformitätszeitraumes zu t, s.S. 176f.

kze	letzte Periode eines Konformitätszeitraumes, s. Abschnitt D3.2.1 (S. 175ff.)
kze|t	letzte Periode (Ende) eines Konformitätszeitraumes zu t, s.S. 176f.
λ	Lagrange-Multiplikator, hier: Grenznutzen einer zusätzlichen Einheit unverfälschten Periodenergebnisses bei optimaler Manipulation, s. Abschnitt D4.2.3.3 (S. 237ff.)
$L_{Q,t}$	Manipulation des Erstellers Q in der Periode t, wenn $M_{Q,t} > 0$, und somit eine stille Last gelegt wird, s.S. 163
$M^*_{Q,t}$	für den Ersteller Q optimale Manipulation in der Periode t
Max{a, b, c}	maximales Element in der Menge mit den Elementen a, b, c
Min{a, b, c}	minimales Element in der Menge mit den Elementen a, b, c
M_{PZ}	Vektor der Manipulationsbeträge eines Planungszeitraumes, s.S. 163, 171
$M_{Q,t}$	Manipulation des Erstellers Q in der Periode t
M_t^{oE}	optimale Manipulation in Periode t bei unverändertem Spannungszustand in den Perioden nach t, insbesondere ohne Entspannung
M_t^{ϖ}	positive Manipulation, deren Grenzmalus den Grenz-Auflösungskosten terminierbarer stiller Reserven, ϖ, gleichen, s. Abschnitt D4.2.3.1 (S. 229ff.)
NE	Messeinheit für Nutzen, d.h. für Konformitätsinzitamente, Manipulationsmalusse und deren Differenzen
nk	einmalige Nonkonformitätsperiode, nur in Abschnitt D5 (S. 256ff.)
NK	Nonkonformität, s. Abschnitt C1.1 (S. 95ff.)
nk^{AH}	erste Nonkonformitätsperiode nach Nonkonformität, s.S. 292
ω	intratemporaler Resistenzkoeffizient (ω für Objektivierung), wenn keine Differenzierung zwischen ω_t^{RL}, ω_t^{L} und ω_t^{R} erforderlich ist, entweder wegen einperiodigem Planungshorizont des Erstellers, PH = 1, oder bei Annahme symmetrischer Manipulationsmalusfunktion ($\omega_t^{RL} = \omega_t^{R} = \omega_t^{L}$), s.a.S. 107
ω_t^{L}	intratemporaler Resistenzkoeffizient in der Periode t für Bildung stiller Lasten, s.S. 107
ω_t^{R}	intratemporaler Resistenzkoeffizient in der Periode t für Bildung stiller Reserven, s.S. 107
ω_t^{S}	supratemporaler Resistenzkoeffizient des Erstellers Q für die Bewältigung des Anforderungsresiduums in der Periode t, s.S. 151f.
ω_t^{RL}	intratemporaler Resistenzkoeffizient des Erstellers Q in der Periode t bei Annahme asymmetrischer Manipulationsfunktion mit $\omega_{Q,t}^{RL} = \omega_{Q,t}^{R}$ für $M_{Q,t} < 0$ und $\omega_{Q,t}^{RL} = \omega_{Q,t}^{L}$ für $M_{Q,t} > 0$, s.S. 107
ϖ	Grenz-Auflösungkosten: im Auflösungsbetrag konstante Grenzkosten der Auflösung terminierbarer stiller Reserve, s. Abschnitt D4.2.3.1 (S. 229ff.)
p(Q)	Wahrscheinlichkeit der Kontrahierung mit Ersteller Q bei Selektionsverzicht
PE	Messeinheit für Periodenergebnis

PH	Weite des Planungshorizontes, d. h. die Zahl der in die Entscheidung des Erstellers explizit einbezogenen Perioden, s.S. 24
PH^{KK}	Planungshorizont für den Fall, dass nur Konformitätskontinuität als Konformitätsverhalten in Frage kommt, s.S. 171
PWoSR	Primär- und Wiederholungswartevorteil ohne stille Reserve, s.S. 273
pza	Anfang des vom Planungshorizont umfassten Zeitraumes, s.S. 146
pze	Ende des vom Planungshorizont umfassten Zeitraumes, s.S. 146
PZ_t	die Periode t umfassender, gerade analysierter Planungszeitraum (PZ_t fängt mit $t = pza$ an und hört mit $t = pze = pza + PH - 1$ auf), s.S. 146
q	Aufzinsungsfaktor, s.S. 97
Q	Ersteller, $Q \in \{G, B\}$, s.S. 95
$R_{Q,t}$	Manipulation des Erstellers Q in der Periode t, wenn $M_{Q,t} < 0$ und somit eine stille Reserve gelegt wird, s.S. 163
SAR	supratemporal separat optimierbare Anspannungsreichweite, s. Abschnitt D3.2.2.1 (S. 181ff.)
sara	erste Periode einer supratemporal separat optimierbaren Anspannungsreichweite, s. Abschnitt D3.2.2.1 (S. 181ff.)
sare	letzte Periode einer supratemporal separat optimierbaren Anspannungsreichweite, s. Abschnitt D3.2.2.1 (S. 181ff.)
$SC_{Q,t}$	supratemporale Konformitätskosten des Erstellers Q, die zwecks Konformität in der Periode t in Kauf genommen werden, s.S. 145f.
ska_t	supratemporaler Konformitätsanfang zu t, s.S. 287
sKW_t	supratemporaler Konformitätswert einer Periode
SKZ	supratemporaler Konformitätszeitraum, s. Abschnitt D3.2.1 (S. 175ff.)
SKZ|t	supratemporaler Konformitätszeitraum zu t, s.S. 176f.
skze|t	letzte Periode (Ende) eines supratemporal separat optimierbaren Zeitraumes zu t, s.S. 176f.
ssza|t	erste Periode (Anfang) eines supratemporal separat optimierbaren Zeitraumes zu t, s.S. 176f.
SV	Selektionsverzicht (eine mögliche Strategie des Kontrahenten), s.S. 112
SZ|t	separat optimierbarer Zeitraum zu t, s.S. 176f.
τ	Index für Periode oder Periodenende
t	Index für Periode oder Periodenende
$t^{\$}, t^{€}, t^{§}, t^{\&}$	Periode oder Periodenende, je nach Kontext neu belegbar
t', t'', t'''	Periode oder Periodenende, je nach Kontext neu belegbar
TE_Q	Transaktionsergebnis des Kontrahenten bei Kontrahierung mit Ersteller Q, s.S. 95
TR_{PZ}	Summe der Auflösungen terminierbarer stiller Reserven im Planungszeitraum, s.S. 226
TR_t	Auflösung terminierbarer stiller Reserven in der Periode t, s.S. 226

TRV	Vorrat an terminierbarer stiller Reserve; in t = pza verfügbarer Bestand, s. Abschnitt D4.2.2 (S. 226ff.)
u	Umkehrperiode, d.h. die Periode der Umkehr einer Manipulation, s.S. 109
UD	Umkehrdauer; Zahl der Perioden zwischen Manipulation und deren Umkehr, UD' = u' − t'. UD = 1 außer in Abschnitt D2.4 und D4.2
va	erste Periode eines Fehlbetragszeitraumes (Verlustphasenanfang), s.S. 212
ve	letzte Periode eines Fehlbetragszeitraumes (Verlustphasenende), s.S. 212
WSR_t	Maluseffekt des Wartens mit einmaliger Nonkonformität in t (Warteeffekt) durch stille Reserven bei einmaliger Nonkonformität, s. (F-13) S. 326
WSR_t^{GF}	Maluseffekt des Wartens mit einmaliger Nonkonformität in t (Warteeffekt) durch stille Reserven bei einmaliger Nonkonformität in t, gleich bleibenden Fehlbeträgen und sofortiger Erholung, s. (F-27) S. 329
W_t^{GF0mSR}	Maluseffekt des Wartens mit einmaliger Nonkonformität in t (Warteeffekt) bei gleich bleibenden Fehlbeträgen und anschließenden Null-Überschüssen mit stillen Reserven, s. (F-40) S. 332
W_t^{GF0oSR}	Maluseffekt des Wartens mit einmaliger Nonkonformität in t (Warteeffekt) bei gleich bleibenden Fehlbeträgen und anschließenden Null-Überschüssen ohne stille Reserven, s. (D-74) S. 280
W_t^{GFmSR}	Maluseffekt des Wartens mit einmaliger Nonkonformität in t (Warteeffekt) bei gleich bleibenden Fehlbeträgen und sofortiger Entspannung mit stillen Reserven, s. (F-28) S. 329
W_t^{GFoSR}	Maluseffekt des Wartens mit einmaliger Nonkonformität in t (Warteeffekt) bei gleich bleibenden Fehlbeträgen und sofortiger Entspannung ohne stille Reserven, s. (D-69) S. 278
$x \succ y,\ y \prec x$	die Handlungsalternative x ist der Handlungsalternative y strikt vorzuziehen
$XC_{t^{\#}\|t^{\$}}^{ind}$	extratemporale Kosten *in* t = d *aus* t = $t^{\#}$ *für* t = $t^{\$}$; erhöhte Manipulationsmalusse oder geringere Konformitätsinzitamente in t = $t^{\#}$, die zum Zwecke der Konformität in t = $t^{\$}$ bei der Entscheidung in t = d in Kauf genommen werden, und bei $E_{t\#} = 0$ nicht in Kauf genommen werden würden, s.S. 148
$XE_{Q,t\|t'}$	extratemporale Manipulationserträge des Erstellers Q, die bei AH > 1 in der Periode t' entstehen aufgrund der Konformität in der Periode t, s.S. 145f.
za(·)	Zielgröße des Kontrahenten, Argument: Strategie KV, SV, AS oder BS, s.S. 95, 112
ZD_Q	Zyklusdauer: Zahl der Perioden im konjunkturellen Zyklus des Erstellers Q, s.S. 138

Verzeichnis der Abkürzungen

Nach Kategorien

Rechtsquellen (vgl. Rechtsquellenverzeichnis S. 365f.)

AktG	Aktiengesetz
BewG	Bewertungsgesetz
BFH	Bundesfinanzhof
BilKoG	Bilanzkontrollgesetz
BilReG	Bilanzreformgesetz
BörsZulV	Börsenzulassungsverordnung
EStG	Einkommensteuergesetz
EU	Europäische Union
GEntw	Gesetzentwurf
GmbHG	GmbH-Gesetz
GuV	Gewinn- und Verlustrechnung
HGB	Handelsgesetzbuch
IAS	International Accounting Standards
IASB	International Accounting Standards Board, s. Fn. 48 S. 14
IAS-VO	IAS-Verordnung
IFRS	International Financial Reporting Standards, s. Fn. 48 S. 14
IRC	Internal Revenue Code 1986
KWG	Kreditwesengesetz
PublG	Publizitätsgesetz
RefEntw	Referentenentwurf
sect.	Section
StGB	Strafgesetzbuch
UmwG	Umwandlungsgesetz
UmwStG	Umwandlungssteuergesetz
US-GAAP	General Accepted Accounting Principles, s. Fn. 48 S. 14
VAG	Versicherungsaufsichtsgesetz
VStR	Vermögensteuer-Richtlinien

Zeitschriften (vgl. Literaturverzeichnis S. 367ff.)

ABR	Accounting and Business Research
AER	American Economic Review
AH	Accouting Horizons
AR	Accounting Review
BB	Betriebsberater
BFuP	Betriebswirtschaftliche Forschung und Praxis
CAR	Contemporary Accouting Research
DB	Der Betrieb
DBW	Die Betriebswirtschaft
DStR	Deutsches Steuerrecht
FAJ	Financial Analysts Journal
JAAF	Journal of Accounting, Auditing and Finance
JAE	Journal of Accounting and Economics
JAPP	Journal of Accounting an Public Policy
JAR	Journal of Accounting Research
JBA	Journal of Business and Accounting
JBFA	Journal of Business, Finance and Accounting
JFE	Journal of Financial Economics
JFQA	Journal of Financial and Quantitative Analysis
JoB	Journal of Business
JoF	Journal of Finance
JPE	Journal of Political Economy
KoR	Kostenrechnung
QJE	Quarterly Journal of Economics
WiSt	Wirtschaftswissenschaftliches Studium
WISU	Das Wirtschaftsstudium
WPg	Die Wirtschaftsprüfung
ZfB	Zeitschrift für Betriebswirtschaft
zfbf	Zeitschrift für betriebswirtschaftliche Forschung
ZfhF	Zeitschrift für handelswissenschaftliche Forschung
ZGK	Zeitschrift für das gesamte Kreditwesen
ZIP	Zeitschrift für Wirtschaftsrecht
ZWS	Zeitschrift für Wirtschafts- und Sozialwissenschaften

Zitation, Verweise und Literaturverzeichnis

HdR	Handbuch der Rechnungslegung, vgl. Literaturverzeichnis Küting/Weber (1995)
ders.	derselbe
dies.	dieselben
Fn.	Fußnote
Hs.	Halbsatz
Kap.	Kapitel
m.w.N.	mit weiteren Nachweisen
Nachw.	Nachweis, Nachweise
o.A.	ohne Autor
o.g.	oben genannt
o.O.	ohne Ort
o.T.	ohne Titel
S.	Seite
s.	siehe
s.a.	siehe auch
s.a.o.	siehe auch oben
s.a.u.	siehe auch unten
s.o.	siehe oben
s.u.	siehe unten
vgl.	vergleiche
zit.	zitieren, zitiert, zitierend
zit. n.	zitiert nach

Sonstige sprachliche Abkürzungen

Abb.	Abbildung
Bsp.	Beispiel
bspw.	beispielsweise
bzw.	beziehungsweise
evtl.	eventuell
ggü.	gegenüber
i.d.R.	in der Regel
i.H.d.	in Höhe des
i.H.v.	in Höhe von
i.Ü.	im Übrigen
n.a.	nicht anwendbar
n.e.	nicht erforderlich
o.E.	ohne Einschränkung
Per.	Perioden
resp.	respektive
Tab.	Tabelle
u.a.	unter anderem
u.U.	unter Umständen
u.v.a.	und viele(s) andere
z.B.	zum Beispiel
z.T.	zum Teil
z.Zt.	zur Zeit
ZFK	Zielfunktionskoeffizient

Nach Alphabet

Abb.	Abbildung
ABR	Accounting and Business Research
AER	American Economic Review
AH	Accouting Horizons
AktG	Aktiengesetz
AR	Accounting Review
BB	Betriebsberater
BewG	Bewertungsgesetz
BFH	Bundesfinanzhof
BFuP	Betriebswirtschaftliche Forschung und Praxis
BilKoG	Bilanzkontrollgesetz
BilReG	Bilanzreformgesetz
BörsZulV	Börsenzulassungsverordnung
Bsp.	Beispiel
bspw.	beispielsweise
bzw.	beziehungsweise
CAR	Contemporary Accouting Research
DB	Der Betrieb
DBW	Die Betriebswirtschaft
ders.	derselbe
dies.	dieselben
DStR	Deutsches Steuerrecht
EStG	Einkommensteuergesetz
EU	Europäische Union
evtl.	eventuell
FAJ	Financial Analysts Journal
Fn.	Fußnote
GEntw	Gesetzentwurf
ggü.	gegenüber
GmbHG	GmbH-Gesetz
GuV	Gewinn- und Verlustrechnung
HdR	Handbuch der Rechnungslegung, vgl. Literaturverzeichnis Küting/Weber (1995)
HGB	Handelsgesetzbuch
Hs.	Halbsatz

i.d.R.	in der Regel
i.H.d.	in Höhe des
i.H.v.	in Höhe von
i.Ü.	im Übrigen
IAS	International Accounting Standards
IASB	International Accounting Standards Board, s. Fn. 48 S. 14.
IAS-VO	IAS-Verordnung
IFRS	International Financial Reporting Standards, s. Fn. 48 S. 14.
IRC	Internal Revenue Code 1986
JAAF	Journal of Accounting, Auditing and Finance
JAE	Journal of Accounting and Economics
JAPP	Journal of Accounting an Public Policy
JAR	Journal of Accounting Research
JBA	Journal of Business and Accounting
JBFA	Journal of Business, Finance and Accounting
JFE	Journal of Financial Economics
JFQA	Journal of Financial and Quantitative Analysis
JoB	Journal of Business
JoF	Journal of Finance
JPE	Journal of Political Economy
Kap.	Kapitel
KoR	Kostenrechnung
KWG	Kreditwesengesetz
m.w.N.	mit weiteren Nachweisen
n.a.	nicht anwendbar
n.e.	nicht erforderlich
Nachw.	Nachweis, Nachweise
o.A.	ohne Autor
o.E.	ohne Einschränkung
o.g.	oben genannt
o.O.	ohne Ort
o.T.	ohne Titel
Per.	Perioden
PublG	Publizitätsgesetz
QJE	Quarterly Journal of Economics
RefEntw	Referentenentwurf

resp.	respektive
S.	Seite
s.	siehe
s.a.o.	siehe auch oben
s.a.u.	siehe auch unten
s.a.	siehe auch
s.o.	siehe oben
s.u.	siehe unten
sect.	Section
StGB	Strafgesetzbuch
Tab.	Tabelle
u.a.	unter anderem
u.U.	unter Umständen
u.v.a.	und viele(s) andere(s)
UmwG	Umwandlungsgesetz
UmwStG	Umwandlungssteuergesetz
US-GAAP	General Accepted Accounting Principles, s. Fn. 48 S. 14.
VAG	Versicherungsaufsichtsgesetz
vgl.	vergleiche
VStR	Vermögensteuer-Richtlinien
WiSt	Wirtschaftswissenschaftliches Studium
WISU	Das Wirtschaftsstudium
WPg	Die Wirtschaftsprüfung
z.B.	zum Beispiel
z.T.	zum Teil
z.Zt.	zur Zeit
ZfB	Zeitschrift für Betriebswirtschaft
zfbf	Zeitschrift für betriebswirtschaftliche Forschung
ZfhF	Zeitschrift für handelswissenschaftliche Forschung
ZFK	Zielfunktionskoeffizient
ZGK	Zeitschrift für das gesamte Kreditwesen
ZIP	Zeitschrift für Wirtschaftsrecht
zit.	zitieren, zitiert, zitierend
zit. n.	zitiert nach
ZWS	Zeitschrift für Wirtschafts- und Sozialwissenschaften

Verzeichnis der sonstigen textlichen Konventionen

Textformatierung

Die Textformatierungen **fett** und unterstrichen gliedern den Text innerhalb der nummerierten Abschnitte. Sie benennen das Thema des umgebenden Textes. Hierbei untergliedern unterstrichene Begriffe das mit dem vorherigen fettgedruckten Begriff umrissene Thema.

Kursiv hebt Worte mit Schüsselbedeutung für den Absatz hervor.

Einige Begriffe werden in spezifischer, u.U. vom üblichen Sprachgebrauch abweichender Weise festgelegt. KAPITÄLCHEN kennzeichnen die Stelle, an der ein solcher Begriff erläutert und belegt wird. Das Stichwortverzeichnis (s.S. 395 ff.) verweist auf diese Stellen. Auf die Kennzeichnung eines Stichworteintrages bei jedem Gebrauch im laufenden Text wurde aus Gründen der Übersichtlichkeit verzichtet.

Die Markierungen kursiv und Kapitälchen erfolgen zusätzlich zu der thematisch gliedernden Textformatierung und unabhängig von ihr. Beispielsweise handelt es sich bei einem in Kapitälchen gesetzten und fettgedruckten respektive unterstrichenen Begriff um einen in das Stichwortverzeichnis aufgenommenen, an dieser Stelle erläuterten Begriff (deshalb in Kapitälchen), der zugleich das Thema des umgebenden Textes angibt (deshalb fett respektive unterstrichen).

Anführungsstriche („ “) verdeutlichen – neben dem expliziten wörtlichen Zitat –, dass über die so gekennzeichneten Worte und ihren Gebrauch etwas ausgesagt oder durch eine zitatähnliche Kennzeichnung eine inhaltliche Distanz zu ihnen hergestellt werden soll. Bei häufiger Verwendung eines Wortes werden die Anführungsstriche lediglich bei der ersten gesetzt.

Zitation

Die üblichen Imperative des Verweises werden i.d.R. wie folgt differenziert verwendet:

— „Vergleiche“ bzw. „vgl.“ deutet auf eine Möglichkeit hin, die getroffene Aussage zu verifizieren oder mit einer ähnlichen, andernorts getroffenen Aussage zu vergleichen.
— „Siehe“ bzw. „s.“ weist auf relevante Kontextinformation hin.
— „Auch“ bzw. „a.“ stuft die Relevanz der zitierten Ausführungen herab.

Bei besonderer Relevanz erfolgt die Zitation im Fließtext.

Eine Seitenzahl und „ff.“ verweist stets auf eine Seitengesamtheit. So verweist etwa „Abschnitt B1 (S. 13ff.)“ auf sämtliche Seiten des auf S. 13 beginnenden Abschnittes B1.

Die Reihenfolge der zitierten Autoren erfolgt nach Relevanz, wofür zuweilen das Erscheinungsdatum als Ersatzkriterium in meist absteigender, aber zuweilen – insbesondere bei wissenschaftsgeschichtlicher Relevanz – auch aufsteigender Reihenfolge herangezogen wird. Falls eine Abstufung nach Relevanz nicht angezeigt erscheint, erfolgt die Anordnung alphabetisch.

Fußnoten werden in aller Regel am Ende der Aussage gesetzt, auf die sie sich beziehen. Beziehen sie sich deshalb auf den letzten Teil [die Gesamtheit] eines Satzes, finden sie sich vor [nach] dem Punkt. Ausnahmsweise findet sich die Zitation am Anfang längerer Darstellungen von Aussagen einer Quelle oder einer zusammengehörigen Gruppe von Quellen.

Relations- und Zeitbezeichnungen

„Strikt kleiner als“ ist zu „$<$“ und „strikt größer als“ zu „$>$“ äquivalent, während „UNSTRIKT kleiner als“ gleichbedeutend ist mit „$\leq$“ und „unstrikt größer als“ mit „$\geq$“. Wird nicht zwischen „unstrikt“ und „strikt“ differenziert, ist dies zur Aussage „strikt“ äquivalent. Bei der Bezeichnung von Präferenzrelationen („$\prec$“, „$\succ$“, „$\preceq$“, „$\succeq$“), sowie von zeitlicher Anordnung (früher, später) und flächiger Anordnung (oben, unten, rechts, links) wird ebenso vorgegangen.

Die Präpositionen „vorne“ [„hinten“, „nach“] werden in zeitlicher Hinsicht in der Bedeutung früh [spät] verwendet.

Das Vorzeichen eines Subtrahenden soll sein einleitendes Vorzeichen einschließen; der Subtrahend „$-b$“ in bspw. „$a - b$“ soll somit als negativ [positiv] bezeichnet werden, wenn $b > 0$ [$b < 0$].

Klammern

Eckige Klammern [ ] werden für Intervalle (siehe Symbolverzeichnis), sowie im Text als Alternative zu runden Klammern verwendet, um die Übersicht bei Alternativsätzen zu erleichtern. Alternativsätze drücken parallel zwei analoge Sachverhalte aus, wovon der zweite durch Einsetzen der eckig geklammerten Worte gewonnen wird. Beispielsweise heißt „a [b] ist positiv [negativ].“ das gleiche wie „a ist positiv. b ist negativ.“ Zum Gebrauch von Klammern als formale Symbole siehe das Verzeichnis der Symbole (S. 343ff.).

Rechtsquellenverzeichnis

AktG: Aktiengesetz vom 6. September 1965, BGBl I 1965, S. 1089, zuletzt geändert durch Gesetz vom 12.06.2003, BGBl I 2003 S. 838 (AktG).

BewG: Bewertungsgesetz vom 16. Oktober 1934, RGBl I 1934, S. 1035ff., neugefasst durch Bekanntmachung vom 01. Februar 1991, BGBl I S. 230, zuletzt geändert durch Art. 14 des Gesetzes vom 20. Dezember 2001, BGBl I 2001 S. 3794ff.

BFH (1969): Bundesfinanzhof, Beschluss vom 3. Februar 1969 Gr. S, 2/68, Bundessteuerblatt 1969 Teil II Nr. 11/12, S. 291 – 294.

BFH (1980): Bundesfinanzhof, Urteil vom 20. März 1980 IV R 89/79, Bundessteuerblatt 1980 Teil II, Nr. 12, S. 297 – 299.

BFH (1985): Bundesfinanzhof, Urteil vom 25. April 1985 IV R 83/83, Bundessteuerblatt 1986 Teil II, Nr. 7/8, S. 350 – 353.

BFH (1990): Bundesfinanzhof, Urteil vom 24. Januar 1990 I R 17/89, Bundessteuerblatt 1990 Teil II, Nr. 14, S. 681 – 684.

BFH (1992): Bundesfinanzhof, Urteil vom 12. Dezember 1991 IV R 28/91, Bundessteuerblatt 1992 Teil II, Nr. 13, S. 600 – 604.

BörsZulV: Verordnung über die Zulassung von Wertpapieren zum amtlichen Markt einer Wertpapierbörse vom 15. April 1987, BGBl I 1987 S. 1234, neugefasst durch Bekanntmachung vom 09. September 1998 BGBl I S. 2832, zuletzt geändert durch Art. 20 des Gesetzes vom 21.Juni 2002 (Börsenzulassungsverordnung – BörsZulV).

EStG: Einkommensteuergesetz vom 16. Oktober 1934, RGBl 1934 S. 1005, neugefasst durch Bekanntmachung vom 19. Oktober 2002 BGBl I 2002 S. 4210 (BGBl I 2003 S. 179), zuletzt geändert durch Art. 1 des Gesetzes vom 31. Juli 2003 BGBl 2003 I S. 1550 (EStG).

GEntw BilReG (2004): Entwurf, Gesetz zur Einführung internationaler Rechnungslegungsstandards und zur Sicherung der Qualität der Abschlussprüfung (Bilanzrechtsreformgesetz – BilReG), bekanntgemacht am 21. April 2004, Download am 25. Juni 2004 von www.bmj.de.

GmbHG: Gesetz betreffend die Gesellschaften mit beschränkter Haftung vom 20. April 1892 RGBl 1892 S. 477, zuletzt geändert durch Art. 3 Abs. 3 des Gesetzes vom 19. Juli 2002 BGBl I 2002 S. 2681 (GmbHG).

HGB: Handelsgesetzbuch vom 10. Mai 1897 RGBl 1897 S. 219, zuletzt geändert durch Art. 5 des Gesetzes vom 24. August 2002 BGBl I S. 3412 (HGB).

IAS-VO: Verordnung (EG) Nr. 1606/2002 des Europäischen Parlaments und des Rates vom 19. Juli 2002 betreffend die Anwendung internationaler Rechnungslegungsstandards (IAS-Verordnung), Amtsblatt der Europäischen Gemeinschaft, 2002, Nr. L 243 S. 1 – 4.

IRC: Internal Revenue Code 1986, Volume 1: Income Taxes §§ 1 – 898, As of April 1, 1998 (IRC); Volume 2: Income, Estate, Gift, Employment and Excise Taxes §§ 901 – End, As of April 1, 1998.

Kammergericht (1995): Beschluss vom 24. August 1995 2 W 1255/95, in: Zeitschrift für Zivilrecht, 1995, S. 1585 – 1589.

KWG: Gesetz über das Kreditwesen (Kreditwesengesetz) vom 10. Juli 1961, BGBl I 1961 S. 881ff., neugefasst durch Bekanntmachung vom 09. September 1998, BGBl I 1998 S. 2776ff., zuletzt geändert durch Artikel 5 des Gesetzes vom 05. April 2004, BGBl I 2004 S. 502ff.

PublG: Gesetz über die Rechnungslegung von bestimmten Unternehmen und Konzernen (Publizitätsgesetz – PublG) vom 15. August 1969, BGBl I S. 1189ff., berichtigt 1970, BGBl I S. 1113ff., hier zitiert nach „Wichtige Wirtschaftsgesetze", 17. Auflage, Stand 01. März 2004, Verlag Neue Wirtschafts-Briefe, Herne/Berlin 2004.

RefEntw BilKoG (2004): Gesetzentwurf der Bundesregierung, Entwurf eines Gesetzes zur Kontrolle von Unternehmensabschlüssen (Bilanzkontrollgesetz – BilKoG), Bekanntgemacht am 21. April 2004, Download am 25. Juli 2004 von www.bmj.de.

Steuerentlastungsgesetz 1999/2000/2002 (1999): Steuerentlastungsgesetz 1999/2000/2002 vom 24. März 1999, BGBl I 1999, Nr. 15, S. 402.

StGB: Strafgesetzbuch vom 15. Mai 1871, RGBl 1871 S. 127ff., neugefasst durch Bekanntmachung vom 13. November 1998, BGBl I 1998 S. 3322ff., zuletzt geändert durch Art. 12c des Gesetzes vom 24. August 2004, BGBl I S. 2198ff.

UmwG: Umwandlungsgesetz vom 28. Oktober 1994, BGBl I 1994 S. 3210ff. (1995 S. 428ff.), zuletzt geändert durch Artikel 4 des Gesetzes vom 12. Juni 2003, BGBl I S. 838ff.

UmwStG: Umwandlungssteuergesetz vom 28. Oktober 1994, BGBl I 1994 S. 3267ff., neugefasst durch Bekanntmachung vom 15. Oktober 2002, BGBl I 2003 S. 4133ff., BGBl I 2003 S. 738ff., zuletzt geändert durch Artikel 3 des Gesetzes vom 16. Mai 2003, BGBl I 2003 S. 660ff.

VAG: Gesetz über die Beaufsichtigung der Versicherungsunternehmen (Versicherungsaufsichtsgesetz – VAG) vom 17. Dezember 1992, BGBl 1993 I S. 2ff., zuletzt geändert durch Artikel 11 des Gesetzes vom 05. Juli 2004, BGBl 2004 I S. 1427ff.

VStR: Vermögensteuer-Richtlinien 1993 (VStR 1993), Allgemeine Verwaltungsvorschrift zur Vermögensteuer, vom 30. November 1993 (Bundesanzeiger Nr. 235a, Bundessteuerblatt Teil I Sondernummer 2), hier zitiert nach „Steuerrichtlinien“, Stand 10. September 1994, Beck'sche Verlagsbuchhandlung, München.

Deutsche Gesetze und Verordnungen wurden, soweit nicht abweichend vermerkt, nach der unter http://bundesrecht.juris.de abrufbaren Version zitiert, die übrigen Rechtsquellen nach der im Rechtsquellenverzeichnis angegebenen Publikation.

Literaturverzeichnis

Aboody, David (1996): Recognition versus Disclosure in the Oil and Gas Industry, in: JAR, 34 Suppl., S. 21 – 32.

Akerlof, George A. (1970): The Market for "Lemons": Quality Uncertainty and the Market Mechanism, in: QJE, 84, S. 488 – 500.

Albach, Horst (1975): Zur Entwicklung der Kapitalstruktur deutscher Unternehmen, in: ZfB, 45, S. 1–12.

Alberth, Markus R. (1997): USA: Vertraglicher Gläubigerschutz und Ausschüttungsbemessung durch Covenants als Vorbild zur Änderung des deutschen Bilanzrechts?, in: WPg, 50, S. 744–750.

Alberth, Markus R. (1998): US-amerikanische Gläubigerbilanzen durch Covenants in Verträgen, der Versuch einer weltweiten Kategorisierung der Rechnungslegung und Folgen für die internationale Harmonisierungsdiskussion, in: ZfB, 68, 8, S. 803–824.

Alchian, Armen A./ Demsetz, Harold (1972): Production, Information Costs, and Economic Organization, in: AER, 62, S. 777–795.

Altenburg, Otto A. (1996): Rechnungslegung und Unsicherheit, Berlin.

Altmann, Edward I. (1968): Financial Ratios, Discriminant Analysis and the Prediction of Corporate Bankruptcy, in: JoF, S. 589–609.

Altmann, Edward I. (1970): A Reply (to Craig G. Johnson), in: JoF, 25, S. 1169–1172.

American Bar Foundation (1986): Commentaries on Model Debenture Indenture Provisions 1965; Model Debenture Indenture Provisions All Registered Issues 1967 and Certain Negotiable Provisions which may be Included in a Particular Incorporation Indenture, Buffalo, New York.

American Bar Foundation (2002): Revised Model Simplified Indenture, in: Business Lawyer, 55, 3, S. 1118–1170.

Amihud, Yakov/ Murgia, Maurizio (1997): Dividends, Taxes, and Signaling: Evidence from Germany, in: JoF, 52, 1, S. 397–408.

Ammann, Helmut (2000): Probleme bei der Analyse von nach handelsrechtlichen Vorschriften oder internationalen Standards erstellten Konzernabschlüssen, in: Lachnit, Laurenz/Freidank, Carl Christian (Hrsg.), Investororientierte Unternehmenspublizität, Neue Entwicklungen von Rechnungslegung, Prüfung und Jahresabschlussanalyse, Wiesbaden, S. 607–636.

Andrade, G. (1999): Do appearances matter? The impact of EPS accretion and dilution on stock prices. Working paper, Harvard Business School. Hier zitiert nach Kothari (2001) S. 199.

Antle, R. (1982): The auditor as an economic agent, in: JAR, 20, S. 488–500.

Arbeitskreis Finanzierung (1998): Arbeitskreis „Finanzierung“ der Schmalenbach-Gesellschaft für Betriebswirtschaft e.V.: Betriebliche Altersversorgung mit Pensionsrückstellungen oder Pensionsfonds – Analyse unter finanzwirtschaftlichen Gesichtspunkten, in: DB, S. 321–331.

Arrow, Kenneth J. (1963): Uncertainty and the Welfare Economics of Medical Care, in: AER, 53, S. 941–973.

Arrow, Kenneth J./ Blackwell, David W./ Girshick, M. A. (1949): Bayes and Minimax Solutions of Sequential Decision Problems, in: Econometrica, 17, Jul–Oct, S. 213–244.

Aumann, Robert J. (1976): Agreeing to Disagree, in: Annals of Statistics, 4, 6, S. 1236–1239.

Baber, William R./ Kang, Sok Hyon/ Kumar, Krishna R. (1999): The Explanatory Power of Earnings Levels vs. Earnings Changes in the Context of Executive Compensation, in: AR, 74, 4, S. 459–472.

Baetge, Jörg (1970): Möglichkeiten der Objektivierung des Jahreserfolges, Düsseldorf.

Baetge, Jörg (1989): Möglichkeiten der Früherkennung negativer Unternehmensentwicklungen mit Hilfe statistischer Jahresabschlussanalyse, in: zfbf, 41, S. 792–811.

Baetge, Jörg (1998): Bilanzanalyse, Düsseldorf.

Baetge, Jörg/ Ballwieser, Wolfgang (1977): Zum bilanzpolitischen Spielraum der Unternehmensleitung, in: BFuP, 29, S. 199–215.

Baetge, Jörg/ Ballwieser, Wolfgang (1978): Probleme einer rationalen Bilanzpolitik, in: BFuP, 30, S. 511–530.

Baetge, Jörg/ Beuter, Hubert B./ Feidicker, Markus (1992): Kreditwürdigkeitsprüfung mit Diskriminanzanalyse, in: WPg, 45, S. 749–761.

Baetge, Jörg et al. (1997): Rechnungslegung nach International Accounting Standards (IAS), Stuttgart.

Baetge, Jörg/ Kirsch, Hans Jürgen/ Thiele, Stefan (2002): Konzernbilanzen, 6. Aufl., Düsseldorf.

Baetge, Jörg/ Niehaus, Hans-Jürgen (1989): Moderne Verfahren der Jahresabschlußanalyse, in: Baetge, Jörg (Hrsg.), Bilanzanalyse und Bilanzpolitik, Düsseldorf, S. 139–174.

Baiman, Stanley/ Evans, H./ Noel, J. (1987): Optimal contracts with a utility-maximizing auditor, in: JAR, 25, S. 217–244.

Baiman, Stanley/ Evans, J./ Nagarajan, Nandu J. (1991): Collusion in auditing, in: JAR, 29, S. 1–18.

Bald, Ernst Joachim et al. (1994): Leitfaden für die Vergabe von Unternehmenskrediten – Schuldscheindarlehen – (Kreditleitfaden), 2. Aufl., Karlsruhe.

Ball, Raymond (1972): Changes in Accounting Techniques and Stock Prices, in: JAR, 10 Suppl., S. 1 – 38.

Ballwieser, Wolfgang (1982): Zur Begründbarkeit informationsorientierter Jahresabschlußverbesserungen, in: zfbf, 34, S. 773–780.

Ballwieser, Wolfgang (1991): Das Rechnungswesen im Lichte ökonomischer Theorie, in: Ordelheide, Dieter/Rudolph, Bernd/Brüsselmann, Elke (Hrsg.), Betriebswirtschaftslehre und ökonomische Theorie, Stuttgart, S. 97–123.

Ballwieser, Wolfgang (1993): Die Entwicklung der Theorie der Rechnungslegung in den USA, in: Wagner, Franz W. (Hrsg.), Ökonomische Analyse des Bilanzrechts: Entwicklungslinien und Perspektiven, Düsseldorf, S. 107–138.

Ballwieser, Wolfgang (1996): Ein Überblick über Ansätze zur ökonomischen Analyse des Bilanzrechts, in: zfbf, 48, S. 371–502.

Ballwieser, Wolfgang/ Hachmeister, Dirk (2000): Möglichkeiten und Grenzen einer international ausgerichteten Abschlußanalyse, in: Lachnit, Laurenz/Freidank, Carl Christian (Hrsg.), Investororientierte Unternehmenspublizität, Neue Entwicklungen von Rechnungslegung, Prüfung und Jahresabschlussanalyse, Wiesbaden, S. 570–606.

Balsam, Steven/ Bartov, Eli/ Marquardt, Carol (2002): Accruals Management, Investor Sophistication, and Equity Valuation: Evidence from 10-Q Filings, in: JAR, 40, 4, S. 987 – 1012.

Bamberg, Günter/ Coenenberg, Adolf Gerhard (1992): Betriebswirtschaftliche Entscheidungslehre, 7. Aufl., München.

Barth, Mary E./ Beaver, William H./ Landsman, Wayne R. (1998): Relative valuation roles of equity book value and net income as a function of financial health – An empirical analysis of SFAS No. 107, in: JAE, 25, S. 1–34.

Barth, Mary E./ Elliott, John A./ Finn, Mark W. (1999): Market Rewards Associated with Patterns of Increasing Earnings, in: JAR, 37, 2, S. 387–413.

Barton, Jan (2001): Does the Use of Financial Derivatives Affect Earnings Management Decisions?, in: AR, 76, 1, S. 1–26.

Bartov, Eli (1993): The timing of asset sales and earnings manipulation, in: AR, 68, S. 840–855.

Bartov, Eli/ Givoly, Dan/ Hayn, Carla (2002): The rewards to meeting or beating earnings expectations, in: JAE, 33, S. 173–204.

Bartov, Eli/ Gul, Ferdinand A./ Tsui, Judy S. L. (2001): Discretionary-accruals models and audit qualifications, in: JAE, 30, S. 421–452.

Basel Committee on Banking Supervision (2001): Consultative Document, The New Basel Capital Accord, Issued for Comment by 31 May 2001, January 2001, Download am 25.06.2004 von http://www.bmj.de/enid/0,0/58.html?druck=1&presseartikel_id=1394.

Basel Committee on Banking Supervision (2003): Consultative Document, The New Basel Capital Accord, Issued for Comment by 31 July 2003, April 2003, Download am 16.07.2003 von http://www.bundesbank.de/bank/bank_basel.en.php.

Baston, V. J. D./ Rahmouni, M. K./ Williams, Hilary Paul (1991): The practical conversion of linear programmes to network flow models, in: European Journal of Operational Research, 50, S. 325–335.

Basu, Sudipta (1997): The conservatism principle and the asymmetric timeliness of earnings, in: JAE, 24, S. 3–37.

Baus, Josef (1999): Bilanzpolitik: internationale Standards, Analyse, Berlin.

Beatty, Anne L./ Ke, Bin/ Petroni, Kathy R. (2002): Earnings Management to Avoid Earnings Declines across Publicly and Privately Held Banks, in: AR, 77, 3, S. 547–570.

Beatty, Anne L./ Ramesh, K./ Weber, Joseph (2002): The importance of accounting changes in debt contracts: the cost of Flexibility in covenant calculations, in: JAE, 33, S. 205–227.

Beatty, Anne L./ Weber, Joseph (2003): The Effects of Debt Contracting on Voluntary Accounting Method Changes, in: AR, 78, 1, S. 119–142.

Beaver, William H. (1966): Financial Ratios as Predictors of Failure, in: JAR, Suppl., S. 71–111.

Beaver, William H. (1989): Financial reporting: an accounting revolution, 2. Aufl., Englewood Cliffs, New jersey.

Beaver, William H./ Engel, Ellen E. (1996): Discretionary behavior with respect to allowances for loan losses and the behavior of security prices, in: JAE, 22, S. 177–206.

Becker, Thomas (1999): Der Jahresabschluss eines Lebensversicherungsunternehmens: eine funktionstheoretische Analyse, Wiesbaden.

Beisse, Heinrich (1993): Gläubigerschutz – Grundprinzip des deutschen Bilanzrechts, in: Beisse, Heinrich (Hrsg.), Festschrift für Karl Beusch zum 68. Geburtstag am 31. Oktober 1993, Berlin, New York, S. 77–97.

Beisse, Heinrich (1994): Zum neuen Bild des Bilanzrechtssystems, in: Festschrift für Adolf Moxter (Hrsg.), Düsseldorf, S. 5–31.

Bender, J. (1996): Grundsatzfragen der Ergebnisbereinigung nach DVFA/SG: Möglichkeiten und Grenzen der Ermittlung einer aktienanalytischen Erfolgsgröße, Stuttgart.

Beneish, Messod D. (1997): Detecting GAAP Violation: Implications for Assessing Earnings Management among Firms with Extreme Financial Performance, in: JAPP, 16, 3 Autumn, S. 271–309.

Beneish, Messod D. (1999 Violate): Incentives and Penalties Related to Earnings Overstatements that Violate GAAP, in: AR, 74, 4, S. 425–457.

Beneish, Messod D. (1999 Detection): The Detection of Earnings Manipulation, in: FAJ, Sep–Oct, S. 24–36.

Beneish, Messod D./ Press, Eric (1993): Costs of Technical Violation of Accounting-Based Debt Covenants, in: AR, 68, 2, S. 233–257.

Berens, Wolfgang/ Hoffjan, Andreas (1999): Jahresabschlußpolitische Sachverhaltsgestaltungen, in: WISU, S. 1282–1294.

Bernard, Victor L./ Skinner, Douglas J. (1996): What motivates managers' choice of discretionary accruals?, in: JAE, 22, S. 313–325.

Bernheim, B. Douglas/ Wantz, Adam (1995): A Tax-Based Test of the Dividend Signaling Hypothesis, in: AER, 85, 3, S. 532–351.

Bester, Helmut (1987): The Role of Collateral in Credit Markets with Imperfect Information, in: European Economic Review, 31, S. 887–899.

Bigus, Jochen (2003): Zur Theorie der Wagnisfinanzierung, Informations- und Anreizprobleme vor dem Börsengang, Wiesbaden.

Bitz, Michael (1977): Die Strukturierung ökonomischer Entscheidungsmodelle, Wiesbaden.

Bitz, Michael (1981): Entscheidungstheorie, München.

Bitz, Michael (1999): Übungen in Betriebswirtschaftslehre: Prüfungsaufgaben und -klausuren, 5. Aufl., München.

Bitz, Michael/ Schneeloch, Dieter/ Wittstock, Wilfried (2004): Der Jahresabschluß, 4. Aufl., München.

Black, Fischer/ Scholes, Myron S. (1973): The Pricing of Options and Corporate Liabilities, in: JPE, 81, S. 637–654.

Blackwell, David W. (1951): Comparison of Experiments, in: Neyman, Jerzy (Hrsg.), Proceedings of the Second Berkeley Symposium on Mathematical Statistics and Probability, Berkeley, S. 93–102. Hier zitiert nach Blackwell (1953) S. 265.

Blackwell, David W. (1953): Equivalent Comparisons of Experiments, in: Annals of Mathematical Statistics, 24, 2 (June), S. 265–272.

Blackwell, David W./ Brickley, James A./ Weisbach, Michael S. (1994): Accounting information and internal control evaluation performance, in: JAE, 17, S. 331–358.

Blackwell, David W./ Girshick, M. A. (1954): Theory of Games and Statistical Decisions, New York.

Blazenko, George W. (1987): Managerial Preference, Asymmetric Information, and Financial Structure, in: JoF, 42, 4, S. 839–864.

Blochwitz, Stefan/ Eigermann, Judith (2000): Unternehmensbeurteilung durch Diskriminanzanalyse mit qualitativen Merkmalen, in: zfbf, 52, Feb, S. 58–73.

Börner, Dietrich (1996): Bilanzpolitik im Spannungsfeld der Jahresabschlußaufgaben: Zur Zukunft des deutschen Einzelabschlußrechts, in: Baetge, Jörg et al. (Hrsg.), Rechnungslegung, Prüfung und Beratung – Herausforderungen für den Wirtschaftsprüfer –, Festschrift zum 70. Geburtstag von Professor Dr. Rainer Ludewig, Düsseldorf, S. 143–179.

Bötzel, Stefan/ Hauschildt, Jürgen (1995): Zur Analyse von Konzernbilanzen auf der Basis qualitativer Angaben, in: WiSt, S. 558–563.

Bohr, Niels (1913): On the Constitution of Atoms and Molecules, in: Journal of Science, 26, July, S. 1–25; 476–502; 857–875.

Bohr, Niels (1922 Aufsätze): Drei Aufsätze über Spektren und Atombau, Braunschweig.

Bohr, Niels (1922 Nobelpreis): Über den Bau der Atome: Vortrag bei der Entgegennahme des Nobelpreises in Stockholm am 11. Dezember 1922, Berlin.

Bohr, Niels (1928 e): The Quantum Postulate and the Recent Development of Atomic Theory, in: Nature, 121, Suppl. 14. Apr., S. 580–590.

Bohr, Niels/ Heisenberg, Werner (1963 Kopenhagener Deutung): Die Kopenhagener Deutung der Quantentheorie, Stuttgart.

Bonse, Andreas (2002): Informationsgehalt von Konzernabschlüssen nach HGB, IAS und US-GAAP, Frankfurt am Main.

Botosan, Christine A. (1997): Disclosure Level and the Cost of Equity Capital, in: AR, 72, 3, S. 323–349.

Bowen, Robert M./ DuCharme, Larry/ Shores, D. (1995): Stakeholders' implicit claims and accounting method choice, in: JAE, 20, S. 255–295.

Braunsfeld, Frank/ Richter, Ulrich (1996): Bonitätsbeurteilung im Firmenkundenkreditgeschäft mittels DV-gestützter Verfahren, in: Computer und Recht, S. 775–779.

Brealey, Richard A./ Myers, Stewart C. (2000): Principles of Corporate Finance, 6. Aufl., Boston et al.

Breuer, Wolfgang (1995): Lineare Anreizverträge und Poisson-Prozesse in ökonomischen Agency-Modellen, in: OR Spektrum, 17, S. 245–251.

Breuer, Wolfgang/ Gürtler, Marc/ Schuhmacher, Joachim (1999): Die Bewertung betrieblicher Realoptionen, in: BFuP, 2, S. 213–232.

Brickley, J. A./ Drunen, L. D. Van (1990): Internal corporate restructuring: An empirical analysis, in: JAE, 12, 1–3, S. 251–280.

Brinkmann, J. (1996): Die Analyse von Jahresabschlüssen von Kreditnehmern, in: Bank Information, 2, S. 52–56.

Bronstein, I. N./ Semendjajew, K. A. (1980): Taschenbuch der Mathematik, 19. Aufl., Thun.

Buchholz, Rainer (2003): Internationale Rechnungslegung: die Vorschriften nach IAS, HGB und US-GAAP im Vergleich – mit Aufgaben und Lösungen, 3. Aufl., Berlin.

Bundesministerium der Finanzen (2000 Grundbesitz): Bewertung des Grundbesitzes für Zwecke der Vermögensbesteuerung, Bericht der Sachverständigenkommission der Vermögensbesteuerung, eingesetzt vom Bundesministerium der Finanzen, BMF/IV C 7/Abschlussbericht vom 29. Mai 2000.

Bundesministerium der Finanzen (2000 Übersicht): Übersicht über die Steuerrechtsänderungen seit 1964/1965, Stand: 19.10.2000.

Bundesministerium der Justiz (2004): Pressemitteilung, Berlin, 21. April 2004, Bilanzrechtsreform und Bilanzkontrolle stärken Unternehmensintegrität und Anlegerschutz, Download am 25.06.2004 von http://www.bmj.de/enid/0,0/58.html?druck=1&presseartikel_id=1394.

Bungert, Hartwin (1994): Gesellschaftsrecht in den USA, Eine Einführung mit vergleichenden Tabellen, München.

Burgard, Horst (1991): Bilanzanalyse aus Sicht der Kreditinstitute, in: DStR, 10, S. 291–327.

Burger, Anton (1995): Jahresabschlussanalyse, 4. Aufl., München.

Burgstahler, David/ Dichev, Ilia D. (1997): Earnings management to avoid earnings decreases and losses, in: JAE, 24, S. 99–126.

Bushee, Brian J. (1998): The Influence of Institutional Investors on Myopic R&D Investment Behavior, in: AR, 73, S. 305–444.

Bushman, Robert M./ Gigler, Frank/ Indjejikian, Raffi J. (1996): A Model of Two-Tiered Financial Reporting, in: JAR, 34 Suppl., S. 51–74.

Bushman, Robert M./ Smith, Abbie J. (2001): Financial accounting information and corporate governance, in: JAE, 32, S. 237–333.

Busse von Colbe, Walther/ Ordelheide, Dieter (1993): Konzernabschlüsse, Wiesbaden.

Busse von Colbe, Walther et al. (2003): Konzernabschlüsse, Rechnungslegung nach betriebswirtschaftlichen Grundsätzen sowie nach Vorschriften des HGB und der IAS/IFRS, 7. Aufl., Wiesbaden.

Casey, Cornelius J. Jr./ Bartczak, Norman (1985): Using Operating Cash Flow Data to Predict Financial Distress: Some Extensions, in: JAR, 23, S. 384–401.

Chandar, Nandini/ Bricker, Robert (2002): Incentives, Discretion, and Asset Valuation in Closed-End Mutual Funds, in: JAR, 40, 4, S. 1037–1070.

Chen, Kevin C. W./ Lee, Chi Wen Jevons (1995): Executive bonus plans and accounting trade-offs: the case of the oil and gas industry, 1985–86, in: AR, 70, 1, S. 91–111.

Chen, Kevin C. W./ Wei, K. C. John (1993): Creditors' Decisions to Waive Violations of Accounting-Based Debt Covenants, in: AR, 68, 2, S. 218–232.

Chen, Kung H./ Shimerda, Thomas A. (1981): An Empirical Analysis of Useful Financial Ratios, in: Financial Management, S. 51–60.

Chen, Shuping/ DeFond, Mark L./ Park, Chul W. (2002): Voluntary disclosure of balance sheet information in quarterly earnings announcements, in: JAE, 33, S. 229–251.

Cheng, Peter/ Coulombe, Daniel (1996): Why Managers Voluntarily make Income Increasing Accounting Change, in: JBFA, 23, S. 497–511.

Cho, I./ Kreps, David M. (1987): Signaling Games and Stable Equilibria, in: QJE, 102, S. 179–221.

Christensen, Peter Ove/ Demski, Joel S./ Frimor, Hans (2002): Accounting Policies in Agencies with Moral Hazard and Renegotiation, in: JAR, 40, 4, S. 1071–1090.

Clemm (1989): o.T., in: WPg, S. 360. Hier zitiert nach Küting/Weber (1993) S. 398.

Cloyd, C. Bryan (1995): The Effects of Financial Accounting Conformity on Recommendations of Tax Preparers, in: Journal of the American Taxation Association, S. 50–70.

Cloyd, C. Bryan/ Pratt, Jamie/ Stock, Toby (1996): The Use of Financial Accounting Choice to Support Aggressive Tax Positions: Public and Private Firms, in: JAR, 34, S. 23–43.

Coase, Ronald H. (1937): The Nature of the Firm, in: Economica, 4, 16, S. 386–405.

Coase, Ronald H. (1990): Accounting and the Theory of the Firm, in: JAE, 12, S. 3–13.

Coenenberg, Adolf Gerhard (1997): Jahresabschluss und Jahresabschlussanalyse: Grundfragen der Bilanzierung nach betriebswirtschaftlichen, handelsrechtlichen, steuerrechtlichen und internationalen Grundsätzen, 16. Aufl., Landsberg am Lech.

Coenenberg, Adolf Gerhard (2003): Jahresabschluss und Jahresabschlussanalyse, Betriebswirtschaftliche, handelsrechtliche, steuerrechtliche und internationale Grundsätze – HGB, IAS/IFRS, US-GAAP, DRS, 19. Aufl., Stuttgart.

Coenenberg, Adolf Gerhard/ Haller, Axel (1993): Externe Rechnungslegung, in: Hauschildt, Jürgen/Grün, Oskar (Hrsg.), Ergebnisse empirischer betriebswirtschaftlicher Forschung: Zu einer Realtheorie der Unternehmung, Festschrift für Eberhard Witte, Stuttgart, S. 557–599.

Coenenberg, Adolf Gerhard/ Schmidt, F./ Werhand, M. (1983): Bilanzpolitische Entscheidungen und Entscheidungswirkungen in manager- und eigentümerkontrollierten Unternehmen, in: BFuP, S. 321–343.

Coenenberg, Marc/ Sieben, Günter (1997): Grundlagen der Bilanzpolitik (I) (Grundstudium), in: WISU, 11, S. 1043–1047.

Coller, Maribeth/ Yohn, Teri Lombardi (1997): Management Forecasts and Information Asymmetry: An Examination of Bid-Ask Spreads, in: JAR, 35, S. 181–191.

Collins, Daniel W./ Hribar, Paul (2000): Earnings-based and accrual-based market anomalies: one effect or two?, in: JAE, 29, S. 101–123.

Conlisk, John (1996): Why Bounded Rationality?, in: Journal of Economic Literature, 45, 2, S. 669–700.

Core, John E. (2001): A review of the empirical disclosure literature: discussion, in: JAE, 31, S. 441–456.

Cox, John C./ Ross, Stephen A./ Rubinstein, Mark E. (1979): Option Pricing: A simplified Approach, in: JFE, 7, S. 229–263.

Craswell, Allen/ Stokes, Donald J./ Laughton, Janet (2002): Auditor independence and fee dependence, in: JAE, 33, S. 253–275.

Crezelius, Georg (1994): Maßgeblichkeitsgrundsatz in Liquidation?, in: DB, 47, 14, S. 689–691.

Damme, E. Van (1987): Stability and Perfection of Nash Equilibria, Berlin et al.

Darrough, Masako N./ Stoughton, Neal M. (1990): Financial disclosure policy in an entry game, in: JAE, 12, S. 219–243.

Das, Somnath/ Zhang, Huai (2003): Rounding-up in reported EPS, behavioral thresholds, and earnings management, in: JAE, 35, S. 31–50.

Davies, P. (1998): Legal Capital in Private Companies in Great Britain, in: Die Aktiengesellschaft, 43, 8, S. 346–353.

Davis-Friday, Paquita Y. et al. (1999): The Value Relevance of Financial Statement Recognition vs. Disclosure: Evidence from SFAS No. 106, in: AR, 74, 4, S. 403–423.

Day, Richard H./ Pingle, Mark A. (1991): Economizing Economizing, in: Frantz, Roger/Singh, Harinder/Gerber, James (Hrsg.), Handbook of behavioral economics, Vol. 2B, Greenwich, CT, S. 509–522. Hier zitiert nach Conlisk (1996) S. 687.

DeAngelo, Harry/ DeAngelo, Linda E./ Skinner, Douglas J. (1994): Accounting Choice in Troubled Companies, in: JAE, 17, S. 113–144.

DeAngelo, Linda E. (1986): Accounting numbers as market valuation substitutes: A study of management buyouts of public stockholders, in: AR, 61, S. 400–420.

DeAngelo, Linda E. (1988): Managerial Competition, Information Costs, and Corporate Governance: The Use of Accounting Performance Measures in Proxy Contests, in: JAE, 10, S. 3–36.

Dechow, Patricia M./ Huson, M./ Sloan, R. (1994): The Effect of Restructuring Charges on Executives' Cash Compensation, in: AR, 69, Jan, S. 138–156.

Dechow, Patricia M./ Skinner, D. J. (2000): Earnings Management: Reconciling the Views of Accounting Academics, Practitioners, and Regulators, in: AH, June, S. 235–250.

Dechow, Patricia M./ Sloan, R. G./ Sweeney, Amy Patricia (1996): Causes and consequences of earnings manipulation: An analysis of firms subject to entforcement actions by the SEC, in: CAR, 18, 1, S. 1–36.

Dechow, Patricia M./ Sloan, Richard G. (1991): Executive incentives and the horizon problem: An empirical investigation, in: JAE, 14, S. 51–89.

Dechow, Patricia M./ Sloan, Richard G./ Sweeney, Amy Patricia (1995): Detecting Earnings Management, in: AR, 70, Apr, S. 193–225.

DeFond, Mark L./ Jiambalvo, James (1994): Debt Covenant Violation and manipulation of Accruals, in: JAE, 17, S. 145–176.

DeFond, Mark L./ Park, Chul W. (1997): Smoothing income in anticipation of future earnings, in: JAE, 23, S. 115–139.

Degeorge, Francois/ Patel, Jayendu/ Zeckhauser, Richard (1999): Earnings Management to Exceed Thresholds, in: JoB, 72, 2 Apr, S. 1–33.

Deleker, Oliver (1998): Ökonomische Überlegungen zur möglichen Übernahme US-amerikanischer Rechnungslegungsgrundsätze, in: BB, 4, S. 2047–2051.

Demski, Joel S. (1973): The General Impossibility of Normative Accounting Standards, in: AR, 48, S. 718–723.

Demski, Joel S. (1998): Performance Measure Manipulation, in: CAR, 15, 3, S. 261–285.

Demski, Joel S./ Sappington, David E. M. (1990): Fully Revealing Income Measurement, in: AR, 65, S. 363–383.

Derigs, Ulrich/ Schirp, Gunnar (1997): Genetische Modellierung von Künstlichen Neuronalen Netzen, Erfahrungen beim Einsatz zur Kreditwürdigkeitsprüfung, in: OR Spektrum, 19, S. 285–293.

Deutsch, Karl W./ Fritsch, Bruno (1980): Zur Theorie der Vereinfachung: Reduktion von Komplexität in der Datenverarbeitung für Weltmodelle, Königstein/Ts.

Deutsche Börse AG (2002): Going & Being Public, Rechnungslegung, Rechnungslegungsstandards im Prime Standard (Stand 31.12.2002), Download am 03.08.2003 von http://deutsche-boerse.com/app/open/zpd.

Deutsche Börse AG (01/07/2003): Börsenordnung für die Frankfurter Wertpapierbörse (FWB 1), Stand 01.07.2003, Download am 03.08.2003 von http://deutsche-boerse.com/app/open/zpd.

Deutsche Bundesbank (1999 Bonitätsbeurteilung): Zur Bonitätsbeurteilung von Wirtschaftsunternehmen durch die Deutsche Bundesbank, in: Deutsche Bundesbank Monatsbericht, Jan, S. 51–63.

Deutsche Bundesbank (1999 Unternehmensfinanzierung): Zur Unternehmensfinanzierung in Deutschland und Frankreich: Eine vergleichende Analyse, in: Deutsche Bundesbank Monatsbericht, Okt, S. 29–46.

Deutsche Bundesbank (2001): Rolle und Verhalten deutscher Fondsmanager auf dem Aktienmarkt, in: Deutsche Bundesbank Monatsbericht, Apr, S. 45–60.

Dhaliwal, Dan S./ Frankel, Micah/ Trezevant, Robert (1999): The Taxable and Book Income Motivations for a LIFO Layer Liquidation, in: JAR, 32, S. 279–289.

Dhaliwal, Dan S./ Johnson, W. Bruce (1988): LIFO Abandonment, in: JAR, 26, S. 237–272.

Dichev, Ilia D./ Skinner, Douglas J. (2002): Large-Sample Evidence on the Debt Covenant Hypothesis, in: JAR, 40, 4, S. 1091–1123.

Dietrich, J. Richard/ Harris, Mary S./ Muller III, Karl A. (2001): The reliability of investment property fair value estimates, in: JAE, 30, S. 125–158.

Djerdjour, Mohamed (1997): An enumerative algorithm framework for a class of nonlinear integer programming problems, in: European Journal of Operational Research, 101, 1, S. 104–121.

Domschke, Wolfgang/ Drexl, Andreas (2002): Einführung in Operations Research, 5. Aufl., Heidelberg.

Dutta, Sunil/ Gigler, Frank B. (2002): The Effect of Earnings Forecasts on Earnings Management, in: JAR, 40, 3, S. 631–655.

Dutta, Sunil/ Zhang, Xiao Jun (2002): Revenue Recognition in a Multiperiod Agency Setting, in: JAR, 40, 1, S. 67–83.

DVFA/ Schmalenbach-Gesellschaft (1998): Gemeinsame Arbeitsgruppe der DVFA und der Schmalenbach-Gesellschaft: Fortentwicklung des Ergebnisses nach DVFA/SG, in: DB, 51, S. 2537–2541.

Dye, Ronald A. (1985): Strategic Accounting Choice and the Effects of Alternative Financial Reporting Requirements, in: JAR, 23, S. 544–574.

Dye, Ronald A. (1988): Earnings Management in an Overlapping Generations Model, in: JAR, 26, Autumn, S. 195–235.

Dye, Ronald A. (2001): An evaluation of "essays on disclosure" and the disclosure literature in accounting, in: JAE, 32, S. 181–235.

Dye, Ronald A. (2002): Classifications Manipulation and Nash Accounting Standards, in: JAR, 40, 4, S. 1125–1162.

Dye, Ronald A./ Verrecchia, Robert E. (1995): Discretion versus Uniformity: Choices among GAAP, in: AR, 70, S. 389–416.

Easton, Peter D./ Harris, Trevor S./ Ohlson, James A. (1992): Accounting Earnings Can Explain Most of Security Returns: The Case of Long Return Intervals, in: JAE, 15, S. 119–142.

Ebke, Werner F. (2000): Der Ruf unserer Zeit nach einer Ordnung der Dritthaftung des gesetzlichen Jahresabschlußprüfers, in: BFuP, 6, S. 549–571.

Eigenstetter, Hans (1998): Flexibilitätsanalyse des steuerbilanzpolitischen Instrumentariums, in: Freidank, Carl Christian (Hrsg.), Rechnungslegungspolitik, Eine Bestandsaufnahme aus handels- und steuerrechtlicher Sicht, Berlin et al., S. 449–501.

Eigermann, Judith (2001): Quantitative Credit-Ratingverfahren in der Praxis, in: FinanzBetrieb, 10, S. 521–529.

Eilenberger, Guido (1995): Betriebliches Rechnungswesen: Einführung in Grundlagen – Jahresabschluß, Kosten- und Leistungsrechnung, 7. Aufl., München.

Einstein, Albert (1905 Äquiv): Ist die Trägheit eines Körpers von seinem Energieinhalt abhängig?, in: Annalen der Physik, 18, S. 639–641.

Einstein, Albert (1905 Phot): Über einen die Erzeugung und Verwandlung des Lichtes betreffenden heuristischen Gesichtspunkt, in: Annalen der Physik, 17, S. 132–148.

Einstein, Albert (1905 SRT): Zur Elektrodynamik bewegter Körper, in: Annalen der Physik, 17, S. 891–921.

Einstein, Albert (1916): Die Grundlage der allgemeinen Relativitätstheorie, in: Annalen der Physik, 49, 7, S. 769–822.

Eisenführ, Franz/ Weber, Martin (1999): Rationales Entscheiden, 3. Aufl., Berlin, Heidelberg, New York.

Eisolt, Dirk (1992): US-amerikanische und deutsche Konzernrechnungslegung, Hamburg.

El Gazzar, Samir M. (1993): Stock Market Effects of the Closeness to Debt Covenant Restrictions Resulting from Capitalization of Leases, in: AR, 68, 2, S. 258–272.

El Gazzar, Samir M./ Pastena, Victor (1990): Negotiated Accounting Rules in Private Financial Contracts, in: JAE, 12, S. 381–396.

Ellinger, Theodor/ Beuermann, G./ Leisten, Rainer (2001): Operations Research, Eine Einführung, 5. Aufl., Berlin et al.

Elliott, John A./ Hanna, Douglas J. (1996): Repeated Accounting Write-Offs and the Information Content of Earnings, in: JAR, 34 Suppl, S. 135–155.

Elliott, John A./ Shaw, Wayne H. (1988): Write-offs as accounting procedures to manage perceptions, in: JAR, 26 Suppl., S. 91–119.

Elsas, Ralph et al. (1999): Risikoorientiertes Kreditmanagement deutscher Banken, in: Die Bank, S. 190–199.

Ewert, Ralf (1986): Rechnungslegung, Gläubigerschutz und Agency-Probleme, Wiesbaden.

Ewert, Ralf (1989): Bilanzielle Publizität im Lichte der Theorie vom gesellschaftlichen Wert öffentlich verfügbarer Information, in: BFuP, 3, S. 245–263.

Ewert, Ralf (1990): Wirtschaftsprüfung und asymmetrische Information, Berlin, New York.

Ewert, Ralf (1999): Abschlußprüfung, Dritthaftung und Prüfungsgrundsätze – Ergebnisse einer ökonomischen Analyse, in: BFuP, 1, S. 94–108.

Ewert, Ralf/ Feess, Eberhard/ Nell, Martin (2000): Prüfungsqualität, Dritthaftung und Versicherung, in: BFuP, 6, S. 572–593.

Ewert, Ralf/ Szczesny, Andrea (2002): Risikoindikatoren, Rating und Ausfallwahrscheinlichkeit im Kreditgeschäft – Eine empirische Untersuchung vor dem Hintergrund von Basel II, in: BFuP, 6, S. 574–590.

Ewert, Ralf/ Wagenhofer, Alfred (2000): Neuere Ansätze zur theoretischen Fundierung von Rechnungslegung und Prüfung, in: Lachnit, Laurenz/Freidank, Carl Christian (Hrsg.), Investororientierte Unternehmenspublizität, Neue Entwicklungen von Rechnungslegung, Prüfung und Jahresabschlussanalyse, Wiesbaden, S. 31–60.

Ewert, Ralf/ Wagenhofer, Alfred (2003): Externe Unternehmensrechnung, Berlin et al.

Fama, Eugen F. (1980): Agency Problems and the Theory of the Firm, in: JPE, 88, S. 288–307.

Fama, Eugen F./ Laffer, Arthur (1971): Information and Capital markets, in: JoB, S. 289–298.

Fan, Joseph P. H./ Wong, T. J. (2002): Corporate ownership structure and the informativeness of accounting earnings in East Asia, in: JAE, 33, S. 401–425.

Farrell, J./ Gibbons, Robert (1989): Cheap Talk with Two Audiences, in: AER, S. 1214–1223.

Feld, Klaus Peter (1999): Auswirkungen des neuen steuerlichen Wertaufholungs- und Abzinsungsgebots auf die Handelsbilanz, in: WPg, 22, S. 861–878.

Feldhoff, Michael (1992): Die Regulierung der Rechnungslegung, Frankfurt am Main.

Feltham, Gerald A./ Xie, J. (1992): Voluntary Financial Disclosure in an Entry Game with Continua of Types, in: CAR, Fall, S. 46–80.

Feroz, Ehsan H./ Park, Kyungjoo/ Pastena, Victor S. (1991): The Financial and Market Effects of the SEC's Accounting and Auditing Enforcement Releases, in: JAR, 29 Suppl. "Studies on Accounting Institutions in Markets and Organizations", S. 107–142.

Fields, Thomas D./ Lys, Thomas Z./ Vincent, Linda (2001): Empirical research on accounting choice, in: JAE, 31, S. 255–307.

Financial Accounting Standards Board (1980): Statement of Financial Accounting Concepts No. 2, Qualitative Characteristics of Accounting Information, Norwalk.

Financial Accounting Standards Board (1997 CT GS): Current Text, 1997/98 Edition, Accounting Standards as of June 1, 1997, Vol. I General Standards, Topical Index/Appendixes, Norwalk, Connecticut.

Financial Accounting Standards Board (1997 CT IS): Current Text, 1997/98 Edition, Accounting Standards as of June 1, 1997, Vol. II Industry Standards, Topical Index/Appendixes, Norwalk, Connecticut.

Financial Accounting Standards Board (1997 OP): Original Pronouncements 1997/98 Edition, Accounting Standards as of June 1, 1997, Volume I, FASB Statements of Standards, New York, NY, USA et al.

Fischer, Andrea/ Haller, Axel (1993): Bilanzpolitik zum Zwecke der Gewinnglättung – empirische Erkenntnisse, in: ZfB, 63, 1, S. 35–59.

Fischer, P. E./ Verrecchia, Robert E. (2000): Reporting Bias, in: AR, 75, 2 Apr, S. 229–245.

Fishman, Michael J./ Hagerty, Kathleen M. (1990): The Optimal Amount of Discretion to Allow in Disclosure, in: QJE, S. 427–444.

Fleischer, Karlheinz (1999): Die Untauglichkeit des KGV zur Prognose von Aktienkursveränderungen, in: ZfB, 69, 1, S. 71–82.

Francfort, Alfrd J./ Rudolph, Bernd (1992): Zur Entwicklung der Kapitalstrukturen in Deutschland und in den Vereinigten Staaten von Amerika, in: zfbf, 44, 12, S. 1059–1079.

Francis, Jennifer/ Hanna, Douglas J./ Vincent, Linda (1996): Causes and effects of discretionary asset write-offs, in: JAR, 34 Suppl., S. 117–134.

Franke, Günter (1987): Costless Signalling in Financial Markets, in: JoF, 42, 4, S. 809–822.

Franke, Günter/ Hax, Herbert (2004): Finanzwirtschaft des Unternehmens und Kapitalmarkt, 5. Aufl., Berlin.

Frantz, Pascal (1997): Discretionary Accounting choices: A Debt-covenants Based Signalling Approach, in: ABR, 27, S. 99–110.

Freidank, Carl Christian (1990): Entscheidungsmodelle der Rechnungslegungspolitik, Computergestützte Lösungsvorschläge für Kapitalgesellschaften vor dem Hintergrund des Bilanzrichtlinien-Gesetzes, Stuttgart.

Freidank, Carl Christian (1998 Hrsg.): Rechnungslegungspolitik: eine Bestandsaufnahme aus handels- und steuerrechtlicher Sicht, Berlin et al.

Fried, Joel/ Howitt, Peter (1980): Credit Rationing and Implicit Contract Theory, in: Journal of Money, Credit, and Banking, 12, S. 471–487.

Fuchs, Markus (1997): Jahresabschlusspolitik und International Accounting Standards, Wiesbaden.

Fudenberg, Drew/ Tirole, Jean (1991): Game Theory, Cambridge, Massachusetts.

Fudenberg, Drew/ Tirole, Jean (1995): A theory of income and dividend smoothing based on incombency rents, in: JPE, 103, S. 75–93.

Garrett, Ian/ Priestley, Richard (2000): Dividend Behavior and Dividend Signaling, in: JFQA, 35, 2, S. 173–189.

Gaver, Jennifer J./ Gaver, Kenneth M./ Austing, J. R. (1995): Additional Evidence on bonus plans and income management, in: JAE, 19, S. 3–28.

Geiger, Carl/ Kanzow, Christian (2002): Theorie und Numerik restringierter Optimierungsaufgaben, Berlin.

Gemünden, Hans Georg (1993): Informationsverhalten, in: Hauschildt, Jürgen/Grün, Oskar (Hrsg.), Ergebnisse empirischer betriebswirtschaftlicher Forschung, Zu einer Realtheorie der Unternehmen, Festschrift für Eberhard Witte, Stuttgart, S. 839–877.

Gigler, Frank B. (1994): Self-Enforcing Voluntary Disclosures, in: JAR, 32, S. 224–240.

Gigler, Frank B./ Hemmer, Thomas (2001): Conservatism, Optimal Disclosure Policy, and the Timeliness of Financial Reports, in: AR, 76, 4, S. 471–493.

Gilbert, Ethel S. (1968): On Discrimination Using Qualitative Variables, in: Journal of the American Statistical Association, S. 1399–1412.

Givoly, Dan/ Hayn, Carla (2000): The changing time-series properties of earnings, cash flows and accruals: Has Financial reporting become more conservative?, in: JAE, 29, S. 287–320.

Gjesdal, Froystein (1981): Accounting for Stewardship, in: JAR, 19, 1, S. 208–231.

Gombola, Michael/ Ketz, J./ Edward, J. (1983): A Note on Cash Flow and Classification Patterns of Financial Ratios, in: AR, S. 105–114.

Gonedes, Nicholas J./ Dopuch, Nicholas/ Penman, Stephen H. (1976): Disclosure Rules, Information-Production, and Capital Market Equilibrium: The Case of Forecast Disclosure Rules, in: JAR, 14, S. 89–105.

Greth, Michael (1996): Konzernbilanzpolitik, Wiesbaden.

Grotherr, Siegfried (2000): Einfluß des Steuerentlastungsgesetzes 1999/2000/2002 auf die handelsrechtliche Rechnungslegung, in: Lachnit, Laurenz/Freidank, Carl Christian (Hrsg.), Investororientierte Unternehmenspublizität, Neue Entwicklungen von Rechnungslegung, Prüfung und Jahresabschlussanalyse, Wiesbaden, S. 254–297.

Guay, Wayne R./ Kothari, S. P./ Watts, Ross L. (1996): A Market-Based Evaluation of Discretionary Accrual Models, in: JAR, 34 Suppl., S. 83–105.

Guenther, David A./ Maydew, Edward L./ Nutter, Sarah E. (1997): Financial reporting tax costs, and book-tax conformity, in: JAE, 23, S. 225–248.

Günther, Thomas/ Grüning, Michael (2000): Einsatz von Insolvenzprognoseverfahren bei der Kreditwürdigkeitsprüfung im Firmenkundenbereich, in: DBW, 60, S. 39–59.

Günther, Thomas/ Scheipers, Thomas (1993): Ergebnisse der empirischen Insolvenzprognoseforschung auf Basis von Jahresabschlüssen, in: DStR, 29, S. 1077–1082.

Guidry, Flora/ Leone, Andrew J./ Rock, Steve (1999): Earnings-based bonus plans and earnings management by business-unit managers, in: JAE, 26, Jan, S. 113–142.

Hacker, Bernd/ Dobler, Michael (2000): Empirische Untersuchung der Segmentpublizität in Deutschland, in: WPg, 17, S. 811–819.

Hahn, Klaus/ Schneider, Walter (1998): Simultane Modelle der handelsrechtlichen Bilanzpolitik von Kapitalgesellschaften unter besonderer Berücksichtigung der Internationalisierung der Rechnungslegung, in: Freidank, Carl Christian (Hrsg.), Rechnungslegungspolitik, Eine Bestandsaufnahme aus handels- und steuerrechtlicher Sicht, Berlin et al., S. 333–406.

Hakansson, Nils H./ Kunkel, Gregory J./ Ohlson, James A. (1982): Sufficient and Necessary Conditions for Information to have Social Value in Pure Exchange, in: JoF, 37, S. 1169–1182.

Haller, Axel (1988): Das Verhältnis von steuerrechtlicher und „handelsrechtlicher" Rechnungslegung in den USA, in: DBW, 48, 6, S. 723–733.

Haller, Axel (1992): Das Maßgeblichkeitsprinzip und seine Effekte (II), in: WISU, 22, S. 112–116.

Haller, Axel (1994): Die Grundlagen der externen Rechnungslegung in den USA, 4. Aufl., Stuttgart.

Haller, Axel/ Eierle, Brigitte (1998): Ideenfindung und -verarbeitung zur Entwicklung von Rechnungslegungsstandards beim "Financial Accounting Standards Board", in: DB, S. 733–739.

Haller, Axel/ Park, Peter (1995): Darlehensvereinbarungen als Ursache für bilanzpolitisches Verhalten, in: ZfB, 65, S. 89–112.

Hamel, Winfried (1984): Ansatzpunkte Strategischer Bilanzierung, in: zfbf, S. 903–912.

Hand, J. R. M. (1990): A test of the extended functional fixation hypothesis, in: AR, 65, S. 740–763.

Hand, J. R. M./ Skantz, T. R. (1997): The economic determinants of accounting choices: The unique case of equity carve-outs under SAB 51 – an International Perspective, in: JAE, 23, S. 175–203.

Harris, Milton/ Raviv, Artur (1985): A Sequential Signalling Model of Convertible Debt Call Policy, in: JoF, 40, S. 1263–1281.

Harris, Milton/ Raviv, Artur (1990): Capital Structure and the Informational Role of Debt, in: JoF, 45, 2, S. 321–349.

Harsanyi, John (1967): Games with Incomplete Information Played by Bayesian Players, in: Management Science, 14.

Hartle, Joachim (1984): Möglichkeiten der Entobjektivierung der Bilanz – Eine ökonomische Analyse, Frankfurt am Main et al.

Hartmann-Wendels, Thomas (1986): Dividendenpolitik bei asymmetrischer Informationsverteilung, Wiesbaden.

Hartmann-Wendels, Thomas (1991): Rechnungslegung der Unternehmen und Kapitalmarkt aus informationsökonomischer Sicht, Heidelberg.

Hatten, Sharon Lee (1983): A Multivariate Analysis of Failed and Non-Failed Firms in the Computer Industry, Arlington.

Hauschildt, Jürgen/ Leker, Jens (1995): Bilanzanalyse unter dem Einfluss moderner Analyse- und Prognoseverfahren, in: BFuP, 3, S. 249–268.

Hax, Georg (1998): Informationsintermediation durch Finanzanalysten: eine ökonomische Analyse, Frankfurt am Main et al.

Hax, Herbert (1988): Rechnungslegungsvorschriften – Notwendige Rahmenbedingungen für den Kapitalmarkt?, in: Domsch, Michel et al. (Hrsg.), Unternehmungserfolg, Planung – Ermittlung – Kontrolle, Walther Busse von Colbe zum 60. Geburtstag, Wiesbaden, S. 187–201.

Hayes, Rachel M./ Lundholm, Russel (1996): Segment Reporting to the Capital Market in the Presence of a Competitor, in: JAR, 34, S. 261–280.

Hayn, Carla (1995): The Information Content of Losses, in: JAE, 20, S. 125–153.

Hayn, Sven (1997): Internationale Rechnungslegung: Ursachen, Wirkungen und Lösungsansätze zur Überwindung internationaler Rechnungslegungsdivergenzen, Stuttgart.

Hayn, Sven/ Waldersee, Georg Graf (2002): IAS/US-GAAP/HGB im Vergleich, Synoptische Darstellung für den Einzel- und Konzernabschluss, 3. Aufl., Stuttgart.

Healy, Paul M. (1985): The Effect of Bonus Schemes on Accounting Decisions, in: JAE, 7, S. 85–107.

Healy, Paul M./ Palepu, Krishna G. (1990): Effectiveness of Accounting-Based Dividend Covenants, in: JAE, 12, S. 97–123.

Healy, Paul M./ Palepu, Krishna G. (1993): The Effect of Firms' Financial Disclosure Policies on Stock Prices, in: AH, 7, S. 1–11.

Healy, Paul M./ Palepu, Krishna G. (2001): Information asymmetry, corporate disclosure, and the capital markets: A review of the empirical disclosure literature, in: JAE, 31, S. 405–440.

Healy, Paul M./ Wahlen, J. M. (1999): A Review of the Earnings Management Literature and Its Implications for Standard Setting, in: AH, Dec, S. 365–383.

Heisenberg, Werner (1927): Über den anschaulichen Inhalt der quantentheoretischen Kinematik und Mechanik, in: Zeitschrift für Physik, 43, S. 172–198.

Heisenberg, Werner (1930): Die Physikalischen Prinzipien der Quantentheorie, Leipzig.

Helmschrott, Harald/ Buhleier, Claus (1997): Die Konsequenzen einer GoB-widrigen Anwendung internationaler Rechnungslegungsnormen aus der Perspektive des Handelsrechts und des Strafrechts, in: WPg, 50, 1, S. 10–17.

Heninger, William G. (2001): The Association between Auditor Litigation and Abnormal Accruals, in: AR, 76, 1, S. 111–126.

Herzig, Norbert/ Bär, Michaela (2003): Die Zukunft der steuerlichen Gewinnermittlung im Licht des europäischen Bilanzrechts, in: DB, 56, 1, S. 1–8.

Herzig, Norbert/ Hausen, Guido (2004): Steuerliche Gewinnermittlung durch modifizierte Einnahmenüberschussrechnung – Konzeption nach Aufgabe des Maßgeblichkeitsprinzips, in: DB, 57, 1/2, S. 1–10.

Herzig, Norbert/ Rieck, Ulrich (1998): Die Rückstellung für drohende Verluste aus schwebenden Geschäften im Steuerrecht – Übergangsfragen und Grundsätzliches, in: BB, S. 311–319.

Herzog, Peter (1989): Einführung in das Rechtssystem der Vereinigten Staaten, in: Sonnemann, Erik (Hrsg.), Rechnungslegung, Prüfung, Wirtschaftsrecht und Steuern in den USA, Wiesbaden, S. 169–204.

Hilke, Wolfgang (2000): Bilanzpolitik : Jahresabschluss nach Handels- und Steuerrecht; mit Aufgaben und Lösungen, 5. Aufl., Wiesbaden.

Hinz, Michael (1994): Sachverhaltsgestaltungen im Rahmen der Jahresabschlußpolitik, Hagen.

Hinz, Michael (1997): Zweck und Inhalt des Jahresabschlusses und Lageberichts, Abschnitt B100 (Sonderdruck), in: Castan, Edgar u. a. (Hrsg.), Beck'sches Handbuch der Rechnungslegung, München, S. 1–37.

Hirshleifer, Jack (1971): The Private and Social Value of Information and the Reward to Inventive Activity, in: AER, 61, S. 561–574.

Hoffmann, Karsten (1994): Sachverhaltsgestaltende Jahresabschlußpolitik im Einzelabschluss bei gegebener Unternehmenskonstitution, Frankfurt am Main.

Hoffmann, Karsten (1995): Jahresabschlußpolitische Implikationen von Sale-and-lease-back-Geschäften, in: Die Aktiengesellschaft, S. 1520–1527.

Hoffmann, Karsten (1996): Einsatz von Sachverhaltensgestaltungen zur Ausschöpfung des jahresabschlusspolitischen Potentials sachverhaltsabbildender Aktionspartner, in: DB, 49, S. 1245–1251.

Hoffmann, Wolf Dieter (1996 Dividendeneinnahmen): Bilanzpolitische Strategien zur zeitlichen Steuerung von Dividendeneinnahmen beim Mutterunternehmen, in: GmbH-Rundschau, S. 841–843.

Holler, Manfred J./ Illing, Gerhard (1993): Einführung in die Spieltheorie, 2. Aufl., Berlin et al.

Holthausen, Robert W. (1990): Accounting Method Choice, Opportunistic Behavior, Efficient Contracting, and Information Perspectives, in: JAE, 12, S. 207–218.

Holthausen, Robert W./ Larcker, David F./ Sloan, Richard G. (1995): Annual bonus schemes and the manipulation of earnings, in: JAE, 19, S. 29–74.

Holthausen, Robert W./ Leftwich, Richard (1983): The economic consequences of accounting choice: implications of costly contracting and monitoring, in: JAE, 5, S. 77–117.

Hommelhoff, P. (2001): Für ein spezifisch deutsches Durchsetzungssystem – Schaffung einer Kontrollinstanz zur Sicherstellung der internationalen Wettbewerbsfähigkeit des deutschen Enforcement-Systems, in: WPg, 54, Sonderheft, S. 39–50.

Homölle, Susanne/ Pfingsten, Andreas/ Speth, Michael (1997): True and Fair View der Eigenhandelsergebnisse in den Geschäftsberichten deutscher Kreditinstitute?, in: WPg, 50, S. 621–627.

Hope, Ole Kristian (2003): Disclosure Practices, Enforcement of Accounting Standards, and Analysts' Forecast Accuracy: An International Study, in: JAR, 41, 2, S. 235–272.

Horst, Reiner (1987): Nichtlineare Optimierung, in: Gal, Tomas (Hrsg.), Grundlagen des Operations Research, 1. Einführung, Lineare Optimierung, Nichtlineare Optimierung, Optimierung bei mehrfacher Zielsetzung, Berlin et al., S. 255–419.

Hose, Christian (2002): Rating und Kreditzinsen, Chancen für Kunden und Kreditinstitute im Rahmen von Basel II, Wiesbaden.

Hucke, Anja (2000): Entstehung von Rechnungslegungsvorschriften – von der gesetzlichen Regelung zum „Standard Setting Process“ –, in: Lachnit, Laurenz/Freidank, Carl Christian (Hrsg.), Investororientierte Unternehmenspublizität, Neue Entwicklungen von Rechnungslegung, Prüfung und Jahresabschlussanalyse, Wiesbaden, S. 61–90.

Hübner, O. (1854): Die Banken, Leipzig. Hier zitiert nach Terberger (1987) S. 26 und Küting/Weber (1993) S. 114.

Hüls, Dagmar (1995): Früherkennung insolvenzgefährdeter Unternehmen, Düsseldorf.

Hughes, Patricia J. (1986): Signalling by Direct Disclosure under Asymmetric Information, in: JAE, 8, S. 119–142.

Hughes, Patricia J./ Schwartz, Eduardo S. (1988): The LIFO/FIFO Choice: An Asymmetric Information Approach, in: JAR, 26 Suppl., S. 41–58.

Hunt, Alister/ Moyer, Susan E./ Shevlin, Terry (1996): Managing interacting accounting measures to meet multiple objectives: A study of LIFO firms, in: JAE, 21, S. 339–374.

Husmann, Rainer (1997 Konsolidierungskreis): Betriebswirtschaftliche Abgrenzung des Konsolidierungskreises zur konzernbilanzanalytischen Untersuchung, in: BB, 40, S. 2043–2048.

Husmann, Rainer (1997 Segmentierung): Segmentierung des Konzernabschlusses zur bilanzanalytischen Untersuchung der wirtschaftlichen Lage des Konzerns, in: Wirtschaftsprüfung, 50, S. 349–359.

Imhoff, Eugene A. (1992): The Relation between Perceived Accounting Quality and Economic Charateristics of the Firm, in: JAPP, 11, S. 97–118.

Imhoff, Eugene A./ Lipe, Robert/ Wright, David W. (1995): Is Footnote Disclosure an Adequate Alternative to Financial Statement Recognition?, in: Journal of Financial Statement Analysis, Fall, S. 70–81.

Imhoff, Eugene A./ Lipe, Robert/ Wright, David W. (1997): Operating Leases: Income Effects of Constructive Capitalization, in: AH, S. 12–32.

Indjejikian, R. (1999): Performance evaluation and compensation research: an agency theory perspective, in: AH, 27, S. 147–157.

Indjejikian, R./ Lenk, P./ Nanda, Dhananjay (2000): Targets, standards and performance expectations: evidence from annual bonus plans. Unpublished Working Paper, University of Michigan. Hier zitiert nach Ittner/Larcker (2001) S. 382.

Institut der Wirtschaftsprüfer (2005): Entwurf einer Neufassung des IDW Standards: Grundsätze zur Durchführung von Unternehmenbewertungen (IDW ES 1 n.V.) (Stand 09.12.2004), verabschiedet vom Hauptfachausschuss (HFA) am 09.12.2004, in: WPg, 5, S. 28ff.

International Accounting Standards Board (2002): International Accounting Standards 2002 (Deutsche Ausgabe), Der vollständige Text der International Accounting Standards und der SIC Interpretationen ist seit dem 1. Januar 2002 gültig, London.

Ittner, Christopher D./ Larcker, David F. (2001): Assessing empirical research in managerial accounting: a value-based management perspective, in: JAE, 32, S. 349–410.

Jacob, John (1996): Taxes and Transfer Pricing: Income Shifting and the Volume of Intrafirm Transfers, in: JAR, 34, S. 300–312.

Jacobs, Otto H./ Spengel, Christoph/ Wünsche, Alexander (1999): Steuerreform 1999/2000/2002: Auswirkungen auf die Unternehmensbesteuerung im nationalen und internationalen Vergleich, in: DB, 52, S. 57–63.

Jaffee, D. M./ Stiglitz, Joseph E. (1990): Credit Rationing, in: Friedman, Benjamin M./Hahn, F. H. (Hrsg.), Handbook of Monetary Economics, Vol. II, New York, S. 838–888.

Janko, Wolfgang H./ Hartmann, Joachim (1985): Flexible Informationsbeschaffung in Alternativensuchproblemen, in: Ballwieser, Wolfgang/Berger, Karl Heinz (Hrsg.), Information und Wirtschaftlichkeit: wissenschaftliche Tagung des Verbandes der Hochschullehrer für Betriebswirtschaft e. V. an der Universität Hannover 1985, Wiesbaden, S. 199–228.

Jensen, Michael C./ Meckling, William H. (1976): Theory of the Firm: Managerial Behavior, Agency Costs and Ownership Structure, in: JFE, 3, Oct, S. 305–360.

Johnson, Craig G. (1970): Ratio Analysis and the Prediction of Firm Failure, in: JoF, 25, S. 1166–1168.

Jones, Jennifer J. (1991): Earnings management during import relief investigations, in: JAR, 29, No. 2, Autumn, S. 193–228.

Jorgensen, Bjorn N./ Kirschenheiter, Michael T. (2003): Discretionary Risk Disclosures, in: AR, 78, 2, S. 449–469.

Kahle, Holger (2003): Zur Zukunft der Rechnungslegung in Deutschland: IAS im Einzel- und Konzernabschluss?, in: WPg, 6, S. 262–273.

Kalay, Avner (1982): Stockholder-Bondholder Conflict and Dividend Constraints, in: JFE, 10, S. 211–233.

Kallunki, Juha Pekka/ Martikainen, Minna (2003): Earnings Management as a Predictor of Future Profitability of Finnish Firms, in: European Accounting Review, 12, 2, S. 311–325.

Kammergericht (1995): Kammergericht, Beschluß vom 24. 8. 1995 2 W 1255/95, in: ZIP, S. 1585–1589.

Kang, Sok Hyon/ Sivaramakrishnan, K. (1995): Issues in testing earnings management and an instrumental variable approach, in: JAR, 33, S. 353–367.

Kanodia, Chandra/ Lee, Deokheon (1998): Investment and Disclosure: The Disciplinary Role of Periodic Performance Reports, in: JAR, 36, S. 33–55.

Kaplan, S./ Stromberg, P. (1999): Financial contracting theory meets the real world: an empirical analysis of venture capital contracts. Working Paper, University of Chicago. Hier zitiert nach Bushman/Smith (2001) S. 251–252.

Kasanen, Eero/ Kinnunen, Juha/ Niskanen, Jyrki (1996): Dividend-based earnings management: Empirical evidence from Finland, in: JAE, 22, S. 283–312.

Kasznik, Ron (1999): On the Associaton between Voluntary Disclosure and Earnings Management, in: JAR, 37, 1, S. 57–81.

Kasznik, Ron/ McNichols, Maureen F. (2002): Does Meeting Earnings Expectations Matter? Evidence from Analyst forecast Revisions and Share Prices, in: JAR, 40, 3, S. 727–759.

Kellog, David/ Charnes, John M. (2000): Real-Options Valuation for a Biotechnology Company, in: FAJ, May–Jun, S. 76–77.

Kerth, Albin/ Wolf, Jakob (1993): Bilanzanalyse und Bilanzpolitik, München, Wien.

Kieso, Donald E./ Weygandt, Jerry J. (1995): Intermediate Accounting, 8. Aufl., New York et al.

King, Ronald R./ Wallin, David E. (1995): Experimental tests of disclosure with an opponent, in: JAE, 19, S. 139–167.

Kirsch, Hanno (2004): Besonderheiten der bestandsorientierten Liquiditätsanalyse nach IAS/IFRS, in: DStR, 24, S. 1014–1020.

Kirschenheiter, Michael T. (1997): Information Quality and Correlated Signals, in: JAR, 35, S. 43–59.

Kirschenheiter, Michael T./ Melumad, Nahum D. (2002): Can "Big Bath" and Earnings Smoothing Co-exist as Equilibrium Financial Reporting Strategies?, in: JAR, 40, 3, S. 761–796.

Kistner, Klaus Peter (2003): Optimierungsmethoden: Einführung in die Unternehmensforschung für Wirtschaftswissenschaftler, 3. Aufl., Heidelberg.

Klassen, Kenneth J. (1997): The impact of inside ownership concentration on the trade-off between financial and tax reporting, in: AR, 72, S. 455–474.

Klein, April/ Lambert, Richard A. (2002): Audit committee, board of director characteristics, and earnings management, Contracting theory and accounting, in: JAE, 33, S. 375–400.

Klein, Hans Dieter (1989): Konzernbilanzpolitik, Heidelberg.

Kleine-Doepke, R. (1981): Informationsökonomische Analyse der externen Rechnungslegung, Frankfurt am Main.

Koch, C. (1999): Optionsbasierte Unternehmensbewertung – Realoptionen im Rahmen von Akquisitionen, Wiesbaden.

Kothari, S. P. (2001): Capital Markets Research in Accounting, in: JAE, 31, S. 105–231.

KPMG/ Ordelheide, Dieter (1991 Hrsg.): TransAcc Transnational Accounting, Londen, Basingstoke.

Krahnen, Jan Pieter/ Weber, Martin (2000): Generally Accepted Rating Principles: A Primer. Working Paper No. 2000/02, Center for Financial Studies, Johann Wolfgang Goethe-Universität, Frankfurt am Main, http://www.ifk-efs.de.

Krawitz, Norbert (2000): Latente Steuern als Problem der Konzernabschlussanalyse, in: Lachnit, Laurenz/Freidank, Carl Christian (Hrsg.), Investororientierte Unternehmenspublizität, Neue Entwicklungen von Rechnungslegung, Prüfung und Jahresabschlussanalyse, Wiesbaden, S. 699–736.

Kreps, David M./ Wilson, Robert (1982): Sequential Equilibrium, in: Econometrica, 50, 4, S. 863–894.

Krog, Markus (1998): Einsatzmöglichkeiten mathematischer Optimierungsmodelle für die internationale Rechnungslegungspolitik, in: Freidank, Carl Christian (Hrsg.), Rechnungslegungspolitik, Eine Bestandsaufnahme aus handels- und steuerrechtlicher Sicht, Berlin et al., S. 273–332.

Kropff, B. (1983): Sinn und Grenzen von Bilanzpolitik, in: Baetge, Jörg (Hrsg.), Der Jahresabschluss im Widerstreit der Interessen, Düsseldorf, S. 179–211.

Kross, W. J./ Par, T./ Ro, B. T. (1996): The impact of operational restructuring announcements on stock price, risk and trading volume. Working paper, Purdue University. Email: eskew@mgmt.purdue.edu. Hier zitiert nach Moehrle (2002) S. 399.

Kühnberger, Manfred/ Schmidt, Thorsten (1999): Der Konzernabschluß als Ausschüttungsbemessungsgrundlage, Eine theoretische Analyse und eine empirische Bestandsaufnahme zur Ausschüttungspolitik deutscher Aktienkonzerne, in: ZfB, 69, 11, S. 1263–1291.

Kühnenberger, Manfred/ Eckstein, Peter/ Woithe, Martina (1996): Die Diskriminanzanalyse als ein Instrument zur Früherkennung negativer Unternehmensentwicklungen, in: ZfB, 66, S. 1449–1464.

Kürsten, Wolfgang (1998): Klassische Kreditrationierung unter Moral Hazard, Zur Bedeutung der Opportunitätsmenge risiko- und ertragsdifferenzierter Investitionsprojekte, in: ZWS, 118, S. 425–461.

Küting, Karlheinz (1992): Grundlagen der qualitativen Bilanzanalyse, in: DStR, 30, S. 691–696 (Teil I), 728–733 (Teil II).

Küting, Karlheinz (1993): Der Geschäftsbericht als Grundlage der qualitativen Bilanzanalyse, zugleich: Das Saarbrücker Modell der Unternehmensbeurteilung – Ein neuer Ansatz zur Analyse von Unternehmen, in: Küting, Karlheinz/Weber, Claus Peter (Hrsg.), Konzernmanagement, Rechnungswesen und Controlling, Stuttgart, S. 45–71.

Küting, Karlheinz (1995): Stille Rücklagen – ein betriebswirtschaftliches Phänomen, in: BB, Beilage zu Heft 38, S. 1–15.

Küting, Karlheinz (1996): Das Spannungsverhältnis zwischen Bilanzpolitik und Bilanzanalyse, in: DStR, S. 934–943.

Küting, Karlheinz (1997): Die handelsbilanzielle Erfolgsspaltungs-Konzeption auf dem Prüfstand – Zugleich: Vorschläge zur Neuorientierung der Erfolgsquellenanalyse, in: WPg, 50, S. 693–702.

Küting, Karlheinz (1998): Möglichkeiten und Grenzen der betragsmäßigen Erfolgsanalyse, in: WPg, 51, S. 1–10.

Küting, Karlheinz/ Kaiser, Thomas (1994): Bilanzpolitik in der Unternehmenskrise, in: BB, Beilage zu Heft 3, S. 1–18.

Küting, Karlheinz/ Weber, Claus-Peter (1989): Handbuch der Konzernrechnungslegung, Kommentar zur Bilanzierung und Prüfung, Stuttgart.

Küting, Karlheinz/ Weber, Claus Peter (1993): Die Bilanzanalyse, Lehrbuch zur Beurteilung von Einzel- und Konzernabschlüssen, Stuttgart.

Küting, Karlheinz/ Weber, Claus Peter (1995): Handbuch der Rechnungslegung, Kommentar zur Bilanzierung und Prüfung (HdR), Stuttgart.

Küting, Karlheinz/ Weber, Claus Peter (2001): Die Bilanzanalyse, Lehrbuch zur Beurteilung von Einzel- und Konzernabschlüssen, 6. Aufl., Stuttgart.

Küting, Karlheinz/ Weber, Claus Peter/ Zündorf, Horst (1990): Praxis der Konzernbilanzanalyse, Stuttgart.

Kuhlewind, Andreas M. (1995): Die amerikanische Gewinn- und Verlustrechnung: Ermittlung und Darstellung des Unternehmenserfolgs im amerikanischen Jahresabschluß, in: Ballwieser, Wolfgang (Hrsg.), US-amerikanische Rechnungslegung: Grundlagen und Vergleiche mit dem deutschen Recht, Stuttgart, S. 175–206.

Kuhner, Christoph (2001): Das Spannungsverhältnis zwischen Einzelfallgerechtigkeit und Willkürfreiheit – im Recht und in der Rechnungslegung, in: BFuP, 6, S. 523–542.

Kulmann, Friedhelm/ Reucher, Elmar (2000): Computergestützte Bonitätsprüfung bei Banken und Handel, in: DBW, 60, S. 113–122.

Kumar, Krishna R./ Visvanathan, Gnanakumar (2003): The Information Content of the Deferred Tax Valuation Allowance, in: AR, 78, 2, S. 471–490.

Kupsch, Peter (1987): Einheitlichkeit und Stetigkeit der Bewertung gemäß § 252 I Nr. 6 HGB, in: DB, S. 1157–1161.

Kußmaul, H./ Lutz, R. (1993): Instrumente der Bilanzpolitik: Systematisierungsmöglichkeiten und Bewertungskriterien, in: WiSt, 22, S. 399–403.

La Porta, Rafael et al. (1998): Law and Finance, in: JPE, 106, S. 1113–1155.

Lachnit, Laurenz (1996): Der Daimler-Benz-Konzern in der externen Jahresabschlußanalyse, in: DB, 49, 43, S. 2137–2145.

Lachnit, Laurenz (2000): Schätzung stiller Reserven als Problem der externen Jahresabschlussanalyse, in: Lachnit, Laurenz/Freidank, Carl Christian (Hrsg.), Investororientierte Unternehmenspublizität, Neue Entwicklungen von Rechnungslegung, Prüfung und Jahresabschlussanalyse, Wiesbaden, S. 769–811.

Lambert, Richard A. (1984): Income Smoothing as Rational Equilibrium Behavior, in: AR, 59, S. 604–618.

Lambert, Richard A. (2001): Contracting theory and accounting, in: JAE, 32, S. 3–87.

Land, A. H./ Doig, A. G. (1960): An Automatic Method for Solving Discrete Programming Problems, in: Econometrica, 28, S. 497–520.

Lang, Joachim (1986): Grundsätze ordnungsmäßiger Buchführung I (Begriff, Bedeutung, Rechtsnatur) und II (Überblick über die Hauptgrundsätze ordnungsmäßiger Buchführung), in: Leffson, Ulrich/Rückle, Dieter/Großfeld, Bernhard (Hrsg.), Handwörterbuch unbestimmter Rechtsbegriffe im Bilanzrechts des HGB, Köln, S. 221–240 (I), 240–246 (II).

Lauer, Christine E. (1995): Interdependenzen zwischen Gewinnermittlungsverfahren, Risiken sowie Aktivitätsniveau und Berichtsverhalten des Managers, Frankfurt am Main

Laule, Gerhard (1989): Gesellschaftsrecht der USA, in: Sonnemann, Erik (Hrsg.), Rechnungslegung, Prüfung, Wirtschaftsrecht und Steuern in den USA, Wiesbaden, S. 205–232.

Laux, C. (1993): Handlungsspielräume im Leistungsbereich des Unternehmens: Eine Anwendung der Optionspreistheorie, in: zfbf, 45, 11, S. 933–958.

Laux, Helmut/ Liermann, Felix (2003): Grundlagen der Organisation: die Steuerung von Entscheidungen, 5. Aufl., Berlin et al.

Leffson, Ulrich (1987): Die Grundsätze ordnungsmäßiger Buchführung, 7. Aufl., Düsseldorf.

Leinweber, Rudolf (1995): Verbraucherverschuldung als Rechtsproblem: unter besonderer Berücksichtigung von Rechtsbehelfen gegen den Kreditwucher, Frankfurt am Main.

Leiser, Wolf (2000): Angewandte Wirtschaftsmathematik, Modellierung und Bearbeitung von Fallstudien mit Excel, Stuttgart.

Leker, Jens (1994): Fraktionierende Frühdiagnose von Unternehmenskrisen – Bilanzanalysen in unterschiedlichen Krisenstadien, in: zfbf, 9, S. 732–747.

Leker, Jens/ Salomo, Sören (1998): Die Veränderung der wirtschaftlichen Lage im Verlauf eines Wechsels an der Unternehmensspitze, in: zfbf, 50, 2, S. 156–176.

Leland, Hayne E./ Pyle, David H. (1977): Informational Asymmetries, Financial Structure, and Financial Intermediation, in: JoF, 32, S. 371–387.

Lenz, Hansrudi/ Bauer, Michael (2002): Die Durchsetzung von Rechnungslegungsnormen bei kapitalmarktorientierten Unternehmen, in: BFuP, 3, S. 246–262.

Leone, Andrew J./ Rock, Steve (2002): Empirical tests of budget ratcheting and its effect on managers' discretionary accrual choices, in: JAE, 33, S. 43–67.

Leuz, Christian (1995): Rechnungslegung und Kreditfinanzierung, Frankfurt am Main.

Leuz, Christian (1996): Rechnungslegung und Kreditfinanzierung: zum Zusammenhang von Ausschüttungsbegrenzung, bilanzieller Gewinnermittlung und vorsichtiger Rechnungslegung, Frankfurt am Main et al.

Leuz, Christian (2003): IAS Versus U.S. GAAP: Information Asymmetry-Based Evidence from Germany's New Market, in: JAR, 41, 3, S. 445–472.

Lev, B./ Sougiannis, T. (1996): The capitalization, amortization, and value-relevance of R&D, in: JAE, 21, Feb, S. 107–138.

Levitt, Arthur (1998 d): Spielen mit Zahlen – "The Numbers Game", Übersetzung der Bemerkungen von Arthur Levitt, Chairman der US-amerikanischen Börsenaufsichtsbehörde Securities and Exchange Commission (SEC), vor dem NYU Center for Law and Business, New York, am 29.09.1998, in: DB, 51, S. 2544–2547. Datum abweichend von Levitt (1998 e).

Levitt, Arthur (1998 e): The Numbers Game, Remarks by Chairman Arthur Levitt, Securities and Exchange Commission, Rede vor dem New York University Center for Law and Business, New York, New York, am 28. September 1998, Download am 15.01.2004 von www.sec.gov.

Libby, Robert/ Kinney, Jr (2000): Does Mandated Audit Communication Reduce Opportunistic Corrections to Manage Earnings to Forecasts?, in: AR, 75, 4, S. 383–404.

Locher, Bernhard (1993): Verfahren zur Lösung von quadratischen Optimierungsproblemen mit quadratischen Nebenbedingungen, Zürich.

Lohf, Walter (1990): Über Iterationsverfahren zur Lösung linearer symmetrischer Komplementaritätsprobleme und ihre Anwendung auf quadratische Programme, Berlin.

Lüdenbach, Norbert/ Hoffmann, Wolf Dieter (2002): Enron und die Umkehrung der Kausalität bei der Rechnungslegung, in: DB, 55, 23, S. 1169–1175.

Lüthi, Hans Jakob (1976): Komplementaritäts- und Fixpunktalgorithmen in der mathematischen Programmierung, Spieltheorie und Ökonomie. Lecture Notes in Economics and Mathematical Systems 129. Springer-Verlag, Berlin/Heidelberg/New York, 1976, S. 1ff, Berlin et al.

Machauer, Achim/ Weber, Martin (1998): Bank Behavior based on Internal Credit Ratings of Borrowers, Center for Financial Studies, Universität Frankfurt am Main, Working Paper Nr. 98/08, Email: weber@bank.bwl.uni-mannheim.de.

Mag, Wolfgang (1990): Grundzüge der Entscheidungstheorie, München.

Magee, Robert P. (2001): Discussion of "Contracting theory and accounting", in: JAE, 32, S. 89–96.

Malmquist, David H. (1990): Efficient Contracting and the Choice of Accounting Method in the Oil and Gas Industry, in: JAE, 12, S. 173–205.

Marschak, Jacob/ Miyasawa, Koichi (1968): Economic Comparability of Information Systems, in: International Economic Review, 9, 2, S. 137–174.

Marshall, Ronald M. (1972): Determining an Optimal Accounting Information System for an Unidentified User, in: JAR, 10, S. 286–307.

Marten, Kai Uwe/ Meyer, Stephanie (2000): Die Rechnungslegung der GmbH & Co. KG nach dem KapCoRiLiG, in: Lachnit, Laurenz/Freidank, Carl Christian (Hrsg.), Investororientierte Unternehmenspublizität, Neue Entwicklungen von Rechnungslegung, Prüfung und Jahresabschlussanalyse, Wiesbaden, S. 299–325.

Marti, Kurt/ Gröger, Detlef (2000): Einführung in die lineare und nichtlineare Optimierung, Heidelberg.

Matsumoto, Dawn A. (2002): Managements' Incentives to Avoid Negative Earnings Surprises, in: AR, 77, 3, S. 483–514.

Matsunaga, Steven R./ Park, Chul W. (2001): The Effect of Missing a Quarterly Earnings Benchmark on the CEO's Annual Bonus, in: AR, 76, 3, S. 313–332.

Mattessich, Richard (1985): Forschungsprogramme und Paradigmen im Rechnungswesen unter Betonung der Agency-Informationsanalyse, in: Ballwieser, Wolfgang/Berger, Karl Heinz (Hrsg.), Information und Wirtschaftlichkeit, Wissenschaftliche Tagung des Verbandes der Hochschullehrer für Betriebswirtschaft e. V. an der Universität Hannover 1985, Wiesbaden, S. 677–714.

Mauldin, Elaine G./ Ruchala, Linda V. (1999): Towards a meta-theory of accounting information systems, in: Accounting, Organizations and Society, 24, S. 317–331.

McLucas, William R./ DeTore, Stephen M./ Colachis, Arian (1991): SEC Enforcement: A Look at the Current Program and Some Thoughts About the 1990s, in: The Business Lawyer, 46, May, S. 797–848.

McNichols, Maureen F. (2000): Research Design Issues in Earnings Management Studies, in: JAPP, 19, 4–5, S. 313–345.

McSweeney, Brendan (1997): The Unbearable Ambiguity of Accounting, in: Accounting, Organizations and Society, 7, S. 691–712.

Merkt, Hanno (1999): US-amerikanisches Gesellschaftsrecht, Heidelberg.

Merton, Robert C. (1998): Application of Option-Pricing Theory: Twenty-Five Years Later, in: AER, S. 323–349.

Meyer, Dirk (1990): Asymmetrische Information, der Einfluß alternativer Rechnungssysteme, in: WiSt, S. 25–28.

Milde, Hellmuth/ Riley, John G. (1988): Signaling in Credit Markets, in: QJE, CIII, S. 101–130.

Miller, Merton H./ Rock, Kevin (1985): Dividend Policy under Asymmetric Information, in: JoF, 40, 4, S. 1031–1051.

Modigliani, Franco/ Miller, Merton H. (1958): The Cost of Capital, Corporation Finance, and the Theory of Investment, in: AER, 48, S. 261–297.

Moehrle, Stephen R. (2002): Do Firms Use Restructuring Charge Reversals to Meet Earnings Targets?, in: AR, 77, 2, S. 397–413.

Möller, Hans Peter/ Keller, Erich (1999): Financial Reporting and the Stock Market in Germany, in: Hax, Herbert/Schmidt, Reinhart/Bühler, Wolfgang (Hrsg.), Empirical Research on the German Capital Market, Heidelberg, New York, S. 135–150.

Morck, Randall/ Schliefer, Andrei/ Vishny, Robert W. (1989): Alternative mechanisms for corporate control, in: AER, 79, 4, S. 842–852.

Moxter, Adolf (1962): Bilanzierung und unsichere Erwartungen, in: ZfhF, 14, S. 607–632.

Moxter, Adolf (1982): Betriebswirtschaftliche Gewinnermittlung, Tübingen.

Moxter, Adolf (1985): Bilanzrechtsprechung, Tübingen.

Moxter, Adolf (1995): Standort Deutschland: Zur Überlegenheit des deutschen Rechnungslegungsrechts, in: Peemöller, Volker H./Uecker, Peter (Hrsg.), Standort Deutschland: Grundsatzfragen und aktuelle Perspektive für die Besteuerung, die Prüfung und das Controlling: Anton Heigl zum 65. Geburtstag, Berlin, S. 31–41.

Moxter, Adolf (1997): Zum Verhältnis von Handelsbilanz und Steuerbilanz, in: BB, S. 195–199.

Moxter, Adolf (1999): Bilanzrechtsprechung, 5. Aufl., Tübingen.

Moxter, Adolf (2003): Grundsätze ordnungsgemäßer Rechnungslegung, Düsseldorf.

Munscheck, Karsten/ Braun, Markus (1998): Die Berücksichtigung von Pensionsverpflichtungen in Jahresabschlüssen nach US-GAAP, in: Wirtschaftsprüfung, S. 493–502.

Murphy, Kevin J. (2001): Performance standards in incentive contracts, in: JAE, 30, S. 245–278.

Murphy, Kevin J./ Zimmerman, Jerold L. (1993): Financial performance surrounding CEO turnover, in: JAE, 16, S. 273–315.

Myers, Stewart C./ Majluf, Nicholas (1984): Corporate Financing and Investment Decisions ween Firms have Information that Investors do Not have, in: JFE, 13, S. 187–221.

Myerson, Roger B. (1979): Incentive compatibility and the bargaining problem, in: Econometrica, 47, S. 61–74.

Nagar, Venky/ Nanda, Dhananjay/ Wysocki, Peter (2003): Discretionary disclosure and stock-based incentives, in: JAE, 34, S. 283–309.

Nelson, Mark W./ Elliott, John A./ Tarpley, Robin L. (2002): Evidence from Auditors about Managers' and Auditors' Earnings Management Decisions, in: AR, 77 Suppl., S. 175–202.

Nemhauser, George L./ Wolsey, Laurence A. (1988): Integer and Combinatorial Opimization, New York et al.

Neus, Werner (1995): Zur Theorie der Finanzierung kleinerer Unternehmungen, Wiesbaden.

Neus, Werner/ Nippel, Peter (1991): Investitionsvolumen und Risikoallokation, in: Kredit und Kapital, S. 85–106.

Neus, Werner/ Nippel, Peter (1992): Investitionsvolumen und Risikoallokation: Einige Anmerkungen, in: Kredit und Kapital, S. 406–415.

Newman, Paul (1988): Discussion of An Explanation for Accounting Income Smoothing, in: JAR, 26, Suppl., S. 140–143.

Newman, Paul/ Sansing, Richard (1993): Disclosure Policies with Multiple Users, in: JAR, 31, S. 92–112.

Niehoff, Karin (2002): Kommunale Benutzungsgebühren: Ermittlung und Analyse in einem zahlungsorientierten Modell, Wiesbaden.

Nobel, P. (1998): Unternehmensfinanzierung und gesetzliches Garantiekapital in der Schweiz, in: Die Aktiengesellschaft, 43, 8, S. 354–357.

Nocedal, Jorge/ Wright, Stephen J. (1999): Numerical Optimization, New York.

Norton, Joseph J. (1995): Foreign Issuer Listings on U.S. Securities Exchanges, in: Zeitschrift für Bankrecht und Bankwirtschaft, 4, S. 366–375.

o.A. (1995 Daimler): Daimler stalls, in: Economist, July 1st, S. 58–58.

Oestreicher, Andreas/ Piotrowski-Allert, Susanne (1996): Klassifikation und Beurteilung von Unternehmen mit Hilfe von Selbstorganisierenden Neuronalen Netzen, Ergebnisse einer prototypischen Untersuchung zur Verwendung von Kohonen-Feature Maps im Rahmen der Bilanzanalyse, in: zfbf, 48, 4, S. 335–371.

Ordelheide, Dieter (1988 kfm): Kaufmännischer Periodengewinn als ökonomischer Gewinn – Zur Unsicherheitsrepräsentation bei der Konzeption von Erfolgsgrößen, in: Domsch, Michael et al. (Hrsg.), Unternehmenserfolg, Planung – Ermittlung – Kontrolle, Walther Busse von Colve zum 60. Geburtstag, Wiesbaden, S. 275–302.

Ordelheide, Dieter (1988 neo): Zu einer neoinstitutionalistischen Theorie der Rechnungslegung, in: Budäus, Dietrich/Gerum, Elmar/Zimmermann, Gebhard (Hrsg.), Betriebswirtschaftslehre und Theorie der Verfügungsrechte, Wiesbaden, S. 269–295.

Ordelheide, Dieter (1989): Kapital und Gewinn. Kaufmännische Konvention als kapitaltheoretische Konzeption?, in: Hax, Herbert/Schröder, Hans-Horst/Kern, Werner (Hrsg.), Zeitaspekte in betriebswirtschaftlicher Theorie und Praxis, 50. Wissenschaftliche Tagung des Verbandes der Hochschullehrer für Betriebswirtschaft e. V., Köln, 24–28. Mai 1988, Köln, S. 21–41.

Ossadnik, Wolfgang (1998): Rechnungslegungspolitik, Die Instrumente, in: Freidank, Carl Christian (Hrsg.), Rechnungslegungspolitik, Eine Bestandsaufnahme aus handels- und steuerrechtlicher Sicht, Berlin et al., S. 155–194.

Pae, Suil (2002): Discretionary disclosure, efficiency, and signal informativeness, in: JAE, 33, S. 279–311.

Pellens, Bernhard (2001): Internationale Rechnungslegung. Unter Mitarbeit von Andreas Bonse, Rolf Uwe Fülbier, Joachim Gassen und Thorsten Sellhorn, 4. Aufl., Stuttgart.

Pellens, Bernhard et al. (2004): Enforcement von Rechnungslegungsregeln – Zum Referentenentwurf eines Bilanzkontrollgesetzes, in: KoR, 4, 1, S. 1–4.

Pellens, Bernhard/ Sürken, Silke (1998): Rechnungslegungspolititsche Spielräume im Rahmen der International Accounting Standards, in: Freidank, Carl Christian (Hrsg.), Rechnungslegungspolitik, Eine Bestandsaufnahme aus handels- und steuerrechtlicher Sicht, Berlin et al., S. 195–230.

Penno, Mark (1996): Unobservable precision Choices in Financial Reporting, in: JAR, 34, S. 141–149.

Pfeifer, Axel (1998): Früherkennung von Unternehmensinsolvenzen auf Basis handelsrechtlicher Jahresabschlüsse, Ein Beitrag zur Entstehung, Anwendung und Weiterentwicklung mathematisch-statistischer Verfahren der Kreditwürdigkeitsanalyse, Frankfurt am Main et al.

Pfeiffer, Ray J., Jr. et al. (1998): Additional Evidence on the Incremental Information Content of Cash Flows and Accruals: The Impact of Errors in Measuring Market Expectations, in: AR, 73, 3, S. 373–385.

Pfleger, Günter (1983): Bilanzpolitische Regelmechanismen – eine Antwort auf die Kodifizierung des Stetigkeitsgrundsatzes im künftigen Bilanzrecht?, in: DB, 36, S. 1609–1614.

Phillips, Fred (1999): Auditor Attention to and Judgments of Aggressive Financial Reporting, in: JAR, 37, 1, S. 167–141.

Pope, Peter F. (2003): Discussion of Disclosure Practices, Enforcement of Accounting Standards, and Analysts' Forecast Accuracy: An International Study, in: JAR, 41, 2, S. 273–283.

Popper, Karl (1973): Logik der Forschung, 5. Aufl., Tübingen.

Poster, Andreas/ Wolz, Matthias (1999): Die Bilanzierung von Pensionsrückstellungen nach HGB und US-GAAP – Ein konzeptioneller Überblick, in: DB, S. 2173–2178.

Pourciau, Susan (1993): Earnings Management and Nonroutine Executive Changes, in: JAE, 16, S. 317–336.

Prendergast, C. (1999): The provision of incentives in firms, in: Journal of Economic Literature, S. 7–63.

Presber, Ralf/ Stengert, Uwe (2002): Kreditrating: Eine Chance für mittelständische Unternehmen, Stuttgart.

Press, Eric/ Weintrop, J. (1990): Accounting-based constraints in public and private debt agreements: the association with leverage and impact on accounting choice, in: JAE, 12, S. 65 95.

Prölss, Erich (1989): Versicherungsaufsichtsgesetz, 10. Aufl., München.

Quick, Reiner (2000): Zivilrechtliche Verantwortung europäischer und amerikanischer Abschlußprüfer, in: BFuP, 6, S. 525–548.

Rajan, Machav V./ Sarath, Bharat (1996): Limits to Voluntary Disclosure in Efficient Markets, in: JAAF, 11, S. 361–387.

Rams, Andreas (1999): Realoptionsbasierte Unternehmensbewertung, in: FinanzBetrieb, 11, S. 349–364.

Rangan, Srinivasan (1998): Earnings Management and the Performance of Seasoned Equity Offerings, in: JFE, 50, 1 Oct, S. 101–122.

Raupach, Arndt (1994): Das Steuerrecht als unerwünschte Rechtsquelle der Handelsbilanz, in: Ballwieser, Wolfgang (Hrsg.), Bilanzrecht und Kapitalmarkt, Festschrift für Adolf Moxter, Düsseldorf, S. 101–124.

Rehkugler, Heinz/ Poddig, Thorsten (1998): Bilanzanalyse, 4. Aufl., München et al.

Rendleman, Richard J./ Bartter, Brit J. (1979): Two-State Option Pricing, in: JoF, 34, S. 1093–1110.

Reynolds, J. Kenneth/ Francis, Jere R. (2001): Does size matter? The influence of large clients on office-level auditor reporting decisions, in: JAE, 30, S. 375–400.

Richter, Rudolf (1994): Institutionen ökonomisch analysiert: zur jüngeren Entwicklung auf einem Gebiet der Wirtschaftstheorie, Tübingen.

Riley, John G. (1975): Competitive Signalling, in: JET, 10, S. 158–180.

Riley, John G. (1979): Informational Equilibrium, in: Econometrica, 47, S. 331–360.

Riley, John G. (1987): Credit Rationing: A Further Remark, in: AER, 77, 1 Mar, S. 224–227.

Robisch, Martin/ Treisch, Corinna (1997): Neuere Entwicklungen des Verhältnisses von Handelsbilanz und Steuerbilanz – Anhaltspunkte für eine Tendenzwende?, in: WPg, 50, 5, S. 156–169.

Rößler, Norbert/ Doetsch, Peter (1998): Bevorzugte Verfahren zur Finanzierung betrieblicher Pensionsverpflichtungen in Deutschland – Ergebnisse einer Umfrage unter deutschen Großunternehmen, in: DB, 51, S. 1773–1777.

Rößler, Norbert/ Kaether, Fritz/ Schmandt, Ernst Martin (1997): Rechnungslegung über Pensionsverpflichtungen in Deutschland nach internationalen Standards, Eine vergleichende Darstellung unter besonderer Berücksichtigung des IAS-Neuentwurfs und der FAS, in: BB, S. 1141–1148.

Rojo, A. (1998): Unternehmensfinanzierung und gesetzliches Garantiekapital in Spanien, in: Die Aktiengesellschaft, 43, 8, S. 358–362.

Roquette, Andreas J./ Stanger, Christoph W. (1994): Das Engagement ausländischer Gesellschaften im US-amerikanischen Kapitalmarkt – Rechtliche Erwägungen für deutsche Gesellschaften, erläutert am Beispiel Daimler-Benz –, in: Wertpapiermitteilungen, 48, S. 137–184.

Rose, Peter S./ Giroux, Gary A. (1984): Predicting Corporate Bankruptcy. An Analytical and Empirical Evaluation, in: Review of Business and Economic Research, S. 1–12.

Rosen, Rüdiger von/ Prechtel, Andreas (1996): Zugang deutscher Unternehmen zum US-Kapitalmarkt (I), in: Die Bank, S. 388–392.

Ross, Stephen A. (1977): The Determination of Financial Structure: The Incentive-Signalling Approach, in: Bell Journal of Economics, 8, S. 23–40.

Ruhnke, Klaus (2003): Nutzen von Abschlussprüfungen: Bezugsrahmen und Einordnung empirischer Studien, in: zfbf, 55, Mai, S. 250–280.

Runzheimer, Bodo (1999): Operations Research, Lineare Planungsrechnung, Netzplantechnik, Simulation und Warteschlangentheorie, 7. Aufl., Wiesbaden.

Ryan, Stephen G./ Zarowin, Paul A. (2003): Why Has the Contemporaneous Linear Returns-Earnings Relation Declined?, in: AR, 78, 2, S. 523–553.

Schäfer, Sven (2000): Optimierungsmodelle für die Konzernabschlußpolitik nach IAS, in: Lachnit, Laurenz/Freidank, Carl Christian (Hrsg.), Investororientierte Unternehmenspublizität, Neue Entwicklungen von Rechnungslegung, Prüfung und Jahresabschlussanalyse, Wiesbaden, S. 163–193.

Schauenberg, Bernd (1985): Der Verlauf von Informationswertfunktionen, in: Ballwieser, Wolfgang/Berger, Karl Heinz (Hrsg.), Information und Wirtschaftlichkeit: wissenschaftliche Tagung des Verbandes der Hochschullehrer für Betriebswirtschaft e. V. an der Universität Hannover 1985, Wiesbaden, S. 229–251.

Schedlbauer, Hans (1992): Die Gefährdung der Bestandskraft von Jahresabschlüssen durch Bewertungsfehler, in: DB, 42, S. 2097–2104.

Scheren, Michael (1993): Konzernabschlusspolitik: Möglichkeiten und Grenzen einer zielorientierten Gestaltung von Konzernabschlüssen, Stuttgart.

Schildbach, Thomas (1986): Jahresabschluss und Markt, Berlin et al.

Schildbach, Thomas (1998): Latente Steuern auf permanente Differenzen und andere Kuriositäten – Ein Blick in das gelobte Land jenseits der Maßgeblichkeit, in: WPg, 51, 21, S. 939–947.

Schildbach, Thomas (1999 Kongruenz): Externe Rechnungslegung und Kongruenz – Ursache für die Unterlegenheit deutscher verglichen mit angelsächsischer Bilanzierung?, in: DB, 52, S. 1813–1820.

Schildbach, Thomas (1999 Pensionsverpflichtungen): Pensionsverpflichtungen nach US-GAAP/IAS versus HGB/GoB und die Informationsfunktion des Jahresabschlusses, in: ZfB, 69, 9, S. 957–977.

Schildbach, Thomas (2002): US-GAAP: Amerikanische Rechnungslegung und ihre Grundlagen, 2. Aufl., München.

Schiller, Friedrich (1799): Die Bürgschaft, in: Golz, Jochen (Hrsg.), Friedrich Schiller, Sämtliche Gedichte, Frankfurt am Main, S. 462–466.

Schmalenbach-Gesellschaft, Arbeitskreis externe Unternehmensrechnung (2000): Einfluss ausgewählter steuerrechtlicher Änderung auf die handelsrechtliche Bilanzierung, in: DB, 53, S. 681–684.

Schmalenbach-Gesellschaft, Arbeitskreis externe Unternehmensrechnung (2003): International Financial Reporting Standards im Einzel- und Konzernabschluss unter der Prämisse eines Einheitsabschlusses für unter Anderem steuerliche Zwecke – Empfehlungen des Arbeitskreises, in: DB, 56, 30, S. 1585–1588.

Schmalenbach-Gesellschaft, Arbeitskreis externe Unternehmensrechnung (2004): Stellungnahme zum Referentenentwurf eines Bilanzkontrollgesetzes, in: DB, 57, 7, S. 329–332.

Schmalenbach, Eugen (1919): Grundlagen dynamischer Bilanzlehre, in: ZfhF, 13, S. 1–101.

Schmalenbach, Eugen (1926): Dynamische Bilanz, 4. Aufl., Köln.

Schmalenbach, Eugen (1927): Zur Reform der Aktienbilanz, in: ZfhF, S. 48–58.

Schmalenbach, Eugen (1933): Grundsätze ordnungsmäßiger Bilanzierung, in: ZfhF, S. 225–247.

Schmalenbach, Eugen (1956): Dynamische Bilanz, unter Mitwirkung von Richard Bauer, 12. Aufl., Köln/Opladen.

Schmidt, Reinhard H. (1982): Rechnungslegung als Informationsproduktion auf nahezu effizienten Kapitalmärkten, in: zfbf, 34, S. 728–748.

Schmidt, Reinhard H./ Terberger, Eva (1996): Grundzüge der Investitions- und Finanzierungstheorie, Wiesbaden.

Schneeloch, Dieter (1987): Bewertungsstetigkeit in Handels- und Steuerbilanz, in: WPg, S. 405–417.

Schneeloch, Dieter (1990): Maßgeblichkeitsgrundsätze und Bewertungsstetigkeit, in: WPg, 43, 8, S. 221–232.

Schneider, Dieter (1994): Betriebswirtschaftslehre, Bd. 2. Rechnungswesen, München et al.

Schneider, Dieter (1996): Theorie der Unternehmung und Theorie der Rechnungslegung, in: BFuP, 48, S. 371–502.

Schneider, Dieter (1999): Abbau von Steuervergünstigungen durch Skalpierung der Maßgeblichkeit und Verlustverrechnung als „Stärkung der Investitionskraft"?, in: DB, 52, 3, S. 105–110.

Schneider, Dieter (2003): Konzernrechnungslegung nach IAS als Besteuerungsgrundlage?, in: BB, 58, 6, S. 299–304.

Schneider, Wolfgang (2002): o.T., in: iConomy, 6–7, S. 18–19.

Schredelseker, Klaus (1985): Der Nutzen von Bilanzinformationen für Kapitalanlageentscheidungen, in: Gross, Gerhard (Hrsg.), Der Wirtschaftsprüfer: im Schnittpunkt nationaler und internationaler Entwicklungen, Festschrift für Klaus von Wysocki, Düsseldorf, S. 129–141.

Schreiber, Ulrich (1993): Die Angleichung der steuerlichen Gewinnermittlung in der Europäischen Gemeinschaft, in: Wagner, Franz W. (Hrsg.), Ökonomische Analyse des Bilanzrechts: Entwicklungslinien und Perspektiven, Düsseldorf, S. 139–173.

Schreiber, Ulrich (1998): Die Bedeutung der US-amerikanischen Rechnungslegung für die Besteuerung von Gewinnen und Ausschüttungen, in: Ballwieser, Wolfgang (Hrsg.), US-amerikanische Rechnungslegung: Grundlagen und Vergleiche mit dem deutschen Recht, Stuttgart, S. 47–94.

Schrijver, Alexander (1990): Theory of Linear and Integer Programming, New York et al.

Schürmann, Christof (2003): Die Bilanztrickser, Wie Unternehmen ihre Zahlen frisieren und den Anleger täuschen, Eichborn.

Schulte, Karl Werner (1986): Bilanzpolitik und Publizitätsverhalten deutscher Aktiengesellschaften, Derzeitige Praxis und erwartete Auswirkungen des Bilanzrichtlinien-Gesetzes, Köln.

Schulte, Karl Werner (1988): Bilanzpolitik und Publizitätsverhalten im Übergang auf das neue Bilanzrecht – Ergebnisse einer Umfrage bei deutschen Aktiengesellschaften, Köln.

Schulz, Thomas (1996): Risiko-Publizität: Formen der Darstellung von Marktrisiken im Jahresabschluss der Unternehmung, Wiesbaden.

Seelbach, Horst/ Fischer, Kathrin (1998): Optimierungsmodelle zur Bilanzgestaltung, in: Freidank, Carl Christian (Hrsg.), Rechnungslegungspolitik, Eine Bestandsaufnahme aus handels- und steuerrechtlicher Sicht, Berlin et al., S. 231–271.

Selch, Barbara/ Rothfuss, Christian (2000): Empirische Befunde über Umfang und Qualität der Zwischenberichterstattung börsennotierter deutscher Kapitalgesellschaften – Untersuchung der Zwischenberichtspublizität vor dem Hintergrund der börsenrechtlichen Vorschriften –, in: WPg, 53, S. 506–519.

Selchert, Friedrich W. (1978): Möglichkeiten einer Schätzung des Steuerbilanzgewinns anhand des handelsrechtlichen Jahresabschlusses einer Aktiengesellschaft nach der Körperschaftssteuerreform, in: BB, S. 509–516.

Selchert, Friedrich W. (1996): Windowdressing – Grenzbereich der Jahresabschlußgestaltung, in: DB, 49, 39, S. 1933–1940.

Selten, Reinhard (1978): The Chain-Store Paradox, in: Theory and Decision, 9, S. 127–159.

Sharpe, I. G./ Walker, R. G. (1975): Asset Revaluations and Stock Market Prices, in: JAR, 13, S. 293–310.

Shivakumar, Lakshmanan (2000): Do Firms mislead investors by overstating earnings before seasoned equity offerings?, in: JAE, 29, S. 339–371.

Shu, Susan Zhan (2000): Auditor resignations: clientele effects and legal liability, in: JAE, 29, S. 173–205.

Sieben, Günter (1998): Rechnungslegungspolitik als Instrument der Unternehmensführung, in: Freidank, Carl Christian (Hrsg.), Rechnungslegungspolitik, Eine Bestandsaufnahme aus handels- und steuerrechtlicher Sicht, Berlin et al., S. 3–36.

Sigloch, Jochen (2000): Ein Valet dem Maßgeblichkeitsprinzip?, in: BFuP, 2, S. 157–182.

Skinner, Douglas J. (1994): Why firms Voluntarily Disclose Bad News, in: JAR, 32, S. 38–60.

Skinner, Douglas J. (1997): Earnings disclosures and stockholder lawsuits, in: JAE, 23, S. 249–282.

Sloan, Richard G. (1996): Do stock prices fully reflect the information in accruals and cash flows about future earnings?, in: AR, 71, 3, S. 289–315.

Smith, Clifford W., Jr. (1993): A Perspective on Accounting-Based Debt Covenant Violations, in: AR, 68, 2, S. 289–303.

Smith, Clifford W., Jr./ Warner, Jerold B. (1979): On Financial Contracting, An Analysis of Bond Covenants, in: JFE, 7, S. 117–161.

Söffing, Günter (1995): Für und Wider den Maßgeblichkeitsgrundsatz, in: Förschle, Gerhart/Kaiser, Klaus/Moxter, Adolf (Hrsg.), Rechenschaftslegung im Wandel, Festschrift für Wolfgang Dieter Budde, München, S. 635–673.

Sonnemann, Erik (1989 Hrsg.): Rechnungslegung, Prüfung, Wirtschaftsrecht und Steuern in den USA, Wiesbaden.

Spatscheck, Rainer/ Wulf, Martin (2003): Straftatbestände der Bilanzfälschung nach dem HGB – ein Überblick, in: DStR, 5, S. 173–180.

Spellucci, Peter (1993): Numerische Verfahren der nichtlinearen Optimierung, Basel et al.

Spence, A. Michael (1973): Job Market Signaling, in: QJE, 87, 3 Aug, S. 355–374.

Spence, A. Michael (1974 Optimal): Competitive and Optimal Responses to Signals; Analysis of Efficiency and Distributions, in: Econometrica, 7, S. 296–332.

Spolidoro, M. S. (1998): The legal capital and the raising of funds through the issuance of securities in Italy, in: Die Aktiengesellschaft, 43, 8, S. 363–368.

Standard & Poors (1994): Ratings Report Deutschland, Frankfurt am Main.

Standish, Peter E. M./ Ung, Swee-Im (1982): Corporate Signaling, Asset Revaluations and the Stock Prices of British Companies, in: AR, 57, S. 701–715.

Stein, Heinz Gerd (1993): Das Rechnungswesen im Spannungsfeld externer und interner Anforderungen, in: Küting, Karlheinz/Weber, Claus Peter (Hrsg.), Konzernmanagement, Rechnungswesen und Controlling, Stuttgart, S. 11–43.

Stein, Jeremy C. (1986): Efficient capital markets, inefficient firms: A model of myopic corporate behavior, in: QJE, 104, S. 655–669.

Stiglitz, Joseph E. (1984): Information; Screening, and Welfare, in: Boyer, M./Kihlstrom, R. E. (Hrsg.), Bayesian Models in Economic Theory, Amsterdam et al., S. 209–239.

Stiglitz, Joseph E./ Weiss, Andrew (1981): Credit Rationing in Markets with Imperfect Information, in: AER, 71, S. 393–410.

Stiglitz, Joseph E./ Weiss, Andrew (1983): Incentive Effects of Terminations: Applications to the Credit and Labor Market, in: AER, 73, S. 912–927. Hier zitiert nach Ewert/Wagenhofer (2003) S. 333.

Stobbe, Thomas (1990): Ist der Maßgeblichkeitsgrundsatz bei der Zurechnung des wirtschaftlichen Eigentums anwendbar? Eine Analyse am Beispiel des Leasings und der Pensionsgeschäfte, in: BB, 45, S. 518–525.

Stobbe, Thomas (1991): Die Verknüpfung handels- und steuerrechtlicher Rechnungslegung: Maßgeblichkeitsausprägungen de lege lata et ferenda, Berlin.

Stöcker, Horst (2004): Taschenbuch der Physik, 5. Aufl., Frankfurt am Main.

Streim, Hannes (2000): Die Vermittlung von entscheidungsnützlichen Informationen durch Bilanz und GuV – Ein nicht einlösbares Versprechen der internationalen Standardsetter, in: BFuP, 2, S. 111–131.

Strobel, Wilhelm (1998): Historische Entwicklung der Rechnungslegungspolitik, in: Freidank, Carl Christian (Hrsg.), Rechnungslegungspolitik, Eine Bestandsaufnahme aus handels- und steuerrechtlicher Sicht, Berlin et al., S. 37–84.

Strobel, Wilhelm (2000): Die Neuerungen des KapCoRiLiG für den Einzel- und Konzernabschluss, in: DB, S. 53–59.

Strong, John S./ Meyer, John R. (1987): Asset Writedowns: Managerial Incentives and Security Returns, in: JoF, 42, Jul, S. 643–661.

Stützel, Wolfgang (1959): Lob der Stille von Reserven?, in: ZGK, 11, S. 4–5.

Stützel, Wolfgang (18.08.1962): Gläserne, aber verschlossene Taschen, Eine Zwischenbilanz der Aktienrechtsreform, in: Frankfurter Allgemeine Zeitung, S. 5–5.

Stützel, Wolfgang (1966): Entscheidungstheoretische Elementarkategorien als Grundlage einer Begegnung von Wirtschaftswissenschaft und Rechtswissenschaft, in: ZfB, 36, S. 769–789.

Stützel, Wolfgang (1967): Bemerkungen zur Bilanztheorie, in: ZfB, 37, S. 314–340.

Subramanyam, K. R. (1996): The Pricing of Discretionary Accruals, in: JAE, 22, Aug, S. 249–281.

Sweeney, Amy Patricia (1994): Debt-covenant violations and managers accounting responses, in: JAE, 17, S. 281–308.

Szymanski, Ralf (1996): Mathematische Optimierung und betriebliche Anwendungen, Berlin.

Tennyson, B./ Ingram, R./ Dugan, M. (1990): Assesing the Information Content of Narrative Disclosures in Explaining Bankruptcy, in: JBA, S. 391–410. Hier zitiert nach Coenenberg/Haller (1993) S. 568.

Teoh, Siew Hong/ Hwang, Chuan Yang (1991): Nondisclosure and Adverse Disclosure as Signals of Firm Value, in: Review of Financial Studies, 4, S. 283–313.

Teoh, Siew Hong/ Welch, Ivo/ Wong, T. J. (1998): Earnings Management and the Underperformance of Seasoned Equity Offerings, in: JFE, 50, 1 Oct, S. 63–99.

Terberger, Eva (1987): Der Kreditvertrag als Instrument zur Lösung von Anreizproblemen: Fremdfinanzierung als Principal/Agent-Beziehung, Heidelberg.

Terstege, Udo (1994): Optionsbewertung: Möglichkeiten und Grenzen eines präferenz- und verteilungsfreien Ansatzes, Wiesbaden.

Thakor, Anjan V. (1987): Discussion of 'Asset Writedowns: Managerial Incentives and Security Returns', in: JoF, 42, Jul, S. 661–663.

Thießen, Friedrich (1996): Covenants in Kreditverträgen: Alternative oder Ergänzung zum Insolvenzrecht?, in: ZfB, 66, 1, S. 19–37.

Thomas, Jacob/ Zhang, Xiao Jun (2000): Identifying unexpected accruals: a comparison of current approaches, in: JAPP, 19, S. 347–376.

Treacy, William F./ Carey, Mark (2000): Credit risk rating systems at large US banks, in: Journal of Banking and Finance, 24, S. 167–201.

Trueman, Brett/ Titman, Sheridan (1988): An Explanation for Accounting Income Smoothing, in: JAR, 26 Suppl., S. 127–143.

Verrecchia, Robert E. (1983): Discretionary Disclosure, in: JAE, 5, S. 179–194.

Verrecchia, Robert E. (1986): Managerial Discretion in the Choice Among Financial Reporting Alternatives, in: JAE, 8, S. 175–195.

Verrecchia, Robert E. (1990): Information Quality and Discretionary Disclosure, in: JAE, 12, S. 365–380.

Verrecchia, Robert E. (1999): Disclosure and the Cost of Capital: A Discussion, in: JAE, 26, S. 271–283.

Verrecchia, Robert E. (2001): Essays on disclosure, in: JAE, 32, S. 97–180.

Vorwold, Gerhard (1999): Gewinn-Management in den USA – Beobachtungen aus deutscher Sicht –, in: DB, 52, 46, S. 2321–2328.

Wagenhofer, Alfred (1990 Informationspolitik): Informationspolitik im Jahresabschluss: freiwillige Informationen und strategische Bilanzanalyse, Heidelberg.

Wagenhofer, Alfred (1990 Disclosure): Voluntary Disclosure with a Strategic Opponent, in: JAE, 12, Mar, S. 341–363.

Wagenhofer, Alfred (1995): Bilanzierung und Bilanzanalyse: theoretische Grundlagen und praktische Anwendung, 5. Aufl., Wien.

Wagenhofer, Alfred (1996): Vorsichtsprinzip und Managementanreize, in: zfbf, 48, 12, S. 1051–1074.

Wagenhofer, Alfred (2003): Accrual-based compensation, depreciation and investment decisions, in: European Accounting Review, 12, 2, S. 287–309.

Wagner, Franz W. (1982): Zur Informations- und Ausschüttungsbemessungsfunktion des Jahresabschlusses auf einem organisierten Kapitalmarkt, in: zfbf, 34, S. 749–771.

Wahlen, J. M. (1994): The nature of information in commercial bank loan loss disclosures, in: AR, 69, S. 455–478.

Walsh, Paul/ Craig, Russel/ Clarke, Frank (1991): 'Big Bath Accounting' Using Extraordinary Items Adjustments: Australian Empirical Evidence, in: JBFA, 18, 2 Jan, S. 173–189.

Walz, W. Rainer (1993): Ökonomische Regulierungstheorien vor den Toren des Bilanzrechts, S. 85–106.

Warfield, Terry D./ Wild, J. John/ Wild, Kenneth J. (1995): Managerial ownership, accounting choices, and the informativeness of earnings, in: JAE, 20, S. 61–91.

Watts, Ross L./ Zimmerman, Jerold L. (1986): Positive Accounting Theory, Englewood Cliffs, New Jersey, USA.

Watts, Ross L./ Zimmerman, Jerold L. (1990): Positive Accounting Theory: A Ten Year Perspective, in: AR, 65, S. 131–156.

Weber-Grellet, Heinrich (1997): Maßgeblichkeitsgrundsatz in Gefahr?, in: DB, 50, 8, S. 385–391.

Weber, Martin/ Krahnen, Jan Pieter/ Voßmann, F. (1999): Risikomessung im Kreditgeschäft. Eine empirische Analyse bankinterner Ratingverfahren, in: zfbf, 51, S. 117–142.

Weitzman, Martin L. (1976): The New Soviet Incentive Model, in: Bell Journal of Economics, 7, 1 Spring, S. 251–257.

Wendlandt, Klaus/ Knorr, Liesel (2004): Der Referentenentwurf des „Bilanzrechtsreformgesetzes" Darstellung der wesentlichen bilanzrechtlichen Änderungen des HGB und der Folgen für die IAS/IFRS-Anwendung in Deutschland, in: KoR, 4, 2, S. 45–50.

White, Gerald I./ Sondhi, Ashwinpaul C./ Fried, Dov (2003): The Analysis and Use of Financial Statements, 3. Aufl., New York.

Wiechers, Elmar W. (1994): Externe Erfolgsanalyse anhand handelsrechtlicher Jahresabschlüsse – rechtliche Änderungen durch das Bilanzrichtlinien-Gesetz und deren erfolgsanalytische Konsequenzen, Münster et al.

Williams, Hilary Paul (1993): Model solving in mathematical programming, New York et al.

Williams, Hilary Paul (1994): Model building in mathematical programming, 3. Aufl., New York et al.

Williamson, Oliver E. (1983): Credible Commitments: Using Hostages to Support Exchange, in: AER, 73, 4, Sept., S. 519–540.

Williamson, Oliver E. (1985): The economic institutions of capitalism: firms, markets, relational contracting, London.

Williamson, S. D. (1987): Costly Monitoring, Loan Contracts, and Equilibrium Credit Rationing, in: QJE, 102, S. 135–145.

Wilson, Robert (1985): Reputation in Games and Markets, in: Roth, A. (Hrsg.), Game-theoretic Models of Bargaining, Cambridge, S. 27–62.

Wolz, Matthias (2000): Die Bilanzierung von Pensionsverpflichtungen nach HGB versus US-GAAP/IAS, in: ZfB, 70, 12, S. 1371–1390.

WP-Handbuch I (2000): Wirtschaftsprüferhandbuch 2000, Handbuch für Rechnungslegung, Prüfung und Beratung, Band I, bearbeitet von Gerd Geib, Friedrich Gelhausen, Wolf Dietrich Gelhausen, Wolfgang Grewe, Georg Kämpfer, Horst Kaminski, Welf Müller, Wienand Schruff, Hans Wagener, Harald Wiedmann, 12. Aufl., Düsseldorf.

WP-Handbuch II (2002): Wirtschaftsprüfer-Handbuch 2002, Handbuch für Rechnungslegung, Prüfung und Beratung, Band II, 12. Aufl., Düsseldorf.

Wysocki, Klaus von (1962): Das Postulat der Finanzkongruenz als Spielregel, Stuttgart.

Young, Steven (1999): Systematic Measurement Error in the Estimation of Discretionary Accruals: An Evaluation of Alternative Modelling Procedures, in: JBFA, 26, 7–8, S. 833–862.

Zavgren, C. (1983): The prediction of corporate failure: The state of the art, in: Journal of Accounting Literature, 2, Spring, S. 1–37.

Zimmerman, Jerold L. (2001): Conjectures regarding empirical managerial accounting research, in: JAE, 32, S. 411–427.

Zinbarg, Edward (1975): The private placement loan agreement, in: FAJ, 31, Jul–Aug, S. 33–52.

Stichwortverzeichnis

Die folgenden Begriffe werden in spezifischer, u.U. vom üblichen Sprachgebrauch abweichender Weise festgelegt. Sie werden an der Stelle der Erläuterung in Kapitälchen gesetzt. Das folgende Verzeichnis verweist auf diese Seiten. Auf die Kennzeichnung eines Stichworteintrages bei jedem Gebrauch im laufenden Text wurde aus Gründen der Übersichtlichkeit verzichtet.

Beiträge zur betriebswirtschaftlichen Forschung

Herausgegeben von:
Prof. Dr. Dr. h.c. Sönke Albers, Kiel
Prof. Dr. Bernhard Pellens, Bochum
Prof. Dr. Dr. h.c. Dieter Sadowski, Trier
Prof. Dr. Martin Weber, Mannheim

Auswahl der erschienenen Bände:

Band 7 H. Albach
Wirtschaftlichkeitsrechnung bei unsicheren Erwartungen

Band 10 H. Hax
Vertikale Preisbindung in der Markenartikelindustrie

Band 14 D. Schneider
Die wirtschaftliche Nutzungsdauer von Anlagegütern

Band 40 B. Rudolph
Die Kreditwährungsentscheidung der Banken

Band 43 A. Luhmer
Maschinelle Produktionsprozesse

Band 46 H. Simon
Preisstrategien für neue Produkte

Band 59 T. Hartmann-Wendels
Dividendenpolitik bei asymmetrischer Informationsverteilung

Band 61 R. Ewert
Rechnungslegung, Gläubigerschutz und Agencyprobleme

Band 65 W. Neus
Ökonomische Agency-Theorie und Kapitalgleichgewicht

Band 66 U. Backes-Gellner
Ökonomie der Hochschulforschung

Band 71 M. Steven
Produktion und Umweltschutz

Band 72 E. Terberger
Neo-institutionalistische Ansätze

FSC
www.fsc.org
MIX
Papier | Fördert gute Waldnutzung
FSC® C083411

Kolibri 360 GmbH
Ferdinand-Jühlke-Straße 7
99095 Erfurt, Deutschland
produktsicherheit@kolibri360.de